Tim Hais

EUROPA LEHRMITTEL

EUROPA-FACHBUCHREIHE
für wirtschaftliche Bildung

PRÜFUNGSVORBEREITUNG AKTUELL

FÜR

Bankkauffrau/ Bankkaufmann

ZWISCHEN- UND ABSCHLUSSPRÜFUNG

GESAMTPAKET

15. Auflage

VERLAG EUROPA-LEHRMITTEL • Nourney, Vollmer GmbH & Co. KG
Düsselberger Straße 23 • 42781 Haan-Gruiten

EUROPA-Nr.: 75255

Verfasser:
Dipl.-Hdl. Gerhard Colbus, Studiendirektor, Landshut
Dipl.-Hdl. Konrad Ohlwerter, Studiendirektor, Pilsting

15. Auflage 2020

Druck 5 4 3 2 1

ISBN 978-3-8085-3986-6

http://www.europa-lehrmittel.de

Satz: Gerhard Colbus, 84032 Landshut
Druck: mediaprint solutions GmbH, 33100 Paderborn

Vorbemerkungen

Das vorliegende Buch wurde zur 15. Auflage erneut überarbeitet und der aktuellen Gesetzeslage angepasst. Auch fachliche Neuerungen, beispielsweise Änderungen im Bereich „Lohnberechnungen", wurden vorgenommen. Die für das zweite Halbjahr 2020 angekündigten Änderungen der Mehrwertsteuersätze bleiben unberücksichtigt. Das Buch ist abgestimmt auf den Rahmenlehrplan für den Ausbildungsberuf **„Bankkauffrau/Bankkaufmann"** und deckt mit seinen ca. **2 000 Aufgaben** den gesamten Prüfungsstoff ab. Das Buch ist so konzipiert, dass es den Anforderungen der **bundesweit einheitlichen Zwischen- und Abschlussprüfung**, die von der AkA Nürnberg durchgeführt werden, entspricht.

Der inhaltliche Aufbau richtet sich nach dem aktuellen Prüfungskatalog für die IHK-Abschlussprüfung. Die im Prüfungskatalog für die IHK-Zwischenprüfung angeführten Funktionsbereiche lt. Ausbildungsordnung wurden ebenfalls berücksichtigt, sodass sich das Buch zur Vorbereitung auf die **Zwischen- und Abschlussprüfung** eignet.

Die Aufgaben sind in kammerüblicher Frageform (auch zusammenhängende, handlungsorientierte Übungen) gehalten und nach Themenbereichen geordnet. Die einzelnen Wissensgebiete werden durch vielfältige Fragestellungen hinterfragt, sodass das Einüben des Lernstoffes schematisiert und damit erleichtert wird. Zur Vorbereitung auf den **ungebundenen** Teil der Abschlussprüfung finden Sie ausführliche Situationen im Bereich **„Bankwirtschaft"**, die aktualisiert und erweitert wurden.
(BAWI 4 - OFFENE AUFGABEN).

Da erfahrungsgemäß viele Auszubildende Schwierigkeiten im Prüfungsfach **„Wirtschafts- und Sozialkunde"** haben, werden im Teil „WISO" ca. 800 Übungsaufgaben mit unterschiedlichem Schwierigkeitsgrad angeboten.

HINWEIS:
Zur Vorbereitung auf die Abschlussprüfung sind **alle** angebotenen Aufgaben - auch die Zwischenprüfungsaufgaben - relevant.

Bei der Erstellung des vorliegenden Übungsbuches wurde mit großer Sorgfalt gearbeitet. Dennoch können bei dieser Vielzahl von Aufgaben Fehler nicht völlig ausgeschlossen werden. Verlag und Autoren können deshalb keine juristische Verantwortung und auch keinerlei Haftung übernehmen. Sollten Unstimmigkeiten auftauchen, sind die Autoren für eine kurze Nachricht unter konrad-ohlwerter@t-online.de oder info@bvc-colbus.de dankbar. Es wird jedem Hinweis nachgegangen.

Vielen Dank.

Im Sommer 2020

Autoren und Verlag

INHALTSÜBERSICHT

PRÜFUNGSVORBEREITUNG AKTUELL

FÜR

Bankkauffrau/ Bankkaufmann

PRÜFUNGSTEIL

BANKWIRTSCHAFT

TEIL 1
BANKWIRTSCHAFT

I. ÜBUNGSAUFGABEN ZUR VORBEREITUNG AUF DIE ZWISCHENPRÜFUNG

KONTOFÜHRUNG

1. Klaus Klein, 14 Jahre, Schüler, kommt heute zu Ihnen, um das von Ihrem Kreditinstitut angebotene Girokonto für junge Leute zu eröffnen. Ist hierzu die Zustimmung der gesetzlichen Vertreter notwendig?

a) Nein, da das Konto ausschließlich im Guthaben geführt wird.
b) Nein, da für die Kontoeröffnung die beschränkte Geschäftsfähigkeit ausreicht.
c) Ja, da der Schüler beschränkt geschäftsfähig ist, müssen die gesetzlichen Vertreter zustimmen.
d) Nein, da die Umsätze auf diesem Konto unter den „Taschengeld-Paragrafen“ fallen.
e) Ja, da nicht auszuschließen ist, dass das Konto immer im Guthaben geführt wird, ist zudem noch die Zustimmung des Vormundschaftsgerichtes erforderlich.

2. Die Auszubildende Frau Anna Schnell (verheiratet, 17 Jahre) möchte ein Girokonto eröffnen. Wessen Zustimmung ist erforderlich?

a) Die Zustimmung der Eltern gemeinsam
b) Die Zustimmung des Vormundschaftsgerichts
c) Die Zustimmung des Arbeitgebers
d) Die Zustimmung des Ehemanns
e) Es genügt die Zustimmung eines Elternteils.

3. Sven Müller, 16 Jahre, Schüler, kommt heute zu Ihnen in die Beratung, um ein Girokonto zu eröffnen. Wie informieren Sie ihn richtig?

a) „Sie sind noch geschäftsunfähig und können das Konto nur im Beisein Ihrer gesetzlichen Vertreter eröffnen.“
b) „Sie können das Konto eröffnen; der Kontovertrag ist rechtswirksam, wenn Ihre gesetzlichen Vertreter nicht innerhalb einer Woche den Kontovertrag widerrufen.“
c) „Sie können sofort das Konto eröffnen; bis zur Zustimmung der gesetzlichen Vertreter ist der Kontovertrag jedoch schwebend unwirksam.“
d) „Da das Konto auch debitorisch geführt werden kann, benötigen wir zur Kontoeröffnung die Zustimmung des Vormundschaftsgerichts/Familiengerichts.“
e) „Sie können das Konto ohne die Zustimmung Ihrer gesetzlichen Vertreter eröffnen, wenn das Konto ausschließlich im Guthaben geführt wird.“

4. Für Lisa Witt, 17 Jahre, ledig, wohnhaft in Straubing, führen Sie seit Anfang des letzten Jahres ein Girokonto. Zum 1. September des letzten Jahres begann Frau Witt eine Ausbildung als Bürokauffrau bei der Sanitär- und Heizungsbau GmbH in Straubing. Mit der Aufnahme der Ausbildung haben Sie mit Frau Witt einen Sparvertrag über die Anlage der vermögenswirksamen Leistungen abgeschlossen. Heute, sechs Monate später, bittet Sie Frau Witt in dieser Angelegenheit um Beratung. Von wem musste der im vergangenen Jahr getätigte Sparvertrag unterschrieben worden sein, damit er rechtswirksam abgeschlossen wurde?

a) Nur von Lisa Witt, weil die Einzahlungen aus Mitteln, die Frau Witt zur freien Verfügung überlassen werden, erfolgen.
b) Nur von Lisa Witt, weil sie Kontoeröffnungen selbst unterschreiben darf, wenn die gesetzlichen Vertreter dem Abschluss des Ausbildungsvertrags zugestimmt haben.
c) Nur von Lisa Witt, weil sie durch den Abschluss eines Sparvertrages keine rechtlichen Nachteile hat und daher den Sparvertrag selbstständig eröffnen könnte.
d) Von Lisa Witt und ihren gesetzlichen Vertretern (i. d. R. beide Eltern), weil dies gesetzlich vorgeschrieben ist.
e) Nur von Lisa Witt, weil sie sonst den Arbeitgeberanteil der vermögenswirksamen Leistungen nicht überwiesen bekommt.

5. Anna Niedermeier, Bürokauffrau, 20 Jahre, möchte bei der Nordbank AG ein Kontokorrentkonto eröffnen, wobei ein Dispositionskredit in Höhe von 2.000,00 € vereinbart werden soll. Wie informieren Sie Frau Niedermeier über das neue Konto bzw. die Auflösung ihres bisherigen Kontos richtig?

a) „Nach den Vorschriften des Handelsgesetzbuches muss für das Konto mindestens alle 3 Monate ein Rechnungsabschluss erstellt werden.“
b) „Wenn Sie den zugesagten Kredit in Anspruch nehmen, sind wir gegebenenfalls berechtigt, Zinseszinsen zu berechnen.“
c) „Sie können die Geschäftsverbindung nach jedem Rechnungsabschluss mit einer Frist von 4 Wochen kündigen.“
d) „Wenn Sie das Kontokorrentverhältnis kündigen, wird der Saldo zum Quartalsende fällig.“
e) „Zinssatzänderungen für den Kontokorrentkredit werden wir mit Ihnen (gemäß unseren Allgemeinen Geschäftsbedingungen) ausdrücklich vereinbaren.“

6. Sie sind Mitarbeiter/-in der Ostbank AG. Wie beraten Sie Ihre Kundin Frau Eva Klein über die Konditionen Ihres Kreditinstitutes für ein neu einzurichtendes Girokonto richtig?

a) Sofern die Ostbank AG einen Preisaushang über ihre Konditionen vorgenommen hat, wird dadurch eine abweichende individuelle Zinsvereinbarung mit der Kundin ausgeschlossen.

b) Die Bundesanstalt für Finanzdienstleistungsaufsicht (BaFin) kann für Zinsen und Provisionen Mindestsätze festsetzen.

c) Aus Wettbewerbsgründen ist die Ostbank AG nicht verpflichtet, einen Preisaushang vorzunehmen. Deshalb teilen Sie Ihren Kunden alle Konditionsänderungen schriftlich mit,

d) Sondervereinbarungen mit der Kundin über die Verzinsung des Kontoguthabens und die Kontoführungsentgelte sind nicht zulässig.

e) Grundsätzlich kann die Ostbank AG nach dem Prinzip der Vertragsfreiheit ihre Konditionen mit der Kundin frei vereinbaren.

7. Ihr langjähriger Kunde, Heinz Kracher, möchte von Ihnen wissen, wie er sich laufend über die aktuelle Verzinsung von Spareinlagen Ihres Kreditinstitutes informieren kann. Wie beraten Sie Ihren Kunden richtig?

a) „Sie können diese Information dem Preisaushang in den Geschäftsräumen unserer Bank entnehmen."

b) „Beschaffen Sie sich immer die neueste Ausgabe der Sonderbedingungen für den Sparverkehr."

c) „Im Wirtschaftsteil der Regionalzeitung werden täglich die Zinssätze für die Banken der Region bekannt gegeben."

d) „Der aktuelle Zinssatz wird in Ihrem Sparbuch bei jeder Buchvorlage eingetragen."

e) „Der Zinssatz für Spareinlagen liegt in unserer Bankengruppe stets 2 % unter dem jeweiligen EZB-Leitzinssatz."

8. Ihr neuer Kunde, Dieter Braun, möchte ein Konto eröffnen. Wie informieren Sie Herrn Braun über die Allgemeinen Geschäftsbedingungen sachlich richtig?

a) Die AGB haben stets Vorrang vor individuellen Vertragsabsprachen.

b) Zweifel bei der Auslegung der AGB gehen zu Lasten aller Vertragspartner.

c) Sind die AGB ganz oder teilweise unwirksam, so bleibt der Vertrag in den anderen Punkten wirksam.

d) Nach den Vorschriften des Kreditwesengesetzes (KWG) dürfen Kreditinstitute mit ihren Kunden ohne Anerkennung der AGB keine Rechtsverhältnisse begründen.

e) Die AGB gelten nur für schriftlich abgeschlossene Verträge.

9. Wie beraten Sie Ihre Kunden über die rechtlichen Grundlagen und Möglichkeiten, die ein Kontokorrentkonto bietet, sachlich richtig?

a) Das Kontokorrentkonto dient der Verrechnung von Geldforderungen zwischen zwei Parteien, wobei beide Parteien Kaufleute sein müssen.

b) Kontokorrentkonten müssen nach dem HGB mindestens halbjährlich abgeschlossen werden.

c) Das Kontokorrentverhältnis kann nach den AGB nur mit einer Kündigungsfrist von drei Monaten gekündigt werden.

d) Für Kontokorrentkonten dürfen keine Zinseszinsen berechnet werden.

e) Das Kontokorrentkonto kann kreditorisch und debitorisch geführt werden und muss nach den AGB mindestens vierteljährlich abgeschlossen werden.

10. Anna Müller, 22 Jahre, Bürokauffrau, unterhält bei Ihrem Kreditinstitut ein Girokonto, auf das unter anderem regelmäßig Ihr Gehalt überwiesen wird. Sie möchte aus persönlichen Gründen die Girokonto-Verbindung kündigen. Wie beraten Sie Frau Müller richtig über die Kündigungsmöglichkeiten der Geschäftsbeziehung gemäß den Allgemeinen Geschäftsbedingungen?

a) Frau Müller kann die Kontoverbindung nur mit Zustimmung Ihres Kreditinstituts fristlos kündigen.

b) Da in Kontoverträgen für laufende Konten keine Laufzeiten vereinbart werden, kann Frau Müller die Kontoverbindung ohne Einhaltung einer Kündigungsfrist kündigen.

c) Frau Müller kann die Kontoverbindung nur nach Einhaltung einer Kündigungsfrist von sechs Wochen kündigen.

d) Frau Müller kann die Geschäftsbeziehung mit Ihrem Kreditinstitut nur kündigen, wenn sie ihrem Arbeitgeber eine neue Kontoverbindung für die Überweisung seines Monatsgehalts mitgeteilt hat.

e) Frau Müller kann die Kontoverbindung nur dann kündigen, wenn ihr Girokonto keinen Soll-Bestand aufweist.

Zu den nächsten drei Aufgaben siehe nachstehende Situation.

Stefan Meier (17 Jahre) wird ab 1. August 20.. eine Ausbildung zum Industriekaufmann beginnen. Sein zukünftiger Ausbildungsbetrieb hat ihm bis zum Beginn der Ausbildung ein bezahltes Praktikum angeboten. Stefan geht auf den Vorschlag ein und möchte bereits jetzt ein Girokonto eröffnen, auf das die monatliche Vergütung in Höhe von 350,00 € fließen soll.

11. Wer muss den Kontoeröffnungsantrag unterschrieben, damit ein rechtsverbindlicher Vertrag zustande kommen kann?

a) Stefan Meier ist geschäftsunfähig. Deshalb müssen beide Eltern den Kontoeröffnungsantrag mit unterschreiben.

b) Stefan Meier ist beschränkt geschäftsfähig. Deshalb müssen beide Eltern den Kontoeröffnungsantrag mit unterschreiben.

c) Da beide Eltern den Ausbildungsvertrag mit unterschrieben haben, genügt Stefan Meiers Unterschrift auf dem Kontoeröffnungsantrag.

d) Da Stefan Meier durch die Kontoeröffnung lediglich einen rechtlichen Vorteil erlangt, genügt seine Unterschrift auf dem Kontoeröffnungsantrag.

e) Wenn ihm seine Eltern die Ausbildungsvergütung zur freien Verfügung überlassen (Taschengeld), genügt Stefan Meiers Unterschrift auf dem Kontoeröffnungsantrag.

12. Stefan Meier führt bereits zwei Monate das eingerichtete Konto, auf das auch drei Praktikumsgehälter als Zahlungseingänge verbucht wurden. Überprüfen Sie, welchem Umsatz/Kundenwunsch Sie entsprechen können?

a) Einlösung einer Lastschrift (Handy-Rechnung über 165,89 €), durch die das Konto kurzfristig mit 163,23 € überzogen wird.

b) Stefan Meier beantragt einen Dispositionskredit, um sich ein Motorrad zu kaufen.

c) Stefan Meier bittet um die Ausstellung einer VisaCard, weil er vier Wochen in Australien Urlaub machen möchte.

d) Stefan Meier beantragt den Abschluss eines Bausparvertrages, um seine vermögenswirksamen Leistungen anzulegen.

e) Stefan Meier bittet um die Ausstellung einer Automatenkarte, um an den Geldausgabeautomaten Ihres Kreditinstituts Geld abzuheben.

13. Stefan Meier hat seiner Freundin Christine Alt (18 Jahre) eine Vollmacht über sein Bankkonto erteilt. Die Eltern haben der Vollmacht zugestimmt. Welchen der nachstehenden Vorgänge darf Frau Alt trotz erteilter Vollmacht nicht vornehmen!

a) Überweisung eines Verwarnungsgeldes (20,00 €) wegen Falschparkens

b) Barabhebung des Restguthabens von 176,28 €

c) Anerkennung des Rechnungsabschluss-Saldos am Quartalsende

d) Erteilung einer Untervollmacht an den volljährigen Bruder von Stefan Meier

e) Rückgabe einer zu Unrecht auf dem Konto belasteten Lastschrift

Zu den nächsten zwei Aufgaben siehe nachstehende Situation.

Patrick Schnell (16 Jahre) hat bei Ihrem Kreditinstitut mit der Zustimmung seiner Eltern ein Girokonto eingerichtet, über das er alleine verfügungsberechtigt ist.

14. Herr Schnell möchte für seine 16-jährige Freundin Christin Erber eine Kontovollmacht eintragen lassen. Wie verhalten Sie sich gegenüber Ihrem Kunden richtig?

a) Sie erklären Herrn Schnell, dass hierzu die Zustimmung der Eltern von Frau Erber notwendig ist.

b) Sie erklären Herrn Schnell, dass hierzu die gesonderte Zustimmung seiner Eltern notwendig ist.

c) Sie tragen für Frau Erber eine Kontovollmacht ein, da Herr Schnell von seinen Eltern das alleinige Verfügungsrecht über das Konto erhalten hat. Dies beinhaltet auch das Recht, anderen Personen selbstständig Kontovollmachten erteilen zu dürfen.

d) Sie tragen für Frau Erber eine Kontovollmacht ein, beschränken diese aber auf einen Verfügungsrahmen von 500,00 € im Monat.

e) Sie tragen für Frau Erber eine Kontovollmacht ein, da Girokonten von Minderjährigen nur im Guthaben geführt werden dürfen.

15. Zu welcher der folgenden Transaktionen benötigt Herr Schnell die gesonderte Zustimmung seiner gesetzlichen Vertreter!

a) Einrichtung eines Dauerauftrages zu Gunsten des Fitness-Clubs Bodystyle zur Bezahlung der monatlichen Mitgliedschaftsgebühr

b) Antrag auf Übermittlung der Kontostände per SMS auf sein Mobiltelefon

c) Beantragung einer Kundenkarte zur Nutzung an bankeigenen Geldautomaten

d) Antrag auf Freischaltung des Girokontos zur Teilnahme am Online-Banking

e) Beantragung einer Kreditkarte zur Probe für drei Monate zur Nutzung während einer USA-Reise mit seinen Eltern

16. Die Eheleute Schwaiger möchten für ihre minderjährige Tochter ein Sparkonto mit einer vereinbarten Kündigungsfrist von drei Monaten eröffnen. Herr Schwaiger möchte in diesem Zusammenhang wissen, wie alt seine Tochter mindestens sein muss, damit sie mit Genehmigung ihrer Eltern allein über das Guthaben auf diesem Sparkonto verfügen darf?

a) 6 Jahre

b) 7 Jahre

c) 14 Jahre

d) 16 Jahre

e) 18 Jahre

17. Herr Karl Reich, Großvater des 15-jährigen Richard Klose, eröffnet heute ein Sparkonto mit der Kontobezeichnung „Karl Reich für Richard Klose". Überprüfen Sie, wessen Legitimation zur Kontoeröffnung notwendig ist?

a) Nach den AGB muss sich neben Karl Reich auch der Enkel legitimieren.

b) Eine Legitimationsprüfung muss nur bei Karl Reich vorgenommen werden.

c) Da es sich um eine Kontoeröffnung zu Gunsten Dritter handelt, bedarf es lediglich des Existenznachweises des Enkels.

d) Neben der Legitimationsprüfung von Herrn Reich ist zur Kontoeröffnung eine Einverständniserklärung der Erziehungsberechtigten von Richard Klose erforderlich.

e) Neben der Legitimationsprüfung von Herrn Reich ist zur Kontoeröffnung auch eine Legitimationsprüfung der Erziehungsberechtigten von Richard Klose erforderlich.

18. Herr Walter Steiger, angehender Rentner, möchte bei Ihrem Kreditinstitut ein Konto eröffnen, auf das er zukünftig seine monatlichen Bezüge überweisen lassen kann. Ihre Bank unterhält noch keine Geschäftsbeziehungen zu Herrn Steiger. Da Herr Steiger sehr sparsam lebt, möchte er regelmäßig den nicht benötigten Betrag für seine 11-jährige Enkelin für die Zukunft ansparen. Welche Empfehlung geben Sie Herrn Steiger?

a) Sie empfehlen Herrn Steiger ein Sparkonto und ein Kontokorrentkonto auf den Namen seiner Enkelin (Vertrag zu Gunsten Dritter), auf das er die nicht benötigten Beträge von seiner Rente regelmäßig einzahlen soll.

b) Sie empfehlen die Eröffnung eines Kontokorrentkontos für die Renteneingänge und gleichzeitig die Einrichtung eines Dauerauftrages zu Gunsten eines ebenfalls neu zu eröffnenden Festgeldkontos für den nicht benötigten Teil der Rente.

c) Sie empfehlen die Eröffnung eines Geldmarktkontos, da über dieses Konto der Zahlungsverkehr abgewickelt werden kann und das verbleibende Kontoguthaben mit dem attraktiven Geldmarktzins verzinst wird.

d) Sie empfehlen die Eröffnung eines Kontokorrentkontos für die Renteneingänge und gleichzeitig die Einrichtung eines Dauerauftrages zu Gunsten eines ebenfalls neu zu eröffnenden Sparkontos für den nicht benötigten Teil der Rente.

e) Sie empfehlen die Eröffnung eines Kontokorrentkontos für die Abwicklung des Zahlungsverkehrs. Zusätzlich soll Herr Steiger ein Geldmarktkonto für die langfristige Anlage des überschüssigen Betrages eröffnen, den er monatlich auf dieses Konto bar übertragen sollte.

19. Frau Elisabeth Kreil, langjährige Kundin Ihres Kreditinstituts, eröffnet heute auf ihren Namen ein Sparkonto. Der Sparvertrag trägt den Vermerk: „Begünstigt Karl Seitz im Falle des Todes". Wie informieren Sie Frau Kreil über die Auswirkungen dieser Vertragsform richtig, wenn sich Frau Kreil den Widerruf ihrer Schenkung vorbehält?

a) „Sie können nur noch über die Zinsen verfügen."

b) „Ein Freistellungsauftrag für die Zinsgutschriften muss von Herrn Seitz gestellt werden."

c) „Ihre Erben können die Zuwendung grundsätzlich widerrufen, wenn Herr Seitz die Schenkung noch nicht angenommen hat."

d) „Im Falle Ihres Todes muss das Kontoguthaben unabhängig vom Betrag nicht dem zuständigen Finanzamt gemeldet werden."

e) „Für die ordnungsgemäße Versteuerung der Zinserträge ist Herr Seitz bzw. sind dessen gesetzliche Vertreter verantwortlich."

20. Das Ehepaar Reich, langjährige Kunden Ihres Kreditinstituts, kommt heute zu Ihnen. Das Ehepaar möchte ihrer Enkelin Sabine Klein einen größeren Geldbetrag schenken und zu diesem Zweck ein Sparkonto eröffnen. Mit welcher der folgenden Aussagen beraten Sie das Ehepaar Reich richtig?

a) „Ein Sparkonto auf den Namen von Sabine kann erst eröffnet werden, wenn Sabine beschränkt geschäftsfähig ist."

b) „Zur Eröffnung des Sparkontos ist die Genehmigung des Familiengerichts einzuholen."

c) „Nur die Eltern Ihrer Enkelin können als gesetzliche Vertreter das Sparkonto für Sabine eröffnen."

d) „Die Eltern Ihrer Enkelin müssen der Eröffnung des Sparkontos auf den Namen von Sabine zustimmen."

e) „Sie dürfen das Konto auf den Namen Ihrer Enkelin eröffnen, da Sabine dadurch nur einen rechtlichen Vorteil erlangt."

21. Welche Aussage zum Gemeinschaftskonto ist richtig?

a) Bei einem Gemeinschaftskonto können die Kontoinhaber nur gemeinschaftlich über das Kontoguthaben verfügen.

b) Handelt es sich beim Gemeinschaftskonto um ein „Und-Konto", können die Kontoinhaber zwar einzeln, Bevollmächtigte jedoch nur gemeinsam mit einem Kontoinhaber über das Konto verfügen.

c) Handelt es sich beim Gemeinschaftskonto um ein „Oder-Konto", können die Kontoinhaber nur mit einer Vollmacht des anderen Kontoinhabers einzeln verfügen.

d) Für die Verbindlichkeiten aus dem Gemeinschaftskonto haftet jeder Kontoinhaber als Gesamtschuldner.

e) Handelt es sich beim Gemeinschaftskonto um ein „Oder-Konto", haften die Kontoinhaber gegenüber dem Kreditinstitut jeweils in der Höhe ihrer Anteile am Kontoguthaben.

22. Welche Kontobezeichnung entspricht nicht den gesetzlichen Anforderungen?

a) Kegelclub Silberne Kugel e. V.

b) Arbeitsgemeinschaft Donaubrücke - Kunzbau GmbH, Lieferbeton AG, Stahlbau KG

c) Stiftung „Künstler in Not"

d) Skatrunde „Herz Dame"

e) Katholische Kirchengemeinde St. Maria

f) Abwasserzweckverband Rottal-Inn

g) Stadt Herne – Burgfeldschule

23. Ein langjähriger Firmenkunde möchte von Ihnen wissen, wann ein Geschäftskonto durch das kontoführende Kreditinstitut aufgelöst wird. Wie informieren Sie ihn richtig?

a) Bei einer Nichtanerkennung des Rechnungsabschlusses

b) Bei einer Pfändung des Guthabens durch einen Gläubiger des Kontoinhabers

c) Bei einer Benachrichtigung über den Tod des Firmeninhabers durch die Erben

d) Bei einer Abgabe einer eidesstattlichen Versicherung

e) Bei Abschluss des Insolvenzverfahrens gegen den Kontoinhaber

Zu den nächsten drei Aufgaben siehe nachstehende Situation!

Sie sind Mitarbeiter/-in der Südbank AG. Ihre Kundin Sabine Franke teilt Ihnen heute telefonisch mit, dass sie und ihre Freundin Anna Baumeister beabsichtigen, einen Cateringservice nebenberuflich zu betreiben. Frau Franke möchte für den gemeinsamen Cateringservice ein Girokonto bei der Südbank AG eröffnen. Sie vereinbaren mit Frau Franke und Frau Baumeister für heute ein Beratungsgespräch, um noch offene Fragen zu klären.

24. Um das Konto für den Cateringservice eröffnen zu können, müssen Sie eine Legitimationsprüfung durchführen. Welche der folgenden Unterlagen benötigen Sie dazu?

a) Original bzw. beglaubigte Abschrift des Handelsregisterauszuges und Gewerbeschein
b) Personalausweis Sabine Franke oder Anna Baumeister
c) Personalausweise Sabine Franke und Anna Baumeister
d) Personalausweis Sabine Franke oder Anna Baumeister, Handelsregisterauszug, Gewerbeschein
e) Personalausweis Sabine Franke und Anna Baumeister, Handelsregisterauszug, Gewerbeschein

25. Nach eingehender Beratung entscheiden sich Frau Franke und Frau Baumeister für ein Gemeinschaftskonto mit Einzelvertretungsbefugnis. Wie sollte das Konto zutreffend für Ihre Kunden lauten?

a) Geschäftskonto „Cateringservice"
b) Geschäftskonto „Sabine Franke und Anna Baumeister"
c) Geschäftskonto „Cateringservice Sabine Franke und Anna Baumeister"
d) Privatkonto „Sabine Franke und Anna Baumeister"
e) Privatkonto „Sabine Franke oder Anna Baumeister"

26. Aus zeitlichen Gründen kann Frau Baumeister den Kontoeröffnungsantrag nicht mehr vor Ort bei Ihrem Kreditinstitut unterschreiben. Welche der folgenden Alternativen wählen Sie daher bei der notwendigen Legitimationsprüfung aus rechtlicher Sicht?

a) Sie senden Frau Baumeister die Unterlagen mit der Post zu.
b) Sie senden Frau Baumeister die Unterlagen mit der Post per Einschreiben zu.
c) Sie lassen die Unterlagen Frau Baumeister per Boten zukommen.
d) Frau Baumeister kann den Post-Ident-Service in Anspruch nehmen.
e) Sie überlassen die Unterlagen Frau Franke und bitten sie, die Unterschrift von Frau Baumeister einzuholen.

27. Ordnen Sie zwei der insgesamt sieben Inhalte dem Gesetz bzw. der Verordnung richtig zu.

Inhalte	**Gesetz bzw. Verordnung**
a) Gesetzliche Regelung der Vertretungsbefugnis der Teilhafter einer KG	[ ] Bürgerliches Gesetzbuch
b) Regelung der Vertretungsbefugnis einer Erbengemeinschaft	[ ] Abgabenordnung
c) Regelung des Zeitpunkts des Erlöschens der Verfügungsberechtigung eines Prokuristen über ein Firmenkonto	
d) Nachprüfung der Verfügungsberechtigten des „TSV Pilsting e. V."	
e) Legitimationsprüfung bei Errichtung von Konten	
f) Definition der Termineinlagen	
g) Definition des Begriffs Bankgeschäft	

28. Aufgrund zunehmender Konkurrenz möchte die Südbank AG die Kontoführungsentgelte und Provisionen für Massengeschäfte neu regeln. Über welchen Spielraum verfügt die Südbank AG bei der Festlegung neuer Preise?

a) Die Südbank AG kann die Kontoführungsentgelte und Provisionen nicht frei festlegen, da diese zwischen den Spitzenverbänden des Kreditgewerbes vereinbart werden.
b) Die Südbank AG kann die Kontoführungsentgelte frei vereinbaren, während die Provisionssätze von der Deutschen Bundesbank verbindlich festgelegt werden.
c) Die europäische Zentralbank legt für die Kontoführungsentgelte und Provisionen Margen fest, innerhalb derer die einzelnen Kreditinstitute ihre Preise festlegen können.
d) Die Preisangabenverordnung legt für Kontoführungsentgelte und Provisionen Höchstsätze fest, unterhalb derer die Südbank AG ihre Preise frei vereinbaren kann.
e) Die Südbank AG kann die Kontoführungsentgelte und Provisionen frei mit den Kunden vereinbaren.

29. Wie interpretieren Sie den abgebildeten Kontoauszug richtig?

a) Der Text „Auszahlung“ wird bei Verfügungen durch Bevollmächtigte angedruckt.
b) Der Vorgang führte zu einer Vermehrung der Bilanzsumme um 360,00 €.
c) Der Geschäftsfall führte zu einer Verminderung der Bilanzsumme um 1 300,00 €.
d) Der Betrag wurde an der Kasse bar ausbezahlt, da der automatische Kassentresor eine Verfügung in dieser Höhe nicht zulässt.
e) Bei Rückfragen kann der Vorgang mit Hilfe der Primanote 6599 rekonstruiert werden.
f) Gemäß AGB dürfen Sie ohne Weiteres die Rücküberweisung veranlassen.

KONTOAUSZUG vom 30.12. — Stadtsparkasse Straubing

Kontonummer	Auszug	Blatt	Sparkasse/Geschäftsstelle	Währung	Soll	Alter Kontostand	Haben
99 999	256	1	Straubing, Stadtplatz 4	€			310,00

Buchungstag	Text	Wert	Belastung	Umsätze	Gutschrift
30.12.	Auszahlung PNNR 6599	30.12.	650,00		
Elektrogroßhandlung J.F. Spach Krankenhausgasse 3 94315 Straubing	Ihr DISPO-Kredit: 2.500,00 €	Neuer Kontostand	340,00		
	IBAN: DE69 7425 0000 0000 0999 99 - BIC: BYLADEM1SRG				

30. Welche der folgenden Konditionen ist im Preisaushang über die „Regelsätze im standardisierten Privatkundengeschäft“ enthalten?

a) Der Effektivzinssatz für das Girokonto für junge Leute
b) Die Preise für die Ausführung von Daueraufträgen
c) Die Effektiverzinsung für Festgelder ab 10 000,00 €
d) Die Regelungen der Wertstellungen für Belastungen und Gutschriften
e) Die Sonderkonditionen für die Führung von Lohn- und Gehaltskonten

31. Was müssen Sie gemäß den Allgemeinen Geschäftsbedingungen (AGB) im Zusammenhang mit Rechnungsabschlüssen beachten?

a) Die Unterlassung rechtzeitiger Einwendungen gilt als Genehmigung. Gesetzliche Ansprüche des Kunden bei begründeten Einwendungen nach Fristablauf bleiben jedoch unberührt.
b) Die Unterlassung rechtzeitiger Einwendungen gilt als Genehmigung. Gesetzliche Ansprüche des Kunden bei begründeten Einwendungen gelten dann als verjährt.
c) Nach dem Rechnungsabschluss sind Storno- oder Korrekturbuchungen nicht mehr möglich.
d) In unregelmäßigen Abständen werden an die Kunden Saldenbestätigungen verschickt. Reklamationen muss der Kunde mit einer Ausschlussfrist von vier Wochen bei der Bundesanstalt für Finanzdienstleistungsaufsicht melden.
e) Ihr Kreditinstitut muss laut AGB zum Ende eines Kalenderquartals einen Rechnungsabschluss erteilen; abweichende Regelungen sind unzulässig.

32. Wie werden die Konditionen für ein Girokonto festgelegt?

a) Die Preise zwischen Kreditinstituten und ihren Kunden sind grundsätzlich frei aushandelbar.
b) Zinssätze sind frei vereinbar, für Preise müssen lediglich die Höchstsätze der Bundesanstalt für Finanzdienstleistungsaufsicht beachtet werden.
c) Entgelte für Kontoführung und Zinssätze können zwischen Kreditinstituten und Kunden grundsätzlich frei vereinbart werden. Provisionssätze werden von der Deutschen Bundesbank verbindlich festgelegt.
d) Im HGB sind Mindestsätze, in den AGB verbindliche Höchstsätze für Zinsen und Provisionen vorgeschrieben.
e) Kreditinstitute können Zinsen und Provisionen zwar mit ihren Kunden frei aushandeln. Die Deutsche Bundesbank überwacht aber, dass die Kreditinstitute damit keinen Wucher betreiben.

33. Herr Meister erkundigt sich bei Ihrem Kreditinstitut nach grundsätzlichen Preisen und Modalitäten der Kontoführung, da er ein Girokonto eröffnen möchte. Im Beratungsgespräch kommen Sie auch darauf zu sprechen, dass Ihr Unternehmen so genannte „Allgemeine Geschäftsbedingungen" verwendet. Wie informieren Sie Herrn Meister über die AGB richtig?

a) „Die Allgemeinen Geschäftsbedingungen, Herr Meister, regeln z. B., welche Preise Sie für die Ausführung von Überweisungen zahlen müssen."

b) „Unter Allgemeinen Geschäftsbedingungen versteht man diejenigen Regelungen, Herr Meister, die wir beim Abschluss eines Kontovertrages allgemein besprechen und individuell mit Ihnen vereinbaren. Diese Vereinbarung bestätigen Sie mir mit Ihrer Unterschrift auf dem Kontoeröffnungsantrag."

c) „In den AGB, Herr Meister, werden die speziellen Rechte und Pflichten der Kunden fixiert. Damit werden etwaige unklare Regelungen auch regelmäßig zu Gunsten der Kreditinstitute ausgelegt."

d) „Die Allgemeinen Geschäftsbedingungen bilden den rechtlichen Rahmen für unsere Geschäftsbeziehung mit Ihnen, Herr Meister, und unterliegen einer besonderen Normenkontrolle."

e) „Allgemeine Geschäftsbedingungen sind allgemein verbindlich, da sie bei einer Vielzahl von Kunden Verwendung finden. Sie, Herr Meister, bestätigen mir bei der Kontoeröffnung nur, dass Sie auf diese AGB hingewiesen wurden."

34. In welcher Form müssen Kreditinstitute ihre Konditionen im Interesse des Verbraucherschutzes veröffentlichen?

a) Die Preisauszeichnungspflicht der Dienstleistungen der Kreditinstitute hat in Form von Stückpreisen in € im Preisaushang zu erfolgen; das Preisverzeichnis enthält die Zinsen im Einlagen- und Kreditgeschäft.

b) Sie sind entweder öffentlich in der örtlichen Tagespresse oder durch Schalteraushang bekannt zu machen.

c) Zinssätze für Spar- und Girokonten sowie Ratenkredite im standardisierten Privatkundengeschäft müssen aus dem Preisaushang ersichtlich sein.

d) Während die Zinssätze für Einlagen und Kredite im Privatkundengeschäft aus dem Preisaushang ersichtlich sein müssen, gelten für Firmenkunden die Zinssätze im ausliegenden Preisverzeichnis.

e) Im Preisaushang sind u. a. alle Kosten für die Kontoführung von Privat- und Firmenkunden aufzuführen.

35. Für welche Finanztransaktion muss nach dem Geldwäschegesetz (GWG) eine Identifizierung vorgenommen werden?

a) Bei regelmäßigen Einzahlern muss eine Identifizierung nur bei Einzahlungen für fremde Rechnung erfolgen.

b) Ein Kunde reicht einen Barscheck von 46.000,00 € zur Gutschrift auf seinem Konto ein.

c) Aus einem Autoverkauf zahlt der Erwerber 20.000,00 € auf das Sparkonto des Verkäufers bar ein.

d) Ein Kunde hat mit der Volksbank einen Nachttresor-Benutzungsvertrag geschlossen. Über den Nachttresor werden häufig Geldkassetten von verschiedenen Angestellten eingeworfen.

e) Ein Kunde erwirbt US-Dollar im Kurswert von 2.470,00 €. Einschließlich Gebühren bezahlt er 2.490,00 €.

36. Welcher der folgenden Anfragen dürfen Sie entsprechend den AGB der Kreditinstitute über das Bankgeheimnis nicht nachkommen, obwohl eine ausreichende Legitimation vorliegt?

a) Telefonische Anfrage des Kontomitinhabers nach dem Kontostand eines Oder-Kontos

b) Anfrage des Kontomitinhabers nach dem Kontostand eines Und-Kontos

c) Anfrage des durch ein Zeugnis ausgewiesenen Testamentsvollstreckers nach weiteren Konten des Verstorbenen

d) Anfrage eines Bareinzahlers nach der Girokonto-Nummer des Zahlungsempfängers

e) Anfrage des Rechtsanwalts eines Klägers nach den Verfügungen des Vorjahres auf dem Konto des Beklagten

37. Ihrem Kunden Klaus Mayer wurde aufgrund einer falschen Kontonummer bei einem Überweisungseingang versehentlich 2.867,29 € auf seinem Kontokorrentkonto gutgeschrieben. Noch vor dem nächsten Rechnungsabschluss möchte Ihr Kreditinstitut die fehlerhafte Gutschrift Herrn Mayer zurückbelasten. Herr Mayer hat bereits über die entsprechende Gutschrift verfügt. Darf Ihr Kreditinstitut die fehlerhafte Gutschrift trotzdem berichtigen?

a) Da der Kunde bereits über die Gutschrift verfügt hat, kann Ihr Kreditinstitut nur mit dem Einverständnis des Kunden eine Berichtigungsbuchung durchführen.

b) Da in diesem Fall Ihrem Kreditinstitut ein Rückzahlungsanspruch zusteht, kann es auch noch nach dem Rechnungsabschluss ohne das Einverständnis des Kunden eine Berichtigungsbuchung durchführen. Der Kunde kann dagegen nicht widersprechen.

c) Obwohl der Kunde bereits über die Gutschrift verfügt hat, kann Ihr Kreditinstitut auch gegen Einwendungen des Kunden eine Berichtigungsbuchung durchführen.

d) Eine Berichtigungsbuchung ist nur dann möglich, wenn das Konto nach der Rückbelastung keinen Sollbestand ausweist.

e) Eine Berichtigungsbuchung ist grundsätzlich nur innerhalb von vier Wochen (Sparkassen) bzw. einem Monat (Banken) möglich, sofern der Kunde schriftlich über die Rückbelastung in Kenntnis gesetzt wurde.

38. Die Industriefkauffrau Silvia Meier führt bei Ihrem Kreditinstitut ein Girokonto, auf das ihr Arbeitgeber am 30. Juli einen Betrag von 1.645,57 € überwiesen hat. Die Valutierung des Gutschriftbetrags ist bereits erfolgt. Am 12. August bittet der Arbeitgeber von Frau Meier um Rücküberweisung von 100,00 €, die infolge eines Abrechnungsfehlers zu viel überwiesen worden seien. Dürfen Sie die Rücküberweisung durchführen?

a) Eine Rücküberweisung ist ohne Weiteres möglich, sofern Frau Meier über den Differenzbetrag noch nicht verfügt hat.

b) Sie können nur dann eine Rücküberweisung veranlassen, wenn Frau Meier von der Gutschrift noch keine Kenntnis erhalten hat.

c) Um die Rücküberweisung veranlassen zu können, benötigen Sie einen Auftrag von Frau Meier.

d) Eine Rücküberweisung ist nur in Höhe des Gesamtbetrages möglich.

39. Ein Kunde legt Ihnen den abgebildeten Kontoauszug vor und möchte nähere Informationen zu den einzelnen Eintragungen. Wie informieren Sie ihren Kunden richtig?

a) Die Belastung von TOP-Schuh muss mangels Deckung zurückgegeben werden.

b) Das Konto ist über den vereinbarten Kredit hinaus in Anspruch genommen. Dem Kunden werden für 2 500,00 € Überziehungszinsen berechnet.

c) Der Kunde kann unabhängig davon, ob er die Reise mit dem Reisebüro Schott e.K. antritt oder nicht, der Belastung widersprechen.

d) Die Abrechnung von MASTERCARD betraf den Zeitraum vom 10. Juni bis zum 25. Juni.

e) Sofern der eingereichte Scheck über 180,00 € nicht eingelöst werden sollte, kann das Kreditinstitut diesen mit Valuta 21. Juni dem Kunden zurückbelasten.

KONTOAUSZUG vom 27.06. **Stadtsparkasse Straubing**

Kontonummer	Auszug	Blatt	Sparkasse/Geschäftsstelle	Währung	Soll	Alter Kontostand	Haben
99 999	256	1	Straubing, Stadtplatz 4	€	2.090,00		

Buchungstag	Text	Wert	Belastung	Umsätze	Gutschrift
21.06.	Reisebüro Schott e. K. ELV 50040974 20.06. 13:47	23.06.	289,40		
24.06.	EC-Automat Kirchroth	24.06.	150,00		
24.06.	Scheck E.v. Beleg Nr. 160908	24.06.			180,00
25.06.	MASTERCARD Abrechnung 10.06.: 55544490009	25.06.	146,90		
26.06.	Top-Schuh EC 640021627 24.06. 2:19	26.06.	78,90		
Elektrogroßhandlung J.F. Spach Krankenhausgasse 3 94315 Straubing	Ihr DISPO-Kredit: 2.500,00 €	Neuer Kontostand	2.575,20		
		IBAN: DE69 7425 0000 0000 0999 99 - BIC: BYLADEM1SRG			

Zu den nächsten vier Aufgaben siehe nachstehende Situation.

Frau Franke, 18 Jahre alt, hat gerade ihre Ausbildung zur Bürokauffrau bei einer ortsansässigen Druckerei begonnen. Frau Franke hat heute mit Ihnen einen Gesprächstermin vereinbart, da sie ein Kontokorrentkonto, auf das die monatliche Ausbildungsvergütung überwiesen werden soll, eröffnen möchte.

40. Frau Franke hat sich bereits im Vorfeld des Kontoeröffnungsgespräches auch bei anderen Kreditinstituten über Zinssätze, Preise und Provisionen informiert. Dabei ist ihr aufgefallen, dass die Kreditinstitute teilweise erhebliche Unterschiede diesbezüglich aufweisen. Wie informieren Sie Frau Franke richtig?

a) „Zinssätze und Preise können zwischen Kreditinstituten und Kunden frei vereinbart werden, die Provisionssätze werden von der Deutschen Bundesbank verbindlich festgelegt."

b) „Die Bundesanstalt für Finanzdienstleistungsaufsicht setzt die Höchstsätze für Preise und Provisionen fest, während die Kreditinstitute Zinssätze frei mit dem Kunden aushandeln können."

c) „Zinssätze, Preise und Provisionen können Kreditinstitute mit ihren Kunden frei aushandeln."

d) „Im BGB sind verbindliche Höchstsätze für Zinssätze, Preise und Provisionen festgehalten, damit die Kreditinstitute keinen Wucher betreiben können."

e) „Kreditinstitute können Zinssätze, Preise und Provisionen mit ihren Kunden zwar frei aushandeln, jedoch kontrolliert das Bundeskartellamt in Stichproben, ob keine Wettbewerbsverzerrungen vorliegen.

41. Erläutern Sie Frau Franke, in welcher Form Ihr Kreditinstitut im Interesse der Verbraucherinformation und des Verbraucherschutzes seine Konditionen veröffentlichen muss?

a) Im Interesse des Verbraucherschutzes sind Konditionsänderungen für das Privat- und Firmenkundengeschäft öffentlich auszulegen.

b) Konditionsänderungen sind entweder öffentlich in der örtlichen Tagespresse oder durch Schalteraushang bekannt zu machen.

c) Die Preisauszeichnungspflicht der Dienstleistungen der Kreditinstitute erfolgt in Form von Stückpreisen in € im Preisaushang; das Preisverzeichnis enthält die Zinsen im Einlagen- und Kreditgeschäft.

d) Zinssätze für Spar- und Girokonten sowie Ratenkredite im standardisierten Privatkundengeschäft sind aus dem Preisaushang zu ersehen.

e) Während die Zinssätze für Einlagen und Kredite im Privatkundengeschäft aus dem Preisaushang zu ersehen sind, gelten für Firmenkunden die Zinssätze im ausliegenden Preisverzeichnis.

42. Warum müssen Sie im Rahmen der Kontoreröffnung u. a. die devisenrechtliche Stellung von Frau Franke überprüfen?

a) Die Bundesregierung benötigt diese Angaben im Zusammenhang mit der Zuwanderungsstatistik.

b) Die europäische Zentralbank benötigt diese Angabe, da sie in ihren Monatsberichten nach Steuerausländern und Steuerinländern unterscheidet.

c) Der Bundesgrenzschutz kann mit Hilfe dieser Daten leichter nach illegalen Einwanderern suchen.

d) Im gesamtwirtschaftlichen Interesse können Sonderregelungen für die Verwendung von Kontoguthaben Gebietsfremder erlassen werden.

e) Bei Steuerausländern werden in der Regel höhere Kapitalertragsteuern einbehalten.

43. Bevor Frau Franke den Kontoeröffnungsantrag unterschreibt, fragen Sie sie, ob sie „für eigene Rechnung" oder „für fremde Rechnung" handelt. Wie informieren Sie Frau Franke über diese Begriffe richtig?

a) „Handeln für ‚eigene Rechnung' bedeutet, dass der Kontoinhaber und der wirtschaftlich Berechtigte nach dem Geldwäschegesetz identisch sind."

b) „Handeln für ‚fremde Rechnung' bedeutet, dass der Kontoinhaber zwar Gläubiger, aber nicht Besitzer des auf dem Konto befindlichen Guthabens ist."

c) „Handeln für ‚eigene Rechnung' bedeutet, dass sämtliche Kosten und Preise vom Kontoinhaber zu tragen sind. Bei ‚fremder Rechnung' kommt eine dritte Person dafür auf."

d) „Handeln für ‚fremde Rechnung' bedeutet, dass der wirtschaftlich Berechtigte die Rechnungsabschlüsse anerkennen muss."

e) „Handeln für ‚eigene Rechnung' bedeutet, dass auf dieses Konto nur der Kontoinhaber oder namentlich erfasste Bevollmächtige Gelder einzahlen dürfen."

Zu den nächsten zwei Aufgaben siehe nachstehende Situation!

Herr Patrick Kreil, 32 Jahre alt, bisher noch kein Kunde Ihres Kreditinstituts, kommt heute zu Ihnen und möchte ein Gehaltskonto eröffnen.

44. Im Rahmen der Kontoeröffnung müssen Sie die rechtlichen Vorschriften des Geldwäschegesetzes beachten. Auf welche der folgenden Angaben können Sie verzichten, ohne gegen dieses Gesetz zu verstoßen?

a) Name und Vorname
b) Geburtsdatum
c) Anschrift gemäß Personalausweis
d) Staatsangehörigkeit
e) Güterstand

45. Um über die finanziellen Verhältnisse Ihres Neukunden Patrick Kreil informiert zu sein, bitten Sie ihn, die SCHUFA-Klausel zu unterschreiben.
Welche der folgenden Informationen werden bei der SCHUFA über Patrick Kreil gespeichert?

a) Vorhandene Kreditkarten
b) Unterhaltsverpflichtungen
c) Höhe der Termineinlagen
d) Gemietete Schließfächer
e) Bestehende Wertpapierdepots

46. Wie informieren Sie Ihre Kunden über die Identifizierungspflicht bei Finanztransaktionen gemäß Geldwäschegesetz sachlich richtig?

a) Die Einreichung von Schecks, deren Gegenwert auf einem Verrechnungskonto gutgeschrieben und nicht bar ausgezahlt werden, führt nicht zur Identifizierungspflicht.
b) Alle Finanztransaktionen ab 15.000,00 € lösen eine Identifizierungspflicht seitens des Kreditinstituts aus.
c) Eine Identifizierung kann auch durch die Vorlage eines Führerscheins erfolgen.
d) Zu den Kundendaten, die bei einer Identifizierung festzuhalten sind, zählen Name, Anschrift und Beruf.
e) Die Annahme und Abgabe von Edelmetallen löst keine Identifizierungspflicht aus.

47. In welcher Form kann ein Kreditinstitut, das beabsichtigt die Allgemeinen Geschäftsbedingungen zu ändern, Ihre Kunden informieren und über ein mögliches Widerspruchsrecht aufklären?

a) Es genügt, wenn die Bank über Änderungen der Allgemeinen Geschäftsbedingungen auf Ihrer Homepage im Internet informiert. Widerspricht der Kunde nicht binnen 6 Wochen, werden die Änderungen rechtswirksam vereinbart.
b) Ein Widerspruch des Kunden muss innerhalb von 6 Wochen nach Bekanntgabe der Änderungen bei der Bank eingehen.
c) Ein Widerspruch des Kunden zu Änderungen der Allgemeinen Geschäftsbedingungen kann keinesfalls in elektronischer Form wie z. B. per E-Mail erfolgen.
d) Wenn der Kunde in anderer zumutbarer Form von den Änderungen Kenntnis nehmen kann, ist ein ausdrücklicher Hinweis auf die Änderungen oder ein deutlich sichtbarer Aushang am Ort des Vertragsabschlusses entbehrlich.
e) Über Änderungen der Allgemeinen Geschäftsbedingungen kann der Kunde auch in elektronischer Form informiert werden, wenn er einen elektronischen Kommunikationsweg (z. B. Homebanking) vereinbart hat. Die Art der Übermittlung muss es allerdings erlauben, die Änderungen in lesbarer Form zu speichern oder auszudrucken.

48. Sie führen für Herrn Graf ein Girokonto mit einem Habensaldo von 2.356,89 € und ein Sparkonto über 30.000,00 €. Das Geldwäschegesetz verpflichtet die Kreditinstitute u. a. zur Mitwirkung bei der Bekämpfung der Rauschgiftkriminalität und der organisierten Kriminalität. In welchem Fall hat das Kreditinstitut die auftretende Person gemäß § 2 des Geldwäschegesetzes zu identifizieren (Identifizierungspflicht)?

a) Herr Graf reicht einen Verrechnungsscheck über 15.200,00 € zum Inkasso auf sein Girokonto ein.
b) Herr Graf zahlt 10.000,00 € in bar auf sein Girokonto ein.
c) Herr Graf überträgt 20.000,00 € von seinem Sparkonto auf ein Geldmarktkonto.
d) Herr Graf zahlte im letzten Monat ein bis zwei Mal pro Woche jeweils 5.000,00 € auf sein Girokonto ein (Smurfing).
e) Herr Graf tauscht für eine Weltreise bar 1.000,00 € in US-Dollar.

49. Gegen den Kunden Franz Aigner wird Ihrem Kreditinstitut ein Pfändungs- und Überweisungsbeschluss über 330,00 € zugestellt. Ein Pfändungsschutzkonto ist nicht eingerichtet. Was müssen Sie bei der Kontoführung beachten?

a) Schecks, die der Kontoinhaber vor Eingang des Pfändungs- und Überweisungsbeschlusses ausgestellt hat, müssen eingelöst werden.

b) Die Überweisung des gepfändeten Guthabens darf erst nach 4 Wochen ab Zustellung des Pfändungs- und Überweisungsbeschlusses erfolgen, innerhalb dieser Frist kann der Schuldner sein Konto in ein Pfändungsschutzkonto umwandeln.

c) Das Kreditinstitut muss dem Pfändungsgläubiger auf Verlangen innerhalb von zwei Tagen nach Zustellung eines Pfändungsbeschlusses Auskunft geben, ob es die Forderung anerkennt.

d) Guthaben aus gepfändeten Sparkonten können auch ohne Vorlage des Sparbuchs überwiesen werden.

e) Das gesamte Kontoguthaben wird zunächst ungeachtet des Kontostandes gesperrt und erst nach Überweisung der 330,00 € an den Pfandgläubiger wieder für Verfügungen freigegeben.

50. Es geht heute bei Ihrem Kreditinstitut ein Pfändungs- und Überweisungsbeschluss für Herrn Kranz über 6.130,00 € ein, wobei sowohl die gegenwärtigen als auch die zukünftigen Forderungen des Schuldners gepfändet sind. Ein Pfändungsschutzkonto liegt nicht vor. Sie stellen die folgenden Kontostände fest:

Sparkonto (Karl Kranz, Eheleute)	**2.000,00 €**
Kontokorrentkonto (Karl Kranz)	**2.500,00 €, Haben**
Kontokorrentkonto (Karl Kranz)	**5.000,00 €, Soll, keine Kreditlinie eingeräumt**

Welchen Betrag wird das Kreditinstitut aktuell an den Pfändungsgläubiger überweisen?

a) 0,00 €

b) 1.500,00 €

c) 2.000,00 €

d) 3.500,00 €

e) 5.130,00 €

51. Ihr Kreditinstitut erhält heute wegen des Kunden Karl Übrig einen Pfändungs- und Überweisungsbeschluss über 281,35 € Lohnsteuer. Sie führen für Herrn Übrig ein Gehaltskonto (Saldo 277,89 € Haben) mit dem Vermerk „Keine Überziehung“. Eine Bankkarte wurde ausgegeben. Ein Pfändungsschutzkonto ist nicht eingerichtet. Wie verhalten Sie sich richtig?

a) Sie überweisen den gepfändeten Betrag sofort an das Finanzamt.

b) Sie kündigen das Konto des Herrn Übrig und lösen es sofort auf.

c) Sie geben innerhalb von einer Woche die Drittschuldnererklärung ab.

d) Sie lösen eine taggleich vorgelegte Belastung (ELV-Verfahren) von 150,89 € ein.

e) Die Bank hat als Drittschuldner innerhalb von 2 Wochen dem Pfandgläubiger ab der Zustellung des Pfändungsbeschlusses bestimmte Auskünfte zu geben.

52. Als Mitarbeiter der Universalbank AG sind Sie verpflichtet, für Bankgeschäfte mit erhöhtem Geldwäscherisiko verstärkte Identifizierungs- und Sorgfaltspflichten gemäß Geldwäschegesetz zu beachten. Für welche zwei der folgenden Geschäftsfälle liegt eine entsprechende Identifizierungs- und Sorgfaltspflicht vor?

a) Abschluss eines Sparvertrags mit monatlicher Einzahlung in Höhe von 100,00 €

b) Umtausch von US-Dollar (USD) im Gegenwert von 2.800,00 € von einem Nichtkunden

c) Einmaliger Edelmetallverkauf an einen Kunden im Wert von 800,00 €

d) Bareinzahlung über 1.300,00 € zur Barauszahlung an eine Dritte Person im Ausland über ein Bargeldtransferunternehmen

e) Bareinzahlung der Wocheneinnahmen des Catering-Service Blum e. K. in Höhe von 5.000,00 €

53. Bei welcher der folgenden Nummern handelt es sich um die weltweit erste zentrale und einheitliche Rufnummer zum Sperren von unterschiedlichen elektronischen Berechtigungen wie Kreditkarten, Online-Banking-Zugänge, Handykarten oder auch der elektronische Identifikationsfunktion des neuen Personalausweises?

a) 110 110

b) 112 112

c) 120 120

d) 116 116

e) 113 113

54. Ihr Kunde Bernd Pfeilschifter hat wegen seiner körperlichen Behinderung beim zuständigen Gericht einen Antrag auf Vermögensbetreuung gestellt. Er kommt heute zu Ihnen, da er wissen möchte, welche rechtliche Wirkung sich aus der angeordneten Betreung für den bestehenden Geschäftsbesorgungsvertrag ergibt. Wie informieren Sie Herrn Pfeilschifter in diesem Zusammenhang richtig?

a) Der Betreuer ist für alle persönlichen Rechtsgeschäfte des Herrn Pfeilschifter bestellt, so dass der Betreute die Rechtsstellung eines beschränkt Geschäftsfähigen einnimmt.
b) Der Betreuer kann über das Girokonto von Herrn Pfeilschifter genehmigungsfrei, unabhängig von der Höhe des Betrages, verfügen.
c) Das Vormundschaftsgericht ordnet grundsätzlich an, dass Herr Pfeilschifter für jede Kontoverfügung die Einwilligung des Betreuers benötigt.
d) Herr Pfeilschifter und sein Betreuer können künftig nur noch gemeinsam über die Konten verfügen.
e) Der Betreuer ist Vertreter kraft gesetzlicher Verleihung, die von Herrn Pfeilschifter jederzeit widerrufen werden kann.

55. Sie sollen für den Notar Hans Moser, langjähriger Kunde Ihres Kreditinstituts, ein weiteres Treuhandkonto für einen neuen Mandanten eröffnen. Was haben Sie dabei zu beachten?

a) Da für den Mandanten ein neues Konto eröffnet wird, muss für den Notar eine erneute Legitimationsprüfung erfolgen.
b) Nach den Bestimmungen des Geldwäschegesetzes muss die Identifikation des Begünstigten geprüft werden.
c) Das neue Konto muss mit dem Sperrvermerk „Notaranderkonto" gesperrt werden; Verfügungen können nur mit Zustimmung des Begünstigten vorgenommen werden.
d) Neben Herrn Moser erhält auch der neue Mandant Einzelverfügungsberechtigung.
e) Die von Herrn Moser verwalteten Vermögenswerte des neuen Mandanten müssen getrennt von denen anderer Mandanten auf einem neuen Konto gebucht werden.

56. Ihre Kundin Eva Klein hat nach Beendigung ihrer Ausbildung eine kleine Wohnung gemietet. Der Vermieter verlangt von ihr aus Sicherheitsgründen die Stellung einer Mietkaution in Höhe von 400,00 €. Die Kaution soll auf einem Sparkonto angelegt werden. Bieten Sie Ihrer Kundin eine geeignete Lösung unter Abwägung beider Interessen an.

a) Sie eröffnen das Konto auf den Namen des Vermieters als offenes Treuhandkonto. Als offenes Treuhandkonto kann es von der Zinsabschlagsteuer befreit werden.
b) Sie eröffnen das Konto auf den Namen von Frau Klein. Das Sparbuch wird dem Vermieter, der als Verfügungsberechtigter eingetragen wird, übergeben.
c) Sie eröffnen das Konto auf den Namen des Vermieters. Durch den Vermerk „Mietkaution" im Sparbuch können Mieter und Vermieter nur gemeinsam über das Guthaben verfügen.
d) Sie eröffnen das Konto auf den Namen von Frau Klein und lassen es an den Vermieter verpfänden, an den das Sparbuch übergeben wird. Der Vermerk „Mietkaution" hebt die Legitimationswirkung des Sparbuches auf.
e) Sie eröffnen das Sparkonto auf die Namen des Vermieters und Frau Klein (Und-Konto). Durch den Vermerk „Mietkaution" kann der Vermieter alleine verfügen.

57. Welche der folgenden Aussagen hinsichtlich der Eröffnung eines Mietkautionskontos ist sachlich richtig?

a) Ein Mietkautionskonto muss immer auf den Namen des Vermieters eröffnet werden.
b) Ein Mietkautionskonto muss immer auf den Namen des Mieters eröffnet werden.
c) Ein Mietkautionskonto muss als Gemeinschaftskonto (UND-Konto) auf die Namen des Mieters oder des Vermieters eröffnet werden.
d) Ein Mietkautionskonto kann auf den Namen des Vermieters oder Mieters eröffnet werden
e) Ein Mietkautionskonto muss als Gemeinschaftskonto (ODER-Konto) auf die Namen des Mieters und des Vermieters eröffnet werden.

58. Der Notar Karl Kleinauf richtet für seinen Mandanten Klaus Niedermeier im Rahmen eines Grundstückkaufs ein Notaranderkonto mit einem Betrag von 100.000,00 € in Ihrem Hause ein. Überprüfen Sie, welche der folgenden Aussagen zur Einrichtung dieses Anderkontos richtig ist?

a) Herr Niedermeier kann als Gläubiger nur gemeinsam mit Herrn Kleinauf über das Konto verfügen.
b) Da Herr Kleinauf Kontoinhaber ist, kann er über das Konto auch mit einer Geldkarte verfügen.
c) Herr Kleinauf muss das Geld verzinslich anlegen und zur Vermeidung zu hoher Abgeltungssteuer einen Freistellungsauftrag einreichen.
d) Da Herr Kleinauf Kontoinhaber ist, kann er Herrn Niedermeier Vollmacht über dieses Konto erteilen.
e) Herr Niedermaier kann nie über das Guthaben verfügen, auch nicht, wenn Herr Kleinauf sterben sollte.

59. Bei welchem der folgenden Konten handelt es sich um kein Treuhandkonto?

a) Notaranderkonto Karl Seitz, für Grundstückskauf Eheleute Klein

b) Sebastian Kaiser, wegen Mietkaution (Mieterin: Stefan Berger)

c) Klara Schnell, für Skatverein „Herzbube“

d) Hannes Kurz, wegen Mietkaution (Vermieter: Eheleute Kell)

e) Armin Schwab, für Wohnungseigentümergemeinschaft „Sonniger Grund 14“

60. Die Eheleute Anna und Karsten Schön kauften von Herrn Xaver Aigner ein Baugrundstück für 77.000,00 €. Die beiden Vertragsparteien einigen sich darauf, dass der Notar Werner Karg bis zur Eintragung der veränderten Eigentumsverhältnisse am Grundstück im Grundbuch den Kaufpreis verwalten soll. Der vereinbarte Kaufpreis wird daher auf ein Notaranderkonto mit der Kontobezeichnung „Werner Karg, wegen Schön - Aigner“ eingezahlt. Welche Aussage zur Verfügung über das Kontoguthaben gemäß den Sonderbedingungen für Notaranderkonten ist richtig?

a) Der Notar und das Ehepaar Schön dürfen gemeinsam über das Kontoguthaben verfügen, da das Ehepaar bis zur Grundbucheintragung den Rechtsanspruch an dem Kaufpreis hat.

b) Der Notar als Kontoinhaber oder Herr und Frau Schön gemeinsam dürfen über das Kontoguthaben verfügen, sofern der Notar ihnen eine Kontovollmacht erteilt hat.

c) Der Notar Werner Karg darf alleine über das Kontoguthaben verfügen, da er Kontoinhaber ist.

d) Der Notar Werner Karg und die Angestellten des Notariats dürfen über das Kontoguthaben verfügen, da diese das Geld treuhänderisch verwalten.

e) Der Notar Werner Karg, das Ehepaar Schön und Herr Aigner gemeinsam dürfen über das Kontoguthaben verfügen, da das Guthaben nur treuhänderisch vom Notar verwaltet wird und die anderen Vertragspartner die Rechtsansprüche an dem Kontoguthaben besitzen.

61. Herr Ludwig Meier, langjähriger Kunde Ihres Kreditinstiuts, teilt Ihnen heute in einem Beratungsgespräch mit, dass er zum Nachlasspfleger Ihres unlängst verstorbenen Kunden Karl Fleischer bestellt worden ist. Was muss Ihnen Herr Meier vorlegen?

a) Er muss mindestens einen Erbschein mehrerer Erben vorlegen.

b) Er muss ein Testamentsvollstreckerzeugnis vorlegen.

c) Er muss eine Vollmacht der Erben vorlegen.

d) Er muss eine Bestallungsurkunde vorlegen.

e) Er muss ein ordnungsgemäß unterschriebenes Testament des Verstorbenen vorlegen.

62. Ihr langjähriger Kunde Otto Klein ist überraschend verstorben. Zum Zeitpunkt seines Todes unterhielt er ein Girokonto über 1.925,00 € Soll und ein Geldmarktkonto mit einem Guthaben über 5.880,00 €. Wozu sind Sie verpflichtet?

a) Sie sperren die Konten für jegliche Verfügungen.

b) Sie überweisen die Beerdigungskosten zu Lasten des Kontos der Verstorbenen, auch wenn ein Erbe widersprochen hat.

c) Sie verweigern eine Auszahlung an einen Kontobevollmächtigten, der eine Vollmacht über den Tod hinaus besitzt.

d) Sie erstatten eine Meldung an die Erbschaftssteuerstelle des zuständigen Finanzamtes innerhalb eines Monats, nachdem Sie Kenntnis vom Tod des Kunden erhalten haben.

e) Sie erstatten keine Anzeige an die Erbschaftssteuerstelle des zuständigen Finanzamtes, da das Guthaben im Todeszeitpunkt unter der Meldegrenze liegt.

63. Ihre langjährige Kundin, Else Klug, für die Sie ein Sparkonto mit einem Guthaben von 39.000,00 € führen, ist überraschend verstorben. Eine Kontovollmacht wurde nicht erteilt. Bringen Sie die folgenden Arbeitsschritte in die richtige Reihenfolge.

[ ] Frau Elke Hannes teilt Ihnen den Tod ihrer Mutter Else Klug mit und legt eine Sterbeurkunde vor. Der Tod von Else Klug war Ihnen bisher nicht bekannt.

[ ] Sie erklären Frau Hannes, dass zur Auflösung des Kontos die Vorlage eines Erbscheins und des Sparbuchs erforderlich ist. Sie kennzeichnen die Kontobezeichnung durch den Zusatz „Nachlass“.

[ ] Frau Hannes legt acht Wochen nach Ihrem ersten Gespräch den Erbschein vor, aus dem hervorgeht, dass sie Alleinerbin ist. Sie kopieren den Erbschein.

[ ] Sie rechnen das Sparkonto ab, lösen dieses auf und zahlen den Abrechnungsbetrag an Frau Hannes aus.

[ ] Sie melden der Erbschaftssteuerstelle des zuständigen Finanzamtes das bei Ihnen geführte Sparguthaben.

64. In einem Beratungsgespräch mit einem Kunden erfahren Sie, dass Ihr langjähriger Kunde, Herr Karl Seitz, überraschend verstorben ist. Welche Aussage ist in diesem Zusammenhang sachlich richtig?

a) Für das Kreditinstitut besteht keinerlei Notwendigkeit, in der Führung der Konten des Herrn Seitz besondere Maßnahmen zu ergreifen bzw. besondere Umsicht zu zeigen, solange der Todesfall nicht durch eine entsprechende Sterbeurkunde angezeigt wurde.

b) Für die Erbfallmeldung gegenüber dem Finanzamt sind maßgeblich die Guthaben und Depots zu Beginn des Todestages des Herrn Seitz, sofern sie mehr als 5.000,00 € betragen oder sofern ein Schließfach vorhanden ist.

c) Nach Vorlage der Sterbeurkunde können keinerlei Verfügungen mehr über das Konto zugelassen werden, solange nicht die Erbfolge geklärt wurde.

d) Schecks, die Herr Seitz noch zu Lebzeiten ausgestellt hat, dürfen nur noch eingelöst werden, wenn sie mit Girocard begeben worden sind.

e) Alle dem Kreditinstitut vorliegenden Aufträge des Herrn Seitz (z. B. Abbuchungsaufträge) verlieren mit dem Todestag ihre rechtliche Wirkung.

65. Ihr Kunde Herr Franz Vogl ist überraschend verstorben. Sie ermitteln folgende Daten über die Geschäftsverbindung mit dem Verstorbenen:

- Girokonto:	
heutiger Saldo	Haben 2.100,00 €
Saldo am Todestag 0:00 Uhr	Soll 8.500,00 €
- Sparguthaben:	220,00 €
- Depotkonto (Wertpapiere):	
heutiger Wert	1.350,00 €
Wert am Todestag 0:00 Uhr	1.520,00 €
- Konsumkredit:	8.900,00 €

- Herr Vogl hatte vor seinem Tod bei Ihrem Kreditinstitut ein Verwahrstück hinterlegt; die Aushändigung einer Quittung ist erfolgt.

Müssen Sie im vorliegenden Fall eine Meldung an das zuständige Finanzamt (Erbschaftsteuerstelle) machen?

a) Eine Meldung muss erfolgen, da ungeachtet der Kontostände der Verstorbene Ihrem Kreditinstitut ein Verwahrstück übergeben hat.

b) Eine Meldung muss erfolgen, da der Nachlasswert am Tage des Bekanntwerdens des Todes von Herrn Vogl 5.000,00 € übersteigt.

c) Eine Meldung muss nicht erfolgen, da das Sparguthaben am Todestag unter 5.000,00 € liegt und Depotbestände und Verwahrstücke nicht meldepflichtig sind.

d) Eine Meldung muss nicht erfolgen, da nach Verrechnung der Kredite mit den Guthaben der anderen Konten am Todestag ein Sollbestand von 13.730,00 € verbleibt.

e) Eine Meldung muss nicht erfolgen, da auf den Namen der Verstorbenen kein Schließfach geführt wird und der Wert der übrigen Vermögensgegenstände am Todestag unter der Meldegrenze liegt.

66. Herr Off kommt heute in Ihre Zweigstelle und teilt Ihnen den Tod seines Vaters mit. Der Verstorbene unterhielt bei Ihrem Kreditinstitut ein Girokonto, das zu Beginn des Todestages einen Haben-Saldo in Höhe von 1.347,89 € aufwies. Herr Off bittet Sie das Konto so schnell wie möglich aufzulösen. Wie beraten Sie Herrn Off über die Kontoführung richtig?

a) Sofern sich Herr Off als Alleinerbe anhand eines Erbscheins oder eines Testaments mit Eröffnungsprotokoll ausweisen kann, kann er das Konto jederzeit auflösen.

b) Herr Off kann das Konto auflösen, wenn er anhand des Testaments beweisen kann, dass er der einzige Erbe ist.

c) Das Konto wird zunächst für alle Verfügungen gesperrt und kann erst aufgelöst werden, wenn alle Erben bekannt sind.

d) Das Konto kann erst nach Abwicklung der Erbauseinandersetzung durch das Nachlassgericht aufgelöst werden.

e) Da es sich um den Sohn des Verstorbenen handelt, kann dieser das Konto jederzeit auflösen.

67. Sie sind als Sachbearbeiter/-in bei der Handelsbank AG eingesetzt. Als Sie am 08. März 20.. von Frau Julia Schön erfahren, dass ihr Ehemann, Jochen Schön, am 07. März 20.. verstorben ist, ermitteln Sie die folgenden Kontostände:

Gesamtengagement Jochen Schön, Fleischgasse 6, 94431 Pilsting	**Kontostände zum Buchungsschluss bzw. Kurse/Stück am:**			
	05.03.20..	06.03.20..	07.03.20..	08.03.20..
Girokonto Eheleute Jochen und Julia (jeweils Einzelverfügungsmacht)	H 2.998,00 €	H 3.100,00 €	H 2.760,00 €	H 2.760,00 €
Sparkonto Jochen Schön (Vertrag zugunsten Dritter für den Todesfall für Karin Reich)	3.943.00 €	3.943.00 €	3.943.00 €	3.943.00 €
Wertpapierdepot Jochen Schön (20 Solar-AG-Aktien)	70,50 €	70,50 €	68,00 €	67,00 €

a) **Ihr Kreditinstitut ist verpflichtet eine Meldung an die Erbschaftssteuerstelle abzugeben. Welche Frist in Monaten haben Sie einzuhalten und ab welchem Tag (TT.MM.) wird diese Frist gerechnet?**

b) **Berechnen Sie die Höhe des Meldebetrags in €.**

<u>**Zu den nächsten drei Aufgaben siehe nachstehende Situation.**</u>

Sie sind als Sachbearbeiter/-in bei der Handelsbank eingesetzt. Das Ehepaar Klaus und Simone Schranz ist am 24.01.20.. durch einen tragischen Unglücksfall verstorben. Die Eheleute haben ihr einziges Kind, Sabine Schranz, testamentarisch als Alleinerbin eingesetzt.

Als Sie am 26. Januar 20.. vom Tode des Ehepaares Schranz erfahren, ermitteln Sie die folgenden Kontostände:

Gesamtengagement Eheleute Schranz, Tannenstr. 8, 94405 Landau	Kontostände einschließlich Zinsen um 00:00 Uhr am:	
	24.01.20..	26.01.20..
Girokonto	445,00 €	-135,00 €
Sparkonto	6.850,00 €	7.000,00 €
Sparkonto zugunsten Dritter für den Todesfall	1.100,00 €	1.100,00 €
Darlehenskonto	1.500,00 €	1.500,00 €

68. Welchen Betrag (in €) müssen Sie an die Erbschaftsteuerstelle melden?

69. Heute kommt Herr Klein zu Ihnen in die Handelsbank und behauptet zum Vormund von Sabine Schranz bestellt worden zu sein. Er legt das Sparbuch des Ehepaares Schranz vor, von dem er 2.200,00 € abheben möchte. Eine Kündigung des Betrags ist nicht erfolgt. Wie muss sich Herr Klein legitimieren?

a) Da Herr Klein nach dem Jugendhilfegesetz als Amtsvormund bestellt sein muss, lassen Sie sich das entsprechende Schreiben des Jugendamtes vorlegen. Daneben muss er sich mit dem Personalausweis persönlich legitimieren.

b) Zur Legitimation von Herrn Klein ist der Personalausweis ausreichend, da Sie an den Inhaber des Sparbuches auszahlen, der sich durch die Vorlage des Buches als Verfügungsberechtigter ausweist.

c) Neben einem amtlichen Lichtbildausweis ist zur Legitimation von Herrn Klein die Bestallungsurkunde des Vormundschafts-/Familiengerichts erforderlich. Weiterhin das eröffnete Testament.

d) Sofern die Eltern von Sabine Schranz Herrn Klein testamentarisch zum Vormund bestellt haben, reicht die Vorlage des Testaments mit Eröffnungsprotokoll oder ein Erbschein aus. Zusätzlich ist die persönliche Legitimation durch einen amtlichen Lichtbildausweis erforderlich.

e) Da das Ehepaar Schranz nach Inkrafttreten des Betreuungsgesetzes verstorben ist, muss sich Herr Klein durch einen Betreuerausweis, der ein Lichtbild enthält, legitimieren.

70. Die Eheleute Schranz haben kurz vor ihrem Tode einen Grundstückskaufvertrag mit dem Landwirt Josef Schwarz über 500 qm Bauerwartungsland abgeschlossen. Bei Abschluss des Kaufvertrags vereinbarten die Vertragspartner eine Anzahlung in Höhe von 40.000,00 €, die auf ein Notaranderkonto des Notars Dr. Patrick Zauner eingezahlt wurde. Wer darf nach dem Ableben des Ehepaars Schranz über das Kontoguthaben verfügen?

a) Sabine Schranz, die Tochter des Ehepaars Schranz
b) Bis zur Nachlassregelung das Nachlassgericht
c) Der Notar Dr. Patrick Zauner
d) Der Verkäufer des Grundstücks Herr Schwarz
e) Die Erbengemeinschaft des verstorbenen Ehepaars Schranz

71. Sie sind Sachbearbeiter/-in bei der Nordbank AG. Ihnen liegt eine Telefaxanfrage der Möbelhaus Wenninger GmbH vor, in der Sie um Auskunft über die wirtschaftlichen Verhältnisse Ihres Kunden, das Restaurant „Zur Alten Post" Max Klein e. K., gebeten werden. Mit der Möbelhaus Wenninger GmbH bestehen keine geschäftlichen Beziehungen. Wie verhalten Sie sich richtig?

a) Sie beantworten die Anfrage zunächst telefonisch, übersenden aber zusätzlich eine schriftliche Bestätigung.
b) Sofern keine anders lautende Weisung des Restaurantinhabers vorliegt, geben Sie nur eine allgemein gehaltene, nicht wertende Auskunft über die wirtschaftlichen Verhältnisse.
c) Da sich die Anfrage auf das Handelsgeschäft des Herrn Klein bezieht und keine schutzwürdigen Belange des Kunden verletzt werden, geben Sie der Möbelhaus Wenninger GmbH mündlich oder schriftlich Auskunft.
d) Sie geben der Möbelhaus Wenninger GmbH nur Auskunft, wenn Sie die Zustimmung von Herrn Klein eingeholt haben.
e) Sie lehnen eine Auskunft ab und verweisen die Möbelhaus Wenninger GmbH an ihre Hausbank, die diese Anfrage an die Nordbank AG stellen soll.

72. Welche Unterlagen benötigen Sie bzw. welche Tätigkeiten sind zur Eröffnung eines Firmenkontos einer GmbH notwendig?

a) 1. Vorlage eines Handelsregisterauszuges, Abteilung B
2. Sämtliche Gesellschafter müssen in jedem Fall den Kontoeröffnungsantrag unterzeichnen.
3. Legitimationsprüfung der Gesellschafter

b) 1. Vorlage des Handelsregisterauszuges, Abteilung B
2. Unterzeichnung des Kontoeröffnungsantrages durch den/die Geschäftsführer
3. Legitimationsprüfung des Geschäftsführers

c) 1. Vorlage eines Handelsregisterauszuges, Abteilung A
2. Unterzeichnung des Kontoeröffnungsantrages durch den gesetzlichen Vertreter
3. Legitimationsprüfung der gesetzlichen Vertreter

d) 1. Vorlage eines Handelsregisterauszuges, Abteilung A
2. Unterzeichnung des Kontoeröffnungsantrages durch den Vorstand
3. Legitimationsprüfung der Gesellschafter

e) 1. Vorlage eines Gesellschaftervertrages
2. Sämtliche Gesellschafter müssen in jedem Fall den Kontoeröffnungsantrag unterzeichnen.
3. Legitimationsprüfung der Gesellschafter

73. Ein Kunde eröffnet unter der Firma „Schneider Baustoffe GmbH & Co. KG" ein Geschäftskonto. Welche Gesellschaftsform liegt vor?

a) Eine Kommanditgesellschaft
b) Eine juristische Person des privaten Rechts, eingetragen in Abteilung C des Handelsregisters
c) Eine Gesellschaft des bürgerlichen Rechts
d) Eine Partnerschaftsgesellschaft
e) Eine Gesellschaft mit beschränkter Haftung

74. Sie erhalten als zuständiger Sachbearbeiter/ -in der Handelsbank AG heute eine schriftliche Mitteilung der Holzhandel Bosch KG, dass dem Angestellten Fred Schulz Gesamtprokura erteilt worden ist. Auch die Übersendung der neuen Unterschriftsblätter ist bereits erfolgt. Welche Aussage ist unter Beachtung handelsrechtlicher Vorschriften richtig?

a) Herr Fred Schulz kann gemeinsam mit dem Kommanditisten über das Firmenkonto verfügen.
b) Herr Fred Schulz kann gemeinsam mit dem Komplementär über das Firmenkonto verfügen.
c) Herr Fred Schulz kann aufgrund der Gesamtprokura allein über das Firmenkonto verfügen.
d) Herr Fred Schulz kann Wechsel allein akzeptieren, die auf die Firma gezogen sind.
e) Herr Fred Schulz kann Darlehen für die Firma allein aufnehmen.

75. Sie sind in der Firmenkundenabteilung der Unionbank AG beschäftigt. Für die Holzbau GmbH soll ein Geschäftskonto eröffnet werden, dazu wird Ihnen der abgebildete Handelsregisterauszug vorgelegt. Wer darf die GmbH für die Kontoeröffnung vertreten, damit ein rechtswirksamer Vertrag zustandekommen kann?

a) Sabine Alt oder Karina Schnell jeweils alleine
b) Sabine Alt und Karina Schnell gemeinsam
c) Franz Süß nur mit Anna Keil gemeinsam
d) Anna Keil alleine
e) Franz Süß nur mit Sabine Alt oder Karina Schnell gemeinsam

	Amtsgericht München					**HR B 975**
Nr. der Eintragung	**a) Firma b) Sitz c) Gegenstand des Unternehmens**	**Grund- oder Stamm-Kapital €**	**Vorstand Persönlich haftende Gesellschafter Geschäftsführer Abwickler**	**Prokura**	**Rechtsverhältnisse**	**a) Tag der Eintragung u. Unterschrift b) Bemerkungen**
1	**2**		**3**	**4**	**5**	**6**
1	a) Holzbau Gesellschaft mit beschränkter Haftung b) Haar c) Herstellung und Vertrieb von Holzprodukten	40.000,00	Sabine Alt, Sonnenstr. 2, Haar Karina Schnell, Dorfstr. 37, Schleißheim	Franz Süß in Freising ist Einzelprokura erteilt. Anna Keil, geb. Kreil, ist Gesamtprokura erteilt.	Gesellschaft mit beschränkter Haftung. Der Gesellschaftsvertrag wurde am 10.07.2004 geschlossen.	a) 30. Juli 2004 b) Bl. 31-45 SdBd

76. Ordnen Sie drei der insgesamt sieben Kontoinhaber der jeweils richtig durchgeführten Legitimationsprüfung zu.

Kontoinhaber

a) Wanderverein „Bayerischer Wald“, nicht im Vereinsregister eingetragen
b) Strom AG
c) Stiftung „Kinderkrebshilfe Straubing“
d) Wohnungsbau-Genossenschaft eG
e) Karl Schneider & Co. OHG
f) Stadt Landau
g) Industrie- und Handelskammer Passau

Legitimation für die Kontoeröffnung

[ ] Beglaubigter Auszug aus Abteilung B des Handelsregisters und persönliche Legitimation der Vertretungsberechtigten

[ ] Beglaubigter Auszug aus Abteilung A des Handelsregisters und persönliche Legitimation der Vertretungsberechtigten

[ ] Gründungsprotokoll und Protokoll der Versammlung über die Festlegung der Vertretungsberechtigten und deren Personalausweise

77. Sie sind in der Firmenkundenabteilung der Handelsbank AG beschäftigt. Frau Claudia Progl möchte für die Holzbau Heller KG bei Ihrem Kreditinstitut ein Girokonto eröffnen und legt Ihnen den folgenden (beglaubigten) Handelsregisterauszug vor. Überprüfen Sie, ob Frau Progl dieses Konto für die Holzbau Heller KG eröffnen kann.

a) Nur die Komplementäre Josef Schott und Karl Schön dürfen als gesetzliche Vertreter der KG das Konto eröffnen.

b) Frau Progl darf nach den Vorschriften des HGB nur zusammen mit einem Komplementär das Konto eröffnen.

c) Frau Progl darf nur zusammen mit dem Gesamtprokuristen Gustav Kurz das Konto eröffnen.

d) Nach den Vorschriften des HGB ist Frau Progl berechtigt, alleine das Konto für die KG zu eröffnen.

e) Frau Progl darf nur zusammen mit einem Komplementär und einem Kommanditisten das Konto für die KG eröffnen.

Amtsgericht München		**Handelsregister**			**HR A 6932**
Nr. der Eintr.	**a) Firma b) Sitz der Gesellschaft c) Gegenstand des Unternehmens**	**Geschäftsinhaber Persönlich haft. Gesellschafter Abwickler**	**Prokura**	**Rechtsverhältnisse**	**a) Tag der Eintragung und Unterschrift b) Bemerkungen**
1	2	3	4	5	6
1	a) Holzbau Heller KG b) München c) Herstellung und Verkauf von Holzgegenständen	Josef Schott, München Karl Schön, Haar	Claudia Progl, geb. Schott, ist Einzelprokura erteilt Gustav Kurz ist Gesamtprokura erteilt	Kommanditgesellschaft, die am 18. Okt. 2001 begonnen hat. Kommanditisten: Klaus Baum, Altötting, mit einer Einlage von 30.000,00 € beteiligt Susi Schott, Bad Griesbach, mit einer Einlage von 18.000,00 € beteiligt	a) 18. Okt. 2001 b) --

Zu den nächsten zwei Aufgaben siehe nachstehende Situation.

Als Mitarbeiter/-in der Handelsbank AG sind Sie für die Betreuung der Firmenkunden verantwortlich. Sie sollen für die Thaller & Co. KG ein Geschäftskonto eröffnen. Zu diesem Zweck wird Ihnen folgender Auszug aus dem Handelsregister vorgelegt.

Amtsgericht Frankfurt		**Handelsregister**			**HR A 5893**
Nr. der Eintr.	**a) Firma b) Ort der Niederlassung c) Gegenstand des Unternehmens (bei juristischen Personen)**	**Geschäftsinhaber Persönlich haft. Gesellschafter Abwickler**	**Prokura**	**Rechtsverhältnisse**	**a) Tag der Eintragung und Unterschrift b) Bemerkungen**
1	2	3	4	5	6
1	a) Thaller & Co. KG b) Landau an der Isar	Heribert Thaller, Kaufmann, Landau Josef Baum, Kaufmann, Deggendorf	Einzelprokuristen Georg Grün, Landau Heidi Tuch, Landau	Kommanditgesellschaft Seit dem 25. Nov. 1996 Kommanditisten: Silvia Maier, Hausfrau, Landau Einlage: 5.000,00 € Josef Biendl, Kaufmann, Landau Einlage: 7.500,00 € Ruth Witt, Physikerin, Landshut Einlage: 10.000,00 €	a) 15. Januar 1997 b) --

78. Wer muss die Kontoeröffnung unterschreiben, damit die Firma rechtswirksam vertreten wird?

a) Heribert Thaller und Josef Baum, beide gemeinsam
b) Silvia Maier, Josef Biendl, Ruth Witt, alle gemeinsam
c) Georg Grün und Heribert Thaller, beide gemeinsam
d) Georg Grün und Heidi Tuch, beide gemeinsam
e) Heribert Thaller oder Josef Baum, jeder alleine

79. Welches Rechtsgeschäft dürfen Herr Grün und/oder Frau Tuch ohne Mitwirkung der Geschäftsführung vornehmen?

a) Die Veräußerung und Belastung von Grundstücken der Gesellschaft
b) Den Kauf eines Grundstückes für die Gesellschaft
c) Die Aufnahme eines neuen Gesellschafters
d) Das Erteilen einer Gesamtprokura
e) Die Unterzeichnung des Jahresabschlusses

<u>Zu den nächsten drei Aufgaben siehe nachstehende Situation.</u>

Sie sind als Mitarbeiter/-in der Handelsbank AG für die Betreuung der Firmenkunden verantwortlich. Frau Sabine Alt und Herr Ludwig Haas möchten für die Autozubehör Bahr GmbH & Co.KG, zu der noch keine geschäftlichen Beziehungen bestehen, ein Geschäftskonto und ein Termingeldkonto (Festgeld) eröffnen. Zu diesem Zweck wird Ihnen ein Auszug aus dem Handelsregister vorgelegt. Aus diesem geht hervor, dass Frau Alt Geschäftsführerin der Komplementär GmbH und Herr Haas Kommanditist (10.000,00 €) sind.

80. Wie verhalten Sie sich bei der Kontoeröffnung richtig, damit die Firma rechtswirksam vertreten wird?

a) Die Kontoeröffnung muss von beiden unterschrieben werden, da beide die Gesellschaft vertreten. Frau Alt ist als Geschäftsführerin der Komplementär GmbH automatisch für die GmbH & Co. KG vertretungsberechtigt.
b) Frau Alt kann als Geschäftsführerin der Komplementär GmbH das Konto eröffnen. Neben Vorlage der Handelsregisterauszüge der GmbH & Co. KG und der GmbH ist die persönliche Legitimation von Frau Alt zu überprüfen.
c) Herr Haas kann die Gesellschaft nicht vertreten. Die Kontoeröffnung kann nur von Frau Alt und einem weiteren vertretungsberechtigten Gesellschafter der Komplementär GmbH gemeinsam vorgenommen werden.
d) Die Kontoeröffnung kann nur von Frau Alt vorgenommen werden. Sie benötigen den Handelsregisterauszug der GmbH & Co. KG und die persönliche Legitimation von Frau Alt.
e) Die Kontoeröffnung muss von Herrn Haase unterschrieben werden. Er ist als Kommanditist berechtigt, die Gesellschaft zu vertreten. Neben der Vorlage des Handelsregisterauszugs der GmbH & Co. KG muss er sich persönlich legitimieren.

81. Wie informieren Sie Frau Alt und Herrn Haas unter Beachtung der Allgemeinen Geschäftsbedingungen (AGB) richtig?

a) Änderungen der Vertretungs- und Verfügungsbefugnis, die in ein öffentliches Register eingetragen sind, gelten stets erst mit schriftlicher Bekanntgabe beim Kreditinstitut.
b) Gutschriften, die in Folge eines Irrtums des Kreditinstituts einem falschen Konto gutgeschrieben werden, darf das Kreditinstitut bis zum nächsten Rechnungsabschluss durch Buchung nur mit Genehmigung des Kontoinhabers rückgängig machen.
c) Für die Verbindlichkeiten aus einem Gemeinschaftskonto (Oder-Konto) haftet bei Insolvenz eines Kontomitinhabers nicht der andere Kontoinhaber.
d) Den Auftrag, einem Kunden einen Geldbetrag zur Verfügung zu stellen, darf das Kreditinstitut auf dem Kontokorrentkonto dieses Kunden ausführen, obwohl ihm eine andere Weisung erteilt wurde.
e) Geldbeträge in ausländischer Währung darf das Kreditinstitut mangels ausdrücklicher Weisung des Kunden in € (Umrechnung zum Sortenkurs) gutschreiben, auch wenn für den Kunden ein Konto in der betreffenden Währung besteht.

82. Frau Alt und Herr Haas interessieren sich unter anderem für günstige Konditionen. Wie informieren Sie sie richtig?

a) Die Preise des Preisaushangs gelten auch für die Geschäftsverbindung mit der GmbH & Co. KG. Änderungen werden dem Kunden schriftlich mitgeteilt.

b) Konditionen für befristete Einlagen werden nur bis zu einer Laufzeit bzw. Kündigungsfrist von 6 Monaten angegeben.

c) Jedes Kreditinstitut ist verpflichtet, individuell zusätzliche Dienstleistungen in das Preisverzeichnis aufzunehmen.

d) Änderungen der Konditionen werden spätestens 4 Wochen nach Aushang wirksam, wenn der Kunde nicht widerspricht.

e) Der Preisaushang enthält nur die Preise für Regelsätze im standardisierten Privatkundengeschäft.

Zu den nächsten sieben Aufgaben siehe nachstehende Situation.

Sie sind als Mitarbeiter/-in der Handelsbank AG für die Betreuung der Firmenkunden verantwortlich. Für die Holzhandel Wurm GmbH, zu der noch keine geschäftlichen Beziehungen bestehen, soll ein Geschäftskonto eröffnet werden. Zu diesem Zweck wird Ihnen der abgebildete Auszug aus dem Handelsregister vorgelegt.

Amtsgericht Landshut		Handelsregister				HR B 6932
Nr. der Eintr.	a) Firma b) Sitz der Gesellschaft c) Gegenstand des Unternehmens	Grund- oder Stammkapital €	Vorstand Persönlich Haftende Geschäftsführer Geschäftsführer Abwickler	Prokura	Rechtsverhältnisse	a) Tag der Eintragung und Unterschrift b) Bemerkungen
1	2	3		4	5	6
1	a) Holzhandel Wurm Gesellschaft mit beschränker Haftung b) Landau c) Handel mit Holz	50.000,00	Laura Wurm,, geb. Karl, geb. am 14. Juni 1969, Rosenstr. 8 in 94405 Landau Josef Kettl, geb. am 18. Okt. 1957, Rosenstr. 8 in 94405 Landau	James Scott, geb. am 4. Juni 1980, Hauptstr. 4 in 94431 Pilsting Maria Schott, geb. am 23. Dez. 1970, Fleischgasse 10 in 94405 Landau Allen Vorgenannten ist Gesamtprokura erteilt.	Gesellschaft mit beschränker Haftung. Der Gesellschaftsvertrag ist am 30. Juni 2005 geschlossen worden. Die Gesellschaft hat einen oder mehrere Geschäftsführer. Sind mehrere Geschäftsführer bestellt, sind jeweils zwei von ihnen gemeinsam oder ein Geschäftsführer zusammen mit einem Prokuristen zur Vertretung der Gesellschaft berechtigt. Auch wenn mehrere Geschäftsführer vorhanden sind, kann einem Geschäftsführer die Einzelvertretungsbefugnis zuerkannt werden. Laura Wurm ist einzelvertretungsberechtigt und befugt, Rechtsgeschäfte mit sich selbst oder mit sich als Vertreterin Dritter abzuschließen.	a) 14. Juli 2005 b) Bl. 8 – 12 SdBd

83. Warum muss Ihnen die Holzhandel Wurm GmbH bei Kontoeröffnung einen Handelsregisterauszug vorlegen?

a) Damit Sie die Bonität Holzhandel Wurm GmbH überprüfen können

b) Damit Sie die Geschäftsfähigkeit der Vertretungsberechtigten überprüfen können

c) Damit Sie die Haftung der einzelnen Gesellschafter der Holzhandel Wurm GmbH überprüfen können

d) Damit Sie die Rechtsfähigkeit der Holzhandel Wurm GmbH überprüfen können

e) Damit Sie die persönliche Legitimation der Vertretungsberechtigten der Holzhandel Wurm GmbH überprüfen können

84. Wer darf den Kontoeröffnungsantrag unterschreiben, damit ein rechtswirksamer Vertrag zustande kommen kann?

a) Herr Josef Kettl allein

b) Frau Laura Wurm allein

c) Frau Laura Wurm nur mit Herrn Josef Kettl gemeinsam

d) Frau Laura Wurm nur mit Herrn James Scott oder Frau Maria Schott gemeinsam

e) Herr James Scott oder Frau Maria Schott allein

85. Warum muss der Antragsteller auf dem Kontoeröffnungsantrag unterschreiben?

a) Damit der Antrag zur Kontoeröffnung rechtswirksam gestellt werden kann

b) Damit sich der Antragsteller entsprechend den Vorschriften der Abgabenordnung ordnungsgemäß legitimiert

c) Damit die Rechtsfähigkeit des Antragstellers überprüft werden kann

d) Der Antragsteller erkennt damit die SCHUFA-Klausel an.

e) Die Unterschrift wird hinterlegt und der Antragsteller muss künftig alle Willenserklärungen genau mit dieser Unterschrift unterzeichnen; sie darf in keiner Weise von der hinterlegten Unterschrift abweichen.

86. Herr James Scott möchte sich selbstständig machen und daher aus der Holzhandel Wurm GmbH ausscheiden. Der Prokurist James Scott möchte von Ihnen wissen, wie lange seine Bankvollmacht nach den AGB der Kreditinstitute gegenüber der Handelsbank AG gilt?

a) Bis zum Widerruf der Prokura durch einen Geschäftsführer der GmbH gegenüber Herrn James Scott

b) Bis zur Löschung der Prokura im Handelsregister

c) Bis zur Einberufung der nächsten Gesellschafterversammlung

d) Bis zum Ausscheiden des Herrn James Scott aus dem Unternehmen

e) Bis zur Mitteilung des Widerrufs der Prokura an die Handelsbank AG

87. Herr Karl Fleischer wird zum 1. August 20.. wird als neuer Mitarbeiter der Holzhandel Wurm GmbH eingestellt. Über welche Vollmacht sollte Herr Fleischer sinnvollerweise mindestens verfügen, wenn er im Rahmen seiner Verwaltungstätigkeit unter anderem Überweisungen zu Lasten des Geschäftskontos ber der Handelsbank AG vornehmen kann?

a) Gesamtvollmacht

b) Generalvollmacht

c) Artvollmacht

d) Sondervollmacht

e) Einzelvollmacht

88. Was musste bei der Erteilung der betreffenden Vollmacht an Herrn Fleischer beachtet werden, damit er die Überweisungen rechtswirksam für die Holzhandel Wurm GmbH bei der Handelsbank AG vornehmen kann?

a) Der Umfang der Vollmacht musste im Handelsregister festgelegt werden.

b) Die Vollmacht musste Herrn Fleischer durch einen Geschäftsführer der Holzhandel Wurm GmbH erteilt und der Handelsbank AG schriftlich mitgeteilt werden.

c) Die Vollmacht musste Herrn Fleischer durch eine vertretungsberechtigte Person der Holzhandel Wurm GmbH schriftlich übertragen werden.

d) Die Vollmacht musste der Handelsbank AG von einem Vertretungsberechtigten der Holzhandel Wurm GmbH mitgeteilt werden.

e) Die Erteilung der Vollmacht musste durch die Gesellschafterversammlung beschlossen werden.

89. Herr Fleischer, der von Ihrem Kreditinstitut bereits identifiziert wurde, nimmt regelmäßig wöchentlich eine Bareinzahlung in Höhe von ca. 18.000,00 € auf das Geschäftskonto der Holzhandel Wurm GmbH bei der Handelsbank AG vor. Was muss bei der Entgegennahme der Bareinzahlungen entspreched den Vorschriften des Geldwäschegesetzes beachtet werden?

a) Da zwischen den einzelnen Transaktionen ein Zusammenhang besteht, muss bei jeder Bareinzahlung eine Identifizierung von Herrn Fleischer anhand eines amtlichen Lichtbildausweises vorgenommen werden.

b) Von einer Identifizierung anhand eines Lichtbildausweises bei jeder Einzahlung kann abgesehen werden; auf den Einzahlungsbelegen ist lediglich der Name von Herrn Fleischer als Einzahler festzuhalten.

c) Von einer weiteren Identifizierung von Herrn Fleischer kann abgesehen werden, da Einzahlungen aus Gewerbebetrieben nicht den Bestimmungen des Geldwäschegesetzes unterliegen.

d) Sofern einzelne Bareinzahlungen in der Summe den Betrag von 20.000,00 € übersteigen, muss eine Identifizierung des wirtschaftlich Berechtigten nachgeholt werden.

e) Vor der ersten Einzahlung ist der wirtschaftlich Berechtigte zu identifizieren. Bei den Einzahlungen durch Herrn Fleischer treffen dann die Vorschriften des Geldwäschegesetzes nicht mehr zu.

Zu den nächsten zwei Aufgaben siehe nachstehende Situation.

Die Steuerberater Dr. Sabine Weiß, Karl Krug und Silvia Neudecker haben sich als Partnerschaft in das Partnerschaftsregister eintragen lassen. Da sie für ihre Kanzlei ein Konto benötigen, hat Herr Krug mit Ihnen heute einen Gesprächstermin vereinbart, um das Konto zu eröffnen. Hinsichtlich der Vertretung der Partnerschaft wurden keine gesonderten Vereinbarungen getroffen.

90. Welche Kontobezeichnung entspricht den gesetzlichen Bestimmungen?

a) Steuerberaterkanzlei Dr. Weiß, Krug und Neudecker
b) Dr. Sabine Weiß und Partner
c) Partnerschaftsgesellschaft Dr. Sabine Weiß
d) Steuerberater Dr. Sabine Weiß und Partner
e) Dr. Weiß, Neudecker und Krug Partnerschaftsgesellschaft

91. Sie sind sich nicht sicher, ob Herr Krug allein für die Gesellschaft das gewünschte Konto eröffnen kann. Sie fragen daher Ihren Vorgesetzten um Rat. Wie informiert Sie Ihr Vorgesetzter richtig?

a) Die Partnerschaftsgesellschaft wird von jeweils zwei Partnern vertreten.
b) Die Partnerschaftsgesellschaft wird von jedem Partner allein vertreten.
c) Die Partnerschaftsgesellschaft wird von allen Partnern gemeinsam vertreten.
d) Die Partnerschaftsgesellschaft wird nur bei außergewöhnlichen Geschäften von allen Partnern gemeinsam, ansonsten von jedem Partner allein vertreten.
e) Da eine gesetzliche Regelung fehlt, müssen die Partner die Vertretungsbefugnisse im Partnerschaftsregister regeln.

92. Die Handelsbank AG berechnet bei Girokonten einen Preis von 0,25 € je Buchung, wobei in jedem Monat 5 Buchungen kostenlos ausgeführt werden. Für die Berechnng der Sollzinsen wurden 2 160 Zinszahlen ermittelt. Der Sollzinssatz beträgt 10,00 % p. a. Welcher Abrechnungssaldo ergibt sich für den Kunden für das zweite Vierteljahr, wenn im April 21 Buchungen, im Mai 19 Buchungen um im Juni 20 Buchungen angefallen sind?

93. Die Autozubehör Bahr GmbH & Co.KG nimmt bereits nach kurzer Zeit bei Ihrem Kreditinstitut für 28 Tage eine Kontoüberziehung in Anspruch, um dadurch eine Lieferrechnung in Höhe von 40.000,00 € unter Ausnutzung von 3 % Skonto bezahlen zu können. Nach Berücksichtigung der für die Überziehung zu zahlenden Sollzinsen bleiben dem Unternehmen auf Grund des Skontoabzuges noch 928,40 € Ersparnis. Welcher Zinssatz wurde zu Grunde gelegt? (30/360-Tage-Methode)

94. Das Gehaltskonto Ihres Kunden Dennis Groß ist zum Ende des zweiten Quartals abzuschließen. Folgende Konditionen wurden vereinbart:

Kontoführung:		**Zinsen:**	
- Pauschalgebühr pro Monat	**2,00 €**	**Sollzinsen**	**10,0 % p. a.**
- Buchungsposten pro Stück	**0,25 €**		
- Freiposten pro Monat	**8 Stück**		

Bei der Berechnung des Abrechnungsbetrags sind 5 300 Sollzinszahlen und 68 gleichmäßig auf die Monate verteilte Buchungen zu berücksichtigen. Mit welchem Betrag wird das Gehaltskonto für Herrn Groß entsprechend belastet? Das Ergebnis soll auf zwei Stellen nach dem Komma genau angegeben werden.

95. Ihr Kreditinstitut erkennt die Reklamation eines Kunden über die Wertstellung einer Gutschrift über 100.000,00 € an.

Wertstellung nicht	**15.05.20.. (H)**	**100.000,00 €**
sondern	**13.05.20.. (H)**	**100.000,00 €.**

Sollzinsen 10,8 % p. a.
Habenzinsen 0,5 % p. a.
Das Konto wird nur debitorisch geführt wird.
In welcher Höhe (in €) erfolgt eine Korrektur? (Die Abgeltungssteuer ist nicht zu berücksichtigen, Berechnungsmethode 30/360 Tage!)

96. **Die Baustoffe GmbH erhält von seinem Warenlieferanten eine Rechnung über 9.900,00 € zahlbar in 30 Tagen oder unter Abzug von 2 % Skonto bei Zahlung innerhalb von 10 Tagen. Um den Skontoabzug ausnutzen zu können, gewährt Ihr Kreditinstitut der Baustoffe GmbH für 20 Tage einen Kontokorrentkredit zu 10 % p. a.**

a) Wie hoch ist die Ersparnis für die Baustoffe GmbH bei Inanspruchnahme des Kredits (Berechnungsmethode 30/360 Tage)?

b) Welchem Jahreszinssatz entsprechen in dieser Aufgabe 2 % Skonto?

97. **Die Autohandel AG, die von ihrem Lieferanten eine Rechnung in Höhe von 27.000 € erhält, nimmt für 28 Tage eine Kontoüberziehung in Anspruch, um dadurch die Liefererrechnung unter Abzug von 2 % Skonto bezahlen zu können. Vor Ausführung der Überweisung weist das Konto einen Stand von 0,00 € auf. Auf dem Konto ist ein Kontokorrentkredit in Höhe von 34.000,00 € zu einem Zinssatz von 10,0 % p. a. eingeräumt. Berechnen Sie die Sollzinsen (in €), die Sie der Autohandel AG für das Ausnutzen des Kontokorrenkredits in Rechnung stellen (Berechnungsmethode 30/360)?**

Zu den nächsten zwei Aufgaben siehe nachstehende Situation.

Sie führen für Herrn Schön ein Gehaltskonto mit folgenden Konditionen:

Pauschale Kontoführungsgebühr:	**3,50 € p. M.**
Sollzinssatz (für den zugesagten Kredit):	**10,5 % p. a.**
Überziehungszinssatz (zusätzlich):	**4,0 % p. a.**

keine Guthabenverzinsung

Herr Schön kommt am 30. Januar 2020 zu Ihnen und legt den abgebildeten Kontoauszug sowie die abgebildete Rechnung vor.

KONTOAUSZUG vom 31.01. **Stadtsparkasse Straubing**

Kontonummer	Auszug	Blatt	Sparkasse/Geschäftsstelle	Währung	Soll	Alter Kontostand	Haben
88 888	09	1	Straubing, Stadtplatz 4	€			739,14

Buchungstag	Text	Wert	Belastung	Umsätze	Gutschrift
02.01.	Klein Metallbau GmbH Gehalt Januar	02.01.			3.717,00
08.01.	Auszahlung bar	08.01.	11.000,00		
15.01.	Darlehen 23887756	15.01.	600,00		
20.01.	Elektro AG Abrechnung Nr. 238976745	19.01.	221,00		
30.01.	Steuererstattung Steuer Nr. 09257690	30.01.			7.960,83
Klaus Schön Lilienstr. 7 94315 Straubing	Ihr DISPO-Kredit: 2.000,00 €	Neuer Kontostand			595,97

IBAN: DE69 7425 0000 0000 0888 88 - BIC: BYLADEM1SRG

Elektrogroßhandel Spach, KG – 94315 Straubing

Elektrogroßhandel Spach KG, Krankenhausgasse 3, 94315 Straubing

Klaus Schön
Lilienstr. 7
94315 Straubing

Ihre Zeichen, Ihre Nachricht vom	Unsere Zeichen	Telefon	Straubing,
	z-h	44 09 11	..-01-14

Rechnung Nr. 138

Sehr geehrter Herr Schön,

wir lieferten Ihnen

1 Personal-Computer (Modell 4311 aus der aktuellen Angebotsliste)

Preis (einschl. Ust. 287,39 €) 1.800,00 €

Zahlbar bis spätestens 10. Februar, bei Zahlung bis zum 31. Januar 3 % Skonto!

Wir danken für Ihren Einkauf.

Mit freundlichen Grüßen

Elektrogroßhandel Spach KG

i.V. Finke

Ust-Id.-Nr. DE 654 321 000 Amtsgericht Straubing A 88 99	Bankverbindung: Stadtsparkasse Straubing IBAN: DE69 7425 0000 0000 0999 99 - BIC: BYLADEM1SRG

98. Berechnen Sie die gesamte Zinsbelastung, die sich aus den Buchungen bis einschließlich 31. Januar 2020 ergibt?

99. Herr Schön legt Ihnen die abgebildete Rechnung vor, da er sich nicht schlüssig ist, ob er den Rechnungsbetrag sofort oder erst bei Fälligkeit von seinem Girokonto überweisen soll. Am 3. Februar (Valutierung) wird das nächste Gehalt dem Girokonto gutgeschrieben. Berechnen Sie Herrn Schön die Ersparnis, wenn der Rechnungsbetrag sofort überwiesen wird?

ZAHLUNGSVERKEHR

100. Welche der folgenden Zahlungsarten bietet dem Zahlungsempfänger dieselbe Sicherheit wie die Barzahlung?

a) Dauerauftrag
b) ELV-Verfahren
c) Einzelüberweisung durch Homebanking
d) SEPA-Basis-Lastschriftverfahren
e) SEPA-Firmen-Lastschriftverfahren
f) Geldkarte

101. Sie sind in Ihrem Kreditinstitut als Kassier beschäftigt und stellen bei der Kassenbestandsaufnahme einen Kassenüberschuss von 20,00 € fest. Wie sieht Ihre weitere Vorgehensweise aus?

a) Sie vermindern den Sollbestand im Kassenkonto und passen damit den Buchbestand an den körperlichen Bestand an.
b) Sie müssen die Kassendifferenz als Zugang im Kassenkonto erfassen und diese gegebenenfalls der zuständigen Stelle melden.
c) Sie entnehmen dem Kassenbestand das überschüssige Geld und deponieren es in der von jeder Zweigstelle geführten Ausgleichskasse für Kassendifferenzen.
d) Sie unternehmen am gleichen Tag noch nichts, weil sich erfahrungsgemäß Kassendifferenzen am nächsten Tag, aber spätestens am übernächsten Tag von selbst oder durch Kundenrückfragen aufklären.
e) Sie gleichen den Überschussbetrag unmittelbar über das Guthaben bei der Landesbank aus.

102. Wozu benötigt man beim elektronischen Zahlungsverkehr eine Transaktionsnummer (TAN)?

a) Als Passwort zum T-Online-Rechner
b) Als Passwort zur Anmeldung am lokalen Netzwerk
c) Als Passwort für die Banksoftware
d) Als Prüfziffer bei der Datenübermittlung
e) Als elektronische Unterschrift

103. Ihr Kunde, Herr Wiese, zahlt auf sein Sparkonto 2.000,00 € bar ein. Sie stellen dabei fest, dass es sich bei einer 100-€-Note um eine eindeutige Fälschung handelt. Wie verhalten Sie sich sachlich richtig?

a) Sie quittieren die Einzahlung über 2.000,00 €, behalten sich jedoch eine Rückbelastung von 100,00 € vor, sofern der Gegenwert nicht erstattet wird.
b) Sie behalten die Banknote ein, übersenden diese mit einem Bericht an die Polizei, machen Mitteilung an die Deutsche Bundesbank und quittieren die Einzahlung mit 1.900,00 €.
c) Sie geben dem Kunden die Banknote zurück und verweisen ihn zwecks Umtausches der Note an die nächstgelegene Niederlassung der Deutschen Bundesbank.
d) Sie kopieren die Banknote, geben das Original anschließend zurück, erstatten sofort Anzeige bei der Deutschen Bundesbank (mit angefertigter Kopie) und verpflichten den Kunden zur Vorsprache bei der nächstgelegenen Polizeidienststelle.
e) Sie geben dem Kunden eine Empfangsbescheinigung für die einbehaltene Banknote; die Banknote reichen Sie an die Deutsche Bundesbank weiter, damit der Kunde Ersatz bekommt.

104. Herr Ludwig Kehl hält sich zurzeit in Essen auf, wo er auf der Messe als Organisator tätig ist. Während dieser Zeit wohnt er im Hotel Adler, Zimmer 143, Kaiserdamm 14, 45355 Essen. Herr Kehl möchte bei Ihnen als Mitarbeiter/Mitarbeiterin der Sparkasse Essen ein Girokonto eröffnen. Welche Angaben sind mindestens erforderlich, um die Kontoeröffnung gemäß § 154 AO ordnungsgemäß vornehmen zu können?

a) Name, Vorname, Wohnsitz
b) Vollständiger Name, Geburtsdatum, Hoteladresse
c) Vollständiger Name, Geburtsdatum, Wohnsitz, Geburtsort, Nationalität
d) Vollständiger Name, Wohnsitz, derzeitiger Aufenthaltsort (Hotel)
e) Familienname, mindestens ein Vorname, Geburtsdatum, Anschrift des Arbeitgebers, Wohnsitz, Hoteladresse

105. Ihr Kunde, Herr Franz Fischer, erhält jeweils gemäß Ihren AGB zum Ende eines Kalenderquartals einen Rechnungsabschluss. Welche rechtliche Bedeutung hat dies für den Kunden?

a) Mit jedem neuen Umsatz, den der Kunde nach Erteilung des Rechnungsabschlusses veranlasst erkennt er den Rechnungsabschluss stillschweigend an.

b) Die Einzelforderungen gehen mit Anerkennung des Rechnungsabschlusses unter.

c) Widerspricht der Kunde nicht, so gilt der Rechnungsabschluss nach Ablauf von 10 Wochen als anerkannt.

d) Bei Firmen-Kontokorrentkonten bezieht sich die Anerkennung nur auf die Richtigkeit der Berechnung von Zinsen und Provisionen, nicht auf den Abschlusssaldo selbst.

e) Der Rechnungsabschluss kann nur zum Ende einer Rechnungsperiode (Kalenderquartal) anerkannt werden.

106. Ihr Kunde Karl Seitz hat auf dem Weg zu seinem Arbeitsplatz den abgebildeten 10-€-Schein gefunden. Herr Seitz möchte nun die Banknote, die zweifelsfrei echt ist, bei Ihnen eintauschen. Wie informieren Sie den Kunden richtig?

a) „Der Tausch kann nur direkt durch die Deutsche Bundesbank erfolgen."

b) „Es ist nur eine Einzahlung auf Ihr Konto möglich."

c) „Ein Tausch erfolgt nur unter Abzug von Bearbeitungsgebühren, da wir den Schein nicht weiter verwenden können."

d) „Die Banknote können wir leider nicht einlösen, da weniger als die Hälfte davon vorhanden ist."

e) „Sie können den Schein auch weiterhin zur Bezahlung in Geschäften nutzen."

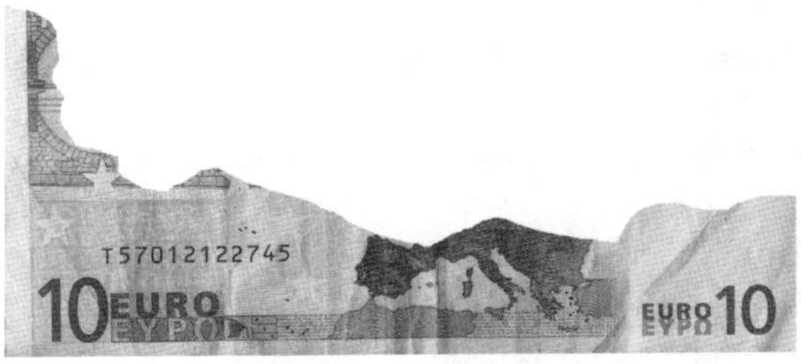

107. Welche Aussage über die Nutzung einer Bankkarte für den Kontoauszugsdrucker (KAD) ist richtig?

a) Wenn mit dem Kunden eine Vereinbarung über die Nutzung des KAD abgeschlossen worden ist, können ihm keine Kontoauszüge mehr mit der Post zugestellt werden.

b) Da der Saldo am Ende eines Jahres gemäß HGB vom Kunden bestätigt werden muss, kann der Jahresabschluss nicht über den KAD ausgedruckt werden.

c) Beim Ausfall eines KAD haftet das Kreditinstitut nach den AGB für alle Schäden, die dem Kunden nachweislich durch das Fehlen dieser Informationen entstanden sind.

d) Die Bankkarte wird in der Regel auch ohne die Geheimzahl (PIN) als Berechtigungsnachweis zur Benutzung des KAD verwendet.

e) Sofern mit dem Kunden die Vereinbarung über die Nutzung des KAD mit der Bankkarte getroffen wurde, ist der Kunde verpflichtet, mindestens vierteljährlich einen Kontoauszug über den KAD abzuholen.

108. Innerhalb welcher Fristen müssen Überweisungen ausgeführt sein?

a) Inländische Überweisungen in Inlandswährung (beleglos) sind binnen eines Bankgeschäftstages dem Konto des Kreditinstituts des Begünstigten gutzuschreiben.

b) Inländische Überweisungen in Inlandswährung (beleglos) sind binnen 2 Bankgeschäftstagen dem Konto des Kreditinstituts des Begünstigten gutzuschreiben.

c) Inländische Überweisungen in Inlandswährung (beleghaft) sind binnen 4 Bankgeschäftstagen dem Konto des Kreditinstituts des Begünstigten gutzuschreiben.

d) Überweisungen in anderer EWR-Währung als € in Staaten des europäischen Wirtschaftsraums (EWR) sind binnen 2 Bankgeschäftstagen gutzuschreiben.

e) Überweisungen in anderer EWR-Währung als € in Staaten des europäischen Wirtschaftsraums (EWR) sind binnen 6 Bankgeschäftstagen gutzuschreiben.

109. Wie sind die Ausführungsfristen von Überweisungen geregelt?

a) Überweisungen in Staaten außerhalb des europäischen Wirtschaftsraumes (Drittstaaten) sind binnen 2 Bankgeschäftstagen dem Konto des Kreditinstituts des Begünstigten gutzuschreiben.

b) Die Ausführungsfrist eines Überweisungsauftrags beginnt mit Zugang des Auftrags. Das überweisende Kreditinstitut ist verpflichtet zu gewährleisten, dass der Überweisungsbetrag innerhalb einer bestimmten Ausführungsfrist bei dem Kreditinstitut des Zahlungsempfängers eingeht. Eine vorgegebene Frist ist nicht einzuhalten, wenn andere Kreditinstitute beim Zahlungsvorgang zwischengeschaltet werden.

c) Dafür gibt es keine rechtliche Regelung, die beteiligten Kreditinstitute befinden darüber individuell entsprechend dem Überweisungsweg.

d) Fällt der Zeitpunkt des Zugangs des Überweisungsauftrags nicht auf einen Geschäftstag des Kreditinstituts, gilt der Überweisungsauftrag als am darauffolgenden Geschäftstag zugegangen.

e) Die Ausführungsfristen sind sehr unterschiedlich, je nach Entfernung bis zu einer Woche. Innerhalb eines Bundeslandes gilt eine Ausführungsfrist von maximal zwei Bankgeschäftstagen.

110. Ihr Kunde Herr Klein legt Ihnen einen Überweisungsbeleg am Freitag, den 13. Januar 20.., vor. Wann erfolgt die Wertstellung (TT.MM.), wenn die Überweisung am gleichen Tag ausgeführt wird?

111. Frau Sabine Kurz, langjährige Kundin Ihres Kreditinstituts, möchte eine vor zwei Tagen im electronic-cash-Verfahren durchgeführte Belastung Ihres Kontos widersprechen. Welche Information geben Sie Frau Kurz?

a) „Da Sie innerhalb der achtwöchigen Widerspruchsfrist reagiert haben, werden wir die Belastung gemäß Lastschriftabkommen rückgängig machen."

b) „Da der Rechnungsabschluss für dieses Quartal noch nicht erfolgt ist, können wir den Betrag vom Konto des Empfängers zurückbuchen."

c) „Eine Rücküberweisung des Rechnungsbetrags ist nach den AGB leider nur im Auftrag des Händlers möglich."

d) „Der Belastung kann leider nicht widersprochen werden, da zwischen Ihnen und dem Händler ein einwandfreier Kaufvertrag zustande gekommen ist."

e) „Der Belastung kann leider nicht widersprochen werden, weil Sie mit der Eingabe Ihrer PIN die Zahlungsausführung bestätigt haben."

112. Johann Spach möchte seinem Neffen Patrick Meier zum Geburtstag 150,00 € überweisen und hat dazu am 10. Januar 20.. das abgebildete Formular ausgefüllt. Patrick hat ein Konto bei der Spar- und Kreditbank AG Nürnberg, IBAN DE19 7606 0561 0002 5016 21, BIC: GENODEF1N05
Herr Spach hat folgende zwei Kontoverbindungen:
Stadtsparkasse Straubing: IBAN: DE69 7425 0000 0000 0999 99 - BIC: BYLADEM1SRG
Postbank Nürnberg: IBAN: DE14 7601 0085 0000 9487 59 - BIC: PBNKDEFF

An welcher Stelle ist Herrn Spach ein Fehler unterlaufen? (siehe in der Abbildung bezifferte Felder)

a) Feld 1
b) Feld 2
c) Feld 3
d) Feld 4
e) Feld 5

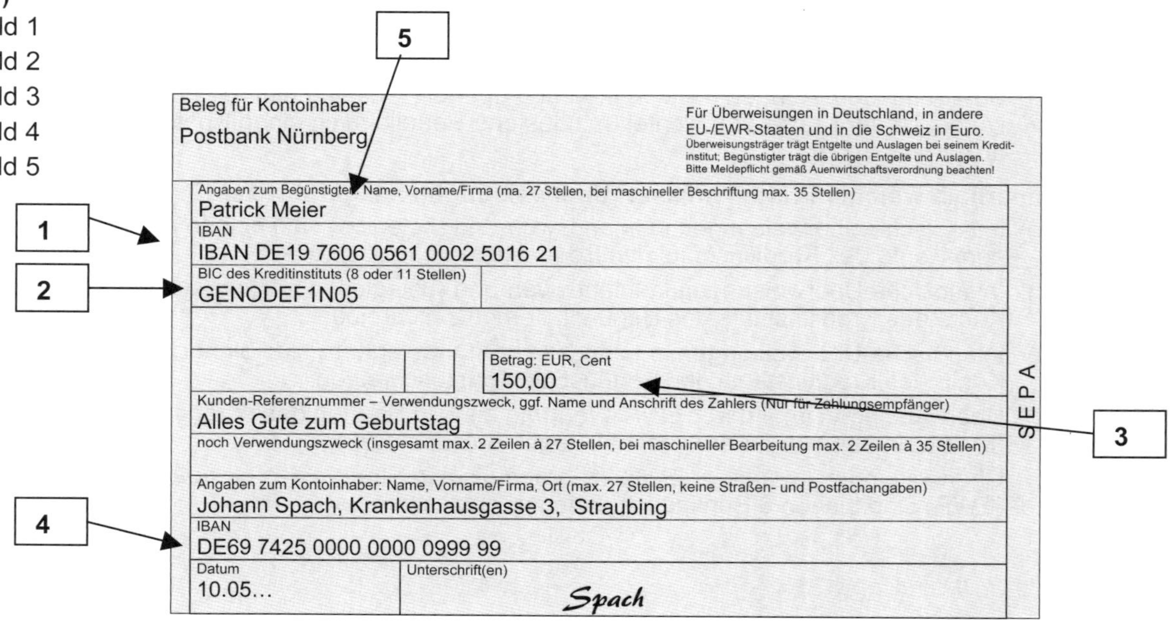

113. Ihr Kunde Herr Schön möchte seinen Zahlungsverkehr von zu Hause aus abwickeln und daher auf „Online-Banking" umsteigen. Er befürchtet jedoch, dass sein Konto vor Hackern nicht ausreichend geschützt ist und dass dadurch unberechtigte Dritte seine Kontostände abrufen und Überweisungen zu Lasten seines Girokontos ausführen könnten. Wie informieren Sie den Kunden richtig?

a) Durch ein besonderes Sicherungskonzept, das zwischen dem Kunden und dem kontoführenden Kreditinstitut vereinbart werden kann, wird ein Missbrauch durch Unberechtigte ausgeschlossen.

b) Da alle Kontodaten in einem speziellen Code verschlüsselt werden, der nur dem Kunden und ihrer Hausbank bekannt ist, können Dritte nicht unberechtigt in das Online-System eingreifen.

c) Da ein Schaden durch unberechtigte Dritte nicht auszuschließen ist, übernimmt das kontoführende Kreditinstitut in solchen Fällen nach den Sonderbedingungen für das Online-Banking die Haftung.

d) Sofern der Kunde seine persönliche Identifikationsnummer bei der Eingabe in den Computer verschlüsselt, können Dritte nicht unberechtigt in das Online-System eingreifen.

e) Sofern der Kunde seine persönliche Identifikationsnummer (PIN) an Dritte nicht weitergibt und bei Verwendung des chipTAN-Verfahrens vor Eingabe der generierten TAN die Zahlungsdetails kontrolliert, ist ein Missbrauch weitestgehend ausgeschlossen.

114. Die Eheleute Judith und Stefan Grassl, Kunden Ihres Kreditinstituts, haben eine mehrwöchige Urlaubsreise durch Australien gebucht. Als Reisezahlungsmittel wurde Ihnen von der Angestellten des Reisebüros eine MasterCard empfohlen. Die Kreditkarte soll auf Herrn Grassl ausgestellt werden. Wie informieren Sie die Eheleute richtig?

a) Die MasterCard kann auch auf den Ehepartner übertragen werden.

b) Die MasterCard berechtigt den Karteninhaber, im Rahmen des Bargeldauszahlungs-Service im In- und Ausland Bargeld abzuheben.

c) Die Haftung des Kunden ist auch ohne Verlustanzeige auf 200,00 € beschränkt.

d) Bei der Benutzung der MasterCard ist der Leistungsbeleg vom Karteninhaber mit seinem Namenszug und der Kartennummer zu kennzeichnen.

e) Die MasterCard ist sofort bei der Antragstellung auf dem dafür vorgesehenen Unterschriftsblatt zu unterzeichnen.

115. Ihr Kunde Sven Seitz möchte von Ihnen wissen, was er bei einer SEPA-Überweisung zu beachten habe. Wie beraten Sie Herrn Seitz richtig?

a) „Im SEPA-Verfahren gibt es keine Meldepflichten nach der Außenwirtschaftsverordnung."

b) „Im SEPA-Verfahren müssen Sie das Formular ´SEPA-Überweisung` verwenden."

c) „Im SEPA-Verfahren können Sie nur Überweisungen bis 50.000,00 € tätigen."

d) „Im SEPA-Verfahren können Sie Überweisungen in allen Währungen der EU-Länder tätigen."

e) „Im SEPA-Verfahren benötigen Sie zur Durchführung eines Überweisungsauftrags die IBAN des Kreditinstituts des Empfängers."

116. Welche der folgenden Aussagen trifft auf SEPA-Auslandsüberweisungen zu?

a) Es muss nur die BIC angegeben werden, der Empfänger wird nicht namentlich genannt.

b) Sowohl die namentliche Angabe des Empfängers als auch die Angabe von IBAN ist Pflicht.

c) Es muss kein Empfänger mehr namentlich genannt werden, da durch die Angabe von BIC und IBAN eine Verwechslung ausgeschlossen werden kann.

d) Sowohl die namentliche Angabe des Empfängers als auch die Angabe von IBAN und BIC ist Pflicht.

e) Es muss nur die IBAN angegeben werden, der Empfänger wird nicht namentlich genannt.

f) Sowohl die namentliche Angabe des Empfängers als auch die Angabe von BIC ist Pflicht.

117. Eine Unternehmung möchte auch weiterhin ihre Forderungen von den Konten ihrer Kunden per Lastschriftverfahren einziehen. Was muss die Unternehmung unter anderem tun, um nach der Umstellung auf das SEPA-Lastschriftverfahren daran teilnehmen zu können?

a) Sie muss bei der Deutschen Bundesbank eine Gläubiger-Identifikationsnummer beantragen.

b) Um auf SEPA umstellen zu können, schickt die Unternehmung ihren Kunden einen leeren Vordruck zu, den diese ausgefüllt an sie zurückschicken.

c) Um am SEPA-Lastschriftverfahren teilnehmen zu können, muss die Unternehmung nichts unternehmen, da alles Erforderliche ihre Hausbank erledigt.

d) Um bestehende Einzugsermächtigungen auf das SEPA-Lastschriftverfahren umstellen zu können, benötigt die Unternehmung von ihren Kunden immer ein neues Lastschriftmandat.

e) Vor dem ersten Einzug per SEPA-Lastschrift muss die Unternehmung ihren Kunden schriftlich mitteilen, dass künftig auf das SEPA-Verfahren umgestellt wird.

118. Welche Aussage zum SEPA-Lastschriftverfahren ist zutreffend?
a) Die Angabe von BIC und IBAN ist im SEPA-Lastschriftverfahren nicht erforderlich.
b) Die Einspruchsfrist bei SEPA-Lastschriften beträgt 6 Wochen.
c) Vor dem ersten Einzug per SEPA-Lastschrift muss der Zahlungsempfänger dem Zahlungspflichtigen Gläubiger-Identifikationsnummer und Mandatsreferenz mitteilen.
d) Beim SEPA-Lastschriftverfahren ist lediglich die Angabe der IBAN erforderlich.
e) IBAN und BIC identifizieren weltweit eindeutig Kunden und Banken.

119. Welche Angaben sind bei SEPA-Überweisungen zu machen?
a) BLZ und Kontonummer
b) BLZ und IBAN
c) IBAN
d) BIC und BLZ
e) TAN und PIC

120. Wie setzt sich die IBAN beim SEPA-Überweisungsverfahren zusammen?
a) Aus Kontonummer, Gläubigeridentifikationsnummer und Mandatsreferenznummer
b) Aus Länderkennzeichen, Prüfziffer, BLZ und Kontonummer (in Deutschland 22 Stellen)
c) Aus Länderkennzeichen, Gläubigeridentifikationsnummer, BLZ
d) Aus Prüfzimmer, BLZ, Kontonummer und Mandatsreferenznummer
e) Aus Kontonummer, Bankleitzahl, Prüfziffer und Mandatsreferznummer

121. Welche Aussage zum SEPA-Lastschriftverfahren ist <u>nicht</u> zutreffend?
a) Die Gläubiger-Identifikationsnummer kennzeichnet den Zahlungsempfänger.
b) Die Mandatsreferenz kennzeichnet beispielsweise Kundennummer und Rechnungsnummer.
c) Die Mandatsreferenz ermöglicht zusammen mit der Gläubiger-Identifikationsnummer die eindeutige Identifikation der Geschäftsverbindung.
d) Mit dem SEPA-Lastschriftmandat ermächtigt der Zahlungsempfänger den Zahlungspflichtigen, auf sein Konto Überweisungen vornehmen zu können.
e) Die Widerspruchsfrist des Zahlungspflichtigen bei SEPA-Basis-Lastschriften beträgt 8 Wochen nach Belastung des Kontos.

122. Ein Kunde hat einer Unternehmung gestattet, Zahlungen durch Belastung seines Bankkontos zu veranlassen. Welche Zahlungsart liegt vor?
a) Sammelüberweisung
b) Dauerauftrag
c) SEPA-Lastschriftmandat
d) Wechseleinzug
e) Zahlungsanweisung zur Verrechnung

123. Der bargeldlose Zahlungsverkehr war gerade in den letzten Jahren durch Rationalisierung und Automatisierung geprägt. Worauf ist es zurückzuführen, dass immer mehr Kundenaufträge im elektronischen Zahlungsverkehr durchgeführt werden?
a) Es entscheiden sich immer mehr Kunden für Home-Banking, da inzwischen in jedem privaten Haushalt die technischen Voraussetzungen hierfür vorhanden sind.
b) Mit Hilfe des e-Cash-Verfahrens kann sich der Kunde auf seinem PC zusätzliches Buchgeld schaffen und somit seine Kreditlinie erhöhen.
c) Beim Bezahlen mit der Kreditkarte im E-Commerce sind Fehlbuchungen durch das Sicherheitssystem „Secure Electronic Transaction (SET)“ ausgeschlossen.
d) Die Kreditinstitute fördern den elektronischen Zahlungsverkehr, weil sie dadurch ihre Kosten senken können.
e) Die Kunden gehen bei Zahlungen mit Kreditkarte oder Bankkarte über das Internet keine Risiken ein, da die Aufträge jederzeit über den PC widerrufen werden können.

124. Ludwig Heimerer unterhält bei Ihrem Kreditinstitut ein Kontokorrentkonto. Ihm wurde ein Dispositionskredit von 2.000,00 € eingeräumt. Darüber hinaus besitzt Herr Heimerer eine Bankkarte (girocard) und eine MasterCard. Herr Heimerer wurde von einem Arbeitskollegen über die Möglichkeit der Bezahlung mittels einer Geldkarte kurz informiert. Wie beraten Sie Herrn Heimerer richtig über den Einsatz einer Geldkarte?

a) „Ihre MasterCard ist bereits mit einem multifunktionalen Chip ausgestattet. Durch diesen Chip können Sie Ihre MasterCard auch als Geldkarte nutzen."

b) „Das Bezahlen mit der Geldkarte erfolgt anonym. Bei jeder Zahlung verringert sich Ihr Guthaben auf der Geldkarte entsprechend. Zahlungen sind im Rahmen des Guthabens und der Gültigkeitsdauer der Geldkarte möglich."

c) „Bei Verlust Ihrer Geldkarte sind Sie vor unberechtigten Verfügungen nur dann geschützt, wenn Sie die Geldkarte unverzüglich bei uns sperren lassen."

d) „Zur Zahlung mit Ihrer Geldkarte führen Sie die Bankkarte in ein Geldkarten-Terminal ein. Dann bestätigen Sie durch die Eingabe Ihrer PIN den Zahlungsbetrag."

e) „Sie können die Geldkarte an speziellen Ladegeräten zu Lasten Ihres Girokontos mit maximal 400,00 € laden. Dazu ist die Eingabe Ihrer PIN erforderlich."

125. Ihrer Kundin, Frau Anna Selbig, wurde während einer Urlaubsreise durch Norddeutschland ihre Bankkarte entwendet und missbräuchlich verwendet. Unter welchen Voraussetzungen kann Frau Selbig Versicherungsleistungen wirksam geltend machen?

a) Frau Selbig kann einen Antrag auf Schadensübernahme nur wirksam stellen, wenn der Zentrale Sperrannahmedienst oder das kontoführende Kreditinstitut unverzüglich benachrichtigt wurde. Zusätzlich muss sie den Sachverhalt schriftlich darlegen und Anzeige bei der Polizei erstatten.

b) Da Banken und Sparkassen zu Gunsten der Karteninhaber für solche Fälle Versicherungen abschließen, genügt eine sofortige Verlustmeldung an das kontoführende Kreditinstitut bzw. an den Zentralen Sperrannahmedienst.

c) Da Frau Selbig die Bankkarte in ihrer Geldbörse aufbewahrt hatte, liegt rechtlich eine grobe Fahrlässigkeit der Kundin vor. Sie muss den gesamten Schaden selbst tragen.

d) Frau Selbig muss dem Zentralen Sperrannahmedienst und seinem kontoführenden Kreditinstitut den Verlust unverzüglich anzeigen, sonst übernehmen beide Einrichtungen keine Haftung.

e) Da alle Kreditinstitute die aus der missbräuchlichen Verwendung der Bankkarte entstandenen Schäden im Rahmen des Abkommens zur Regelung des Zahlungsverkehrs bis 5.000,00 € übernehmen, genügt eine telefonische Verlustmeldung an das kontoführende Kreditinstitut.

126. Herr Franz und Frau Angelika Schwarz, Kunden Ihres Kreditinstituts, beabsichtigen eine mehrwöchige Urlaubsreise durch die USA. Als Reisezahlungsmittel haben sie sich für eine MASTERCARD entschieden. Die Karte soll auf Herrn Schwarz ausgestellt werden. Wie informieren Sie die Kunden über den Einsatz der MASTERCARD sachlich richtig?

a) „Ein Vorteil der MASTERCARD ist die Nutzungsmöglichkeit durch jeden Vorleger: Selbst wenn Sie, Herr Schwarz, Ihre Karte unterschrieben haben, können auf Inhaberbasis auch Sie, Frau Schwarz, alle Leistungen aus dieser Karte beanspruchen."

b) „Bei der Benutzung der MASTERCARD ist der Leistungsbeleg vom Karteninhaber mit seinem Namenszug und der Kartennummer zu versehen."

c) Die MASTERCARD ist eine Liquiditätsreserve, denn der Karteninhaber kann im Rahmen eines Bargeldservices am Bankschalter und Geldautomaten im Inland und im Ausland Bargeld anfordern."

d) „Die MASTERCARD ist sofort bei der Antragstellung auf dem dafür vorgesehenen Unterschriftsblatt zu unterzeichnen."

e) „Die MASTERCARD wird von Millionen Karteninhabern genutzt - und das nicht von ungefähr: Sie kann weltweit eingesetzt werden und hat unbegrenzte Gültigkeit."

127. Mit welchen <u>zwei</u> der folgenden Aussagen beraten Sie Ihren Kunden Dennis Kluge im Hinblick auf den Einsatz einer Kreditkarte als „Charge-Card" richtig?

a) „Sie können die Karte auch einer dritten Person überlassen, diese kann dann ihre eigenen Einkäufe bezahlen."

b) „Ein wesentlicher Vorteil dieser Karte besteht darin, dass die Kreditkartenumsätze sofort taggenau zinswirksam erfasst werden".

c) „Sie haben die Möglichkeit, sich täglich bis maximal 150,00 € Bargeld an entsprechenden Geldausgabeautomaten zu besorgen."

d) „Über Ihre Kreditkartenverfügungen erhalten Sie monatlich eine Abrechnung."

e) „Sie haften niemals bei Verlust der Karte".

f) „Ihre Kreditkartenumsätze werden monatlich in einer Summe von Ihrem Bankkonto abgebucht, sodass Ihnen bis zu diesem Zeitpunkt ein zinsloser Kredit zur Verfügung steht."

Zu den nächsten drei Aufgaben siehe nachstehende Situation.

Herr Steiger, Besitzer einer Eurocard, will mit seiner Lebensgefährtin seinen Pfingsturlaub in Rom/Italien verbringen. Im Zusammenhang mit der MasterCard möchte er noch einige Informationen von Ihnen einholen.

128. Herr Steiger möchte wissen, wie die Haftung bei Verlust der MasterCard geregelt ist?

a) Bei Verlust der MasterCard haftet Herr Steiger immer vor der Kreditkartensperre bis zur Höhe des persönlichen Kreditlimits.

b) Bei ordnungsgemäßer Aufbewahrung und sofortiger Anzeige nach Verlust der MasterCard haftet Herr Steiger im Allgemeinen mit maximal 50,00 €.

c) Die Kartenversicherung tritt automatisch für alle entstehenden Schäden ein.

d) Der Eigenanteil von Herrn Steiger an einem eingetretenen Schaden bei Verlust der MasterCard ist durch den Zentralen Sperrannahmedienst auf 200,00 € begrenzt.

e) Herr Steiger trägt entstandene Schäden bis zur Kreditkartensperre in voller Höhe; danach ist sein Risiko auf 50,00 € begrenzt.

129. Was sollte Herr Steiger bei Verlust bzw. Diebstahl der Karte veranlassen?

a) „Sie sollten bei einem Diebstahl sofort eine Anzeige gegen unbekannt bei der ausländischen Polizei aufgeben, die dann auch eine Kartensperre bei der EURO Kartensysteme GmbH veranlasst."

b) „Da bei einem Verlust missbräuchliche Verfügungen ausgeschlossen werden können, genügt es, wenn Sie das kartenausgebende Kreditinstitut nach Rückkehr der Reise über den Verlust unterrichten."

c) „Sie sollten unverzüglich bei der EURO Kartensysteme GmbH oder beim kartenausgebenden Kreditinstitut eine Sperre der Kreditkarte veranlassen."

d) „Sofern Sie für die Kreditkarte auch eine PIN (Persönliche Identifikationsnummer) beantragt haben, muss lediglich der Kartenvertrag gekündigt werden, da in diesem Fall eine unberechtigte Verfügung ausgeschlossen werden kann."

e) „Sie sollten zunächst eine Kartensperre bei der EURO Kartensysteme GmbH veranlassen und danach den Kartenvertrag kündigen, um missbräuchliche Verfügungen zu verhindern."

130. Herr Steiger möchte die Hotelkosten in Italien vor Ort mit der MasterCard bezahlen und will nun wissen, was er dabei zu beachten hat. Die Kosten für die Übernachtung einschließlich Halbpension werden sich nach Auskunft des Reisebüros auf 2.875,00 € belaufen. Wie informieren Sie Herrn Steiger sachlich richtig?

a) „Neben den Hotelkosten von 2.875,00 € werden Ihnen von der Kartenorganisation keine weiteren Entgelte für den Auslandseinsatz belastet."

b) „Die Hotelrechnung muss in 2 Zahlungsvorgängen beglichen werden, da Kartenzahlungen im Ausland aus Sicherheitsgründen auf maximal 1.500,00 € pro Zahlungsvorgang begrenzt sind."

c) „Vor der Zahlung müssen Sie sicherstellen, dass auf Ihrem Kartenkonto ausreichende Kontodeckung vorhanden ist, da ansonsten die Zahlung nicht durchgeführt werden kann."

d) „Bei der Zahlung der Hotelrechnung sollten Sie insbesondere im Ausland darauf achten, dass Sie aus Sicherheitsgründen neben Ihrer Unterschrift auch Ihre PIN (Persönliche Geheimzahl) in das Kartenlesegerät eingeben."

e) „Falls Sie nach der Kartenzahlung noch irgendwelche Rechtsansprüche aus dem Hotelvertrag geltend machen wollen, können Sie Ihre Ansprüche direkt gegenüber der EURO Kartensysteme GmbH geltend machen."

131. Ihr Kunde Klaus Maier erhält heute für sein erst kürzlich eingerichtetes Konto die beantragte Bankkarte. Herrn Maier fällt sofort ein kleiner Chip auf seiner Bankkarte auf. Wie informieren Sie Herrn Maier über diesen Chip richtig?

a) „Es handelt sich um die Geldkarte, das heißt, die Geschäfte, bei denen Sie mit der Geldkarte bezahlen, ziehen den Betrag im ELV ein."

b) „Es handelt sich um die Geldkarte, das heißt, Sie können ähnlich wie bei der Kreditkarte am nächsten Kontoauszug erkennen, wer von Ihnen das Geld bekommen hat."

c) „Es handelt sich um die Geldkarte, das heißt, Sie laden Ihren Chip bei uns auf, während die Abrechnung über Evidenzzentralen erfolgt."

d) „Es handelt sich um die Geldkarte, das heißt, Sie brauchen bei Ihrem nächsten Einkauf keine Geheimzahl mehr einzugeben. Karte und Personalausweis reichen aus."

e) „Es handelt sich um die Geldkarte, das heißt, Sie können immer nur über auf volle € lautende Beträge verfügen."

132. Welche zwei Aufgaben hat die Autorisierungszentrale im Rahmen des electronic-cash-online-Verfahrens?

a) Der Händler übermittelt seine Kartenumsätze einmal täglich an die Autorisierungszentrale.
b) Durch die Rückmeldung der Autorisierungszentrale wird der freie Verfügungsrahmen des Karteninhabers auf dem Kassenterminal angezeigt.
c) Bei der Autorisierungszentrale werden Schattenkonten zur Überprüfung der vorgenommenen Umsätze je Karte geführt.
d) Die Bankverbindung und die Kontodeckung des Kartenvorlegers werden abgefragt.
e) Die Sperrdatei wird auf eine eventuell vorhandene Sperrung der vorgelegten Karte abgefragt.

133. Ihr Kunde Frank Blach teilt Ihnen persönlich mit, dass er seine Bankkarte, die mit 100,00 € an einem Geldladeterminal aufgeladen wurde, bei einem Einkaufsbummel verloren hat. Wer trägt den Schaden, falls der aufgeladene Betrag eventuell missbräuchlich verwendet wird?

a) Es kann kein Schaden entstehen, weil die ec-Karte sofort gesperrt wird.
b) Für alle Schäden ab der Verlustmeldung haftet Herr Blach mit 10 % des Schadens.
c) Ihr Kreditinstitut übernimmt den Schaden, weil der Verlust sofort gemeldet wurde.
d) Herr Blach muss den Schaden selbst tragen.
e) Der die Zahlung akzeptierende Händler haftet, wenn er die Berechtigung des Kartenvorlegers nicht geprüft hat.

134. Ordnen Sie drei der insgesamt sechs Informationen den richtigen Zahlungsarten zu.

Informationen

a) Die Zahlung von Kleinbeträgen kann im Rahmen des gespeicherten Guthabens erfolgen.
b) Die Zahlung ist besonders sicher, da neben der Kartenvorlage die Eingabe der PIN erforderlich ist.
c) Neben der Eingabe der PIN ist die Unterschrift eines Leistungsbelegs erforderlich.
d) Die Begleichung von Rechnungen ist weltweit durch Leistung einer Unterschrift möglich.
e) Die Karte kann nur beim ausgebenden Kreditinstitut aufgeladen werden.
f) Neben der Kartenvorlage und der Unterschrift ist die Vorlage eines Ausweises erforderlich.

Zahlungsarten

[ ] Geldkarte
[ ] electronic-cash
[ ] Kreditkarte

135. Bringen Sie die folgenden Schritte bei der Ausgabe und Verwendung einer Kreditkarte in die richtige Reihenfolge.

[ ] Ausfüllen des Kartenantrags
[ ] Bei Zahlung: Prüfung des Kartenlimits und der Unterschrift
[ ] Monatliche Belastung des Kundenkontos
[ ] Erstellung der Sammelabrechnung
[ ] Prüfung der Bonität vor Kartenbestellung

136. Bringen Sie die folgenden Schritte bei der Benutzung einer Girocard im electronic-cash-online-Verfahrens in die richtige Reihenfolge.

[ ] Wunsch des Kunden, mittels Girocard zu bezahlen
[ ] Eingabe der PIN
[ ] Autorisierungsprüfung der Girocard durch die Autorisierungszentrale
[ ] Einlesen der Kundendaten aus dem Magnetstreifen
[ ] Verrechnung zwischen Verkäufer und Kreditinstitut sowie Belastung des Kundenkontos
[ ] Freigabe der Bezahlung mit Girocard

137. Bringen Sie die folgenden Bearbeitungsschritte das ELV-Verfahren betreffend in die richtige Reihenfolge.

[ ] Wunsch des Kunden, im ELV-Verfahren zu zahlen
[ ] Ausdruck des Leistungsbelegs
[ ] Gutschrift abzüglich der Gebühren, Einzug der Forderung beim Kreditinstitut des Zahlungspflichtigen
[ ] Kontobelastung und Information durch Kontoauszug
[ ] Lastschrifteinreichung
[ ] Unterschrift auf dem Leistungsbeleg

138. Herr Edmund Steiner möchte eine Tankstellenrechnung mit seiner Bankkarte über ein electronic-cash-Terminal (online-Autorisierung) bezahlen. Bringen Sie die folgenden Schritte dieser Zahlung in die richtige Reihenfolge.

[ ] Die Umsätze werden in der electronic-cash-Kasse gesammelt und vom Händler nach Kassenschnitt bei seinem Kreditinstitut eingereicht und im Lastschriftverfahren weiter bearbeitet.

[ ] Der zu zahlende Betrag wird automatisch an der Kundenbedieneinheit der electronic-cash-Kasse angezeigt

[ ] Der zu zahlende Betrag wird an der elektronischen Kasse vom Kassenpersonal des Händlers ermittelt.

[ ] Dem Händler wird die Gesamtsumme der Umsätze, gegebenenfalls unter Abzug der anfallenden Gebühren, gutgeschrieben und die Karteninhaber werden entsprechend belastet.

[ ] Der Kunde bestätigt den Betrag und wird nun vom System aufgefordert seine persönliche Geheimnummer (PIN) einzugeben.

[ ] Nach dem Hinweis „Betrag gebucht" wissen der Kunde und das Kassenpersonal, dass die Zahlung akzeptiert wurde. Der Kunde erhält einen Kassenbon mit der Bestätigung der Zahlung.

[ ] Die Kundendaten werden über Datenleitung an die Autorisierungsstelle übermittelt und dort überprüft, ob die PIN richtig ist, eine Sperre vorliegt und der Verfügungsrahmen ausreichend ist.

139. Ordnen Sie drei der insgesamt sechs Erläuterungen den Abkürzungen und Begriffen zu.

Erläuterungen

a) Internationales Zahlungssystem, das weltweit bargeldlose Zahlungen oder die Bargeldversorgung ermöglicht

b) Bei diesem Verfahren wird keine bzw. nur eine interne (beim Händler selbst) Sperrabfrage durchgeführt.

c) Geheimzahl, die zur Identifikation des Kontoinhabers/Bevollmächtigten dient

d) Sicherungskennziffer, die als elektronische Unterschrift verwendet wird

e) Gerät, das per Digital-analog-Wandlung digitale Signale in elektrische Schwingungen umwandelt.

f) Kartengeschütztes Verfahren, das Voraussetzung für die Durchführung von Online-Zahlungsaufträgen (DFÜ) ist

Abkürzungen/Begriffe

[ ] Maestro

[ ] Modem

[ ] TAN

140. Ihr Kunde Stefan Krug erteilt seinem Vermieter ein SEPA-Basis-Lastschriftmandat. Welche Aussage über den Einzug von Forderungen im SEPA-Lastschriftverfahren ist richtig?

a) Eine Änderung des Mietbetrags muss Herr Krug bei Ihrem Kreditinstitut veranlassen. Die Änderung des Betrags erfolgt kostenlos.

b) Das Original des Lastschriftmandats muss von Herrn Krug bei Ihrem Kreditinstitut hinterlegt werden.

c) Eine Veränderung des Mietbetrags wird automatisch und kostenlos für Herrn Krug durch den Vermieter durchgeführt.

d) Das Original des Lastschriftmandats muss vom Vermieter bei dessen Kreditinstitut hinterlegt werden.

e) Wird ein falscher Betrag auf dem Konto von Herrn Krug belastet, kann sie der Abbuchung nur am Vorlegungstag widersprechen.

141. Die Huber Holzmarkt & Hobelwerk GmbH, die etwa 800 Einzelhändler beliefert, möchte ihren Zahlungsverkehr effizienter gestalten. Täglich fallen im Durchschnitt 300 Rechnungen in Höhe von 1.000,00 € bis 9.000,00 € an. Der Geschäftsführer der Huber Holzmarkt & Hobelwerk GmbH vereinbart daher mit Ihnen einen Beratungstermin. Wie beraten Sie den Geschäftsführer über die zweckmäßigste Bezahlung der Kundenrechnungen richtig?

a) „Fügen Sie den Rechnungen bereits vorbereitete Überweisungsformulare bei. Dies ist bequem für den Zahlungspflichtigen und vermindert für Sie unnötige Zahlungsverzögerungen."

b) „Ihre Kunden sollten Ihnen ein SEPA-Lastschriftmandat erteilen. Ein Widerspruch der Kunden ist bei dieser Zahlungsart immer möglich."

c) „Lassen Sie sich von Ihren Kunden SEPA-Lastschriftmandate erteilen. Diese ermächtigen Sie, Forderungen von Konten der Zahlungspflichtigen einzuziehen."

d) „Fügen Sie den Rechnungen neutrale Zahlungsverkehrsvordrucke mit Kundeneindruck bei, da besonders Einzelhändler diese moderne Zahlungsform bevorzugen und die Vordrucke maschinell lesbar sind."

e) „Ihre Kunden sollten mit Bankkarten zahlen, da diese als Multifunktionskarten die Zahlungen für Sie als Händler ohne Prüfungen und kostenfrei garantieren."

142. In welchem der folgenden Fälle ist die Rückgabe einer SEPA-Firmen-Lastschrift nicht möglich?

a) Rückbuchung der Lastschrift nach Fälligkeit durch die Bank des Zahlungsempfängers auf Weisung des Einreichers.

b) Rückgabe der Lastschrift auf Initiative der Bank des Zahlungspflichtigen vor Fälligkeit wegen mangelnder Kontodeckung.

c) Rückgabe der Lastschrift auf Initiative der Bank des Zahlungsempfängers wegen fehlerhafter Einreichung einer Lastschrift vor Fälligkeit.

d) Rückgabe der Lastschrift auf Initiative des Zahlungspflichtigen vor Fälligkeit wegen Sperrung des Kontos für Lastschrifteinzüge.

e) Rückgabe der Lastschrift wegen Widerspruch durch den Zahlungspflichtigen nach Belastung.

143. Als Mitarbeiter/-in der Handelsbank AG wird Ihnen heute eine SEPA-Lastschrift über 2.300,00 € zu Lasten des Geschäftskontos der Dübel Holzgroßhandel GmbH vorgelegt. Das Konto weist einen Habensaldo von 1.200,00 € auf. Aufgrund einer nicht ausreichenden Bonität wurde der Dübel Holzgroßhandel GmbH kein Dispositionskredit eingeräumt. Wie gehen Sie bei der weiteren Bearbeitung dieser Lastschrift vor?

a) Sofern mit der Dübel Holzgroßhandel GmbH eine Inkassovereinbarung getroffen wurde, müssen Sie die Lastschrift einlösen.

b) Sofern der Zahlungspflichtige einer Teileinlösung zugestimmt hat, können Sie die Lastschrift über 1.200,00 € einlösen.

c) Sie lehnen die Einlösung der Lastschrift ab, informieren die 1. Inkassostelle und bitten sie, die Lastschrift später nochmals einzureichen.

d) Sie setzen sich mit einem Vertretungsberechtigten der Dübel Holzgroßhandel GmbH in Verbindung und bitten ihn, das SEPA-Lastschriftmandat zu widerrufen.

e) Da Teileinlösungen von SEPA-Lastschriften nicht möglich sind, geben Sie die Lastschrift zurück.

144. Frau Karin Seitz kauft sich nach reiflicher Überlegung bei der Boutique Lady & Fashion e. K. eine Winterjacke. Da ihr Bargeld zur Bezahlung der Jacke nicht ausreicht, zahlt Sie mit ihrer girocard und unterschreibt den abgebildeten Beleg. Welche rechtliche Wirkung ergibt sich mit der Unterschrift von Frau Seitz?

a) Da sich die Kundin mit ihrer Unterschrift ordnungsgemäß legitimiert, ist die Einlösung der Lastschrift durch das kontoführende Kreditinstitut der Kundin garantiert.

b) Die Kundin ist damit einverstanden, dass ihr kontoführendes Kreditinstitut bei Nichteinlösung der Lastschrift ihren Namen und ihre Adresse an das Kaufhaus weitergibt. Das kontoführende Kreditinstitut ist dazu jedoch nicht verpflichtet.

c) Da es sich hier um eine „Einmallastschrift" handelt, verzichtet die Kundin mit der Unterschrift auf ihr Widerrufsrecht gegen die Kontobelastung.

d) Die Kundin akzeptiert mit der Unterschrift eine Abfrage der Sperrdatei durch das Kaufhaus.

e) Die Kundin akzeptiert mit der Unterschrift die Allgemeinen Geschäftsbedingungen der Inkassobank über den Einzug von Forderungen mittels Lastschrift.

Lady & Fashion
Brauereigasse 204
84130 Dingolfing

Kartenzahlung (€ ELV Online)
23/07/20 17:39 Uhr
Terminal-ID: 800453868 Beleg-Nr. : 2087
TA-Nr. : 023875

Zahlung **249,00 €**

Karte 1 gültig bis12/21
IBAN: DE1485############6567
G-ID: DE51ZZZ0000002356
M-ID: 5624524522147562523621O

SEPA Lastschriftmandat
Ich ermächtige oben genannte Firma, einmalig den oben ausgewiesenen Rechnungsbetrag von meinem Konto mittels Lastschrift einzuziehen. Bei Nichteinlösung der Lastschrift ermächtige ich das Unternehmen zum neuerlichen Einzug des Zahlungsbetrages zzgl. Kosten (z. B. Rücklastschriftentgelt meines Kreditinstituts). Zugleich weise ich mein Kreditinstitut an, die auf mein Konto gezogene Lastschrift einzulösen.
Hinweis: Ich kann innerhalb von acht Wochen, beginnend mit dem Belastungsdatum, die Erstattung des belasteten Betrages verlangen. Es gelten dabei die mit meinem Kreditinstitut vereinbarten Bedingungen. Der Lastschrifteinzug erfolgt frühestens am nächsten Bankarbeitstag.

Adressweitergabe
Ich weise mein Kreditinstitut unwiderruflich an, bei Nichteinlösung der Lastschrift dem Unternehmen auf Anforderung meinen Namen und meine Anschrift zur Geltendmachung der Forderung mitzuteilen.

UNTERSCHRIFT: ***Karin Seitz***

-- Karte akzeptiert –
BITTE BELEG AUFBEWAHREN

145. Ihr Kunde Herr Schirmeisen hat von seinem Telefonanbieter das abgebildete Formular erhalten und wünscht dazu weitere Informationen. Wie beraten Sie Herrn Schirmeisen sachlich richtig?

a) „Es ist für Sie günstiger, wenn Sie pünktlich zum 1. eines Monats einen Überweisungsauftrag einreichen."

b) „Es ist für Sie günstiger, wenn Sie direkt auf das Konto des Telefonanbieters einzahlen."

c) „Es ist für Sie bequemer, wenn Sie die Beträge per Dauerauftrag begleichen."

d) „Das Mandat verfällt, wenn innerhalb von 24 Monaten keine Folgelastschriften eingereicht werden."

e) „Sie können bei uns als Ihrer Hausbank das SEPA-Lastschriftmandat jederzeit widerrufen. Zusätzlich sollte der Widerruf auch gegenüber dem Zahlungsempfänger erklärt werden, damit dieser keine weiteren Lastschriften einzieht."

Tele5 AG, Kleiststr. 46, 84130 Dingolfing

Gläubiger-Identifikationsnummer DE99ZZZ05678901234
Mandatsreferenz 977353AB2

SEPA-Lastschriftmandat

Ich ermächtige die Tele5 AG, Zahlungen von meinem Konto mittels Lastschrift einzuziehen. Zugleich weise ich mein Kreditinstitut an, die von der Tele5 AG auf mein Konto gezogenen Lastschriften einzulösen.

Hinweis: Ich kann innerhalb von acht Wochen, beginnend mit dem Belastungsdatum, die Erstattung des belasteten Betrages verlangen. Es gelten dabei die mit meinem Kreditinstitut vereinbarten Bedingungen.

____
Vorname und Name (Kontoinhaber)

____
Straße und Hausnummer

____
Postleitzahl und Ort

____
Kreditinstitut (Name und BIC)

DE_ _/_ _ _ _/_ _ _ _/_ _ _ _/_ _ _ _/_ _
IBAN

____
Datum, Ort und Unterschrift

146. Sie informieren Ihren Kunden Franz Reich, Inhaber eines florierenden Münz- und Briefmarkengeschäftes, über Besonderheiten im Zahlungsverkehr. Wie informieren Sie ihn richtig?

a) Großbetragsschecks können vom bezogenen Kreditinstitut erst ab einem Betrag von 5.000,00 € zurückbelastet werden, wenn das Konto keine ausreichende Deckung aufweist.

b) Wenn beim Electronic-Cash-Verfahren das Kreditinstitut des Käufers bei positiver Autorisierung Herrn Reich die Zahlung garantiert hat, kann es die Einlösung der Lastschrift nicht verweigern. Der Käufer kann der Lastschrift aber widersprechen.

c) Bei der Annahme von Bargeld geht Herr Reich überhaupt kein Risiko ein. Es handelt sich um das gesetzliche Zahlungsmittel. Auftretendes Falschgeld ist mit einem Bericht der Deutschen Bundesbank zu übersenden, die dafür entsprechend Ersatz leistet.

d) Bei der Zahlung mit der MASTERCARD bekommt Herr Reich sein Geld in jedem Fall vom Kartenunternehmen überwiesen; dieses trägt auch das Risiko, wenn die Karte gestohlen wurde. Die PIN ist für das Vertragsunternehmen die Zahlungsgarantie.

e) Beim SEPA-Basis-Lastschriftverfahren ist das Risiko für Herrn Reich darin begründet, dass der Zahlungspflichtige der Belastung auf seinem Konto widersprechen kann. Herr Reich muss dann die Rückbelastung der Lastschrift akzeptieren.

Zu den nächsten zwei Aufgaben siehe nachstehende Situation.

Sie sind als Sachbearbeiter/-in bei der Stadtsparkasse Straubing eingesetzt. Ihr Kunde Patrick Achtsam legt Ihnen den abgebildeten Kontoauszug seines Kontos vor.

KONTOAUSZUG vom 29.10. Stadtsparkasse Straubing

Kontonummer	Auszug	Blatt	Sparkasse/Geschäftsstelle	Währung	Soll	Alter Kontostand	Haben
58962	25	3	Straubing, Stadtplatz 4	€			2.256,66
Buchungstag	Text			Wert	Belastung	**Umsätze**	Gutschrift
03.10.	GAA NR00006191			03.10.	400,00		
09.10.	0310/7.32 Uhr Kirchroth Überweisung 58709356 Baustoffe Meier KG RE-NR. 0004567			09.10.	361,89		
26.10.	Autohaus Kurz GmbH RNR. 4362-09 ELV 95028878 2019 10.27 ME			26.10.	163,45		
Patrick Achtsam Bahnhofstr. 7 Straubing		**Neuer Kontostand**					1.331,32
		IBAN: DE69 7425 0000 0000 0589 62 - BIC: BYLADEM1SRG					

147. Herr Achtsam beanstandet die Buchung vom 26. Oktober über den Betrag von 163,45 €, weil auf der entsprechenden Rechnung ein Endbetrag von 136,45 € ausgewiesen ist. Wie verhält sich Ihr Kunde richtig?

a) Herr Achtsam sollte der Belastung widersprechen. Die Lastschrift ist daraufhin zurückzugeben. Name und Anschrift des Herrn Achtsam werden gegebenenfalls offen gelegt.

b) Sie informieren Herrn Achtsam dahingehend, dass dieser eine Rücküberweisung in Höhe des Differenzbetrages von 27,00 € innerhalb von drei Bankgeschäftstagen veranlassen muss.

c) Da das beauftragte Kreditinstitut eine Zahlungsgarantie abgegeben hat, muss diese unverzüglich aufgehoben werden, um eine Rückbuchung zu veranlassen.

d) Da Herr Achtsam bei Leistungsinanspruchnahme eine Einzugsermächtigung unterschrieben hatte, ist eine Klärung des Sachverhaltes nur zwischen dem Autohaus und Herrn Achtsam direkt möglich.

e) Das beauftragte Kreditinstitut muss umgehend die Sperrdatei abfragen und blockiert damit automatisch die Gutschrift für den Zahlungsempfänger. Das Entgelt der Abfrage trägt allerdings der Karteninhaber.

148. Kann Herr Achtsam die Buchung über 361,89 €, die er versehentlich vor Fälligkeit veranlasste, stornieren lassen. Wie beraten Sie den Kunden diesbezüglich sachlich richtig!

a) Der Überweisungsvertrag ist zu kündigen. Auf Grund der Situation hat dies unverzüglich durch Herrn Achtsam zu erfolgen.

b) Herr Achtsam kann die Money-Back-Garantie beanspruchen: Wird eine Überweisung nicht zufrieden stellend ausgeführt, kann der Auftraggeber von den beteiligten Kreditinstituten die Zahlung eines Garantiebetrages bis zu 12.500,00 € verlangen.

c) Da Buchgeld kein gesetzliches Zahlungsmittel ist und die Überweisung eine bargeldlose Zahlungsform darstellt, sollte Herr Achtsam die sofortige Rücküberweisung (Rückruf) über das erstbeauftragte Kreditinstitut veranlassen.

d) Hier liegt eine gekürzte Überweisungsform vor, d. h. die zu zeitige Überweisung ist alleiniges Verschulden von Herrn Achtsam. Herr Achtsam muss sich selbst an das Kreditinstitut des Zahlungsempfängers wenden.

e) Die gebuchte Überweisung wurde entsprechend dem Auftrag von Herrn Achtsam ordnungsgemäß ausgeführt. Da die übliche Ausführungsfrist, die mit der Kontogutschrift endet, schon lange abgelaufen ist, kann Herr Achtsam gegenüber den beteiligten Kreditinstituten keine Ansprüche stellen.

149. Die Handelsbank AG räumt ihrem Kunden, dem Kaufhaus Modernes Wohnen GmbH, ein Lastschrift-Obligo ein. Welche Bedeutung hat diese Vereinbarung für das Kaufhaus?

a) Damit wird festgelegt, bis zu welchem Betrag die Hausbank des Kaufhauses Rücklastschriften akzeptiert.

b) Die Hausbank will sich dadurch absichern, dass sie bei Rücklastschriften das Geschäftskonto des Kaufhauses wieder belasten kann.

c) Die Hausbank versucht damit, ihr Risiko bei Rücklastschriften zu begrenzen.

d) Das Kaufhaus kann dadurch Zahlungen seiner Kunden mittels ELV nur bis zur Höhe dieses Obligos entgegennehmen.

e) Bei Rücklastschriften kann das Konto des Kaufhauses bis zur Höhe des Obligos überzogen werden.

150. Bei Ihrem Kreditinstitut geht im EZÜ-Verfahren (Elektronischer Zahlungsverkehr für individuelle Überweisungen) eine Gutschrift über 7.328,00 € ein. Der auf der Überweisung ausgewiesene Gutschriftsempfänger unterhält bei Ihrem Kreditinstitut kein Konto, die angegebene IBAN stimmt mit Ihrem Kreditinstitut überein. Wie gehen Sie bei der weiteren Bearbeitung dieser Überweisung richtig vor?

a) Sie erfragen beim erstbeteiligten Kreditinstitut die richtige Bankverbindung des Begünstigten.

b) Entsprechend dem „Abkommen zum Überweisungsverkehr" müssen Sie den Kunden anrufen und seine richtige Bankverbindung erfragen.

c) Sie sind im elektronischen Zahlungsverkehr verpflichtet, den Gutschriftsbetrag bis zur Klärung auf das CpD-Konto (Conto pro diverse) zu buchen.

d) Ein Kontonummer-Namensvergleich ist vom Kreditinstitut des Zahlungsempfängers nicht durchzuführen. Stimmen IBAN und Name nicht überein, ist grundsätzlich die IBAN maßgeblich.

e) Sie informieren den Zahlungsempfänger schriftlich und bitten ihn, Ihnen innerhalb von zwei Tagen seine Bankverbindung mitzuteilen.

151. Ordnen Sie drei der insgesamt sechs Aussagen über das Lastschriftverfahren den entsprechenden Lastschriftarten zu.

Aussagen über das Lastschriftverfahren

a) Die Kreditinstitute der Kunden übernehmen im Rahmen der Lastschriftvereinbarung die Garantie für die Einlösung der Lastschriften.

b) Wurde die Lastschrift durch die Zahlstelle am Fälligkeitstag eingelöst, ist ein Widerspruch des Kunden gegen diese Lastschrift nicht mehr möglich.

c) Eine Rückbuchung der Lastschrift ist wegen Widerspruchs oder mangels Deckung möglich.

d) Das SEPA-Lastschriftmandat enthält neben der Ermächtigung, Zahlungen vom Konto des Kunden (Zahlungspflichtigen) einzuziehen, die Weisung an das einlösende Kreditinstitut, die Belastung vorzunehmen.

e) Der Zahlungsempfänger kann die Lastschriften nur beleggebunden ihrem Kreditinstitut zum Inkasso einreichen.

f) Bei mangelnder Kontodeckung sind auch Teileinlösungen möglich.

Lastschriftarten

[ ] Gilt nur für das SEPA-Firmen-Lastschriftverfahren

[ ] Gilt nur für das SEPA-Basis-Lastschriftverfahren

[ ] Gilt für das SEPA-Firmen- und SEPA-Basis-Lastschiftverfahren

152. Ihr Kunde Sebastian Kreil, leidenschaftlicher Philatelist, möchte an einer Briefmarkenversteigerung teilnehmen und beantragt deshalb bei Ihrem Kreditinstitut einen bestätigten Bundesbank-Scheck über 20.000,00 €. Wie beraten Sie Herrn Kreil sachlich richtig?

a) Acht Tage nach Ausstellung des bestätigten Bundesbank-Schecks erlischt die Einlösungsverpflichtung der Bundesbank. Wird der Scheck danach vorgelegt, behandelt ihn die Bundesbank wie einen unbestätigten Scheck.

b) Sie bitten den Kunden, zu Lasten seines bei Ihrem Kreditinstitut geführten Kontokorrentkontos einen Scheck auszustellen, um diesen von der Deutschen Bundesbank bestätigen zu lassen.

c) Ein Bestätigungsvermerk der Deutschen Bundesbank beinhaltet die Verpflichtung, den Scheck „unter den banküblichen Vorbehalten" einzulösen.

d) Der Schecknehmer eines bestätigten Bundesbank-Schecks kann diesen Scheck bei der Filiale, die den Bestätigungsvermerk angebracht hat und bei den Hauptverwaltungen der Deutschen Bundesbank zur Bareinlösung vorlegen.

e) Erst nach Einlösung des Schecks durch eine Hauptverwaltung der Deutschen Bundesbank oder einer Filiale wird das Kontokorrentkonto des Kunden mit dem Scheckbetrag zuzüglich eines Bearbeitungsentgelts belastet.

153. Ein Kunde reicht einen Scheck mit dem handschriftlichen Vermerk „Nur zur Verrechnung" bei Ihrem Kreditinstitut zum Inkasso ein. Welche Bedeutung hat dieser Vermerk?

a) Dieser Scheck darf nur durch ein Indossament übertragen werden.
b) Dieser Vermerk gilt zwar für alle am Inkassoverfahren beteiligten Kreditinstitute, nicht aber für die bezogene Bank.
c) Dieser Vermerk gilt nach dem Scheckgesetz als nicht geschrieben, da er handschriftlich angebracht wurde.
d) Wird dieser Scheck gestohlen, so kann der Einreicher ermittelt werden, denn die bezogene Bank darf den Scheck nur als Kontogutschrift einlösen.
e) Dieser Scheck darf nur zur Gutschrift nach Eingang des Gegenwertes hereingenommen werden.

154. Ordnen Sie zwei der insgesamt sechs Erläuterungen den Scheckeinzugsverfahren zu.

Erläuterungen

a) Das bezogene Kreditinstitut kann die Unterschrift des Ausstellers nicht prüfen.
b) Das bezogene Kreditinstitut leitet die Scheckdatensätze per Datenträgeraustausch oder Datenfernübertragung weiter.
c) Die 1. Inkassostelle muss die Originalschecks mikroverfilmen und an die Deutsche Bundesbank weiterleiten.
d) Die erste Inkassostelle übermittelt der Deutschen Bundesbank ein eingescanntes Bild der bei ihr zum Inkasso eingereichten Schecks zur Vorlage beim bezogenen Kreditinstitut.
e) Eine Schufa-Meldung über die Nichteinlösung von Schecks erfolgt erst ab einem Betrag von 6.000,00 €.
f) Eine Teileinlösung des Schecks ist nur mit Zustimmung der Inkassostelle möglich.

Scheckeinzugsverfahren

[ ] BSE-Scheck

[ ] ISE-Scheck

155. Die Abwicklung des Scheckinkassos erfolgt im BSE- oder ISE-Verfahren. Überprüfen Sie, welche Aussage in diesem Zusammenhang richtig ist?

a) Beim ISE-Verfahren stehen dem Scheckeinreicher gegenüber dem Scheckaussteller keine scheckrechtlichen Ansprüche bei Nichteinlösung des Schecks zu.
b) Im Gegensatz zum ISE-Verfahren werden durch das BSE-Verfahren alle Schecks ab 6.000,00 € eingezogen.
c) Nur beim BSE-Verfahren werden die Originalbelege dem bezogenen Kreditinstitut vorgelegt.
d) Das BSE-Verfahren gilt ausschließlich für Schecks (unter 6.000,00 €), beim ISE-Verfahren sind darüber hinaus auch Zahlungsanweisungen möglich.
e) Im Fall der Nichteinlösung eines ISE-Schecks kann der Schecknehmer einen Urkundenprozess gegen den Aussteller führen. Danach kann auf Antrag die Deutsche Bundesbank als Abrechnungsstelle eine elektronische Nichteinlösungserklärung im Sinne des Scheckgesetzes abgeben.

156. Ordnen Sie zwei der insgesamt sieben Aussagen über Schecks den entsprechenden Scheckarten zu.

Aussagen über Schecks

a) Auf diesem Scheck fehlt die Überbringerklausel.
b) Dieser Scheck kann nicht an andere Schecknehmer indossiert werden
c) Dieser Scheck muss immer über den Inkassoweg der LZB eingezogen werden.
d) Bei diesem Scheck gilt für alle Kreditinstitute ein generelles Barauszahlungsverbot.
e) Dieser Scheck darf nicht von der Zahlstelle, könnte jedoch von allen anderen Kreditinstituten bar eingelöst werden.
f) Eine Scheckweitergabe ist nur mit Zustimmung des Ausstellers möglich.
g) Dieser Scheck kann nur durch Abtretung übertragen werden.

Scheckarten

[ ] Verrechnungsscheck

[ ] Orderscheck

157. Kann ein über 7.700,00 € ausgestellter Orderscheck im beleglosen Scheckeinzugsverfahren (BSE-Verfahren) eingezogen werden?

a) Nein, da es sich um einen Orderscheck handelt
b) Nein, da die Schecksumme die Höchstbetragsgrenze übersteigt
c) Ja, falls seine Daten vom überleitenden Kreditinstitut auf EDV-Medien erfasst werden
d) Ja, falls er von dem überleitenden Kreditinstitut mit einem Vollindossament versehen wird
e) Ja, wenn der Originalscheck für einen Zeitraum von höchstens einem Monat bei der ersten Inkassostelle aufbewahrt wird

158. Die Schreiner OHG reicht bei der VOLKS-UND RAIFFEISENBANK Landau eG mehrere Schecks mit dem abgebildeten Formular zum Inkasso ein. Welche dieser Schecks können von dieser Bank im beleglosen Scheckeinzugsverfahren (BSE) eingezogen werden?

a) Alle Schecks, da es sich hier ausschließlich um Schecks handelt, die in € ausgestellt sind.

b) Nur die Schecks über 6.580,00 €, 12.520,00 € und 7.990,00 €, da diese auf Beträge über dem Mindestbetrag von 6.000,00 € ausgestellt sind.

c) Alle Schecks, da sie laut Bankleitzahlen auf inländische Kreditinstitute gezogen sind.

d) Nur die Schecks über 5.341,65 € und 4.575,00 €, da diese auf inländische Kreditinstitute gezogen sind und unter 6.000,00 € ausgestellt sind.

e) Nur die Schecks über 5.341,65 € und 12.520,00 €, da sich die bezogenen Kreditinstitute im gleichen Clearingbezirk befinden.

Scheckeinreichung
Beleg für die Bank

Volksbank-Raiffeisenbank Landau eG

Sie erhalten die genannten Schecks zum Einzug und zur Gutschrift – Eingang vorbehalten.

Scheck-Nr.	Aussteller Name oder Konto-Nr.	Name und Ort der bezogenen Bank oder Bankleitzahl	Betrag
6754379	567896	546 512 40	6.580,00
005674	98000	450 800 60	5.341,65
765800ß	45632	290 000 00	4.575,00
0087644	100045654	743 500 00	12.520,00
6468900	785687	673 622 19	7.990,00

Konto-Nr.	Stück	Valuta		Gesamtbetrag
99 990	5	12.01.20..	EUR	37.006,65

Kontoinhaber: Schreiner OHG

Schreiner
Datum, Unterschrift des Einreichers

159. Ihr Kunde Helmuth Lehner reicht am 18. Mai 20.. einen bereits am 4. Mai 20.. über 850,00 € ausgestellten Scheck bei Ihnen zum Inkasso ein. Welche rechtliche Wirkung hat die Vorlage des Schecks am 18. Mai 20..?

a) Der Scheck ist zwar noch gültig, kann aber von der Hausbank des Schecknehmers nicht mehr in das BSE-Verfahren (belegloses Scheckeinzugsverfahren) zum Inkasso eingeleitet werden.

b) Da auf Schecks kein Verfallsdatum angebracht wird, bleiben die scheckrechtlichen Ansprüche des Schecknehmers erhalten.

c) Da dieser Scheck nicht mehr gültig ist, muss der Zahlungspflichtige einen neuen Scheck ausstellen.

d) Auch wenn der Scheck nicht den Vermerk „Nur zur Verrechnung" trägt, darf der Scheck nicht mehr bar eingelöst werden.

e) Hat der Scheckaussteller den Scheck am 17. Mai 20.. widerrufen, darf das bezogene Kreditinstitut den Scheck nicht mehr zu Lasten des Kontos des Scheckausstellers einlösen.

160. Ihr Firmenkunde Patrick Groß beabsichtigt, sein Briefmarken- und Münzgeschäft, um eine Internet-Plattform und einen Versandhandel zu erweitern. Sie beraten Herrn Groß heute über die verschiedenen Bezahlformen im Onlinehandel und deren Sicherheitsrisiken. In diesem Zusammenhang informieren Sie Ihren Kunden über die dreistellige Kartenprüfnummer. Mit welcher der folgenden Aussagen informieren Sie Herrn Groß diesbezüglich richtig?

a) „Die Kartenprüfnummer, die sich auf der Rückseite der Bankkarte befindet, erhöht die Sicherheit im Versandhandel".

b) „Die Kartenprüfnummer, die sich auf der Rückseite der Kreditkarte befindet, erhöht die Sicherheit im Versandhandel".

c) „Die Kartenprüfnummer, die sich auf der Vorderseite der Kreditkarte befindet, erhöht die Sicherheit im Versandhandel".

d) „Die Kartenprüfnummer, die sich auf der Rückseite der Kreditkarte befindet, erhöht die Sicherheit im Online-Zahlungsverkehr".

e) „Die Kartenprüfnummer, die sich auf der Rückseite der Bankkarte befindet, erhöht die Sicherheit im Online-Zahlungsverkehr".

INFORMATIONS- UND KOMMUNIKATIONSSYSTEME

161. Herr Klaus Wegener, Rentner und langjähriger Kunde Ihrer Geschäftsstelle, legt besonders Wert auf eine persönliche Betreuung. Er holte sich daher seine Kontoauszüge regelmäßig am Schalter ab. Wie überzeugen Sie Herrn Wegener dennoch von der Benutzung des Kontoauszugsdruckers?

a) „Herr Wegener, durch die Verwendung des Kontoauszugsdruckers ersparen Sie uns die umständliche Aufbewahrung der Kontoauszüge, bis Sie sie abholen."

b) „Unsere Investition in den Kontoauszugsdrucker soll sich ja für uns lohnen. Deshalb sollten Sie ihn benutzen."

c) „Durch die Benutzung des Kontoauszugsdruckers haben Sie den Vorteil, dass Sie sich jederzeit die aktuellen Kontoauszüge holen können. Ebenso ersparen Sie sich Wartezeiten, wenn der Kundenandrang etwas höher ist."

d) „Sie halten uns durch Ihre Gespräche immer von unseren Aufgaben ab. Wenn Sie sich Ihre Kontoauszüge am Kontoauszugsdrucker holen, haben wir mehr Zeit, Geschäfte zu machen."

e) „Für Standard-Kunden, die keine besondere Kundenpflege brauchen, haben wir die Kontoauszugsdrucker bereitgestellt. Uns interessieren ja vor allem die Kunden, die uns Ertrag bringen."

162. Sie sind Auszubildender der Südbank AG und sollen im Rahmen des innerbetrieblichen Unterrichts über die Praxis eines Kundenberaters der Südbank AG referieren. Wie informieren Sie sich am besten?

a) Gespräch mit dem Vater eines Freundes, der Personalchef einer örtlichen Sparkasse ist

b) Anfrage im Forum von www.bankazubis.de

c) Kopieren verschiedener Abschnitte im Lehrbuch „Bankwirtschaft für Auszubildende"

d) Interview mit einem Kundenberater der Südbank AG

e) Gespräche mit verschiedenen Kunden der Zweigstelle, in der Sie eingesetzt sind

163. Wie können Sie durch plötzlichen Stromausfall bedingten Datenverlust im Rahmen der PC-Arbeit vermeiden?

a) Indem Sie mit einem Passwort arbeiten

b) Indem Sie die Daten regelmäßig im Arbeitsspeicher des PCs sichern

c) Indem Sie vorschlagen, einen Streamer anzuschaffen, der über Nacht eine Datensicherung vornimmt

d) Indem Sie nur noch mit einem USB-Stick arbeiten

e) Indem Sie öfter zwischenspeichern

164. Im Rahmen Ihrer Ausbildung haben Sie zu Hause zum Thema Altersvorsorge ein Referat ausgearbeitet und auf einem USB-Stick gespeichert. Da Sie ein entsprechendes Bank-Layout erstellen wollen, beabsichtigen Sie, das auf dem Stick gespeicherte Referat in der Bank zu Ende zu bearbeiten. Worauf müssen Sie achten, damit die Datensicherheit Ihrer Bank nicht gefährdet wird?

a) Sofern ein Netzwerk-PC mit einem nicht gesperrten USB-Laufwerk vorhanden ist, ist eine Nutzung ohne Gefährdung möglich.

b) Hierzu wird zum Schutz des Auszubildenden die ausdrückliche Genehmigung des Ausbilders benötigt.

c) Die Nutzung des USB-Sticks ist sicherer als die Übersendung des Referats per E-Mail.

d) Vor Nutzung des Referats ist eine Überprüfung des USB-Sticks auf Viren nötig.

e) Aufgrund der vorhandenen Firewall besteht keine Gefahr, dass Daten unbrauchbar werden.

165. Sie sind als Mitarbeiter/Mitarbeiterin der zentralen Kontoführungsabteilung unter anderem mit der Kontrolle von Kontoeröffnungen, die durch Kollegen am Markt erfolgen, betraut. Sie erkennen, dass die Eingaben und Unterlagen von einigen Kollegen häufig in gleichen Bereichen unvollständig oder fehlerhaft sind. Mit welcher Maßnahme können Sie diesem Missstand schnell, effektiv und zielgerichtet entgegenwirken?

a) Sie stellen so genannte FAQs (Frequently Asked Questions) in eine Seite des betrieblichen Intranets.

b) Sie entnehmen die Mobiltelefonnummern der betreffenden Kollegen dem Intranet und versenden an sie Hinweise zu den festgestellten Mängeln mittels SMS (Short Message Service).

c) Sie verfassen einen Gesprächsleitfaden, mit dem Sie anschließend die beanstandeten Detailfragen in einer Konferenzschaltung am Telefon mit den betreffenden Kollegen klären.

d) Sie veranlassen die Organisationsabteilung, ein betriebliches Rundschreiben in Umlauf zu geben, in dem die ordnungsgemäße Kontoeröffnung ausführlich behandelt wird.

e) Sie verfassen z. B. ein Word-Dokument, in dem Sie die zu beanstandenden Detailfragen behandeln, und versenden dieses mit dem hauseigenen Bürokommunikationssystem an die betreffenden Kollegen.

166. Wie informieren Sie Ihre Kunden über die Nutzungsmöglichkeiten des Online-Banking sachlich richtig (zwei Antworten)?

a) Sofern auch die Sparkonten für das Online-Banking freigeschaltet sind, kann auch über Spareinlagen mittels Überweisung verfügt werden.

b) Der Nutzer des Online-Banking muss sich vor jeder Einwahl in den Bankrechner mit seiner PIN/seinem Passwort identifizieren.

c) Nach jedem Zugriff auf seine Kontoverbindung muss der Nutzer die Verbindung mit seiner TAN als „elektronische Unterschrift" beenden.

d) Um alle Möglichkeiten des Online-Banking nutzen zu können, ist eine ISDN- oder TDSL-Verbindung notwendig.

e) Um den Kontostand seines Girokontos abrufen zu können, muss vom Nutzer immer eine TAN eingegeben werden.

f) Beim PIN-/TAN-Verfahren wird die TAN in Form einer Liste oder eines Smart-TAN-Generators zur Verfügung gestellt. Jede TAN kann bei diesem Verfahren nur einmal verwendet werden.

167. Ihr Kunde Herr Schön befürchtet, dass sein Kreditsinstitut vor Hackern nicht ausreichend geschützt ist. Wie reagieren Sie darauf?

a) „In unserem Haus gibt es einen extra dafür ausgewählten Datenschutzbeauftragten, der diese Aufgaben sehr gewissenhaft wahrnimmt."

b) „Derartige Einbrüche haben bisher nicht stattgefunden. Sie sind nur eine Erfindung der Presse."

c) „In unserem Hause gibt es einen Rechner, der dem lokalen Netzwerk vorgeschaltet ist. Er dient als Sicherheitssystem, das hilft, ein geschlossenes Netzwerk vor nicht autorisierten Nutzern zu schützen."

d) „Ein Zugriff auf die Daten ist unwahrscheinlich, da diese so verworren erfasst werden. Da haben selbst die Mitarbeiter schon Schwierigkeiten."

e) „Ein Zugriff auf interne Daten ist nur möglich, wenn sich der PC innerhalb unserer Bank befindet."

168. Ihr Kunde Walter Meier hat sich nach gründlicher Überlegung entschieden, seine Bankgeschäfte per Internet von zu Hause aus durchzuführen. Welche „Hilfsmittel" benötigt Herr Meier zur Durchführung seines Vorhabens?

a) „Sie müssen einen Computer und einen ISDN-Anschluss haben. Darüber hinaus müssen Sie einen Online-Vertrag mit uns abschließen."

b) „Wir stellen Ihnen eine spezielle Software für das Electronic Banking zur Verfügung. Mehr benötigen Sie dann nicht."

c) „Sie benötigen einen Computer, der nach neuesten Standards arbeitet, und einen gängigen Internet Provider."

d) „Neben dem Telefonanschluss und dem Computer mit integriertem oder externem Modem benötigen Sie noch einen Internet Provider."

e) „Sie benötigen neben dem Computer eine PIN und eine Zugangsberechtigung."

169. Sie bieten Ihrem Kunden Herrn Helmut Spach als Alternative zum Online-Banking das Telefon-Banking an. Wie können Sie Herrn Spach von der Sicherheit des Telefon-Banking überzeugen?

a) „Sofern die PIN (persönliche Identifikationsnummer) einmal falsch eingegeben wird, führt dies zum sofortigen Ausschluss vom Telefon-Banking."

b) „Ein Missbrauch wird ausgeschlossen, da zusätzlich zur PIN (persönliche Identifikationsnummer) bei jeder Transaktion über das Telefon-Banking eine TAN (Transaktionsnummer) eingegeben werden muss, die im Rahmen des Prüfzifferverfahrens von der PIN abgeleitet wird."

c) „Alle Telefongespräche werden aufgezeichnet, damit jeder Vorgang im Nachhinein überprüft werden kann."

d) „Bei Missbrauch durch unberechtigte Dritte haften Sie nur bis zu maximal 50,00 €."

e) „Ein Missbrauch wird erschwert, da der Zugang zum Telefon-Banking nur von einem bestimmten Telefon aus, das Sie individuell festlegen, hergestellt werden kann."

170. Welche Aussage beschreibt den Begriff „Browser" richtig?

a) Ein Browser ist ein Internetlesezeichen, das der Vereinfachung beim Wiederfinden von wichtigen Informationen dient.

b) Ein Browser ist ein Programm, das benutzt wird, um Webseiten aus dem Internet abzurufen und anzuzeigen.

c) Ein Browser ist ein spezielles Textverarbeitungsprogramm, welches jeder Computer zum Bearbeiten von Online-Banking-Vorgängen benötigt.

d) Ein Browser ist eine virtuelle Pinnwand im Internet, wo jeder Nutzer wichtige Informationen veröffentlichen kann.

e) Ein Browser ermöglicht eine simultane Diskussion in Online-Diensten.

171. Sie informieren sich als Auszubildender über die neuen Informations- und Kommunikationstechnologien in Ihrem Hause. Dabei stoßen Sie auch auf die Begriffe „Internet" und „Intranet". Sie finden heraus, dass der Unterschied vor allem darin liegt, dass das Intranet in der Regel auf ein Unternehmen begrenzt ist. Welcher Aussage zum Intranet können Sie nicht entsprechen?

a) Das Intranet kann Ihnen vor allem als Informationspool dienen, z. B. rufen Sie aktuelle Produktinformationen und Konditionen aus dem Aktiv- oder Passivbereich Ihres Institutes ab.

b) Bisher bestehende Bürokommunikationssysteme werden durch das Intranet in idealer Weise ersetzt, d. h. Sie kommunizieren z. B. mit Ihren Kunden und unterbreiten Vorschläge zur Kapitalanlage.

c) Sie ersparen sich eine papierintensive Informationsversorgung und erhalten benötigte Informationen „just in time", also erst dann, wenn Sie diese tatsächlich benötigen.

d) Sie haben die Möglichkeit, sich am Arbeitsplatz mittels CUL (computerunterstützes Lernen) weiterzubilden, indem Sie im Intranet eingestellte Lernprogramme Ihres Institutes oder von Verbundpartnern bei Bedarf bearbeiten können.

e) Als Anlageberater haben Sie die Möglichkeit, stets aktuelle Informationsquellen nutzen zu können. So können Sie z. B. Mitteilungen des eigenen Organisationsbereiches zur Anlageberatung heranziehen.

172. Ordnen Sie drei der insgesamt sechs in der Datenverarbeitung auftretenden Problemen geeignete Sicherungs- und Schutzmaßnahmen zu.

Probleme in der elektronischen Datenverarbeitung

a) An einem PC konnte jeder Bankangestellte die Gehälter der anderen Mitarbeiter abfragen.

b) Bei der Eingabe der IBAN wurden zwei Zahlen vertauscht.

c) Bei einem Stromausfall gingen alle Daten des Arbeitsspeichers verloren.

d) Bei einem Dispositionskredit für einen Kunden gab eine Angestellte einen Kreditrahmen von 12.000,00 € statt 16.000,00 € ein.

e) Beim Öffnen einer E-Mail von einem Kunden führte ein Mitarbeiter einen Virus ein.

f) Bei einer Kontoeröffnung wurde beim Geburtsmonat des Kunden die Zahl 14 eingegeben.

Sicherungs-/Schutzmaßnahmen

[ ] Anwendung des Prüfziffernverfahrens

[ ] Einführung von Plausibilitätskontrollen

[ ] Vergabe von Passwörtern/Zugriffsrechten

173. Die Marketing-Abteilung Ihres Kreditinstituts wird von der Geschäftsleitung beauftragt ein Marketing-Konzept zu erarbeiten, in dem die aktuellen Entwicklungen der Informations- und Kommunikationssysteme stärker als bisher eingebunden werden sollen. Zum einen soll durch dieses Konzept eine verstärkte Kundenorientierung durch das Internet erreicht werden, zum anderen sollen bankinterne Geschäftsprozesse über ein hauseigenes Netzwerk (Intranet) abgewickelt werden. Bei welchen drei Anwendungen handelt es sich dabei um typische Internet-Anwendungen?

a) Suchen und Abrufen von betriebsinternen Daten zur Unternehmenssteuerung

b) Präsentation und Imagepflege des Kreditinstituts über eigene Web-Sites

c) Mitteilungen des Betriebsrates an die Mitarbeiter des Kreditinstituts

d) Online-Banking mit den Kunden

e) Nachrichtenaustausch zwischen den Abteilungen innerhalb der Zentrale eines Kreditinstituts

f) Bekannt machen von internen Arbeitsanweisungen des Kreditinstituts

g) Marktforschung und Informationsbeschaffung über Unternehmen und Produkte

h) Bankinterne Ausbildung und Fortbildung der Mitarbeiter durch mediales Lernen

174. In der PC Mayer AG wurde eine eingegangene E-Mail der Unionbank AG wie abgebildet weitergeleitet. Der PC Mayer AG ist dadurch ein Auftrag entgangen. Auf welches Versäumnis der beteiligten Personen ist dieser Kommunikationsfehler zurückzuführen?

a) Sabine Walter hätte vom 31. Juli bis 7. August 20.. alle eingegangenen E-Mails zuständigkeitshalber automatisch an Paula Walter weiterleiten müssen.

b) Paula Walter hätte vom 31. Juli bis 7. August 20.. alle eingegangenen E-Mails zuständigkeitshalber automatisch an Sabine Walter weiterleiten müssen.

c) Sabine Walter hätte vom 31. Juli bis 7. August 20.. alle eingehenden E-Mails automatisch an ihre Vertretung weiterleiten müssen.

d) Paula Walter hätte vom 31. Juli bis 7. August 20.. alle eingehenden E-Mails automatisch an ihre Urlaubsvertretung weiterleiten müssen.

e) Elke Fischer hätte die E-Mail mit der Option „Eingang beim Empfänger bestätigen“ abschicken müssen.

From: sabine-walter.PC-mayer@aol.com

Sent: 08.08.20.. 10:21

To: paula.walter.PC-mayer@aol.com
Kopie
Subject: Eilige Anfrage

Guten Morgen Frau Walter,

leider wurden unsere beiden Namen schon wieder verwechselt. Da ich vom 31. 07. bis zum 07.08.20.. auf Seminar war, erreicht mich die folgende E-mail, die ich zuständigkeitshalber an Sie weiterleite, leider erst heute Bitte setzen Sie sich möglichst schnell mit Frau Fischer in Verbindung! Vielen Dank.

Mit freundlichen Grüßen

PC Mayer AG
- Controlling -
i. A. Sabine Walter

-----Weitergeleitet von stabine.walter.PC-mayer@aol.com am 08.08.20.., 10:20 ------------------

----- Original Message -----

From: e.Fischer.unionbank@unionbank.com

Sent: 01.08.20.. 07:49

To: sabine-walter.PC-mayer@aol.com
Kopie
Subject: Eilige Anfrage

Sehr geehrte Frau Walter,

Ihr Angebot vom 02. Juli 20.. über Laserdrucker Bestell-Nr. 649 war zwar bis zum 16. Juli 20.. begrenzt, dennoch würden wir gerne auf Ihr Angebot zurückkommen. Statt der ursprünglich angefragten 3 Stück bräuchten wir jetzt 15 Laserdrucker zu den übrigen im Angebot genannten Konditionen. Vielen Dank für eine rasche Rückmeldung !!!

Mit freundlichen Grüßen

Unionbank AG
i. A. Elke Fischer

175. Sie erhalten von Herrn Dietrich die unten abgebildete E-Mail. Wie verhalten Sie sich rechtlich und kundenorientiert richtig?

a) Ich führe die Überweisung sofort aus, nachdem der Kunde ausdrücklich auf die Eiligkeit des Zahlungsverkehrsvorganges hinweist.

b) Der Vorgang kann nicht bearbeitet werden, nachdem der Auftrag per E-Mail weder eine Unterschrift trägt noch die Legitimationsprüfung- und Identifikationsmedien für elektronisch erteilte Überweisungen (PIN/TAN) verwendet wurden. Der Kunde ist schnellstmöglich per E-Mail oder telefonisch zu informieren.

c) Die Überweisung muss sofort ausgeführt werden. Danach wird ein Überweisungsbeleg ausgefertigt und dem Kunden nachträglich zur Unterschrift vorgelegt.

d) Nachdem die IBAN des Empfängers im Auftrag fehlt, ist diese vor Ausführung zu ergänzen. Der Kunde wird per E-Mail durch die Bank aufgefordert, telefonisch oder per E-Mail seine persönliche Identifikationsnummer (PIN) sowie eine Transaktionsnummer (TAN) mitzuteilen. Dadurch legitimiert, wird der Auftrag ausgeführt.

e) Nachdem der Auftrag per E-Mail erteilt wurde, ist eine Unterschrift gemäß den Sonderbedingungen für den Überweisungsverkehr nicht erforderlich.

From: Klaus-Dietrich@vr.xml.de

To: info@raiffeisenbank.de

Sehr geehrte Damen und Herren,

bitte überweisen Sie zu Lasten meines Kontos (IBAN DE74 7436 5000 0000 9889 45) 3.800,00 € an Automobile Kufner GmbH, Konto DE63 7865 0000 0000 7865 98.
Sparkasse Dingolfing.

Mit der Bitte um sofortige Ausführung (sehr eilig!!).

Mit besten Dank im Voraus

gez. Klaus Dietrich

176. Sie werden von einer Kollegin gefragt, ob sie ihren Bildschirmschoner so wie abgebildet abspeichern kann, oder ob sie unter den Aspekt der Datensicherheit noch Veränderungen vornehmen soll, ohne dass ihr Arbeitsablauf dadurch merklich unterbrochen wird. Was antworten Sie Ihrer Kollegin?

a) Sie sollte bei Wartezeiten die doppelte Zeit eingeben.

b) Sie sollte die Wartezeit deutlich reduzieren und die „Kennworteingabe bei Reaktivierung" anklicken.

c) Sie sollte einen anderen Bildschirmschoner wählen, weil dieser einen Hinweis auf das Betriebssystem gibt.

d) Sie sollten unter „Energieverwaltung" die Energieeinstellung anpassen.

e) Sie sollte unter nur noch „OK" drücken, da alles in Ordnung ist.

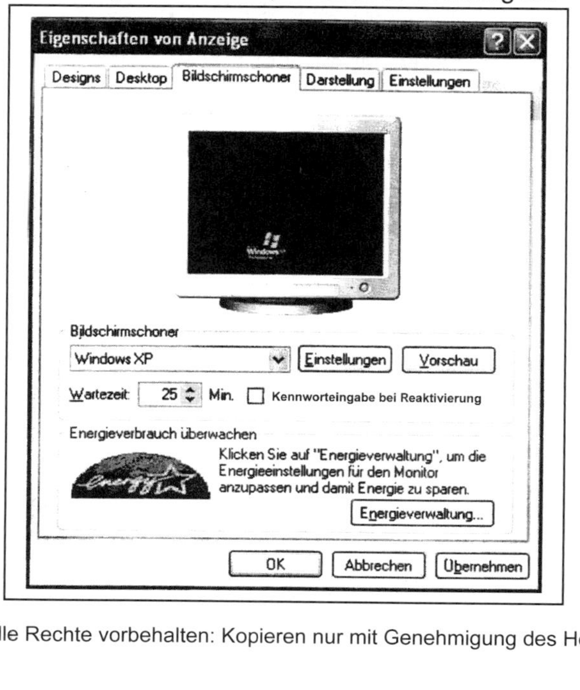

KUNDENORIENTIERTE KOMMUNIKATION

177. Im Rahmen der Fragetechnik unterscheidet man geschlossene und offene Fragen. Welche der folgenden Fragen ist geschlossen?

a) „Wie haben Sie bisher Ihre Altersvorsorge gestaltet?"
b) „Welche Erwartungen haben Sie an die Anlage Ihres Vermögens?"
c) „Was verstehen Sie unter einer hochverzinslichen Anlage?"
d) „Wollen Sie Ihr Geld risikolos anlegen?"
e) „Warum sollten Sie einem Kunden die Nutzung von Selbstbedienungsterminals empfehlen?"

178. Bringen Sie die folgenden Gesprächsphasen eines Beratungs- und Verkaufsgesprächs in die richtige Reihenfolge.

[ ] Kunden überzeugen
[ ] Angebot unterbreiten
[ ] Kunden begrüßen
[ ] Abschluss tätigen
[ ] Kunden verabschieden
[ ] Kundenwünsche erfassen

179. Bringen Sie die folgenden Gesprächsphasen im Rahmen einer Telefonmarketingaktion in die richtige Reihenfolge.

[ ] Sie unterbreiten dem Kunden ein auf seine Bedürfnisse abgestimmtes Angebot.
[ ] Sie begrüßen den Kunden, nennen den Namen Ihres Ausbildungsbetriebs und stellen sich selbst vor.
[ ] Sie versuchen, die Bedürfnisse des Gesprächspartners näher kennen zu lernen.
[ ] Sie bedanken sich für das Gespräch.
[ ] Sofern der Kunde Abschlusssignale zeigt, vereinbaren Sie mit ihm einen Gesprächstermin in Ihrem Ausbildungsbetrieb.
[ ] Sie nehmen Bezug auf das vorher versandte Werbeschreiben.
[ ] Sie bereiten sich gezielt auf den Anruf vor, indem Sie sich die persönlichen Daten des Kunden aus der Kundendatei besorgen.

180. Ihr Kunde, Herr Josef Gruber, verabredet mit Ihnen telefonisch einen Gesprächstermin für ein Anlagegespräch, da er einen höheren Betrag von seiner Patentante geerbt hat. Bringen Sie die folgenden Gesprächsabschnitte in die richtige Reihenfolge.

[ ] Sie stellen das Gesamtobligo des Kunden zusammen, um sich über das bisherige Anlageverhalten der Kundin zu informieren.
[ ] Sie gehen auf Nachfragen von Herrn Gruber, die dieser zu Ihrem Anlagevorschlag hat, ein und klären diese im Kundeninteresse.
[ ] Sie begrüßen den Kunden und fragen nach einem Getränkewunsch.
[ ] Sie leiten den Kundenauftrag an die zuständige Fachabteilung zur Auftragsdurchführung weiter.
[ ] Sie erfragen, ob der Kunde besondere Wünsche hinsichtlich der Anlageart und Anlagedauer hat.
[ ] Sie nehmen den Auftrag von Herrn Gruber entgegen und bestätigen die richtige Kunden-entscheidung.
[ ] Sie unterbreiten einen Anlagevorschlag unter Berücksichtigung der Kundenwünsche.

181. Sie wollen Ihre Neukundin Franziska Lang aktiv per Telefon ansprechen. Bringen Sie die folgenden Gesprächsphasen in die richtige Reihenfolge.

[ ] Sie ergreifen die Initiative, um die von der Kundin eingebrachten Einwände gegen Ihr Angebot zu entkräften.
[ ] Sie begrüßen die Kundin und stellen sich und Ihre Bank vor.
[ ] Sie unterbreiten der Kundin ein auf sie zutreffendes Angebot.
[ ] Sofern die Kundin Abschlusssignale äußert, vereinbaren Sie die weiteren Schritte.
[ ] Sie informieren die Kundin klar und verständlich, was Ihr Anliegen ist und erkunden die Bedürfnisse der Kundin.
[ ] Sie bedanken sich für das Gespräch.

182. Herr Reich verabredet mit Ihnen telefonisch einen Gesprächstermin für eine Anlageberatung, da ein Sparbrief in Höhe von 60.000,00 € fällig geworden ist. Bringen Sie die folgenden Gesprächsphasen eines Beratungs- und Verkaufsgesprächs in die richtige Reihenfolge.

[ ] Formulieren und Erläutern eines kundenspezifischen, bedarfsgerechten Angebotes
[ ] Gesprächsvorbereitung, Begrüßung, Kontaktaufnahme, Überleitung
[ ] Ermittlung des Kundenbedarfs durch gezielte Fragen, Zusammenfassung des Bedarfs
[ ] Kaufsignale erkennen, abschließen, Kunden in seiner Entscheidung bestärken
[ ] Persönliche Bindung bekräftigen, Abschlusskontakt, Dank, Verabschiedung, Gesprächsnachbereitung

183. Herr Walter Greilich, langjähriger Kunde Ihres Kreditinstituts, kommt am 12. März völlig verärgert zu Ihnen und fordert Sie auf, alle bei Ihrem Kreditinstitut geführten Konten sofort aufzulösen.

Girokonto:	**2.560,87 € (Haben)**
Sparvertrag:	**6.863,32 € (fällig: 31. Dezember d. J.)**
Termingeld:	**32.435,89 € (fällig: 8. Juni d. J.)**

Wie verhalten Sie sich richtig?

a) Um Herrn Greilich nicht noch mehr zu verärgern, lösen Sie wunschgemäß alle Konten auf; eventuell anfallende Vorschusszinsen gehen zu Lasten von Herrn Greilich.

b) Vor einer eventuellen Auflösung aller Konten versuchen Sie die Gründe für den Auflösungswunsch herauszufinden, um gegebenenfalls die Ursache zu beheben und Herrn Greilich als Kunden zu behalten.

c) Sie lösen wunschgemäß die Konten auf, den bestehenden Sparvertrag können Sie jedoch erst bei Fälligkeit auflösen.

d) Sie informieren Herrn Greilich, dass seine Kündigung der Konten nur dann rechtswirksam wird, wenn die Bank den Eingang der Kündigung bestätigt hat.

e) Sie informieren ihn, dass das Festgeld während der Festlegungsfrist, also bis zum 8. Juni, für sämtliche Verfügungen gemäß HGB gesperrt ist.

184. Ihre Kundin Frau Schön erscheint heute in Ihrer Filiale und äußert sich sehr verärgert über die zum wiederholten Male durchgeführten Doppelbuchungen auf ihrem Konto. Auch andere Kunden werden bereits darauf aufmerksam. Wie verhalten Sie sich gegenüber der Kundin richtig?

a) Sie bitten sie, ein wenig leiser zu sprechen, um die anderen Kunden nicht zu stören.

b) Sie betonen, dass diese Reaktion nicht notwendig sei, da solche Fehler passieren können.

c) Sie teilen der Kundin mit, dass sie noch nicht an der Reihe ist, da Sie erst noch die anderen Kunden zu Ende bedienen möchten.

d) Sie bitten die Kundin, eine schriftliche Beschwerde aufzusetzen. Zu diesem Zweck stellen Sie ihr das Beratungszimmer zur Verfügung.

e) Sie bitten die Kundin in das Beratungszimmer, um ihr dort die Möglichkeit zu geben, ihr Anliegen in aller Ruhe vorzutragen.

185. Herr Wutig erscheint heute ganz aufgeregt in Ihrer Filiale. Er wurde von einer örtlichen Autowerkstatt angemahnt, da eine Lastschrift auf sein Konto unbezahlt zurückgegeben worden sei. Wie verhalten Sie sich richtig?

a) Sie bitten Herrn Wutig Platz zu nehmen, mit dem Hinweis, Sie würden den wahren Sachverhalt zunächst mit der örtlichen Autowerkstatt klären.

b) Zunächst entschuldigen Sie sich für den Fehler Ihrer Kollegen und bieten Herrn Wutig an, den Rechnungsbetrag doch einfach jetzt zu überweisen.

c) Sie nehmen Herrn Wutig mit zum Beraterplatz und bieten ihm an, den Sachverhalt erst zu klären, bevor weitere Schritte veranlasst werden.

d) Sie erklären Herrn Wutig sehr deutlich, dass bei ihm, als langjährigem und gut situiertem Kunden, dieser Sachverhalt so gar nicht vorliegen kann.

e) Sie bitten Herrn Wutig aus Beweiszwecken um die Vorlage der Kontoauszüge und des Mahnschreibens und bitten ihn, die Reklamation schriftlich über die Revisionsabteilung einzureichen.

186. Herr Wutig erscheint heute in Ihrer Filiale und äußert sich sehr verärgert über die in der vergangenen Woche per Kontoauszug angekündigte Erhöhung der Kontoführungspreise und widerspricht der Konditionenanpassung. Er ist der Meinung, das Kreditinstitut solle lieber auf die sicher sehr kostspielige Fernseh- und Rundfunkwerbung verzichten, statt die Preise anzuheben. Wie verhalten Sie richtig, um den Kunden zu besänftigen?

a) „Herr Wutig, ich kann Sie schon verstehen. Doch die Anhebung unserer Gebühren hat doch offensichtlich mit den genannten überregionalen Werbemaßnahmen nichts zu tun."

b) „Herr Wutig, als Kaufmann unterliegen wir der so genannten „doppelten Buchführung". Deshalb kann man solche Werbeausgaben nicht einfach mit den Einnahmen aus Dienstleistungen vermischen."

c) „Herr Wutig, ich kann gut verstehen, dass die Erhöhung unserer Preise für Kontoführung bei Ihnen auf wenig Gegenliebe stößt. Dafür haben wir jedoch unsere Leistungen für Ihre persönliche Kontoführung erweitert."

d) „Da haben Sie schon Recht, Herr Wutig. Auch ich bin nicht begeistert von den Preiserhöhungen. Aber die Geschäftsleitung musste beschließen, die Preise anzuheben, um den defizitären Bereich der Kontoführung auszugleichen."

e) „Herr Wutig, ich verstehe Sie. Aber gerade Banken handeln als Kaufleute auf einem so genannten „Käufermarkt". Das bedeutet, sie sind quasi zur Werbung verpflichtet, welche dann natürlich von allen Geschäftsbereichen finanziert werden muss."

187. Ein Kunde Ihres Kreditinstituts reklamiert bei Ihnen, dass bei einer heutigen Barabhebung in Höhe von 70.000 € in verschiedenen Banknoten ein 10-€-Schein gefehlt habe. Wie reagieren Sie richtig?

a) Bedauern aussprechen und darauf hinweisen, dass ein Fehlbetrag leider immer zu Lasten des Empfängers geht

b) Bedauern aussprechen und mitteilen, dass sofort eine Kassenbestandsaufnahme durchgeführt wird

c) Bedauern aussprechen und darauf hinweisen, dass solche Beträge von der Versicherung des Kreditinstituts erstattet werden

d) Bedauern aussprechen und darauf hinweisen, dass bei Feststellung eines entsprechenden Kassenüberschusses nach Schalterschluss der Betrag ausgezahlt wird, sofern keine weiteren Reklamationen eingehen

e) Bedauern aussprechen und darauf hinweisen, dass nach den AGB Reklamationen nur schriftlich vorgenommen werden dürfen

188. Ihre Kundin Frau Clara Jung, 77 Jahre, kommt heute ganz aufgeregt in Ihre Filiale. Besorgt teilt sie Ihnen mit, dass ihre fällige Rente noch nicht auf ihrem Konto gutgeschrieben wurde. Wie verhalten Sie sich in dieser Situation richtig?

a) Sie fordern die Kundin auf, den Sachverhalt mit ihrer Rentenkasse zu klären.

b) Sie beruhigen zunächst die Kundin und überprüfen anhand der Umsätze ihres Girokontos, ob mittlerweile die erwartete Rente eingegangen ist.

c) Sie beruhigen die Kundin und erklären ihr, dass Sie aufgrund des Bankgeheimnisses am Telefon keinerlei Auskünfte geben dürfen.

d) Sie beruhigen die Kundin und erklären ihr, dass sie mit ihren Kontoauszügen beim zuständigen Kundenbetreuer persönlich vorsprechen soll.

e) Sie bedauern den Vorfall und empfehlen der Kundin, sofern die Rente in drei Tagen noch nicht eingegangen ist, sich bei Ihnen nochmals zu melden.

189. Ihr Kunde Alfons Meier kommt zu Ihnen in die Filiale und wünscht ein sofortiges Beratungsgespräch. Aufgrund hausinterner Anweisungen soll ein Beratungsgespräch nur noch über vorher vereinbarte Beratungstermine erfolgen. Wie verhalten Sie sich in dieser Situation kundenorientiert, ohne die hausinternen Anweisungen zu umgehen?

a) „Das passt jetzt gerade gar nicht. Alle Berater sind in Kundengesprächen."

b) „Zurzeit befinden sich alle Berater in Kundengesprächen. Da wir Sie bedarfsgerecht beraten möchten, würde ich gern mit Ihnen einen Termin vereinbaren."

c) „Haben Sie einen Termin vereinbart? Wenn nicht, müssen Sie einen Termin mit einem unserer Berater vereinbaren."

d) „Sie können hier Platz nehmen und sobald der nächste Kundenberater frei ist, schauen wir weiter."

e) „Leider sind alle Kundenberater gerade im Gespräch. Versuchen Sie es doch morgen noch einmal."

190. Ordnen Sie 3 der insgesamt 6 „Cross-Selling"-Signale den entsprechenden Bankangeboten richtig zu.

„Cross-Selling"-Signale

a) Fälligkeit eines Sparbriefes

b) Mitteilung einer zukünftigen Veränderung des Wohnortes von Hamburg nach Berlin

c) Verlobung/Heirat

d) Bareinzahlung zu Gunsten Dritter

e) Sortenkauf für einen Auslandsurlaub

f) Renovierung einer Mietwohnung

Bankangebote

[ ] Umzugsservice

[ ] Kreditkarte

[ ] Anlagenberatung

191. Welche zwei der folgenden Vorgänge zur Steigerung der Verkaufszahlen von Bankprodukten sehen Sie als bedarfsorientiert an?

a) Kunden, die Sorten kaufen, werden auf die Nutzungsmöglichkeiten von Kreditkarten angesprochen.

b) Kunden mit einem Guthaben auf dem Girokonto von mehr als 3.000,00 € erhalten einen Prospekt für Sparbriefe zugesandt.

c) Kunden mit einem Girokonto ohne Dispositionskredit wird bei entsprechenden regelmäßigen Geldeingängen automatisiert ein Dispositionskredit zur Verfügung gestellt.

d) Alle Kunden ohne Spardauerauftrag werden per Auszugsdrucker über das Sparbuch bestimmt.

e) Kunden, die die Hausmesse „Bauen und Renovieren" besucht und an einem Preisausschreiben teilgenommen haben, werden angerufen und das Interesse an einem Immobilienerwerb, einer Baufinanzierung oder einem Ansparplan für Wohnungswünsche hinterfragt.

f) Kunden mit umsatzstarken Wertpapierdepots werden auf das Sparbuch als Anlagemöglichkeit angesprochen.

192. Sie konnten gerade einen Ihrer Kollegen in einem Beratungsgespräch beobachten. Ihr Kollege bittet Sie um ein Feedback. Wie teilen Sie Ihrem Kollegen unter Einhaltung der üblichen Regeln Ihre Beobachtungen mit?

a) „Du musst doch dem Kunden genauer zuhören! Vieles hast du gar nicht richtig verstanden."
b) „Die Beratung ist doch ganz gut verlaufen. Schließlich kam es ja auch zum Abschluss."
c) „Ich habe gerade noch viel zu tun, aber im Laufe der nächsten Woche gebe ich dir gerne dein gewünschtes Feedback."
d) „Ich habe beobachtet, dass du mehrmals bei Aussagen des Kunden nachgefragt hast, weil du ihn scheinbar nicht richtig verstehen konntest."
e) „Ich meine, man sollte in so einem Fall noch viel mehr Fragen stellen, sonst kann man kaum einen vernünftigen Lösungsvorschlag machen."

193. Mit welchem „Verkaufsverstärker" können Sie Ihr Verkaufsgespräch einfach und überzeugend für den Kunden gestalten?

a) Sie erklären dem Kunden möglichst ausführlich und mit viel Geduld Ihre Vorstellungen.
b) Sie verdeutlichen dem Kunden seinen Wunsch bzw. Nutzen, in dem Sie Informationen anhand von Prospekten und Beispielrechnungen veranschaulichen.
c) Sofern keine Nachfragen vom Kunden kommen, stellen Sie ihm einige Verständnisfragen, um sicher zu sein, dass er Ihren Argumenten auch folgen konnte.
d) Nachdem Sie dem Kunden das Angebot unterbreitet haben, unterbrechen Sie das Gespräch, um Ihre Worte wirken zu lassen.
e) Sie geben dem Kunden die Möglichkeit, bis zum nächsten Gespräch alle möglichen Fragen zu überdenken, um sie dann in dem abschließenden Gespräch zu klären.

194. Welche Verhaltensweise lässt sich der kommunikativen Kompetenz zuordnen?

a) Der Berater kann sich durch Gestik und Mimik gut ausdrücken.
b) Der Berater legt sich für das Gespräch einen Ausdruck über die Geschäftsverbindung mit dem Kunden zurecht.
c) Der Berater kann ohne Rücksprache mit dem Vorgesetzten selbstständig Entscheidungen treffen.
d) Der Berater achtet auf ein gepflegtes Äußeres.
e) Der Berater ist in der Lage, die unterschiedlichen Anlagemöglichkeiten zu einer individuellen Lösung für den Kunden zu verbinden.

195. Welche <u>drei</u> Äußerungen eines Beraters im Rahmen eines Kundenberatungsgesprächs sind als Gesprächsstörer anzusehen?

Äußerungen
a) „Habe ich Sie so richtig verstanden?"
b) „Hätten Sie auf meinen Rat gehört!"
c) „Das hat für Sie den Vorteil ..."
d) „Das glauben Sie doch selbst nicht!"
e) „Sie können schon in sechs Monaten über den Betrag verfügen."
f) „Da haben Sie eine falsche Entscheidung getroffen!"
g) „Sie erhalten einen Kredit in Höhe von 50.000,00 €."

196. Ihr langjähriger, stets freundlicher Kunde Franz Alt kommt zu Ihnen in die Filiale und wünscht ein Beratungsgespräch. Herr Alt versucht die Innentasche seiner Jacke zu öffnen und einen Kontoauszug zu entnehmen. Aufgrund einer Verletzung seiner Hände gelingt dies jedoch nicht. Wie verhalten Sie sich in dieser Situation freundlich und kundenorientiert?

a) „Lassen Sie mich mal machen Herr Alt, Sie können das nicht." Sie greifen in die Innentasche der Jacke und entnehmen den Kontoauszug.
b) „Also wirklich Herr Alt! Nehmen Sie sich doch jemanden mit, der Ihnen hilft. So geht das wirklich nicht. Sehen Sie nicht, dass hinter Ihnen bereits eine Schlange entsteht?"
c) „Also ich an Ihrer Stelle würde eine Gebrechlichkeitspflegschaft beantragen. Jemand aus Ihrer Verwandtschaft könnte das doch übernehmen!"
d) „Darf ich Ihnen helfen Herr Alt? Am besten ich öffne zunächst die Innentasche Ihrer Jacke und entnehme dann für Sie den Kontoauszug. Ja?" Nachdem Herr Alt zustimmt, gehen Sie wie beschrieben vor und übergeben Herrn Alt den Kontoauszug mit den Worten: „Bitte schön, Herr Alt, Ihr Kontoauszug."
e) „Herr Alt, nachdem Ihnen das Überbringen beleghafter Überweisungen in letzter Zeit so schwer fällt und wir auf Grund der engen personellen Besetzung so viel Zeit nicht finden können, empfehle ich Ihnen Homebanking. Sie können dann Ihren Zahlungsverkehr bequem von zu Hause aus tätigen. Was halten Sie davon?"

MARKETING

197. Die Bewerbungszahlen für den Beruf Bankkauffrau/Bankkaufmann in Ihrem Hause sollen gesteigert werden. Wie sprechen Sie als Auszubildender Interessenten für diese Berufsausbildung aktiv, gezielt und kostengünstig an?

a) Sie halten mit einem Mitauszubildenden vor einer Gruppe von interessierten Schülern einen Vortrag zum Beruf des Bankkaufmannes/der Bankkauffrau.

b) Sie empfehlen die Teilnahme an einer am Ort bekannten und gut besuchten gewerblichen Verbrauchermesse.

c) Sie verteilen mit Ihren Mitauszubildenden Werbegeschenke mit dem Banklogo vor allen Schulen.

d) Sie konzipieren peppige Ausbildungsflyer, die dann in den Filialen ausgelegt werden.

e) Sie verstärken die Werbung auf den eigenen Internetseiten.

198. Vor Beginn der Urlaubszeit werden Sie von der Geschäftsleitung aufgefordert, das Geschäft in Auslandsreiseversicherungen zu forcieren. Welche Vorgehensweise schlagen Sie Ihrer Geschäftsleitung vor, um das Interesse an diesem Produkt bei Ihren Kunden möglichst schnell zu wecken?

a) Sie sprechen die Kunden bei ihrem nächsten Besuch in der Filiale direkt an, ob diese eine Auslandsreiseversicherung benötigen.

b) Sie starten eine Telefonaktion, um die generelle Tendenz der Kunden in Erfahrung zu bringen, ob der Bedarf nach diesem Produkt vorhanden ist.

c) Sie gestalten Ihre Filiale um, in dem Sie beispielsweise eine Urlaubsszene darstellen. So haben Sie direkt einen optischen Gesprächsaufhänger für den Kunden.

d) Sie führen eine Analyse Ihrer potentiellen Kunden durch und starten eine Werbebriefaktion.

e) Durch gezielte Fragen versuchen Sie von den Kunden Informationen über deren Pläne im kommenden Urlaub zu erfahren. Zu gegebener Zeit bitten Sie dann die Kunden, sich bei Ihnen zu melden.

199. Welches vorrangige Ziel möchte ein Kreditinstitut mit einem einheitlichen und durchgängigen Erscheinungsbild von der Leuchtschrift bis zur Visitenkarte erreichen?

a) Bei Kunden Kaufentscheidungen fördern

b) Die Kunden an Bankleistungen laufend erinnern

c) Das Image und den Bekanntheitsgrad der Bank positiv beeinflussen

d) Die Leistungsbereitschaft und Leistungsfähigkeit der Bankmitarbeiter erhöhen

e) Das Vertrauen in der Öffentlichkeit stärken

200. Banken werben besonders im Fernsehen häufig mit Alltagssituationen oder mit Tieren, sehr selten mit Produkten oder Produktmarken. Welches Ziel steht dabei im Vordergrund?

a) Da es grundsätzlich verboten ist, Produktwerbung durchzuführen, haben Kreditinstitute einen anderen Weg gefunden, um auf sich aufmerksam zu machen.

b) Diese Art der Werbung verursacht bei den Kreditinstituten geringere Kosten als die reine Produktwerbung.

c) Da alle großen Unternehmen Werbung machen, ist es für den Kunden wichtig, auch seine Hausbank wiederzufinden.

d) Aus steuerlichen Gründen muss ein Teil der Ausgaben in Werbemittel fließen.

e) Produktwerbung ist schwer darstellbar, da Bankprodukte abstrakt sind. Daher wird ihr möglicher Nutzen sachlich oder emotionell dargestellt.

201. Sie lassen für alle Kunden am Kontoauszugsdrucker eine Mitteilung erstellen, bei der Sie auf die aktuelle Rentenproblematik hinweisen und um Kontaktaufnahme bitten. Ihr Kreditinstitut möchte für seine Kunden im Alter von 18 bis 27 Jahren ein spezielles Angebot im Rahmen der Altersvorsorge einführen. Mit welcher Werbemaßnahme wird nur die genannte Zielgruppe angesprochen?

a) Persönliches Anschreiben an die Kundengruppe

b) Prospektauslage in einem Jugendzentrum

c) Fernsehwerbung im TV-Sender VIVA

d) Persönliches Anschreiben an alle Haushalte mit Tagespost

e) Sponsoring einer Jugendfreizeit

202. Sie erhalten im Rahmen einer Versicherungssonderaktion den Auftrag, einem ausgewählten Stamm von Kunden das Produkt Lebensversicherung, von dem Sie persönlich nicht überzeugt sind, zu verkaufen. Wie verhalten Sie sich bei der Durchführung des Auftrags richtig?

a) Ich biete dem Kunden zwar das Produkt Lebensversicherung mit an, aber auf jeden Fall auch ein Alternativprodukt, das ich bevorzuge.

b) Sicherlich habe ich nicht das Bedürfnis nach einer Lebensversicherung, aber entscheidend ist der Bedarf des Kunden. Ich setze mich daher für die Versicherungssonderaktion aktiv ein.

c) Wichtiger als die Kundenbedürfnisse sind die Abschlüsse am Ende und, dass ich meine Zielvorgaben erreiche. Daher behaupte ich bei Bedenken des Kunden stets das Gegenteil.

d) Die Bank hat aufgrund von Analysen festgestellt, dass der Bedarf nach Versicherungen vorhanden ist. Daher werde ich den Auftrag annehmen und die Verkaufsaktion unterstützen, wobei ich die Kunden allerdings sachlich auf meine Bedenken aufmerksam mache.

e) Ich lehne den Auftrag ab, da die Ausbildung zum Bankkaufmann/zur Bankkauffrau sich nicht auf die Vermittlung von Lebensversicherungen bezieht.

203. Welcher Informationsweg steht Ihnen im Rahmen einer geplanten Werbeaktion für die 35- bis 45-jährigen Kunden Ihres Kreditinstituts zur Verfügung?

a) Die meisten Ihrer Kunden aus dieser Zielgruppe kommen häufig in ihrer Mittagspause zu Ihnen in die Filiale. Sie bauen die Prospektauslage so auf, dass die Kunden sofort aufmerksam werden.

b) Ihre Filiale liegt direkt in der Fußgängerzone. Sie lassen die Displays in den Schaufenstern den Bedürfnissen der Zielgruppe entsprechend gestalten.

c) Sie informieren alle Haushalte durch ein persönliches Anschreiben über das neue Produkt.

d) Sie starten eine Telefonaktion und sprechen die Kunden dieser Altersgruppe direkt an.

e) Sie lassen durch den Marketingbereich in den örtlichen Tageszeitungen sowie Fachzeitschriften eine Anzeige schalten und werben für das neue Produkt.

204. Ihr Geschäftsstellenleiter möchte die Geschäftsbeziehungen mit Kunden intensivieren. Wie können Sie im Rahmen einer Vertriebsaktion zum Thema Altersvorsorge Ihre Kunden aktiv, persönlich und gezielt ansprechen?

a) Sie erstellen eine Datenbank über in Frage kommende Kunden und setzen jeweils einen Vermerk als Kontohinweis. So kann der Berater beim nächsten Kundenkontakt speziell auf die persönliche Situation dieses Kunden eingehen.

b) Sie starten eine Telefonaktion, bei der Sie möglichst während der Arbeitszeit in alphabetischer Reihenfolge alle Kunden der Filiale anrufen und Gesprächstermine vereinbaren.

c) Sie beauftragen die Marketingabteilung mit der Durchführung einer Mailingaktion für die Kunden Ihrer Filiale, bei der Sie neben einem Prospekt auch eine allgemeine Beispielberechnung beilegen lassen.

d) Sie gestalten eine peppige Werbeanzeige für die örtliche Tageszeitung. Dabei stellen Sie vor allem Ihren Geschäftsstellenleiter als kompetenten Ansprechpartner in den Mittelpunkt.

205. Welche Maßnahme gehört im Rahmen des Marketing-Mix zur Produktpolitik?

a) Die Werbung für ein Produkt

b) Die Namensgebung für ein Produkt

c) Der Absatzweg für ein Produkt

d) Der Preis für ein Produkt

e) Die Verkaufsschulung der Mitarbeiter für ein Produkt

206. Der neue Werbeslogan Ihres Kreditinstituts lautet: „Mit uns - immer auf dem richtigen Weg“. Welchem Bereich lässt sich dieser Slogan, der in allen Marketingmaßnahmen zum Einsatz kommt, zuordnen?

a) Verkaufsförderung

b) Distributionspolitik

c) Sortimentspolitik

d) Public Relations

e) Preispolitik

207. Ihr Kreditinstitut plant eine Vertriebsaktion im Rahmen der Altersvorsorge. Wie nennt man die im Vorfeld durchgeführte Informationsgewinnung über Kundengewohnheiten und deren Veränderungen?

a) Absatzplanung

b) Absatzkontrolle

c) Public-Relations

d) Image-Analyse

e) Marktforschung

208. Die Handelsbank AG, München, gibt eine Marktanalyse bei einem bekannten Forschungsinstitut in Auftrag. Die Marktanalyse soll sich dabei mit der Konkurrenzsituation bei Girokonten unter den ortsansässigen Kreditinstituten auseinandersetzen. Welche Erkenntnisse erhält die Handelsbank AG durch eine Marktanalyse?

a) Sie erhält detaillierte Prognosen darüber, wie sich der eigene Marktanteil bei Girokonten in den nächsten Jahren entwickeln wird.
b) Sie erhält eine Bestandsaufnahme der Marktanteile bei Girokonten der einzelnen Kreditinstitute zu einem bestimmten Zeitpunkt.
c) Sie erhält dadurch eine laufende Kontrolle über die Entwicklung des eigenen Marktanteils bei Girokonten.
d) Sie erhält Informationen, die nur innerbetriebliche Bedeutung haben.
e) Sie erhält dadurch genaue Informationen über ihr Image beiden Kunden.

209. Ordnen Sie 2 der insgesamt 5 Marketingmaßnahmen den Marketinginstrumenten richtig zu.

Marketingmaßnahmen

a) Um die Kunden für das Home-Banking zu gewinnen, werden für Girokonten unterschiedliche Preismodelle eingeführt.
b) Die Druckkosten der Schülerzeitung der Berufsschule werden mit 100,00 € bezuschusst.
c) In den Geschäftsräumen werden Prospekte über Geldmarktkonten ausgelegt.
d) Im Passivgeschäft wird ein neuer Sparplan mit unterschiedlichen Laufzeiten und Zinssätzen aufgelegt.
e) Um neuerdings die Kunden auch außerhalb der Geschäftszeiten beraten zu können, werden zwei Außendienstmitarbeiter eingestellt.

Marketinginstrumente

[ ] Produktpolitik

[ ] Distributionspolitik

210. Ordnen Sie 3 der insgesamt 7 Beispiele den Elementen der Absatzpolitik zu.

Beispiele

a) Auf Grund des Wettbewerbs bietet das Kreditinstitut in einem Teil des Geschäftsgebietes günstigere Konditionen.
b) Im Rahmen einer elektronischen Kundenakte werden die Unterlagen künftig optisch archiviert.
c) Auf Grund der Nachfrage wird eine neue Sondersparform angeboten.
d) Das Kreditinstitut gibt kleinere Filialen auf und setzt dafür mobile Berater ein.
e) Ein zusätzliches Kontomodell soll das Dienstleistungsangebot für Privatkunden abrunden.
f) Auf Grund personeller Engpässe wird die Zahl der Auszubildenden ab dem Folgejahr erhöht.
g) Um ein neues Produkt bekannt zu machen, veranlasst das Kreditinstitut Rundfunkspots.

Elemente der Absatzpolitik

[ ] Preispolitik

[ ] Standortpolitik

[ ] Werbung und Verkaufsförderung

211. Welche Zielgröße im Bereich Marketing können Sie mit der abgebildeten Formel berechnen?

$$\frac{\text{(Sparbrief-) Umsatz Ihres Kreditinstituts} \times 100}{\text{Tatsächlicher (Sparbrief-) Umsatz aller Banken im Geschäftsgebiet}}$$

a) Das Marktpotenzial Ihres Kreditinstituts bei Sparbriefen
b) Das Marktvolumen an Sparbriefen im Geschäftsgebiet Ihres Kreditinstituts insgesamt
c) Den Marktanteil Ihres Kreditinstituts bei Sparbriefen
d) Den Gewinn Ihres Kreditinstituts aus ihrem (Sparbrief-)Umsatz
e) Die Umsatzsteigerung Ihres Kreditinstituts beim Verkauf von Sparbriefen gegenüber dem Vorjahr

VERBRAUCHER- UND DATENSCHUTZ

212. Warum muss ein Kreditinstitut bei der Kontoeröffnung eines Neukunden eine Legitimationsprüfung durchführen?

a) Die Legitimationsprüfung wird zum Zwecke der Wahrung des Bankgeheimnisses durchgeführt, damit kundenbezogene Daten nicht weitergegeben werden.

b) Die Legitimationsprüfung dient zur Erschwerung von Verbrechen und Steuerhinterziehungen und ist rechtlich vorgeschrieben.

c) Die Legitimationsprüfung verhindert, dass illegal erworbene Vermögenswerte in den legalen Finanzkreislauf eingeführt werden.

d) Mit der Legitimationsprüfung klärt sich die Frage, ob der Kunde Steuerinländer oder Steuerausländer ist.

e) Man möchte mit der Legitimationsprüfung eine höhere Transparenz und Kontrollierbarkeit bei der Beziehung Kunde und Mitarbeiter herbeiführen.

213. Sie erhalten vom Abteilungsleiter EDV folgende Information per E-Mail: „Der Passwortwechsel für den Netzzugang erfolgt mit der F4-Taste, Set Password anklicken und das neue Passwort zweimal eingeben." Wozu dient diese Nachricht?

a) Sie dient nur der Datensicherung.

b) Sie ist laut Bundesdatenschutzgesetz vorgeschrieben.

c) Sie soll den Datenschutz verbessern.

d) Sie soll ausschließen, dass die Netzwerknutzer ihr Passwort vergessen.

e) Sie stellt die E-Mai-Adresse dar, unter der die Netzwerknutzer erreichbar sind.

214. Herr Ludwig Mayer, Inhaber der „Elektro Mayer e. K.", eröffnet bei der Zentralbank AG ein Geschäftskonto für den Zahlungsverkehr und zahlt 1.000,00 € bar ein. Wie Informieren Sie Herrn Mayer über die Absicherung seiner Einlagen bei Zahlungsunfähigkeit des Kreditinstituts richtig?

a) Die unterschiedlichen Sicherungseinrichtungen schützen nur die Einlagen von Privatkunden vor einem Zahlungsausfall.

b) Über die verschiedenen Sicherungseinrichtungen sind nur Einlagen auf Sparkonten vor Zahlungsausfällen geschützt.

c) Der Kunde kann davon ausgehen, dass diese Einlage über Sicherungseinrichtungen zu 100 % gedeckt ist.

d) Bei Liquiditätsproblemen der Kreditinstitute übernimmt zunächst das Bundesaufsichtsamt für das Kreditwesen die Rückzahlungsverpflichtungen, wodurch die Gläubigeransprüche der Kunden abgedeckt sind.

e) Die Gläubigeransprüche der Kunden sind bei einem Eigenanteil von 10 % durch ein Sicherungssystem der Deutschen Bundesbank und der Bundesregierung abgesichert.

215. Welcher Vorteil ergibt sich für einen Anleger, der seine Spareinlagen bei einer Privatbank anlegt, die dem Einlagensicherungsfonds des Bundesverbandes deutscher Banken angeschlossen ist?

a) Der Anleger kann künftig konkreter beraten werden.

b) Es sind alle Werte, die bei der Privatbank vorhanden sind, versichert.

c) Bei Zahlungsunfähigkeit der Privatbank wird dem Anleger auf erste Anforderung sofort sein Vermögen ausgezahlt.

d) Die bei der Privatbank vorhandenen Einlagen sind bis zur Höhe von 15 % des haftenden Eigenkapitals des Kreditinstitutes gesichert.

e) Durch die Mitgliedschaft in dem Einlagensicherungsfonds sind alle Kundeneinlagen bis zur Höhe von 30.000,00 € zu 100 % abgesichert.

216. Ein Mitarbeiter der Nordbank AG fragt bei Ihnen telefonisch nach, ob ein von Ihrem Kunden Alois Huber über 1.250,00 € ausgestellter Scheck, gedeckt ist. Dürfen Sie dem Auskunftsersuchen unter Beachtung der AGB entsprechen?

a) Sie dürfen angeben, ob der Scheck zum Zeitpunkt der Anfrage gedeckt ist.

b) Sie dürfen allgemein gehaltene Informationen über die gesamte Geschäftsbeziehung geben.

c) Sie dürfen Angaben zur bisherigen Kontoführung machen.

d) Sie dürfen darüber Auskunft geben, wer über das Konto verfügungsberechtigt ist.

e) Sie dürfen keinerlei Auskünfte geben, es sei denn der Kunde hat dem ausdrücklich zugestimmt.

217. Überprüfen Sie, in welchem Fall ein Verstoß gegen die Verpflichtung zur Wahrung des Bankgeheimnisses vorliegt, wenn die Kunden keine besondere Genehmigung für Bankauskünfte erteilt haben.

a) Ihr Kreditinstitut teilt im Rahmen der Ehescheidung der Kunden Sebastian und Sabine Keil dem Anwalt der Kundin die Kontostände aller Giro-, Spar- und Depotkonten von Herrn Keil zum Zwecke der Vermögensaufteilung mit.

b) Ihr Kreditinstitut erteilt einem anderen Kreditinstitut auf Anfrage eine allgemein gehaltene Auskunft über die bisherige Geschäftsverbindung mit der Metallbau Classen GmbH.

c) Ihr Kreditinstitut erteilt einem eigenen Firmenkunden eine Bankauskunft über die bisherige Geschäftsverbindung zur Karl Schulz GmbH. Diese hat eine größere Warenbestellung bei der Firma vorgenommen.

d) Ihr Kreditinstitut beantwortet die telefonische Anfrage eines anderen Kreditinstituts, ob ein von der Kundin Alma Weber ausgestellter Scheck „in Ordnung gehe", mit nein.

e) Ihr Kreditinstitut meldet der Deutschen Bundesbank einen Kredit über 10 Mio. €, der der Metallbau Schranz AG gewährt wurde.

218. Welchem Auskunftsersuchen dürfen Sie entsprechend den AGB der Kreditinstitute über das Bankgeheimnis <u>nicht</u> nachkommen?

a) Der Kontoinhaber eines Oder-Kontos erkundigt sich telefonisch nach dem Kontostand dieses Oder-Kontos.

b) Der Kontoinhaber eines Und-Kontos erkundigt sich nach dem Kontostand dieses Und-Kontos.

c) Ein durch ein Zeugnis ausgewiesener Testamentsvollstrecker erkundigt sich nach weiteren Konten des Verstorbenen.

d) Der Rechtsanwalt eines Klägers erkundigt sich nach den Verfügungen des letzten Jahres auf dem Konto des Beklagten.

e) Ein Bareinzahler erkundigt sich nach der Bankleitzahl des Zahlungsempfängers.

f) Herr Koller, laut Handelsregister neuer Prokurist der Firma Schimmel KG, möchte eine Zusammenstellung der Kontoumsätze der letzten vier Monate, obwohl er nicht als Zeichnungsberechtigter in den Kontounterlagen vermerkt ist.

219. Ihr Kunde Alfons Schranz hat bei Ihnen ein Kontokorrentkonto eröffnet und durch seine Unterschrift die Allgemeinen Geschäftsbedingungen anerkannt. Wie informieren Sie Herrn Schranz richtig?

a) Verstoßen einzelne Inhalte eines Sondersparvertrags gegen die entsprechenden Vorschriften des BGB, so ist dieser Vertrag nichtig.

b) Sind nur einzelne Inhalte eines Vertrags mit dem Kreditinstitut unwirksam, so sind alle anderen Vereinbarungen in der Regel gültig.

c) Allgemeine Geschäftsbedingungen, die für eine Vielzahl von Verträgen gelten, müssen immer vollständig im Vertragsformular abgedruckt werden. Ein Ausweis in einem gesonderten Formblatt ist nicht zulässig.

d) Mit der Unterschrift hat der Kunde auch alle Inhalte der Allgemeinen Geschäftsbedingungen anerkannt.

e) Mit der Unterschrift des Kunden können Veränderungen der Allgemeinen Geschäftsbedingungen nur mit seiner schriftlichen Einwilligung für die Geschäftsbeziehungen rechtsgültig werden.

220. Welche Aussage über Bankauskünfte entspricht den AGB?

a) Die Bank ist berechtigt, über juristische Personen und im Handelsregister eingetragene Kaufleute Bankauskünfte zu erteilen, sofern ihr keine anders lautende Weisung des Kunden vorliegt.

b) Die Bank ist verpflichtet Bankauskünfte zu erteilen, sofern es sich bei den Auskunftsersuchenden um juristische Personen des öffentlichen Rechts handelt.

c) Die Bank darf Bankauskünfte über ihre Privat- und Firmenkunden nur dann erteilen, wenn ihr dazu ausdrücklich im Einzelfall eine Zustimmung erteilt wurde.

d) Die Bank ist berechtigt, über alle Personen Bankauskünfte zu erteilen, sofern ihr keine anders lautende Weisung des Kunden vorliegt.

e) Die Bank darf Auskünfte nur in allgemein gehaltener Form ausschließlich an befreundete Kreditinstitute erteilen.

221. Der Geschäftsführer der Lorenz Fahrrad GmbH eröffnet ein Geschäftskonto bei Ihrem Kreditinstitut und möchte in diesem Zusammenhang wissen, wie sich Ihr Kreditinstitut bei der Erteilung von Bankauskünften verhält. Welche Auskunft geben Sie dem Geschäftsführer der Lorenz Fahrrad GmbH?

a) Die Erteilung einer Auskunft über die geschäftliche Tätigkeit der GmbH ist möglich, wenn dem Kreditinstitut kein ausdrückliches Auskunftsverbot der GmbH vorliegt.

b) Bankauskünfte über die GmbH werden nur erteilt, wenn der Kunde seine ausdrückliche Genehmigung gibt.

c) An seine eigenen Kunden darf ein Kreditinstitut keine Auskünfte über andere Kunden geben (Interessenskonflikt), es sei denn es handelt sich um Freiberufler.

d) Bankauskünfte an andere Kreditinstitute können in jedem Fall erteilt werden.

e) Privatkunden erhalten keine Auskünfte.

222. Welche Aussage über das Bankauskunftsverfahren ist unter Berücksichtigung des Bankgeheimnisses und der AGB richtig?

a) Die Auskunft darf sich schwerpunktmäßig nur auf die wirtschaftlichen Verhältnisse des Kunden und sein Verhalten im Geschäftsleben beziehen. Dem Kreditinstitut bekannt gewordene persönliche Dinge dürfen nur am Rande und dann auch nur umschrieben dargestellt werden.

b) Bankauskünfte erhalten neben eigenen Kunden auch andere Kreditinstitute für deren Zwecke und die ihrer Kunden, sofern jeweils ein berechtigtes Interesse glaubhaft dargelegt wird.

c) Bankauskünfte enthalten u. a. betragsmäßige Angaben über Kontostände, Sparguthaben oder sonstige, dem Kreditinstitut anvertraute Vermögenswerte, sowie Kreditanspruchnahmen.

d) Das Kreditinstitut haftet gegenüber dem Auskunftsempfänger bei der Erteilung von Bankauskünften in unbegrenzter Höhe für Schäden aus der Auskunftserteilung

e) Bankauskünfte über Privatpersonen darf das Kreditinstitut in Ausnahmefällen auch dann erteilen, wenn diese ihre Zustimmung verweigert haben; allerdings sind sie in diesem Fall so zu formulieren, dass sie nicht als negative Auskunft verstanden werden können.

223. Franz und Anna Klein, langjährige Kunden Ihres Kreditinstituts, unterhalten neben Guthabenkonten ein Schließfach bei Ihrer Bank. Mitte Oktober dieses Jahres ist Herr Klein unerwartet verstorben. Svenja, einzige Tochter der Eheleute Klein, vereinbart mit Ihnen einen Beratungstermin. Sie ist der Meinung ist, dass das Bankgeheimnis nach dem Tod eines Kunden keine Gültigkeit mehr hat. Wie informieren Sie die Tochter richtig?

a) Eine Meldepflicht an das Erbschaftssteuerfinanzamt liegt vor, wenn das Guthaben zu Beginn des Todestages 5.000,00 € übersteigt, ein Schließfach besteht oder ein Verwahrstück hinterlegt ist. Guthaben können hierbei gegen Verbindlichkeiten aufgerechnet werden.

b) Nachdem die Eheleute ein Schließfach unterhalten, besteht Meldepflicht nach § 33 ErbStG unabhängig von der Höhe des Guthabens oder den Verbindlichkeiten. Im Übrigen gilt das Bankgeheimnis uneingeschränkt weiter.

c) Eine Meldung an das Erbschaftssteuerfinanzamt kann in diesem Fall unterbleiben, da davon auszugehen ist, dass der Gesamtwert aller Konten- und Depotbestände zum Beginn des Todestages 5.000,00 € nicht übersteigt.

d) Im Falle des Todes eines Kunden muss das Kreditinstitut generell innerhalb eines Monats nach Bekanntwerden des Todesfalls eine Anzeige an das Erbschaftssteuerfinanzamt senden.

e) Eine Meldung nach § 33 ErbStG kann unterbleiben, nachdem die Eheleute Klein nur eine einzige Tochter als Erbin hat und diese der Bank persönlich bekannt ist.

224. Herr Franz, Privatkunde Ihres Kreditinstituts, bringt in Erfahrung, dass Kreditinstitute untereinander Auskünfte über ihre Kunden erteilen. Wie können Sie dieses Verhalten gegenüber Ihrem Kunden rechtfertigen?

a) Da es sich dabei nur um allgemein gehaltene Auskünfte handelt, kann unterstellt werden, dass dies auch im Interesse des Kunden liegt.

b) Bei der Kontoeröffnung hat der Kunde mit seiner Unterschrift die Allgemeinen Geschäftsbedingungen (AGB) anerkannt und damit solchen Auskunftserteilungen zugestimmt.

c) Da der Kunde bei Kontoeröffnung die Schufa-Klausel unterschrieben hat, ist das Kreditinstitut verpflichtet, an andere Kreditinstitute allgemein gehaltene Auskünfte über Kunden zu erteilen.

d) Da die Kreditinstitute sich verpflichten, diese Auskünfte Dritten nicht zugänglich zu machen, kann der Kunde dieses Verhalten nicht unterbinden.

e) Nach den Vorschriften des Datenschutzgesetzes ist dieses Verhalten möglich, da sich die Kreditinstitute vor wirtschaftlichen Schäden im Interesse ihrer Kunden schützen müssen.

225. Sie erhalten heute von Ihrem Vorgesetzten einige Auskunftsersuchen verschiedener Personen, die Ihnen entweder bekannt sind oder sich ausreichend legitimieren können. Welchem Auskunftsersuchen dürfen Sie entsprechend den AGB der Kreditinstitute nicht nachkommen?

a) Der Anfrage einer Erbengemeinschaft über Kontobewegungen vor dem Tod des Erblassers
b) Der Anfrage eines Bareinzahlers nach der Girokonto-Nummer des Zahlungsempfängers
c) Der telefonischen Anfrage des Kontomitinhabers nach dem Kontostand eines Oder-Kontos
d) Der Anfrage des Kontomitinhabers nach dem Kontostand eines Und-Kontos
e) Der Anfrage des Rechtsanwalts eines Klägers nach Verfügungen des Vorjahres auf dem Konto des Beklagten

226. Ihr Kreditinstitut führt unter anderem ein Kontokorrentkonto für die EDV GmbH und ein Privatgirokonto für Herrn Karl. Herr Karl, Prokurist der EDV GmbH, möchte von Ihnen wissen, in wie weit Sie an andere Personen/Institutionen Informationen weiter geben. Ordnen Sie entsprechend zu.

Auskunftserteilungen

a) Die Auskunft wird erteilt, sofern keine gegenteilige Kundenweisung vorliegt.
b) Die Auskunft wird nur erteilt, wenn der Kunde ausdrücklich sein Einverständnis erklärt hat.
c) Die Auskunft wird auch gegen den Kundenwillen erteilt.

Auskunftsersuchen

[ ] Die Bundesanstalt für Finanzdienstleistungsaufsicht (BaFin) bittet um Auskunft über alle Konten der EDV GmbH.
[ ] Eine Korrespondenzbank bittet um Auskunft über die wirtschaftlichen Verhältnisse von Herrn Karl, der bei ihr ein Baudarlehen beantragt hat.
[ ] Die Invest GmbH, Kundin Ihres Kreditinstituts, bittet um Auskunft über die Vermögensverhältnisse der EDV GmbH, da diese Büroräume anmieten möchte.
[ ] Die EDV GmbH bittet um Auskunft über die Vermögensverhältnisse von Herrn Karl.
[ ] Die Wirtschaftsprüfungsgesellschaft Treuwert AGH bittet um Zusendung von Kontoumsatzlisten der EDV GmbH für die letzten drei Monate.

227. Welche Kundendaten eines Kreditinstituts schützt das Bundesdatenschutzgesetz?

a) Daten natürlicher Personen, wenn diese in Dateien gespeichert werden
b) Alle in Datenverarbeitungsanlagen gespeicherte Datensammlungen
c) Daten natürlicher und juristischer Personen, Gesellschaften, Personengruppen und Personenvereinigungen, wenn diese in Dateien gespeichert werden
d) Daten von Gesellschaften, Personengruppen und Personenvereinigungen, wenn diese in Dateien gespeichert werden
e) Jegliche Daten natürlicher Personen

228. Die Eheleute Jung führten bereits vor einigen Wochen ein Gespräch mit dem zuständigen Kreditsachbearbeiter Ihres Kreditinstituts bezüglich der Finanzierung eines Einfamilienhauses. Nach reiflicher Überlegung kommt das Ehepaar heute zu Ihrem Kreditinstitut, um den Kreditvertrag abzuschließen.
Frau Jung weist den Kreditsachbearbeiter sofort darauf hin, dass er im Rahmen des Vorgesprächs falsche Daten über die Vermögensverhältnisse der Familie Jung aufgenommen und gespeichert hat. Wozu ist Ihr Kreditinstitut nach dem Bundesdatenschutzgesetz nun verpflichtet?

a) Der gesamte Datensatz über das Ehepaar Jung muss gelöscht werden.
b) Die Änderung der Daten muss dem Datenschutzbeauftragten des Kreditinstituts gemeldet werden.
c) Die falschen Daten müssen für weitere Zugriffe gesperrt werden.
d) Die falschen Daten müssen berichtigt werden.
e) Die richtigen Daten sind zu dokumentieren, die falschen Daten dürfen erst nach Ablauf von sechs Wochen gelöscht werden.

229. Welche Regelung findet sich im Bundesdatenschutzgesetz (BDSG)?

a) Gespeicherte Daten müssen nach 8 Jahren gelöscht werden.

b) Die Speicherung von Daten durch ein Kreditinstitut ist im Rahmen der Zweckbestimmung eines Vertragsverhältnisses zulässig.

c) Eine befugte Offenlegung von geschützten Daten bei Kreditinstituten liegt vor, wenn Dritten lediglich ein kurzer Einblick in Dateien gewährt wird.

d) Namen und Anschriften von Personen, die Scheckbetrug begangen haben, dürfen gespeichert werden, auch wenn dadurch schutzwürdige Belange der Betroffenen beeinträchtigt werden.

e) Das Bundesdatenschutzgesetz legt den Kreditinstituten die Pflicht auf, die Vorschriften des BDSG in den Schalterräumen (wie die AGB) auszulegen oder bei Vertragsbeginn auszuhändigen.

230. Welchen der folgenden Aufträge müssen Sie gemäß Bundesdatenschutzgesetz (BDSG) ausführen?

a) Karl Schranz verlangt die sofortige Löschung aller Rückscheckhinweise, da sie sein Persönlichkeitsrecht beeinträchtigen.

b) Sabine Ehrlich untersagt die Weitergabe aller Angaben über Zinseinkünfte bei Anfragen des Bundesfinanzministeriums.

c) Die Fahrrad GmbH beruft sich auf das BDSG und verlangt Auskunft über die zu ihrer Person gespeicherten Daten.

d) Elisabeth Klein löst ihr Sparkonto auf und verlangt die sofortige Datenlöschung aus sämtlichen Unterlagen.

e) Über Patrick Groß ist eine Rücklastschrift mangels Deckung gespeichert, bei der es sich aber nachweislich um eine Rückgabe wegen Widerspruchs handelt. Er verlangt die Berichtigung der Daten.

231. In welchem der folgenden Fälle verstößt das Kreditinstitut gegen seine Verschwiegenheitspflicht?

a) Da das Eigenheim des Ehepaars Klein zusätzlich zum Bankdarlehen über ein Bauspardarlehen finanziert wird, meldet das Kreditinstitut die Sparguthaben an die Bausparkasse.

b) Das kontoführende Kreditinstitut meldet den Freistellungsauftrag des Ehepaars Klein an die zuständige Finanzbehörde.

c) Da Frau Klein einer Kontobelastung, ausgelöst durch eine Zahlung im ELV-Verfahren, widerspricht, teilt das kontoführende Kreditinstitut dem Verkäufer den Namen und die Anschrift von Frau Klein mit.

d) Nach Eingang eines Pfändungs- und Überweisungsbeschlusses über das Kontoguthaben des Ehepaars Klein erklärt das kontoführende Kreditinstitut dem Pfandgläubiger, dass noch andere Gläubiger Ansprüche geltend gemacht haben.

e) Beim Tod von Herrn Klein meldet das kontoführende Kreditinstitut den Wertpapierbestand in Höhe von 1.950 € auf dem Depotkonto an die Finanzbehörde.

232. Ihre Kundin Anneliese Schön spart ihre vermögenswirksamen Leistungen regelmäßig auf ein Wertpapierkonto an, mit deren Entwicklung sie überhaupt nicht zufrieden ist. Frau Schön ist der Meinung, dass das Kreditinstitut im Rahmen der Beraterhaftung für den ihr entstandenen Verlust schadenersatzpflichtig wird. Wie informieren Sie Frau Schön richtig?

a) Im Beratergespräch kommt durch schlüssiges Verhalten ein Auskunfts- und Beratungsvertrag zustande. Aus diesem Vertrag heraus sind die Kreditinstitute verpflichtet, dem Kunden alle für seine Entscheidung wichtigen Tatbestände mitzuteilen, die ihnen zum Zeitpunkt der Beratung zur Verfügung stehen.

b) Gemäß Nr. 3 AGB Banken (Nr. 19 AGB Sparkassen) ist eine Haftung der Bank auf Grund eines Verschuldens der Mitarbeiter bei der Erfüllung ihrer Verpflichtungen grundsätzlich ausgeschlossen.

c) Gemäß Urteil des Bundesgerichtshofes müssen Anlageempfehlungen den „Richtlinien für eine einheitliche Qualitätssicherung im Kundengespräch der Banken“ entsprechen. Eine empfohlene Anlage muss daher grundsätzlich von der BAFin zertifiziert werden.

d) Einen Anspruch auf Schadenersatz gegenüber dem Kreditinstitut kann Frau Schön geltend machen, wenn die Anlageentscheidung rückblickend fehlerhaft war. Auf ein Verschulden des Kreditinstituts kommt es hierbei nicht an.

e) Ein Anspruch auf Schadenersatz besteht auch, wenn Frau Schön ohne Beratung einen gezielten Auftrag erteilt hat, aus dem ihr ein Verlust entsteht.

233. Bei welchen zwei Vorgängen müssen Sie bei Ausübung Ihrer Tätigkeit die Vorschriften der Abgabenordnung beachten?

a) Ihre Kundin Frau Stein möchte erstmalig 20.000,00 € in Sparbriefen anlegen.

b) Herr Meier ist zum Prokuristen Ihres Kunden Stetter AG benannt worden.

c) Ihnen liegt eine schriftliche Auskunftsanfrage der Deutschen Bank zu Ihrem Firmenkunden Steiner AG vor.

d) Ihr Kunde Herr Aigner zahlt 10.000,00 € auf sein Konto ein.

e) Einer Ihrer Kunden möchte bei Ihnen ein Schließfach eröffnen.

II. ÜBUNGSAUFGABEN ZUR VORBEREITUNG AUF DIE ABSCHLUSSPRÜFUNG

KONTOFÜHRUNG

234. Die Universalbank AG führt seit fast drei Jahren für Sebastian Krug und Silvia Meier gemeinsam ein Girokonto als Oder-Konto. Sebastian Krug teilt Ihnen heute in einem Beratungsgespräch mit, dass er sich vor drei Wochen von Silvia Meier getrennt hat. Frau Meier soll daher nicht mehr allein über das gemeinsame Konto verfügen können. Welche rechtliche Auswirkung hat der Widerspruch von Herrn Krug gegen die Verfügungsberechtigung von Frau Meier?

a) Der Kontovertrag wird dadurch angefochten; bis zur Auflösung des Kontos können weder Herr Krug noch Frau Meier über das Konto verfügen.

b) Da für die Änderung der Verfügungsberechtigung die Willenserklärung beider Kontoinhaber vorliegen muss, wird das Konto zunächst für alle Verfügungen gesperrt.

c) Der Widerspruch hat keine Auswirkungen; beide Kontoinhaber können weiterhin unabhängig voneinander über das Konto verfügen.

d) Das Konto wird nun als Und-Konto geführt; beide Kontoinhaber können ab jetzt nur noch gemeinsam über das Konto verfügen.

e) Frau Meier kann nur noch gemeinsam mit Herrn Krug über das Konto verfügen; da aber Frau Meier nicht gegen das Oder-Konto widersprochen hat, kann Herr Krug weiterhin allein über das Konto verfügen.

235. Für den Rentner Karl Schwaiger, 83 Jahre, ist ein Betreuer für den Bereich Vermögenssorge bestellt worden, wobei ein Einwilligungsvorbehalt nicht angeordnet wurde. Welche <u>zwei</u> der folgenden Aussagen sind in diesem Zusammenhang richtig?

a) Der Betreuer ist berechtigt, auf den Namen von Herrn Schwaiger Konten eröffnen zu lassen, da er die Stellung eines gesetzlichen Vertreters hat.

b) Willenserklärungen von Herrn Schwaiger sind schwebend unwirksam, da der Rentner durch die Anordnung der Betreuung einer beschränkt geschäftsfähigen Person gleichgestellt ist.

c) Willenserklärungen von Herrn Schwaiger sind zunächst wirksam, können aber durch den Betreuer angefochten werden, wenn der Rentner offenkundig zu seinem Schaden gehandelt hat.

d) Der Betreuer benötigt zur Eröffnung von Konten auf den Namen von Herrn Schwaiger die Zustimmung der Betreuten, da es sich hierbei um ein außergewöhnliches Rechtsgeschäft handelt.

e) Geldanlagen des Betreuers im Namen von Herrn Schwaiger müssen verzinslich und mündelsicher angelegt sein.

f) Legt der Betreuer im Namen von Herrn Schwaiger Geld an, so darf die Anlage ausschließlich in Bundeswertpapieren erfolgen.

236. Klaus Klein und Josef Huber erscheinen heute pünktlich zu dem mit Ihnen vereinbarten Gesprächstermin bei der Handelsbank AG. Klaus Klein betreut den 57-jährigen Josef Huber. Herr Klein legt Ihnen seinen Betreuerausweis (Bestallungsurkunde) vor. Die Bestallungsurkunde enthält einen Einwilligungsvorbehalt, der sich auf die Vermögenssorge beschränkt. Welche der folgenden Aussagen ist zu dieser Kontoeröffnung richtig?

a) Bei der Kontoeröffnung müssen sich sowohl der Betreuer als auch der Betreute persönlich legitimieren. Außerdem muss Herr Klein sich als Betreuer durch seinen Betreuerausweis legitimieren.

b) Bei der Kontoeröffnung muss sich nur Josef Huber mit seinem Personalausweis legitimieren.

c) Josef Huber ist trotz Einwilligungsvorbehalt für alle Rechtsgeschäfte voll geschäftsfähig. Daher benötigt er nicht die Zustimmung seines Betreuers, um das Girokonto zu eröffnen.

d) Josef Huber ist im Rahmen aller Rechtsgeschäfte, die er tätigt, beschränkt geschäftsfähig. Daher darf er nur mit Zustimmung seines Betreuers das Girokonto eröffnen.

e) Josef Huber ist geschäftsunfähig. Die Kontoeröffnung muss auf den Namen von Klaus Klein mit dem Zusatz „Betreuungskonto“ erfolgen.

Zu den nächsten zwei Aufgaben siehe nachstehende Situation.

Sie sind Kundenberater/-in der Universalbank AG. Dennis Schwarz, 15 Jahre, möchte ein Girokonto bei Ihrem Kreditinstitut eröffnen, da er demnächst eine Ausbildung zum Bürokaufmann beginnt. Seine Eltern haben dem Ausbildungsvertrag zugestimmt. Die Ausbildungsvergütung soll regelmäßig auf das neu einzurichtende Konto überwiesen werden.

237. Was ist hinsichtlich der Kontoeröffnung zu beachten?

a) Zur Eröffnung des Girokontos ist die Zustimmung der Eltern erforderlich.
b) Das Girokonto muss auf den Namen der Eltern als gesetzliche Vertreter eröffnet werden.
c) Da es sich um die Eröffnung eines Girokontos im Zusammenhang mit seiner zukünftigen Tätigkeit handelt, müssen die Eltern nicht zustimmen.
d) Dennis kann das Konto selbstständig für sämtliche Bankgeschäfte nutzen, wenn die Eltern der Eröffnung zugestimmt haben.
e) Die Eröffnung des Kontos und weitere Verfügungen sind nur mit Zustimmung eines Elternteils zulässig.

238. Welche zwei Aussagen sind im Zusammenhang mit der Legitimationsprüfung bei der Kontoeröffnung zutreffend?

a) Eine Legitimationsprüfung erfolgt zum Schutz von Dennis Schwarz vor Steuerhinterziehung.
b) Die Bank hat kein Eigeninteresse an einer Legitimationsprüfung, sondern führt diese nur auf Grund gesetzlicher Bestimmungen durch.
c) Zur Legitimation von Dennis Schwarz ist sein Kinderausweis zulässig.
d) Im Zusammenhang mit der Legitimationsprüfung muss Dennis Schwarz über die gesetzlichen Bestimmungen in dem §154 Abgabenordnung und den §§ 1 und 2 Geldwäschegesetz aufgeklärt werden.
e) Als Nachweis, dass die Legitimationsprüfung durchgeführt wurde, muss ausschließlich die Nummer des Legitimationspapiers notiert werden.
f) Es muss sowohl eine Legitimationsprüfung von Dennis Schwarz als auch seiner Eltern erfolgen.

Zu den nächsten zwei Aufgaben siehe nachstehende Situation.

Stefan Vorfelder, 15 Jahre alt, hat mit Zustimmung seiner Eltern gerade eine Ausbildung zum Versicherungskaufmann begonnen. Stefan hat heute mit Ihnen einen Gesprächstermin vereinbart, da er ein Girokonto bei der Handelsbank AG eröffnen möchte.

239. Wie informieren Sie Stefan Vorfelder richtig?

a) Zur Eröffnung ist die Zustimmung der Mutter oder des Vaters als gesetzlicher Vertreter notwendig.
b) Die Zustimmung des gesetzlichen Vertreters zur Kontoeröffnung ist nicht erforderlich, da die Eltern bereits dem Ausbildungsverhältnis zugestimmt haben.
c) Die Zustimmung des gesetzlichen Vertreters zur Kontoeröffnung ist nicht erforderlich, da Stefan Vorfelder mit der Girokontoeröffnung nur rechtliche Vorteile genießt.
d) Die Zustimmung des gesetzlichen Vertreters zur Kontoeröffnung ist nicht erforderlich, da Stefan Vorfelder mit Unterschreiben des Ausbildungsvertrages in einem Ausbildungsverhältnis steht.
e) Liegt die Zustimmung des gesetzlichen Vertreters nicht vor, ist die Kontoeröffnung schwebend unwirksam.

240. Welche zwei Aussagen zur Eröffnung des Girokontos von Stefan Vorfelder sind richtig?

a) Die Legitimationsprüfung von Stefan Vorfelder ist nach der Abgabenverordnung vorgeschrieben und kann durch einen Kinderausweis erfolgen.
b) Mit Zustimmung der Eltern dürfen Sie einen Kontokorrentkredit bis zum dreifachen Betrag der monatlichen Ausbildungsvergütung einräumen.
c) Sie müssen auf dem Kontoeröffnungsantrag vermerken, ob der Kontoinhaber auf eigene Rechnung handelt, da ein Konto nicht für fremde Rechnung eröffnet werden darf.
d) Sie dürfen Stefan Vorfelder nur ein Girokonto mit kostenloser Kontoführung anbieten, da für eine beschränkt geschäftsfähiger Person nach den Vorschriften des BGB ein entgeltpflichtiges Konto nicht zulässig ist.
e) Die Eltern benötigen keine besondere Vollmacht, um über das Girokonto Auskunft zu erhalten oder verfügen zu dürfen.
f) Obwohl Ihr Kreditinstitut der SCHUFA angeschlossen ist, darf die Kontoeröffnung der SCHUFA nicht gemeldet werden, da kein Negativmerkmal über Stefan Vorfelder vorliegt.

Zu den nächsten zwei Aufgaben siehe nachstehende Situation.

Sie sind Kundenberater/-in der Universalbank AG. Karl und Sabine Schranz sind langjährige Kunden Ihres Kreditinstituts. Ihr 17-jähriger Sohn Patrick möchte ein Konto bei Ihnen eröffnen, da er in Kürze eine Ausbildung zum Automobilkaufmann beginnt.

241. Welche Aussage zur rechtswirksamen Eröffnung des Kontos ist richtig?

a) Patrick Schranz kann jederzeit selbstständig ein Konto eröffnen, da er bereits 17 Jahre ist.

b) Für die Kontoeröffnung reicht die Zustimmung eines Elternteils aus, wenn diese in gesetzlicher Gütergemeinschaft leben.

c) Die Kontoeröffnung ist nur mit Zustimmung beider Elternteile möglich.

d) Patrick Schranz darf das Konto ohne Zustimmung eröffnen, wenn er bei der Kontoeröffnung den Ausbildungsvertrag im Original vorlegt,

e) Im Gegensatz zum Eröffnen von Sparkonten ist bei der Eröffnung von Girokonten zusätzlich die Zustimmung des Familiengerichts/Vormundschaftsgerichts notwendig.

242. Patrick Schranz wird als Auszubildender im ersten Ausbildungsjahr 480,00 € erhalten. Bei der Kontoeröffnung müssen Regelungen des Geldwäschegesetzes beachtet werden. Welche <u>zwei</u> Aussagen sind in diesem Zusammenhang richtig?

a) Da die Ausbildungsvergütung unter 1.000,00 € pro Monat liegt, ist weiter nichts zu beachten.

b) Bei der Kontoeröffnung muss Patrick Schranz identifiziert werden.

c) Bei der Kontoeröffnung genügt die Identifizierung der Eltern.

d) Der wirtschaftlich Berechtigte des Kontos muss von Ihnen erfragt werden.

e) Bei Girokonten, auf die das Gehalt oder die Ausbildungsvergütung eingeht, ist der Kontoinhaber automatisch der wirtschaftlich Berechtigte.

f) Das Geldwäschegesetz ist erst dann zu beachten, wenn Bartransaktionen über das Konto getätigt werden.

243. Dr. Werner Lux und Dr. Thomas Schott eröffnen eine Gemeinschaftspraxis für Allgemeinmedizin. Die Gesellschaft ist als „Dr. Werner Lux und Partner, Allgemeinmedizin“, im Partnerschaftsregister eingetragen. Bei der Vertretung gilt die gesetzliche Regelung. Herr Lux bittet Sie als Kundenbetreuer/-in bei der Universalbank AG im Rahmen der heutigen Beratung für die Gesellschaft ein Konto zu eröffnen. Wie verfahren Sie bei der Eröffnung des Kontos richtig?

a) Sie eröffnen das Konto unter der Bezeichnung „Dr. Lux & Dr. Schott“.

b) Sie bitten darum, dass beide Partner zur Kontoeröffnung anwesend sind, damit der Kontovertrag rechtswirksam unterzeichnet werden kann.

c) Sie teilen dem Antragsteller mit, dass Konten von Partnerschaften auf den Namen aller Partner lauten müssen.

d) Sie benötigen zur Legitimationsprüfung neben dem Personalausweis des Antragstellers einen beglaubigten Auszug neuesten Datums aus dem Partnerschaftsregister.

e) Sie erklären, dass für Konten von Partnerschaften Kontovollmachten nicht erteilt werden können.

244. Die Bürokauffrau Sabine Brandl hat am Wochenende aufgrund einer Zeitungsanzeige eine 2-Zimmerwohnung gefunden. Mit dem Vermieter wurde eine Kaltmiete in Höhe von 280,00 € vereinbart. Zusätzlich verlangt der Vermieter, Karl Rabe, als Sicherheit eine Mietkaution von 840,00 €. Die Art der Kautionsstellung wurde der Mieterin überlassen. Welche der folgenden Aussagen ist in diesem Zusammenhang zutreffend?

a) Der Mietkautionsbetrag sollte auf einem Festgeldkonto angelegt werden.

b) Über die Zinsen aus der angelegten Mietkaution kann Frau Brandl jährlich verfügen.

c) Die Mietkaution sollte auf ein Gemeinschaftskonto, Kontobezeichnung: „Karl Rabe und Sabine Brandl“, mit Einzelverfügungsberechtigung eingezahlt werden.

d) Es kann ein Sparkonto mit 3-monatiger Kündigungsfrist auf den Namen von Frau Brandl eröffnet werden. Die angelegte Mietkaution wird dem Vermieter verpfändet.

e) Wenn eine Spareinlage als Mietkaution zu Gunsten des Vermieters verpfändet wird, ist die Erteilung eines Freistellungsauftrags nicht möglich.

Zu den nächsten vier Aufgaben siehe nachstehende Situation.

Sie sind Kundenberater/-in der Universalbank AG. Herr Schneider, Prokurist der Toys & Fun GmbH mit Einzelprokura, möchte für diese Gesellschaft ein Geschäftskonto bei Ihrem Kreditinstitut eröffnen. Sie sollen die Kontoeröffnung vorbereiten. Eine Geschäftsbeziehung mit der Toys & Fun GmbH besteht bisher nicht.

245. Wie sieht Ihre weitere Vorgehensweise aus?

a) Sie bereiten den Kontoeröffnungsantrag vor, den der Geschäftsführer unterschreiben muss.

b) Sie bereiten den Kontoeröffnungsantrag vor, der von allen Gesellschaftern unterzeichnet werden muss.

c) Sie lehnen die Kontoeröffnung ab, da nach § 154 der Abgabenordnung Konten nur auf den eigenen Namen des Prokuristen eröffnet werden dürfen.

d) Sie bitten Herrn Schneider vor Unterzeichnung des Kontovertrags um die Vorlage eines aktuellen, beglaubigten Handelsregisterauszugs der Toys & Fun GmbH und seines Personalausweises zur Legitimation.

e) Sie bitten Herrn Schneider um den Gesellschaftsvertrag der Toys & Fun GmbH und um eine schriftliche Bestätigung seiner Prokura.

246. Die Toys & Fun GmbH möchte zukünftig diese Bankverbindung als Referenzadresse angeben. Welche der folgenden Aussagen ist in diesem Zusammenhang richtig?

a) Die Universalbank AG verlangt eine schriftliche Genehmigung des Geschäftsführers der Toys & Fun GmbH, um generell Bankauskünfte erteilen zu dürfen.

b) Die Universalbank AG benötigt zusätzlich zum Kontovertrag eine schriftliche Genehmigung von Herrn Schneider, um Bankauskünfte zu erteilen.

c) Nach Anerkennung der Allgemeinen Geschäftsbedingungen im Kontovertrag benötigt die Universalbank AG keine weitere Genehmigung der Toys & Fun GmbH zur Erteilung von Bankauskünften.

d) Wegen des gesetzlich festgelegten Bankgeheimnisses darf die Universalbank AG keinerlei Auskünfte an Dritte erteilen.

e) Für jede einzelne Auskunftserteilung durch die Universalbank AG ist eine schriftliche Genehmigung der Toys & Fun GmbH erforderlich.

247. Informieren Sie Herrn Schneider über Art und Umfang evtl. Bankauskünfte der Universalbank AG über die Toys & Fun GmbH.
Welche <u>zwei</u> folgenden Aussagen über die Erteilung von Bankauskünften sind richtig?

a) Bankauskünfte sind allgemein gehaltene Feststellungen über die wirtschaftlichen Verhältnisse, Kreditwürdigkeit und Zahlungsfähigkeit des Kunden.

b) Bankauskünfte sind Auskünfte über Kontostände, Kreditinanspruchnahmen, Sparguthaben sowie Depots.

c) Bankauskünfte dürfen nur erteilt werden, wenn die Toys & Fun GmbH ausdrücklich für den jeweiligen Einzelfall zugestimmt hat.

d) Bankauskünfte werden nur erteilt, wenn der Anfragende ein berechtigtes Interesse glaubhaft macht.

e) Bankauskünfte dürfen von der Universalbank AG an andere Kreditinstitute nicht gegeben werden.

248. Das Unternehmen steht in Geschäftsverbindung mit vielen Kunden, die regelmäßig Einkäufe bei ihm tätigen. Die Barumsätze liegen zwischen 3.000,00 € und 6.000,00 € am Tag. Herr Schneider wird seine Mitarbeiterin Christine Hein beauftragen, die anfallenden Barbeträge der Toys & Fun GmbH bei Ihrer Bank einzuzahlen. Welche Auskunft geben Sie Herrn Schneider in diesem Fall im Zusammenhang mit dem Geldwäschegesetz (GWG)?

a) „Nach dem GWG können Einzahlungen nur von Kontobevollmächtigten vorgenommen werden."

b) „Nach dem GWG muss die Toys & Fun GmbH eine Erklärung für regelmäßige Bartransaktionen abgeben. Frau Hein wird einmalig von der Bank identifiziert."

c) „Nach dem GWG muss die Toys & Fun GmbH eine Erklärung für regelmäßige Bartransaktionen abgeben und Frau Hein muss bei jeder Einzahlung identifiziert werden."

d) „Bei Einzahlungen durch den Einwurf in den Nachttresor greifen die Regelungen des GWG nicht."

e) „Frau Hein kann ohne weitere Formalitäten die Beträge in der o. a. Höhe einzahlen."

**249. Sie sind Kundenberater/-in bei der Universalbank AG. Die unten aufgeführten Personen beantragen die Eröffnung eines Kontokorrentkontos. Ordnen Sie die für den rechtwirksamen Abschluss eines Kontovertrags notwendigen Legitimationsunterlagen dem Antragsteller bzw. den jeweiligen Antragstellern zu.
Bei der Vertretung gelten die gesetzlichen Regelungen.**

Legitimationsunterlagen

a) Nur amtlicher Lichtbildausweis des Antragstellers
b) Nur amtliche Lichtbildausweise der Antragsteller
c) Auszug aus dem Handelsregister (beglaubigt und neuesten Datums) und amtlicher Lichtbildausweis des Antragstellers
d) Auszug aus dem Handelsregister (beglaubigt und neuesten Datums) und amtliche Lichtbildausweise der Antragsteller

Antragsteller

[ ] Karl Off als einer der beiden Geschäftsführer für die Firma „Franz Karg Elektro OHG"

[ ] Karl Strobl, Konditormeister

[ ] Werner Lange und Sylvia Ott, Geschäftsführer der „FunPark GmbH"

[ ] Die Steuerberater Meier, Müller und Karl für ihre „Rechtsanwaltsozietät Meier, Müller und Karl GbR"

[ ] Karl Ludwig e. K.

250. Sie sind Kundenberater/-in bei der Universalbank AG. Sie müssen verschiedene Auskunftsanfragen von Unternehmen über die wirtschaftlichen Verhältnisse Ihrer Kunden bearbeiten. Sie müssen beurteilen, ob in den unten stehenden Fällen gemäß den Allgemeinen Geschäftsbedingungen (AGB) der Kreditinstitute

a) eine Auskunft erteilt wird, sofern keine gegenteilige Kundenweisung vorliegt.
b) eine Auskunft nur erteilt wird, wenn der Kunde ausdrücklich sein Einverständnis erklärt hat.
c) eine Auskunft auch gegen den Kundenwillen erteilt wird.
d) keine Auskunft erteilt wird.

Ordnen Sie den Buchstaben der zutreffenden Alternative dem jeweiligen Fall zu.

Fälle

[ ] Die Südbank AG bittet im Auftrag eines Autohändlers um Auskunft über die Vermögensverhältnisse von Werner Harnisch, da dieser ein Auto leasen möchte.

[ ] Die Bauunion GmbH bittet um Auskunft über die Vermögensverhältnisse der Xero GmbH, für die sie eine neue Produktionshalle errichten soll. Die Bauunion GmbH steht mit der Universalbank nicht in Kontoverbindung.

[ ] Die Schneider GmbH bittet um Auskunft über die Vermögensverhältnisse der Becker & Sohn KG, da sie bei einem Warenverkauf der Becker & Sohn KG ein Zahlungsziel einräumen möchte. Beide Unternehmen sind Kunden der Universalbank AG.

Zu den nächsten drei Aufgaben siehe nachstehende Situation.

Sie sind Kundenberater/-in der Universalbank AG. Karl Dorfner, Prokurist der Fa. Kulzer KG, erscheint heute bei Ihnen zu einem vereinbarten Beratungsgespräch.

251. Herr Dorfner teilt Ihnen mit, dass er für die Kulzer KG ein Kontokorrentkonto eröffnen möchte. Welche der folgenden Aussagen ist in diesem Zusammenhang richtig?

a) Karl Dorfner hat als Prokurist das Recht, im Rahmen seiner Vertretungsmacht ein Konto für die Kulzer KG zu eröffnen.
b) Zur Legitimation der Gesellschaft ist ein beurkundeter Handelsregisterauszug neueren Datums erforderlich.
c) Die Allgemeinen Geschäftsbedingungen (AGB) müssen Herrn Dorfner ausgehändigt werden, damit diese für den Kontovertrag gelten.
d) Die Universalbank AG ist der SCHUFA angeschlossen. Sobald die SCHUFA-Klausel unterschrieben ist, muss die Universalbank die Eröffnung dieses Firmenkontos an die SCHUFA melden.
e) Herr Dorner muss über sein Widerrufsrecht gemäß BGB informiert werden und hat das Recht, diesen Kontovertrag innerhalb von zwei Wochen zu widerrufen.

252. Karl Dorfner zahlt 22.000,00 € bar auf das Kontokorrentkonto der Kulzer KG ein. Herr Dorfner ist Ihnen aus vorherigen Terminen persönlich bekannt. Sowohl für Karl Dorfner als auch für Hans Kulzer, alleiniger Komplementär der Kulzer KG, ist bereits bei Kontoeröffnung eine Identifizierung als regelmäßige Einzahler entsprechend Geldwäschegesetz durchgeführt worden. Herr Dorfner wird bei diesem Besuch auch von Herrn Kulzer begleitet.
Wie verhalten Sie sich bei der Bargeldeinzahlung ist richtig?

a) Sie identifizieren Ihren Kunden gemäß Geldwäschegesetz nur bei Barauszahlungen, nicht jedoch bei Bareinzahlungen ab 15.000,00 €.

b) Sie führen die Identifizierung gemäß Geldwäschegesetz nur für Herrn Dorfner durch.

c) Sie führen die Identifizierung gemäß Geldwäschegesetz ausschließlich für Herrn Kulzer durch.

d) Sie führen die Identifizierung gemäß Geldwäschegesetz für Herrn Kulzer und zusätzlich für Herrn Dorfner durch.

e) Sie führen keine weitere Identifizierung gemäß Geldwäschegesetz durch, sondern notieren den Namen von Herrn Dorfner und „persönlich bekannt“ sowie „bereits identifiziert“ als Vermerke auf dem Einzahlungsbeleg.

253. Sie erhalten heute als Kundenbetreuer der Kulzer KG ein Auskunftsersuchen von der Südbank AG zur Bearbeitung. Darin bittet Sie die Südbank AG um Auskünfte über die Kulzer KG für einen Investitionskredit über 110.000,00 €.
Welche der folgenden Aussagen zur Auskunftserteilung an die Südbank AG ist richtig?

a) Aufgrund des Bankgeheimnisses ist die Universalbank AG zur Verschwiegenheit verpflichtet und darf daher keine Informationen über die Kulzer KG an die Südbank AG weitergeben.

b) Nach den AGB kann die Auskunft nur erteilt werden, wenn die Kulzer KG dem Auskunftsersuchen ausdrücklich zustimmt.

c) Die Auskunft wird erteilt, wenn die Südbank AG durch die Angabe des Anfragegrundes ihr berechtigtes Interesse glaubhaft darlegt.

d) Die Auskunft kann erteilt werden und darf neben allgemeinen Angaben auch aktuelle Kontostände beinhalten.

e) Die Auskunft darf erteilt werden, jedoch darf sie zum Schutz der Kulzer KG nicht beinhalten, seit wann die Geschäftsbeziehung zwischen der Universalbank AG und der Kulzer KG besteht.

254. Ihr langjähriger Kunde Thorsten Franz, 83 Jahre, ist verstorben. Die Erbengemeinschaft setzt sich aus vier Personen zusammen, wobei alle zu gleichen Teilen erbberechtigt sind.
Welcher Aussage zur Verfügung über das Kontoguthaben stimmen Sie zu?

a) Die Auszahlung des Guthabens erfolgt nur an alle Erben gemeinsam. Die Erben können sich gegenseitig nicht rechtswirksam bevollmächtigen.

b) Die Mehrheit der Erben kann einen Testamentsvollstrecker bestimmen, der in diesem Fall allein verfügungsberechtigt ist.

c) Jeder Miterbe kann gegen Vorlage eines Erbscheines und eines Legitimationsnachweises allein über seinen Anteil verfügen.

d) Die Erbengemeinschaft ist berechtigt, einen Miterben als Kontobevollmächtigten einzusetzen, der dann über das Guthaben verfügen kann.

e) Das zuständige Amtsgericht setzt einen Testamentsvollstrecker ein, der dann Kontobevollmächtigter der Erbengemeinschaft wird.

Zu den nächsten zwei Aufgaben siehe nachstehende Situation.

Sie sind Kundenberater/-in der Universalbank AG. Ihr langjähriger Kunde, Franz Meier, ist unerwartet verstorben. Für die Eheleute Franz und Irmgard Meier führte Ihr Kreditinstitut folgende Konten:

Kontoart	Soll	Haben	rechnerisch im laufenden Jahr angefallenen Zinsen	Bemerkungen
Girokonto	1.189,67			Kontoinhaber: Franz und Irmgard Meier (Gemeinschaftskonto mit Einzelverfügungsberechtigung)
Sparkonto		7.367,89	63,67	Kündigungsfrist: 3 Monate Kontoinhaber: Franz Meier
Depot		36.870,12		Depotinhalt: Aktien Kurswert zum Todestag Kontoinhaber: Franz Meier

Der Freistellungsauftrag für die Eheleute beträgt 1.000,00 €
Am Todestag fanden keine Kontobewegungen statt.

255. Berechnen Sie den Gesamtbetrag, der an das Finanzamt zu melden ist. Tragen Sie das Ergebnis in das Kästchen ein. Das Ergebnis ist auf volle € abzurunden.

256. Da die Ehe kinderlos war ist sich Irmgard Meier sicher, dass sie Alleinerbin ist. Die Erbschaftsfrage ist aber noch nicht geregelt, auch liegt kein Testament vor. Frau Meier kommt zu Ihnen mit dem Wunsch das Depot zu löschen und die Aktien zu veräußern. Eine Depotvollmacht für Frau Meier liegt nicht vor.
Welche der folgenden Aussagen ist im Zusammenhang mit der Auflösung des Depots zutreffend?

a) Das Depot kann aufgelöst werden, jedoch erst, nachdem der Sollstand auf dem Girokonto ausgeglichen wurde.
b) Das Depot kann ausschließlich aufgelöst werden, wenn ein entsprechendes Testament mit Eröffnungsprotokoll vorliegt.
c) Das Depot kann aufgelöst werden, nachdem die Todesfallmeldung an das zuständige Finanzamt abgegeben wurde.
d) Das Depot kann nur zusammen mit allen anderen Konten des Verstorbenen aufgelöst werden.
e) Das Depot kann aufgelöst werden, sobald Frau Meier einen Erbschein vorlegt, der sie als Alleinerbin bestätigt.

257. Der Rentnerin Charlotte Süß, langjährige Kundin der Universalbank AG, ist überraschend verstorben. Die Universalbank führte neben einem Kontokorrentkonto auch ein Sparkonto für Frau Süß. Für ihren Nachlass hat sie ein Testament errichtet.
Welcher der folgenden Aussagen ist im Zusammenhang mit der Kontoführung der verstorbenen Kundin zutreffend?

a) Sobald der Todesfall der Universalbank AG bekannt ist, muss die Universalbank AG eingehende Rentenzahlungen der Rentenversicherung zurückgeben.
b) Daueraufträge, die Frau Süß erteilt hatte, dürfen von der Universalbank AG nur noch mit Zustimmung der Erben ausgeführt werden.
c) Schecks, die Frau Süß ausgestellt hatte, werden von der Universalbank AG nur bei ausreichendem Guthaben und mit Zustimmung der Erben eingelöst.
d) Die Spareinlage darf auf den Erben Karl Off übertragen werden, wenn dieser eine öffentlich beglaubigte Testamentsabschrift mit Eröffnungsniederschrift vorlegt, in der er als Alleinerbe bezeichnet wird.
e) Erst nach Ermittlung aller Erben werden die Konten des Verstorbenen als Nachlasskonten geführt.

Zu den nächsten vier Aufgaben siehe folgende Situation.

Frau Sabine Aigner, 23 Jahre, teilt Ihnen am 19.01. mit, dass ihre Mutter Klara Kurz, langjährige Kundin der Handelsbank AG, überraschend am 11.01. verstorben ist. Sabine Aigner ist die einzige Tochter von Klara Kurz, die bereits seit 12 Jahren verwitwet ist.

Für die verstorbene Frau Kurz ermitteln Sie die folgenden Kontostände:

Gesamtengagement Klara Kurz, Tannenstr. 8, 94405 Landau	Tagesendsaldo am:	
	10.01.	18.01.
Girokonto	- 25,30 €	-436,00 €
Sparkonto 1 einschließlich Zinsen	3.260,28 €	3.260,56 €
Sparkonto 2 einschließlich Zinsen	124,13 €	124,15 €
Depot (Aktien)	8.756,00 €	8.826,00 €

258. Frau Sabine Aigner kommt zu Ihnen mit der Bitte, den Sollsaldo auszugleichen und das Girokonto aufzulösen. Sie legt Ihnen dabei die Sterbeurkunde und das Familienstammbuch der Eltern vor. Unter welcher Bedingung darf Frau Sabine Aigner das Konto auflösen?

a) Erst mit der Bestätigung eines Notars, dass Frau Aigner tatsächlich die einzige Tochter ist, darf sie das Konto auflösen.
b) Mit Vorlage eines Erbscheins, der sie als alleinige Erbin ausweist, kann Frau Aigner nach persönlicher Legitimation das Konto auflösen.
c) Wenn Frau Aigner Ihnen noch zusätzlich mit der Sterbeurkunde ihres Vaters nachweist, dass ihre Mutter tatsächlich verwitwet war, darf sie das Konto auflösen.
d) Zur Kontoauflösung muss Frau Aigner das Originaltestament vorlegen.
e) Der Saldenausgleich berechtigt Frau Aigner zur sofortigen Auflösung des Kontos.

259. Welchen Betrag (in €) müssen Sie an die Erbschaftsteuerstelle melden (Einzelbeträge jeweils auf volle € abrunden)?

260. Wann muss die Handelsbank AG den in der letzten Aufgabe ermittelten Betrag dem zuständigen Finanzamt spätestens angezeigt haben?

a) Innerhalb eines Monats nach dem Todestag von Frau Kurz
b) Innerhalb von zwei Wochen nach dem Todestag von Frau Kurz
c) Innerhalb eines Monats nach Bekanntwerden des Todes von Frau Kurz
d) Unverzüglich, nachdem die Handelsbank AG vom Tode der Frau Kurz erfahren hat
e) Innerhalb von zwei Wochen nach Bekanntwerden des Todes von Frau Kurz

261. Klara Kurz hatte Ihrer Nachbarin, zu der sie ein sehr gutes Verhältnis hatte, für die beiden Sparkonten bei der Handelsbank AG eine Vollmacht über den Tod hinaus erteilt. Einige Tage später legitimiert sich Sabine Aigner der Handelsbank AG gegenüber als alleinige Erbin und widerspricht der Vollmacht der Nachbarin. Welche rechtliche Wirkung hat dieser Widerspruch?

a) Der Widerspruch der Erbin hat aufschiebende Wirkung sofern die Nachbarin innerhalb von 14 Tagen widerspricht.
b) Die Vollmacht der Nachbarin erlischt mit dem Widerspruch der Tochter.
c) Dieser Widerspruch ist unwirksam, da eine Vollmacht über den Tod hinaus nicht widerrufen werden kann. Sie gilt solange, bis das Konto aufgelöst wird.
d) Die Vollmacht bleibt trotz Widerspruch bestehen. Allerdings muss die Nachbarin vor jeder Kontoverfügung das Einverständnis der Tochter einholen.
e) Der Widerspruch ist erst dann rechtswirksam, wenn das Nachlassgericht den Widerspruch bestätigt und die Vollmacht für ungültig erklärt hat.

Zu den nächsten drei Aufgaben siehe nachstehende Situation.

Sie sind in der Firmenkundenabteilung der Unionbank AG beschäftigt. Für die Baustoffe Alt GmbH soll ein Geschäftskonto eröffnet werden. Gleichzeitig wird ein Kontokorrentkredit über 100.000,00 € beantragt. Als Legitimationsnachweis werden Ihnen der Personalausweis von Frau Sabine Alt und der abgebildete Handelsregisterauszug der GmbH vorgelegt. Darüber hinaus erhalten Sie die Eröffnungsbilanz der GmbH, die vom Steuerberater und Wirtschaftsprüfer Hermann Kilger aufgestellt wurde.

	Amtsgericht München					**HR B 987**
Nr. der Eintra-gung	**a) Firma b) Sitz c) Gegenstand des Unter-nehmens**	**Grund- oder Stamm-kapital €**	**Vorstand Persönlich haftende Ge-sellschafter Geschäfts-führer Abwickler**	**Prokura**	**Rechtsverhältnisse**	**a) Tag der Eintra-gung u. Unter-schrift b) Bemer-kungen**
1	2		3	4	5	6
1	a) Baustoffe Alt GmbH b) München c) Vertrieb von Baustoffen	30.000,00	Sabine Alt, Dipl.-Kaufmann, 12. Mai 1952 Sonnenstr. 2, München	Franz König, 16. Juli 1956, Freising	Gesellschaft mit beschränkter Haftung. Der Gesellschaftsvertrag wurde am 08.01.2006 geschlos-sen. Die Gesellschaft hat einen oder mehrere Geschäftsführer. Sind mehrere Geschäftsführer bestellt, so wird die Gesellschaft durch zwei Geschäftsführer gemeinsam vertreten.	a) 30. Jan. 2006 b) Bl. 31-45 SdBd

262. Wann erlangte die GmbH Ihre Rechtsfähigkeit (TT.MM.JJJJ)?

263. Wer ist befugt, die Eröffnungsbilanz der GmbH rechtsverbindlich zu unterschreiben?
a) Sabine Alt allein
b) Franz König allein
c) Sabine Alt und Franz König gemeinsam
d) Hermann Kilger

264. Wer darf die GmbH für die Kontoeröffnung vertreten, damit ein rechtswirksamer Vertrag zustandekommen kann?
a) Sabine Alt oder Franz König jeweils allein
b) Sabine Alt und Franz König gemeinsam
c) Hermann Kilger

NATIONALER ZAHLUNGSVERKEHR

265. Auf dem Konto Ihres langjährigen Kunden Josef Huber wurde am 17.03. d. J. im SEPA-Basis-Lastschriftverfahren eine Lastschrift der Telefon & Funk AG über 3.100,00 € gebucht. Aufgrund der unerwarteten Belastung muss Herr Huber seinen Dispositionskredit mit 2.000,00 € in Anspruch nehmen. Nach Durchsicht seiner Kontoauszüge widerspricht er am 16.04. d. J. der Belastung. Wie verhält sich die kontoführende Bank richtig?

a) Sie muss den Widerspruch zurückweisen, weil er zu spät erfolgt.

b) Sie muss die Lastschrift „Wertstellung Belastung" gutschreiben, da Herr Huber innerhalb einer Frist von 8 Wochen nach Belastung ohne Angabe von Gründen der Lastschrift widersprechen kann.

c) Sie muss den Widerspruch zurückweisen, weil nach Einlösung der Lastschrift am Fälligkeitstag kein Erstattungsanspruch mehr besteht.

d) Sie muss die Josef Huber belasteten Sollzinsen vergüten und von der Telefon & Funk AG ersetzen lassen.

e) Sie muss die Telefon & Funk AG unverzüglich über die Nichteinlösung der Lastschrift benachrichtigen.

266. Patrick Schranz will 100,00 €, die er von seiner Oma als Geburtstagsgeschenk erhalten hat, bar auf sein Konto einzahlen. Sie stellen dabei fest, dass eine der vorgelegten Banknoten über 10,00 € eindeutig gefälscht ist. Welche weitere Vorgehensweise ist richtig?

a) Sie geben Patrick Schranz die gefälschte Banknote mit dem Hinweis zurück, dass er künftig das angenommene Bargeld sorgfältiger prüfen soll.

b) Sie händigen Patrick Schranz die gefälschte Banknote wieder aus, damit er diese bei der Deutschen Bundesbank zum Ersatz einreicht.

c) Sie händigen Patrick Schranz eine Empfangsbestätigung über die gefälschte Banknote aus und senden die Banknote zur Vernichtung an die Deutsche Bundesbank.

d) Sie händigen Patrick Schranz eine Empfangsbescheinigung aus, senden die gefälschte Note mit einem Bericht an die Polizei und melden dies an die Deutsche Bundesbank.

e) Sie geben die gefälschte Banknote mit dem Hinweis zurück, dass Patrick Schranz selbst Anzeige bei der Polizei erstatten muss. Ein Ersatz der gefälschten Note erfolgt nicht.

267. Ihr Kunde Dennis Krupp kommt zu Ihnen an die Kasse der Handelsbank AG und bittet Sie, eine 200-€-Banknote in eine kleinere Stückelung zu wechseln. Sie stellen dabei fest, dass die vorgelegte Banknote eindeutig gefälscht ist. Welche weitere Vorgehensweise ist richtig?

a) Sie bitten den Kunden auf das Eintreffen der Polizei zu warten, damit er die gefälschte Banknote an die Polizei übergeben kann.

b) Sie stellen Herrn Krupp eine Empfangsbestätigung aus, übergeben der Polizei die gefälschte Banknote mit einem Bericht und informieren die Deutsche Bundesbank über diesen Vorgang.

c) Sie geben dem Kunden die Banknote zurück und bitten ihn um eine schriftliche Erklärung, wie er in den Besitz des Falschgeldes gekommen ist. Diese Erklärung senden Sie an die Polizei.

d) Sie wechseln die Banknote und senden das Falschgeld mit einem Bericht an die Deutsche Bundesbank.

e) Sie stellen Herrn Krupp eine Empfangsbestätigung aus, leiten das Falschgeld an die Deutsche Bundesbank weiter und geben eine Mitteilung an die Polizei.

268. Herr Stein reicht heute einen Scheck (Inhaberscheck mit dem Zusatz „Nur zur Verrechnung") über 6.764,80 € bei Ihrem Kreditinstitut, der Universalbank AG, zur Gutschrift auf sein Konto ein. Bezogene Bank ist die Südbank AG. Herr Stein hat den Einreicherbeleg selbst ausgefüllt. Wozu ist Ihr Kreditinstitut im Zusammenhang mit dem Einzug dieses Schecks verpflichtet?

a) Die Universalbank AG hat insbesondere die Unterschrift des Ausstellers zu prüfen.

b) Die Daten auf dem Einreicherbeleg müssen mit den Scheckdaten verglichen und auf Übereinstimmung geprüft werden.

c) Der Scheck wird, da der Betrag über der BSE-Grenze von 6.000,00 € liegt, beleglos eingezogen und mikroverfilmt.

d) Neben der lückenlosen Indossamentenkette ist die Legitimation des Einreichers zu prüfen.

e) Die Universalbank AG prüft vor Gutschrift, ob eine Schecksperre vorliegt, da es sich um einen Verrechnungsscheck handelt.

269. Sabine Lau, Sekretärin beim Schreinermeister Karl Schuster, legt am Dienstag, 11.01.20.., der Handelsbank AG unten abgebildeten Scheck zur Gutschrift auf ihr Kontokorrentkonto vor. Der Scheck wurde auf der Rückseite von Karl Schuster und Sabine Lau unterschrieben. Welche der folgenden Aussagen zur weiteren Bearbeitung des Schecks ist richtig?

a) Sie nehmen den Scheck zum Einzug herein und schreiben den Gegenwert dem Kontokorrentkonto von Frau Sabine Lau Eingang vorbehalten (E. v.) gut.

b) Da es sich um einen Orderscheck handelt, können Sie den Scheck nur zur Gutschrift nach Eingang des Gegenwerts (n. E.) hereinnehmen.

c) Da sich Frau Lau nicht durch eine lückenlose Indossamentenkette legitimieren kann, geben Sie ihr den Scheck zurück und verweigern die Gutschrift.

d) Da Schecknehmer und Vorleger nicht identisch sind, müssen Sie den Scheck einbehalten und den Aussteller benachrichtigen.

e) Sie müssen sich vor der Gutschrift des Scheckgegenwerts durch Rückfrage beim Scheckaussteller über die Berechtigung des Vorlegers vergewissern.

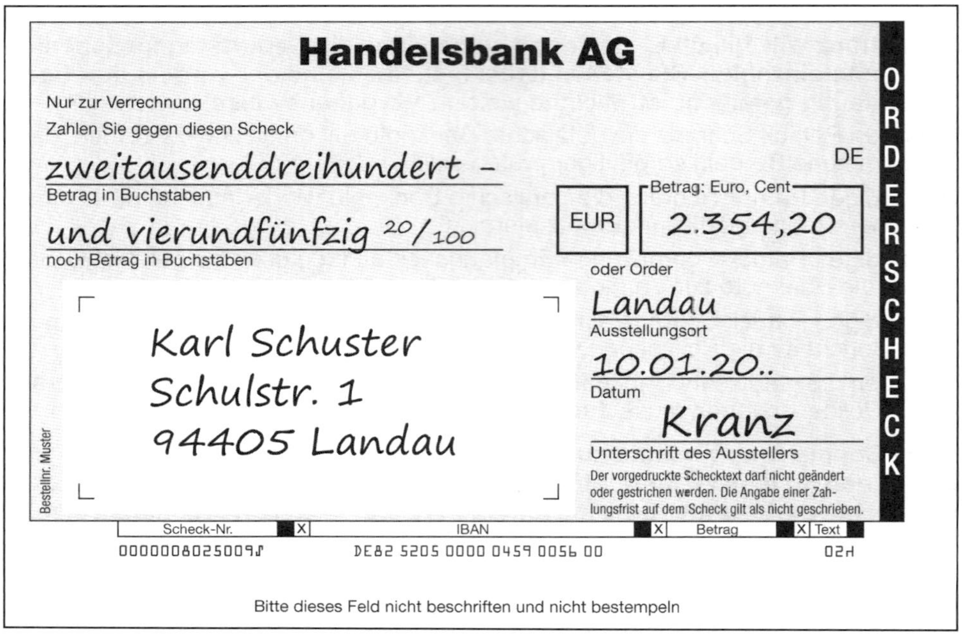
Handelsbank AG

ORDERSCHECK

Nur zur Verrechnung

Zahlen Sie gegen diesen Scheck

zweitausenddreihundert –

Betrag in Buchstaben

und vierundfünfzig 20/100

noch Betrag in Buchstaben

DE

EUR | Betrag: Euro, Cent: 2.354,20

oder Order

Karl Schuster
Schulstr. 1
94405 Landau

Landau

Ausstellungsort

10.01.20..

Datum

Kranz

Unterschrift des Ausstellers

Der vorgedruckte Schecktext darf nicht geändert oder gestrichen werden. Die Angabe einer Zahlungsfrist auf dem Scheck gilt als nicht geschrieben.

Bestellnr. Muster

Scheck-Nr. | IBAN | Betrag | Text

0000008025009 DE82 5205 0000 0459 0056 00 02

Bitte dieses Feld nicht beschriften und nicht bestempeln

270. Als Mitarbeiter/-in der Handelsbank AG händigen Sie Ihrem Neukunden Patrick Kehl für sein neu eröffnetes Kontokorrentkonto eine Bankkarte (Girocard) aus. Welcher Vorteil ist mit der Nutzung der Bankkarte für Herrn Kehl verbunden?

a) Herr Kehl hat kein Risiko bei Verlust oder Missbrauch seiner Bankkarte, da dieses Risiko von den Händlern getragen wird, die am Kartenzahlungssystem teilnehmen.

b) Die Nutzung der Bankkarte macht Herrn Kehl unabhängig von Bargeld, derzeitiger Kontodeckung und Dispositionsrahmen, weil der Rechnungsbetrag immer erst zum Monatsende abgebucht wird.

c) Wenn Herr Kehl den PIN-Code vergessen hat, kann er die Bankkarte noch im electronic-cash-Verfahren einsetzen, indem er auf dem Leistungsbeleg des Händlers unterschreibt.

d) Auf den Kontoauszügen werden für die Verfügungen mit der Bankkarte das Kaufdatum, der Rechnungsbetrag und das Konto des Händlers ausgewiesen. Dadurch hat Herr Kehl gleichzeitig einen Beleg für Garantieansprüche gegen den Händler.

e) Bei Reisen ins Ausland hat Herr Kehl den Vorteil, dass er in allen Ländern an automatisierten Kassen, die mit dem Maestro-Logo gekennzeichnet sind, mit seiner Bankkarte bargeldlos bezahlen kann.

271. In welcher der folgenden Situationen kann Ihr Kunde Jens Goldig seine gültige Bankkarte ohne persönliche Identifikationsnummer (PIN) einsetzen?

a) Er hebt an einem Geldautomaten seines Kreditinstituts Bargeld ab.

b) Er bezahlt seinen Lebensmitteleinkauf im Supermarkt mithilfe des Electronic Cash-Systems.

c) Er begleicht in einem Sportgeschäft die Rechnung für seine Fußballschuhe mithilfe ELV-Verfahren.

d) Er beschafft sich an einem Geldautomaten in Stockholm Schwedische Kronen.

e) Er lädt seine Bankkarte mit Geldkartenfunktion am Ladeterminal auf.

272. Welche zwei nachstehenden Informationen hinsichtlich der Bezahlung mit einer Geldkarte sind zutreffend?

a) Die bargeldlose Zahlung mit der GeldKarte erfolgt anonym wie eine Barzahlung, weil der Kunde lediglich seine Geheimzahl ins Händlerterminal eingeben muss.

b) Die einzelnen Zahlungen mit seiner GeldKarte kann der Kunde im Kontoauszug nachprüfen und unberechtigten Belastungen widersprechen

c) Gegenüber dem Händler, der die GeldKarte akzeptiert, übernimmt das Kreditinstitut, das die Karte ausgegeben hat, eine Zahlungsgarantie.

d) Die GeldKarte kann jederzeit am Ladeterminal wieder mit einem Mindestbetrag von 200,00 € aufgeladen werden.

e) Wird die GeldKarte mit einem Betrag in ausländischer Währung geladen, entsteht zunächst ein so genannter „Schattensaldo", der dann mit Belastung des Kundenkontos abgebaut wird.

f) Bei Verlust der GeldKarte werden die noch enthaltenen Beträge dem Kunden vom Kartenemittenten nicht erstattet.

273. Ihr Kunde Herr Kulzer hatte am Freitag, den 20. Januar 20.., einen Überweisungsbeleg über 9.000,00 € bei der Universalbank AG in Landshut eingereicht. Das Konto ist ausreichend gedeckt.

Herr Kulzer erfährt am darauf folgenden Montag vom Zahlungsempfänger, dass der Gegenwert noch immer nicht – wie vereinbart – auf dessen Konto bei der Südbank AG in Straubing gutgeschrieben wurde.

Ermitteln Sie das Datum (TT.MM.), bis zu dem der Überweisungsbetrag dem Zahlungsempfänger bei der Südbank AG spätestens gutgeschrieben werden muss. Nehmen Sie dabei den abgedruckten Auszug aus dem Bürgerlichen Gesetzbuch (BGB) zu Hilfe. Tragen Sie das Datum in das Kästchen ein.

Auszug aus dem BGB § 675s – Ausführungsfrist für Zahlungsvorgänge

(1) Der Zahlungsdienstleister des Zahlers ist verpflichtet sicherzustellen, dass der Zahlungsbetrag spätestens am Ende des auf den Zugangszeitpunkt des Zahlungsauftrags folgenden Geschäftstags beim Zahlungsdienstleister des Zahlungsempfängers eingeht; (...). Für Zahlungsvorgänge innerhalb des europäischen Wirtschaftsraums, die nicht in € erfolgen, können ein Zahler und sein Zahlungsdienstleister eine Frist von maximal vier Geschäftstagen vereinbaren. Für in Papierform ausgelöste Zahlungsvorgänge können die Fristen nach Satz 1 um einen weiteren Geschäftstag verlängert werden.

(2) Bei einem vom oder über den Zahlungsempfänger ausgelösten Zahlungsvorgang ist der Zahlungsdienstleister des Zahlungsempfängers verpflichtet, den Zahlungsauftrag dem Zahlungsdienstleister des Zahlers innerhalb der zwischen dem Zahlungsempfänger und seinem Zahlungsdienstleister vereinbarten Fristen zu übermitteln. Im Fall einer Lastschrift ist der Zahlungsauftrag so rechtzeitig zu übermitteln, dass die Verrechnung an dem vom Zahlungsempfänger mitgeteilten Fälligkeitstag ermöglicht wird.

274. Ihr Kunde Heinz Müller veranlasst am Donnerstag, dem 12. Januar 20.., um 8:32 Uhr eine Überweisung (beleghaft) zu Lasten seines bei der Südbank AG geführten Kontos. Der Begünstigte Uwe Liebl führt ein Konto bei der Kreditbank AG in Hannover. Bis zu welchem Zeitpunkt (TT.MM.) muss der Geldbetrag gemäß BGB spätestens auf dem Konto des Zahlungsempfängers bei der Kreditbank AG in Hannover gutgeschrieben sein? Tragen Sie das Datum in das Kästchen ein.

[ ]

275. Herr Graf möchte am 17. Januar 20.. eine am 12. Januar getätigte Überweisung widerrufen. Wie informieren Sie Herrn Graf richtig?

a) „Die Überweisung wird umgehend rückgängig gemacht und Sie erhalten den Betrag wieder gutgeschrieben."

b) „Der Betrag kann Ihnen nur gutgeschrieben werden, wenn der Begünstigte noch nicht darüber verfügt hat."

c) „Sie können den Überweisungsauftrag nur bis zum Zugang des Auftrags widerrufen."

d) „Sie erhalten den Betrag nur zurück, wenn die Gutschrift noch nicht auf dem Konto des Begünstigten erfolgt ist."

e) „Der Betrag kann nur zurück überwiesen werden, wenn das Konto des Begünstigten nicht überzogen ist."

276. Sie schlagen Herrn Schneider, Geschäftsführer der Bürogroßhandelsgesellschaft mbH, vor, mit einigen seiner Kunden zur Arbeitserleichterung das SEPA-Basis-Lastschriftverfahren zu vereinbaren. Wie beraten Sie Herrn Schneider richtig (<u>zwei Aussagen</u>)?

a) „Ihr Kunde gibt Ihnen eine schriftliche Ermächtigung (Mandat), Zahlungen von seinem Konto einzuziehen."

b) „Ihr Kunde kann nach seiner Zustimmung zum Lastschriftverfahren der Abbuchung nicht mehr widersprechen."

c) „Die Hausbank Ihres Kunden löst Lastschriften im SEPA-Lastschriftverfahren in jedem Fall ein, auch wenn nicht genügend Deckung auf dem Konto Ihres Kunden vorhanden ist."

d) „Rechtliche Voraussetzung für den Einzug einer SEPA-Lastschrift ist ein gültiges SEPA-Lastschriftmandat. Dieses ist schriftlich durch den Zahlungspflichtigen an den Zahlungsempfänger zu erteilen und zu unterschreiben. Das Mandat enthält sowohl die Ermächtigung des Zahlungsempfängers, Zahlungen vom Konto des Zahlungspflichtigen mittels SEPA-Lastschrift einzuziehen, wie auch die Weisung an das Kreditinstitut des Zahlungspflichtigen, SEPA-Lastschriften einzulösen."

e) „In der Inkassovereinbarung können Sie Fristen und Termine für Fälligkeiten angeben."

f) „Für Schäden, die Ihnen durch nicht eingelöste Lastschriften entstehen, haftet stets die Bank Ihres Kunden."

277. Patrick Schranz ist Mitglied der Fußballabteilung des TSV Pilsting. Der Monatsbeitrag soll künftig von ihm selbst bezahlt werden. Er bittet Sie daher um Beratung, ob er der Universalbank AG einen Dauerauftrag oder dem Verein ein SEPA-Lastschriftmandat geben soll. Ordnen Sie die zutreffenden Aussagen den Zahlungsweisen zu.

Zahlungsweisen

a) nur auf den Dauerauftrag

b) nur auf das SEPA-Lastschrift verfahren

c) auf beide Zahlungsweisen

d) auf keine der beiden Zahlungsweisen

Aussagen

[ ] Bei sich ändernden Mitgliedsbeiträgen wird die Zahlung ohne Weisung von Patrick Schranz angepasst.

[ ] Eine belastete Zahlung kann von Patrick Schranz jederzeit widerrufen werden.

[ ] Patrick Schranz vereinbart mit der Universalbank AG, dass der Vereinsbeitrag stets an einem festen Termin gezahlt wird.

[ ] Patrick Schranz muss sich um die regelmäßige Ausführung der Zahlung nicht kümmern.

278. Ordnen Sie den nachstehenden Regelungen zum Lastschriftverkehr das jeweils zutreffende Verfahren sachlich richtig zu.

Verfahren

a) SEPA-Basis-Lastschriftverfahren
b) SEPA-Firmen-Lastschriftverfahren
c) SEPA-Basis-und SEPA-Firmen-Lastschriftverfahren

Regelungen zum Lastschriftverkehr

[ ] Eine Teileinlösung von Lastschriftbeträgen ist nicht zulässig.
[ ] Eine Lastschriftrückgabe durch den Zahlungspflichtigen ist nach Belastung nicht mehr möglich.
[ ] Lastschriften müssen der Zahlstelle mindestens 1 Target-Tag vor Fälligkeit vorliegen.
[ ] Der Zahlungspflichtige kann innerhalb von acht Wochen nach Belastung ohne Angabe von Gründen der Lastschrift widersprechen.
[ ] Löst eine Zahlstelle eine Lastschrift nicht ein, so hat sie den Zahlungspflichtigen hierüber zu informieren.

279. Welche der unten stehenden Aussagen treffen zu

a) nur auf die Bankkarte

b) nur auf die Kreditkarte

c) sowohl auf die Bankkarte als auch auf die Kreditkarte?

Ordnen Sie entsprechend zu.

Aussagen

[ ] Barverfügungen am Geldausgabeautomat mit PIN sind möglich.
[ ] Die Hotelrechnung kann im ELV-Verfahren bezahlt werden.
[ ] Der Rechnungsbetrag wird der Akzeptanzstelle unter Abzug eines Disagios gutgeschrieben.
[ ] Mit dieser Karte kann der Karteninhaber am Kontoauszugsdrucker Kontoauszüge ziehen.
[ ] Bei Verlust der Karte und sofortiger Verlustmeldung hat der Karteneigentümer keinen Schaden.

280. Auf der letzten Jahreshauptversammlung des Tennis-Club Plattling e.V. wurde einstimmig beschlossen, die zukünftig fälligen Jahresbeiträge per SEPA-Lastschriftverfahren einzuziehen. Welche zwei Vorteile ergeben sich für den Verein mit der Umstellung auf das Lastschriftverfahren?

a) Nach der Umstellung auf das Lastschriftverfahren hat der Kassierer Arbeitserleichterung bei der Kontrolle der Zahlungseingänge.
b) Mahnschreiben für säumige Vereinsmitglieder entfallen künftig, da alle Mitglieder aufgrund der eingereichten Lastschriften automatisch zahlen.
c) Auch wenn von einem Vereinsmitglied keine schriftliches Mandat zum Einzug von Forderungen vorliegt, kann der Kassierer per Lastschrift den fälligen Jahresbeitrag einziehen, da es sich um eine so genannte Bagatelllastschrift handelt.
d) Die Umstellung auf das Lastschriftverfahren bedeutet pünktliche Zahlungseingänge, da der Verein selbst den Zeitpunkt der Zahlung bestimmen kann.
e) Sollte die Lastschrift mangels Deckung zurückkommen, so wird die Lastschrift automatisch von der Universalbank AG nach Ablauf von acht Wochen erneut zum Einzug gebracht.
f) Über die Gesamtgutschrift kann der Verein sofort in voller Höhe verfügen, da Lastschriften in Verbindung mit einem SEPA-Lastschriftmandat von den Zahlungspflichtigen nicht zurückgegeben werden können.

281. Herr Wiese ist als Geschäftsführer der Elektro-GmbH für die Abwicklung des Zahlungsverkehrs des Unternehmens zuständig. Herr Wiese möchte fällige Forderungen an seine Firmenkunden per SEPA-Lastschriftverfahren einziehen lassen. Wie informieren Sie Herrn Wiese richtig?

a) „Beim SEPA-Firmen-Lastschriftverfahren erteilt die Elektro-GmbH ihrer Bank ein SEPA-Lastschrift-Mandat."
b) „Beim SEPA-Firmen-Lastschriftverfahren ist Ihr Unternehmen an keine Fälligkeitstermine gebunden."
c) „Beim SEPA-Firmen-Lastschriftverfahren haben Ihre Kunden keine Möglichkeit, der Belastung einer Lastschrift zu widersprechen."
d) „Beim SEPA-Firmen-Lastschriftverfahren ändert sich für Ihre Kunden gegenüber dem bisher angewendeten Einzugsermächtigungsverfahren nichts."
e) „Beim SEPA-Firmen-Lastschriftverfahren erteilen die Kunden der Elektro-GmbH ein SEPA-Lastschrift-Mandat."

282. Im Rahmen eines Beratungsgesprächs informieren Sie Ihren Kunden, Herrn Wieser, den Geschäftsführer der Elektro-GmbH, über die Möglichkeiten des Einzugs von Kundenforderungen mittels Lastschriften. Sie erläutern dabei das SEPA-Basis- und das SEPA-Firmen-Lastschriftverfahren. Welche der von Ihnen im Beratungsgespräch gemachten unten stehenden Aussagen beziehen sich
a) nur auf das SEPA-Firmen-Lastschriftverfahren?
b) nur auf das SEPA-Basis-Lastschriftverfahren?
c) sowohl auf das SEPA-Firmen- als auch auf das SEPA-Basis-Lastschriftverfahren?
Ordnen Sie entsprechend zu.

Aussagen

[ ] Nach Einlösung der Lastschrift ist eine Rückgabe durch den Zahlungspflichtigen nicht mehr möglich.

[ ] Der Zahlungspflichtige muss seinem Kreditinstitut die Erteilung des SEPA-Lastschriftmandats bestätigen; ohne entsprechende Bestätigung werden keine Lastschriften eingelöst.

[ ] Eine Einlösung erfolgt nur, wenn ausreichendes Guthaben oder ausreichender Kreditrahmen vorhanden ist, Teileinlösungen erfolgen nicht.

[ ] Der Zahlungspflichtige kann binnen einer Frist von 8 Wochen ab Belastungsbuchung ohne Angabe von Gründen Erstattung des Lastschriftbetrags verlangen.

[ ] Das Kreditinstitut zieht die Forderungen beleglos ein.

283. Frau Steller, Kundin der Handelsbank AG, nutzt unterschiedliche Zahlungsformen. Ordnen Sie die verschiedenen Zahlungsformen den unten genannten Geschäftsfällen richtig zu.

Zahlungsformen

a) electronic cash
b) ELV-Verfahren
c) Überweisung
d) Lastschrift

Geschäftsfälle

[ ] Frau Steller bezahlt ihren Einkauf im Einkaufsmarkt unter Eingabe der PIN.

[ ] Der Sportverein von Frau Steller veranlasst monatlich die Abbuchung des Vereinsbeitrags vom Kontokorrentkonto.

[ ] Eine Lastschrift des Kaufhauses Discount GmbH musste trotz mangelnder Kontodeckung eingelöst werden.

[ ] Für das Kaufhaus Discount GmbH besteht bei Zahlung durch den Kunden keine Zahlungsgarantie.

[ ] Frau Steller veranlasst am SB-Terminal (Kontoserviceterminal) der Handelsbank AG die Bezahlung einer Rechnung.

284. Sie sind Mitarbeiter/-in der Universalbank AG. Sie sollen heute den Kunden Josef Klein im Rahmen eines Beratungsgesprächs über den Einsatz von Zahlungskarten informieren. Welche der von Ihnen im Beratungsgespräch gemachten unten stehenden Aussagen beziehen sich

a) nur auf Kreditkartenzahlungen?
b) nur auf electronic-cash-Zahlungen?
c) nur auf Geldkartenzahlungen?
d) auf electronic-cash-, Kreditkarten- und Geldkartenzahlungen?

Ordnen Sie entsprechend zu.

Aussagen

[ ] Bei einer missbräuchlichen Verwendung Ihrer Karte tragen Sie immer das vollständige Risiko.

[ ] Sofern keine grobe Fahrlässigkeit vorliegt, beträgt Ihr maximales Risiko in der Regel bei einem Kartenmissbrauch 50,00 €.

[ ] Dem Händler wird die Zahlung garantiert.

[ ] Bei jeder Zahlung müssen Sie Ihre PIN eingeben.

INTERNATIONALER ZAHLUNGSVERKEHR

285. Ihr Kunde, die Landshuter Weingroßhandlung GmbH, plant den Export von Wein nach Costa Rica. Der Wein soll per LKW von Landshut nach Bremen, dann mit dem Schiff von Bremen nach Puerto Limon und zuletzt mit der Bahn von Puerto Limon nach San Jose transportiert werden. Mit dem Vertragspartner hat man sich auf die Incoterm-Klausel „cif Puerto Limon" geeinigt. Welche der nachstehenden Vereinbarungen trifft darauf zu?

Der Exporteur trägt die Transportkosten bis ...	Der Gefahrenübergang auf den Importeur erfolgt ...	Die Kosten der Seetransport-Versicherung trägt der ...
a) an die Längsseite des Schiffes in Bremen.	bei Abladung der Ware im Bremer Hafen.	Exporteur.
b) an die Längsseite des Schiffes in Bremen.	sobald die Ware in Bremen an Bord geliefert wurde.	Exporteur.
c) auf das Schiff in Bremen.	sobald die Ware in Bremen an Bord geliefert wurde.	Exporteur.
d) Bestimmungshafen Limon.	sobald die Ware in Bremen an Bord geliefert wurde.	Exporteur.
e) Bestimmungshafen Limon	sobald die Ware in Bremen an Bord geliefert wurde.	Importeur.
f) Bestimmungshafen Limon	mit Anlegen des Schiffes in Limon.	Importeur.

286. Alfred Lechner, langjähriger Kunde der Handelsbank AG, muss 13.800,00 USD an einen Begünstigten in Brasilien zahlen. Herr Lechner bittet Sie, einen Bankenorderscheck auszustellen, da er die Bankverbindung des Zahlungsempfängers nicht kennt. Welche weitere Vorgehensweise ist dabei richtig?

a) Herr Lechner füllt eines seiner Scheckformulare aus. Sie versehen den Scheck mittels Stempel mit dem Aufdruck „Bankenorderscheck" und geben den Scheck wieder an ihn zurück.

b) Die Deutsche Bundesbank stellt einen Orderscheck zu Lasten des Kontos der Handelbank AG aus und sendet ihn an den Begünstigten.

c) Sie ziehen einen Scheck auf der Basis des Zahlungsauftrages von Herrn Lechner auf Ihre Korrespondenzbank in den USA. Der Scheck kann dann durch die Handelsbank AG oder durch Herrn Lechner an den Begünstigten versandt werden.

d) Sie stellen im Auftrag von Herrn Lechner den Scheck mit den nötigen Angaben aus und lassen diesen von der Deutschen Bundesbank bestätigen.

e) Da bei diesem Betrag keine Meldepflicht nach der Außenwirtschaftsordnung besteht, wird für Herrn Lechner ein auch im Inland üblicher Orderscheck ausgefüllt.

287. Die Sportartikel Fun GmbH erwartet in drei Monaten einen Zahlungseingang in Höhe von 3 Mio. USD. Welche <u>zwei</u> Vorschläge bieten sich für die Sportartikel Fun GmbH zur Absicherung des Währungsrisikos an?

a) Die Sportartikel Fun GmbH soll ein Devisentermingeschäft abschließen.

b) Die Sportartikel Fun GmbH soll einen USD-Kredit aufnehmen und den erhaltenen Geldbetrag für 3 Monate in den USA anlegen.

c) Die Sportartikel Fun GmbH soll einen EUR-Kredit aufnehmen und den in USD umgetauschten Geldbetrag für 3 Monate in den USA anlegen.

d) Die Sportartikel Fun GmbH soll eine EUR-Call-Option (bzw. USD-Put-Option) kaufen.

e) Die Sportartikel Fun GmbH soll eine EUR-Put-Option (bzw. USD-Call-Option) kaufen.

f) Die Sportartikel Fun GmbH soll ein Swapgeschäft abschließen.

288. Ihr Kunde, die Landshuter Weingroßhandlung GmbH, exportiert 200 Kisten Wein nach Schweden. Der Warenwert inklusive Transportkosten beträgt 4.180,00 €. Auf Wunsch des schwedischen Kunden fakturiert die Landshuter Weingroßhandlung GmbH die Rechnung in USD (Rechnungsbetrag 5.130,50 USD). Am Mittwoch, dem 1. Februar, ging der Betrag bei der Handelsbank AG ein.
Die Landshuter Weingroßhandlung GmbH wünscht eine Gutschrift in €. Die Abrechnung erfolgt unter folgenden Konditionen:

Abwicklungsprovisionen	**1,3**	**‰**
Courtage	**0,2**	**‰**

Kurse für € in USD-Devisen am Tag des Geldeingangs: 1,1959 (Geld); 1,2065 (Brief)

Berechnen Sie in €
a) den Kurswert (Gegenwert) für den Verkaufspreis.
b) den Erfolg aus diesem Exportgeschäft aufgrund der Devisenumrechnung.
Tragen Sie die Ergebnisse in das Kästchen ein.

289. Die Solar AG hat 10 Solaranlagen im Wert von 186.000,00 USD nach Indonesien verkauft. Die beiden Vertragspartner vereinbarten als Zahlungsform „documents against payment" (d/p). Bringen Sie die folgenden Schritte bei der Abwicklung dieser Zahlungsform in die richtige Reihenfolge.

<u>Schritte bei der Abwicklung</u>

[ ] Die Inkassobank avisiert dem indonesischen Importeur den Eingang der Dokumente und bittet um Zahlung des Kaufpreises.

[ ] Die Hausbank der Solar AG prüft die Dokumente auf Vollständigkeit und leitet den Auftrag an die Inkassobank weiter.

[ ] Gegen Zahlung erhält der indonesische Importeur die Dokumente von der Inkassobank.

[ ] Der indonesische Importeur und die Solar AG schließen einen Kaufvertrag über eine Warenlieferung und vereinbaren die Zahlungsbedingung.

[ ] Die Zahlung wird von der Inkassobank an die Hausbank des indonesischen Importeurs weitergeleitet und dem Konto der Solar AG gutgeschrieben.

[ ] Die Solar AG reicht ihrer Hausbank die vereinbarten Dokumente ein und erteilt den Inkassoauftrag.

290. Sie sollen einen Firmenkunden über die dokumentären Zahlungsformen Dokumenteninkasso und Dokumentenakkreditiv informieren. Welche der unten stehenden Sachverhalte treffen zu
a) nur auf das Dokumenteninkasso?
b) nur auf das Dokumentenakkreditiv?
c) auf beide Zahlungsformen?
Ordnen Sie entsprechend zu.

<u>Sachverhalte</u>

[ ] Die eröffnende Bank gibt ein abstraktes Schuldversprechen ab.

[ ] Der Exporteur trägt das Risiko, dass der Importeur die Dokumente nicht aufnimmt.

[ ] Der Importeur trägt das Risiko, nicht vertragsgemäße Waren geliefert zu bekommen.

[ ] Mit der dokumentären Zahlung wird ein Zug-um-Zug-Geschäft ermöglicht.

[ ] Die Bank des Exporteurs muss die eingereichten Dokumente auf Vollständigkeit prüfen.

[ ] Die Bank des Importeurs führt das Geschäft nur mit Kunden mit einwandfreier Bonität oder gegen Sicherstellung durch.

Zu den nächsten fünf Aufgaben siehe nachstehende Situation.

Die Maschinenbau AG (Köln) hat mit der Santos Civa Ltd., Sao Paulo/Brasilien, einen Vertrag über die Lieferung einer Werkzeugmaschine abgeschlossen.

- **Die Lieferung soll auf der Grundlage eines bestätigten Akkreditivs erfolgen. Avisierende Bank: Universalbank AG in Köln, eröffnende Bank: Südamerika Bank in Sao Paulo/Brasilien.**
- **Der Gesamtpreis für die Maschine beträgt (unverpackt) ab Werk 95.000,00 USD.**
- **Die Lieferung erfolgt von Köln über die Schiffsroute Bremerhaven - Sao Paulo in zwei Monaten.**

291. Die Maschinenbau AG hat der Santos Civa Ltd. als Alternative zum CIF-Preis auch einen FOB-Preis angeboten. Warum könnte sich die Santos Civa Ltd. für den CIF-Preis entschieden haben?

a) Der CIF-Preis ist grundsätzlich günstiger als der FOB-Preis.

b) Bei CIF findet der Gefahrenübergang im Unterschied zu FOB erst im Bestimmungshafen statt.

c) Der einzige Unterschied zwischen FOB und CIF besteht darin, dass bei CIF der Exporteur die Seeversicherungspolice für die Transportversicherung beschaffen muss. Eventuell kann die Maschinenbau AG hier günstigere Konditionen bieten, sodass der CIF-Preis günstiger ist.

d) Die Lieferklausel CIF beinhaltet im Unterschied zur Klausel FOB auch die Verladung im Verschiffungshafen sowie den Abschluss des Seefrachtvertrags und die Beschaffung der Seeversicherungspolice.

e) Die Santos Civa Ltd. hätte bei FOB Bremerhaven den Seefrachtvertrag und die Seeversicherungspolice selbst abschließen müssen. Evtl. kann die Maschinenbau AG günstigere Konditionen besorgen, sodass der CIF-Preis günstiger ist.

292. Ordnen Sie richtig zu.

Aussagen zum Risiko- und Kostenübergang bei den Incoterms	**Incoterms**
a) Die Maschinenbau AG hat das Risiko für die Ware nur bis zur Ankunft in Bremerhaven (Verschiffungshafen) zu tragen.	[ ] CIF
b) Die Santos Civa Ltd. hat das Risiko für die Ware und die Kosten ab Beladung des Schiffes in Bremerhaven zu tragen.	[ ] FOB
c) Die Maschinenbau AG hat das Risiko für die Ware und alle Kosten nur bis zum Kai in Bremerhaven zu tragen.	
d) Die Maschinenbau AG hat das Risiko für die Ware, die Fracht und die Versicherung nur bis Bremerhaven zu tragen.	
e) Die Maschinenbau AG hat das Risiko für die Ware und die Versicherung bis Sao Paulo, die Santos Civa Ltd. alle anderen Kosten ab Bremerhaven zu tragen.	
f) Die Maschinenbau AG hat die Seefracht und die See-Versicherung bis zur Ankunft in Sao Paulo zu tragen.	

293. Herr Progl, Geschäftsführer der Maschinenbau AG möchte wissen, welche Bedeutung Dokumente bei der Abwicklung von Außenhandelsgeschäften haben. Welche zwei der folgenden Aussagen sind in diesem Zusammenhang richtig?

a) Durch die Andienung der Dokumente kann die Zahlungspflicht des Importeurs ausgelöst werden.

b) Durch die Andienung der Dokumente kann die Lieferpflicht des Exporteurs ausgelöst werden.

c) Mit Dokumenten kann bescheinigt werden, dass die Ware ordnungsgemäß und unbeschädigt geliefert wurde.

d) Dokumente werden immer dann eingeschaltet, wenn der Exporteur die Zahlung vor der Lieferung erhalten möchte.

e) Dokumente werden immer dann eingeschaltet, wenn dem Importeur bei einem offenen Zahlungsziel ein Kredit eingeräumt werden soll.

f) Durch Übergabe von Dokumenten kann die Verfügungsgewalt über die Ware übertragen werden.

294. Welche zwei der folgenden Aussagen sind im Zusammenhang mit der Bestätigung des Akkreditivs zutreffend?

a) Durch die Bestätigung gibt die Universalbank AG gegenüber dem Exporteur, der Maschinenbau AG, ein abstraktes und bedingtes Schuldversprechen ab.

b) Mit der Bestätigung erbringt die bestätigende Bank, die Universalbank AG, das Versprechen, dass fristgerecht und mangelfrei an den Importeur, die Santos Civa Ltd., geliefert wird.

c) Durch die Bestätigung gibt die Universalbank AG gegenüber der eröffnenden Bank, der Südamerika Bank, ein abstraktes und bedingtes Schuldversprechen ab.

d) Durch die Bestätigung gibt die Bank des Importeurs, die Südamerika Bank, gegenüber dem Exporteur, der Maschinenbau AG, ein abstraktes und bedingtes Schuldversprechen ab.

e) Mit der Bestätigung garantiert die Bank des Exporteurs, die Universalbank AG, die Prüfung und Weiterleitung der Dokumente.

f) Die Sicherheit des Exporteurs, der Maschinenbau AG, Zahlung zu erhalten, steigt, weil alle Risiken in Brasilien damit für ihn ausgeschlossen sind.

295. Welcher Betrag wird dem Konto der Maschinenbau AG bei Ausnutzung des Akkreditivs gutgeschrieben, wenn Sie für Ihre Berechnung den CIF-Preis (110.000,00 USD) zu Grunde legen? (Geld 1,1959 USD/Brief 1,2065 USD) Tragen Sie das Ergebnis in das Kästchen ein.

Zu den nächsten zwei Aufgaben siehe nachstehende Situation.

Sie sind Kundenberater der Universalbank AG. Ihre langjährige Kundin, die Klein GmbH, hat sich bei der Beschaffung und beim Absatz bisher auf den europäischen Markt beschränkt. Doch inzwischen wagt man erste Schritte in den südamerikanischen Markt, um Übersee-Exportgeschäfte zu tätigen.

Erstmalig exportiert man Werkzeugmaschinen im Wert von 130.000,00 € nach Sao Paulo/ Brasilien. Als Lieferbedingungen wurde FOB Bremen, als Zahlungsbedingung ein unwiderrufliches bestätigtes Akkreditiv vereinbart.

296. Bei diesem Exportgeschäft fallen neben dem Warenwert von 130.000,00 € (einschl. kalkuliertem Gewinn) u. a. folgende Kosten an:

2.500,00 € Verpackungskosten
510,00 € Transportkosten zum Verschiffungshafen von Bremen
260,00 € Verladekosten auf das Schiff in Bremen
650,00 € Transportversicherung für den Transport von Bremen nach Sao Paulo
4.200,00 € Seefracht
255,00 € für das Löschen der Ladung in Sao Paulo
1.350,00 € Einfuhrzoll in Brasilien

Berechnen Sie den Angebotspreis unter Berücksichtigung der notwendigen Kosten. Tragen Sie das Ergebnis in das Kästchen ein?

297. Das Akkreditiv wird von der Banca de Santos in Südamerika zu Gunsten der Klein GmbH im Auftrag des Importeurs eröffnet. Anschließend avisiert die Universalbank AG die Eröffnung und bestätigt das Akkreditiv. Welche zwei der folgenden Aussagen über das unwiderrufliche Akkreditiv sind sachlich richtig?

a) Ein unwiderrufliches Akkreditiv begründet keine feststehende Verpflichtung der Südamerika Bank als eröffnende Bank.

b) Das unwiderrufliche Akkreditiv kann von der Südamerika Bank einseitig abgeändert werden.

c) Ein unwiderrufliches, bestätigtes Akkreditiv sieht neben der Verpflichtung der Südamerika Bank als eröffnende Bank keine zusätzliche Verpflichtung einer anderen Bank vor.

d) Ein unwiderrufliches, bestätigtes Akkreditiv begründet für die Universalbank AG keine bindende Wirkung.

e) Fehlt im Akkreditiv der Südamerika Bank die Angabe, ob es widerruflich oder unwiderruflich ist, so gilt es als unwiderruflich.

f) Das unwiderrufliche Akkreditiv muss das Datum der spätesten Verladung der Werkzeugmaschinen enthalten.

Zu den nächsten vier Aufgaben siehe nachstehende Situation.

Die Sunrise AG, München, exportiert 5 Solaranlagen an einen brasilianischen Importeur. Im Vertrag vom 30. Januar 20.. wurden die folgenden Vereinbarungen getroffen:

- **Der Käufer verpflichtet sich, bei Übergabe der ordnungsgemäßen Lieferdokumente durch ein zum Einzug beauftragtes Kreditinstitut, die Ware zu bezahlen.**
- **Die Anlagen werden durch eine Spedition per LKW von München nach Bremen und von hier aus mit dem Containerschiff „Aidas" nach Puerto Lion transportiert. Der weitere Versand bis zum Bestimmungsort Sao Paulo erfolgt per Bahn.**
- **Vereinbarte Lieferbedingung: „CIF Puerto Lion".**
- **Der bei Dokumentenübergabe in Sao Paulo zahlbare Kaufpreis beträgt 85.275,00 USD.**

298. Welche der folgenden Zahlungsbedingungen wurde zwischen der Sunrise AG und deren Geschäftspartner vereinbart?

a) Unwiderruflich bestätigtes Dokumentenakkreditiv
b) Unwiderruflich unbestätigtes Dokumentenakkreditiv
c) Dokumenteninkasso gegen Zahlung
d) Dokumenteninkasso gegen Akzept
e) Zahlung nach Warenerhalt

299. Welche der folgenden Aussagen im Zusammenhang mit der vereinbarten Lieferbedingung ist sachlich richtig?

a) Die Sunrise AG trägt die Kosten und Gefahren, bis die Ware die Reling des Schiffes im Hafen Bremen überschritten hat.
b) Die Sunrise AG trägt die Kosten und Gefahren bis zur Ankunft der Ware in Sao Paulo.
c) Der Gefahrenübergang auf den brasilianischen Importeur findet bei Übergabe der Ware an die Spedition in München statt; die Sunrise AG trägt die Kosten bis zur Ankunft des Schiffes in Puerto Lion.
d) Die Sunrise AG übernimmt die Kosten bis zur Ankunft des Schiffes in Puerto Lion; der Gefahrenübergang auf den brasilianischen Importeur erfolgt, sobald die Ware in Bremen an Bord geliefert wurde.
e) Die Sunrise AG trägt die Kosten und Gefahren bis zur Ankunft des Schiffes in Puerto Lion.

300. Zur Absicherung des Kursrisikos vereinbart die Sunrise AG mit der Handelsbank AG ein Devisentermingeschäft mit einmonatiger Laufzeit. Welcher Betrag (in €) wird der Sunrise AG bei Eingang der USD gutgeschrieben, wenn die Handelsbank AG eine Provision in Höhe von 90,00 € in Rechnung stellt? Tragen Sie das Ergebnis in das Kästchen ein.
Es gelten dabei folgende Kurse:

	Kassakurs		Terminkurs 1 Monat	
	Geld	Brief	Geld	Brief
USD	1,1959	1,2065	1,1919	1,2025

301. Die Terminkurse unterscheiden sich von den entsprechenden Kassakursen durch einen Deport (Abschlag). Worauf ist die Differenz zwischen den Kassa- und Terminkursen zurückzuführen? Der Terminkurs ist niedriger als der jeweilige Kassakurs, weil, ...

a) die Marktteilnehmer mit einer Abwertung des USD rechnen.
b) die Marktteilnehmer mit einer Aufwertung des USD rechnen.
c) die Zinsen für Monatsgeld in den USA höher sind als in Euroland.
d) die Zinsen für Monatsgeld in den USA niedriger sind als in Euroland.
e) der Terminkurs aufgrund der späteren Erfüllung immer niedriger ist als der Kassakurs.

Zu den nächsten drei Aufgaben siehe nachstehende Situation.

Ihr Kunde, die Maschinenbau AG (Köln), steht als Exporteur mit der Santos Ceva Ltd., Sao Paulo/Brasilien, in aussichtsreichen Vertragsverhandlungen über die Lieferung von Werkzeugmaschinen im Wert von 75.900,00 €. Der Geschäftsführer der Maschinenbau AG, Dipl.-Kaufmann Werner Schnell, möchte sich von Ihnen in dieser Angelegenheit noch vor Vertragsabschluss beraten lassen.

302. Herr Schnell möchte das Zahlungsrisiko für die Maschinenbau AG möglichst gering halten. Welche der folgenden Zahlungsvereinbarungen schlagen Sie daher Herrn Schnell vor?

a) Zahlung gegen Rechnung nach Erhalt der Ware
b) Dokumente gegen Zahlung (d / p)
c) Zahlung bei Lieferung (cash on delivery)
d) Dokumente gegen Akzeptierung eines Wechsels (d / a)
e) Unwiderrufliches Dokumentenakkreditiv

303. Im Vorfeld hat man sich bereits mit der Santos Ceva Ltd., Sao Paulo, auf die Lieferbedingung FOB Bremen verständigt. Neben dem Warenwert fallen bei diesem Exportgeschäft u. a. folgende Kosten an:

- 9.490,50 € Seetransport
- 3.678,95 € Seeversicherung
- 850,00 € Transportkosten Köln / Bremen
- 250,00 € Verpackungskosten in Köln
- 450,00 € Entladekosten in Sao Paulo
- 345,00 € Verladekosten in Bremen
- 1.450,00 € Transportkosten von Sao Paulo zur betreffenden Niederlassung der Santos Ceva Ltd.

Ermitteln Sie unter Berücksichtigung der relevanten Kosten den Angebotspreis der Maschinenbau AG. Tragen Sie das Ergebnis in das Kästchen ein.

304. Zu welchem USD-Angebotspreis könnte die Maschinenbau AG die Werkzeugmaschinen alternativ anbieten, wenn die Zahlung in drei Monaten zu erwarten ist und der EUR-Gegenwert gesichert werden soll? Zur Berechnung werden folgende Terminkurse bzw. Konditionen zugrunde gelegt:

- USD 3 Monate: 1,1959 G / 1,2065 B
- 1,50 ‰ Provision
- 0,20 ‰ Courtage

Die Berechnung soll auf der Grundlage des in der vorhergehenden Aufgabe ermittelten €-Angebotspreises erfolgen (Ergebnis auf zwei Stellen nach dem Komma runden). Tragen Sie das Ergebnis in das Kästchen ein.

Zur Beantwortung der nächsten drei Aufgaben steht Ihnen folgende Abbildung zur Verfügung:

An die
Handelsbank AG
Auslandsabteilung

Auftrag zur Akkreditiveröffnung
Ich/ Wir bitte(n) Sie, für unsere Rechnung nachfolgendes Akkreditiv zu eröffnen

☒ unwiderruflich ☐ brieflich
☐ widerruflich ☒ per Telekommunikation
☐ übertragbar ☐ mit Voravis per Telekommunikation

Datum und Ort des Verfalls: 17.05.2018, Landshut unsere Ref.-Nummer: 6448618

Auftraggeber: German Electronic GmbH, Landshut
Begünstigter: U S P C Ltd., New York

Bank des Begünstigten (soweit bekannt): Sie sind berechtigt, das Akkreditiv dem Begünstigten über eine Korrespondenzbank Ihrer Wahl zuzuleiten

Akkreditivbetrag
☒ genau 60.000,00 USD
☐ circa
☐ bis zu

Teilverladung: ☐ gestattet ☒ nicht gestattet

Umladung: ☐ gestattet ☒ nicht gestattet

Verladung von New York
nach Bremen
nicht später als 07.05.2018

Das Akkreditiv soll benutzbar sein bei:
☒ Ihnen ☐ Ihrem Korrespondenten ☐
durch
☒ Sichtzahlung ☐ Akzeptierung
☐ hinausgeschobene Zahlung ☐ Negoziierung
gegen Einreichung der nachfolgend genannten Dokumente und
☐ der Tratte(n) des Begünstigten per
gezogen auf (Name der Bank):

Lieferbedingungen: ☐ FOB ☒ CIF ☐ andere Bedingungen ☐ Versicherung wird von uns abgeschlossen

Ware (kurze Bezeichnung)
300 PC Typ Doll 345

Vom Begünstigten vorzulegende Dokumente
☒ Handelsrechnung
2 Original(e) ☒ handschriftlich unterschrieben
__________ Kopien

☒ Voller Satz reiner an Bord Seekonnossemente
☒ ausgestellt an Order
☒ blanko indossiert
☒ mit dem Vermerk
☒ „Fracht bezahlt" ☐ „Fracht zahlbar am Bestimmungsort"
☒ zu benachrichtigen (Name und Anschrift)

☐ Multimodales Transportdokument
☐ Internationaler Frachtbrief
☐ Eisenbahn-Duplikatfrachtbrief
☐ Luftfrachtbrief*
* adressiert an:

☒ Versicherungspolice/-zertifikat
zuzüglich 20% cif Wert,
deckend folgende Risiken: all risks

Sonstige Dokumente:
☐ Spediteurübernahmebescheinigung (FCR)
☒ Packliste
☐ Ursprungszeugnis
☐

Die Dokumente sind innerhalb von 10 Tagen nach Verladedatum vorzulegen, jedoch innerhalb der Gültigkeitsdauer des Akkreditivs.

Zusätzliche Bedingungen: (z. B. zu Aussteller, Inhalt, Unterzeichnung von Dokumenten unter Angabe des als Erfüllungsnachweis vorzulegenden Dokuments)

Fremde Kosten ☐ zu unseren Lasten ☒ zu Lasten dese Begünstigten
Ihre Kosten ☒ zu unseren Lasten ☐ zu Lasten des Begünstigten

Bestätigung ☒ ohne Bestätigung ☐ mit Bestätigung ☐ mit Bestätigung auf Wunsch des Begünstigten

Wir ermächtigen Sie, unser ☒ EUR-Konto - Nr. 35462 ☐ Währungskonto - Nr. zu belasten

Ansprechpartner bei Rückfragen: Herr Rudolf Hamberger
Telefon: 338431

Für die Ausführung des Auftrages gelten die von der Internationalen Handelskammer, Paris, veröffentlichten „Einheitlichen Richtlinien und Gebräuche für Dokumenten-Akkreditive" (Revision 1993) gemäß Publikation 500. Ergänzend gelten die „Allgemeinen Geschäftsbedingungen" Ihrer Bank.

German Elektronic GmbH, Landshut

Landshut, 2017-12-06
Ort und Datum der Auftragserteilung

Stempel und rechtsverbindliche Unterschrift

305. Welche zwei der folgenden Aussagen sind im Zusammenhang mit dem abgebildeten Auftrag zur Akkreditiv-Eröffnung zutreffend?

a) Die GermanElectronic GmbH muss die Waren bis spätestens 17.05.2018 verladen.

b) Die Handelsbank AG muss die Dokumente spätestens 10 Tage nach Verladedatum der GermanElectronic GmbH vorlegen.

c) Die US-PC Ltd. muss die Waren mit 120 % des CIF-Wertes versichern.

d) Wenn die GermanElectronic GmbH das Währungsrisiko ausschließen will, muss sie ein Kurssicherungsgeschäft vereinbaren.

e) Die GermanElectronic GmbH muss die Kosten für den Seetransport der Waren bezahlen.

f) Da Sichtzahlung vereinbart ist, muss die US-PC Ltd. sofort bei Vorlage der Dokumente zahlen.

306. Wozu ist die Handelsbank verpflichtet?
Die Handelsbank AG muss

a) 60.000,00 € an den Begünstigten zu zahlen.

b) die Dokumente an die GermanElectronic GmbH vorlegen.

c) der GermanElectronic GmbH das Akkreditiv bestätigen.

d) gegenüber der US-PC Ltd. ein Zahlungsversprechen abgeben.

e) die Vollständigkeit der Warenlieferung überprüfen.

307. Bis zu welchem Datum (TT.MM.JJJJ) müssen die Akkreditivdokumente der Handelsbank AG spätestens vorgelegt werden? Tragen Sie das Datum in das Kästchen ein.

Zu den nächsten vier Aufgaben siehe nachstehende Situation.

Ihre Kundin, die Keller & Söhne GmbH, Landshut, übergibt Ihnen folgenden Auftrag zur Bearbeitung:

An
Handelsbank AG
Auslandsabteilung
Hauptstraße 3
84028 Landshut

Einreicher:

Keller & Söhne
Landshut

Sie empfangen anbei folgende Dokumente mit der Bitte, gemäß den angekreuzten Weisungen zu verfahren:

Wechsel/ Quittung	Handels-rechnung	Konnos-sement	Luft-frachtbrief	Sped. Übernahme- / Versandbesch.	Eisenbahn-duplikatbrief	Posteinlieferungsschein	Dokument des komb. Transports	Versich.-Pol./ Zen.	Ursprungs-zeugnis	Warenverkehrsbescheinigung/ Einheitspapier	Konsulatsfaktura	Packliste	Gewichts-zertifikat	Sonstiges
	2/2	3/3										2/2		

Über die Verladung von Hamburg | Empfänger Bezogener

per MS am von nach

A ☐ Die Dokumente sind zur Inanspruchnahme des Akkreditivs Nr.: der (Bank) zu verwenden

☐ Die Akkreditivspitze wird nicht mehr in Anspruch genommen

☐ Es handelt sich um eine Teillieferung

Ihre Akkreditiv-Nr. | Fälligkeit: bei Sicht | Betrag US $ 30.000,00

Nur bei Inkassoaufträgen ausfüllen!

B ☒ Die Dokumente sind zum Einzug gemäß den nachstehend genannten Inkassobedingungen bestimmt.

Bezogener: SAM Hyflux Ltd. New York

Inkassobank: Bank of New York

Aussendung per: ☒ Luftpost ☐ Einschreiben ☐ Kurierdienst

Inkassospesen:

Ihre Spesen gehen ☐ zu unseren Lasten ☒ zu Lasten des Bezogenen

Spesen der Auslandsbank gehen ☐ zu unseren Lasten ☒ zu Lasten des Bezogenen

☐ Die Aushändigung der Dokumente ist von der Übernahme der Spesen abhängig zu machen

Die Dokumente sind auszuliefern:
- ☒ gegen Zahlung
- ☐ gegen Akzeptierung (einer Tratte / von Tratten per)
- ☐ Aufnahme der Dokumente kann bis Dampferankunft zurückgestellt werden.
- ☐ Das Akzept soll bei der Inkassobank zum Einzug bei Fälligkeit verbleiben. Verfalldatum des Akzepts ist uns mitzuteilen.
- ☐ Das Akzept ist an Sie zurückzusenden. zwecks ☐ Rückgabe an uns ☐ Diskontierung
- ☐ Im Falle von Transferschwierigkeiten gegen Depot in Landeswährung mit Kursnachschussverpflichtung

Protestanweisungen:
- ☐ kein Wechselprotest
- ☐ Protest bei Nichtakzeptierung
- ☐ Protest bei Nichtzahlung
- ☐ Protest gemäß Entscheidung unseres Vertreters

Bei Schwierigkeiten sind Nachrichten erbeten
☐ per Luftpost ☐ Telex/ S. W. I. F. T.

Vertreter:
- ☐ der im Falle von Schwierigkeiten zu benachrichtigen ist
- ☐ der jedoch (nicht) berechtigt ist, irgendwelche Verfügungen zu treffen

Vom Inkassoerlös sind abzuzweigen an:

Bankverbindung: Konto Nr.:

Sonstige Weisungen: (Verhalten bei Nichtaufnahme der Dokumente

Wir bitten um Gutschrift nach Eingang des Erlöses auf unser
☐ EUR-Konto ☒ Fremdwährungskonto | Konto-Nummer

Ort, Datum

Landshut, 20..-02-06

Unterschrift des Einreichers

Keller & Söhne GmbH
ppa. L. Keller

308. Welche der folgenden Aussagen trifft auf obigen Auftrag zu?

a) Die Keller & Söhne GmbH ist Exporteur von Waren.

b) Die Handelsbank AG wird als Inkassobank tätig.

c) Die Sam Hyflux Ltd. hat ein Akzept zu leisten.

d) Die Keller & Söhne GmbH hat die Ware innerhalb von 30 Tagen zu versenden.

e) Diese Zahlungsform gewährleistet gegenüber allen Ländern den Devisentransfers.

f) Die Versendung der Ware erfolgte durch Luftpost.

309. Welche <u>zwei</u> der folgenden Hinweise für die Keller & Söhne GmbH sind im Zusammenhang mit der gewählten Zahlungsform richtig?

a) Sie können sich auf die inhaltliche Kontrolle der Dokumente durch die Einreicherbank verlassen.

b) Sie sollte selbst prüfen, ob die mit der Sam Hyflux Ltd. im Kaufvertrag vereinbarten Dokumente vollzählig sind.

c) Die Handelsbank AG wird pflichtgemäß prüfen, ob die Dokumente den Anforderungen entsprechend indossiert sind.

d) Sie haben die Sam Hyflux Ltd. darauf hinzuweisen, dass diese prüfen muss, ob die im Importland vorgeschriebenen Papiere beigebracht wurden.

e) Sie haben zu prüfen, ob der Inkassoauftrag ordnungsgemäß unterzeichnet ist.

310. Bringen Sie die folgenden Schritte bei der Abwicklung der vereinbarten Zahlungsform in die richtige Reihenfolge.

<u>Schritte bei der Abwicklung</u>

[ ] Gegen Vorlage der Dokumente erhält der Bezogene die Ware im Hafen New York ausgeliefert.

[ ] Der Inkassoauftrag und die Dokumente werden von der Bank des Auftraggebers an die Bank des Importeurs gesendet.

[ ] Die Bank des Importeurs erhält einen Einlösungsauftrag und belastet den Bezogenen.

[ ] Die Bank des Importeurs präsentiert dem Bezogenen die Dokumente.

[ ] Der Exporteur reicht den Inkassoauftrag und die Dokumente an seine Bank.

[ ] Der Bezogene prüft die Dokumente bei der vorlegenden Bank.

311. Wozu ist die Sam Hyflux Ltd. berechtigt?
Die Sam Hyflux Ltd. ...

a) darf vor der Übergabe der Dokumente diese in keinem Falle einsehen.

b) kann die Ware nach eigener Wahl vor der Bezahlung besichtigen und auch Proben ziehen.

c) könnte durch eine Vereinbarung mit der Inkassobank ohne Probleme eine Teilzahlung verlangen.

d) kann die Inkassobank in Regress nehmen, wenn diese die Form und Richtigkeit der Dokumente nicht geprüft hat.

e) könnte von der Inkassobank die Papiere auch „zu getreuen Händen“ überlassen bekommen.

I. ÜBUNGSAUFGABEN ZUR VORBEREITUNG AUF DIE ZWISCHENPRÜFUNG

1. Welche Aussage zur Verzinsung von Spareinlagen ist richtig?
a) Die Spitzenverbände der Kreditwirtschaft empfehlen ihren Mitgliedsinstituten Bandbreiten für die Höhe des Zinssatzes.
b) Bei Änderung der Referenzzinssätze der Europäischen Zentralbank ändert sich automatisch auch der Zinssatz für Spareinlagen bei allen Kreditinstituten.
c) Die Verzinsung von Spareinlagen richtet sich nach den Leitsätzen der Bundesanstalt für Finanzdienstleistungsaufsicht.
d) Der Beginn der Verzinsung der Spareinlage ist der Einzahlungstag, das Ende der Verzinsung der Rückzahlungstag.
e) Der Zinssatz für Spareinlagen kann von jedem Kreditinstitut mit seinen Kunden frei vereinbart werden.

2. Wie beraten Sie Ihre Kunden über den Nutzen der Spareinlagen sachlich richtig?
a) „Aufgrund der Regelung in der Rechnungslegungsverordnung der Kreditinstitute sind die Spareinlagen besonders sicher."
b) „Sie können über die Spareinlagen genauso freizügig verfügen wie über Bargeld."
c) „Die Zinserträge unterliegen nicht der Abgeltungssteuer, wenn der Zinssatz 1 % p. a. liegt."
d) „Da Sie jederzeit auch kleinere Geldbeträge anlegen können, eignen sich Spareinlagen zur Ansammlung eines Vermögensstockes."
e) „Spareinlagen bieten aufgrund der jederzeit möglichen Zinsanpassung einen vollständigen Inflationsschutz."

3. Welche Aussage zur Wirkung einer Kündigungssperrfrist im Zusammenhang mit einer Spareinlage ist richtig?
a) Innerhalb einer vereinbarten Kündigungssperrfrist kann die Spareinlage gekündigt werden, wobei die Abhebung innerhalb der Kündigungsfrist zu erfolgen hat.
b) Mit Vereinbarung einer Kündigungssperrfrist wird eine Sondersparform als Spareinlage gesetzlich geschützt.
c) Eine während der Kündigungssperrfrist erteilte Kündigung bleibt bis zum Ablauf der Kündigungssperrfrist ohne Beachtung.
d) Die Spargelder können nach Ablauf der Kündigungsfrist gekündigt werden und während der Kündigungssperrfrist zurückgefordert werden.
e) Der Sparer hat einen Anspruch auf Verfügung über das gesamte Guthaben nach Ablauf der Kündigungssperrfrist.

4. Einlagen von Kunden können nur unter bestimmten Voraussetzungen in der Bilanz Ihres Kreditinstituts als Spareinlagen ausgewiesen werden. Welche Voraussetzung muss dazu unter anderem erfüllt sein?
a) Kontoinhaber darf nur eine natürliche Person sein.
b) Es muss sichergestellt sein, dass das Sparguthaben im mittel- oder langfristigen Aktivgeschäft verwendet wird.
c) Es genügt, die Einlage als Sparguthaben zu bezeichnen und auf einem Sparkonto zu buchen.
d) Die Einlage muss durch Ausfertigung einer Urkunde, insbesondere eines Sparbuches, als Spareinlage gekennzeichnet sein.
e) Bei der Einzahlung des Sparguthabens muss mit dem Kontoinhaber eine Mindestanlagedauer von drei Monaten vereinbart worden sein.

5. Entsprechend der Verordnung über die Rechnungslegung der Kreditinstitute (RechKredV) sind verschiedene Voraussetzungen festgelegt, unter denen unbefristete Gelder als Spareinlagen ausgewiesen werden dürfen. Welche Gestaltungsform erfüllt die Bedingung der Urkundenausfertigung im Sinne dieser Verordnung <u>nicht</u>?
a) Eine Magnetstreifenkarte als Automatenkarte (Sparcard) in Verbindung mit dem aktuellen Kontoauszug
b) Eine Einzelurkunde für Einmalsparanlagen in Form eines Zertifikates
c) Ein Loseblattsparbuch als Kontoauszugsmappe
d) Ein Sparbrief als Abzinsungspapier oder normalverzinsliches Papier
e) Ein gebundenes Sparbuch als traditionelle Urkundenform

6. Herr Töpfer möchte seiner Ehefrau Gertrud Vollmacht über sein bei Ihrem Kreditinstitut geführten Sparkonto mit vereinbarter Kündigungsfrist von drei Monaten erteilen. Können Sie dem Wunsch von Herrn Töpfer entsprechen?

a) Ja, allerdings muss Herr Töpfer darauf hingewiesen werden, dass es sich dabei dann um einen so genannten Sparvertrag zu Gunsten Dritter handelt.

b) Ja, Herr Töpfer kann ohne weiteres seiner Frau Gertrud Vollmacht über sein Sparkonto erteilen.

c) Nein, da das Sparbuch von Herrn Töpfer ein „hinkendes Inhaberpapier" ist und Zahlungen deshalb nur an den wirklichen Inhaber möglich sind.

d) Nein, da das Sparbuch ein „qualifiziertes Legitimationspapier" ist, wodurch eine Kontovollmacht überflüssig ist.

e) Nein, da seine Ehefrau auf Grund eherechtlicher Regelungen des BGB automatisch bevollmächtigt ist.

7. In welcher Situation können Sie dem Wunsch des Kunden bzw. der Kunden, einen Freistellungsauftrag zu erteilen, entsprechen?

a) Das Sparkonto von Karl Aichner soll in den Freistellungsauftrag der Eheleute Aichner (gemeinsame Veranlagung zur Einkommensteuer) mit einbezogen werden.

b) Der Rechtsanwalt und Notar Ludwig Zeiss hat ein Anderkonto zur Abwicklung eines Grundstückskaufvertrages eröffnet.

c) Eine Erbengemeinschaft (2 volljährige Kinder des Erblassers) möchte das Rücklagenkonto des Erblassers (für ein Mietshaus mit 9 Wohnungen) in Zukunft gemeinsam nutzen.

d) Wolfgang Frick und Conny Unruh (nicht eheliche Lebensgemeinschaft) eröffnen ein gemeinsames Konto, auf dem sie Geld anlegen.

e) Der Vermieter Wolfgang Lüders hat auf seinen Namen ein Konto zur verzinslichen Anlage der Mietkaution seines Mieters Horst Kampf eröffnet.

8. Das Ehepaar Lüders möchte für Ihren einjährigen Sohn Dennis bereits jetzt monatlich 75,00 € ansparen, um ihm später eine Ausbildung oder ein Studium finanzieren zu können. Was schlagen Sie dem Ehepaar Lüders vor, um dieses Sparziel zu erreichen?

a) Risikolebensversicherung über 25.000,00 € Vertragssumme mit einer Laufzeit von 18 Jahren

b) Monatlicher Erwerb von Sparbriefen über jeweils 75,00 €

c) Ratensparvertrag mit einer Laufzeit von 3 bis 25 Jahren mit dreimonatiger Kündigungsfrist und Prämienanreiz

d) Erwerb von Gewinnsparlosen

e) Sparkonto mit 36-monatiger Kündigungsfrist

9. Ein Kunde kommt heute zu Ihnen und möchte 5.000,00 € anlegen. Die Anlage soll möglichst sicher, jederzeit liquidierbar sein und eine sehr hohe Verzinsung garantieren. Wie muss Ihre Anlageentscheidung lauten?

a) Bausparkonto

b) Aufgezinster Sparbrief

c) Abgezinster Sparbrief

d) Sparkonto mit Versicherungsschutz

e) Die Angebotspalette muss weiter untersucht werden, da keine der vorgegebenen Anlageformen die Bedingungen erfüllt.

10. Ihre Kunde, Herr Martin Witt, hat zu Beginn dieser Woche einen Pkw für 23.500,00 € gekauft, der in ca. 6 Wochen geliefert werden soll. Der Rechnungsbetrag, der bei Lieferung fällig wird, soll aus einem heute fälligen Sparbrief über 25.000,00 € bezahlt werden. Der zu zahlende Betrag soll so angelegt werden, dass neben einer möglichst hohen Verzinsung die fristgemäße Bezahlung der Rechnung vorgenommen werden kann. Zur Entscheidungsfindung steht Ihnen das abgebildete Konditionentableau zur Verfügung. Welche Anlageform sollte Herr Witt wählen?

a) Das Festgeldkonto

b) Das Sparkonto

c) Das Geldmarktkonto

d) Das Sparbriefkonto

e) Das Girokonto

Anlageform	Zinssatz
Festgeld	1,2 % p. a.
Sparkonto	0,2 % p. a.
Geldmarktkonto	1,0 % p. a.
Sparbrief	2,1 % p. a.
Girokonto	0,25 % p. a.

11. Clarissa May, 13 Jahre, unterhält bei Ihrem Kreditinstitut ein Sparkonto (Sperrvermerk: Mündelgeld). Clarissas Vormund kommt heute zu Ihnen und möchte 3.300,00 € zu Lasten dieses Sparkontos abheben. Welche Aussage zur Auszahlung ist richtig?

a) Es darf ohne Genehmigung ausgezahlt werden.

b) Die Höhe des Auszahlungsbetrages ist in der Bestallungsurkunde festgelegt.

c) Es darf mit Genehmigung des Vormundschaftsgerichtes/Familiengerichtes ausgezahlt werden.

d) Auszahlungen von Mündelguthaben müssen 7 Tage vorher avisiert werden, um rechtzeitig mit dem Vormundschaftsgericht/Familiengericht die Verfügung abzustimmen.

e) Das Geld darf nur mit Genehmigung eines Betreuers ausgezahlt werden.

12. Ihr Kunde Johann Ehrlich, der zum Vormund der minderjährigen Sabine Kreil bestellt wurde, bittet Sie in dieser Angelegenheit um Auskunft. Das Mündel besitzt neben einem Einfamilienhaus 15.000,00 € Bargeld. Welche Aussage zur Anlage des Bargelds ist richtig?

a) Das Bargeld kann bei jedem Kreditinstitut als Spareinlage angelegt werden, falls das Konto als Gemeinschaftskonto des Vormunds und des Mündels eröffnet wird.

b) Das Bargeld darf nur bei einer öffentlichen Sparkasse als Spareinlage angelegt werden.

c) Der Vormund darf das zum Vermögen gehörende Bargeld nicht verzinslich anlegen, da es stets zur Bestreitung von Ausgaben bereitzuhalten ist.

d) Eine inländische öffentliche Sparkasse kann das Bargeld als Spareinlage annehmen. Verfügungen soll der Vormund aber nur mit Genehmigung des Gegenvormunds oder des Vormundschaftsgerichts vornehmen können.

e) Die Anlage des Bargelds in Form einer Termineinlage bei einem inländischen Kreditinstitut ist gemäß KWG grundsätzlich ausgeschlossen.

13. Herr Fromm ist vom Vormundschaftsgericht zum Vormund von Nicole Erber bestellt worden. Er legt Ihnen ein auf Frau Nicole Erber lautendes Sparbuch mit dem Vermerk „Mündelgeld" vor. Das Sparbuch weist ein Guthaben von 2.600,00 € auf. Herr Fromm möchte einen Betrag von 500,00 € abheben. Können Sie den Betrag an Herrn Fromm auszahlen?

a) Sowohl Herr Fromm als auch Nicole Erber können diesen Betrag abheben.

b) Sofern sich dieser Betrag auf aufgelaufene Zinsen bezieht, kann Nicole Erber diesen abheben.

c) Herr Fromm darf nach BGB jederzeit über diesen Betrag verfügen.

d) Diese Verfügung muss vom Vormundschaftsgericht genehmigt werden.

e) Herr Fromm darf nur bargeldlos verfügen, um einen Nachweis über die Verfügung zu haben.

14. Herr Alexander Gabler kommt heute zu Ihnen in die Geschäftsstelle und möchte über das fällige Festgeld auf dem Konto mit der Bezeichnung „Notar Dr. Ludwig Jung, Anderkonto: Herr Alexander Gabler" verfügen. Wie informieren Sie Herrn Gabler richtig?

a) „Sie können nur gemeinsam mit Herrn Dr. Jung verfügen."

b) „Nur Herr Dr. Jung kann darüber verfügen."

c) „Einer Verfügung Ihrerseits steht nichts im Wege."

d) „Sie können verfügen, aber nur mit einer Vollmacht von Herrn Dr. Jung."

e) „Für die Verfügung ist die Zustimmung der zuständigen Notarkammer erforderlich."

15. Die Karsten-Immobilien GmbH möchte eine Mietkaution in Höhe von 1.200 €, die von der Familie Schuster für eine 3-Zimmer-Wohnung hinterlegt wurde, auf ein auf den Namen des Unternehmens lautendes Sparbuch anlegen. Ist die Annahme der Einlagen als Spareinlagen möglich?

a) Ja, das Sparkonto kann eröffnet werden, weil die GmbH die Mietkaution für eine an Privatleute vermietete Wohnung anlegt.

b) Ja, wenn zusätzlich zu dem Handelsregisterauszug noch der Beschluss (Sitzungsprotokoll) der Gesellschafterversammlung vorgelegt wird.

c) Ja, wenn die GmbH ausdrücklich und schriftlich darlegt, dass die Gelder der Anlage und Ansammlung von Vermögen dienen (Darlegung des Sparcharakters).

d) Nein, weil eine GmbH nach dem Handelsgesetzbuch immer von zwei Geschäftsführern gemeinsam vertreten werden muss.

e) Nein, weil nach der Rechnungslegungsverordnung für Kapitalgesellschaften keine Sparkonten geführt werden dürfen.

16. Herr Weiß eröffnete am 14. Juni 2020 bei Ihrem Kreditinstitut ein Sparkonto mit 3-monatiger Kündigungsfrist. Da er den angelegten Betrag längerfristig nicht benötigt, wandelte er am 13. Juli 2020 die 3-monatige Kündigungsfrist in eine 12-monatige Kündigungsfrist um. Das Guthaben beträgt 4.000,00 €. Welche Aussage in Bezug auf jetzt bzw. künftig entstehende Vorschusszinsen ist richtig?

a) Herr Weiß kann vorschusszinsfrei nach vorheriger Kündigung frühestens am 13. Juli 2021 über die Einlage verfügen.

b) Herr Weiß kann vorschusszinsfrei nach vorheriger Kündigung am 14. Juli 2021 über die Einlage verfügen.

c) Bei der Umwandlung werden für 2.000,00 € (Freibetrag) keine Vorschusszinsen berechnet.

d) Zur Umwandlung des Kontos bedarf es der Löschung des alten Kontos unter Berechnung von Vorschusszinsen und der Errichtung eines neuen Kontos.

e) Herr Weiß kann vorschusszinsfrei nach vorheriger Kündigung frühestens am 14. Juni 2021 über die Einlage verfügen.

17. Frau Schön möchte für ihren siebenjährigen Enkel Patrick ein Sparkonto eröffnen, auf das sie regelmäßig einzahlen will. Patrick soll das Sparguthaben zu seinem 18. Geburtstag erhalten. Nach eingehender Beratung entscheidet sie sich für ein Sparkonto mit einem Vertrag zu Gunsten eines Dritten. In welcher Zeile sind die am Vertrag beteiligten Personen richtig zugeordnet, solange Patrick noch nicht volljährig ist?

	Kontoinhaber	Begünstigter	Verfügungsberechtigter
a)	Kunde	Enkel	Kunde
b)	Kunde	Enkel	gesetzliche Vertreter (Eltern)
c)	Gesetzliche Vertreter (Eltern)	Kunde	Kunde
d)	Gesetzliche Vertreter (Eltern)	Kunde	gesetzliche Vertreter (Eltern)
e)	Enkel	Enkel	Kunde

18. Ein Kunde legt einen Betrag von 60.000,00 € als 3-monatiges Festgeld zu einem vereinbarten Zinssatz von 1,1 % p. a. an. Nach Ablauf der ersten 60 Tage der Laufzeit werden die Zinssätze für Festgelder um 0,2 % auf 1,3 % p. a. angehoben. Wie wirkt sich diese Veränderung auf die Verzinsung der Festgeldeinlage aus?

a) Die Zinsen erhöhen sich dadurch um 10,00 €.

b) Die Zinsen erhöhen sich dadurch um 20,00 €.

c) Die Zinsen erhöhen sich dadurch um 30,00 €.

d) Die Zinsen erhöhen sich dadurch um 40,00 €.

e) Die Zinsen erhöhen sich dadurch nicht.

19. Welche der folgenden Aussagen zur Höhe der Verzinsung von Termineinlagen ist richtig?

a) Die Höhe der Verzinsung richtet sich nach der Absprache zwischen Kreditinstitut und Kunden und ist abhängig vom Betrag und der Laufzeit der Anlage.

b) Zinsänderungen der Europäischen Zentralbank haben unmittelbare Auswirkungen auf die Zinssätze aller Termineinlagen, die von Kunden bei den Kreditinstituten unterhalten bzw. neu eröffnet werden.

c) Bei der Verzinsung von Termineinlagen müssen sich die Kreditinstitute nach den Zinsen im standardisierten Mengengeschäft richten.

d) Die Berechnung von Vorschusszinsen bzw. Vorfälligkeitsentgelt für Termineinlagen ist in der Rechnungslegungserordnung der Kreditinstitute (RechKredV) geregelt.

e) Die Zinssätze der Termineinlagen sind an die Zinsmarge zwischen Soll- und Habenzinsen gekoppelt.

20. Unter welcher Voraussetzung kann ein Kunde vorzeitig über das Guthaben auf einem Festgeldkonto verfügen?

a) Dies ist möglich, aber erst wenn die Kündigungsfrist nach der Rechnungslegungsverordnung der Kreditinstitute eingehalten worden sind.

b) Dies ist, wie bei einer Rückgabe von Sparbriefen vor Fälligkeit, nach dem KWG immer ausgeschlossen.

c) Die Möglichkeit einer vorzeitigen Rückzahlung ist gegeben, es müssen aber Mindestvorschusszinsen berechnet werden.

d) Den Kreditinstituten ist ein solches Entgegenkommen gegenüber dem Kunden seitens der Bankaufsicht nicht gestattet.

e) Dem Kundenwunsch kann ausnahmsweise entsprochen werden, wobei die Zinsberechnung im Ermessensspielraum des Kreditinstitutes liegt.

Zu den nächsten zwei Aufgaben siehe nachstehende Situation!

Herr Klein legte Wert 30. April 20.. bei Ihrem Kreditinstitut ein Festgeld über 60.000,00 € mit einer Laufzeit von 90 Tagen an. Das Festgeld wurde am Fälligkeitstag einschließlich der aufgelaufenen Zinsen einmalig um den gleichen Zeitraum zum aktuellen Zinssatz prolongiert. Es steht ein Freistellungsauftrag in Höhe von 300,00 € zur Verfügung.

Konditionen	
ab 12. April 20..	1,50 %
ab 4. Mai 20..	1,75 %
ab 10. Juni 20..	2,00 %
ab 4. Juli 20..	2,25 %
ab 2. August 20..	2,50 %
ab 14. August 20..	2,25 %

21. Wie hoch ist der gesamte Zinsaufwand für Ihr Kreditinstitut (Berechnungsmethode 30/360)? Tragen Sie das Ergebnis in das Kästchen ein.

22. Welchen Betrag müssen Sie dem Kunden für die Abgeltungssteuer und den Solidaritätszuschlag belasten? Tragen Sie das Ergebnis in das Kästchen ein.

23. Ein Kunde legte Festgeld über 20.000,00 € zunächst für 90 Tage bei Ihrem Kreditinstitut zu einem vereinbarten Zinssatz von 2 % p. a. an. In der Folgezeit wurde das Festgeld zwei Mal für jeweils 60 Tage prolongiert. Die Zinsgutschrift erfolgt auf dem Festgeldkonto, wobei ein Freistellungsauftrag in ausreichender Höhe vorliegt. 30 Tage nach Vertragsabschluss wurden die Zinsen für Festgelder mit einer Laufzeit von 30 bis 90 Tagen um 0,2 % erhöht. Wie hoch ist der Saldo, den das Festgeldkonto am Ende der gesamten Laufzeit ausweist (Das Jahr ist mit 360 Tagen zu rechnen)? Tragen Sie das Ergebnis in das Kästchen ein.

24. Ein Kunde legte Wert 6. September 2019 bis zum 24. Januar 2020 (Wert) ein Festgeld zu einem vereinbarten Zinssatz von 2,5 % p. a. an. Nachdem die Festlegungsfrist abgelaufen ist, erhält der Kunde 29.025,52 € gutgeschrieben. Ein Freistellungsauftrag in ausreichender Höhe liegt vor. Berechnen Sie den ursprünglichen Anlagebetrag (30/360 Tage Methode)! Tragen Sie das Ergebnis in das Kästchen ein.

25. Ihre Kundin Frau Eisenreich legt bei Ihrem Kreditinstitut einen Betrag mit einer Laufzeit von 12 Monaten zu einem Zinssatz von 2,60 % als Festgeld an. Am Fälligkeitstag wird der Anlagebetrag einschließlich der gutgeschriebenen Zinsen als Festgeld für weitere 90 Tage zu einem Zinssatz von 2,0 % prolongiert. Frau Eisenreich erhält für diesen Anlagezeitraum 56,43 € Zinsen gutgeschrieben. Ein Freistellungsauftrag in ausreichender Höhe liegt jeweils vor. Welcher Betrag wurde ursprünglich als Festgeld angelegt (Berechnungsmethode 30/360 Tage)? Tragen Sie das Ergebnis in das Kästchen ein.

26. Welche Aussage zur Anlage in Sparbriefen ist richtig?

a) Ein Sparbrief ist in der Regel während der Laufzeit sowohl für den Anleger als auch für ein Kreditinstitut unkündbar.

b) Ein Kreditinstitut ist auf Grund der Legitimationswirkung der Urkunde in jedem Fall berechtigt, den Gegenwert eines Sparbriefes bei Fälligkeit an jeden Vorleger auszuzahlen.

c) Sparbriefe dürfen nur an natürliche Personen ausgegeben werden.

d) Bei Sparbriefen geht der Anleger kein Risiko ein, weil der Zinssatz während der Laufzeit verändert werden kann.

e) Sparbriefe sind Spareinlagen gemäß § 21 (4) RechKredV.

27. Die Bilanz der Südbank AG wies zum 31. Dezember 2018 einen Bestand an Termineinlagen in Höhe von 60 Mio € aus. Am Ende des darauf folgenden Geschäftsjahres (31.12.2019) betrugen die Termineinlagen 1/5 der Gesamteinlagen, die Sichteinlagen 30 % und die Spareinlagen 210 Mio. €.
Ermitteln Sie die prozentuale Veränderung der Termineinlagen zum 31.12.2019 gegenüber dem Stand zum 31. Dezember 2018. Tragen Sie das Ergebnis in das Kästchen ein.

28. Ein Kunde möchte am 23. September (Wert 22.09.) sein Sparkonto mit 3-monatiger Kündigungsfrist (derzeitiger Kontostand: 1.850,00 € bei einem Zinssatz von 1,5 % p. a.) auflösen. Welchen Betrag zahlen Sie an Ihren Kunden aus, wenn ein ausreichender Freistellungsauftrag vorliegt und die bis zum 31. Dezember progressiv vorgerechneten Zinsen 56,58 € betragen? Tragen Sie das Ergebnis in das Kästchen ein.

<u>Zu den nächsten zwei Aufgaben siehe nachstehende Situation.</u>

Sie sind Mitarbeiter/-in der Südbank AG. Ihre Kundin Sabine Franke unterhält bei Ihnen ein Sparkonto mit dreimonatiger Kündigungsfrist.

Folgende Buchungen waren auf dem Sparkonto in 2019 vorhanden:

- Saldovortrag zum 01.01.2019 (einschl. Zinsen aus 2018): 4.162,03 €

- Einzahlung mit Wertstellung 14.09.2019: 1.356,89 €

Der Zinssatz war während des gesamten Jahres 1,5 % p. a.

29. Berechnen Sie den Zinsaufwand, den die Südbank AG für 2019 zu Gunsten dieses Sparkontos verbucht. Das Ergebnis ist auf zwei Stellen nach dem Komma zu runden.
Tragen Sie das Ergebnis in das Kästchen ein.

30. Ermitteln Sie die Zinsgutschrift zum 31.12.2019 für das Sparkonto Ihrer Kundin Frau Franke. Ein Freistellungsauftrag liegt der Südbank AG nicht vor. Ihre Kundin ist konfessionslos. Das Ergebnis ist auf zwei Stellen nach dem Komma zu runden.
Tragen Sie das Ergebnis in das Kästchen ein.

31. Ihre Kundin Frau Seelheim, ledig, möchte einen größeren Betrag aus einer Erbschaft mittelfristig anlegen. Sie zeigt sich für den Kauf eines abgezinsten Sparbriefes Ihres Kreditinstituts durchaus aufgeschlossen. Wie erklären Sie Ihrer Kundin diese Form des Sparbriefs richtig?

a) Für die vereinbarte Laufzeit gilt eine variable Verzinsung; dies ist gerade in Zeiten mit steigenden Zinsen vorteilhaft.
b) Der Kauf erfolgt zum Nennwert abzüglich Zinsen und Zinseszinsen für die gesamte Laufzeit.
c) Die Zinszahlungen an den Kunden erfolgen jährlich mit stetig steigendem Betrag (progressive Zinsentwicklung).
d) Bei Fälligkeit wird der Sparbrief zum Nennwert zuzüglich Zinsen und Zinseszinsen zurückbezahlt.
e) Beim abgezinsten Sparbrief unterliegt die Höhe des Zinssatzes einer sinkenden Progression, d. h. die Zinssätze sinken im Verlauf des Anlagezeitraumes.

32. Erklären Sie die Besonderheiten abgezinster Sparbriefe im Vergleich zu normalverzinslichen Sparbriefen.

a) Abgezinste Sparbriefe haben eine vorgeschriebene Mindestlaufzeit von 4 Jahren, bei normalverzinslichen Sparbriefen liegt sie bei 2 Jahren. Obergrenzen für die Laufzeit gibt es keine.
b) Die Zinsen werden nicht jährlich wie bei normalverzinslichen Sparbriefen gutgeschrieben, sondern erst bei Fälligkeit des Sparbriefes, gegebenenfalls wie bei allen Zinserträgen unter Abzug von Zinsabschlagsteuer und Solidaritätszuschlag.
c) Die bei Ausgabe von abgezinsten Sparbriefen vorab gutgeschriebenen Zinsen werden im Anschaffungsjahr auch versteuert. Bei normal verzinslichen Sparbriefen liegen laufende Zinszahlungen und damit auch eine laufende Besteuerung der Zinserträge vor.
d) Zinsen aus abgezinsten und normalverzinslichen Sparbriefen sind auf den Freistellungsantrag anzurechnen, allerdings werden abgezinste Sparbriefe wegen der Sammelgutschrift am Laufzeitende begünstigt.
e) Während bei den abgezinsten Sparbriefen eine Rückgabe vor Fälligkeit abgelehnt wird, ist sie bei den normalverzinslichen Sparbriefen zu einem Hauskurs des Kreditinstitutes in der Regel möglich.

Zu den nächsten fünf Aufgaben siehe nachstehende Situation.

Ihre Kundin Frau Lisa Hocke hat überraschend 20.000,00 € geerbt. Diesen Betrag möchte sie in einen 3-jährigen Sparbrief über nominal 20.000,00 € anlegen. Auf Anraten Ihres Steuerberaters sollen ihr die Zinsen erst im Jahr der Fälligkeit zufließen. Sie möchte natürlich auch eine möglichst hohe Verzinsung erzielen.

33. Welche der folgenden Anlagevarianten schlagen Sie Frau Hocke vor?

	Abgezinster Sparbrief zu 4 %	Aufgezinster Sparbrief zu 4 %	Normalverzinslicher Sparbrief zu 4,25 %
a)	20.000,00 €	-	-
b)	-	20.000,00 €	-
c)	-	-	20.000,00 €
d)	10.000,00 €	10.000,00 €	-
e)	10.000,00 €	-	10.000,00 €

34. Wie informieren Sie Ihre Kundin über die Möglichkeit der vorzeitigen Rückgabe des Sparbriefes richtig?

a) „Eine vorzeitige Rückgabe des Sparbriefes ist üblicherweise bis zu zwei Tage vor Fälligkeit zu einem Hauskurs möglich."

b) „Dies stellt absolut kein Liquiditätsproblem dar, denn die Papiere können laufend über die deutschen Wertpapierbörsen gehandelt werden."

c) „Die Rückgabe vor Fälligkeit ist zumeist vertraglich ausgeschlossen. Ausnahmeregelungen sind zulässig."

d) „Eine Rückgabe von Sparbriefen vor Fälligkeit ist in Ausnahmefällen nur bei laufend verzinslichen Sparbriefen möglich, weil der Zinsfluss trotzdem störungsfrei bleibt."

e) „Eine vorzeitige Rücknahme des Sparbriefes durch die Banken ist gesetzlich nicht zulässig, weil dadurch das Bilanzbild verfälscht wird."

35. Warum muss Frau Hocke beim Erwerb eines Sparbriefes Ihres Hauses in der Kaufabrechnung den Namen und die Anschrift angeben?

a) Sparbriefe sind in der Regel Namenspapiere. Sie können nur durch Abtretung der Rechte des namentlich genannten Begünstigten übertragen werden.

b) Sparbriefe sind in der Regel Namenspapiere. Sie werden durch einfache Übergabe der Urkunde weitergegeben.

c) Sparbriefe stellen rechtlich Inhaberpapiere dar. Damit die Bearbeitung einfacher erfolgen kann, werden die Personalien der Kunden im Sparbrief erfasst.

d) Sparbriefe sind Sparurkunden im Sinne der Verordnung über die Rechnungslegung der Kreditinstitute (RechKredV). Deshalb müssen Namen und Anschrift des Sparers erfasst werden.

e) Dies ist gemäß Geldwäschegesetz erforderlich, sonst gibt es Unklarheiten bei der Bestimmung des wirtschaftlich Berechtigten.

**36. Frau Hocke entscheidet sich für einen abgezinsten Sparbrief Ihres Hauses über 20.000,00 € (Nominalbetrag) mit einer Laufzeit von 3 Jahren (Zinssatz 4,00 % p. a.).
Mit welchem Betrag wird das Girokonto Ihrer Kundin belastet? Runden Sie das Ergebnis auf zwei Stellen nach dem Komma. Tragen Sie das Ergebnis in das Kästchen ein.**

**37. Welcher Betrag wird dem Girokonto von Frau Hocke (konfessionslos) bei Fälligkeit des Sparbriefes gutgeschrieben, wenn kein Freistellungsauftrag vorliegt.
Runden Sie das Ergebnis auf volle zwei Stellen nach dem Komma und tragen Sie das Ergebnis in das Kästchen ein.**

38. Die Bürokauffrau Juliane Stock, ledig, 23 Jahre alt, erhält von ihrem Arbeitgeber monatlich 26,00 € vermögenswirksame Leistungen. Der Arbeitgeber veranlasst bereits seit April 2018 auf Wunsch der Arbeitnehmerin die Zahlung auf einen Wertpapier-Sparvertrag. Welche Information geben Sie Frau Stock?

a) Die Festlegungsfrist endet mit Ablauf des 31. Dezember 2023.

b) Frau Stock kann auf diesen Vertrag mehr als 26,00 € monatlich ansparen.

c) Bei der gewählten Sparform gewährt der Staat eine 9%-ige Arbeitnehmersparzulage.

d) Bei Heirat im September 2020 kann Frau Stock im gleichen Monat ohne Verlust der staatlichen Förderung über den Sparvertrag verfügen.

e) Im Falle der Arbeitslosigkeit kann Frau Stock jederzeit und ohne Verlust der staatlichen Förderung über den Sparvertrag verfügen.

39. Stefan Meier erhält von seinem Arbeitgeber 34,00 € vermögenswirksame Leistungen und interessiert sich daher für den Abschluss eines Bausparvertrages. Wie beraten Sie Herrn Meier richtig?

a) Durch die Besparung eines Bausparvertrages erwirbt Herr Meier einen Darlehensanspruch, den er nach Ablauf der Sperrfrist von 7 Jahren auch zur Finanzierung konsumtiver Artikel (Auto, Möbel usw.) einsetzen kann.

b) Bei Abschluss eines Bausparvertrages verpflichtet sich der Bausparer, die Mittel (angespartes Kapital und gegebenenfalls Bauspardarlehen) zur Finanzierung eine Einfamilienhauses oder einer Eigentumswohnung einzusetzen.

c) Sinn des Bausparvertrages ist es, sich in kurzer Zeit die zur Finanzierung eines Einfamilienhauses oder einer Eigentumswohnung erforderlichen Eigen- und Fremdmittel zu beschaffen.

d) Durch den Abschluss eines Bausparvertrages kann Herr Meier unter bestimmten Voraussetzungen neben der staatlichen Förderung seiner Sparleistungen ein zinsgünstiges Darlehen für wohnwirtschaftliche Zwecke erhalten.

e) Ein Bausparvertrag läuft in drei gleich langen Phasen (Anspar-, Zuteilungs- und Darlehensphase) ab. Die Länge der Phasen hängt vom gewählten Termin ab.

40. Wie informieren Sie Ihre Kunden über das 5. Vermögensbildungsgesetz richtig?

a) Die Höhe der Sparzulage ist vom zu versteuernden Einkommen abhängig.

b) Für Anlagen nach dem Wohnungsbau-Prämiengesetz und für andere begünstigte Baumaßnahmen beträgt die Arbeitnehmersparzulage 18 Prozent.

c) Tariflich vereinbarte vermögenswirksame Leistungen kann ein lediger Arbeitnehmer auch dann in Anspruch nehmen, wenn sein zu versteuerndes Einkommen im Jahr der Sparleistung 17.900,00 € übersteigt.

d) Maßgebend für die staatliche Förderung ist das Bruttoeinkommen im Jahr der Sparleistung.

e) Die Anträge auf staatliche Förderung sind spätestens bis zum 31. Dezember des Anlagejahres zu stellen.

41. Frau Witt möchte von Ihnen wissen, inwiefern sich die vermögenswirksamen Leistungen, die sie von ihrem Arbeitgeber erhält, auf ihre Entgeltabrechnung auswirken. Welche Information geben Sie der Kundin?

a) „Dieser Betrag ist lohnsteuerpflichtig."

b) „Dieser Betrag ist sozialversicherungspflichtig."

c) „Dieser Betrag ist sowohl lohnsteuer- als auch sozialversicherungspflichtig."

d) „Dieser Betrag ist weder lohnsteuer- noch sozialversicherungspflichtig."

e) „Dieser Betrag ist kapitalertragsteuerpflichtig."

42. Frau Anne Heisig erhält von Ihrem Arbeitgeber monatlich 40,00 € vermögenswirksame Leistungen, die sie in einem Bausparvertrag anlegt. Sind diese sozialversicherungs- bzw. einkommensteuerpflichtig?

a) Sie unterliegen der Lohnsteuer- und der Sozialversicherungspflicht.

b) Sie sind weder sozialversicherungs- noch einkommensteuerpflichtig.

c) Sie sind abzüglich bestimmter steuerfreier Beträge bzw. sozialversicherungsfreier Beträge steuer- und sozialversicherungspflichtig.

d) Sie sind arbeitsrechtlich Bestandteil des Lohnes bzw. des Gehaltes und unterliegen damit der Sozialversicherung, aber keinesfalls der Einkommensteuer.

e) Sie sind kein Entgelt im Sinne der Sozialversicherung. Sie müssen aber versteuert werden, allerdings liegt eine Steuerbegünstigung vor.

43. Ihre Kundin Frau Heisig erfüllt die gesetzlichen Voraussetzungen der staatlichen Fördermaßnahmen. Sie möchte nun von Ihnen wissen, bei welchen Stellen sie die Arbeitnehmersparzulage bzw. Wohnungsbauprämie beantragen muss. Ordnen Sie entsprechend zu.

Stellen

a) Bausparkasse

b) Hausbank

c) Finanzamt

d) Bundesfinanzministerium

e) Arbeitgeber

f) Einwohnermeldeamt (Lohnsteuerstelle)

Förderungen

[ ] Arbeitnehmersparzulage

[ ] Wohnungsbauprämie

44. Sie möchten Frau Witt die grundsätzlichen aktuellen Fördermöglichkeiten nach dem Vermögensbildungsgesetz in einer Übersicht aufzeigen. Welche der nachstehenden Übersichten geben die aktuellen Sparförderungen richtig wieder?

a) Sparvertrag über Wertpapiere oder andere Vermögensbeteiligung, 20 % AN-Sparzulage, geförderter Höchstbetrag 470,00 € im Jahr;
Vertrag nach dem Vermögensbildungsgesetz (Bausparvertrag), 9 % AN-Sparzulage, Einkommensgrenze 17.900,00 € zu versteuerndes Einkommen, geförderter Höchstbetrag 400,00 € im Jahr

b) Sparvertrag über Wertpapiere oder andere Vermögensbeteiligung, 20 % AN-Sparzulage, geförderter Höchstbetrag 400,00 € im Jahr;
Vertrag nach dem Vermögensbildungsgesetz (Bausparvertrag), 10 % AN-Sparzulage, Einkommensgrenze 17.900,00 € zu versteuerndes Einkommen, geförderter Höchstbetrag 470,00 € im Jahr

c) Sparvertrag über Wertpapiere oder andere Vermögensbeteiligung, 20 % AN-Sparzulage, geförderter Höchstbetrag 400,00 € im Jahr;
Vertrag nach dem Vermögensbildungsgesetz (Bausparvertrag), 9 % AN-Sparzulage, Einkommensgrenze 17.900,00 € zu versteuerndes Einkommen, geförderter Höchstbetrag 470,00 € im Jahr

d) Sparvertrag über Wertpapiere oder andere Vermögensbeteiligung, 9 % AN-Sparzulage, geförderter Höchstbetrag 512,00 € im Jahr;
Vertrag nach dem Vermögensbildungsgesetz (Bausparvertrag), 20 % AN-Sparzulage, Einkommensgrenze 25.900,00 € zu versteuerndes Einkommen, geförderter Höchstbetrag 400,00 € im Jahr

e) Sparvertrag über Wertpapiere oder andere Vermögensbeteiligung, 9 % AN-Sparzulage, geförderter Höchstbetrag 400,00 € im Jahr;
Vertrag nach dem Vermögensbildungsgesetz (Bausparvertrag), 20 % AN-Sparzulage, Einkommensgrenze 25.900,00 € zu versteuerndes Einkommen , geförderter Höchstbetrag 470,00 € im Jahr

45. Unter welcher Voraussetzung kann ein Auszubildender, der seine vermögenswirksamen Leistungen regelmäßig auf einen Wertpapiersparvertrag anlegt, vorzeitig über das angesparte Guthaben prämienunschädlich verfügen?

a) Bei Abbruch dieser Ausbildung und Wechsel in einen anderen Ausbildungsberuf
b) Bei Heirat, wenn seit Beginn der Sperrfrist mindestens 1 Jahr vergangen ist
c) Bei Aufnahme eines Studiums nach Abschluss der Ausbildung
d) Bei Aufnahme einer selbstständigen Erwerbstätigkeit unter Aufgabe der unselbstständigen Tätigkeit
e) Bei einer mehrmonatigen schweren Krankheit und dadurch bedingter Verlängerung des Ausbildungsvertrages.

<u>Zu den nächsten drei Aufgaben siehe nachstehende Situation.</u>

Die Eheleute Patrick und Sylvia Klein, beide berufstätig, nutzen bereits seit 4 Jahren die Möglichkeiten der staatlichen Sparförderung durch Anlage ihrer vermögenswirksamen Leistungen auf einen Wertpapiersparvertrag (Anlage in Investmentfonds).
Ihr erstes Kind, Tochter Marie, wurde im März diesen Jahres geboren.

46. Hat die Geburt der Tochter Auswirkungen auf den bestehenden Wertpapiersparvertrag?

a) Nein, die Tochter beeinflusst die Förderung des bestehenden Sparvertrages nicht.
b) Nein, denn die Tochter zählt zum begünstigten Personenkreis und kann selbst (durch die gesetzlichen Vertreter) einen Vertrag über vermögenswirksame Leistungen abschließen.
c) Ja, denn das Kind erhöht die Grenze des zu versteuernden Einkommens im Jahr der Sparleistung, beginnend also mit dem Jahr der Geburt.
d) Ja, denn der jetzige Sparhöchstbetrag von 400,00 € erhöht sich ab dem Jahr der Geburt um einen Kinderzuschuss von 40,00 € pro Jahr.
e) Ja, denn die Sperrfrist für diesen Sparvertrag wird durch das Kind um 1 Jahr auf 6 Jahre verkürzt.

47. Die Eheleute Klein möchten die staatlichen Förderungen voll ausschöpfen und schließen daher bei Ihnen einen neuen Bausparvertrag ab. Während des Jahres zahlen sie noch 1.800,00 € in den Bausparvertrag ein. Berechnen Sie die Bausparprämie nach Wohnungsbau-Prämiengesetz für das Ehepaar Klein, wenn das zu versteuernde Einkommen die Einkommensgrenze nicht übersteigt? Tragen Sie das Ergebnis in das Kästchen ein.

48. Zwei Monate später teilt Ihnen Herr Klein mit, dass ihm von seinem Arbeitgeber fristlos gekündigt wurde. Herr Klein möchte von Ihnen daher wissen, ob eine sofortige Auflösung seines Wertpapiersparvertrags auf Grund der Arbeitslosigkeit zulagenschädlich sei?

a) Ja, weil auch bei Arbeitslosigkeit eine Kündigungsfrist von drei Monaten einzuhalten ist.
b) Ja, weil Arbeitslosigkeit zwar einen wesentlichen sozialen Aspekt zum Erhalt der Arbeitnehmer-Sparzulage darstellt; eine vorzeitige Auflösung setzt aber eine noch längere ununterbrochene Arbeitslosigkeit voraus.
c) Nein, weil die Arbeitnehmer-Sparzulage durch das zuständige Finanzamt ja für die bisherige Laufzeit festgesetzt und schon gutgeschrieben wurde.
d) Nein, weil Arbeitslosigkeit bei Familien mit Kind/Kindern und auch längere Krankheit eine wirtschaftliche Notsituation darstellen.
e) Nein, weil eben Arbeitslosigkeit, Heirat, völlige Erwerbsunfähigkeit und auch der Tod des Arbeitnehmers bzw. des Ehegatten als besonders geförderte soziale Umstände des Gesetzes gelten.

Zu den nächsten zwei Aufgaben siehe nachstehende Situation.

Nach längerer Beratung überzeugen Sie Frau Salzberger, langjährige Kundin Ihres Kreditinstituts, von den Vorteilen staatlich geförderten Sparens. Sie möchte daher die staatliche Sparförderung durch Zulagen und Prämien soweit möglich in vollem Umfang nutzen.

49. Frau Salzberger entschließt sich zum Abschluss eines Wertpapiersparvertrages. Die erste Überweisung der vermögenswirksamen Leistungen erfolgte am 30. April 2016 auf das Zuwachskonto der Investmentgesellschaft. Mit dem Ablauf wessen Tages (TT.MM.JJJJ) endet die Sperrfrist? Tragen Sie das Datum in das Kästchen ein.

50. Frau Salzberger möchte wissen, ob Sie auch innerhalb der Sperrfrist prämienunschädlich über das angesparte Guthaben verfügen kann. Wozu ist Frau Salzberger berechtigt?

a) Sie kann die Ansprüche bei Ihrem Kreditinstitut beleihen.
b) Sie kann einen Dispositionskredit aufnehmen und durch Abtretung der Ansprüche besichern.
c) Sie kann die Verträge auf einen beliebigen Dritten umschreiben, wenn dieser ihr den Gegenwert ausbezahlt.
d) Sie kann nach einjähriger ununterbrochener und noch andauernder Arbeitslosigkeit über das angesparte Geld verfügen.
e) Sie kann bei mindestens 75-prozentiger Erwerbsminderung vorzeitig die Verträge auflösen.

Zu den nächsten drei Aufgaben siehe nachstehende Situation.

Herr Schmeißer legte am 21. September 2019 bei Ihrem Kreditinstitut 22.000,00 € als Spareinlage an. Folgende Bedingungen wurden vereinbart:

- **Die Kündigungsfrist der Anlage beträgt 3 Monate.**
- **Die Kündigungssperrfrist beträgt 12 Monate.**
- **Die Anlage wird mit einem jährlich steigenden Zinssatz verzinst.**
- **Die Zinsen sind für höchstens 6 Jahre garantiert.**
- **Die Erhöhung der vereinbarten Zinsen erfolgt erstmalig 12 Monate nach der Anlage.**
- **Eine Zinsgutschrift erfolgt jährlich rückwirkend am 31.12. auf das Sparkonto.**
- **Bei Verfügung über die Spareinlage (auch von Teilbeträgen) wird die Festzinsvereinbarung hinfällig, es gilt dann der Zins für Spareinlagen mit 3-monatiger Kündigungsfrist.**
- **Die Zinsberechnung erfolgt nach der 30/360 Methode.**

Zum Zeitpunkt der Anlage gilt folgende Zinsstaffel:

	ab 2.500,00 €	ab 10.000,00 €
1. Jahr	1,50 %	1,75 %
2. Jahr	1,75 %	2,00 %
3. Jahr	2,25 %	2,50 %
4. Jahr	2,50 %	2,75 %
5. Jahr	3,50 %	3,75 %
6. Jahr	4,25 %	4,50 %

51. Wie hoch ist der Zinsbetrag, den Herr Schmeißer am 31. Dezember 2020 auf sein Konto gutgeschrieben bekommt (Ein Freistellungsauftrag in ausreichender Höhe liegt vor)? Tragen Sie das Ergebnis in das Kästchen ein.

52. Wann kann Herr Schmeißer frühest möglich ohne Zinsverlust über seine gesamte Spareinlage verfügen (TT.MM.JJJJ)? Tragen Sie das Datum in das Kästchen ein.

53. Herr Schmeißer möchte einen „Vertrag zu Gunsten Dritter für den Todesfall“ für seine Spareinlage abschließen. Begünstigte soll seine Nichte (Maria Klein, geboren am 14. Mai 2010) sein. Die Begünstigte soll jedoch zu Lebzeiten nichts von der Verfügung erfahren. Welche Information geben Sie Herrn Schmeißer?

a) Mit dem Tod von Herrn Schmeißer wird Frau Klein automatisch Gläubigerin der Spareinlage.
b) Mit dem Tod von Herrn Schmeißer wird Frau Klein Verfügungsberechtigte des Kontos.
c) Durch die Verfügung für den Todesfall können die Erben keine Ansprüche in Bezug auf diese Spareinlage geltend machen.
d) Ihr Kreditinstitut verpflichtet sich, Frau Klein am Todestag von Herrn Schmeißer sofort über die Spareinlage zu informieren.
e) Erfahren die Erben nach dem Tod des Herrn Schmeißer vor Frau Klein von dieser Verfügung, können sie die Verfügung widerrufen.

<u>Zu den nächsten zwei Aufgaben siehe nachstehende Situation.</u>

Als Mitarbeiter/-in der Universalbank AG steht Ihnen die folgende Übersicht zu den Konditionen im Einlagengeschäft Ihres Kreditinstitutes zur Verfügung:

<u>Unsere Konditionen im Einlagengeschäft</u> (gültig ab 02.03.20..)

Spareinlagen

mit 3-monatiger Kündigungsfrist	0,80 %
mit einer Kündigungsfrist von 12 Monaten	1,20 %
mit einer Kündigungsfrist von 30 Monaten	1,40 %

Sparbriefe Anlagebetrag bis 100.000 €
(normalverzinslich)

mit einer Laufzeit von	2 Jahren	2,75 %
	3 Jahren	2,85 %
	4 Jahren	3,00 %
	5 Jahren	3,15 %
	6 Jahren	3,25 %
	8 Jahren	3,50 %

Mindesteinlage für alle Sparbrieflaufzeiten: 2.500 €

Festgeldanlagen* Anlagebetrag ab 5.000 €

		<u>Zinssatz</u> p. a.
mit einer Laufzeit von	3 - 5 Monaten	2,00 %
	6 - 11 Monaten	2,40 %
	12 - 17 Monaten	2,70 %
	18 - 23 Monaten	2,80 %
	24 - 30 Monaten	2,95 %

* Zinsgutschrift bei Fälligkeit

Stand 02.03.20.. – Alle Zinssätze p. a. und freibleibend.

54. **Ihre langjährige Kundin Frau Reich legte Wert 20. Februar 20.. einen Betrag von 15.000,00 € als 12-monatiges Festgeld zu 2,50 % p. a. an. Die Konditionen im Einlagengeschäft ändern sich entsprechend der abgebildeten Übersicht mit Wirkung zum 02.03.20.. . Mit welchem Zinssatz wird das Festgeld von Frau Reich ab der Zinssatzänderung jährlich verzinst? Tragen Sie das Ergebnis in das Kästchen ein.**

55. **Frau Reich (ohne Konfession) legte Wert 02.03.20.. zu den abgebildeten Konditionen ein Festgeld von 10.000,00 € mit einer Laufzeit von 4 Monaten an. Am Fälligkeitstag wird das Festgeld einschließlich der aufgelaufenen Zinsen einmalig um den gleichen Zeitraum verlängert (Berechnungsmethode 30/360 Tage). Ein vorliegender Freistellungsauftrag wurde bereits voll ausgeschöpft.**
    a) Berechnen Sie den Zinsaufwand für das Kreditinstitut für die ersten vier Monate.
    b) Welcher Betrag wird nach Ablauf des ersten Festlegungszeitraums prolongiert?
    Tragen Sie die Ergebnisse in das Kästchen ein.

<u>Zu den nächsten zwei Aufgaben siehe nachstehende Situation.</u>

Ihr Kunde Sebastian Reich (ohne Konfession) hat in Ihrem Hause 30.000,00 € in Form einer Termineinlage, Laufzeit 4 Monate, angelegt. Es wurde ein Zinssatz in Höhe von 1,8 % bis zum Laufzeitende (10. März 2020) vereinbart. Die EZB hebt zum 1. Dezember 2019 überraschend die Leitzinsen einheitlich um 0,25 % an.

56. **Berechnen Sie den gesamten Gutschriftsbetrag (Termineinlage einschließlich der Zinsgutschrift) per 10. März 2020, wenn der Kunde keinen Freistellungsauftrag bei Ihnen gestellt hat (Berechnungsmethode 30/360)!**
    Tragen Sie das Ergebnis in das Kästchen ein.

57. **Herr Reich möchte wegen eines anstehenden Grundstückkaufes schon am 24. Januar 2020 über die Termineinlage einschließlich der Zinsen verfügen. Können Sie dem Kundenwunsch entsprechen?**
    a) Nein, denn rechtlich dürfen alle Banken eine vorzeitige Rückzahlung von Termineinlagen nicht vornehmen.
    b) Ja, obwohl die Bank zu einer vorzeitigen Verfügung nicht verpflichtet ist, kann sie dies tun. Dafür wird die Bank den vereinbarten Zinssatz rückwirkend auf den Zinssatz der verkürzten Anlagedauer erhöhen.
    c) Ja, die Bank muss zwar nicht vorzeitig rückzahlen, kann dies ausnahmsweise aber tun. Der Kunde verzichtet auf jegliche Habenverzinsung und muss mit einem Vorfälligkeitsentgelt belastet werden.
    d) Ja, dies ist schon möglich, wird aber nicht der Regelfall sein. Dabei nimmt die Bank beispielsweise eine Anpassung des Habenzinses entsprechend der Laufzeit vor.
    e) Dies ist nur insofern möglich, als die Bank dem Kunden in diesem Fall einen Kredit anbieten muss, der durch die Termineinlage des Kunden im Haus abgesichert ist.

<u>Zu den nächsten drei Aufgaben siehe nachstehende Situation.</u>

Frau Gerda Aigner, Kundin Ihres Kreditinstitutes, bittet Sie um ein Beratungsgespräch, da sie für ihre Nichte Cornelia Jung (13 Jahre) Geld anlegen möchte.

58. **Welche Aussage zur rechtsverbindlichen Kontoeröffnung ist richtig, wenn Cornelia Jung Kontoinhaberin sein soll?**
    a) Die Tante Gerda Aigner, wenn sie ein Sparkonto eröffnet, da Cornelia durch das Geldgeschenk ihrer Tante nur rechtliche Vorteile hat.
    b) Karl Jung (Vater) als gesetzlicher Vertreter. Die Zustimmung der Mutter (Erika Jung) kann unterstellt werden.
    c) Bei einem Kontokorrentkonto muss neben den gesetzlichen Vertretern das Vormundschaftsgericht zustimmen, weil das Konto wechselseitig in Anspruch genommen werden kann.
    d) Unabhängig von der gewählten Kontoart ist die Zustimmung beider gesetzlicher Vertreter (Karl und Erika Jung) erforderlich.
    e) Es genügt die Unterschrift von Cornelia, wenn auf dem Konto nur das Taschengeld, das ihr ihre Tante zahlen will, verbucht wird.

59. Frau Gerda Aigner möchte auf einem Konto kleinere Beträge in unterschiedlicher Höhe verzinslich ansammeln, die sie dann möglicherweise zinsgünstiger anlegen möchte. Bis zu ihrem Ableben möchte sie alleine über das Geld verfügen können. Außerdem soll Cornelia Jung Gläubiger der Einlage werden, falls Frau Aigner stirbt. Welche der folgenden Alternativen schlagen Sie Ihrer Kundin vor, damit sie ihre Ziele am sinnvollsten erreicht?

	Kontoart	Kontoinhaber	Zusatzvereinbarung
a)	Ratensparvertrag	Gerda Aigner	Verfügung für den Todesfall zu Gunsten Cornelia Jung
b)	Sparkonto	Gerda Aigner	Vollmacht für Cornelia Jung
c)	Ratensparvertrag	Cornelia Jung	Vollmacht für Gerda Aigner
d)	Sparkonto	Cornelia Jung	Vollmacht für Gerda Aigner
e)	Sparkonto	Gerda Aigner	Verfügung für den Todesfall zu Gunsten Cornelia Jung

60. Für Frau Aigner wurde unter anderem ein Sparkonto mit einem Vertrag zu Gunsten eines Dritten für den Todesfall (Begünstigter Cornelia Jung) eröffnet. Die Begünstigung wurde bereits angenommen. Cornelia, bereits volljährig, möchte von Ihnen wissen, ob sie das Konto auf ihren Namen umschreiben lassen kann, wenn ihre Tante stirbt. Wie informieren Sie Frau Jung richtig?

a) „Sie müssen die Sterbeurkunde vorlegen. Die Erben der Frau Aigner können die Verfügung jedoch jederzeit widerrufen. Sie müssen sich persönlich legitimieren."

b) „Sie müssen das Sparbuch und eine Sterbeurkunde vorlegen. Der Vertrag kann von den Erben nicht widerrufen werden. Sie müssen sich nicht persönlich legitimieren."

c) „Sie müssen nur eine Sterbeurkunde vorlegen. Sie müssen sich nicht persönlich legitimieren. Die Erben können unter Umständen auf die Herausgabe des Geldes gegen Sie klagen."

d) „Sie müssen das Sparbuch und eine Sterbeurkunde vorlegen. Der Vertrag kann von den Erben bis zur Umschreibung widerrufen werden."

e) „Sie müssen das Sparbuch und eine Sterbeurkunde vorlegen. Sie müssen sich persönlich legitimieren. Die Erben können den Vertrag nicht widerrufen."

Zu den nächsten drei Aufgaben siehe nachstehende Situation.

Ihr Kunde Heinz Weber, ledig, bittet Sie um ein Beratungsgespräch, da er sich über die Anlagemöglichkeiten von vermögenswirksamen Leistungen informieren möchte. Sein Arbeitgeber zahlt 25,00 € vermögenswirksame Leistungen je Monat; sein zu versteuerndes Jahreseinkommen liegt bei ca. 16.100,00 €.

61. Welche Anlageform muss Herr Weber abschließen, wenn er den höchstmöglichen Arbeitnehmersparzulagensatz erhalten möchte?

a) Abschluss einer Kapitallebensversicherung

b) Abschluss eines Bausparvertrages

c) Abschluss eines Kontensparvertrages

d) Abschluss eines Wertpapiersparvertrages mit Beteiligungswerten

62. Welchen Betrag muss Herr Weber pro Jahr zusätzlich aus eigenen Mitteln aufbringen, um die höchstmögliche Förderung aufgrund des in der vorhergehenden Aufgabe abgeschlossenen Vertrags zu erhalten? Tragen Sie das Ergebnis in das Kästchen ein.

63. Welchen Betrag muss Herr Weber insgesamt pro Jahr anlegen, wenn er die staatlichen Förderungsmöglichkeiten beim Sparen (gemäß Vermögensbildungsgesetz und Wohnungsbauprämiengesetz) voll ausschöpfen möchte? Tragen Sie das Ergebnis in das Kästchen ein.

Zu den nächsten zwei Aufgaben siehe nachstehende Situation.

Sie sind Mitarbeiter/ -in bei der Universalbank AG. Ihr Kunde Heinz Weber legt Ihnen in einem Beratungsgespräch folgenden Kontoauszug vor:

Universalbank AG **Kontoauszug per 26.09.2019**
Festgeldanlage Laufzeit 90 Tage

Kontonummer	23873692	Wert	Text	Umsatz	€
		25.03.2019	Zinsen	H	16,33
Vertragsbeginn	26.09.2019	26.06.2019	Zinsen	H	18,06
derzeitige Verzinsung	1,800 % p. a.	26.09.2019	Zinsen	H	15,68
FAELLIG AM	29.12.2019				

Herrn
Heinz Weber
Kirchgasse 9
94405 Landau

Guthaben am 31.12.2018 3.266,75 H
Guthaben am 26.09.2019 3.316,82 H

ZINSEN SIND EINKOMMENSTEUERPFLICHTIG!

Auszug Nr. 2019/003 BLATT 01

Universalbank AG, Marienplatz 8-12, 94405 Landau

64. Berechnen Sie den Zinssatz, zu dem das laufende Guthaben im Zeitraum vom 26.06.2019 bis 26.09.2019 verzinst wurde (Berechnungsmethode 30/360). Tragen Sie das Ergebnis in das Kästchen ein.

65. Um welchen Betrag hätte sich das Guthaben am 26.09.2019 verringert, wenn zu diesem Buchungsdatum der Freistellungsauftrag vom Kunden Weber (konfessionslos) bereits voll ausgeschöpft gewesen wäre? (Der Solidaritätszuschlag ist zu berücksichtigen.) Tragen Sie das Ergebnis in das Kästchen ein.

66. Sie sind Kundenberater der Universalbank AG. Die Eheleute Leon und Mia Groß haben mit Ihnen für heute einen Gesprächstermin vereinbart, da sie sich über staatlich geförderte Möglichkeiten der Altersvorsorge (Altersvorsorgevertrag) informieren wollen.

Leon Groß ist 35 Jahre alt, arbeitet als Disponent bei einem mittelständischen Autozulieferer und hatte im vergangenen Jahr einen Bruttoarbeitslohn von 46.000,00 €, seine Frau Mia ist zurzeit nicht berufstätig. Die drei Kinder der Familie Groß sind 3 (geboren 2017), 15 und 16 Jahre alt.

Herr Groß möchte wissen, welche Beträge er jährlich selber aus eigenen Mitteln mindestend aufbringen muss, um die maximalen staatlichen Zulagen zu erhalten. Zur Berechnung stehen Ihnen folgende aus dem Gesetz abgeleitete Übersichten zur Verfügung:

Veranlagungs-zeitraum	Notwendige Sparleistung (Eigenbeitrag + alle Zulagen)		Altersvorsorgezulage	
	mindestens (in Prozent des rentenversiche-rungspflichtigen Einkommens)	maximal (in €)	Grundzulage (in €)	Kinderzulage je Kind (in €)
ab 2018	4	2.100,00	175,00	185,00 *)

Veranlagungs-zeitraum	Anzahl der Kinder	Sockel-betrag
ab 2005	immer	60,00 €

Grundzulage und Kinderzulage werden anteilig gezahlt, wenn der Mindesteigenbeitrag unterschritten wird.

*) ab 01.01.2008 geborene Kinder 300,00 €

II. ÜBUNGSAUFGABEN ZUR VORBEREITUNG AUF DIE ABSCHLUSSPRÜFUNG

ANLAGE AUF KONTEN

67. Welche zwei Kundenwünsche können Sie nach den Vorschriften der Bedingungen für den Sparverkehr und des § 21 RechKredV (beschreibt die Merkmale einer Spareinlage) ausführen? (Die Spareinlagen weisen eine 3-monatige Kündigungsfrist auf.)

a) Von ihrer Spareinlage über 12.300,00 € hat Frau Ehrl am 28. April 1.300,00 € abgehoben. Am 30 Mai kommt sie erneut und bittet um Auszahlung von weiteren 1.400,00 € ohne Berechnung von Vorfälligkeitsentgelt (Vorschusszinsen).

b) Herr Classen bittet um Auszahlung von 1.400,00 € von seiner Spareinlage. Jedoch hat er sein Sparbuch vergessen.

c) Frau Meier, Geschäftsführerin der Brand GmbH, möchte für das Unternehmen 12.000,00 € als Spareinlage anlegen. Dieses Geld wird in sieben Monaten für den Kauf eines Lieferwagens benötigt.

d) Herr Seitz, Bevollmächtigter des Deutschen Caritasverbandes e. V., möchte für den Verband 85.000,00 € als Spareinlage anlegen, um in den nächsten Jahren dieses Geld für den Erweiterungsbau eines Kindergartens zu verwenden.

e) Herr Klaus hat seinen PKW für 5.600,00 € verkauft. Dieses Geld möchte er fest bis zum 03. Juli dieses Jahres als Spareinlage anlegen, weil an diesem Tag sein neues Auto geliefert wird und er es dann bezahlen muss.

f) Frau Meister hat eine lokale Tageszeitung neu abonniert. Die monatlich anfallenden Bezugskosten möchte sie von ihrem Sparkonto überweisen.

68. Johannes Breu unterhält bei Ihrem Kreditinstitut ein Sparkonto mit 3-monatiger Kündigungsfrist. Der Kunde hat keinen Freistellungsauftrag erteilt.
Das Konto weist am 31.12.20.. folgende Werte auf:

Kontoguthaben vor Zinskapitalisierung	**5.400,00 €**
Habenzinsen	**81,39 €**
Vorfälligkeitsentgelt	**3,49 €**

Berechnen Sie für den Abschluss des Sparkontos zum 31.12.20..

a) die Kapitalertragsteuer (Abgeltungssteuer)

b) den Solidaritätszuschlag (auf zwei Stellen nach dem Komma abrunden)

c) den neuen Kontostand.

Tragen Sie die Ergebnisse in das Kästchen ein.

69. Welche Aussage zur Anlagedauer von Festgeldern ist zutreffend?

a) Festgelder haben eine Laufzeit von mindestens 10 Tagen oder ein Vielfaches davon.

b) Festgelder haben eine Kündigungsfrist von 30 Tagen. Ihre Laufzeit beträgt nie mehr als 180 Tage.

c) Festgelder haben gemäß Rechnungslegungsverordnung eine Mindestlaufzeit von 30 Tagen. Darüber hinaus kann jede andere Laufzeit frei gewählt werden.

d) Bei Festgeldern wird eine feste Laufzeit vereinbart.

e) Bei Festgeldern muss eine Kündigungsfrist von mindestens 30 Tagen eingehalten werden.

70. Welche Aussage zur Verfügung über eine Festgeldanlage ist richtig?

a) Eine Verfügung per Überweisung bei Fälligkeit auf ein anderes Konto bedarf der Zustimmung der Bank.

b) Über Festgeldanlagen kann ausschließlich bar verfügt werden.

c) Nach Einhaltung einer Kündigungssperrfrist kann jederzeit verfügt werden.

d) Verfügungen während der Laufzeit sind jederzeit möglich.

e) Über Festgeldanlagen kann grundsätzlich nur bei Fälligkeit verfügt werden.

71. Ihr Kunde Maximilian Kreil, 17 Jahre alt, Schüler, möchte sich über die NV-Bescheinigung beraten lassen.
Wie informieren Sie Ihren Kunden Herrn Kreil in dieser Angelegenheit sachlich richtig?

a) „Die Gültigkeit der NV-Bescheinigung ist auf längstens drei Jahre beschränkt."

b) „Die NV-Bescheinigung kann nur für geschäftsfähige Kontoinhaber erteilt werden."

c) „Die NV-Bescheinigung muss bei der Bundesanstalt für Finanzdienstleistungsaufsicht (BaFin) beantragt werden."

d) „Die NV-Bescheinigung gilt nicht für Dividenden und dividendenähnliche Erträge."

e) „Die NV-Bescheinigung wird durch die kontoführende Bank für minderjährige Kontoinhaber beim Finanzamt beantragt."

72. Wie informieren Sie Ihre Kunden über die Anlageform „Festgeld" richtig?

a) Die Konditionen für Festgelder sind an den Kapitalzinsen gebunden.

b) Mit Anlage des Festgeldes wird ein vorläufiger Zinssatz vereinbart, der vom Kreditinstitut während der Festlegungsdauer entsprechend der jeweiligen Lage am Geldmarkt angepasst werden kann.

c) Je nach Geldmarktlage können für Festgelder mit kürzerer Laufzeit höhere Zinssätze vereinbart werden als für längerfristige Anlagen.

d) Gemäß den Vorschriften der Rechnungslegungsverordnung sind bei vorzeitiger Verfügung über Festgelder Vorschusszinsen zu berechnen.

e) Ihr Kunde ist berechtigt, jederzeit über die Geldanlage zu verfügen.

73. Nach eingehender Beratung entscheidet sich Herr Dennis Schwarz, Kunde der Handelsbank AG, konfessionslos, zur Anlage von 10.000,00 € auf einem Festgeldkonto mit einer vereinbarten Laufzeit von 60 Tagen. Dabei gelten folgende Konditionen:

Festgelder Mindestanlage 2.000,00 €	bis unter 5.000 €	bis unter 10.000 €	bis unter 25.000 €
30 Tage	**1,90 %**	**1,95 %**	**2,05 %**
60 Tage	**1,95 %**	**2,05 %**	**2,15 %**
90 Tage	**2,05 %**	**2,15 %**	**2,20 %**
180 Tage	**2,15 %**	**2,20 %**	**2,25 %**

Welchen Zinsertrag erzielt Herr Schwarz bei Fälligkeit seiner Anlage, wenn er keinen Freistellungsauftrag gestellt hat? (Das Ergebnis ist auf zwei Stellen nach dem Komma zu runden.) Tragen Sie das Ergebnis in das Kästchen ein.

74. Ihr Kunde Dennis Schwarz erzielte im Veranlagungszeitraum keine weiteren Einkünfte aus Kapitalvermögen. Herr Schwarz (siehe Aufgabe 73) möchte nun von Ihnen wissen, was er unternehmen kann, um die Kapitalertragsteuer (Abgeltungssteuer) und den Solidaritätszuschlag erstattet zu bekommen.
Wie informieren Sie Herrn Schwarz sachlich richtig?

a) Die Besteuerung der Zinsen kann nicht mehr rückgängig gemacht werden.

b) Das Finanzamt erkennt den nicht ausgenutzten Freibetrag und erstattet ohne besonderen Antrag die zu viel gezahlte Kapitalertragsteuer (Abgeltungssteuer) und den Solidaritätszuschlag.

c) Im Rahmen seiner Einkommensteuererklärung kann Herr Schwarz beim Finanzamt die abgeführte Kapitalertragsteuer (Abgeltungssteuer) und den Solidaritätszuschlag geltend machen.

d) Herr Schwarz kann seinem Kreditinstitut nachträglich einen Freistellungsauftrag erteilen. Eine Erstattung der abgeführten Kapitalertragsteuer (Abgeltungssteuer) und des Solidaritätszuschlags ist dann durch das Kreditinstitut zu veranlassen.

e) Herr Schwarz muss die Erstattung der abgezogenen Kapitalertragssteuer (Abgeltungssteuer) und des Solidaritätszuschlags bei einem Steuerberater veranlassen.

75. Sabine Baumann, ledig, Auszubildende zur Bürokauffrau, erhält von ihrem Arbeitgeber gemäß Tarifvertrag monatlich 40,00 € vermögenswirksame Leistungen (VL). Bei welcher der folgenden Anlageformen erwirbt sie einen Anspruch auf Arbeitnehmersparzulage?

a) Bei einer Risikolebensversicherung, wenn die VL als Versicherungsbeiträge eingezahlt werden und der Vertrag eine Laufzeit von mindestens 12 Jahren hat.

b) Bei einer Kapitallebensversicherung, wenn die VL als Versicherungsbeiträge eingezahlt werden und der Vertrag eine Laufzeit von mindestens 12 Jahren hat.

c) Bei einer Anlage der VL nach den Vorschriften des Wohnungsbauprämiengesetzes.

d) Bei einer Zahlung der VL zum Erwerb von Anteilen an einem Rentenfonds.

e) Bei einer Anlage auf einen Kontensparvertrag mit einer Laufzeit von 6 Jahren und einer Sperrfrist von 7 Jahren.

76. Welche Aussage zur Festsetzung der Arbeitnehmersparzulage ist zutreffend?
Die festgesetzte Arbeitnehmersparzulage wird...

a) nach jährlicher Beantragung in der Einkommensteuererklärung auf Ihr Anlagekonto von Ihrem Finanzamt gutgeschrieben.

b) auf Antrag jährlich von Ihrem Arbeitgeber auf Ihr Anlagekonto überwiesen.

c) nach jährlicher Beantragung bei Ihrem Finanzamt und nach Ablauf der Sperrfrist auf Ihr Anlagekonto gutgeschrieben.

d) auf Antrag nach Ablauf der Sperrfrist von Ihrem Arbeitgeber auf Ihr Anlagekonto überwiesen.

e) automatisch jährlich auf Ihr Anlagekonto von Ihrem Finanzamt überwiesen.

77. Welche Aussage zur Beantragung der Arbeitnehmersparzulage bzw. Wohnungsbauprämie ist zutreffend?

„Reichen Sie …

a) Ihren Antrag auf vermögenswirksame Leistungen bei ihrer Bausparkasse ein."

b) Ihren Antrag auf Wohnungsbauprämie zusammen mit ihrer Einkommensteuererklärung beim Finanzamt ein."

c) Ihren Antrag auf Arbeitnehmersparzulage bei ihrer Bausparkasse ein, welche diesen an das Finanzamt weiterleitet."

d) Ihre gesammelten Anträge auf Wohnungsbauprämie der letzten Jahre am Ende der Festlegungsfrist beim Finanzamt ein."

e) Ihren Antrag auf Wohnungsbauprämie jährlich bei ihrer Bausparkasse ein."

78. Die Auszubildende Maria Baum hat heute einen Bausparvertrag abgeschlossen. Unter welcher Voraussetzung erhält Sie die Wohnungsbauprämie ausbezahlt?

a) Nach Ablauf der 6-jährigen Bindungsfrist

b) Nach Zuteilung des Bausparvertrags und Auszahlung bei wohnwirtschaftlicher Verwendung

c) Sobald 50 % der Bausparsumme eingezahlt sind

d) Bei Auszahlung des Bausparguthabens, innerhalb der Bindungsfrist

e) Jederzeit auf Antrag, soweit ihr zu versteuerndes Einkommen die Einkommensgrenze nicht übersteigt

f) Jederzeit auf Antrag nach einer 3-monatigen Kündigungsfrist

Zu den nächsten zwei Aufgaben siehe nachstehende Situation.

Sie sind als Sachbearbeiter/-in bei der Handelsbank AG eingesetzt. Die Eheleute Klug haben mit Ihnen heute einen Termin vereinbart, um sich über die staatliche Sparförderung informieren zu lassen.
Herr Klug arbeitet als Lagerfachkraft bei einem ortsansässigen Industrieunternehmen (Jahresbruttoeinkommen 37.800,00 €); seine Ehefrau Angelika ist nicht berufstätig. Die Eheleute Klug haben einen zweijährigen Sohn.

Auszug aus dem Wohnungsbauprämiengesetz

§ 2a Einkommensgrenzen

Die Einkommensgrenze beträgt 25.600 Euro, bei Ehegatten (§ 3 Abs. 3) 51.200 Euro. Maßgebend ist das zu versteuernde Einkommen (§ 2 des Einkommensteuergesetzes) des Sparjahrs (§ 4 Abs. 1).

§ 3 Höhe der Prämie

(1) Die Prämie bemisst sich nach den im Sparjahr (§ 4 Abs. 1) geleisteten prämienbegünstigten Aufwendungen. Sie beträgt 8,8 vom Hundert der Aufwendungen.
(2) Die Aufwendungen des Prämienberechtigten sind je Kalenderjahr bis zu einem Höchstbetrag von 512 Euro, bei Ehegatten (Absatz 3) zusammen bis zu 1.024 Euro prämienbegünstigt. Die Höchstbeträge stehen den Prämienberechtigten gemeinsam zu (Höchstbetragsgemeinschaft).

Auszug aus dem 5. VermBG

§ 13 Anspruch auf Arbeitnehmersparzulage

(1) Der Arbeitnehmer hat Anspruch auf eine Arbeitnehmer-Sparzulage nach Absatz 2, wenn sein Einkommen folgende Grenzen nicht übersteigt:

1. bei nach § 2 Abs. 1 Nr. 1 bis 3, Abs. 2 bis 4 angelegten vermögenswirksamen Leistungen die Einkommensgrenze von 20.000 Euro oder bei einer Zusammenveranlagung von Ehegatten nach § 26b des Einkommensteuergesetzes von 40.000 Euro oder
2. bei nach § 2 Abs. 1 Nr. 4 und 5 angelegten vermögenswirksamen Leistungen die Einkommensgrenze von 17.900 Euro oder bei einer Zusammenveranlagung von Ehegatten nach § 26b des Einkommensteuergesetzes von 35.800 Euro.

Maßgeblich ist das zu versteuernde Einkommen nach § 2 des Einkommensteuergesetzes in dem Kalenderjahr, in dem die vermögenswirksamen Leistungen angelegt worden sind.

(2) Die Arbeitnehmer-Sparzulage beträgt 20 vom Hundert der nach § 2 Abs. 1 Nr. 1 bis 3, Abs. 2 bis 4 angelegten vermögenswirksamen Leistungen, soweit sie 400 Euro im Kalenderjahr nicht übersteigen, und 9 vom Hundert der nach § 2 Abs. 1 Nr. 4 und 5 angelegten vermögenswirksamen Leistungen, soweit sie 470 Euro im Kalenderjahr nicht übersteigen.

79. Wie viel Euro müssen die Eheleute Klug jährlich anlegen, um die maximale Sparförderung nach Vermögensbildungsgesetz und Wohnungsbauprämiengesetz zu erhalten? Tragen Sie das Ergebnis in das Kästchen ein.

80. Nach eingehender Beratung entscheidet sich das Ehepaar Klug zum Abschluss entsprechender Sparverträge. Berechnen Sie jeweils den Betrag
a) der Wohnungsbauprämie,
b) der Arbeitnehmersparzulage,
der den Eheleuten Klug pro Jahr maximal zusteht (Ergebnis mit jeweils zwei Stellen nach dem Komma angeben). Tragen Sie die Ergebnisse in das Kästchen ein.

81. Welche Aussage zur Kapitallebensversicherung ist zutreffend?

a) Eine Kapitallebensversicherung ist nicht kündbar, daher muss eine sorgfältige Beratung bei der Auswahl der Versicherungsgesellschaft erfolgen.

b) Beiträge einer Kapitallebensversicherung bestehen grundsätzlich aus einem Risikoanteil, einem Sparanteil und einem Anteil, die die Verwaltungskosten der Gesellschaft decken soll.

c) Das Risiko einer Kapitallebensversicherung besteht darin, dass der Auszahlungsbetrag bei Tod des Versicherungsnehmers nicht garantiert werden kann.

d) Schlechte gesundheitliche Verhältnisse des Versicherten bei Vertragsabschluss führen in der Tendenz zu einer niedrigeren monatlichen Versicherungsprämie.

e) Die Erträge aus einer Kapitallebensversicherung bleiben nur dann steuerfrei, wenn der Versicherungsvertrag eine Laufzeit von mindestens 15 Jahren hat.

82. Ihre Kundin, Emma Sorgsam, ist aufgrund der ständigen Nachrichten über staatliche Schuldenkrisen und der drohenden Zahlungsunfähigkeit einzelner europäischer Staaten und Banken beunruhigt. Frau Sorgsam möchte von Ihnen wissen, inwieweit ihre Einlagen bei der Universalbank AG, die dem Einlagensicherungsfonds des Bundesverbandes deutscher Banken angehört, geschützt sind. Wie informieren Sie Ihre Kundin richtig?

a) „Nach dem Einlagensicherungsgesetz (EinSiG) sind alle Verbindlichkeiten der Universalbank AG zu 100 % geschützt, wobei ein Höchstbetrag von 100.000,00 EUR pro Gläubiger zu beachten ist."

b) „Die Universalbank AG gehört laut Einlagensicherungsgesetz (EinSiG) einer gesetzlichen Einlagensicherungseinrichtung an. Nur durch diese Mitgliedschaft ist für die Universalbank AG eine Institutssicherung gewährleistet.

c) „Die Basisdeckung des Einlagensicherungsgesetzes (EinSiG) umfasst nur Sichteinlagen, Termineinlagen und Einlagen anderer inländischer Banken."

d) „Nach dem Einlagensicherungsgesetz (EinSiG) sind private Einlagen bis zu einer Höhe von 100.000,00 € pro Konto zu 100 % geschützt."

e) „Da die Universalbank AG dem freiwilligen Einlagensicherungsfonds des Bundesverbandes deutscher Banken angeschlossen ist, sind die Einlagen von Frau Sorgsam über die gesetzliche Basisdeckung hinaus geschützt."

ANLAGE IN WERTPAPIEREN

83. Die Handelsbank AG senkt aufgrund der Änderung des allgemeinen Marktzinsniveaus die Zinssätze für Einlagen und Neuemissionen eigener Schuldverschreibungen. Bei welcher der folgenden Anlageformen ändert sich dadurch die Verzinsung?

a) 4,25 % Inhaberobligation, emittiert am 01.09. letzten Jahres, Zinstermin 01.09.
b) Festgeld mit einer Restlaufzeit von drei Monaten
c) 3,75 % Wandelschuldverschreibung, emittiert am 01.08. letzten Jahres, Zinstermin 01.08.
d) aufgezinster Sparbrief
e) Spareinlage mit dreimonatiger Kündigungsfrist.

84. Ihr Kunde Florian Meier möchte 40.000,00 €, die in etwa 3 bis 4 Jahren zur Renovierung seines Einfamilienhauses verwendet werden sollen, anlegen. Die Anlage soll sowohl eine gute Rendite als auch zum benötigten Zeitpunkt zur Verfügung stehen.
Welche der folgenden Anlageempfehlungen geben Sie Herrn Meier?
Anlage in...

a) einen Immobilienfonds, da bei späterer Verwendung des Geldes für ein Bauvorhaben der Ausgabeaufschlag zurückerstattet wird.
b) Unverzinsliche Schatzanweisungen, da Herr Meier bei jährlich steigendem Zinsertrag jederzeit die Möglichkeit hat, ohne Kursrisiko über sein Geld zu verfügen.
c) einen Aktienfonds, um durch möglichst hohe Kursgewinne den Eigenkapitalanteil für das spätere Bauvorhaben zu erhöhen.
d) Pfandbriefen, Laufzeit 10 Jahre, da Herr Meier unabhängig vom tatsächlichen Baubeginn jederzeit ohne Kursrisiko über das Geld verfügen kann.
e) einem Rentenfonds mit Anlageschwerpunkt in kurz- bis mittelfristigen Laufzeiten, um bei marktnaher Rendite das Kursrisiko gering zu halten.

85. Welches gesetzliche Aktionärsrecht erwirbt man mit dem Kauf einer Stammaktie einer Aktiengesellschaft?

a) Anspruch auf Rabatte, sofern der Aktionär Dienstleistungen der Aktiengesellschaft in Anspruch nimmt
b) Stimmrecht in der Hauptversammlung
c) Stimmrecht im Aufsichtsrat
d) Anspruch auf private Veräußerungsgewinne
e) Uneingeschränktes Auskunftsrecht gegenüber dem Vorstand

86. Bei welcher der folgenden Stellen wird das Aktienbuch/Aktienregister einer Aktiengesellschaft geführt, die Namensaktien ausgibt?

a) Zuständiges Handelsregister
b) Hauptsitz der Gesellschaft
c) Hausbank der Gesellschaft
d) Bundesaufsichtsamt für den Wertpapierhandel
e) Bundesrepublik Deutschland – Finanzagentur GmbH

87. Welche der folgenden Aussagen zur Anlage in Investmentzertifikaten ist zutreffend?

a) Der Preis von Investmentzertifikaten bildet sich durch Angebot und Nachfrage, da Fondsanteile immer an der Börse gehandelt werden.
b) Rentenfonds beinhalten kein Kursrisiko, da sie laufend Zinszahlungen aus den enthaltenen Rentenpapieren beziehen.
c) Bei Fondsanlagen gilt eine „Spekulationsfrist“ von drei Jahren.
d) Für die Veräußerung von Anteilen von offenen Immobilienfonds gilt eine Spekulationsfrist von 10 Jahren.
e) Grundlage für die Ermittlung des Anteilwerts ist die Ermittlung des Inventarwerts, geteilt durch die Anzahl der umlaufenden Anteile

88. Welche Aussage zur regelmäßigen Anlage in Investmentzertifikaten ist zutreffend?

a) Der Cost-Average-Effekt ergibt sich nur bei fallenden Kursen.
b) Die regelmäßige Anlage eines gleich bleibenden Betrags ergibt einen niedrigeren durchschnittlichen Einstandspreis gegenüber dem regelmäßigen Kauf einer bestimmten Anzahl an Anteilen (Cost-Average-Effekt).
c) Der Cost-Average-Effekt ergibt sich nur bei steigenden Kursen.
d) Der Cost-Average-Effekt bedeutet, dass weniger Depotgebühren zu bezahlen sind.
e) Auf Grund der geringen Preisschwankungen bietet es sich an, regelmäßig eine bestimmte Anzahl an Anteilen zu kaufen, um den Cost-Average-Effekt zu nutzen.

89. Welche der folgenden Aussagen zum Cost-Average-Effekt im Rahmen der Anlage in Investmentfonds ist sachlich richtig?

a) Cost-Average-Effekt bedeutet, dass der Anleger die Fondsanteile stets zum günstigsten Preis erwirbt.

b) Der Cost-Average-Effekt wird genutzt, wenn der Anleger regelmäßig für einen gleichen Geldbetrag Fondsanteile erwirbt.

c) Um den Cost-Average-Effekt nutzen zu können, muss der Anleger regelmäßig eine gleiche Anzahl von Fondsanteilen erwerben.

d) Der Cost-Average-Effekt besagt, dass Fonds mit sehr niedrigen Ausgabepreisen erworben werden, um die Hebelwirkung zu nutzen.

e) Der Cost-Average-Effekt besagt, dass bei einer regelmäßigen Geldanlage in Fondsanteilen die Kosten niedriger sind als bei einer unregelmäßigen Geldanlage.

90. Welche Aussage zur steuerlichen Auswirkung einer Anlage in Investmentzertifikaten ist zutreffend?

a) Da die Erträge aus den Investmentzertifikaten der Fondsgesellschaft zuzurechnen sind, muss der Anleger hierauf Körperschaftsteuer zahlen.

b) Da die Erträge aus den Investmentzertifikaten steuerbegünstigt sind, kann der Anleger auch ohne Freistellungsauftrag über die Erträge abzugsfrei verfügen.

c) Wenn der Anleger wohnungsbauprämienberechtigt ist, muss er auch auf die Erträge aus Investmentzertifikaten, die später in ein Bauvorhaben fließen, keine Zinsabschlagsteuer zahlen.

d) Die steuerpflichtigen Erträge aus Investmentfondsanlagen müssen in der Regel mit dem Abgeltungssteuersatz versteuert werden.

e) Zwischengewinne, die beim Verkauf von Investmentanteilen anfallen, unterliegen nicht der Abgeltungssteuer.

91. Welche der folgenden Aussagen zur Besteuerung von Erträgen aus Wertpapieren ist zutreffend?

a) Sofern der Freistellungsauftrag aufgebraucht ist, wird die Dividende unter Abzug der anrechenbaren Körperschaftsteuer von 30 % und des darauf entfallenden Solidaritätszuschlags von 5,5 % gutgeschrieben.

b) Verluste aus privaten Veräußerungsgeschäften (Spekulationsverluste) aus dem Verkauf von Aktien können in unbegrenzter Höhe im gleichen Jahr mit Gewinnen aus privaten Veräußerungsgeschäften (Spekulationsgewinne) verrechnet werden und führen zu Negativeinkünften.

c) Mit der in Abzug gebrachten Abgeltungssteuer und dem darauf erhobenen Solidaritätszuschlag ist die Steuerschuld abgegolten.

d) Wenn ein Anleger Aktien innerhalb von 12 Monaten kauft und wieder verkauft, kann er bei der Berechnung des steuerpflichtigen Gewinns aus privaten Veräußerungsgeschäften (Spekulationsgewinn) einen Freibetrag von 512,00 € verrechnen.

e) Bei der Ermittlung des steuerpflichtigen Gewinns bei Aktienverkäufen kann generell eine Werbungskostenpauschale in Höhe von 50,00 € pro Person in Abzug gebracht werden.

92. Herr Baum findet im Kursblatt seiner Tageszeitung für seine BMW AG-Aktien den Schlusskurs „39,50 G“. Welche Bedeutung hat dieser Kurszusatz?

a) Da die Nachfrage größer als das Angebot war, musste der Schlusskurs geschätzt werden.

b) Ein Kurs konnte nicht festgestellt werden; zu diesem Preis bestand nur Nachfrage.

c) Die zum festgestellten Kurs limitierten Kaufaufträge konnten nicht vollständig ausgeführt werden; es bestand weitere Nachfrage.

d) Die zum festgestellten Kurs limitierten Kaufaufträge konnten nur zu einem geringen Teil ausgeführt werden.

e) Es fand kein Umsatz statt; zu diesem Preis bestand nur Nachfrage.

93. Welche <u>zwei</u> Aussagen treffen im Rahmen der Aktienanlage auf die „Fundamentalanalyse“ zu?

a) Ziel der Fundamentalanalyse ist die Ermittlung des „fairen Preises“ einer Aktie unter Verwendung externer und interner Daten des Unternehmens.

b) Typische Kennzahlen der Fundamentalanalyse sind Kurs-Gewinn-Verhältnis und Widerstandslinien.

c) Die Fundamentalanalyse kann Hinweise auf unter- oder überbewertete Aktien geben.

d) Ziel der Fundamentalanalyse sind Kursprognosen durch Analyse der Kursbewegungen der Vergangenheit.

e) Hohe Kurs-Gewinn-Verhältnisse zeigen, dass Aktien unterbewertet sind.

f) Die Fundamentalanalyse bezeichnet man auch als technische Analyse.

94. Ihr Kunde Sebastian Groß hat Ihnen am Freitag, dem 30. September, eine Kauforder über 100 Stück Daimler-Aktien, Limit 49 €, erteilt. Die Order wurde an diesem Tag nicht ausgeführt. Herr Groß ruft Sie am folgenden Montag an, da er von Ihnen wissen möchte, ob seine Order weiterhin gültig ist. Wie informieren Sie Herrn Groß richtig?

Die Order…

a) hat nur für einen Tag gegolten (Tagesorder).

b) ist noch den gesamten Oktober über gültig (Ultimo-Order).

c) war nur bis Monatsultimo gültig (Ultimo-Order).

d) ist solange gültig, bis sie ausgeführt werden kann.

e) ist auf Grund der Limitierung ein Festpreisgeschäft und wird am Montag, dem 3. Oktober ausgeführt.

95. Klaus Steiner, Kunde der Universalbank AG, hat in der Zeitung gelesen, dass die Aktien der Solartronic AG sehr günstig bewertet sind. Herr Steiner, der als Kapitalanlage bisher ausschließlich Sparbriefe und Bundesanleihen erworben hat, möchte daher für 15.000,00 € Aktien dieser Gesellschaft erwerben. Er lässt sich daher vom Anlageberater der Universalbank AG beraten, bevor er ihm eine Kauforder erteilt.
Welche der folgenden Aussagen im Rahmen der Beratung ist zutreffend?

Der Anlageberater weist darauf hin, dass …

a) Herr Steiner für die Sammelverwahrung von Aktien bei der Clearstream Banking AG für jeden Auftrag seine schriftliche Zustimmung erteilen muss.

b) eine preislich limitierte Ultimo-Order ohne besondere Weisung von Herrn Steiner am letzten Börsentag des Monats automatisch ausgeführt wird.

c) er Herrn Steiner nach seinen Kenntnissen und Erfahrungen mit Aktien befragen muss.

d) Herr Steiner für die Ausführung des Kaufauftrages auf jeden Fall den von ihm gewünschten Börsenplatz angeben muss.

e) im Kaufauftrag der Vermerk „bestens“ eingetragen werden muss, wenn Herr Steiner jeden Ausführungspreis akzeptiert.

96. Welche der folgenden Aussagen zum Ablauf des Bookbuilding-Verfahrens im Rahmen einer Aktienemission ist zutreffend?

a) Beim Bookbuilding-Verfahren wird ein Verkaufsprospekt mit einem festen Ausgabepreis veröffentlicht.

b) Zum festgelegten Ausgabepreis geben die Anleger in ihrem Zeichnungsangebot lediglich die gewünschte Stückzahl an.

c) Der Konsortialführer hat das Recht, den festgelegten Emissionspreis in beliebiger Höhe an die aktuelle Marktsituation anzupassen.

d) Wenn das Angebot größer ist als die Nachfrage, wird der Überhang entsprechend der Zeichnungsgebote an die Bieter verteilt.

e) Falls die Nachfrage das Platzierungsvolumen überschreitet, können vom Emittenten zusätzliche Aktien zur Ausgabe zur Verfügung gestellt werden.

97. Der Vorstand der DATACom AG plant eine Kapitalerhöhung. Welche <u>zwei</u> Aussagen zur geplanten Kapitalerhöhung sind sachlich richtig?

a) Beschließt die Hauptversammlung ein „genehmigtes Kapital“, so muss die Kapitalerhöhung innerhalb der nächsten drei Jahre durchgeführt werden.

b) Werden Aktien zu einem Ausgabepreis über dem rechnerischen Nennwert emittiert, entsteht eine Gewinnrücklage.

c) Die Emission von Wandelanleihen, bei denen der Gläubiger das Umtauschrecht in Aktien der DATACom AG hat, führt zu einer bedingten Kapitalerhöhung.

d) Durch die Ausgabe von Berichtigungsaktien fließt zusätzliches Kapital in das Unternehmen.

e) Bei einer bedingten Kapitalerhöhung darf der Vorstand das festgelegte Emissionsvolumen um 10 % erhöhen.

f) Bei Ausgabe neuer Aktien bestimmt die Hauptversammlung gemäß Aktiengesetz über einen möglichen Ausschluss des Bezugsrechtes.

98. Ordnen Sie die Anlageformen den entsprechenden Merkmalen richtig zu.

Anlageformen

a) Sparbrief
b) Unverzinsliche Schatzanweisungen
c) Bundesobligationen

Merkmale

[a] Laufzeit meistens zwei bis sechs Jahre
[b] Das Bundeswertpapier ist ein Abzinsungspapier.
[a] Dabei handelt es sich um ein Rektapapier.
[c] Das Bundeswertpapier wird an der Börse gehandelt.
[b] Das Bundeswertpapier ermöglicht vor Fälligkeit weder Rückgabe noch Verkauf an der Börse.
[c] Das Bundeswertpapier hat eine jährlich nachträgliche Zinszahlung.

99. Ordnen Sie die Aktienarten den entsprechenden Aussagen richtig zu.

Anlagearten

a) Stammaktien
b) Vorzugsaktien
c) Junge Aktien
d) Namensaktien
e) Berichtigungsaktien
f) Vinkulierte Aktien

Aussagen

[ ] Der Inhaber dieser Aktie wird im Aktienbuch der Unternehmung eingetragen. Der Vorstand der Aktiengesellschaft muss einem Aktionärswechsel nicht zustimmen.
[ ] Diese Aktien haben i. d. R. kein Stimmrecht in der Hauptversammlung. Als Ausgleich wird den Aktionären eine höhere Dividende gezahlt.
[ ] Die Aktien werden ausgegeben, wenn die Aktiengesellschaft Gewinnrücklagen in gezeichnetes Kapital umwandelt.
[ ] Die Aktie verbrieft ohne Einschränkungen alle Aktionärsrechte.
[ ] Die Aktiengesellschaft erhöht das gezeichnete Kapital gegen Bareinlagen.
[ ] Bei dieser Aktie muss der Vorstand der Aktiengesellschaft dem Aktionärswechsel ausdrücklich zustimmen

100. Ordnen Sie 4 der insgesamt 5 Anlageformen den jeweiligen Fällen sachlich richtig zu.

Anlageformen

a) Bundesschatzanweisungen
b) Bundesobligationen
c) Bundesanleihen
d) Zerobonds mit einer Laufzeit von 10 Jahren (beste Emittentenbonität)
e) Floating Rate Notes mit einer Laufzeit von 15 Jahren

Fälle

[ ] Karl Luchs möchte ein Wertpapier mit einer zweijährigen Laufzeit.
[ ] Tom Klein möchte börsennotierte Schuldverschreibungen erwerben, die während der gesamten Laufzeit ein möglichst geringes Kursrisiko aufweisen.
[ ] Lara Stein erwartet fallende Marktzinsen und möchte in größtmöglicher Weise Kurschancen bei der Kapitalanlage nutzen
[ ] Hans Krupp möchte eine börsennotierte Schuldverschreibung mit festen, jährlich gleich bleibenden Zinszahlungen und einer Laufzeit von 10 Jahren erwerben.

101. Wie hoch ist die Rendite der folgenden Anleihe (Ergebnis auf zwei Stellen nach dem Komma runden)? Tragen Sie das Ergebnis in das Kästchen ein.

ANLEIHE	
Restlaufzeit	5 Jahre
Nominalzins	4 % p.a.
aktueller Kurs	101,0 %
Rückzahlungskurs	100,0 %

102. Die Universalbank AG führte am Dienstag, den 11.04.20.., im Auftrag ihres Kunden Martin Klein die folgende Wertpapierverkaufsorder aus. Der Freistellungsauftrag des Kunden ist bereits voll ausgeschöpft. Herr Klein ist nicht kirchensteuerpflichtig.

Verkauf: 13.000,00 €, 3,50 %, Rhön-Klinikum AG Emission 10, 01. März 20.. gzj.

Kurs: 99,50 %

Provision: 0,40 % vom Kurswert

Berechnen Sie

a) die Tage, für die Herrn Klein Stückzinsen zustehen.
b) die Stückzinsen in € (auf zwei Stellen nach dem Komma runden).
c) den gutzuschreibenden Zinsbetrag in € (auf zwei Stellen nach dem Komma runden).
d) die Gutschrift in € auf dem Kundenkonto (es ist weder ein Kursgewinn noch ein -verlust entstanden, das Ergebnis ist auf zwei Stellen nach dem Komma zu runden).
Tragen Sie die Ergebnisse in das Kästchen ein.

103. Die Universalbank AG führte am Freitag, 12. Mai 20.., im Auftrag eines Kunden folgende Wertpapierverkaufsorder aus:

VERKAUF			
30.000,00 € 3,75 % Pfandbriefe Emission 03, 25. März gzj.			
Kurs:	101,500 %	€	30.450,00
Provision:	0,400 %	€	121,80
Maklergebühr:	0,050 %	€	15,00

a) **Wann erfolgt die Wertstellung der Gutschrift auf dem Konto des Kunden (TT.MM.)?**
b) **Ermitteln Sie die Stückzinsen in € (act/act).**
c) **Berechnen Sie den gutzuschreibenden Zinsbetrag in € (auf zwei Stellen nach dem Komma runden). Es liegt kein Freistellungsauftrag des Kunden vor. Der Kunde ist nicht kirchensteuerpflichtig.**
d) **Berechnen Sie den Gutschriftsbetrag auf dem Konto des Kunden (es ist weder ein Kursgewinn noch ein -verlust entstanden, das Ergebnis ist auf zwei Stellen nach dem Komma zu runden). Tragen Sie die Ergebnisse in das Kästchen ein.**

Zu den nächsten drei Aufgaben siehe nachstehende Situation.

Sie sind als Sachbearbeiter/-in bei der Handelsbank AG eingesetzt. Die Eheleute Fröhlich haben mit Ihnen heute einen Termin vereinbart, da sie 15.000,00 € aus einem gerade fällig gewordenen Sparbrief anlegen möchten.
Sie schlagen dem Ehepaar Fröhlich die Anlage in folgenden börsennotierten Anleihen vor:

Anleihe	Zins-satz	Laufzeit	Zins-termin	Kurs 16.03.20	Rendite	Nennwert in €
Kommunalobligation	2,75	2016-2023	29.01.	97,00 bG	3,45	1.000
Industrieanleihe	4,25	2014-2024	10.01.	102,00 bB	3,98	1.000

104. Die Eheleute Fröhlich möchten den zur Verfügung stehenden Betrag in eine der beiden Anleihen anlegen. Welche zwei Aussagen über die Beratung im Rahmen des Wertpapierhandelsgesetzes sind zutreffend?

a) Im Gegensatz zu einer Aktienanlage ist bei festverzinslichen Wertpapieren eine Beratung gesetzlich nicht vorgeschrieben, da hier keine Risiken bestehen.
b) Die Beratung muss bis spätestens zwei Börsentage vor Abschluss des Wertpapierkaufes erfolgen und dokumentiert werden.
c) Die Eheleute Fröhlich müssen ihre letzten vier Einkommensteuerbescheide vorlegen, damit sich der Berater über die finanziellen Verhältnisse der Kunden informieren kann.
d) Die Eheleute müssen unter anderem über ihre Erfahrungen und Kenntnisse hinsichtlich der geplanten Kapitalanlage befragt werden.
e) Der Berater muss die Eheleute Fröhlich über Risiken der beabsichtigten Kapitalanlage nur dann informieren, wenn der Kunde danach fragt.
f) Die Eheleute Fröhlich müssen unter anderem über ihre Ziele, die sie mit der geplanten Kapitalanlage verfolgen, befragt werden.

105. Die Eheleute Fröhlich entscheiden sich nach eingehender Beratung zum Kauf von nominal 15.000,00 € der Industrieanleihe. Die Handelsbank AG führt die Kauforder am Freitag, 17.03.2020 (Handelstag), zum Kurs von 101,80 aus. Die Transaktionskosten belaufen sich auf 0,4 % vom Kurswert.
a) Ermitteln Sie die Stückzinstage (ein Schaltjahr wird nicht berücksichtigt).
b) Berechnen Sie die Stückzinsen (act/act; Ergebnis auf zwei Stellen nach dem Komma runden).
c) Mit welchem Betrag wird das Kundenkonto belastet? (Ergebnis auf zwei Stellen nach dem Komma runden).
d) Wann (TT.MM.JJJJ) erfolgt die Belastung auf dem Kundenkonto?
Tragen Sie die Ergebnisse in das Kästchen ein.

106. Im Beratungsgespräch erfahren Sie, dass die Eheleute Fröhlich regelmäßig 200,00 € in Investmentzertifikate ansparen wollen. Wie informieren Sie die Eheleute Fröhlich über die regelmäßige Anlage in Investmentzertifikate sachlich richtig?

a) Auf Grund der geringen Preisschwankungen bietet es sich an, regelmäßig eine bestimmte Anzahl von Anteilen zu kaufen, um den Cost-Average-Effekt zu nutzen.
b) Der Cost-Average-Effekt ergibt sich nur bei fallenden Kursen.
c) Der Cost-Average-Effekt ergibt sich nur bei steigenden Kursen.
d) Cost-Average-Effekt bedeutet, dass weniger Depotgebühren zu bezahlen sind.
e) Die regelmäßige Anlage eines gleich bleibenden Betrags ergibt einen niedrigeren durchschnittlichen Einstandspreis gegenüber dem regelmäßigen Kauf einer bestimmten Anzahl an Anteilen (Cost-Average-Effekt).

Zu den nächsten vier Aufgaben siehe nachstehende Situation.

**Ihre Kundin Frau Lisa Hocke bekam kürzlich eine Lebensversicherung, die ihre Eltern für sie angespart haben, in Höhe von 30.000,00 € ausbezahlt.
Heute, Mittwoch, 16.03.20.., erscheint Frau Hocke zu einem Beratungsgespräch. Ihre Kundin hat sich bereits im Vorfeld über verschiedene Anlagemöglichkeiten informiert und legt Ihnen folgenden Zeitungsausschnitt über die Anlage in einen Pfandbrief vor.**

Pfandbriefanstalt München AG
variabel verzinster Öffentlicher Pfandbrief
Serie 02/2020
Zinstermine:
Vierteljährlich 20. Februar/Mai/August/November (act/360)
Zinssatz:
3-Monats-EURIBOR am 15. des Monats der Zinszahlung + 0,4 Prozentpunkte
Fälligkeit: November 2026
Aktueller Börsenkurs: 97,80 %

107. Frau Hocke bittet Sie um Auskunft über die vorgelegte Anleihe. Wie informieren Sie Frau Hocke richtig? (zwei Antworten sind richtig.)

a) „Aufgrund der Deckung durch erworbene Hypotheken weisen diese verzinslichen Schuldverschreibungen ein geringes Emittentenrisiko auf."

b) „Öffentliche Pfandbriefe dienen der Beschaffung kurzfristiger Mittel zur Refinanzierung von Forderungen an staatliche Stellen."

c) „Aufgrund der Deckung durch erworbene Forderungen gegen staatliche Stellen gelten diese verzinslichen Schuldverschreibungen als besonders sicher."

d) „Aufgrund der unterjährigen Zinszahlungen weist diese Anleihe einen Zinseszinseffekt bei der Wiederanlage der Zinserträge gegenüber einer Anleihe mit ganzjährigem Kupon auf."

e) „Bei Insolvenz der Pfandbriefanstalt München AG fallen die im Deckungsregister eingetragenen Werte der Anleihe in die Insolvenzmasse."

108. Im weiteren Verlauf des Beratungsgespräches entschließt sich Ihre Kundin zum Kauf von nominal 25.000,00 € dieser Anleihe. Das Börsengeschäft kommt noch heute zustande. Berechnen Sie den ausmachenden Betrag in EUR, den Frau Hocke zu zahlen hat. Der für die Berechnung maßgebliche 3-Monats-EURIBOR betrug am letzten Zinsfeststellungstermin 0,75 %. Tragen Sie das Ergebnis in das Kästchen ein.

109. Frau Hocke möchte von Ihnen wissen, wie viel Zinsen sie am nächsten Zinszahlungstermin erwarten kann. Tragen Sie das Ergebnis in das Kästchen ein.

110. Darüber hinaus interessiert sich Frau Hocke für die Anlage in Euro-Anleihen ausländischer Emittenten. Bei der Einschätzung der Kreditwürdigkeit der Emittenten ist Sie im Vorfeld des Beratungsgespräches auf den Begriff „Rating“ gestoßen. Welche Auskunft dürfen Sie Frau Hocke hierzu geben?

a) „Zur Einschätzung von Bonitätsrisiken werden Ratings verwendet. Eine in diesem Zusammenhang von Ratingagenturen durchgeführte Bonitätsanalyse beschränkt sich auf die Beurteilung des spezifischen Länder- und Branchenrisikos.“

b) „Bei der Ausgabe einer Anleihe legt der Emittent einmalig das Rating auf Grundlage von Angebot und Nachfrage fest.“

c) „Anleihen von Emittenten mit einem „Aa3-Rating“ werden auch als „Junk-Bonds“ bezeichnet.“

d) „Da sich das Rating von Emittenten während der Laufzeit verschlechtern kann, erhöht sich für Anleger, die bereits entsprechende Anleihen halten, das Zinsausfall- und Rückzahlungsrisiko.

e) „Anleihen von Emittenten mit einem „Aaa-Rating“ verfügen in der Regel über eine kurze Restlaufzeit und zeichnen sich durch überdurchschnittlich hohe Renditen aus.“

Zu den nächsten drei Aufgaben siehe nachstehende Situation.

Die Hauptversammlung der DATACom AG hat am 09. März d. J. beschlossen, das Grundkapital durch die Ausgabe von Stückaktien mit einem rechnerischen Anteil am Grundkapital von jeweils 1,00 € um 12 Mio. € auf 84 Mio. € zu erhöhen. Die jungen Aktien, die weder einen Dividendenvorteil noch einen Dividendennachteil haben, werden zum Preis von 40,00 € angeboten. Damit liegt der Ausgabekurs der jungen Aktien um 15,00 € unter dem Börsenkurs der Altaktien am Vortag der Kapitalerhöhung. Der Bezugsrechtshandel an den deutschen Börsenplätzen findet in der Zeit vom 21.05. (Montag) bis 04.06. (Montag) statt.

111. Welche Art der Kapitalerhöhung liegt hier vor?

a) Genehmigtes Kapital

b) Kapitalerhöhung aus Gesellschaftsmitteln

c) Kapitalerhöhung gegen Bareinlagen

d) Kapitalerhöhung gegen Sacheinlagen

e) Bedingte Kapitalerhöhung

112. Ermitteln Sie
a) das Bezugsverhältnis
b) den rechnerischen Wert des Bezugsrechts (Das Ergebnis ist rechnerisch auf zwei Stellen nach dem Komma zu runden)
Tragen Sie die Ergebnisse in das Kästchen ein.

113. Wann wird die Aktie (TT.MM.) mit dem Kurszusatz „ex BR“ notiert? Tragen Sie das Datum in das Kästchen ein.

Zu den nächsten zwei Aufgaben siehe nachstehende Situation.

Die Eheleute Marion und Hannes Ehrlich, Kunden der Universalbank AG, kommen heute am 14.07.20.. zu Ihnen. Sie besitzen ein Wertpapierdepot und haben nur folgende Transaktionen durchgeführt.

Stück	Aktien	Kauf/Verkauf	Tageskurs
500	Solitron AG	Kauf: 04.01.20..	36,78
500	Solitron AG	Verkauf: 12.07.20..	41.70

114. Berechnen Sie in €
a) den Kursgewinn
b) die Abgeltungssteuer einschließlich Solidaritätszuschlag (ein Freistellungsauftrag liegt nicht vor).
Tragen Sie die Ergebnisse in das Kästchen ein.

115. Einen Teil des Verkaufserlöses in Höhe von 8.000,00 € möchten die Eheleute sicher, liquide und zugleich möglichst rentabel anlegen. Wie beraten Sie die Eheleute sachlich richtig?
a) „Belassen Sie die 8.000,00 € auf Ihrem zinslosen Girokonto!".
b) „Legen Sie das Geld in einen Geldmarktfonds an!".
c) „Investieren Sie in Aktienanleihen!".
d) „Legen Sie das Geld in einen Aktienfonds ohne Ausgabeaufschlag an, weil sie börsentäglich die Fondsanteile an die Fondsgesellschaft zurückgeben können!".
e) „Erwerben Sie hochvolatile (stark kursschwankende) Werte!"

116. Als Kundenberater der Südbank AG informieren Sie Ihren Kunden Klaus Krenn am Beispiel der Infotech AG Aktie über die Kosten einer Geldanlage in Aktien.
Der aktuelle Börsenkurs der Aktie beträgt 14,50 €. Die Südbank AG legt folgende Kosten zugrunde:

Provision	**0,7 % vom Kurswert, mindestens 25,00 €**
Courtage	**0,8 ‰ vom Kurswert**

Wie viel Aktien sollte Herr Krenn mindestens ordern, um eine überproportional hohe Belastung durch die Mindestprovision zu umgehen? Tragen Sie das Ergebnis in das Kästchen ein.

Zu den nächsten zwei Aufgaben siehe nachstehende Situation.

Als Aktionär der Solitron AG wird Herr Meißner heute über die in einem Monat stattfindende Hauptversammlung dieser Gesellschaft informiert. Er besitzt 1 000 Stammaktien und ist im Aktienregister der Solitron AG eingetragen.

117. Welche zwei Aussagen zu den Aktionärsrechten von Herrn Meißner sind zutreffend?
a) Herr Meißner wird direkt von der Solitron AG zur Hauptversammlung eingeladen.
b) Sollte Herr Meißner nicht selbst an der Hauptversammlung der Solitron AG teilnehmen können, kann er zum Beispiel seinen Bruder bevollmächtigen, für ihn die Aktionärsrechte auf der Hauptversammlung auszuüben.
c) Herr Meißner muss vor der Hauptversammlung der Solitron AG bei seiner Depotbank die Eintritts- und Stimmrechtskarte beantragen.
d) Spätestens auf der Hauptversammlung der Solitron AG muss Herr Meißner die Tagesordnung schriftlich vorgelegt werden.
e) Auf der Hauptversammlung der Solitron AG hat Herr Meißner ein uneingeschränktes Auskunftsrecht gegenüber dem Vorstand und dem Aufsichtsrat.
f) Als Aktionär einer Namensaktie der Solitron AG hat Herr Meißner kein Stimmrecht, genießt jedoch Dividendenvorzüge.

118. Die Hauptversammlung der Solitron AG beschließt eine Kapitalerhöhung gegen Einlagen. Da Herr Meißner nur über geringe liquide Mitteln verfügt, entschließt er sich, einen Teil seiner Bezugsrechte zu veräußern. Mit den erzielten Verkaufserlösen möchte Herr Meißner 20 junge Aktien beziehen.
Die Solitron AG erhöht ihr Grundkapital um 100 Mio € auf 1,1 Mrd. €. Die jungen Aktien, die weder einen Dividendenvorteil noch einen Dividendennachteil haben, werden zum Preis von 26,00 € angeboten.

a) Ermitteln Sie das Bezugsverhältnis.
b) Berechnen Sie den rechnerischen Wert des Bezugsrechts, wenn der Börsenkurs der alten Aktie vor Beginn der Bezugsfrist 34,80 € beträgt.
c) Berechnen Sie den Wert der gesamten Bezugsrechte von Herrn Meißner.
d) Wie viel Bezugsrechte benötigt Herr Meißner zum Bezug von 20 jungen Aktien?
e) Wie viele Bezugsrechte muss Herr Meißner mindestens veräußern, um aus dem Verkaufserlös 20 junge Aktien der Solitron AG erwerben zu können?
Tragen Sie die Ergebnisse in das Kästchen ein.

119. Jens Gruber, Aktionär der SolarWind AG, liest heute in der Tageszeitung die unten abgebildete Bekanntmachung der SolarWind AG. Herr Gruber besitzt 1 453 Stammaktien der SolarWind AG; der aktuelle Kurs der Aktie liegt bei 40,20 €.

Pressemeldung

SolarWind AG gibt Berichtigungsaktien aus.

Wie auf der letzten Hauptversammlung beschlossen, erhöht die SolarWind AG zum 31.10.2020 ihr Grundkapital von 500.000 € auf 600.000 € durch die Umwandlung von Gewinnrücklagen. Die Gewinnrücklagen waren aus nicht ausgeschütteten Gewinnen zum 31.12.2019 gebildet worden. Die neuen nennwertlosen Aktien im rechnerischen Nennbetrag von je 1,00 € sind für das laufende Jahr voll dividendenberechtigt.

Welche zwei Aussagen sind im Zusammenhang mit der Kapitalerhöhung der SolarWind AG zutreffend?

a) Die SolarWind AG beabsichtigt im nächsten Geschäftsjahr Investitionen durchzuführen und beschafft sich nun durch diese Kapitalerhöhung die hierfür erforderlichen liquiden Mittel.
b) Durch diese Kapitalerhöhung vermindern sich die in den vergangenen Jahren im Vergleich zum Grundkapital stark angewachsenen Rücklagen der SolarWind AG; im gleichen Umfang erhöht sich das Eigenkapital.“
c) Auf Grund des derzeitigen Aktienbesitzes erhält Herr Gruber automatisch 290 Aktien und 0,6 Teilrechte der SolarWind AG auf seinem Depotkonto gutgeschrieben, ohne hierfür etwas zahlen zu müssen.
d) Wenn Herr Gruber seiner depotführenden Bank den Auftrag erteilt, 0,6 Teilrechte für ihn zu kaufen, erhält Herr Gruber noch eine Aktie mehr auf seinem Depotkonto gutgeschrieben, ansonsten erhält er eine Gutschrift in Höhe von 13,40 € auf seinem Girokonto.
e) Wenn die SolarWind AG in Zukunft eine gleich hohe Dividende pro Aktie zahlt wie bisher, erhält Herr Gruber insgesamt einen höheren Ertrag aus diesen Aktien.
f) Da der Börsenpreis für die Aktie der SolarWind AG durch diese Kapitalerhöhung sinkt, vermindert sich dementsprechend auch der Wert des Aktienbesitzes von Herrn Gruber.

120. Die Hauptversammlung der DATASoft AG beschließt eine Dividendenausschüttung in Höhe von 0,58 € pro Aktie. Tobias Neumann, ledig, Kunde der Handelsbank AG, hat 1 300 Aktien der DATASoft AG in seinem Depot. Zum Zeitpunkt der Dividendenausschüttung hat Herr Neumann das Volumen seines Freistellungsauftrags bis auf einen Betrag in Höhe von 200,00 € aufgebraucht.

a) Berechnen Sie den gesamten Steuerabzug (Abgeltungssteuer einschließlich Solidaritätszuschlag) für Herrn Neumann.
b) Welcher Betrag wird Herrn Neumann auf seinem Erträgniskonto gutgeschrieben?
Tragen Sie die Ergebnisse in das Kästchen ein.

121. Ihre Kunde Klaus Dorfner möchte einmalig 10.000,00 €, die aus einer Erbschaft stammen, in einem Aktienfonds anlegen. Bevor er jedoch eine Kauforder erteilt, will er noch wissen, wie der Preis für einen Anteil zustande kommt. Sie wollen ihm dies am folgenden Beispiel für den X-Fonds erläutern.
Der X-Fonds hat folgendes Fondsvermögen:

Stück	Vermögenswerte	Preis pro Stück in €	Kurswert in €
40 000	A-Aktien	12,60	
40 000	B-Aktien	15,05	
20 000	C-Aktien	20,25	
180 000	Weitere Aktien		8.800.000

Zum Fondsvermögen gehört ein Bankguthaben von 500.000,00 €. Es sind 280 000 Stück Fondsanteile im Umlauf.

Auszug aus den Fondsbedingungen:

- Ausgabeaufschlag 4 % des Anteilswertes

- Rücknahme zum Anteilswert abzüglich 0,4 % Rücknahmekosten

Ermitteln Sie für einen Anteil

a) den Inventarwert (auf zwei Kommastellen runden)

b) den Verkaufspreis (auf volle 0,10 € aufrunden)

c) den Rücknahmepreis (auf volle 0,10 € abrunden)

Tragen Sie die Ergebnisse in das Kästchen ein.

<u>Zu den nächsten vier Aufgaben siehe nachstehende Situation.</u>

Sie sind als Sachbearbeiter/-in bei der Handelsbank eingesetzt. Ihr Kunde Patrick Klug hat von seinem Onkel neben einem Wertpapierdepot ein Guthaben in Höhe von 20.000,00 € auf einem Sparkonto geerbt. Das Depot enthält u. a. Stammaktien der Sunshine AG. Nachdem die Erbschaftsangelegenheit abgewickelt wurde und die Rechte aus dem Nachlass auf Herrn Klug übertragen wurden, kommt Herr Klug heute zu Ihnen, um ein vereinbartes Beratungsgespräch wahrzunehmen.

122. Welche der folgenden Aussagen ist im Zusammenhang mit den Aktionärsrechten zutreffend?

a) Auf der Hauptversammlung hat Herr Klug ein uneingeschränktes Auskunftsrecht gegenüber dem Vorstand und dem Aufsichtsrat.

b) Herr Klug besitzt kein Stimmrecht. Wird jedoch zwei Jahre lang keine Dividende an die Aktionäre gezahlt, lebt sein Stimmrecht wieder auf.

c) Herr Klug ist als Inhaber der Sunshine AG namentlich bekannt, weil er mit seinem Namen, seiner Adresse und seinem Geburtstag in ein Aktienregister eingetragen ist.

d) Stammaktien haben keinen Nennwert. Deshalb ist Herr Klug auch nicht am dividendenberechtigten Kapital der Sunshine AG beteiligt.

e) Als Stammaktionär genießt Herr Klug alle gesetzlichen Aktionärsrechte.

123. Herr Klug wurde von seiner Depotbank, der Handelsbank AG, über eine bevorstehende Kapitalerhöhung der Sunshine AG informiert. Die Sunshine AG erhöht ihr Grundkapital um 100,00 Mio. € auf 1,1 Mrd. € und gibt die jungen Stammaktien zu 36,00 € aus. Damit liegt der Ausgabekurs der jungen Aktien um 16,00 € unter dem Börsenkurs der Altaktien am Vortag der Kapitalerhöhung. Das Geschäftsjahr der Sunshine AG entspricht dem Kalenderjahr. Die letzte Hauptversammlung fand am 12. Mai 2019 statt. Für die Sunshine AG wird eine Dividende von 3,60 € für das laufende Jahr erwartet. Die jungen Aktien sind ab 1. Juni 2019 dividendenberechtigt.
Berechnen Sie

a) das Bezugsverhältnis.

b) den rechnerischen Wert des Bezugsrechts (Das Ergebnis ist kaufmännisch auf 2 Stellen nach dem Komma zu runden).

Tragen Sie die Ergebnisse in das Kästchen ein.

124. Da Herr Klug die 20.000,00 € in Bundesanleihen anlegen möchte, sollen Sie ihm die Effektivverzinsung (Rendite) der folgenden Anleihe berechnen (Zwischenergebnisse mit vier Stellen nach dem Komma berücksichtigen):

Nominalwert:	**20.000,00 €**
Zinssatz:	**3,25 % p. a.**
Kaufkurs:	**98,50 %**
Restlaufzeit:	**5 Jahre**

Kosten und steuerliche Aspekte sollen bei der Berechnung nicht berücksichtigt werden. (Das Ergebnis ist kaufmännisch auf 2 Stellen nach dem Komma zu runden.)

Tragen Sie das Ergebnis in das Kästchen ein.

125. Herr Klug möchte von Ihnen wissen, wie sich sinkende Kapitalmarktzinsen auf den Kurs der Bundesanleihe auswirken?

a) Dies hat keine Auswirkungen auf den Kurs der Bundesanleihe.
b) Der Kurs der Bundesanleihe wird steigen.
c) Der Kurs der Bundesanleihe wird fallen.
d) Da der Emittent den Nominalzinssatz der Bundesanleihe erhöht, ändert sich der Kurs nicht.
e) Da der Emittent den Nominalzinssatz der Bundesanleihe ermäßigt, ändert sich der Kurs nicht.

<u>Zu den nächsten drei Aufgaben beachten Sie bitte die nachstehenden Abbildungen.</u>

Sie sind als Sachbearbeiter/-in bei der Handelsbank eingesetzt. Ihre Kundin Sabine Weiß hat 20.000,00 € aus einem Lottogewinn zur Verfügung und möchte diesen Betrag in Wertpapiere anlegen. In diesem Zusammenhang möchte sie sich über die folgenden Wertpapiere informieren:
- Geldmarktfonds
- Floating Rate Notes (Floater)

Ausdruck aus dem Internet

FIDELITY EURO CASH FUND

- Fondstyp: Geldmarktfonds
- Anlageschwerpunkt: Geldmarkt-Fonds €
- Risikoklasse: 1
- Auflegung: 20.09.2019
- Managementgebühr: 0,4 % p.a.
- Ausgabeaufschlag: 0,0 %
- Performance im letzten Jahr: 1,42 % p.a.
- Valuta: 1 Bankarbeitstag
- Ausschüttungsart: ausschüttend
- Globalurkunde

Anlagegrundsätze: Der Euro Cash Fund zielt auf kontinuierliches Wachstum bei minimalem Risiko durch Anlagen vor allem in übertragbare Wertpapiere. Das Fondsvermögen wird allem voran in verzinslichen, übertragbaren Schuldverschreibungen, Schatzwechseln und geldmarktnahen Titeln investiert. Unter Einhaltung rechtlicher Vorschriften kann der Fonds unter Umständen bis zu 49 % des Nettofondsvermögen in liquiden Mitteln oder ähnlichen Titeln halten.

Ausdruck aus der Tages-zeitung

BAYER. HYPO- u. VEREINSBANK AG FLR- MTN V. 2015 (25)

Bankschuldverschreibung mit variablem Zinssatz von 2015/2025
(WKN 282975 – ISIN DE0002829751)

Auszug aus den Anleihebedingungen:

Zinsperiode:	**06. März 2020 bis 06. Juni 2020**
Zinstermin:	**06. Juni 2020**
Börsenplatz:	**Frankfurt**

Gemäß § 2 der Anleihebedingungen wurde der Zissatz wie folgt festgesetzt:
Zinssatz: **2,80 p. a.**

126. Welche der folgenden Aussagen ist für Geldmarktfonds zutreffend?

Geldmarktfonds sind Investmentfonds, deren Sondervermögen entsprechend Fondsbedingungen nach dem Kapitalanlagegesetzbuch (KAGB) aus Forderungen aus Bankguthaben, variabel verzinslichen Anleihen sowie aus …

a) Geldmarktpapieren und Anteilen an Immobilienfonds
b) Schuldverschreibungen mit kurzer Restlaufzeit und Geldmarktpapieren
c) Geldmarktpapieren und DAX-Aktien
d) Schuldverschreibungen mit kurzer Restlaufzeit und Zertifikaten über Edelmetalle
e) Geldmarktpapieren und Zertifikaten über Edelmetalle

127. Frau Weiß zeigt sich auch sehr interessiert für die Floating Rate Note (Floater) der BAYER. HYPO- u. VEREINSBANK AG; vgl. Sie dazu auch den Auszug aus der Tageszeitung. Welche <u>zwei</u> Aussagen treffen auf den von Frau Weiß angesprochenen Floater zu?

a) Der Floater kann von Frau Weiß nur zu den jährlichen Zinsterminen am 06. Juni wieder verkauft werden.
b) Zum Kaufzeitpunkt kann die Rendite für die gesamte Anlagedauer ermittelt werden.
c) Frau Weiß erhält erst am Ende der Laufzeit Zinsen aus dem Floater, da die Zinsen automatisch wieder mit angelegt (thesauriert) werden.
d) Der Floater beinhaltet ein erhöhtes Kursrisiko, da seine Verzinsung regelmäßig an den Marktzinssatz angepasst wird.
e) Bei Anlage in diesen Floater profitiert Frau Weiß von der unterjährigen Zinszahlung.
f) Zinsniveauänderungen am Geld- bzw. Kapitalmarkt werden sich nur gering auf den Kurs des Floaters auswirken, da die Verzinsung vierteljährlich angepasst wird.

128. Frau Weiß möchte noch heute den zur Verfügung stehenden Betrag in Höhe von 20.000,00 € anlegen. Für Frau Weiß ist die Sicherheit der Geldanlage bei ihrer Anlageentscheidung wichtig. Welches der folgenden Wertpapiere weist die höchste Sicherheit auf?

a) Geldmarktfonds FIDELITY EURO CASH FUND
b) Floating Rate Note (Floater) der BAYER. HYPO- u. VEREINSBANK AG

<u>Zu den nächsten sechs Aufgaben siehe nachstehende Situation.</u>

Sie sind als Sachbearbeiter/-in bei der Handelsbank eingesetzt. Ihr Kunde Alexander Krenn, 32 Jahre, möchte 40.000,00 €, die er von seinem Onkel geerbt hat, anlegen.

129. Da Ihr Kunde Herr Krenn erstmalig einen Betrag in Wertpapieren anlegen möchte, sind Sie gesetzlich verpflichtet, von Herrn Krenn umfassende Informationen über seine finanziellen Verhältnisse, seine Anlageziele, seine Kenntnisse und Erfahrungen im Zusammenhang mit Wertpapieren einzuholen und zu dokumentieren. Herr Krenn ist darüber verwundert und möchte wissen, welche Konsequenzen es für ihn hat, wenn er sich weigert, entsprechende Informationen an die Handelsbank AG zu geben. Mit welcher der folgenden Aussagen informieren Sie Herrn Krenn richtig?

„Wenn Sie sich weigern, uns diese Informationen zu geben,

a) darf die Handelsbank AG für Sie keine Wertpapierkaufaufträge ausführen."
b) darf die Handelsbank AG für Sie nur Wertpapierkaufaufträge über mündelsichere Anlagen ausführen."
c) muss die Handelsbank AG Sie an eine Direktbank verweisen."
d) haftet die Handelsbank AG nicht für ihre Wertpapierempfehlungen."
e) darf die Handelsbank AG Ihnen keine Wertpapierempfehlungen geben."

130. Nach eingehender Beratung möchte Herr Krenn für 20.000,00 € Bundeswertpapiere kaufen, da er diese für besonders sicher hält. Welche Aussage im Zusammenhang mit dem Kauf der Bundeswertpapiere ist zutreffend?

a) Bundesanleihen eignen sich für die Anlage, da sie zwar eine Laufzeit von in der Regel 10 Jahren haben, aber jederzeit mit unterschiedlichen Restlaufzeiten an der Börse erworben und verkauft werden.
b) Bundesanleihen eignen sich nicht für die Anlage des Geldes, da sie eine feste Laufzeit von in der Regel 10 Jahren haben und deshalb nicht jederzeit liquide sind.
c) Bundesanleihen sind zu empfehlen, da sie jederzeit zum Rückkaufswert an den Emittenten zurückgegeben werden können.
d) Bundesobligationen sind zu empfehlen, da sie zwar eine Laufzeit von 10 Jahren haben, aber jederzeit an der Börse verkauft werden können.
e) Unverzinsliche Schatzanweisungen eignen sich, weil sie börsentäglich veräußert werden können.

131. Am Donnerstag, 18. Juni 20.. (Schlusstag), erwirbt Herr Krenn 3,15 % Bundesobligationen im Nennwert von 20.000,00 € zum Kurs von 98,5 %. Der Zinstermin ist der 15.03. (act/act) (kein Schaltjahr). Berechnen Sie ...

a) die Stückzinstage

b) die Stückzinsen (Das Ergebnis ist kaufmännisch auf zwei Stellen nach dem Komma zu runden)

c) den ausmachenden Betrag, mit dem Herr Krenn belastet wird (ohne Berücksichtigung von Makler- und Bankprovisionen sowie der Spesen).

Tragen Sie die Ergebnisse in das Kästchen ein.

132. Sie erläutern Herrn Krenn im Zusammenhang mit dem heutigen Kauf der Bundeswertpapiere die Bedeutung des allgemeinen (sonstigen) Verlustverrechnungstopfes. Welche Aussage ist in diesem Zusammenhang zutreffend?

a) Auf die heute verausgabten Stückzinsen muss Herr Krenn anteilige Kapitalertragsteuer (Abgeltungssteuer) zzgl. Solidaritätszuschlag und Kirchensteuer zahlen. Diese Beträge werden im Verlustverrechnungstopf erfasst.

b) Bei künftigen Zinszahlungen aus dieser Obligation wird zunächst ein noch nicht ausgeschöpfter Freistellungsauftrag in Anspruch genommen. Erst danach erfolgt eine Verrechnung mit einem Saldo des allgemeinen (sonstigen) Verlustverrechnungstopfes.

c) Spätere Veräußerungsverluste beim Verkauf von Aktien kann Herr Krenn mit den verausgabten Stückzinsen der heutigen Wertpapierorder verrechnen.

d) Sollte Herr Krenn zukünftig Dividendenerträge aus Aktien erhalten, können diese nicht mit den verausgabten Stückzinsen verrechnet werden. Eine Verrechnung mit Veräußerungsverlusten aus Aktiengeschäften hingegen ist möglich.

e) Da es sich bei den zu zahlenden Stückzinsen für Herrn Krenn um einen Aufwand handelt, erhöhen die Stückzinsen den Saldo des allgemeinen (sonstigen) Verlustverrechnungstopfes von Herrn Krenn.

133. Den noch verbleibenden Betrag in Höhe von 20.000,00 € möchte Herr Krenn in Aktien der Solartronic AG investieren. Es handelt sich bei diesen Aktien um „auf den Namen lautende Stückaktien".

Welche zwei Aussagen sind in diesem Zusammenhang zutreffend?

a) Stückaktien haben keinen Nennwert und sind deshalb auch nicht am dividendenberechtigten Kapital der Solartronic AG beteiligt.

b) Stückaktien haben einen rechnerischen Anteil am Grundkapital der Solartronic AG von mindestens 1,00 €.

c) Namensaktionäre müssen zur Ausübung ihrer Stimmrechte persönlich an der Hauptversammlung der AG teilnehmen.

d) Die Umstellung auf Namensaktien erleichtert den Aktiengesellschaften den Zugang zu internationalen Kapitalmärkten, da insbesondere in den USA Namensaktien Voraussetzung für einen Börsengang sind.

e) Durch die Ausgabe von Namensaktien können feindliche Übernahmeversuche ausgeschlossen werden.

f) Die Übertragung von Namensaktien ist grundsätzlich von der Zustimmung der AG abhängig.

134. Welche Aussage zur Verwaltung und Verwahrung der Aktien der Solartronic AG ist richtig?

a) Die Aktien werden in die Sonderverwahrung genommen, da Herr Krenn gemäß Aktiengesetz jederzeit einen Auslieferungsanspruch auf effektive Stücke hat.

b) Die Aktien werden in die Sonderverwahrung genommen, da sie laut Depotgesetz die Grundform der Verwahrung ist.

c) Die Aktien werden in Sonderverwahrung genommen, da sie auf den Namen des Herrn Krenn lauten.

d) Die Aktien werden in die Girosammelverwahrung bei der Clearstream Banking AG genommen, da Namensaktien sammelverwahrfähig sind.

e) Die Aktien werden bei der Solartronic AG verwahrt, da Namensaktien im Aktienregister der emittierenden Gesellschaft eingetragen und damit auch dort verwahrt werden müssen.

135. Welche der folgenden Aussagen zu Genussscheinen ist zutreffend?

a) Genussscheine erhöhen das Grundkapital des Emittenten

b) Genussscheine verbriefen dem Erwerber das Stimmrecht auf der Hauptversammlung.

c) Die Erträge aus Genussscheinen sind steuerfreie Einnahmen.

d) Die Erträge aus Genussscheinen können abhängig von der Ertragslage des Emittenten sein.

e) Genussscheine verbriefen Eigentumsrechte des Aktionärs.

136. Ihr Kunde Klaus Steinbeißer hat als Aktionär der Handelsbank AG folgendes Bezugsangebot erhalten:

<u>**Auszug aus dem Bezugsangebot für Genussscheine**</u>:

Emittent:	**Handelbank AG**
Verkaufskurs:	**100,00 %**
Laufzeitbeginn:	**15. März 2020**
Rückzahlung:	**15. März 2026 zum Nennwert**
Mindestzeichnungssumme:	**500,00 € und ein Vielfaches**
Ausschüttung:	**6,8 % p.a. vom Nennwert, jeweils zahlbar am 15. März eines Jahres, erstmals zahlbar am 15. März 2021; eine Ausschüttung entfällt, soweit sie zu einem Bilanzverlust führt.**
Nachrangigkeit:	**Genussrechtskapital kann im Falle der Insolvenz der Bank erst nach Befriedigung der nicht nachrangigen Gläubiger der Bank zurückgefordert werden.**
Teilnahme am Verlust:	**Genussrechtskapital nimmt während der Dauer der Laufzeit bis zur vollen Höhe am Bilanzverlust der Bank teil.**

Welche <u>zwei</u> Aussagen zum vorliegenden Genussschein sind zutreffend?

a) Die Genussscheine sind von der Handelsbank AG emittierte festverzinsliche Wertpapiere, bei denen Herrn Steinbeißer die Rückzahlung und die jährlich nachträglich zu zahlenden Zinsen garantiert sind.

b) Die Genussrechte sind den Aktien ähnliche Wertpapiere, die Herrn Steinbeißer neben einer festen Verzinsung auch das Teilnahmerecht an der Hauptversammlung gewähren.

c) Die Genussrechte können von der Handelsbank AG nur ausgegeben werden, wenn hierzu ein Beschluss der Hauptversammlung über eine bedingte Kapitalerhöhung vorliegt.

d) Die Genussscheine zählen unter bestimmten Voraussetzungen zum haftenden Eigenkapital der Handelsbank AG.

e) Die Nachrangigkeit der Genussscheine bedeutet für Herrn Steinbeißer, dass die Ausschüttungen auf die Genussscheine erst gezahlt werden, wenn die Dividendenansprüche der Aktionäre befriedigt sind.

f) Die Genussscheine bieten Herrn Steinbeißer die Aussicht auf eine höhere Rendite als Inhaberschuldverschreibungen der Handelsbank AG mit gleicher Laufzeit, bergen aber ein höheres Risiko.

137. Welche <u>zwei</u> Aussagen zur Optionsanleihe sind zutreffend?

a) Optionsanleihen sind Schuldverschreibungen, die in Aktien der ausgebenden Gesellschaft getauscht werden können.

b) Bei Optionsanleihen fällt das Forderungsrecht durch die Ausübung der Option weg.

c) Sind die Optionsscheine von den Optionsanleihen getrennt, handelt es sich um Null-Coupon-Anleihen.

d) Bei Optionsanleihen sind die Optionsrechte in Optionsscheinen verbrieft, die von der Anleihe getrennt und dann selbstständig gehandelt werden können.

e) Der Kurs des Optionsscheins orientiert sich in einem festen Verhältnis am Kurs der „Optionsanleihe ex“.

f) Steigt der Kurs der zugrunde liegenden Aktie, so steigt der Kurs des Optionsscheins in der Regel überproportional in Bezug zum eingesetzten Kapital.

138. Mit welchem der folgenden Optionsgeschäfte kann sich ein Aktionär eines im DAX gelisteten Unternehmens vor größeren Kursverlusten schützen, ohne die Aktie verkaufen zu müssen?

a) Long Call.
b) Short Call.
c) Long Put
d) Short Put
e) Kauf eines DAX-Futures.

139. Ihr Kunde, Stefan Meier, hat einen Call auf die SoliElectron AG erworben. Der Basispreis beträgt 20,00 €, Verfalltermin ist der 21. Dezember. Der Kurswert der Aktien liegt am 28. November bei 22,00 €. Der Optionspreis beträgt 5,00 €.

a) Ermitteln Sie den inneren Wert dieser Option.
b) Berechnen Sie den Zeitwert dieser Option.
Tragen Sie die Ergebnisse in das Kästchen ein.

140. Ihre Kunde Klaus Gehwolf ordert 5 000 Call-Optionsscheine auf die Solartronic AG zu folgenden Konditionen:

- Bezugsverhältnis:	**10:1**
- Restlaufzeit:	**15 Monate**
- Basispreis:	**55,00 €**
- Aktueller Optionsscheinkurs:	**0,40 €**
- Aktueller Kurs der Solartronic AG:	**51,00 €**

Er behält die Optionsscheine bis zur Fälligkeit.
Um welchen Betrag müsste der Kurs der Solartronic AG Aktien steigen, damit Herr Gehwolf weder einen Gewinn noch einen Verlust erzielt (Kosten bleiben unberücksichtigt)?
Tragen Sie das Ergebnis in das Kästchen ein.

141. Ihr Kunde, Patrick Reich, hat einen Put auf die SoliStrom AG erworben. Der Basispreis beträgt 15,00 €, Verfalltermin ist der 21. März. Der Kurswert der Aktien liegt am 28. Februar bei 13,50 €. Der Optionspreis beträgt 5,00 €.

a) Ermitteln Sie den inneren Wert dieser Option.
b) Berechnen Sie den Zeitwert dieser Option.
Tragen Sie die Ergebnisse in das Kästchen ein.

142. Welche <u>zwei</u> der folgenden Aussagen über den Zeitwert der in der vorhergehenden Aufgabe angegebenen Option sind sachlich richtig?

a) Die Höhe des Zeitwerts dieser Option ist u. a. von der Volatilität des Börsenkurses der SoliStrom AG abhängig.
b) Mit jedem Kursanstieg der SoliStrom AG ist auch ein Anstieg des Zeitwerts dieser Option verbunden.
c) Die Option befindet sich „im Geld", also „in the money", da der Zeitwert positiv ist.
d) Der Zeitwert dieser Option gibt an, um wie viel günstiger der Verkauf der SoliStrom AG an der Börse im Vergleich zur Ausübung der Option ist.
e) Der Zeitwert ist eine zusätzliche am Verfalltag vom Käufer an den Verkäufer zu zahlende Prämie.
f) Der Optionspreis der SoliStrom AG wird am Verfalltag dem inneren Wert der Option entsprechen, da dann kein Zeitwert mehr vorhanden ist.

143. Ihr Kunde Frank Naumann entscheidet sich am 21.01.20.. zum Kauf eines Dax-Futures an der Eurex über die Südbank AG zu folgenden Konditionen:

Basiswert	**DAX (Deutscher Aktienindex)**
Kontraktwert	**25,00 € je DAX-Punkt**
Fälligkeit	**30. März 20..**
DAX-Stand am 21.01.20..	**12 500**

Wie informieren Sie Herrn Naumann über die Chancen und Risiken dieses Future-Geschäfts sachlich richtig (zwei Antworten)?

a) „Der maximale Verlust ist für Sie auf den gezahlten Optionspreis begrenzt."
b) „Sie können maximal 25,00 € verlieren."
c) „Fällt der DAX auf 10 500 Punkte, beträgt Ihr Verlust 50.000,00 € zuzüglich Gebühren."
d) „Ihr Gewinn ist auf den erhaltenen Optionspreis begrenzt."
e) „Ihr maximaler Gewinn beträgt 227.500,00 € abzüglich Gebühren."
f) „Steigt der DAX bei Fälligkeit des Kontrakts auf 12 900 Punkte, beträgt Ihr Gewinn 10.000,00 € abzüglich Gebühren."

Zu den nächsten fünf Aufgaben siehe nachstehende Situation.

Sie sind als Sachbearbeiter/-in bei der Handelsbank eingesetzt. Ihr Kunde Alexander Hut möchte 20.000,00 € in Aktien anlegen.

144. Alexander Hut hat in einer Börsenzeitschrift gelesen, dass besonders deutsche Aktien zurzeit ein niedriges Kurs-Gewinn-Verhältnis aufweisen und eine relativ hohe Dividendenrendite erzielen. Da er die mittel- und langfristigen Perspektiven der Branche für erneuerbare Energien sehr positiv einschätzt, zieht er in Betracht, Aktien entweder der Solartronic AG oder der SoliStrom AG zu erwerben.

Zur Entscheidungsfindung legt er Ihnen folgenden Auszug aus der Börsenzeitschrift vor:

	Solartronic AG	Solistrom AG
Kurs der Aktie (€)	63,60	67,60
Erwartete Dividendenrendite in 20.. (%)	4,30	2,75
Erwarteter Gewinn je Aktie für 20.. (€)	6,26	5,62

Berechnen Sie das Kurs-Gewinn-Verhältnis für 20.. für die Aktie der

a) Solartronic AG

b) Solistrom AG

Die Ergebnisse sind auf eine Stelle nach dem Komma zu runden und in das Kästchen einzutragen.

145. Für welche der beiden Aktien sollte sich Herr Hut aufgrund Ihrer Ergebnisse in der vorherigen Aufgabe entscheiden?

a) Solartronic AG

b) Solistrom AG

146. Ermitteln Sie die Dividende in € für die Solartronic AG, die von den Analysten für das Geschäftsjahr 20.. erwartet wird? Tragen Sie das Ergebnis in das Kästchen ein.

147. Alexander Hut interessiert sich auch für den Erwerb einer Kaufoption in Aktien an der Eurex und lässt sich daher von Ihnen beraten, bevor er eine Kauforder erteilt. Welche der folgenden Aussagen zur Kaufoption (Long Call) sind sachlich richtig? (Zwei zutreffende Aussagen sind richtig.)

a) Mit dem Erwerb der Kaufoption ist Alexander Hut Stillhalter in Wertpapieren.

b) Der Optionspreis wird ermittelt durch Subtraktion des aktuellen Aktienkurses vom Basispreis.

c) Das Verlustrisiko für Alexander Hut ist auf den Optionspreis begrenzt.

d) Der Verkäufer der Kaufoption ist jederzeit berechtigt, Alexander Hut die vereinbarte Anzahl Aktien des Basiswertes zum Basiskurs anzudienen.

e) Alexander Hut ist während der Laufzeit jederzeit berechtigt, die Lieferung der vereinbarten Anzahl Aktien des Basiswertes vom Verkäufer der Option zum Basispreis zu verlangen.

f) Der Zeitwert der Option nimmt im Zeitverlauf zu.

148. Nach reiflicher Überlegung entscheidet sich Herr Hut für den Kauf eines Kontraktes folgender Kaufoption.

Kontraktgröße: 100 Aktien

Basiswert: Soliworld AG

Basispreis: 180,00 €

Optionspreis: 10,00 €

Laufzeit: 5 Monate

Alexander Hut übt bereits nach vier Monaten seine Option aus und verkauft die Aktien zu 194,00 € unmittelbar über die Börse.

Berechnen Sie den Gesamterfolg der getätigten Geschäfte (Spesen bleiben unberücksichtigt).

Tragen Sie das Ergebnis in das Kästchen ein.

<u>Zu den nächsten zwei Aufgaben siehe nachstehende Situation.</u>

Eine Kundin erwarb an der EUREX sechs Kontrakte PUT (amerikanische Art) mit Optionen auf insgesamt 600 Stück Aktien der DATASoft AG zu folgenden Konditionen:

Verfallmonat: Juni 20.. Basispreis: 40,00	Preis CALL: 2,50	Preis PUT: 3,50

Am 10. Mai 20.. möchte die Kundin ihre Anlage zu folgenden Notierungen der EUREX veräußern:

DATASoft AG: Aktienkurs: 36,75 €

Verfallmonat	Basispreis	Preis CALL	Offene Kontrakte	Preis PUT	Offene Kontrakte
06	38,00	2,95	477	4,95	4021
	40,00	1,15	1678	5,75	5632
	42,00	0,50	4532	6,15	9984
07	38,00	4,30	289	6,05	3753
	40,00	3,40	1864	6,70	6398
	42,00	2,25	1645	6,90	3190

149. Welches der folgenden Geschäfte muss die Kundin zur Glattstellung ihres Engagements abschließen?

a) Sie muss 6 Kontrakte PUT auf die Aktie der DATASoft AG mit Basispreis 40,00 zum Verfallmonat Juli 20.. kaufen.

b) Sie muss 6 Kontrakte PUT auf die Aktie der DATASoft AG mit Basispreis 40,00 zum Verfallmonat Juni 20.. verkaufen.

c) Sie muss 6 Kontrakte CALL auf die Aktie der DATASoft AG mit Basispreis 40,00 zum Verfallmonat Juni 20.. kaufen.

d) Sie muss 6 Kontrakte CALL auf die Aktie der DATASoft AG mit Basispreis 40,00 zum Verfallmonat Juli 20.. verkaufen.

e) Sie muss sich am Kassamarkt mit 600 Aktien der DATASoft AG eindecken und dann die Option ausüben.

150. Berechnen Sie den Gesamterfolg der Anlage, den die Kundin erzielt hat (Nebenkosten und steuerliche Aspekte sind nicht zu berücksichtigen). Tragen Sie das Ergebnis in das Kästchen ein.

151. Berechnen Sie den Hebel für folgenden Optionsschein. Tragen Sie das Ergebnis in das Kästchen ein.

Basispreis (Bezugspreis)	**50,00 €**
Bezugsverhältnis	**10 : 1**
(Je 10 Optionsscheine berechtigen zum Bezug einer Aktie)	
Restlaufzeit	**18 Monate**
Aktuelle Börsenpreise:	
Optionsschein	**0,60 €**
Aktie	**45,00 €**

152. Welche <u>zwei</u> Aussagen zum Hebel eines Optionsscheines sind sachlich richtig?

a) Je größer der Hebel, desto höher ist tendenziell die Gewinnchance für den Anleger.

b) Der Hebel wird vom Emittenten des Optionsscheines in den Emissionsbedingungen festgelegt und gilt für die gesamte Laufzeit.

c) Der Hebel gibt die erwartete Rendite des Anlegers an.

d) Der Hebel ist der Faktor, um den die relative Änderung des Optionsscheinkurses größer ist als die relative Änderung des Aktienkurses.

e) Der Hebel ist der Faktor, um den die absolute Änderung des Optionsscheinkurses größer ist als die absolute Änderung des Aktienkurses.

f) Der Hebel kann auch negativ sein.

ÜBUNGSAUFGABEN ZUR VORBEREITUNG AUF DIE ABSCHLUSSPRÜFUNG

STANDARDISIERTE PRIVATKREDITE

1. Die Handelsbank AG vereinbart zur Absicherung eines persönlichen Anschaffungsdarlehens über 6.000,00 € mit Ihrem Kunden, Klaus Baum, eine Gehaltsabtretung. Welche Aussage hinsichtlich der Gehaltsabtretung ist zutreffend?

a) Wird das Gehalt später ein zweites Mal an ein anderes Kreditinstitut abgetreten, so verliert die Handelsbank AG die Rechte an der Gehaltsforderung.

b) Gehaltsabtretungen sind dem Arbeitgeber anzuzeigen und von diesem zu bestätigen.

c) Sofern der Arbeitgeber die Gehaltsabtretung vertraglich ausgeschlossen hat, kann die Handelsbank AG die Forderung nicht rechtswirksam erwerben.

d) Bei der Bewertung der Abtretung muss beachtet werden, dass der Netto- und nicht der Bruttolohn in voller Höhe als Sicherheit zur Verfügung steht

e) Bei Ausbleiben einer Tilgungsrate darf die Handelsbank AG sich an den Arbeitgeber des Herrn Baum wenden. Dieser muss die Forderung der Handelsbank AG unverzüglich begleichen.

2. Ordnen Sie zwei der fünf folgenden Aussagen den entsprechenden Kreditarten des Privatkundengeschäftes richtig zu.

Aussagen

a) Der Kredit kann nach zwei aufeinander folgenden Raten gekündigt werden.

b) Der Kredit wird in festen monatlichen Raten zurückgezahlt.

c) Der Kredit sichert die Ansprüche eines Dritten gegen den Kreditnehmer.

d) Der Kredit wird bei Inanspruchnahme der Bank zur Eventualverbindlichkeit.

e) Der Kredit birgt für das Kreditinstitut keine Risiken.

Kreditarten

[ ] Avalkredit

[ ] Ratenkredit

3. Welche zwei Aussagen über eine vereinbarte Sicherungsübereignung im Rahmen einer Pkw-Finanzierung sind zutreffend?

a) Das Kreditinstitut erlangt durch Übergabe des Kfz-Briefes das Eigentum und den unmittelbaren Besitz an dem Fahrzeug.

b) Das Kreditinstitut wird durch den Sicherungsübereignungsvertrag Eigentümer und der Kreditnehmer bleibt unmittelbarer Besitzer des Fahrzeugs.

c) Das Kreditinstitut wird durch die Übereignung auch Halter des Fahrzeugs und hat daher vorübergehend die Pflicht zur ausreichenden Versicherung des Fahrzeugs.

d) Das Kreditinstitut bilanziert das Fahrzeug während der Kreditlaufzeit, da sie im Außenverhältnis uneingeschränkt Eigentümer ist.

e) Der Kreditnehmer hat nach vollständiger Rückzahlung des Kredits gegenüber dem Kreditinstitut einen Anspruch auf Rückübertragung des Eigentums an dem Fahrzeug.

f) Im Fall von Kreditrückständen dürfte eine Verwertung des Fahrzeugs durch das Kreditinstitut gemäß den Vorschriften des BGB nur durch öffentliche Versteigerung erfolgen.

4. Welche <u>zwei</u> Aussagen sind im Rahmen einer Pkw-Finanzierung hinsichtlich einer vereinbarten Sicherungsübereignung sachlich richtig?

a) Für die Rechtswirksamkeit der Sicherungsübereignung ist die Übergabe des Kfz-Briefes zwingend erforderlich.

b) Auch nach der Sicherungsübereignung des Pkw an das Kreditinstitut bleibt der Kreditnehmer Eigentümer des Pkw.

c) Das Kreditinstitut erhält an dem sicherungsübereigneten Pkw das treuhänderische Eigentum.

d) Damit das Fahrzeug eindeutig bestimmt werden kann, muss das Kreditinstitut es im Sicherungsübereignungsvertrag genau bezeichnen.

e) Für die rechtswirksame Entstehung der Sicherungsübereignung ist es notwendig, dass der Kreditnehmer eine Haftpflicht- und eine Vollkaskoversicherung für den Pkw abschließt.

f) Gerät der Kreditnehmer mit der Ratenzahlung in Verzug, muss er den Pkw an das Kreditinstitut verkaufen.

5. Welche <u>zwei</u> Aussagen über eine vereinbarte Sicherungsübereignung im Rahmen einer Pkw-Finanzierung sind zutreffend?

a) Die Sicherungsübereignung eines Pkw entsteht durch die Übergabe des Kfz-Briefs an das Kreditinstitut.

b) Die Sicherungsübereignung eines Pkw ist im Gesetz eindeutig geregelt und daher für den Kreditgeber risikolos.

c) Das Kreditinstitut erwirbt nur treuhänderisches Eigentum, d. h. der Pkw darf nur verwertet werden, wenn der Kreditnehmer seinen Verpflichtungen aus dem Kreditvertrag nicht nachkommt.

d) Die gesetzlich vorgeschriebene Haftpflichtversicherung für den Pkw muss bei der Sicherungsübereignung vom Kreditgeber abgeschlossen werden, da er Eigentümer ist.

e) Das kreditgebende Institut hat nach vorheriger schriftlicher Ankündigung und einer Wartefrist von vier Wochen die Möglichkeit, das Fahrzeug in den eigenen Bestand zu nehmen. Der Restkreditbetrag wird verrechnet.

f) Rechtlich ist zur Durchführung einer Sicherungsübereignung ein Besitzkonstitut notwendig.

6. Ordnen Sie 3 der 6 folgenden Merkmale den entsprechenden Sicherheiten zu.

Merkmale

a) Die Vereinbarung der Sicherheit muss dem Drittschuldner nicht angezeigt werden.

b) Die Übergabe kann durch die Einigung über die Entstehung der Sicherheit ersetzt werden.

c) Die Sicherheit ist akzessorisch.

d) Die Sicherheit ist gesetzlich nicht geregelt.

e) Der Sicherungsgeber hat das Recht, vor der Inanspruchnahme die Zwangsvollstreckung in das Vermögen des Kreditnehmers zu verlangen.

f) Die Vereinbarung der Sicherheit muss dem Drittschuldner angezeigt werden.

Sicherheiten

[ ] Sicherungsübereignung

[ ] Abtretung von Forderungen

[ ] Selbstschuldnerische Bürgschaft

7. Ordnen Sie 3 der 7 folgenden Merkmale den entsprechenden Sicherheiten zu.

Merkmale

a) Die Vereinbarung der Sicherheit muss dem Drittschuldner nicht angezeigt werden.

b) Die Übergabe kann durch die Einigung über die Entstehung der Sicherheit ersetzt werden.

c) Zur rechtswirksamen Bestellung der Sicherheit ist in der Regel die Schriftform erforderlich.

d) Das Sicherungsgut bleibt im Eigentum des Sicherungsgebers.

e) Der Sicherungsgeber verpflichtet sich, das Sicherungsgut sorgfältig zu behandeln.

f) Der Sicherungsgeber hat das Recht, vor Inanspruchnahme der Sicherheit die Zwangsvollstreckung in das Vermögen des Kreditnehmers zu verlangen.

g) Die Vereinbarung der Sicherheit führt zu einem Gläubigerwechsel und muss dem Drittschuldner angezeigt werden.

Sicherheiten

[ ] Sicherungsübereignung

[ ] Verpfändung von Wertpapieren

[ ] Selbstschuldnerische Bürgschaft

8. Ihr Kunde Martin Klein hat vor drei Monaten einen Ratenkredit bei der Kreditbank AG zu einem Festzinssatz von 8,5 % p. a. aufgenommen. Herr Klein möchte das bei der Kreditbank AG aufgenommene Darlehen sofort ablösen, da er über das Internet eine Kreditzusage eines anderen Kreditinstituts für 7,5 % erhalten hat. Wie informieren Sie Herrn Klein hinsichtlich eines Kündigungsrechtes seines Darlehens zutreffend?

a) Das Darlehen kann nur mit einer Frist von sechs Wochen zum Quartalsende gekündigt werden.

b) Das Darlehen kann erst in sechs Monaten, mit einer Frist von drei Monaten, gekündigt werden.

c) Es besteht ein fristloses Kündigungsrecht gemäß Verbraucherkreditgesetz, da der vereinbarte Zinssatz erheblich vom marküblichen Zinssatz abweicht.

d) Ein Kündigungsrecht besteht, da ein Festzinssatz für die gesamte Laufzeit vereinbart wurde.

e) Herr Klein kann seine Verbindlichkeiten jederzeit ganz oder teilweise vorzeitig erfüllen, falls vertraglich nichts anderes vereinbart ist; eventuell ist eine Vorfälligkeitsentschädigung an die Kreditbank AG zu zahlen.

f) Herr Klein hat keinen rechtlichen Anspruch auf Kündigung, da sich der Kreditvertrag noch in der unkündbaren Vorlaufzeit von sechs Monaten befindet.

Zu den nächsten drei Aufgaben siehe nachstehende Situation.

Die Kreditbank AG gewährt Ihrer Kundin Sabine Breu, ledig, ein persönliches Anschaffungsdarlehen in Höhe von 10.000,00 €. Zur Absicherung des Darlehens erklärt sich ihr Vater, Sven Breu, bereit, für seine Tochter zu bürgen. Die Bürgschaftsverpflichtung bezieht sich lediglich auf dieses Darlehen.

9. Welche der folgenden Aussagen ist hinsichtlich der Besicherung durch eine Bürgschaft zutreffend?

a) Aufgrund der Abstraktheit der Sicherheit muss eine Abhängigkeit zwischen der Bürgschaft und dem Kreditvertrag durch die Zweckerklärung geschaffen werden.

b) Die Bürgschaft endet automatisch mit dem Tod von Sven Breu.

c) Die Bürgschaft ist ein zweiseitig verpflichtender Vertrag, in dem sich Sven Breu gegenüber der Kreditbank AG verpflichtet, für die Verbindlichkeiten seiner Tochter einzutreten.

d) Der Bürgschaftsvertrag muss öffentlich beglaubigt werden.

e) Damit die Kreditbank AG die Bürgschaft bewerten kann, muss sie eine Bonitätsprüfung von Sven Breu durchführen.

10. Herr Breu erklärt sich bereit eine selbstschuldnerische Bürgschaft zu übernehmen. Wie informieren Sie Herrn Breu hinsichtlich einer selbstschuldnerischen Bürgschaft sachlich richtig?

a) Sven Breu kann erst dann zur Zahlung herangezogen werden, wenn ihm der tatsächliche Ausfall von der Kreditbank AG nachgewiesen wird.

b) Es wird vertraglich festgelegt, wann der Ausfall als eingetreten gilt, z. B. wenn Sabine Breu ihre Zahlung einstellt.

c) Sven Breu kann die Befriedigung der Kreditbank AG solange verweigern, bis diese die Zwangsvollstreckung gegen Sabine Breu in deren bewegliches Vermögen ohne Erfolg versucht hat.

d) Sven Breu muss zahlen, sobald die Forderung von der Kreditbank AG ihm gegenüber fällig gestellt wird.

e) Stellt Sabine Breu ihre Zahlung ein, kann Sven Breu nach Ablauf einer Androhungsfrist von vier Wochen in Anspruch genommen werden.

11. Sabine Breu erhält nach zwei Tagen ein schriftliches Kreditangebot von der Kreditbank AG. Welche <u>zwei</u> Angaben müssen gemäß § 492 BGB (ehemals § 4 Verbraucherkreditgesetz) im Vertragstext aufgenommen werden?

a) Die Art und Weise der Rückzahlung des Darlehens

b) Das vom Kreditinstitut ermittelte „frei verfügbare Einkommen“ von Sabine Breu

c) Die Kosten der Restschuldversicherung, die im Zusammenhang mit dem Verbraucherdarlehensvertrag abgeschlossen wird.

d) Die Einwilligung von Sabine Breu zur SCHUFA-Klausel

e) Der Verwendungszweck des Darlehens

Zu den nächsten vier Aufgaben siehe nachstehende Situation.

Ihr Kundin Christine Kleist, ledig, möchte sich einen neuen Pkw kaufen, zu dessen Finanzierung sie einen Kredit über einen Teilbetrag des Kaufpreises bei der Kreditbank AG aufnehmen möchte.

12. Wie informieren Sie Frau Kleist bezüglich der Merkmale eines Ratenkredits bzw. Kontokorrentkredits zutreffend?

a) „Bei einem Ratenkredit vereinbaren Sie mit uns eine feste Laufzeit, die bei der Finanzierung des Pkw mindestens vier Jahre umfassen sollte.“

b) „Bei einem Ratenkredit ist der nominelle Jahreszins höher als der effektive Jahreszins, weil die Zinsen vom ursprünglichen Kreditbetrag berechnet werden.“

c) „Bei einem Kontokorrentkredit schreiben wir Ihnen den vereinbarten Betrag auf Ihrem Girokonto gut und erhöhen damit Ihren finanziellen Dispositionsspielraum. Den Kredit müssen Sie in konstanten Raten zurückzahlen.“

d) „Bei einem Kontokorrentkredit erhalten Sie eine klare Kalkulationsgrundlage, weil eine regelmäßige monatliche Rate vereinbart wird.“

e) „Bei einem Kontokorrentkredit tragen Sie ein Zinsänderungsrisiko.“

13. Zur Absicherung des Kredits würde ihr Vater, ein selbstständiger Einzelhandelskaufmann, für sie bürgen. Welche Aussage zur Bürgschaftserklärung ist in diesem Fall zutreffend?

a) Da Herr Kleist selbstständiger Einzelhandelskaufmann ist, erfolgt seine Bürgschaftserklärung in mündlicher Form.
b) Die Bürgschaft muss nach BGB auf mindestens sechs Monate befristet sein.
c) Die Bürgschaftserklärung muss schriftlich erfolgen.
d) Die Bank muss Herrn Kleist schriftlich anzeigen, dass er für die Verbindlichkeiten seiner Tochter haftet.
e) Die Bürgschaftserklärung ist nach AGB überflüssig, da sowohl Frau Kleist als auch ihr Vater Kunden Ihrer Bank sind.

14. Welche der folgenden Aussagen trifft auf die selbstschuldnerische Bürgschaftserklärung zu?

a) Die Bürgschaft ist auf 10.000,00 € (100% Übersicherung) begrenzt.
b) Die Bürgschaft gilt unabhängig von der Kreditlaufzeit mindestens 5 Jahre.
c) Die Bürgschaft bedarf zur Gültigkeit eine notarielle Beurkundung.
d) Der Bürge kann jederzeit die Bürgschaft widerrufen.
e) Der Bürge verzichtet auf das Recht der Einrede der Vorausklage.

15. Frau Kleist zögert noch mit dem Abschluss des Kreditvertrages, da sie von ihrem Autohändler ein interessantes Leasingangebot erhalten hat. Welche der folgenden Aussagen zum „Leasing" ist richtig?

a) Rechtlicher Eigentümer des PKW ist die Leasinggesellschaft.
b) Der Leasingvertrag kann jederzeit vorzeitig gekündigt werden.
c) Nach Ablauf der Vertragsdauer geht der PKW automatisch in das Eigentum von Frau Kleist über.
d) Private Leasingnehmer erhalten immer höhere Rabatte durch die Kfz-Händler als Barzahler.
e) Die Leasingrate beinhaltet immer den vollen Versicherungsschutz für einen PKW.

16. Welche <u>zwei</u> der folgenden Aussagen zum Leasing sind sachlich richtig?

a) Der Leasinggeber ist Eigentümer und Halter des Fahrzeugs.
b) Beim Leasing mit Restwertabrechnung trägt der Leasinggeber das Restwertrisiko.
c) Beim Leasing mit Kilometerabrechnung trägt der Leasingnehmer das Restwertrisiko.
d) Auch als Privatperson kann ein Leasingnehmer die Leasingraten steuerlich als Werbungskosten geltend machen.
e) Das Leasing mit Restwertabrechnung ohne Mietsonderzahlung bietet gegenüber der Kreditfinanzierung Liquiditätsvorteile, da die monatlich anfallenden Leasingraten bei gleichlanger Kreditlaufzeit niedriger sind als die Kreditraten.
f) Falls beim Leasing mit Kilometerabrechnung die tatsächliche Fahrleistung die vereinbarte Gesamtfahrleistung übersteigt, erfolgt in der Regel eine Nachberechnung.

<u>Zu den nächsten zwei Aufgaben siehe nachstehende Situation.</u>

Frau Kruse plant den Kauf eines Pkw. Ein Teil des Kaufpreises soll über die Kreditbank AG finanziert werden. Nach Überprüfung der Einkommens- und Vermögensverhältnisse bieten Sie Ihrer Kundin ein privates Anschaffungsdarlehen mit Festzinssatz an.

17. Welche <u>zwei</u> Aussagen hinsichtlich des Widerrufsrechts von Frau Kruse sind zutreffend?

a) Frau Kruse kann den Darlehensantrag nur innerhalb einer Woche fristgerecht widerrufen.
b) Ein Widerruf ist nicht mehr möglich, nachdem Frau Kruse über den Kreditbetrag verfügt hat.
c) Da es sich um ein Verbraucherdarlehen handelt, ist innerhalb der vorgeschriebenen Frist ein Telefonanruf von Frau Kruse als mündlicher Widerruf bindend.
d) Zur Wahrung der Widerrufsfrist genügt es, wenn Frau Kruse eine E-Mail mit dem Widerruf rechtzeitig an die Kreditbank AG absendet.
e) Die Widerrufsfrist endet mit dem Tag der Gutschrift des Kreditbetrags auf dem Konto von Frau Kruse.
f) Die Widerrufsfrist beginnt mit Aushändigung der Widerrufsbelehrung an Frau Kruse.

18. Wie informieren Sie Frau Kruse über die Möglichkeiten der vorzeitigen Tilgung des Privatdarlehens zutreffend?

a) Verbraucherdarlehen mit Festzinsvereinbarung können mit einer Frist von einem Monat vom Kreditnehmer gekündigt werden.

b) Sie kann ihre Verbindlichkeiten jederzeit ganz oder teilweise vorzeitig erfüllen. Eventuell ist eine Vorfälligkeitsentschädigung an die Kreditbank AG zu zahlen.

c) Nach Ablauf von 6 Monaten nach Auszahlung kann das Darlehen mit einer Kündigungsfrist von 3 Monaten gekündigt werden.

d) Da die Laufzeit des Darlehens unter 10 Jahren liegt, kann es vor Laufzeitende nicht gekündigt werden.

e) Nach einer Mindestlaufzeit von 24 Monaten ist eine fristgerechte Kündigung des Darlehens durch Rückzahlung des Restbetrags in einer Summe möglich.

f) Die Kündigungsfrist für Verbraucherdarlehen beträgt 6 Monate zum Jahresende.

Zu den nächsten drei Aufgaben siehe nachstehende Situation.

Ihr Kunde Sven Huber, ledig, plant den Kauf eines neuen Pkw für 15.500,00 €. Ein Teil des Kaufpreises in Höhe von 10.500,00 € soll über einen Kredit bei der Handelsbank AG finanziert werden. Herr Huber ist bei einem ortsansässigen Industrieunternehmen als Disponent beschäftigt und verdient im Monat netto 2.100,00 €.

Für sein gemietetes Appartement zahlt er eine monatliche Kaltmiete in Höhe von 425,00 €, darüber hinaus fallen zusätzliche Nebenkosten in Höhe von 150,00 € an. Zur Altersvorsorge zahlt er regelmäßig 100,00 € in eine Lebensversicherung ein. Die monatlichen Raten für ein vor 15 Monaten aufgenommenes Anschaffungsdarlehen (Gesamtlaufzeit 24 Monate) in Höhe von 150,00 € zahlt er pünktlich zurück.

19. Die Handelsbank AG rechnet bei privaten Anschaffungsdarlehen pauschal mit folgenden monatlichen Sätzen:

Lebenshaltungskosten

1. Person 600,00 €

2. Person 250,00 €

Pkw-Kosten

250,00 €

Welcher Betrag bleibt Herrn Huber zur Bedienung des gewünschten Darlehens? Tragen Sie das Ergebnis in das Kästchen ein.

20. Herr Huber würde sich bereit erklären, die zukünftigen Gehaltsansprüche zur Absicherung des Darlehens an die Handelsbank AG abzutreten. Welche Aussage zur Abtretung der Gehaltsansprüche ist zutreffend?

a) Künftige Gehaltsansprüche können grundsätzlich nicht abgetreten werden.

b) Wechselt Herr Huber seinen Arbeitgeber während der Kreditlaufzeit, gilt die Gehaltsabtretung nicht für die Gehaltsansprüche gegen den neuen Arbeitgeber.

c) Es kann nur der pfändbare Teil der Gehaltsforderungen abgetreten werden.

d) Mangels Bestimmbarkeit ist diese Gehaltsabtretung nichtig.

e) Von einer Sicherungsabtretung ist abzusehen, da sie hinter eine spätere Pfändung der Gehaltsansprüche zurücktreten muss.

21. Die Handelsbank AG vereinbart mit Herrn Huber eine Sicherungsübereignung des Fahrzeugs. Welche der folgenden Aussagen zur Sicherungsübereignung ist zutreffend?

a) Da die Sicherungsübereignung akzessorisch ist, wird die Handelsbank AG erst mit Bereitstellung des Kredits Eigentümerin des Pkw.

b) Die Handelsbank AG kann Rechte aus dem Sicherungsübereignungsvertrag erst dann geltend machen, wenn sie von Sven Huber den Kfz-Brief erhalten hat.

c) Die Handelsbank AG ist erst dann uneingeschränkte Eigentümerin des übereigneten Pkw, wenn sich die Zulassungsstelle bereit erklärt hat, für dieses Fahrzeug keinen neuen Kfz-Brief auszustellen.

d) Neben der Einigung mit Sven Huber über die Eigentumsübertragung wird die erforderliche Übergabe des Pkw an die Handelsbank AG durch die Vereinbarung eines Besitzkonstituts ersetzt.

e) Bei Tilgungsausfällen kann die Handelsbank AG erst dann den Pkw verwerten, wenn die Kfz-Versicherungsgesellschaft auf die Rechte aus dem Sicherungsschein verzichtet hat.

Zu den nächsten drei Aufgaben siehe nachstehende Situation.

Die Kreditbank AG gewährt Ihrem Kunden Klaus Werner ein persönliches Anschaffungsdarlehen in Höhe von 17.000,00 €. Herr Werner ist ledig und bei einem ortsansässigen Handelsunternehmen als Abteilungsleiter beschäftigt. Als Kundenberater/-in vereinbaren Sie mit Herrn Werner eine Gehaltsabtretung zur Absicherung des Verbraucherdarlehens.

22. Welche Aussage hinsichtlich dieser Gehaltsabtretung ist sachlich richtig?

a) Die Gehaltsabtretung wird erst nach Anzeige an den Arbeitgeber von Herrn Werner rechtswirksam.

b) Mögliche Unterhaltsverpflichtungen von Herrn Werner haben keinen Einfluss auf den Wert der Gehaltsabtretung.

c) Die Gehaltsabtretung bezieht sich nicht auf zukünftige Arbeitsverhältnisse. Wechselt Herr Werner seinen Arbeitgeber, so muss ein neuer Abtretungsvertrag abgeschlossen werden.

d) Aufgrund der Gehaltsabtretung wird die Kreditbank AG treuhänderischer Gläubiger des pfändbaren Teils der Gehaltsansprüche.

e) Die Gehaltsabtretung ist eine akzessorische Sicherheit und bedarf daher nicht der Schriftform.

23. Berechnen Sie mit Hilfe des folgenden Gesetzesauszugs den derzeit pfändbaren Betrag des Einkommens von Herrn Werner.

Auszug aus § 850c ZPO

Pfändungsgrenzen für Arbeitseinkommen

(1) Arbeitseinkommen ist unpfändbar, wenn es, je nach dem Zeitraum, für des es gezahlt wird, nicht mehr als 1.179,99 € monatlich beträgt (Betrag entsprechend Pfändungsfreigrenzen-bekanntmachung 2020).

(2) Übersteigt das Arbeitseinkommen den Betrag, bis zu dessen Höhe es nach Absatz 1 unpfändbar ist, so ist es hinsichtlich des überschießenden Betrages zu einem Teil unpfändbar, und zwar in Höhe von drei Zehnteln.

	Einkommen von Herrn Werner
Bruttolohn:	2.850,00 €
Abzüge für Lohnsteuer und Sozialversicherung:	1.140,00 €
Nettolohn:	1.710,00 €

24. Für das Verbraucherdarlehen wird ein fester Zinssatz vereinbart. Wie informieren Sie Herrn Werner über die Möglichkeiten der vorzeitigen Tilgung des Privatdarlehens zutreffend?

a) Verbraucherdarlehen mit Festzinsvereinbarung können mit einer Frist von 14 Tagen gekündigt werden.

b) Eine vorzeitige Kündigung ist frühestens sechs Monate nach vollständigem Empfang des Darlehens unter Beachtung einer Kündigungsfrist von drei Monaten möglich.

c) Er kann seine Verbindlichkeiten jederzeit ganz oder teilweise vorzeitig erfüllen; eventuell ist eine Vorfälligkeitsentschädigung an die Kreditbank AG zu zahlen, da ein Festzins vereinbart wurde.

d) Da die Laufzeit des Darlehens unter 10 Jahren liegt, kann es vor Laufzeitende nicht gekündigt werden.

e) Nach einer Mindestlaufzeit von 3 Monaten ist eine fristgerechte Kündigung des Darlehens durch Rückzahlung des Restbetrags in einer Summe möglich.

f) Die Kündigungsfrist für Verbraucherdarlehen beträgt 1 Monat zum Jahresende.

25. Die Eheleute Aigner, Kunden Ihres Kreditinstituts, entscheiden sich für ein Anschaffungsdarlehen und unterschreiben mit Abschluss des Kreditvertrags über 17.000,00 € auch die SCHUFA-Klausel. Welche zwei Aussagen hinsichtlich der SCHUFA-Klausel sind zutreffend?

a) Der SCHUFA werden grundsätzlich alle Kreditkunden gemeldet, deren Kreditbetrag das Dreifache des monatlichen Nettoeinkommens übersteigt.

b) Eine nicht vertragsgemäße Abwicklung des Kredits, die zur Kündigung des Kreditvertrags führt, wird generell der SCHUFA gemeldet.

c) Die vereinbarungsgemäße Rückführung, die auch vorzeitige Rückzahlungen oder Laufzeitverlängerungen umfassen kann, fällt unter die Datenübermittlung an die SCHUFA.

d) Die Übermittlung der Kreditdaten verstößt nicht gegen das Bankgeheimnis, da die SCHUFA Auskünfte nur an ihre Mitglieder gibt, die ebenfalls dem Bankgeheimnis unterliegen.

e) Der SCHUFA wird der Kreditnehmer sowie der Beginn und die Höhe der Ratenzahlungen übermittelt.

f) An gewerbsmäßige Inkassounternehmen, die nicht Mitglieder der SCHUFA sind, werden gegen Gebühr Adressen zum Zweck der Schuldnerermittlung herausgegeben, um kreditvergebende Unternehmen vor Forderungsausfällen zu schützen.

Zu den nächsten vier Aufgaben siehe nachstehende Situation.

Ihr Kundin Sabine Baumann, ledig, möchte sich für private Zwecke einen neuen Pkw kaufen, zu dessen Finanzierung sie einen Kredit in Höhe des Kaufpreises bei der Handelsbank AG aufnehmen möchte. Im Internet hat die Handelsbank AG mit einem Effektivzinssatz von 7,90 % p. a. geworben. Als Alternative kommt auch eine Finanzierung über Leasing in Betracht.

26. Bei einer möglichen Finanzierung durch die Handelsbank AG, fordert diese zur Absicherung des Darlehens die Sicherungsübereignung des Pkw. Welche Aussage im Zusammenhang mit der Gestaltung des Sicherungsübereignungsvertrags ist zutreffend?

a) Nicht nur zu Beweiszwecken, sondern vor allem aufgrund gesetzlicher Vorschriften im BGB bedarf die Sicherungsübereignung immer der Schriftform.

b) Jeder Außenstehende muss in der Lage sein, allein mit Hilfe der Vertragsunterlagen eindeutig das sicherungsübereignete Fahrzeug zu bestimmen.

c) Durch den Sicherungsübereignungsvertrag kommt es zu einem Eigentumswechsel, der durch die Einigung und Übergabe vollzogen wird.

d) Mit Abschluss des Sicherungsübereignungsvertrags wird die Handelsbank AG unmittelbare Besitzerin des Pkw.

e) Mit der Unterzeichnung des Sicherungsübereignungsvertrags hat die Handelsbank AG eine akzessorische Sicherheit erhalten, weil die Sicherheit vom Bestehen der Forderung abhängig ist.

27. Frau Baumann bittet Sie, ihr beim Vergleich der Kreditfinanzierung mit einer Leasing-Finanzierung behilflich zu sein. Ordnen Sie den folgenden Aussagen das Zutreffende zu.

Trifft zu

a) nur auf Leasing?

b) nur auf Kreditfinanzierung?

c) sowohl auf Leasing als auch auf die Kreditfinanzierung?

d) weder auf Leasing noch auf die Kreditfinanzierung?

Aussagen

[ ] Frau Baumann ist während der Laufzeit Eigentümerin des Pkw.

[ ] Die Finanzierungsform bringt Frau Baumann steuerliche Vorteile.

[ ] Mit Zahlung der letzten Rate hat Frau Baumann immer einen Anspruch auf Eigentum am Pkw.

28. Nach Vergleich der beiden Alternativen entscheidet sich Frau Baumann für die Kreditfinanzierung.

Da Frau Baumann ihren Ratenkredit nicht vereinbarungsgemäß zurückbezahlt, soll das sicherungsübereignete Fahrzeug verwertet werden. Die Handelsbank AG hat die gesetzlich vorgeschriebenen Schritte bereits erfolglos durchgeführt.

Welche Aussage zur Verwertung des sicherungsübereigneten Pkw ist zutreffend?

a) Eine Verwertung ist nur möglich, wenn die Handelsbank AG einen vollstreckbaren Titel erlangt hat.

b) Eine Verwertung kann erst erfolgen, wenn in mindestens einer Tageszeitung eine Verwertungsankündigung erfolgte.

c) Die Verwertung des Autos kann durch freihändigen Verkauf erfolgen.

d) Der Verwertungserlös muss mindestens 80 % des Verkehrswerts betragen.

e) Ein Mehrerlös über den Forderungen der Handelsbank AG steht dem Sicherungsnehmer zu.

29. Die Handelsbank AG beantragt einen Mahnbescheid und anschließend einen Vollstreckungsbescheid, nachdem der Erlös aus der Verwertung zur Deckung der Forderungen der Handelsbank AG nicht ausgereicht hat. Welche Aussage ist hinsichtlich des Mahn- und Vollstreckungsbescheids zutreffend?

a) Unabhängig von der Forderungshöhe ist der Mahn- und Vollstreckungsbescheid bei dem Amtsgericht, in dessen Bezirk der Antragsteller seinen Sitz hat, zu beantragen.

b) Erhebt Frau Baumann gegen den Mahnbescheid Widerspruch, so kann die Handelsbank AG einen Vollstreckungsbescheid beantragen.

c) Die Handelsbank AG erlangt durch einen Vollstreckungsbescheid einen vollstreckbaren Titel.

d) Mit Beantragung eines Vollstreckungsbescheids wird ein Gerichtsvollzieher beauftragt, bewegliche Gegenstände, die sich im Besitz von Frau Baumann befinden, zu pfänden.

e) Durch Beantragung eines Vollstreckungsbescheids wird Frau Baumann verpflichtet, eine eidesstattliche Versicherung abzugeben.

f) Mit Beantragung eines Vollstreckungsbescheids kann Frau Baumann in Beugehaft genommen werden.

Zu den nächsten fünf Aufgaben siehe nachstehende Situation.

Silvia Steinmeier, verheiratet, ein Kind, möchte sich verschiedene Einrichtungsgegenstände (Einbauküche, Teppiche, Kinderzimmer) kaufen, zu deren Finanzierung sie einen Kredit in Höhe des Kaufpreises (18.000,00 €) bei der Kreditbank AG aufnehmen möchte. Sie ist Disponentin in einem großen, ortsansässigen Industrieunternehmen und Kundin der Kreditbank AG.

30. Welche zwei der folgenden Aussagen sind hinsichtlich der Überprüfung der Darlehensvergabe richtig?

a) Zur Feststellung der Kreditfähigkeit überprüfen Sie die bisherige Kontoführung durch Frau Steinmeier.

b) Sie ermitteln die materielle Kreditwürdigkeit u. a. mit Hilfe einer Selbstauskunft über ihre Einkommens- und Vermögensverhältnisse.

c) Zur Beurteilung der persönlichen Kreditwürdigkeit benötigen Sie ein polizeiliches Führungszeugnis von Frau Steinmeier.

d) Zur Feststellung ihrer persönlichen Kreditwürdigkeit informieren Sie sich über die Höhe des Gehalts von Frau Steinmeier.

e) Die Kreditbank AG ist der SCHUFA angeschlossen. Da Frau Steinmeier aber bereits Kundin ist, entfällt eine Anfrage bei der SCHUFA.

f) Zur Beurteilung der Kreditwürdigkeit nutzen Sie das Scoring.

31. Welche zwei Sicherheiten sollten Sie unter Berücksichtigung der Verwertbarkeit, der rechtlichen Beschränkungen sowie des Kosten/Nutzen-Aspektes von Frau Steinmeier fordern?

a) Verpfändung eines Wertpapierdepots, das DAX-Werte und Pfandbriefe zum aktuellen Kurswert von 22.000,00 € beinhaltet

b) Abtretung des pfändbaren Teil des Gehalts von Frau Steinmeier

c) Abtretung des Kindergeldes über monatlich 154,00 €

d) Sicherungsübereignung der Einbauküche im Wert von 9.800,00 €

e) Bürgschaft des nicht vermögenden und arbeitsunfähigen Ehemanns von Frau Steinmeier

f) Abtretung einer Forderung von 7.000,00 € aus einem Ratensparvertrag bei der Kreditbank AG

32. Frau Steinmeier entscheidet sich für einen Ratenkredit mit einer 5-jährigen Laufzeit. Wie informieren Sie Ihre Kundin bei Abschluss des Darlehensvertrags über ihr Widerrufsrecht gemäß BGB richtig?

a) Der Widerruf muss der Kreditbank AG gegenüber vor Auszahlung des Kreditbetrags formfrei erklärt werden.

b) Die Widerrufsbelehrung darf mündlich erfolgen. Nur aus Beweisgründen belehrt die Kreditbank AG ihre Kunden schriftlich.

c) Frau Steinmeier hat den Widerruf binnen sechs Wochen nach Unterzeichnung des Kreditvertrags gegenüber der Kreditbank AG schriftlich zu erklären.

d) Wenn Frau Steinmeier den Kreditvertrag widerrufen möchte, muss sie dies innerhalb von zwei Wochen nach Widerrufsbelehrung schriftlich erklären.

e) Frau Steinmeier kann auch nach Auszahlung des Darlehens noch vom Vertrag zurücktreten. Ein ausdrücklicher Widerruf ist nicht erforderlich, wenn Frau Steinmeier den Kreditbetrag erst sechs Wochen nach Auszahlung an die Kreditbank AG zurückzahlt.

f) Der Widerruf des bereits unterzeichneten Kreditvertrags ist nicht mehr möglich; der Vertrag kann lediglich in beiderseitigem Einvernehmen zwischen der Kreditbank AG und Frau Steinmeier aufgehoben werden.

33. Zur Absicherung des Darlehens vereinbaren Sie mit Frau Steinmeier die Verpfändung von Wertpapieren, die sich im offenen Depot bei der Kreditbank AG befinden. Welche der folgenden Aussagen ist hinsichtlich der Verpfändung zutreffend?

a) Die Kreditbank AG wird Eigentümerin der Wertpapiere.

b) Zwischen der Kreditbank AG und Frau Steinmeier wird ein Besitzkonstitut vereinbart.

c) Nach Rückführung des Ratenkredits durch Frau Steinmeier muss eine Vereinbarung über das Erlöschen des Pfandrechts getroffen werden.

d) Das Pfandrecht entsteht in diesem Fall mit der Einigung über die Bestellung des Pfandrechts.

e) Bei starken Kursverlusten ist die Kreditbank AG sofort berechtigt, die Wertpapiere „bestens" zu verkaufen.

34. Frau Steinmeier kann den Ratenkredit nicht vereinbarungsgemäß zurückzahlen, so dass der Kredit entsprechend den gesetzlichen Bestimmungen fällig gestellt wird. Da der Erlös aus der Verwertung der Wertpapiere zur Ablösung des Ratenkredits nicht ausreicht, möchten Sie die finanzierten Einrichtungsgegenstände verwerten. Die Einrichtungsgegenstände wurden nicht sicherungsübereignet. Welche Aussage hinsichtlich der weiteren Vorgehensweise der Kreditbank AG ist zutreffend?

a) Die Kreditbank AG erhält einen vollstreckbaren Titel, sofern Frau Steinmeier der letzten Mahnung innerhalb von zwei Wochen nicht widersprochen hat.

b) Die Kreditbank AG beauftragt einen Gerichtsvollzieher, gegen Vorlage der letzten Mahnung die Einrichtungsgegenstände zu verwerten.

c) Die Kreditbank AG kann im Rahmen eines gerichtlichen Mahnverfahrens beim zuständigen Amtsgericht einen vollstreckbaren Titel erlangen.

d) Die Kreditbank AG beauftragt einen Gerichtsvollzieher mit der Durchführung des Mahnverfahrens um die Einrichtungsgegenstände zu beschlagnahmen.

e) Die Kreditbank AG benötigt keinen vollstreckbaren Titel, weil sie aufgrund des AGB-Pfandrechts einen Herausgabeanspruch an den Einrichtungsgegenständen hat.

BAUFINANZIERUNG

35. Welche der folgenden Aussagen ist hinsichtlich der Finanzierung eines Eigenheims zutreffend?

a) Die Bausparsumme, die dem Bausparer zur Verfügung steht, zählt zu den Eigenmitteln.

b) Öffentliche Baudarlehen gelten aufgrund ihrer niedrigen Verzinsung und der geringen Tilgung als Eigenmittel.

c) Bei der Vorfinanzierung eines Bausparvertrags erhöht sich nach dessen Zuteilung der Anteil der Fremdmittel.

d) Eigene Arbeitsleistungen des Bauherrn werden grundsätzlich nicht in die Finanzierungsplanung mit einbezogen, da ihre Qualität im Voraus nicht zu bewerten ist.

e) Während der Bauphase fällige Bundesanleihen können zum Nennwert als Eigenmittel angesetzt werden.

36. Welche der folgenden Aussagen ist hinsichtlich der Bewertung von Sicherheiten für Realkredite zur Finanzierung einer Immobilie sachlich zutreffend?

a) Der Beleihungswert entspricht dem tatsächlichen Wert einer Immobilie am Tag der Wertermittlung.

b) Die Lage des Grundstücks hat keinen Einfluss auf die Höhe des Verkehrswerts.

c) Der Ertragswert ist der kapitalisierte Jahresbruttoertrag einer Immobilie.

d) Die Summe aus Bau- und Bodenwert stellt den Sachwert des Beleihungsobjekts dar.

e) Förmliche Wertgutachten über Sachwert und Ertragswert von Beleihungsobjekten schließen für Realkreditinstitute Verluste bei der Verwertung dieser Objekte aus.

Zu den nächsten zwei Aufgaben siehe nachstehende Situation.

Die Eheleute Patrick und Stefanie Hain planen den Kauf eines Einfamilienhauses und wollen die Anschaffungskosten über die Südbank AG finanzieren.

37. Die Eheleute wollen wissen, wie sie Eigentümer dieses Einfamilienhauses werden. Wie informieren Sie die Eheleute richtig?

a) Die Eigentumsübertragung erfolgt durch die notariell beglaubigte Auflassung.

b) Die Eigentumsübertragung erfolgt durch den notariell beurkundeten Kaufvertrag und die Bewilligung der Umschreibung des Grundbuches.

c) Die Eigentumsübertragung erfolgt durch die Bewilligung und Eintragung einer Auflassungsvormerkung.

d) Die Eigentumsübertragung erfolgt durch die Auflassung und Eintragung des Eigentümerwechsels im Grundbuch.

e) Die Eigentumsübertragung erfolgt durch die Einreichung der Auflassungsvormerkung beim Grundbuchamt und die Begleichung der Grunderwerbsteuer.

38. Welche zwei Aussagen hinsichtlich der Absicherung eines Darlehens durch eine Grundschuld sind zutreffend?

a) Die Laufzeit der Grundschuld sollte mit der Laufzeit des Darlehens identisch sein.

b) Die Eintragung der Grundschuld erfolgt auf Antrag und Bewilligung der/des Grundstückseigentümer/s.

c) Ein Zinssatz für eine Grundschuld sollte nur vereinbart werden, wenn für das Darlehen ein variabler Zinssatz gelten soll.

d) Bei der Finanzierung des Einfamilienhauses sollte grundsätzlich aus Beweissicherungsgründen eine Briefgrundschuld der Buchgrundschuld vorgezogen werden.

e) Die Grundschuld ist zur schnelleren Verwertungsmöglichkeit mit einer Zwangsvollstreckungsklausel ausgestattet.

f) Die Eintragung der Grundschuld ist vom Bestehen der Darlehensforderung abhängig.

39. Ihr Kunde, Alexander Reich, möchte ein Zweifamilienhaus erwerben und die Finanzierung über Ihr Kreditinstitut abwickeln. Bei der Bearbeitung des Kreditantrags nehmen Sie Einsicht in das Grundbuch des Kaufobjekts. Welche zwei der unten stehenden Gründe sprechen für eine Einsichtnahme in das Grundbuch des Kaufobjekts?

Durch die Einsicht in das Grundbuch des Kaufobjekts können Sie erkennen,

a) ob es Belastungen gibt, die die Beleihbarkeit des Grundstücks einschränken,

b) wie viel € der Restwert eingetragener Grundpfandrechte beträgt.

c) welche öffentlichen Lasten – zum Beispiel Grundsteuer – für das Grundstück bestehen.

d) wer der Eigentümer des Sicherungsobjekts ist.

e) wie viel € der Grundstückswert gemäß Richtwertkarte beträgt.

40. Das Grundbuch ist ein amtliches Register aller privaten Grundstücke eines Amtsgerichtsbezirks. Es wird beim Grundbuchamt geführt und besteht aus verschiedenen Teilen. Welche der unten angegebenen Informationen können Sie den genannten Teilen des Grundbuchs entnehmen? Ordnen Sie entsprechend zu. Informationen, die dem Grundbuch nicht entnommen werden können, sind mit dem Buchstaben (f) zu kennzeichnen.

Teile des Grundbuchs

a) Aufschrift
b) Bestandsverzeichnis
c) Erste Abteilung
d) Zweite Abteilung
e) Dritte Abteilung

Informationen

[ ] Miteigentum nach Bruchteilen
[ ] Wegerecht zu Lasten des Nachbargrundstücks
[ ] Auflassungsvormerkung
[ ] Höhe der Grundsteuer
[ ] Grundschuld
[ ] Gesetzliches Vorkaufsrecht
[ ] Dinglicher Zinssatz
[ ] Wirtschaftsart des Grundstücks

<u>Zu den nächsten zwei Aufgaben siehe nachstehende Situation.</u>

Ihr Kunde, Klaus Baum, möchte ein 3-Familien-Haus als Renditeobjekt erwerben, das er vermieten möchte. Für die Ermittlung des Beleihungswertes stehen Ihnen folgende Angaben zur Verfügung:

Bodenwert:	**260.000,00 €**
Kapitalisierungszinssatz:	**6 %**
Gebäuderestnutzungsdauer:	**40 Jahre**
Kapitalisierungsfaktor:	**15,05**
Angemessene Bodenwertverzinsung:	**15.600,00 €**
Jährlicher Reinertrag des Gebäudes:	**13.000,00 €**

41. Die Beleihungswertermittlung erfolgt nach dem gespaltenen Ertragswertverfahren. Ermitteln Sie
a) den Ertragswert der baulichen Anlage in €
b) den Ertragswert des Beleihungsobjekts in €
des Kaufobjekts.
Tragen Sie die Ergebnisse in das Kästchen ein.

42. Welche der folgenden Aussagen hinsichtlich der vorgenommenen Beleihungswertermittlung ist zutreffend?

a) Die Höhe des Zinssatzes, zu dem der Jahresreinertrag kapitalisiert wird, richtet sich nach dem aktuellen Geldmarktzinssatz.
b) Der Ertragswert wird ermittelt aus dem Boden- und dem Bauwert der Immobilie.
c) Der Beleihungswert nach dem Ertragswertverfahren entspricht stets dem Verkehrswert der Immobilie am Tag der Wertermittlung.
d) Der Ertragswert ist bei allen wohnwirtschaftlich genutzten Immobilien die maßgebliche Grundlage bei der Ermittlung des Beleihungswertes.
e) Bei der Berechnung des Beleihungswertes nach dem Ertragswertverfahren werden auch die Kosten berücksichtigt, die bei gewöhnlicher Bewirtschaftung der Immobilie entstehen.

Zu den nächsten vier Aufgaben siehe nachstehende Situation.

Ihr Kunde, Sven Meier, möchte ein Baugrundstück erwerben, auf dem er ein 2-Familien-Haus errichten möchte. Die Wohnungen sollen vermietet werden. Die Finanzierung soll über die Handelsbank AG abgewickelt werden.

43. Für das Grundstück fallen neben dem Kaufpreis noch Erschließungskosten an. Welche der folgenden Kosten sind den Erschließungskosten zuzuordnen?

a) Grunderwerbsteuer für den Kauf des Grundstücks.
b) Kosten für die Pflasterung des öffentlichen Bürgersteigs.
c) Kosten für die Pflasterung der Garagenauffahrt auf dem Grundstück.
d) Gebühren für den beglaubigten Lageplan des Grundstücks.
e) Gerichtskosten für die Eintragung des Herrn Meier als Eigentümer des Grundstücks in das Grundbuch.

44. Die Handelsbank AG nimmt die Beleihungswertermittlung nach dem Ertragswertverfahren vor. Welche zwei der folgenden Faktoren sind bei dieser Art der Beleihungswertermittlung einzubeziehen?

a) Bewirtschaftungskosten
b) Baukosten einschließlich der Baunebenkosten.
c) Aktuelle Inflationsrate
d) Grunderwerbsteuer
e) Ortsübliche Miete einer Immobilie mit vergleichbarer Ausstattung
f) Abschreibungssatz von 4 %

45. Herr Meier entschließt sich das Grundstück zu kaufen und möchte von Ihnen wissen, ab wann er Eigentümer ist. Wie informieren Sie Herrn Meier richtig?
Sie werden Eigentümer des Grundstücks mit ...

a) Beurkundung des unterschriebenen Kaufvertrags durch den Notar.
b) Beurkundung der Auflassung durch den Notar.
c) Eintragung der Auflassungsvormerkung in das Grundbuch.
d) fristgerechter Zahlung des Kaufpreises.
e) Eintragung Ihres Namens in Abteilung I des Grundbuchs.

46. Zu einem späteren Zeitpunkt sind in Abteilung II folgende Eintragungen zu ersehen:

Lfd. Nr.	Lasten und Beschränkungen
1	Der jeweilige Eigentümer des im Grundbuch von Landau an der Isar Band 12 Blatt 144 eingetragenen Grundstücks hat das Recht, das Grundstück zu überqueren. Gemäß Bewilligung vom 13.04.1966 eingetragen 07.07.1966
2	Karl Klein und Brigitte Klein, geborene Groß, erhalten monatlich 300,00 €. Gemäß Bewilligung vom 12.05.2006 eingetragen am 19.06.2006.
3	Vormerkung zur Sicherung des Anspruchs auf Eigentumsübertragung für Sven Meier. Gemäß Bewilligung vom 11.07.2006 eingetragen am 16.08.2006.

Ordnen Sie 3 der 5 folgenden Lasten/Beschränkungen der entsprechenden Lfd. Nr. der oben abgebildeten Abteilung II des Grundbuches richtig zu.

Lasten/Beschränkungen	**Lfd. Nr. der Abteilung II des Grundbuchs**
a) Nießbrauch	[ ] Lfd. Nummer 1
b) Reallast	[ ] Lfd. Nummer 2
c) Grunddienstbarkeit	[ ] Lfd. Nummer 3
d) Auflassungsvormerkung	
e) Vorkaufsrecht	

Zu den nächsten drei Aufgaben siehe nachstehende Situation.

Kai Lüders hat bei der Unionbank AG ein Darlehen zur Finanzierung eines Einfamilienhauses beantragt, das durch eine Grundschuld gesichert werden soll. Im Grundbuch sind folgende verkürzt dargestellte Eintragungen verzeichnet:

Grundbuchauszug für das Grundstück Blatt 4685

	II. Abteilung
	Lasten und Beschränkungen
a)	Der jeweilige Eigentümer des im Grundbuch von Landshut, Blatt 4684, verzeichneten Grundstücks hat das Geh- und Fahrrecht am Grundstück Blatt 4685. Unter Bezugnahme auf die Bewilligung vom 13. April 1988 eingetragen am 8. Juni 1988
b)	Die Deutsche Telekom AG hat das Recht, eine Mobilfunkantenne auf dem Grundstück zu unterhalten. Unter Bezugnahme auf die Bewilligung vom 19. Juli 2011 eingetragen am 26. August 2011
c)	Lebenslängliches unentgeltliches Wohnrecht für Josef Klein, geb. 24. Juli 1949. Zur Löschung des Rechts genügt der Nachweis des Todes. Unter Bezugnahme auf die Bewilligung vom 12. März 2013 eingetragen am 18. Mai 2013
d)	Josef Klein, geb. 24. Juli 1949, hat das Recht auf eine lebenslängliche monatliche Geldzahlung von 550,00 €. Zur Löschung des Rechts genügt der Nachweis des Todes. Vorbehalten bleibt der Vorrang für ein noch einzutragendes Grundpfandrecht von siebzigtausend Euro nebst 14 % p. a. Zinsen. Unter Bezugnahme auf die Bewilligung vom 23. Juli 2013 eingetragen am 8. Sept. 2013
e)	Vormerkung zur Sicherung des Rechts auf Eigentumsübertragung zu Gunsten von Kai Lüders, geb. 24. Juli 1966. Unter Bezugnahme auf die Bewilligung vom 26. April 2014 eingetragen am 19. Mai 2014

	III. Abteilung
	Grundpfandrechte
f)	Siebzigtausend Euro Grundschuld mit 14 % p. a. Zinsen für die Unionbank AG. Nach § 800 ZPO ist der jeweilige Eigentümer der sofortigen Zwangsvollstreckung unterworfen. Gemäß Bewilligung vom 23. Okt. 2013 unter Ausnutzung des Rangvorbehaltes mit dem Rang vor dem Recht Abteilung II Nr. 4 eingetragen am 26. November 2013

47. Bei welcher der o. a. Grundbucheintragungen in Abteilung II handelt es sich um eine

[ ] Auflassungsvormerkung?
[ ] Grunddienstbarkeit?
[ ] Reallast?

48. Bringen Sie die im Grundbuch eingetragenen Belastungen in die richtige Rangreihenfolge.

[ ]
[ ]
[ ]
[ ]
[ ]

49. Wie informieren Sie Ihren Kunden hinsichtlich der für die Unionbank AG eingetragenen Grundschuld sachlich richtig?

a) Die Grundschuld ist akzessorisch.
b) Das Darlehen der Unionbank AG wurde zu einem Zinssatz von 14 % p. a. gewährt.
c) Im Fall der Verwertung muss die Unionbank AG die Höhe der tatsächlichen Forderung beweisen.
d) Zur Zwangsvollstreckung in das Grundstück benötigt die Unionbank AG keinen weiteren vollstreckbaren Titel.
e) Zur Löschung der Grundschuld muss der Kreditnehmer einen Nachweis über die vollständige Rückzahlung des Kredits beim Amtsgericht vorlegen.

Zu den nächsten vier Aufgaben siehe nachstehende Situation.

Die Eheleute Ann-Kathrin und Martin Witt planen den Kauf eines Einfamilienhauses.

50. Wie informieren Sie Ihre Kunden über ein Bauspardarlehen sachlich richtig? (Zwei Aussagen sind zutreffend)

a) Der Zinssatz für Bauspardarlehen liegt unter dem allgemeinen Zinsniveau, weil die Tilgungshöhe während der Darlehensphase konstant bleibt.
b) Bausparkassen beleihen wohnwirtschaftliche Objekte mit maximal 60 % des Beleihungswertes.
c) Nach der Zuteilung des Bausparvertrags können die Eheleute für das Bauspardarlehen zwischen einem festen und einem variablen Zinssatz wählen.
d) Bauspardarlehen sind durch lange Laufzeiten (ca. 25 Jahre) gekennzeichnet, damit die monatliche Rate gering ist.
e) Bauspardarlehen werden auch durch nachrangige Grundpfandrechte gesichert.
f) Das Bauspardarlehen wird für die gesamte Laufzeit mit einem festen Zinssatz gewährt.

51. Durch ein Inserat in der Tageszeitung stoßen die Eheleute Ann-Kathrin und Martin Witt auf ein Einfamilienhaus. Sie sollen das Objekt mit Hilfe eines Grundbuchauszugs beurteilen. Ordnen Sie den nachstehenden Eintragungen den jeweils zutreffenden Teil des Grundbuchs richtig zu.

Teile des Grundbuchs
a) Aufschrift
b) Bestandsverzeichnis
c) Erste Abteilung
d) Zweite Abteilung
e) Dritte Abteilung

Eintragungen

[ ] Aufgelassen am 13. Mai 1976, eingetragen am 19.Juni 1976

[ ] Gebäude- und Freifläche;
Ahornstr. 18;
Größe: 9 a, 48 qm

[ ] Zwanzigtausend Euro Grundschuld, verzinslich mit 14 v. H. jährlich fällig für den Heizungsmonteur Kai Schnell, Landshut Sofort vollstreckbar gemäß § 800 ZPO gegen den jeweiligen Grundstückseigentümer.

[ ] Recht der Landshuter Elektrizitätswerke zur Auslegung und Unterhaltung einer Hochspannungsleitung

[ ] Wegerecht an dem Grundstück Birkenweg 8, dort eingetragen in Band 5, Blatt Nr. 1976, Abteilung 2 Nr. 1

[ ] Ehegatte Ludwig Kreil, geboren 17. Juni 1951, - zu ½ Anteil und Ehegattin Klara Kreil, geboren 30. Juni 1950, - zu ½ Anteil

52. Welches Recht liegt bei dem Wegerecht an dem Grundstück Birkenweg 8 vor?

a) Auflassungsvormerkung
b) Grunddienstbarkeit
c) Beschränkt persönliche Dienstbarkeit
d) Nießbrauch
e) Reallast

53. Welche Bedeutung hat die Eintragung zugunsten Kai Schnells für die Grundstückseigentümer Ludwig und Klara Kreil?

a) Im Fall der Verwertung muss der Grundschuldgläubiger die Höhe der tatsächlichen Forderung beweisen.
b) Bei diesem Grundpfandrecht entfällt für den Gläubiger die Klage auf Duldung der Zwangsvollstreckung.
c) Das der Eintragung zugrunde liegende Darlehen ist mit 14 % jährlich zu verzinsen.
d) Durch diese Grundbucheintragung können damit gesicherte Kredite ohne Kündigung jederzeit fällig gestellt werden.
e) Bei dieser Eintragung handelt es sich um eine Buchgrundschuld.
f) Zur Löschung der Grundschuld muss der Kreditnehmer einen Nachweis über die vollständige Rückzahlung des Kredits beim Amtsgericht vorlegen.

Zu den nächsten vier Aufgaben siehe nachstehende Situation.

Die Eheleute Kai und Christine Klein planen den Kauf eines Baugrundstücks, auf das ein Einfamilienhaus errichtet werden soll.

54. Die Eheleute Klein bitten Sie im Beratungsgespräch, den gesamten Finanzierungsbedarf zu ermitteln. Dazu erhalten Sie folgende Informationen:

> Das Grundstück kostet unerschlossen lt. notariell beurkundetem Kaufvertrag 75.000,00 €. Der Preis beträgt 125,00 € pro qm.
>
> Die Erschließungskosten betragen 25,00 € pro qm.
>
> Grunderwerbsteuer von 3,5 % muss noch entrichtet werden.
>
> Die Notar- und Gerichtskosten betragen 1.100,00 €.
>
> Die Höhe der veranschlagten Baukosten einschließlich Nebenkosten beträgt 180.000,00 €.
>
> Die Eheleute verfügen über Sparguthaben in Höhe von 68.000,00 €; davon sollen 18.000,00 € als Reserve verbleiben.
>
> Ein Bausparvertrag wurde vor sechs Jahren abgeschlossen:
> - Bausparsumme: 70.000,00 €
> - Bausparguthaben: 33.500,00 €
> - Zuteilung: voraussichtlich in 18 Monaten

Berechnen Sie
a) die Erschließungskosten für das gesamte Grundstück.
b) die Grunderwerbsteuer.
c) den Darlehensbetrag zur Zwischenfinanzierung (Festdarlehen).
d) den Betrag des Annuitätendarlehens für den restlichen Finanzierungsbedarf.
Tragen Sie die Ergebnisse in das Kästchen ein.

55. Sie unterbreiten den Eheleuten Klein ein Annuitätendarlehen zu folgenden Bedingungen:
- Darlehenssumme: 160.000,00 €
- Zinssatz: 2,5 % p.a.
- anfängliche Tilgung: 1,0 % p.a.
- Zahlung: monatlich
Berechnen Sie den monatlich zu zahlenden Betrag (Annuität) (Ergebnis auf zwei Stellen nach dem Komma runden). Tragen Sie das Ergebnis in das Kästchen ein.

56. Hinsichtlich der Besicherung ermitteln Sie den Beleihungswert. In diesem Zusammenhang benötigen Sie zur Ermittlung des Boden- und Bauwertes jeweils zwei der unten abgebildeten Unterlagen. Ordnen Sie jeweils 2 der folgenden 8 Unterlagen den zu ermittelnden Größen richtig zu.

Unterlagen
a) Statische Berechnung des Gebäudes
b) Bodenrichtwertkarte
c) Bauzeichnung einschließlich Baubeschreibung
d) Fotos des unbebauten Grundstücks
e) Fotos mit Außenansichten von vergleichbaren Objekten
f) Nachweis über die Erschließungskosten durch die Gemeinde
g) Einkommensteuererklärung
h) Kalkulation der Herstellungskosten durch den Architekten

zu ermittelnde Größen
[ ][ ] Bodenwert
[ ][ ] Bauwert

57. Sie entnehmen dem aktuellen Grundbuchauszug, den Sie von den Eheleuten Klein erhalten haben, folgende Informationen:

In Abteilung II:

Lfd. Nr. 1:

Wegerecht für den jeweiligen Eigentümer des Flurstücks Landau an der Isar 7649, gemäß Bewilligung vom 18.02.2013 eingetragen am 14.05.2013.

In Abteilung III:

Lfd. Nr. 1:

Vierzigtausend Euro Grundschuld mit sechzehn vom Hundert jährlich verzinslich für die Kreditbank AG. Der jeweilige Eigentümer ist der sofortigen Zwangsvollstreckung unterworfen. Unter Bezugnahme auf die Eintragungsbewilligung vom 06.07.2012 eingetragen am 14.08.2012.

Welche der folgenden Aussagen hinsichtlich der Eintragung in Abteilung III ist zutreffend?

a) Die Grundschuld in Abteilung III nimmt bei einer Verwertung die erste Rangfolge ein.
b) Die Grundschuld ist eine Eigentümergrundschuld.
c) Der Darlehenssatz beträgt 16 % p. a.
d) Die Grundschuld ist nicht sofort vollstreckbar, weil der Grundschuldgläubiger zunächst einen vollstreckbaren Titel durch einen gerichtlichen Vollstreckungsbescheid erlangen muss.
e) Bei der Grundschuld handelt es sich um eine Buchgrundschuld.

Zu den nächsten vier Aufgaben siehe nachstehende Situation.

Die Wohnungsbaugesellschaft Schönes Wohnen eG plant den Kauf eines Wohnhauses mit 18 Seniorenwohnungen, die vermietet werden sollen. Zur Deckung des Finanzierungsbedarfs benötigt sie einen Kredit in Höhe von 700.000,00 €. Die Beleihungswertermittlung erfolgt nach dem Ertragswertverfahren. Folgende Daten stehen Ihnen dabei zur Verfügung.

Baujahr des Wohnhauses:	**2009**
Bodenwert:	**400.000 €**
Herstellungswert nach Abschreibung:	**1.330.000 €**
Risikoabschlag vom Herstellungswert:	**20 %**
Wohnfläche je Wohnung:	**45 m²**
Vergleichsmiete pro m²:	**12 € monatlich**
Bewirtschaftungskosten:	**25 % der Jahresnettomiete**
Kapitalisierungszinssatz:	**5 %**
Zinssatz für die Bodenwertverzinsung	**5 %**
Kapitalisierungsfaktor (bei 40 Jahre Restnutzungsdauer):	**17,16**

58. Welche der folgenden Aussagen hinsichtlich der hier durchgeführten Beleihungswertermittlung ist zutreffend?

a) Der Ertragswert wird ermittelt aus dem Boden- und dem Bauwert der Immobilie.
b) Die Höhe des Zinssatzes, zu dem der Jahresreinertrag kapitalisiert wird, richtet sich nach dem aktuellen Zinssatz am Geldmarkt.
c) Der Beleihungswert nach dem Ertragswertverfahren entspricht dem Marktpreis der Immobilie am Tag der Wertermittlung.
d) Bei der Berechnung des Beleihungswertes nach dem Ertragswertverfahren werden die Kosten berücksichtigt, die bei gewöhnlicher Bewirtschaftung der Immobilie entstehen.
e) Das Ertragswertverfahren muss immer bei wohnwirtschaftlich genutzten Immobilien angewendet werden.

59. Berechnen Sie im Rahmen der Beleihungswertermittlung.

a) den Sachwert (auf volle 10.000 € abrunden).
b) den Ertragswert (gespaltenes Ertragswertverfahren)

Tragen Sie die Ergebnisse (jeweils auf volle 10.000,00 € abgerundet) in das Kästchen ein.

60. Der Vorstand der Wohnungsbaugesellschaft Schönes Wohnen eG legt Ihnen den folgenden, aktuellen Grundbuchauszug des Grundstücks vor.

Grundbuchauszug

Eintragungen in Abteilung II

lfd. Nr. 1	Wegerecht für den jeweiligen Eigentümer des im Grundbuch von Landshut Band 26 Blatt 2875 eingetragenen Grundstücks. Gemäß Bewilligung vom 17.06.2005 und eingetragen am 26.09.2005.
lfd. Nr. 2	Vorkaufsrecht für Sven Müller in Ergolding. Unter Bezugnahme auf die Eintragungsbewilligung vom 26.01.2006 und eingetragen am 30.01.2006.
lfd. Nr. 3	Vormerkung der Auflassung für die Wohnungsbaugesellschaft Schönes Wohnen eG. Bewilligt am 16.04.2007 und eingetragen am 20.05.2007.

Eintragungen in Abteilung III

lfd. Nr. 1	200.000 € Grundschuld für die Kreditbank AG mit 12 vom Hundert jährlich verzinslich. Bewilligt am 29.01.2006 und eingetragen am 28.02.2006.
lfd. Nr. 2	75.000 € Grundschuld für die Unionbank AG mit 11 vom Hundert jährlich verzinslich. Bewilligt am 14.04.2006 und eingetragen am 17.05.2006.

Bringen Sie die Eintragungen in den Abteilungen II und III des Grundbuches in die richtige Rangfolge im Fall einer Zwangsvollstreckung.

[ ] Abt. II – lfd. Nr. 1
[ ] Abt. II – lfd. Nr. 2
[ ] Abt. II – lfd. Nr. 3
[ ] Abt. III – lfd. Nr. 1
[ ] Abt. III – lfd. Nr. 2

61. Ihr Kreditinstitut unterbreitet dem Vorstand der Wohnungsbaugesellschaft Schönes Wohnen eG für den Finanzierungsbedarf von 700.000 € folgendes Angebot:

Annuitätendarlehen:		
	Zinssatz:	2,25 % p. a.
	anfängliche Tilgung:	5 % p. a.
	Zahlungsweise:	jährlich*
	Auszahlung/Valutierung:	am 01.01.20..
	Die Tilgungsverrechnung erfolgt jeweils zum Ende des Jahres.	

Berechnen Sie in €
a) die jährliche Annuität.
b) die Tilgung im 1. Jahr.
c) die Tilgung im 2. Jahr.
Tragen Sie die Ergebnisse in das Kästchen ein.

FIRMENKREDITE

62. Als Kreditsachbearbeiter/-in der Handelsbank AG werden Sie mit der Prüfung des Kreditantrags der Kreil Baustoffe KG beauftragt. Der Kontokorrentkredit soll über 50.000,00 € lauten. Welche zwei Aussagen im Zusammenhang mit der Prüfung des Kreditantrags sind zutreffend?

a) Rechtswirksame Erklärungen für die KG können sowohl der Komplementär Bär als auch ein Kommanditist abgeben.
b) Bei der Würdigung des Kreditantrags ist zu berücksichtigen, dass der Kommanditist Gläubigern der KG gegenüber nicht persönlich haftet, wenn er seine Einlagen bereits in voller Höhe geleistet hat.
c) Für die Prüfung der Kreditfähigkeit kommen auch Informationen der Schufa in Betracht.
d) Die Höhe der Einlage des Komplementärs Bär kann aus dem Handelsregister entnommen werden.
e) Zur Prüfung der Kreditwürdigkeit kann ein Auszug aus der Abteilung B des Handelsregisters herangezogen werden.
f) Bei Prüfung des Kreditantrags muss die Bonität des Komplementärs beachtet werden.
g) Der Kreditantrag muss von allen Komplementären und Kommanditisten gemeinsam gestellt werden.

63. Zur Besicherung eines Betriebsmittelkredites über 30.000,00 € schlägt Ihnen der Unternehmer Uwe Winter verschiedene Sicherheiten vor. Welche zwei Sicherheiten eignen sich unter dem Gesichtspunkt einer schnellen Liquidierbarkeit zur Absicherung des Kredites?

a) Sicherungsübereignung eines Oldtimer-Pkw (Schätzwert 50.000,00 €)
b) Abtretung der Rechte und Ansprüche aus einer Risikolebensversicherung über 70.000,00 €
c) Verpfändung seines Depots bei Ihrem Kreditinstitut, mit 3,8 % Inhaber-Schuldverschreibungen der WestLB, Restlaufzeit 2 Jahre, Depotwert zurzeit 35.000,00 €
d) Verpfändung von Goldschmuck, Wert 40.000,00 € (Wertgutachten liegt vor)
e) Gehaltsabtretung seiner bei ihm angestellten Ehefrau
f) Abtretung einer Spareinlage der Ehefrau über 33.000,00 € bei einem anderen Kreditinstitut

64. Die Baustoffe GmbH soll zur Absicherung eines Investitionskredites ihre Forderungen an die Südbank AG abtreten. Welche der folgenden Aussagen ist hinsichtlich der vereinbarten Zession zutreffend?

a) Mit der Übergabe der Debitorenliste gehen die Forderungen bei der Globalzession auf die Südbank AG über.
b) Bei der Mantelzession haben einzureichende Debitorenlisten lediglich deklaratorischen Charakter.
c) Bei der Globalzession werden gegenwärtige Forderungen mit Abschluss des Zessionsvertrags und zukünftige Forderungen zum Zeitpunkt ihrer Entstehung abgetreten.
d) Der Drittschuldner verliert sein Recht auf Einreden, wenn der Zedent die Forderungen abgetreten hat.
e) Die Mantelzession muss offen erfolgen, um das Risiko einer Doppelabtretung zu verhindern.

65. Die Südbank AG gewährt der Baustoffe Müller GmbH zum Kauf von drei Dienstfahrzeugen bei der Autopark Kreil OHG einen Kredit in Höhe von 75.000,00 €. Zur Absicherung dieses Kredits vereinbart die Südbank AG mit der Baustoffe Müller GmbH die Sicherungsübereignung der Fahrzeuge. Welche der folgenden Aussagen ist hinsichtlich der Sicherungsübereignung zutreffend?

a) Durch die Sicherungsübereignung wird die Baustoffe Müller GmbH Eigentümer und die Südbank AG unmittelbarer Besitzer der Dienstwagen.
b) Die Südbank AG wird erst mit Bereitstellung des Kredits Eigentümerin der Dienstwagen, weil die Sicherheitsübereignung akzessorisch ist.
c) Beinhaltet der Kaufvertrag einen Eigentumsvorbehalt und überweist die Südbank AG nach Abschluss des Sicherungsübereignungsvertrages den Kaufpreis direkt an den Händler, erwirbt sie unmittelbar das Eigentum an den Fahrzeugen.
d) Die Südbank AG wird Eigentümerin der beiden Dienstfahrzeuge und muss diese auf der Aktivseite ihrer Bilanz ausweisen.
e) Die Übergabe des Kfz-Briefes an die Südbank AG bewirkt den Eigentumsübergang an die Südbank AG.

66. Die Kreditbank AG gewährt der Landshuter Maschinenbau GmbH einen Investitionskredit, dessen Absicherung durch die Abtretung von Forderungen aus Lieferung und Leistung in Form einer Globalzession erfolgt. Welche <u>zwei</u> Aussagen sind hinsichtlich der vereinbarten Globalzession zutreffend?

a) Die Landshuter Maschinenbau GmbH muss die Drittschuldner über die jeweilige Abtretung informieren.

b) Die Kreditbank AG muss die Drittschuldner über die jeweilige Abtretung informieren.

c) Die einzelnen Forderungen sind erst dann abgetreten, wenn die Landshuter Maschinenbau GmbH Rechnungskopien an die Kreditbank AG einreicht.

d) Die einzelnen Forderungen sind bereits mit ihrem Entstehen an die Kreditbank AG abgetreten:

e) Das Risiko der Doppelabtretung ist für die Kreditbank AG ausgeschlossen.

f) Anhand der Abtretungserklärung muss die Kreditbank AG die Drittschuldner bestimmen können.

67. Die Landshuter Baustoffe GmbH hat zur Überbrückung eines kurzfristigen Finanzierungsengpasses bei der Südbank AG für 6 Monate einen Kredit über 50.000,00 € aufgenommen. Die Landshuter Baustoffe GmbH vereinbart mit der Südbank AG zur Besicherung dieses Kredits eine Abtretung ihrer Forderungen an die Schröder KG über 80.000,00 €.
Welche der folgenden Aussagen hinsichtlich der Forderungsabtretung ist zutreffend?

a) Die Südbank AG hat nur dann ein Recht an der Forderung gegen die Schröder KG, wenn der Zessionsvertrag mit der Landshuter Baustoffe GmbH schriftlich nach den Vorschriften des BGB geschlossen wurde.

b) Sofern die Südbank AG mit der Landshuter Baustoffe GmbH eine stille Zession vereinbart, besteht für die Südbank AG die Gefahr, dass die Schröder KG ihre Verbindlichkeit mit befreiender Wirkung an die Landshuter Baustoffe GmbH begleicht.

c) Wird die Schröder KG über die Abtretung dieser Forderung informiert, kann sie mit befreiender Wirkung an die Südbank AG oder an die Landshuter Baustoffe GmbH zahlen.

d) Verzichtet die Südbank AG auf die Abtretungsanzeige an die Schröder KG, gibt sie ihre Gläubigerstellung gegenüber der Drittschuldnerin zu Gunsten der Landshuter Baustoffe GmbH auf.

e) Vereinbart die Südbank AG mit der Landshuter Baustoffe GmbH eine offene Zession, so kann sie ihre Forderungen aus dem Kreditvertrag nur noch gegenüber der Schröder KG geltend machen.

68. Zur Besicherung eines Betriebsmittelkredits vereinbaren Sie mit dem Spediteur Uwe Mai die Sicherungsübereignung eines Lkws. Welche <u>zwei</u> Aussagen sind im Rahmen dieser Vereinbarung zutreffend?

a) Bei der Verwertung des Lkw müssten sowohl der Kfz-Brief als auch der Lkw im Besitz des Kreditinstituts sein.

b) Der Spediteur ist verpflichtet, die Prämien für die bestehende Haftpflicht- und Kaskoversicherung zu zahlen.

c) Der Lieferer des Lkw muss von dem Kreditinstitut über die Sicherungsübereignung informiert werden, damit das Eigentum direkt auf das Kreditinstitut übergeht.

d) Der Lkw wird durch die Sicherungsübereignung Eigentum des Kreditinstituts und wird vom Kreditinstitut bilanziert.

e) Das Kreditinstitut erwirbt mit dem Sicherungsübereignungsvertrag das Eigentum und den unmittelbaren Besitz an dem Lkw.

f) Das Kreditinstitut verlangt die Übergabe des Kfz-Briefes, da zur Übertragung des Eigentums die Umschreibung und die Übergabe des Kfz-Briefes erforderlich sind.

Zu den nächsten drei Aufgaben siehe nachstehende Situation.

Dr. Karl Ludwig, Prokurist der Landshuter Baustoffe GmbH, beantragt bei der Südbank AG einen Investitionskredit in Höhe von 800.000,00 €.

69. Welche zwei Aussagen sind hinsichtlich der Kreditwürdigkeitsprüfung des Unternehmens zutreffend?

a) Zur Beurteilung der Kreditwürdigkeit ist die Höhe des Stammkapitals von entscheidender Bedeutung, da die GmbH mit ihrem Stammkapital haftet.
b) Die Südbank AG ist gesetzlich dazu verpflichtet, sich Einblick in die wirtschaftlichen Verhältnisse der GmbH zu verschaffen.
c) Die aus den Jahresabschlüssen ermittelten Kennziffern sind für die Beurteilung der Kreditwürdigkeit von entscheidender Bedeutung, da sie Auskunft über die zukünftige Unternehmensentwicklung geben.
d) Der Gesellschaftsvertrag wird eingesehen, um sich Klarheit über die Haftungsverhältnisse zu verschaffen.
e) Bei einer Kreditwürdigkeitsprüfung beurteilt die Südbank AG unter anderem die Beschäftigungssituation des Unternehmens sowie die Markt- und Konkurrenzverhältnisse.

70. Im Rahmen der Kreditwürdigkeitsprüfung berechnen Sie mit Hilfe der von Herrn Ludwig vorgelegten Bilanzen die Eigenkapitalquote der Landshuter Baustoffe GmbH. Sie ermitteln dabei folgende Werte:

Jahr	2017	2018	2019
Eigenkapitalquote	30,1	34,3	36,0

Welche der folgenden Aussagen ist in diesem Zusammenhang zutreffend?

Die Entwicklung der Eigenkapitalquote ist …

a) positiv, weil sich das Eigenkapital und die langfristigen Verbindlichkeiten im Verhältnis zum Anlagevermögen vergrößert haben.
b) negativ, weil sich das Eigenkapital und die langfristigen Verbindlichkeiten im Verhältnis zum Anlagevermögen vergrößert haben.
c) positiv, weil sich das Eigenkapital im Verhältnis zur Bilanzsumme vergrößert hat.
d) positiv, weil sich der Jahresüberschuss im Verhältnis zur Bilanzsumme vergrößert hat.
e) negativ, weil sich der Jahresüberschuss im Verhältnis der Bilanzsumme vergrößert hat.

71. Zur Besicherung des Kredits stehen verschiedene Sicherheiten aus dem Vermögen der Landshuter Baustoffe GmbH und des Alleingesellschafters Alfred Lechner zur Verfügung. Ordnen Sie den unten stehenden Vermögenswerten das geeignete Kreditsicherungsrecht zu.

Kreditsicherungsrechte

a) Stille Zession (Sicherungsabtretung)
b) Offene Zession (Sicherungsabtretung)
c) Pfandrecht an beweglichen Sachen
d) Pfandrecht an Rechten
e) Sicherungsübereignung
f) Sicherungsgrundschuld

Vermögenswerte

[ ] Festgeld von Alfred Lechner bei der Südbank AG

[ ] Betriebsgrundstück mit Lagerhalle der Landshuter Baustoffe GmbH

[ ] Aktien von Alfred Lechner in einem Depot bei der Nordbank AG

[ ] Handelswaren der Landshuter Baustoffe GmbH

Zu den nächsten vier Aufgaben siehe nachstehende Situation.

Herr Steiger, Geschäftsführer der Baustoffe GmbH, beabsichtigt den Kauf eines LKW und möchte den Kaufpreis in Höhe von 250.000,00 € bei der Südbank AG finanzieren. Die Südbank AG unterhält bisher keine Geschäftsbeziehung mit der Baustoffe GmbH.

72. Wie gehen Sie bei der Informationsbeschaffung hinsichtlich der Überprüfung der Kreditwürdigkeit der Baustoffe GmbH vor?

a) Sie holen eine SCHUFA-Auskunft über die Baustoffe GmbH ein.

b) Sie verlangen von Herrn Steiger einen Gehaltsnachweis der letzten drei Monate.

c) Sie errechnen aus den Bilanzen der letzten drei Jahre die Umsatzrentabilität der Baustoffe GmbH.

d) Sie bitten ohne Zustimmung von Herrn Steiger die Hausbank der Baustoffe GmbH um eine Bankauskunft.

e) Sie informieren sich mit Hilfe eines aktuellen Handelsregisterauszugs über die Höhe des Eigenkapitals der Gesellschaft, da die GmbH mit ihrem Eigenkapital haftet.

73. Zur Absicherung des Darlehens wird der LKW sicherungsübereignet und ein banküblicher Sicherungsübereignungsvertrag zwischen der Südbank AG und der Baustoffe GmbH geschlossen.

Sicherungsübereignungsvertrag

§ 1

Die Südbank AG ist berechtigt, das Sicherungsgut (LKW) zu überprüfen oder durch ihren Beauftragten überprüfen zu lassen. Die Baustoffe GmbH (Sicherungsgeber) hat jede zu diesem Zweck erforderliche Auskunft zu erteilen und die betreffenden Unterlagen zur Einsicht vorzulegen.

§ 2

Der Sicherungsgeber ist im Rahmen des ordnungsgemäßen Geschäftsbetriebes verpflichtet, einen etwa bestehenden Eigentumsvorbehalt durch die Zahlung des Kaufpreises zum Erlöschen zu bringen.

§ 3

Die Übergabe des Sicherungsgutes wird dadurch ersetzt, dass der Sicherungsgeber das Sicherungsgut von Vertragsabschluss an für die Südbank AG mit der Sorgfalt eines ordentlichen Kaufmanns unentgeltlich verwahrt.

§ 4

Sobald die Südbank AG wegen aller gesicherten Ansprüche gegen den Sicherungsgeber Befriedigung erlangt hat, ist sie verpflichtet, auf Verlangen des Sicherungsgebers die Sicherungsrechte zurück zu übertragen.

§ 5

Der Sicherungsgeber verpflichtet sich, das Sicherungsgut für die Dauer der Übereignung auf eigene Kosten in voller Höhe gegen die üblichen Gefahren, gegen die der Südbank AG Versicherungsschutz erforderlich erscheint, zu versichern.

§ 6

Die Südbank AG darf das Sicherungsgut im Verwertungsfalle im eigenen Namen oder im Namen des Sicherungsgebers nach billigem Ermessen auch durch freihändigen Verkauf verwerten.

a) Welcher Paragraph gibt Auskunft über die Vereinbarung eines Besitzkonstituts?

b) Welche Paragraph lässt den Rückschluss zu, dass die Südbank AG nur treuhänderisches (fiduziarisches) Eigentum erworben hat?

74. Welche der folgenden Aussagen ist hinsichtlich der Risiken einer Sicherungsübereignung richtig?

a) Kauft die Baustoffe GmbH den LKW unter Eigentumsvorbehalt, so erwirbt die Südbank AG keine Eigentumsrechte an dem Fahrzeug, weil der Sicherungsübereignungsvertrag in diesem Fall nichtig ist.

b) Wenn die Baustoffe GmbH als Besitzer des LKW diesen an einen Dritten sicherungsübereignet, erlöschen die Eigentumsrechte der Südbank AG an diesem Fahrzeug.

c) Wird das Fahrzeug in eine gemietete Fahrzeughalle eingebracht, so hat der Vermieter ein gesetzliches Vermieterpfandrecht, durch das der Sicherungsübereignungsvertrag mit der Südbank AG nichtig wird.

d) Verkauft die Baustoffe GmbH den LKW nach rechtswirksamer Sicherungsübereignung ohne Vorlage der Fahrzeugpapiere an einen Dritten, so erwirbt dieser das Eigentum an diesem Fahrzeug.

e) Ist auf dem Firmengrundstück bereits eine Grundschuld für ein anderes Kreditinstitut eingetragen, so haftet der LKW im Rahmen der Zubehörhaftung für diese Grundschuld, wenn die Sicherungsübereignung nach Auslieferung des Fahrzeugs auf das Grundstück erfolgt.

75. Sie unterbreiten Herrn Steiger ein Tilgungsdarlehen (Abzahlungsdarlehen) über 250.000,00 € zu folgenden Bedingungen an:

- Zinssatz: 5,25 % p. a. auf den tatsächlichen Kreditbetrag
- Tilgung: 9 % p. a. vom ursprünglichen Kreditbetrag
- Ratenzahlung erfolgt monatlich

[ ]

Berechnen Sie in € den Tilgungsanteil für die dritte Rate! Tragen Sie das Ergebnis in das Kästchen ein.

Zu den nächsten zwei Aufgaben siehe nachstehende Situation.

Als Kreditsachbearbeiter/-in der Handelsbank AG vereinbaren Sie mit der Baustoffe GmbH zur Absicherung eines Annuitätendarlehens eine Abtretung deren Kundenforderungen durch eine Globalzession.

76. Welche zwei Aussagen im Zusammenhang mit der vereinbarten Globalzession sind sachlich richtig?

a) Die Einreichung von Debitorenlisten der Baustoffe GmbH hat konstitutiven Charakter.
b) Die Globalzession ist ein Rahmenvertrag über die Abtretung von Forderungen gegenüber einer bestimmten Drittschuldnergruppe.
c) Bei der Globalzession werden nur zukünftige, jedoch keine bestehenden Forderungen der Baustoffe GmbH abgetreten.
d) Um die Bestimmbarkeit der Forderungen zu gewährleisten, kann beispielsweise der Name eines bestimmten Bundeslandes, in dem mögliche zukünftige Drittschuldner ihren Sitz haben, im Rahmenvertrag festgehalten werden.
e) Bei der Globalzession werden nur bestehende, jedoch keine zukünftigen Forderungen der Baustoffe GmbH abgetreten.
f) Erfolgt die Globalzession in stiller Form, wird die Handelsbank AG nicht zum Gläubiger gegenüber den Drittschuldnern.

77. Forderungen, die unter einem „verlängertem Eigentumsvorbehalt" stehen, werden gemäß Globalzessionsvertrag bei der Ermittlung des realisierbaren Wertes der Sicherheit nicht berücksichtigt. Welche der folgenden Aussagen ist hinsichtlich der vereinbarten Globalzession richtig?
Die unter einem verlängertem Eigentumsvorbehalt stehenden Forderungen haben für die Kreditbank AG keinen Sicherungswert, weil …

a) der Lieferer der Baustoffe GmbH im Falle eines Weiterverkaufs der Ware seine Zustimmung hierzu erteilen muss.
b) diese Forderungen einem vertraglichen Abtretungsverbot unterliegen.
c) diese Forderungen im Zeitpunkt der Entstehung auf den Lieferer der Baustoffe GmbH übergehen.
d) der Lieferer der Baustoffe GmbH gemäß HGB als eingetragener Kaufmann automatisch einen verlängerten Eigentumsvorbehalt und somit Vorrang hat.

78. Im Rahmen einer Sicherungsübereignung einer hydraulischen Presse gibt es eine Reihe von Risiken, die die kreditgebende Bank möglichst minimieren bzw. beseitigen möchte. Ordnen Sie die zu ergreifenden Schutzmaßnahmen den möglichen Risiken richtig zu.

Schutzmaßnahmen

a) Erklärung des Vermieters, auf sein Sicherungsrecht zu verzichten
b) Einsichtnahme in das Grundbuch und gegebenenfalls Bestellung weiterer Sicherheiten
c) Übertragung des Anwartschaftsrechts auf Eigentumserwerb an die kreditgebende Bank; Lieferantenverbindlichkeiten sind sofort zu begleichen.
d) Angemessene Kreditüberdeckung; Abschluss einer Versicherung und Abtretung der Versicherungsansprüche an die kreditgebende Bank

Risiken

Die hydraulische Presse …

[ ] unterliegt einem Eigentumsvorbehalt.
[ ] verliert an Wert oder wird zerstört.
[ ] haftet als wesentlicher Bestandteil oder Zubehör eines Grundstücks für ein Grundpfandrecht.
[ ] unterliegt einem gesetzlichen Pfandrecht.

Zu den nächsten sechs Aufgaben siehe nachstehende Situation.

Herr Dieter Grobe, Geschäftsführer der Landshuter Metallbau GmbH, beabsichtigt die Anschaffung einer neuen Spezial-Fräsmaschine zum Kaufpreis von 75.000,00 €. Er möchte die Maschine wie folgt finanzieren:

- 10.000,00 € aus einbehaltenem Gewinn des Vorjahres,

- 10.000,00 € durch die Aufnahme des Notars Dr. Stein als Gesellschafter,

- 55.000,00 € durch Aufnahme eines Investitionskredites bei der Kreditbank AG

79. Welche zwei Aussagen sind hinsichtlich der genannten Finanzierungsvorhaben von Herrn Grobe sachlich zutreffend?

a) Bei der Finanzierung aus einbehaltenem Gewinn handelt es sich um eine Selbstfinanzierung.

b) Bei der Finanzierung aus einbehaltenem Gewinn und der Aufnahme des Herrn Dr. Stein als Gesellschafter handelt es sich jeweils um Formen der Innenfinanzierung.

c) Durch die Aufnahme des Gesellschafters erhöht die Landshuter Metallbau GmbH ihr langfristiges Fremdkapital.

d) Bei der Finanzierung durch das Darlehen der Kreditbank AG handelt es sich um eine Form der Außenfinanzierung und der Fremdfinanzierung.

e) Alle geplanten Finanzierungsformen führen zur Erhöhung des Eigenkapitals der Landshuter Metallbau GmbH.

f) Bei allen geplanten Finanzierungsformen handelt es sich um Eigenfinanzierung.

80. Als Kreditsachbearbeiter/-in der Kreditbank AG vereinbaren Sie mit der Landshuter Metallbau GmbH zur Absicherung des Investitionskredits eine Sicherungsübereignung der anzuschaffenden Fräsmaschine. Die Fräsmaschine wird dabei mit 60 % des Anschaffungsbetrages bewertet. Wie begründen Sie den hohen Sicherheitsabschlag gegenüber der Landshuter Metallbau GmbH?

a) Bei der Sicherungsübereignung bleibt die Landshuter Metallbau GmbH Eigentümerin der Fräsmaschine. Dies erschwert im Verwendungsfall den Zugriff für die Kreditbank AG und bringt erhöhte Kosten mit sich.

b) Aufgrund der Bonität der Landshuter Metallbau GmbH geht die Kreditbank AG davon aus, dass in den ersten zwei Jahren der Kreditlaufzeit keine Risiken auftauchen werden. Danach ist die Fräsmaschine höchstens noch 60 % des Kaufpreises wert.

c) Da die Fräsmaschine wesentlicher Bestandteil des Firmengrundstücks werden wird, benötigt die Kreditbank AG nur noch 60 % des Maschinenwertes als Sicherheit.

d) Die Kreditbank AG hat im Verwertungsfall einen erheblichen Aufwand, einen Käufer für diese Spezialmaschine zu finden. Hierfür und für die Wertminderung durch den Gebrauch der Fräsmaschine wird ein Sicherheitsabschlag vorgenommen.

e) Die Lieferbedingungen beinhalten einen verlängerten Eigentumsvorbehalt an der Maschine. Deshalb kann die Kreditbank AG die Fräsmaschine nicht mit dem vollen Kaufpreis bewerten.

81. Sie unterbreiten Herrn Grobe ein Darlehen über 55.000,00 € zu folgenden Bedingungen:

- Zinssatz:	6,25 % p. a.
- Laufzeit:	4 Jahre
- Tilgung:	in konstanten Monatsbeträgen
- Zinszahlung:	monatlich

Berechnen Sie in € den in der ersten Monatsrate enthaltenen

a) Tilgungsanteil

b) Zinsanteil

Die Ergebnisse sind jeweils auf zwei Stellen nach dem Komma zu runden. Tragen Sie die Ergebnisse in das Kästchen ein.

82. Herr Grobe soll zur weiteren Absicherung des Darlehens eine selbstschuldnerische Bürgschaft unterschreiben. Mit welchen zwei Aussagen informieren Sie Herrn Grobe hinsichtlich der selbstschuldnerischen Bürgschaft zutreffend?

a) „Werden Sie als Bürge in Anspruch genommen, steht Ihnen das Recht der Einrede der Vorausklage zu."

b) „Sie müssen die Bürgschaft in unbegrenzter Höhe übernehmen, weil die Kreditbank AG dies bei Bürgschaften für Firmenkredite immer verlangt."

c) „Die Kreditbank AG kann Sie aus der Bürgschaft erst dann in Anspruch nehmen, wenn eine Zwangsvollstreckung in das bewegliche und unbewegliche Vermögen der Metallbau GmbH erfolglos war."

d) „Die Bürgschaft muss schriftlich erfolgen, obwohl Sie die Bürgschaft für einen eingetragenen Kaufmann übernehmen."

e) „Der Bürgschaftsvertrag endet mit Ihrem Tod."

f) „Werden Sie als Bürge in Anspruch genommen, geht die Forderung der Kreditbank AG gegenüber der Metallbau GmbH gemäß BGB auf Sie über."

83. Die Kreditbank AG gewährt der Landshuter Metallbau GmbH einen Investitionskredit. Welchen der folgenden Aspekte sollten Sie bei der Vertragsgestaltung als zuständiger Kreditsachbearbeiter beachten?

a) Der Vertrag kann formfrei abgeschlossen werden, wird aber zu Beweiszwecken schriftlich verfasst.

b) Der Vertrag muss von allen Gesellschaftern der Landshuter Metallbau GmbH unterschrieben werden.

c) Die Höhe der monatlichen Rate muss angegeben werden, sonst ist der Darlehensvertrag nichtig.

d) Fehlt die Angabe des effektiven Jahreszinssatzes, so gilt der Basiszinssatz der EZB.

e) Fehlen Angaben über zu bestellende Sicherheiten, so können diese nicht nachverlangt werden.

84. Aufgrund eines kurzfristigen Finanzierungsengpasses bietet die Kreditbank AG Herrn Grobe die befristete Aufstockung eines Kontokorrentkredites für die Landshuter Baustoffe GmbH um 60.000,00 € an. Mit welchen zwei Vorteilen ist die Aufstockung der Kontokorrentkreditlinie für die Landshuter Metallbau GmbH verbunden?

a) Der Kontokorrentkredit ist mit einem niedrigen Zinssatz verzinst.

b) Herr Grobe hat eine Liquiditätsreserve in Höhe der nicht ausgenutzten Kreditlinie.

c) Für die Erhöhung des Kontokorrentkredits brauchen keine Sicherheiten gestellt werden.

d) Herr Grobe zahlt bei Inanspruchnahme dieses Kredits keine Zinsen.

e) Der Kontokorrentkredit wird in monatlichen Raten getilgt.

f) Herr Grobe kann diesen Kredit flexibel beanspruchen und braucht nur Zinszahlungen auf den tatsächlich in Anspruch genommenen Kreditbetrag zu leisten.

ÜBUNGSAUFGABEN ZUR VORBEREITUNG AUF DIE ABSCHLUSSPRÜFUNG

KONTOFÜHRUNG UND ZAHLUNGSVERKEHR

SITUATION 1

Ina Bach möchte nach eingehender Beratung bei der Universalbank AG ein Kontokorrentkonto auf den Namen der ElektroDesign GmbH eröffnen. Diese importiert elektronische Geräte aus Malaysia und vertreibt sie an deutsche Einzelhandelsgeschäfte. Die Rechtsverhältnisse der GmbH können dem unten stehenden Handelsregisterauszug entnommen werden.
Neben den im Handelsregister aufgeführten Personen soll darüber hinaus der Handlungsbevollmächtigte Karl Ludwig eine Kontovollmacht erhalten. Herr Ludwig darf jedoch nur gemeinschaftlich mit einem Geschäftsführer oder einem Prokuristen handeln.

Amtsgericht München	Handelsregister					HR B 6932
Nr. der Eintr.	**a) Firma b) Ort der Niederlassung c) Gegenstand des Unternehmens**	Grund- oder Stammkapital in €	**Geschäftsinhaber Persönlich haft. Gesellschafter Abwickler**	**Prokura**	**Rechtsverhältnisse**	**a) Tag der Eintragung und Unterschrift b) Bemerkungen**
1	**2**	**3**	**4**	**5**	**6**	**7**
1	a) ElektroDesign GmbH b) München c) Handel mit Elektrogeräten	50.000,-	Ina Bach, Kauffrau, München, geb. 08.09.1968 Norbert Schön, Kaufmann, München, geb. 24.09.1959 Karl Schütz Kaufmann, München, geb. 12.09.1957	Gesamtprokurist: Gustav Schranz, Erding, geb. 03.09.1972	Gesellschaft mit beschränkter Haftung Gesellschaftsvertrag vom 7. August 2005 Ist ein Geschäftsführer bestellt, vertritt er die Gesellschaft allein; sind mehrere bestellt, sind zwei Geschäftsführer gemeinsam oder ein Geschäftsführer gemeinsam mit einem Prokuristen vertretungsberechtigt. Einzelnen Geschäftsführern kann Alleinvertretungsberechtigung verliehen werden. Ines Bach ist allein vertretungsberechtigt.	a) 12. Sept. 2005 b) –

1. Aufgabe
Kann Frau Bach für die ElektroDesign GmbH ein Kontokorrentkonto wirksam eröffnen?
Begründen Sie Ihre Entscheidung.

2. Aufgabe
Warum führt die Universalbank AG bei der Kontoeröffnung grundsätzlich eine Legitimationsprüfung durch?
Erläutern Sie Frau Bach drei Gründe für die Legitimationsprüfung.

3. Aufgabe
Sie möchten von Frau Bach wissen, ob das Konto für eigene oder für fremde Rechnung genutzt werden soll.

a) Warum müssen Sie diese Frage stellen?
b) Erklären Sie Frau Bach, worin der Unterschied zwischen dem Handeln für eigene bzw. dem Handeln für fremde Rechnung liegt.

4. Aufgabe
Begründen Sie, warum Sie im Rahmen der Kontoeröffnung von Frau Bach noch folgende Informationen erfragen:

- genaue Anschrift der GmbH
- Größe des Betriebs (z. B. Anzahl der Mitarbeiter, Anzahl der Filialen, Jahresumsatz etc.)
- weitere Bankverbindungen?

5. Aufgabe

In den Kontounterlagen muss die Art der Vertretungsberechtigung festgehalten werden.

a) Tragen Sie in die folgende Kontounterlage bei den genannten Personen ein
- **„E“** ein, wenn eine Einzelverfügungsberechtigung besteht.
- **„G“** ein, wenn eine gemeinschaftliche Verfügungsberechtigung vorliegt.

Bei der Lösung dieser Aufgabe gehen Sie von den oben beschriebenen Rechtsverhältnissen sowie den Rechtsverhältnissen gemäß Handelsregisterauszug aus.

Vertretungsberechtigter	Vertretungsberechtigung: „E“ bei Einzelvertretungsberechtigung „G“ bei gemeinschaftlicher Vertretungsberechtigung mit einer anderen Person
Ina Bach	
Norbert Schön	
Karl Schütz	
Gustav Schranz	
Karl Ludwig	

b) Laut Auskunft von Frau Bach besitzen Herr Schranz und Herr Ludwig Vertretungsbefugnisse im gesetzlichen Umfang (ohne Sondervollmachten).
Zeigen Sie Frau Bach auf, welche Art von Geschäften die beiden Herren in der Geschäftsverbindung mit der Universalbank AG tätigen dürfen. Geben Sie auch jeweils ein Beispiel dazu an.

6. Aufgabe

Nach einiger Zeit legt Ihnen Frau Bach die folgende, in Auszügen wiedergegebene Eingangsrechnung vor:

Huan Saoul
Mainstreet 56
Malaysia

ElektroDesign GmbH
Industriestr. 7
D-80136 München

Wir bitten Sie den Rechnungsbetrag von 38.900,00 USD auf das folgende Konto zu überweisen:
Bank of America
Kto.-Nr. 5867848

a) Beschreiben Sie, wie sich die Abwicklung der Zahlung bei der Universalbank AG vollzieht.

b) Der USD notiert am Tag der Ausführung des Zahlungsauftrags wie folgt:

	Geld	Brief
1 EUR	1,1959 USD	1,2065 USD

Die Universalbank stellt eine Grundprovision von 15,00 € zuzüglich 0,7 ‰ vom €-Gegenwert in Rechnung. Mit welchem Wert wird das Konto belastet?

SITUATION 2

Sie sind Mitarbeiter/-in der Südbank AG. Ihre Kundin Sabine Franke teilt Ihnen heute, 27.07.2020, telefonisch mit, dass ihr Ehemann Uwe Franke am 20.07.2020 unerwartet verstorben ist. Sie vereinbaren mit Frau Franke für heute ein Beratungsgespräch, um noch offene Fragen zu klären. Ihre Kundin soll zu diesem Gespräch ein Dokument als Nachweis über den Tod ihres Gatten mitbringen.

1. Aufgabe
Welches Dokument soll Ihre Kundin zu dem vereinbarten Gespräch mitbringen?

2. Aufgabe
Ihnen liegen folgende Daten zur Kontoverbindung Uwe Franke aus dem Informationssystem der Südbank AG vor:

	Konto-Nr.	Tagessalden in €	
		19. Juli 2020	20. Juli 2020
Girokonto Uwe Franke keine Habenzinsen	4334852	6.851,74 H	4.598,74 H
Sparkonto Eheleute Sabine und Uwe Franke (Einzelvertretungsberechtigung) Zinssatz 2,5 % p.a.	4333135	6.800,00 H	6.800,00 H
Sparkonto Uwe Franke Kontovertrag zu Gunsten von Claudia Witt, Goethestr. 46, 84034 Landshut Zinssatz 3,5 % p.a.	4335847	3.100,00 H	3.100,00 H
Privatkredit Eheleute Sabine und Uwe Franke Zinssatz 8,5 % p.a.	4335864	5.300,00 S	5.300,00 S
Schließfach Nr. 758 Uwe Franke mit Vollmacht für Sabine Franke			

Kontovollmachten liegen der Südbank AG nicht vor.
Das Konto Nr. 4335847 wurde vor sechs Jahren von Herrn Uwe Franke eröffnet. Das Kontoguthaben sollte am 31.03.2023 oder im Todesfall von Uwe Franke auf die Begünstigte übergehen. Claudia Witt, die bei der Kontoeröffnung anwesend war, hat auf dem Kontoeröffnungsantrag ihr Einverständnis für den Rechtsübergang erklärt.
Die Kontoguthaben auf den Sparkonten Nr. 4333135 und Nr. 4335847 zeigen seit Jahresbeginn keine Veränderungen.
Wie vereinbart sucht Sie Frau Franke noch heute in der Geschäftsstelle mit dem erforderlichen Dokument auf. Die Kundin teilt Ihnen im Gespräch mit, dass sie selbst und die gemeinsamen Kinder Anna und Patrick als Erben eingesetzt seien.
Nennen Sie zwei geeignete Urkunden, mit denen Sabine Franke ihre Erbenstellung gegenüber der Südbank AG nachweisen kann.

3. Aufgabe
Frau Franke möchte, dass der Kontovertrag zu Gunsten von Claudia Witt sofort rückgängig gemacht wird.
Begründen Sie, ob Sie diesem Wunsch entsprechen können.

4. Aufgabe

Frau Franke möchte von Ihnen wissen, wie es sich mit der Ausführung der folgenden Zahlungsvorgänge zu Lasten des Girokontos verhält.
Informieren Sie Frau Franke sachlich richtig.

a) Dauerauftrag am 15. eines jeden Monats über die Wohnungsmiete in Höhe von 330,00 Euro.
b) Ein von Herrn Franke ausgestellter, aber noch nicht vorgelegter Scheck über 385,00 Euro zur Bezahlung eines Rasenmähers.
c) Lastschrift aufgrund eines SEPA-Basis-Lastschriftmandats für den Beitrag zur privaten Pflegeversicherung von Uwe Franke jeweils am 1. eines Monats.

5. Aufgabe

Sabine Franke möchte sich zu Lasten des Girokontos (Konto Nr. 4334852) 400,00 € und zu Lasten des Sparkontos (Konto Nr. 4333135) 1.050,00 € bar auszahlen lassen.
Begründen Sie, ob bzw. unter welchen Voraussetzungen die Südbank AG die erteilten Aufträge jeweils ausführen kann.

6. Aufgabe

Sie teilen Frau Franke mit, dass die Südbank AG gemäß Erbschaftsteuergesetz verpflichtet ist, eine Anzeige über die Verwahrung und Verwaltung fremden Vermögens an die Erbschaftsteuerstelle des zuständigen Finanzamts weiterzuleiten.

a) Innerhalb welcher Frist muss das Kreditinstitut der Erbschaftsteuerstelle des zuständigen Finanzamtes Anzeige über die Vermögenswerte erstatten?
b) Bereiten Sie die Anzeige an das Finanzamt vor, indem Sie das folgende Formular ausfüllen.

Südbank AG

Anzeige nach § 33 ABS. 1 ErbStG und § 1 ErbStDV
über die Verwahrung oder Verwaltung fremden Vermögens

1. Erblasser

Name, Vorname, gg. Geburtsname

Todestag

2. Guthaben und andere Forderungen, auch Gemeinschaftskonten

Konto-Nr.	Nennbetrag der Forderungen am Todestag ohne Zinsen für das Jahr des Todes (volle €)	Aufgelaufene Zinsen bis zum Todestag (volle €)	Hat der Kontoinhaber mit dem Kreditinstitut vereinbart, dass die Guthaben oder eines derselben mit seinem Tode auf eine bestimmte Person übergehen? Wenn ja: Name und genaue Anschrift dieser Person

3. Wertpapiere, Anteile, Genussscheine und andere (einschließlich solcher im Gemeinschaftsdepot) nach folgender Aufstellung:

Bezeichnung der Wertpapiere	Nennbetrag pro Stück	Kurswert bzw. Rücknahmepreis am Todestag (volle €)	Stückzinsen bis zum Todestag (volle €)	Bemerkungen

4. Die Verstorbene hatte ....Schließfach/Schließfächer.

5. Bemerkungen (z. B. über Schulden des Erblassers / der Erblasserin beim Kreditinstitut):

Datum

Unterschrift

SITUATION 3

Sandra Müller unterhält bei der Universalbank Landau AG bereits seit längerer Zeit ein Girokonto, auf das sie regelmäßig ihr Gehalt von der Soli AG überweisen lässt. Sandra Müller besitzt eine Bankkarte (girocard) der Universalbank Landau AG, die sie bei ihren Käufen häufig in Anspruch nimmt. Am 14. August 2020 sprechen Sie als Kundenberater der Universalbank AG mit ihr über die folgenden Punkte:

1. Aufgabe

Frau Müller hatte im Fachgeschäft Farben Kanz e. K. einen Einkauf getätigt und bei der Zahlung unter Vorlage der Girocard den nachfolgenden Beleg unterschrieben:

Farben Kanz e. K.
Marktplatz 12
94431 Pilsting

Kartenzahlung (EuroELV Online)
07/08/20 14:25 Uhr
Terminal-ID: 865353868 Beleg-Nr. : 2523
TA-Nr. : 023888

Zahlung **38,89 €**

Karte 1 gültig bis12/22
IBAN: DE1485############8745
G-ID: DE42ZZZ0000002343
M-ID: 5243524522147524513621O

SEPA Lastschriftmandat
Ich ermächtige oben genannte Firma, einmalig den oben ausgewiesenen Rechnungsbetrag von meinem Konto mittels Lastschrift einzuziehen. Bei Nichteinlösung der Lastschrift ermächtige ich das Unternehmen zum neuerlichen Einzug des Zahlungsbetrages zzgl. Kosten (z. B. Rücklastschriftentgelt meines Kreditinstituts). Zugleich weise ich mein Kreditinstitut an, die auf mein Konto gezogene Lastschrift einzulösen.
Hinweis: Ich kann innerhalb von acht Wochen, beginnend mit dem Belastungsdatum, die Erstattung des belasteten Betrages verlangen. Es gelten dabei die mit meinem Kreditinstitut vereinbarten Bedingungen. Der Lastschrifteinzug erfolgt frühestens am nächsten Bankarbeitstag.

Adressweitergabe
Ich weise mein Kreditinstitut unwiderruflich an, bei Nichteinlösung der Lastschrift dem Unternehmen auf Anforderung meinen Namen und meine Anschrift zur Geltendmachung der Forderung mitzuteilen.

UNTERSCHRIFT: *Sandra Müller*

-- Karte akzeptiert –
BITTE BELEG AUFBEWAHREN

a) Beschreiben Sie das Zahlungsverfahren, das bei diesem Kauf angewandt wurde.
b) Prüfen Sie, ob das Einzelunternehmen Farben Kanz e. K. bei diesem Zahlungsverfahren eine Garantie des Zahlungseingangs erhält.
c) Zeigen Sie anhand von zwei Argumenten, warum die Farben Kanz e. K. bei dem gewählten Zahlungsverfahren die Unterschrift von Frau Müller auf diesem Beleg verlangt.
d) Erläutern Sie, ob bei diesem Zahlungsvorgang von der Farben Kanz e. K. eine Sperrdatei abgefragt wurde.

2. Aufgabe

Frau Müller möchte ihre mit einem Chip ausgestattete Bankkarte der Universalbank Landau AG auch als GeldKarte verwenden.

a) Erläutern Sie Ihrer Kundin Sandra Müller eine Möglichkeit, wie sie ihre GeldKarte aufladen kann.
b) Frau Müller möchte von Ihnen nähere Informationen darüber, wie die Zahlung mit der GeldKarte im Geschäft abgewickelt wird. Beschreiben Sie Ihrer Kundin kurz den Zahlungsvorgang.

3. Aufgabe

Frau Müller kommt heute, am 14.09.2020, völlig aufgelöst zu Ihnen in die Universalbank Landau AG und zeigt Ihnen den nachstehenden Kontoauszug, den sie erst heute erhalten hat. Sie erklärt, dass ihr nach sofortiger Überprüfung aufgefallen ist, dass sie zwei Verfügungen nicht getätigt hat. In diesem Zusammenhang habe sie auch festgestellt, dass sie ihre girocard vermisst. Sie vermutet, dass sie ihre Karte bereits am 08.09.2020 bei einer Bergwanderung unbemerkt verloren habe. Frau Müller möchte sofort gegen diese beiden Kontobelastungen Widerspruch einlegen, da die Zahlungen nach Meinung Ihrer Kundin erst nach dem Kartenverlust erfolgt seien.

KONTOAUSZUG vom 14.09. Universalbank Landau AG

Kontonummer	Auszug	Blatt	Sparkasse/Geschäftsstelle	Währung	Soll	Alter Kontostand	Haben
58 236	12	2	Straubing, Stadtplatz 4	€			2.256,66

Buchungstag	Text	Wert	Belastung	**Umsätze**	Gutschrift
10.09.	GAA NR00006191 09.09/7.32 Uhr Kirchroth	10.09.	400,00		
11.09.	Lastschrifteinzug Bürohandel GmbH 1548254756542745 1 ELV 45872 09.20. 12.24 ME1	10.09.	185,23		
	Neuer Kontostand				1.671,43

a) Frau Müller fordert eine sofortige Gutschrift der belasteten Beträge. Erläutern Sie die Erfolgsaussichten, die Sie Frau Müller einräumen.

b) Frau Müller teilt Ihnen weiterhin mit, dass Sie vor dem Verlust der Karte auf dem GeldKarten-Chip noch 60,00 € Guthaben hatte. Diesen Betrag möchte sie auch wieder gutgeschrieben haben. Nehmen Sie zu dem Wunsch Ihrer Kundin Stellung.

SITUATION 4

Sie sind Kundenberater/-in bei der Universalbank AG. Die Universalbank AG führt ein Kontokorrentkonto für die Elektro Gerber GmbH. Das Unternehmen steht in Geschäftsverbindung mit vielen privaten als auch gewerblichen Kunden, die regelmäßig Einkäufe bei ihm tätigen. Während die gewerblichen Kunden auf Rechnung kaufen, liegen die Barumsätze der privaten Kunden täglich zwischen 4.000,00 € und 8.000,00 €.
Sie haben für heute mit Herrn Gerber, dem alleinigen Geschäftsführer der Elektro Gerber GmbH, einen Termin vereinbart.

1. Aufgabe

Da Frau Ehrlich, Angestellte der Gerber Elektro GmbH, täglich verschiedene Botengänge im Rahmen ihrer Tätigkeit zu erledigen hat, möchte Herr Gerber, dass seine Angestellte regelmäßig die Bareinnahmen auf das Konto der Gerber Elektro GmbH einzahlen kann.

a) Erläutern Sie Herrn Gerber, wie bei Frau Ehrlich die „erleichterte Identifizierung“ vorgenommen werden könnte.
b) Welche zwei Voraussetzungen müssen hierfür erfüllt sein?

2. Aufgabe

Da die Überwachung der Zahlungseingänge der Kunden, die auf Rechnung kaufen, bisher sehr arbeitsaufwändig war, empfehlen Sie Herrn Gerber, seine Forderungen mittels SEPA-Lastschriftverfahren einzuziehen.

a) Welche Vorteile bietet diese Art der Zahlungsabwicklung? Erläutern Sie Herrn Gerber drei Vorteile.
b) Im Rahmen des SEPA-Lastschriftverfahrens lassen sich zwei Arten unterscheiden. Welche für Herrn Gerber günstigere Variante empfehlen Sie? Begründen Sie Ihre Entscheidung.
c) Erläutern Sie einen Nachteil des von Ihnen vorgeschlagenen Lastschriftverfahrens für die Gerber Elektro GmbH.

3. Aufgabe

Herr Gerber findet Ihre bisherigen Ausführungen sehr interessant und möchte daher genauer über die weitere Vorgehensweise informiert werden.
Unter welchen Voraussetzungen (2 Nennungen) kann Herr Gerber das von Ihnen empfohlene Lastschriftverfahren anwenden?

4. Aufgabe

Herr Gerber hat sich von Ihnen überzeugen lassen, so dass die Gerber Elektro GmbH das SEPA-Lastschriftverfahren bereits seit einiger Zeit anwendet.
Einige Zeit später kommt Herr Gerber wieder zu Ihnen und legt Ihnen einen Kontoauszug vor, aus dem hervorgeht, dass eine Lastschrift zurückgegeben wurde.
Herr Gerber möchte von Ihnen wissen, warum die Lastschrift zurückgegeben wurde? Nennen Sie ihm drei Gründe.

5. Aufgabe

Herr Gerber teilt Ihnen in einem weiteren Beratungsgespräch mit, dass er nach einer für ihn bequemeren Art der Abwicklung der Bankgeschäfte sucht. Dabei möchte er die Bankgeschäfte vom Büro aus abwickeln und einen schnelleren Überblick über die Kontobewegungen erhalten.
Nennen Sie Herrn Gerber ein entsprechendes Produkt, das seinen Wünschen entspricht, und erläutern Sie ihm dieses an drei Merkmalen.

SITUATION 5

Sie sind Kundenberater/-in bei der Universalbank AG. Herr Martin Kreil, ein guter Kunde Ihrer Bank, beabsichtigt zusammen mit seiner Frau Manuela eine vierwöchige Rundreise durch Nordamerika. Im Anschluss an diese Reise möchten die Eheleute für zwei Wochen ihren in Japan berufstätigen Sohn besuchen.
In einem für heute vereinbarten Beratungsgespräch sollen Sie die Eheleute Kreil, die über eine einwandfreie Bonität verfügen, über mögliche Reisezahlungsmittel informieren.

1. Aufgabe

Die Eheleute besitzen bereits seit längerer Zeit jeweils eine girocard der Universalbank AG. Zeigen Sie dem Ehepaar zwei Möglichkeiten der Verwendung der girocard in Nordamerika auf.

2. Aufgabe

Sie schlagen dem Ehepaar Kreil vor, als Zahlungsalternative eine Kreditkarte mitzunehmen. Erläutern Sie in diesem Zusammenhang vier grundsätzliche Vorteile der Kreditkarte gegenüber der Bankkarte.

3. Aufgabe

Herr Kreil möchte von Ihnen wissen, welcher Kurs bei der Umrechnung der Auslandsumsätze der Kreditkarte zugrunde gelegt wird und welche Kosten dabei anfallen.
Zur Beantwortung dieser Aufgabe verwenden Sie die folgenden Auszüge:

Auszug aus: „Allgemeine Bedingungen für die Kreditkarte der Universalbank AG"

...

9. Umrechnung von Kreditkartenumsätzen in fremder Währung
Werden mit der Universalbank-Kreditkarte Forderungen begründet, die auf fremde Währung lauten, so werden diese zu dem im Referenzpreissystem „Euro FX" festgelegten Geldkurs des dem Eingang vorangegangenen Börsentages in Euro umgerechnet. Fehlt ein solcher Kurs, so wird die fremde Währung zum entsprechenden Marktkurs umgerechnet.

10. Preise für den Kartenservice und fremde Kosten
Der Karteninhaber hat neben dem jährlichen Kartenentgelt für die von ihm im Zusammenhang mit dem Kartenvertrag in Anspruch genommenen Zusatzleistungen ein angemessenes Entgelt gemäß 315 BGB zu zahlen. Insbesondere ist er verpflichtet, für die Nutzung des Bargeldservices und für den Einsatz der Kreditkarte im Ausland ein solches Entgelt zu zahlen.
...
Die wesentlichen Preise/Entgelte sind im Preisaushang und/oder im Preis- und Leistungsverzeichnis der Universalbank AG aufgeführt; maßgeblich sind die Angaben in der jeweils gültigen Verfassung.

Auszug aus: „Preisaushang der Universalbank AG":

...

1.4 Zahlungsverkehr

...

Einsatz der Universalbank-girocard
im Ausland zum Bezahlen von Waren und Dienstleistungen bei Zahlung in Fremdwährung und oder bei Zahlung in einem Land außerhalb der EU und der EWR-Staaten

1 % vom Umsatz — mind. € 0,77, max. € 3,83

Einsatz der Universalbank-Kreditkarte
im Ausland zum Bezahlen von Waren und Dienstleistungen (entfällt bei Zahlungen in Euro)

1,5 % vom Umsatz — mind. € 4,00, max. € 10,00

4. Aufgabe

Darüber hinaus empfehlen Sie dem Ehepaar Kreil, ergänzend Reiseschecks mitzunehmen.
a) Erläutern Sie zwei Argumente, die für diese Empfehlung sprechen.
b) Die Eheleute lassen sich von Ihnen überzeugen und wollen für 800 US-Dollar Reiseschecks „Standard" erwerben.
Erstellen Sie unter Angabe des Rechenweges eine Verkaufsabrechnung für die Reiseschecks. Dabei gelten folgende Verkaufs- und Ankaufsbedingungen bei der Universalbank AG:

Verkauf	Provision
„Standard" (USD)	1,00 %, mind. 10,00 Euro
„für Zwei" (USD)	1,75 %, mind. 12,00 Euro
Ankauf	**Provision**
zur Kontogutschrift	---
zur Barauszahlung	---

Devisen- und Sortenkurse für 1 Euro der Universalbank AG
- aus der Sicht der Bank -

Sortenkurse

Land	ISO-Code	Währung	Verkauf	Ankauf
Australien	AUD	Dollar	1,43	1,63
Dänemark	DKK	Kronen	7,06	7,86
Großbritannien	GBP	Pfund	0,76	0,81
Japan	JPY	YEN	122,45	130,25
Schweden	SEK	Kronen	8,96	10,01
Schweiz	CHF	Franken	1,06	1,12
USA	USD	Dollar	1,17	1,26

Devisenkurse

Währung	Geld	Brief
Australien	1,5277	1,5334
Dänemark	7,4596	7,4624
Großbritannien	0,7888	0,7923
Japan	124,56	125,01
Schweden	9,3458	9,3904
Schweiz	1,0923	1,0945
USA	1,1959	1,2065

5. Aufgabe

Die Eheleute wollen auf Ihrer Reise nach Japan 50.000,00 Japanische Yen in bar mitnehmen.

a) Ermitteln Sie unter Angabe des Rechenweges den Betrag in Euro, mit dem das Kontokorrentkonto der Eheleute belastet wird. Als Grundlage für die Umrechnung dienen die Kurse der Universalbank AG. Weitere Kosten fallen nicht an.
b) Herr Kreil möchte von Ihnen wissen, warum die Sortenkurse von den Devisenkursen abweichen. Erläutern Sie ihm zwei Gründe.

SITUATION 6

Sie sind Kundenberater der Universalbank AG. Ihre langjährige Kundin, die Klein GmbH, hat sich bei der Beschaffung und beim Absatz bisher auf den europäischen Markt beschränkt. Doch inzwischen wagt man erste Schritte in den asiatischen Markt, um Übersee-Exportgeschäfte zu tätigen.
Der Prokurist des Unternehmens, Klaus Leitner, will sich heute von Ihnen über die bankmäßige Abwicklung der zukünftigen Geschäfte im überseeischen Außenhandel beraten lassen. Das Unternehmen hat bereits Verhandlungen mit der Universal Company aus Pakistan aufgenommen. Herr Leitner legt den unten abgebildeten Vertragsentwurf des Importeurs vor und bittet Sie um Erläuterungen.

	Klein GmbH	
	- Exportabteilung -	
Tel.: 04719826143	Goethestr. 25, 27568 Bremerhaven	Telex.: 04719826100
	CONTRACT / VERTRAG (Entwurf)	
	No. RPC 4683/77	
Seller: Verkäufer:	Klein GmbH, 27568 Bremerhaven / Germany	
Buyer: Käufer:	Universal Company Pakistan	
Quantity: Menge:	30 shoe production machines type 453 30 Maschinen zur Herstellung von Schuhen Typ 453	
Description: Beschreibung:	As above Wie oben	
Price: Preis:	USD 30.000,00 (thirtythousand) per machine = USD 900.000,00 FOB Bremen, CIF Pakistan + USD 800,00 (eighthundred) per machine USD 30.000,00 (dreißigtausend) pro Maschine = USD 900.000,00 FOB Bremen, CIF Pakistan + USD 800,00 (achthundert) pro Maschine	
Incoterm: Lieferbedingung:	FOB or CIF FOB oder CIF	
Payment: Zahlung:	Documents against payment Dokumenteninkasso (d/p)	
Documents: Dokumente:	1. Full set of clean on board Ocean Bills of Lading made out to order and blank endorsed showing shipment from Bremen to Pakistan, latest 2020-10-30 Notify: Spedition „Express", Cowloan Road 25, Pakistan. Voller Satz rein gezeichneter „An-Bord"-Seekonnossemente, ausgestellt an Order und blanko indossiert mit dem Ausweis der Verschiffung von Bremen nach Pakistan, spätestens am 30. Oktober 2020 Notifyadresse: Spedition „Express", Cowloan Road 25, Pakistan 2. .... 3.	

1. Aufgabe

a) Erläutern Sie Herrn Leitner den schrittweisen Ablauf des Inkassos (d/p). Gehen Sie dabei auf die wesentlichen fünf Schritte ein!

b) Führen Sie zwei Gründe an, warum die Klein GmbH bei dieser Zahlungsbedingung kein Geld von der Universal Company erhalten könnte.

2. Aufgabe

Herr Leitner bittet Sie um Auskunft, welche Lieferbedingung vereinbart werden soll, da diese zwischen den beteiligten Unternehmen noch nicht abschließend festgelegt wurde.
Im Gespräch sind die Incoterms „FOB Bremen" und „CIF Pakistan".

a) Erläutern Sie Herrn Leitner die Unterschiede zwischen diesen beiden Bedingungen.

b) Worin besteht die wesentliche Gemeinsamkeit dieser beiden Bedingungen?

c) Begründen Sie, welche der beiden Lieferbedingungen für die Klein GmbH günstiger ist!

3. Aufgabe

Herr Leitner möchte noch weitere Auskünfte zum vorgelegten Vertragsentwurf. Besonders das geforderte Konnossement (siehe Vertragsentwurf, Dokumente Ziffer 1) weist einige Gestaltungsmerkmale auf, die Sie ihm erläutern sollen.

a) Geben Sie Herrn Leitner Auskunft über die inhaltliche Bedeutung von vier Merkmalen des Konnossements (ohne Berücksichtigung der Notifyadresse, siehe 3b)

b) Warum muss die Notifyadresse angegeben sein?

SITUATION 7

Sie sind Firmenkundenbetreuer bei der Südbank AG und beraten die Solartronic AG. Dieses mittelständische Unternehmen produziert Solaranlagen, die seit einigen Jahren sowohl im In- als auch im Ausland erfolgreich vertrieben werden. Als neues Absatzgebiet soll Südamerika erschlossen werden.
Auf einer Umwelttechnologiemesse hat das Vorstandsmitglied der Solartronic AG, Dr. Bernhard Heinze Erfolg versprechende Vorverhandlungen mit der Bauunternehmung Smith über die Lieferung von Solaranlagen geführt. Bisher hat man zu dieser brasilianischen Gesellschaft noch keine Geschäftsbeziehungen unterhalten.

1. Aufgabe

Vor seiner geplanten Geschäftsreise nach Brasilien sucht Dr. Bernhard Heinze Sie zu einem Beratungsgespräch auf, um sich über das Dokumenteninkasso gegen Zahlung (d/p) zu informieren.

a) Worin liegt der Vorteil dieser Zahlungsform für die Solartronic AG im Unterschied zu einer nicht dokumentären Zahlung?
b) Erläutern Sie das beim Dokumenteninkasso verbleibende Risiko für die Solartronic AG.
c) Geben Sie zwei Kosten an, die sich infolge des Eintritts des o. a. Risikos für die Solartronic AG ergeben können.

2. Aufgabe

Dr. Bernhard Heinze teilt Ihnen mit, dass man sich in den Vorverhandlungen über die Lieferungsbedingungen noch nicht geeinigt hat. Die Bauunternehmung Smith möchte CIF Sao Paulo vereinbaren, während er FOB Hamburg bevorzugt.

a) Beschreiben Sie jeweils die Kosten, die von der Solartronic AG bei den zur Diskussion stehenden Lieferungsbedingungen zu tragen sind und beschreiben Sie jeweils den Gefahrenübergang.
b) Beschreiben Sie zwei mögliche Vorteile der Bedingung CIF Sao Paulo im Unterschied zu FOB Hamburg für die Solartronic AG.

3. Aufgabe

Herr Dr. Heinze legt Ihnen in einem weiteren Beratungsgespräch den zwischen der Solartronic AG und der Smith Ltd. geschlossenen Kaufvertrag vor.

Auszug aus dem Kaufvertrag	
Käufer:	Bauunternehmung Smith, Ltd. Sao Paulo
Verkäufer:	Solartronic AG, Hamburg
Kaufgegenstand:	20 Solaranlagen, Typ AX 5665
Kaufpreis:	400.000,00 USD
Zahlungsbedingung:	Dokumente gegen Zahlung (d/p) bei Sicht Einzureichen sind u. a. folgende Dokumente: - voller Satz (3/3) reingezeichneter Bordkonnossemente, an Order ausgestellt und blanko indossiert mit dem Vermerk „Fracht bezahlt“
Lieferung:	- bis zum 7. Oktober 2020
Lieferungsbedingung:	- CIF SaoPaulo

Erläutern Sie Herrn Heinze zwei Maßnahmen zur Risikoabsicherung des in USD abgeschlossenen Exportgeschäfts.

4. Aufgabe

Die Solartronic AG reicht die Dokumente der Südbank AG zum Inkasso ein.
Zu welcher Prüfung ist die Südbank AG aufgrund der Einheitlichen Richtlinien für Inkassi (ERI) verpflichtet?

SITUATION 8

Sie betreuen als Firmenkundenberater/-in der Universalbank AG die Exklusiv-Möbelbau GmbH.
Das Unternehmen, das auf die Herstellung hochwertiger Einrichtungsgegenstände spezialisiert ist, möchte sein Sortiment durch den Import schwedischer Holzmöbel erweitern. Nachdem man bereits erste Verhandlungen mit dem schwedischen Exporteur geführt hat, soll die Universalbank AG als Hausbank der Exklusiv-Möbelbau GmbH die Zahlungsabwicklung und Finanzierung für die importierten Möbel übernehmen.
Der Geschäftsführer der Exklusiv-Möbelbau GmbH, Karl Aigner, bittet Sie als zuständige/n Mitarbeiter/in der Universalbank AG um Beratung hinsichtlich der möglichen Abwicklung des Geschäftes mit der schwedischen Firma.
Das schwedische Unternehmen fordert grundsätzlich bei Bestellung der Möbel eine Anzahlung von 20 % des Lieferpreises.

1. Aufgabe
Beschreiben Sie Herrn Aigner zwei wirtschaftliche Risiken, die sich für die Exklusiv-Möbelbau GmbH aufgrund der Geschäftsbeziehung mit dem schwedischen Exporteur ergeben können?

2. Aufgabe
Damit die oben beschriebenen Risiken möglichst minimiert werden können, schlagen Sie Herrn Aigner vor, die zu leistenden Anzahlungen jeweils durch ein Bankaval der Hausbank des schwedischen Unternehmens abzusichern.

a) Erläutern Sie Herrn Aigner die Bedeutung des empfohlenen Bankavals für die Exklusiv-Möbelbau GmbH.
b) Warum hat auch die Universalbank AG ein berechtigtes Interesse an der Stellung dieses Avals?

3. Aufgabe
Aus den Protokollnotizen der Vertragsverhandlungen geht hervor, dass sich beide Unternehmen auf die Lieferungsbedingung CIF Hamburg geeinigt haben.

a) Erläutern Sie Herrn Aigner den Kosten- und Gefahrenübergang bei dieser Lieferungsbedingung.
b) Begründen Sie, welches Unternehmen Begünstigter der Seetransportversicherung sein sollte?
c) Erläutern Sie Herrn Aigner, warum der Versicherungswert der Seetransportversicherung mindestens 10 % über der Rechnungssumme liegen sollte.

4. Aufgabe
Darüber hinaus besteht der schwedische Exporteur entsprechend der bereits getroffenen Vereinbarungen auf Stellung eines unwiderruflichen Dokumentenakkreditivs. Das auf schwedische Kronen lautende Akkreditiv soll bei der schwedischen Hausbank des Exporteurs zahlbar gestellt werden.

a) Beschreiben Sie Herrn Aigner kurz, worum es sich bei dieser Vereinbarung handelt und erläutern Sie ihm auch die Bedeutung der genannten Akkreditivklauseln für den schwedischen Exporteur.
b) Erläutern Sie Herrn Aigner, welches Risiko für die Exklusiv-Möbelbau GmbH bei Inanspruchnahme des Dokumentenakkreditivs durch das schwedische Unternehmen verbleibt.
c) Erläutern Sie Herrn Aigner, welches Risiko die Universalbank AG eingeht, wenn sie für die Exklusiv-Möbel GmbH ein unwiderrufliches Dokumentenakkreditiv eröffnet.
d) Wie kann sich die Universalbank AG gegen das in Aufgabe 4c) beschriebene Risiko absichern?

GELD- UND VERMÖGENSANLAGE

SITUATION 9 X

Ihr Kunde Patrick Weber, 18 Jahre, ledig, hat letzte Woche eine Ausbildung zum Industriekaufmann begonnen. Er bittet Sie um ein Beratungsgespräch, da er sich über die Anlagemöglichkeiten von vermögenswirksamen Leistungen informieren möchte. Von seinem Arbeitgeber, der Luxtron GmbH Dingolfing, hat er erfahren, dass er laut Branchentarifvertrag 29,00 € monatlich zusätzlich zur Ausbildungsvergütung als vermögenswirksame Leistung erhält. Herr Weber hat von der Möglichkeit gehört, diese in einem Bausparvertrag anzulegen. Als Kundenberater der Universalbank AG bittet er Sie heute um entsprechende Informationen.

1. Aufgabe
Erklären Sie Herrn Weber zunächst den Begriff „Vermögenswirksame Leistungen (VL)".

2. Aufgabe
Sie wollen Ihren Kunden von der Anlageform „Bausparvertrag" überzeugen. Erläutern Sie Herrn Weber in diesem Zusammenhang vier Vorteile des Bausparens.

3. Aufgabe
Sie erklären Herrn Weber, dass der Bausparvertrag vom Abschluss bis zur Darlehensrückzahlung in mehreren Phasen abgewickelt wird. Beschreiben Sie drei dieser Phasen.

4. Aufgabe
Als Auszubildender zum Industriekaufmann wird Herr Weber jährlich ein zu versteuerndes Einkommen in Höhe von etwa 7.200,00 € erhalten. Herr Weber möchte von Ihnen wissen, welche Voraussetzungen erfüllt sein müssen, um die Arbeitnehmersparzulage zukünftig für die auf den Bausparvertrag eingezahlten vermögenswirksamen Leistungen zu erhalten.

5. Aufgabe
Im weiteren Gesprächsverlauf informieren Sie Herrn Weber, dass er seinen Arbeitgeber anweisen kann, über den tariflich festgelegten Betrag hinaus zusätzliche Leistungen auf den Bausparvertrag zu überweisen.

a) Herr Weber möchte von Ihnen wissen, welche zusätzliche jährliche Leistung (in €) er zum Erhalt der höchstmöglichen Arbeitnehmersparzulage erbringen muss.
b) Ermitteln Sie die maximale jährliche Arbeitnehmersparzulage in €.

6. Aufgabe
Aufgrund Ihrer Ausführungen entschließt sich Herr Weber daraufhin für die Anlage der höchstmöglichen VL in einen Bausparvertrag. Im weiteren Gesprächsverlauf möchte Herr Weber von Ihnen wissen, ob er zusätzlich monatlich 60,00 € in dem Bausparvertrag ansparen kann. Sie bestätigen Herrn Weber diese Anlagemöglichkeit und geben ihm Auskunft über die andere Form der staatlichen Förderung.

a) Nennen Sie Herrn Weber diese weitere Form der staatlichen Sparförderung.
b) Berechnen sie die maximale Höhe dieser stattlichen Förderung in € für den von ihm angelegten Betrag?
c) Herr Weber möchte von Ihnen wissen, bei wem die staatlichen Sparförderungen zu beantragen sind und bis zu welchem Zeitpunkt er die Anträge auf staatliche Sparförderung für entsprechende Leistungen spätestens gestellt haben muss.

7. Aufgabe
Herr Weber entscheidet sich für den Abschluss eines Bausparvertrags, wobei auch der zusätzliche Betrag in Höhe von monatlich 60,00 € (vgl. Aufgabe 6) berücksichtigt werden soll. Berechnen Sie abschließend die Höhe der Bausparsumme bei einem angenommenen monatlichen Regelsparbeitrag von vier Promille der Bausparsumme. Das Ergebnis ist auf volle Tausend € aufrunden.

SITUATION 10

Als Kundenberater bei der Kreditbank AG haben Sie mit Ihrer langjährigen Kundin Doris Klug für heute, 23. November 2019, einen Gesprächstermin vereinbart. Doris Klug ist 36 Jahre alt und arbeitet als Abteilungsleiterin für Damenbekleidung in einem Modehaus. Frau Klug ist von Ihnen über die Fälligkeit ihrer Bundesanleihe in Kenntnis gesetzt worden. Ihnen liegt der folgende Ausdruck des Kundenobligos vom 22. November 2019 vor:

Kontokorrentkonto:	418,57 €	H	Limit: 10.000,00 €, Bankkarte (girocard), MasterCard
Sparkonto:	7.000,00 €		3-monatige Kündigungsfrist; 1,25 % p. a.
Festgeldkonto:	15.000,00 €		fällig am 30.11.19, 1,75 % p. a.
Sparvertrag für vermögenswirksame Leistungen:	2.336,54 €		letzte Rate 01.12.19; fällig am 01.01.20 Sparrate mtl. 25,00 €, 14 % Bonus
Depot:	nom. 20.000,00 €		6,0 % Bundesanleihe 09/19 fällig am 30.11.19

Der Freistellungsauftrag in Höhe von 600,00 € ist durch Erträge auf den obigen Konten ausgeschöpft.

1. Aufgabe
Neben der Wiederanlage des Betrags aus der fälligen Bundesanleihe sind weitere Beratungsansätze aus der Kontoübersicht erkennbar. Erläutern Sie vier Beratungsansätze!

2. Aufgabe
Nach eingehender Beratung entscheidet sich Frau Klug, das Geld aus der fälligen Bundesanleihe, ergänzt um einen Teil ihres Sparguthabens, wie folgt anzulegen:

- Nominal 25.000,00 €, 2,75 % Inhaberschuldverschreibung 11/21 der Münchener Hypothekenbank AG, Zinstermin 15.12. gzj.

Nennen Sie drei Sachverhalte, die Sie im Rahmen dieser Anlageberatung gemäß Wertpapierhandelsgesetz (WpHG) prüfen bzw. überprüfen.

3. Aufgabe
Wie mit Frau Klug vereinbart geben Sie den Kaufauftrag am Freitag, den 01.12.2019 zur Ausführung an die Abrechnungsstelle weiter. Der Abrechnungskurs für diesen Auftrag beträgt 98,8 %. Ein Schaltjahr ist nicht zu berücksichtigen.
Als Verrechnungskonto für das Depot dient das Kontokorrentkonto der Kundin.

a) Berechnen Sie den Abrechnungsbetrag für Frau Klug unter Berücksichtigung einer Bearbeitungspauschale von 20,00 € (Rechenweg ist mit anzugeben).

b) Sowohl die Fälligkeit der Bundesanleihe als auch der Kauf der Inhaberschuldverschreibung haben Auswirkungen auf den Verrechnungstopf „Sonstige" von Frau Klug.
Berechnen Sie die anfallende Abgeltungssteuer und den Solidaritätszuschlag (Rechenweg ist mit anzugeben).

4. Aufgabe
Frau Klug wechselt zum 01.01.2020 ihre Arbeitsstelle. Sie bekommt von ihrem neuen Arbeitgeber monatlich 40,00 € vermögenswirksame Leistungen. In einem weiteren Beratungsgespräch zeigen Sie Frau Klug verschiedene Alternativen zum Sparvertrag auf.
Nennen und erläutern Sie eine dieser Alternativen anhand von zwei Vorteilen und einem möglichen Nachteil für Frau Klug.

SITUATION 11

Sie sind Kundenbetreuer/-in der Universalbank AG. Ludwig Müller, langjähriger Kunde Ihres Kreditinstitutes, hat mit Ihnen für heute ein Beratungsgespräch vereinbart. Die Universalbank führt für Herrn Müller folgendes Wertpapierdepot:

Wertpapierbezeichnung	Nennwert / Stück	Kurs am 23.11.2019
3,50 % Bundesobligationen, Serie 164 von 10, fällig am 10.11.2021	10.500,00 €	102,11 %
4,00 % Sparbriefe (hausintern) Ausgabe 2017, fällig am 02.01.2022	12.000,00 €	----
2,22 % U-Schätze, fällig 20.02.2020	8.000,00 €	----

Herr Müller hat sich im Oktober 2019 einen neuen PKW zum Preis von 27.000,00 € gekauft. Als Liefer- und Zahlungstermin wurde ihm der 6. Dezember 2019 zugesagt.

1. Aufgabe
Herr Müller hat sich am 23. November 2019, im Handelsblatt über die Kurse seiner Wertpapiere informiert. Herr Müller bittet Sie daher, folgende Fragen zu beantworten.

a) Warum liegt der aktuelle Kurs der Bundesobligation über dem Nennwert?
b) Warum gibt es für die Sparbriefe und die unverzinslichen Schatzanweisungen (U-Schätze) keine Kursnotierung?

2. Aufgabe
Herr Müller möchte aus seinem Depot Wertpapiere in Höhe von ca. 11.000,00 € zur Finanzierung des Fahrzeugs verwenden. Er bittet Sie daher um Beratung, welche Wertpapiere er zur Finanzierung verwenden soll. Begründen Sie Ihre Empfehlung.

3. Aufgabe
Herr Müller folgt Ihrer Empfehlung.

a) Beschreiben Sie die schrittweise Abwicklung des sich daraus ergebenden Kundenauftrags.
b) Welche Arten von Kosten kommen auf Herrn Müller aufgrund der Durchführung seines Auftrags zu?

4. Aufgabe
Herr Müller möchte noch regelmäßig einen Betrag in Höhe von 50,00 € ansparen, um sich in Zukunft wieder größere Wünsche erfüllen zu können und bittet Sie daher um Beratung. Sie bieten Ihrem Kunden einen Investmentsparplan für einen Rentenfonds an.

a) Erläutern Sie Herrn Müller das Prinzip, das der Geldanlage in einem Rentenfonds zugrunde liegt?
b) Welche Vorteile ergeben sich für den Kunden bei der Anlage in Rentenfondsanteilen im Vergleich zur Direktanlage in Schuldverschreibungen? Erläutern Sie zwei Vorteile.
c) Erläutern Sie das wesentliche Risiko, das für den Kunden bei der Anlage in Rentenfonds besteht?
d) Warum müssen Sie Herrn Müller auf das Risiko dieser Anlage hinweisen?

SITUATION 12

Sie sind Anlageberater/-in bei der Universalbank AG. Die Kundin Franziska Stein will einen angesparten Betrag von 10.000,00 € in Anleihen anlegen. Sie stellen der Kundin folgende Anleihen vor:

	Bundesanleihe	**Unternehmensanleihe**
Emittent	Bundesrepublik Deutschland	Daimler Fin.Inc.EO
Nominalzins	3,50 %	3,75 %
Laufzeit	2016 - 2021	2016 - 2021
Zinstermin	10.10. gzj.	04.06. gzj.
Währung	Euro	Euro
Aktueller Kurs	102,11 %	102,50 %
Rendite	2,741 %	3,131 %

1. Aufgabe
Die Kundin wünscht Informationen über Ertragsaussichten und Risiken dieser Anleihen.
a) Erläutern Sie zunächst den Unterschied zwischen der Nominalverzinsung und der Rendite beim Kauf von Anleihen.
b) Die Daimler-Anleihe erzielt bei ansonsten vergleichbaren Emissionsbedingungen im Vergleich zur Bundesanleihe eine höhere Nominalverzinsung. Worin begründet sich dieser Unterschied?
c) Erläutern Sie zwei Faktoren (Risiken), die den Kurs der Daimler-Anleihe beeinflussen. Gehen Sie bei der Beantwortung dieser Frage auch auf die Auswirkungen dieser Faktoren auf den Kurs dieser Anleihe ein.

2. Aufgabe
Nach eingehender Beratung entschließt sich Frau Stein zum Kauf der Unternehmensanleihe von Daimler im Nennwert von 10.000,00 € und erteilt am Mittwoch, 8. November 2019, eine Kauforder, Limit 101,70 %.
a) Welches Rechtsverhältnis entsteht zwischen der Universalbank AG und der Kundin, wenn die Bank den Auftrag zur Ausführung über die Börse entgegennimmt?
b) Welche Bedeutung hat das angegebene Limit?
c) Bis zu welchem Zeitpunkt ist die Order gültig, wenn sich die Kundin bei Auftragserteilung nicht über die Gültigkeitsdauer geäußert hat?
d) Frau Stein möchte von wissen, wann und in welcher Höhe die Kontobelastung erfolgt. Gehen Sie bei der Berechnung davon aus, dass die Order am 8. November 2019 zu 101,50 % ausgeführt wird (Stückzinsberechnung: act/act).

   Folgende Kosten sind zu berücksichtigen:
   - 0,5 Prozent Provision vom Kurswert, mindestens aber vom Nennwert
   - 0,75 Promille Courtage vom Nennwert (mind. 2,00 €).

3. Aufgabe
Frau Stein versteht nicht, warum ihr beim Kauf der Anleihe Stückzinsen in Rechnung gestellt werden.
a) Warum muss Frau Stein Stückzinsen an den Verkäufer bezahlen?
b) Die gezahlten Stückzinsen werden in einem Verrechnungstopf „Sonstige" vorgemerkt. Worin liegt die Bedeutung dieses Verrechnungstopfes?
c) Welche steuerlichen Auswirkungen ergeben sich für Frau Stein in den Jahren 2019 und 2020 aus dem Kauf der Anleihe? (Die Anleihe wird nicht vor Fälligkeit verkauft.)

SITUATION 13

Sie sind Anlageberater/-in der Universalbank AG. Ihr Kunde Ludwig Schmeißer unterhält ein Depot im Gesamtwert von ca. 130.000,00 € mit festverzinslichen Wertpapieren und Investmentanteilen bei der Universalbank AG. Herr Schmeißer (ledig, 63 Jahre alt, allein stehend, Abteilungsleiter eines großen Elektrounternehmens) kommt am 08. September 2020 zur Beratung zu Ihnen, weil er 30.000,00 Euro in Anleihen anlegen will. Sein Freistellungsauftrag ist durch entsprechende Kapitaleinkünfte dauerhaft voll ausgeschöpft. Zum Zwecke der Altersvorsorge möchte er in eines der folgenden Wertpapiere, deren Daten er sich aus dem Wirtschaftsteil einer überregionalen Zeitung herausgeschrieben hat, investieren:

Amtlicher Handel	Laufzeit	Zinstermine	Kurs	Rendite	Rating	
					Moody' s	S & P
Zero-Bond WestLB AG	18/23	-	95,56	3,085	Aa2	AA
Floating Rate Note Postbank AG	18/23	24 A/O act/360	99,72	-	Aa1	AA+
4,75 % Bundesanleihe	13/23	04.07.	105,06	2,76	Aaa	AAA

Sätze des EURIBOR am Montag, 24.04.2020:

1 Monat = 2,13
2 Monate = 2,18
3 Monate = 2,26
6 Monate = 2,38
12 Monate = 2,56

1. Aufgabe

Herr Schmeißer ist sich noch nicht schlüssig, für welches Wertpapier er sich entscheiden soll. Er bittet Sie daher noch um entsprechende Informationen.

a) Welche Besonderheiten weist diese Null-Kupon-Anleihe (Zero-Bond WestLB AG) im Vergleich zur Bundesanleihe auf? Erläutern Sie drei Besonderheiten!
b) Welche Besonderheiten weist die variabel verzinsliche Anleihe (Floating Rate Note Postbank AG) im Vergleich zur Bundesanleihe auf? Erläutern Sie drei Besonderheiten!
c) Welche Bonitätseinschätzung können Sie aufgrund der vorliegenden Daten für die drei Wertpapiere abgeben?
d) Wodurch kann der Kurs der variabel verzinslichen Anleihe beeinflusst werden? Nennen Sie zwei Einflussfaktoren!
e) Warum fehlt bei der variabel verzinslichen Anleihe die Renditeangabe?
f) Welche der aufgezeigten Anlagen empfehlen Sie Herrn Schmeißer aus steuerlichen Gründen als Daueranlage? Begründen Sie Ihre Entscheidung.

2. Aufgabe

Herr Schmeißer möchte noch von Ihnen wissen, welches Risiko er hat, wenn er die Wertpapiere wider Erwarten vorzeitig verkaufen muss.

a) Erklären Sie die Auswirkungen für jedes der drei Wertpapiere, wenn in Zukunft aufgrund des Anziehens der Konjunktur mit einem deutlich steigenden Zinsniveau gerechnet wird.
b) Welches Wertpapier empfehlen Sie daher Herrn Schmeißer aufgrund der unter 2a) gemachten Überlegungen?

3. Aufgabe

Ihr Kunde Herr Schmeißer (konfessionslos) entscheidet sich nach eingehender Beratung letztlich zum Kauf von variabel verzinslichen Anleihen zum Nennwert von 30.000,00 Euro.
Berechnen Sie unter Angabe des Rechenweges die Zinsgutschrift zum nächsten Zinstermin (24.10.2020). Berücksichtigen Sie dabei, dass die Anleihe mit einem Aufschlag (Spread) von + 0,4 % zum EURIBOR verzinst wird.

SITUATION 14

Sie sind Kundenberater/-in der Universalbank AG. Marion Schneider ist eine Kundin, die bei Ihnen ein größeres Sparvermögen hält. Im Wertpapierdepot befinden sich festverzinsliche Wertpapiere und Investmentanteile im Gesamtwert von ca. 80.000,00 €. Frau Schneider kommt heute zur Beratung zu Ihnen, da sie einen Betrag von ca. 18.000,00 € in Aktien anlegen will. Frau Schneider hat in der Vergangenheit weder Aktiengeschäfte getätigt, noch wurde Sie von einem Bankangestellten Ihres Hauses über eine Direktanlage in Aktien beraten.

1. Aufgabe
Bei Wertpapiergeschäften sind Sie nach dem Wertpapierhandelsgesetz verpflichtet, umfangreiche Informationen vom Kunden einzuholen und zu erteilen.
Wozu sind Sie als Berater der Universalbank AG im Rahmen dieser Beratung verpflichtet?
(3 Nennungen)

2. Aufgabe
Nennen und erläutern Sie Frau Schneider drei Motive, die für eine Direktanlage in Aktien sprechen.

3. Aufgabe
Frau Schneider hat im Handelsblatt schon häufiger gelesen, dass die langfristige Anlage in Aktien höhere Renditen verspricht als eine vergleichsweise Anlage in festverzinslichen Wertpapieren, andererseits ist die Anlage in Aktien auch mit einem höheren Risikopotenzial verbunden.
Erläuten Sie Frau Schneider drei Möglichkeiten, wie sie ihre Risiken bei einer Direktanlage in Aktien begrenzen kann.

4. Aufgabe
Frau Schneider hat zwei Kaufempfehlungen von einem Börseninformationsdienst erhalten. Sie möchte möglicherweise in diese beiden Aktien investieren. Folgende Angaben stehen Ihnen zur Verfügung:

***Auto-Aktie*:**
Branche: Autozulieferer; Streubesitz: 77 %; Wochenumsatz: 18.700

Aktueller Kurs	Jahres-höchst-kurs	Jahres-tiefst-kurs	Veränd. Aktie	Veränd. Branche	Dividende 2018	Dividende 2019	Dividende 2020	Divid. Rendite	KGV	Volati-lität
9,92 €	12,50 €	9,10 €	- 1,62 %	- 19,68 %	0,30 €	0,24 €	0,30 €	3,0 %	9,0	10,90

***Energie-Aktie*:**
Branche: Solarenergie; Streubesitz: 34,89 %; Wochenumsatz: 519.879

Aktueller Kurs	Jahres-höchst-kurs	Jahres-tiefst-kurs	Veränd. Aktie	Veränd. Branche	Dividende 2018	Dividende 2019	Dividende 2020	Divid. Rendite	KGV	Volati-lität
8,30 €	35,00 €	8,10 €	- 67,59 %	- 27,43 %	0,16 €	0,16 €	0,16 €	1,9 %	5,9	68,09

Frau Schneider möchte von Ihnen Auskunft darüber, welche der beiden Aktien unter Renditegesichtspunkten die für sie günstigere Anlage sein könnte.

a) Erklären Sie Frau Schneider die Begriffe Dividendenrendite und Kurs-Gewinn-Verhältnis und erläutern Sie jeweils die Aussagekraft dieser Kriterien für ihre Anlageentscheidung.
b) Abschließend möchte Frau Schneider von Ihnen wissen, ob Sie ihre positive Einschätzung über das zukünftige Kurspotenzial der beiden Aktienwerte teilen.
Erläutern Sie Frau Schneider, was für und was gegen die Anlage in diese beiden Aktien spricht. Geben Sie dabei je Aktienwert einen positiven und einen negativen Aspekt an.

5. Aufgabe

Nachdem Sie mit Frau Schneider die Chancen, Risiken sowie die Kennzahlen der beiden Aktien besprochen und beurteilt haben, entscheidet sich Ihre Kundin für den Kauf der Energie-Aktie.

a) Erläutern Sie Frau Schneider, warum Sie ein Kauflimit setzen würden.

b) Es gibt verschiedene Formen der Kauflimitierung. Beschreiben Sie Frau Schneider den Unterschied zwischen einer limitierten Kauforder, einer Stop-Buy-Order und Stop-Loss-Order anhand von zwei Unterscheidungsmerkmalen.

6. Aufgabe

Frau Schneider erteilt Ihnen heute, am 16.03.2020, 11:00 Uhr, einen Kaufauftrag über 1 000 Energie-Aktien, Limit 8,10 €, über den Präsenzhandel an der Frankfurter Wertpapierbörse.
Am nächsten Tag können Sie aus der Tageszeitung entnehmen, dass die georderte Energie-Aktie mit 8,25 G notiert wurde.

a) Beschreiben Sie zwei Folgerungen, die sich aus der Kursnotiz für den Auftrag Ihrer Kundin Frau Schneider ergeben.

b) Der Kaufauftrag wird am Freitag, den 20.03.2020, mit 8,10 € an der Frankfurter Wertpapierbörse ausgeführt. Ermitteln Sie den Belastungsbetrag auf dem Konto von Frau Schneider unter Berücksichtigung folgender Entgelte: 0,5 % Provision vom Kurswert; Abwicklungsentgelt 4,00 €; Maklercourtage 0,4 Promille vom Kurswert.

c) Wann erfolgt die Valutierung auf dem Konto von Frau Schneider?

SITUATION 15

Sie sind Kundenberater/-in der Universalbank AG. Vera Klein, langjährige Kundin Ihres Kreditinstituts, hat aufgrund eines Lottogewinns eine Gutschrift auf ihrem Girokonto von 40.000,00 € erhalten. Im heutigen Beratungsgespräch teilt Frau Klein Ihnen mit, dass sie einen Teil des Gewinns langfristig anlegen will, da ihr die derzeitigen Sparzinsen zu niedrig sind. Auch ist sie am Erwerb von Wertpapieren interessiert, eine Aktienanlage ist ihr jedoch zu risikoreich.

1. Aufgabe

Als Berater der Universalbank AG sind Sie im Rahmen dieser Erstberatung gemäß Wertpapierhandelsgesetz verpflichtet, umfangreiche Informationen vom Kunden einzuholen.
Nennen Sie drei entsprechende Informationen!

2. Aufgabe

Auf Grund der von Frau Klein erhaltenen Informationen kommen Sie zur Überzeugung, dass die Kundin den gewünschten Betrag in Investmentzertifikate anlegen sollte. Sie empfehlen ihr dabei eine Aufteilung des Anlagebetrages in €-Renten- und Aktienfonds.

a) Wodurch unterscheiden sich Renten- und Aktienfonds hinsichtlich der Risiken? Geben Sie jeweils zwei Risiken an!
b) Durch welche Faktoren wird jeweils der Ertrag aus Renten- und Aktienfonds beeinflusst?
c) Ihre Kundin Vera Klein zeigt sich zwar an der Anlage interessiert, ist aber wegen der Finanzkrise verunsichert. Sie versuchen die Bedenken Ihrer Kundin zu zerstreuen, indem Sie Ihr drei dem Anlegerschutz dienende Regelungen des Kapitalanlagegesetzbuches (KAGB) kurz beschreiben

3. Aufgabe

Frau Klein entschließt sich 35.000,00 € langfristig in Investmentanteilen zu investieren.
Die Universalbank AG hat folgende nicht börsennotierte Fonds im Angebot:

Fondsname	Fondsart	Verwaltungskosten	Fondstyp	Ausgabepreis	Rücknahmepreis
DAWRent	€-Rentenfonds	0,60 % p.a.	ausschüttend	49,11 €	47,68 €
DAWAkt classic*	Aktienfonds; europäische Standardwerte	1,25 % p.a.	ausschüttend	30,33 €	28,89 €
DAWAkt *	Aktienfonds; europäische Standardwerte	2,50 % p.a.	thesaurierend	33,27 €	33,27 €
DAWComfort	Dachfonds mit niedrigem Aktienfonds-anteil	0,75 % p.a.	thesaurierend	39,44 €	38,29 €

*Hinweis: Die Fonds DAWAkt classic und DAWAkt verfolgen die gleiche Anlagestrategie.

Frau Klein ist sich noch unschlüssig und wünscht weitere Informationen über die angebotenen Fonds.

a) Erläutern Sie allgemein das Zustandekommen der Ausgabe- und Rücknahmepreise.
b) Wodurch unterscheiden sich die Aktienfonds DAWAkt classic und DAWAkt? Erläutern Sie drei Unterschiede.
c) Welchen dieser beiden Aktienfonds empfehlen Sie Frau Klein unter Berücksichtigung ihres Anlagehorizontes? Geben Sie eine begründete Empfehlung.

4. Aufgabe

Frau Klein sieht sich nicht in der Lage, eine betragsmäßige Aufteilung in Renten- und Aktienfonds vorzunehmen. Sie machen die Kundin daher auf den DAWComfort aufmerksam.

a) Welche Besonderheiten weist dieser Fonds im Unterschied zu Aktien- und Rentenfonds auf?
b) Vera Klein ordert letztlich für 30.000,00 € Investmentanteile des DAWComfort. Der restliche Betrag in Höhe von 5.000,00 € soll jedoch mit geringem Risiko angelegt werden. Auch möchte sie jederzeit darauf zugreifen können. Unterbreiten Sie Frau Klein einen begründeten Vorschlag.

5. Aufgabe

Frau Klein möchte in Zukunft über die Einmalanlage hinaus monatlich eine feste Anzahl von Fondsanteilen erwerben.

Erläutern Sie Frau Klein, warum das monatliche Sparen eines konstanten Betrags in einen Fonds für sie von Vorteil wäre.

SITUATION 16

Als Kundenberater/-in der Universalbank AG haben Sie mit Ihrer langjährigen Kundin Karin Reich (ledig, 48 Jahre, Abteilungsleiterin der Kaufhaus AG) für den 23.10.2019 ein Beratungsgespräch vereinbart. Frau Reich interessiert sich für eine Optionsanleihe, die von der Solartronic AG emittiert wird. In ihrem Depot befinden sich neben festverzinslichen Wertpapieren auch 1.500 Stück Aktien der Solartronic AG. Frau Reich steht dem Erwerb dieser Optionsanleihen aufgeschlossen gegenüber, möchte aber von Ihnen noch verschiedene Fragen im Zusammenhang mit dieser Emission beantwortet haben. Bei allen Berechnungen ist der Rechenweg anzugeben.

Auszug aus dem Bezugsangebot der Optionsanleihe der Solartronic AG:

Die Aktionäre können die Optionsanleihe im folgenden Verhältnis beziehen: auf je 500 Stückaktien entfällt eine Optionsanleihe über nom. 1.000,00 € zum Ausgabekurs von 130 %.	
Verzinsung	Die Optionsanleihe wird vom 6. November 2019 an mit jährlich 3,50 % verzinst. Die Zinsen sind nachträglich am 6. November der Jahre 2020 bis 2027 fällig. Die erste Zahlung erfolgt am 6. November 2020.
Laufzeit und Rückzahlung	Die Laufzeit der Optionsanleihe beträgt acht Jahre fest. Die Gesellschaft ist verpflichtet, die Optionsanleihen am 6. November 2027 zum Nennbetrag zurückzuzahlen.
Optionsscheine	Jeder Optionsanleihe im Nennbetrag von 1.000,00 € sind sechs Inhaberoptionsscheine mit Berechtigung zum Bezug von je einer Stückaktie der Solartronic AG beigefügt.
Optionsrecht	Die Inhaber der Optionsscheine sind berechtigt, die auf den Optionsscheinen angegebene Anzahl von Stückaktien der Solartronic AG zum Optionspreis von 60,00 € je Stückaktie zu beziehen. Die Aktien sind gewinnanteilberechtigt vom Beginn des Geschäftjahres an, in dem sie aufgrund der Ausübung von Optionsrechten entsteht.
Optionsfrist	Das Optionsrecht kann vom 9. April 2020 bis zum 3. November 2027 einschließlich ausgeübt werden.

1. Aufgabe
Erläutern Sie zwei Beweggründe, die die Solartronic AG veranlasst haben könnten, statt einer Aktienemission oder Emission einer normalen Schuldverschreibung, eine Optionsanleihe aufzulegen.

2. Aufgabe
Nennen und erläutern Sie Frau Reich drei Gründe, die für eine Zeichnung der Optionsanleihen sprechen.

3. Aufgabe
Erläutern Sie zwei Gründe, warum das deutsche Aktienrecht Frau Reich bei der Emission dieser Optionsanleihe ein gesetzliches Bezugsrecht einräumt?

4. Aufgabe
Nach Klärung dieser Fragen, entschließt sich Frau Reich, ihre Bezugsrechte auf die Optionsanleihe und später ihr Recht auf Bezug der Aktien der Solartronic AG voll auszunutzen.
Frau Reich möchte nun von Ihnen wissen,

a) welchen Nominalbetrag der Optionsanleihe sie bei ihrem derzeitigen Depotbestand beziehen kann.
b) welchen Betrag sie dafür aufwenden muss.
c) wie viele Aktien der Solartronic AG sie später aus diesen Optionsanleihen beziehen kann.
d) welchen Betrag sie aufwenden muss, wenn sie die Option für die Aktien der Solartronic AG ausübt.

5. Aufgabe

Die Solartronic AG schüttet am 12. Dezember 2019 eine Dividende in Höhe von 0,40 € pro Aktie aus. Frau Reich hat Ihren Freistellungsauftrag bis auf einen Betrag von 200,00 € ausgeschöpft. Ermitteln Sie unter Angabe des Rechenweges die Gutschrift für Frau Reich (konfessionslos).

SITUATION 17

Sie sind Kundenberater/-in der Universalbank AG. Andreas Reich unterhält ein Depot mit einem Gesamtwert von ca. 190.000,00 € bei der Universalbank AG. Im Depot werden neben festverzinslichen Wertpapieren und Investmentanteilen auch Aktien, u. a. 600 Aktien der BIKE & MORE AG, verwahrt. Ihr langjähriger Kunde Herr Reich kommt heute zur Beratung zu Ihnen, da ihm Unterlagen zur Hauptversammlung der BIKE & MORE AG, an der er erstmalig persönlich teilnehmen möchte, übersandt wurden.

1. Aufgabe
Erläutern Sie die in diesem Zusammenhang von Ihrem Kreditinstitut zu erledigenden Formalitäten.

2. Aufgabe
Aus der Tagesordnung der Hauptversammlung ist zu entnehmen, dass Vorstand und Aufsichtsrat die Hälfte des Jahresüberschusses in die „anderen Gewinnrücklagen“ eingestellt haben.

a) Warum haben Vorstand und Aufsichtsrat so gehandelt? Nennen Sie drei Argumente!
b) Welche Folgen hat die Rücklagenbildung für Herrn Reich? Erläutern Sie jeweils einen Vor- und einen Nachteil.

3. Aufgabe
Aus der Tagesordnung ist weiterhin zu entnehmen, dass der Vorstand von der Hauptversammlung die Zustimmung zum Erwerb von eigenen Aktien bis zu 10 % des Grundkapitals erbittet.
Zeigen Sie Herrn Reich anhand von zwei Argumenten auf, dass dieser Vorgang für ihn mit Vorteilen verbunden ist.

4. Aufgabe
Für die in Kürze stattfindende Hauptversammlung der BIKE & MORE AG gibt es darüber hinaus eine Beschlussvorlage über ein genehmigtes Kapital von 40 Mio. €. Herr Reich möchte nähere Auskünfte darüber.

a) Erläutern Sie Herrn Reich diesen Begriff und nennen Sie zwei einzuhaltende gesetzliche Vorschriften.
b) Welche Mehrheit der Hauptversammlung ist zur Schaffung des genehmigten Kapitals mindestens notwendig?
c) Begründen Sie, warum die Gesellschaft gerade diese Form der Kapitalerhöhung gewählt hat. (zwei Gründe)

5. Aufgabe
Weiterhin soll auf der Hauptversammlung der BIKE & MORE AG auch über die zu zahlende Dividende abgestimmt werden. Der Vorstand schlägt eine veröffentlichte Dividende von 1,20 € je Aktie vor. Da Herr Reich (konfessionslos) seinen Freistellungsauftrag bereits durch andere Kapitalerträge bis auf 150,00 € ausgeschöpft hat, bittet er Sie, ihm die voraussichtliche Höhe seiner Gutschrift nach Abzug aller Steuern zu ermitteln.
Berechnen Sie den auf Herrn Reichs Konto gutzuschreibenden Betrag auf Grund der vorgeschlagenen Dividende der BIKE & MORE AG. Gehen Sie bei der Berechung auch den Rechenweg an!

6. Aufgabe
Im weiteren Verlauf des Gesprächs erzählt Herr Reich Ihnen, dass er sich seinen Jugendtraum von einem Motorrad erfüllen möchte. Er teilt Ihnen auch mit, dass er das Motorrad mit dem Erlös aus dem Verkauf seiner BIKE & MORE AG Aktien, deren derzeitiger Kurswert etwa dem Kaufpreis des Motorrads entspricht, bezahlen möchte. Der voraussichtliche Auslieferungstermin des neuen Motorrads ist aufgrund der sehr großen Nachfrage aber erst Ende März 2021.
Da Herr Reich den Kaufvertrag für das Motorrad beim Händler bereits gestern unterschrieben hat, möchte er bei Verkauf seiner Aktien der BIKE & MORE AG mindestens 13.000,00 € erzielen. Mit dem Verkauf der Aktien will er noch bis zur Auslieferung des neuen Motorrads warten, um von der anstehenden Dividendenausschüttung und möglichen weiteren Kursgewinnen zu profitieren.

Sie empfehlen Herrn Reich daher zur Absicherung des Depots den Abschluss eines Optionsgeschäftes.

Zur Bearbeitung der folgenden Aufgaben verwenden Sie den abgebildeten Ausschnitt der Eurex-Kurstabelle.

Optionsliste OPTIONEN-BIKE & MORE AG						
Name	**Symbol**	**Erster**	**Hoch**	**Tief**	**Aktuell**	**Vortag**
Bike & More AG	BIK	21,75	22,20	21,73	21,93	21,94

CALL				**PUT**	
Geld (Bid)	**Brief (Ask)**	**Monat**	**Basis**	**Geld** (Bid)	**Brief** (Ask)
1,82	1,88	12/2020	21,00	0,88	1,00
1,24	1,26	12/2020	22,00	1,25	1,40
0,68	0,75	12/2020	23,00	1,55	1,65
0,50	0,60	12/2020	24,00	2,57	3,03
2,10	2,27	03/2021	21,00	1,05	1,15
1,70	1,85	03/2021	22,00	1,63	1,72
0,98	1,17	03/2021	23,00	2,15	2,55
0,68	0,80	03/2021	24,00	2,70	3,20

Kontraktgröße jeweils 100 Aktien
Kosten der Eurex: 0,20 € pro Kontrakt

a) Benennen Sie Herrn Reich die wesentlichen Bestandteile des konkreten Geschäfts, mit dem er seine Aktien der BIKE & MORE AG an der Terminbörse Eurex gegen Kursverluste absichern kann. Begründen Sie dabei auch den von Ihnen gewählten Basispreis.

b) Sie erklären Herrn Reich die zu Grunde liegende Strategie dieses Kurssicherungsgeschäftes. Erläutern Sie Herrn Reich, wie sich
   ba) steigende Aktienkurse
   bb) fallende Aktienkurse
   auf seine Gesamtposition aus Aktien der BIKE & MORE AG und dem entsprechenden Optionsgeschäft auswirken.

c) Neben den fremden Kosten fallen bei der Universalbank AG beim Abschluss von Optionsgeschäften eine eigene Provision von 0,40 € je Kontrakt, mindestens aber 20,00 €, an. Berechnen Sie den Gesamtaufwand dieses Kurssicherungsgeschäftes. Der Rechenweg ist mit anzugeben.

SITUATION 18

Sie sind Kundenberater der Universalbank AG. Die Eheleute Erwin und Corinna Keil haben mit Ihnen für heute einen Gesprächstermin vereinbart, da sie sich über staatlich geförderte Möglichkeiten der Altersvorsorge (Altersvorsorgevertrag) informieren wollen. Erwin Keil ist 38 Jahre alt, arbeitet als Disponent bei einem mittelständischen Autozulieferer und hatte im vergangenen Jahr einen Bruttoarbeitslohn von 46.000,00 €. Seine Frau Corinna ist 35 Jahre alt, arbeitet als Beamtin im öffentlichen Dienst und hatte einen Bruttoarbeitslohn von 38.000,00 €. Die vier Kinder der Familie Keil sind 6, 14, 16 und 18 Jahre alt.

1. Aufgabe
Warum wird es immer wichtiger, sich neben der gesetzlichen Rentenversicherung mit einer zusätzlichen privaten Versorgung ein zweites Standbein einer ausgeglichenen Alterssicherung zu schaffen?

2. Aufgabe
Überprüfen und begründen Sie, ob Herr und Frau Keil zum geförderten Personenkreis der staatlich geförderten privaten Altersvorsorge gehören.

3. Aufgabe
Welche Voraussetzungen muss das Ehepaar Keil neben der Zugehörigkeit zum geförderten Personenkreis erfüllen, um in den Genuss der staatlichen Förderungen nach dem Altersvermögensgesetz kommen zu können. Nennen Sie drei Voraussetzungen!

4. Aufgabe
Im Gespräch mit den Eheleuten Keil fällt auch der Begriff „nachgelagerte Besteuerung". Beschreiben Sie den Eheleuten Keil die Bedeutung dieses Begriffs im Hinblick auf die Auswirkungen dieser Besteuerung sowohl für die Zeit der Ansparung als auch der Auszahlung eines geförderten Altersvorsorgevertrags.

5. Aufgabe
Die Eheleute Keil möchten wissen, welche Beträge sie aus eigenen Mitteln aufbringen müssen, um die staatliche Förderung für die private Altersvorsorge voll auszuschöpfen. Zur Berechnung stehen Ihnen folgende aus dem Gesetz abgeleitete Übersichten zur Verfügung:

Veranlagungs-zeitraum	Notwendige Sparleistung (Eigenbeitrag + alle Zulagen)		Altersvorsorgezulage	
	mindestens (in Prozent des rentenversicherungspflichtigen Einkommens)	maximal (in €)	Grundzulage (in €)	Kinderzulage je Kind (in €)
ab 2018	4	2.100,00	175,00	185,00*)

*) ab 01.01.2008 geborene Kinder 300,00 €

Veranlagungs-zeitraum	Anzahl der Kinder	Sockel-betrag
2002 bis 2004	ohne Kinder 1 Kind ab 2 Kinder	45,00 € 38,00 € 30,00 €
ab 2005	immer	60,00 €

a) Frau Keil möchte einen Anspruch auf die staatliche Förderung (Zulagen) in voller Höhe erwerben.
Welche Eigenbeiträge müsste Frau Keil für das laufende Jahr daher mindestens aufbringen? Gehen Sie bei der Berechnung von einem gleich bleibenden Einkommen aus, wobei die Kinderzulage Frau Keil zugeordnet ist.

b) Die Eheleute Keil haben sich von den Vorteilen der staatlich geförderten privaten Altersvorsorge überzeugen lassen. Herr Keil möchte noch wissen, welche Anlageformen hierfür staatlich gefördert werden. Nennen Sie Herrn Keil zwei entsprechende Anlageformen!

6. Aufgabe

Darüber hinaus verfügen die Eheleute Keil über einen Anlagebetrag in Höhe von 15.000,00 €, der sich zurzeit auf ihrem gemeinsamen Sparkonto mit 3-monatiger Kündigungsfrist befindet. Das Sparkonto, das bei der Universalbank AG geführt wird, wird zurzeit mit 1,25 % verzinst.
Nach eingehender Beratung beschließt das Ehepaar Keil einen Teil des Anlagebetrags in Höhe von 10.000,00 € für die nächsten 5 Jahre fest, sicher und ertragreicher anzulegen. Sie empfehlen den Eheleuten Klein die Anlage in einen Sparbrief.

a) Nennen Sie vier Merkmale dieser Sparform.
b) Sparbriefe lassen sich hinsichtlich ihrer Zinszahlung unterscheiden. Beschreiben Sie diesbezüglich zwei unterschiedliche Formen von Sparbriefen und erläutern Sie je zwei sich daraus ergebende Vorteile für die Eheleute Keil.
c) Das Ehepaar Keil möchte wissen, ob sie sofort über das Sparkonto verfügen können, um eine Anlage in Sparbriefen zu tätigen.
Geben Sie den Eheleuten Auskunft und begründen Sie diese.

KREDITGESCHÄFTE

SITUATION 19 X

Ihr Kunde Franz Klein, langjähriger Kunde Ihres Hauses, ruft Sie als Kreditsachbearbeiter der Südbank AG an und bittet um einen Gesprächstermin. Er will sich einen Pkw kaufen und diesen Kauf evtl. über die Südbank AG finanzieren.
In Ihrer Gesprächsvorbereitung haben Sie die folgenden Daten über Herrn Klein zusammengestellt:

Franz Klein:	**geb. 23.7.1966, ledig**
Beruf:	**Industriekaufmann, Disponent**
Gehalt:	**2.300,00 € netto mtl.**
Zusätzliches Einkommen:	**ca. 2.000,00 € netto jährlich aus Vermittlungstätigkeit (nicht garantiert)**
Girokonto:	**seit 1986, Saldo H 78,49 €**
Dispositionskredit:	**6.000,00 €**
Sparkonto:	**3-monatige Kündigungsfrist, Saldo 3.254,00 €**
Sparbrief:	**5.000,00 € (Restlaufzeit 2 ½ Jahre)**

1. Aufgabe
Nennen Sie drei Aspekte, die Sie in Ihrem Beratungsgespräch mit Herrn Klein hinsichtlich der Kreditvergabe besprechen werden.

2. Aufgabe
Herr Klein kommt heute Nachmittag zu Ihnen und legt Ihnen folgendes Finanzierungsangebot des Herstellers aus dem Internet über den Anschaffungspreis von 15.000,00 € vor:

Finanzierungsdetails	
Anzahlung	20 %
Laufzeit	24 Monate
Effektivzins p.a.	4,9 %
Zielrate bzw. Schlussrate	67 %
Laufleistung p.a.	12.000 km
Monatliche Rate	140,32 €

Er findet besonders die niedrige Monatsrate sehr attraktiv. Er weiß jedoch nicht, was die Begriffe Zielrate (Schlussrate oder Restwert) und die Laufleistung genau bedeuten.
Er möchte 3.000,00 € Eigenmittel als Anzahlung für den Kauf verwenden.

a) Erklären Sie Herrn Klein zunächst die im Angebot gemachten Angaben.

b) Im Rahmen eines Vergleichsangebotes der Südbank AG ermitteln Sie eine Rate in Höhe von 550,00 € bei gleicher Laufzeit für diese Finanzierung. Erläutern Sie vier Argumente, mit denen Sie Herrn Klein überzeugen können, dass Ihr Angebot trotz der höheren Rate für ihn günstiger als das Herstellerangebot sein kann.

3. Aufgabe
Herr Klein ist von Ihren Argumenten überzeugt und entscheidet sich daher für die Finanzierung durch die Südbank AG. Um über die Kreditentscheidung endgültig entscheiden zu können, benötigen Sie von Herrn Klein zusätzliche Angaben bzw. holen sie mit seinem Einverständnis ein. Nennen Sie drei Angaben und erläutern Sie, warum Sie diese benötigen.

4. Aufgabe
Sie erhalten aus der Selbstauskunft von Herrn Klein folgende Informationen:

Monatliche Belastungen:	
Feste Ausgaben (Miete u. Ä.):	600,00 €
Lebenshaltungskosten (einschl. Kfz):	900,00 €
Diese Beträge bewegen sich im Rahmen der Pauschalen der Südbank AG.	

Ermitteln Sie das monatlich frei verfügbare Einkommen von Herrn Klein.

5. Aufgabe
Zur Absicherung des Kredits kann die Südbank AG von Herrn Klein verschiedene Sicherheiten verlangen.
Nennen Sie zwei geeignete Sicherheiten für die gewünschte Finanzierung und erklären Sie Herrn Klein das Wesen dieser Sicherheiten anhand von zwei wesentlichen Merkmalen.

6. Aufgabe
Entscheiden Sie abschließend unter Berücksichtigung der gewonnenen Informationen über die Kreditvergabe und begründen Sie Ihren Entschluss.

7. Aufgabe
Bevor Herr Klein den Darlehensvertrag unterschreibt, möchte er über sein Widerrufsrecht und über die Möglichkeit der Ausübung informiert werden. Nennen Sie Herrn Klein drei Aspekte.

8. Aufgabe
Herr Klein möchte abschließend von Ihnen wissen, ob er den Kredit während der Laufzeit teilweise oder vollständig zurückzahlen kann, falls er über freie Mittel verfügt. Klären Sie Herrn Klein auf.

9. Aufgabe
Beschreiben Sie in Verbindung mit der Kreditfinanzierung des Pkw einen Ansatz von Cross-Selling und deren Vorteil sowohl für Herrn Klein als auch für die Südbank AG.

SITUATION 20

Die Eheleute Manuela und Günther Fink, Kunden der Südbank AG, planen ein Grundstück zu kaufen, um darauf ein Einfamilienfertighaus mit einer Doppelgarage zur Eigennutzung zu errichten. Als Kundenberater/ -in der Südbank AG haben Sie für heute ein Beratungsgespräch wegen der Finanzierung des Einfamilienhauses mit den Eheleuten Fink vereinbart. Günther Fink ist Speditionskaufmann, seine Frau Manuela Reiseverkehrskauffrau. Ihnen liegen folgende Daten zur Geschäftsverbindung vor:

Nettoeinkommen:
- Günther Fink 2.300,00 € mtl.
- Manuela Fink 1.500,00 € mtl.

Vermögenswerte:
- Lebensversicherung, fällig in einem Jahr, erwarteter Gutschriftsbetrag 25.000,00 €
- Fällige Sparguthaben 35.000,00 €
- Zuteilungsreifer Bausparvertrag, Bausparsumme 100.000,00 €
  (40 % angespart, mtl. Rate für Zins und Tilgung: 6 ‰ der Bausparsumme)

Die Eheleute Fink wollen die Vermögenswerte vollständig zur Finanzierung einsetzen.

Über das Bauvorhaben liegen Ihnen folgende Daten, die Sie auch zur Beleihungswertermittlung verwenden, vor:

- Grundstücksgröße: 650 m^2
- Preis für das erschlossene Grundstück: 125,00 €/m^2
- Anzahl m^3 umbauter Raum:
  - Haus: 600 m^3
  - Doppelgarage: 110 m^3
- Baukosten lt. Berechnungen des Architekten:
  - Haus: 270,00 € m^3
  - Garage: 90,00 € m^3

1. Aufgabe
Ermitteln Sie den Bau- und Bodenwert des geplanten Objekts unter Berücksichtigung eines Sicherheitsabschlags von 20 % auf den Bauwert und setzen Sie den Beleihungswert fest. Runden Sie Ihr Ergebnis auf volle T€ ab.

2. Aufgabe
Wie vereinbart kommen die Eheleute Fink nachmittags zu Ihnen in die Südbank AG. Das Ehepaar Fink möchte nun von Ihnen Auskunft darüber, wie viel € die Gesamtkosten des Bauvorhabens betragen werden.
Ermitteln Sie die gesamten Kosten für die Baumaßnahme einschließlich Grundstück. Berücksichtigen Sie dabei für alle Nebenkosten einschließlich einer noch zu finanzierenden Einbauküche pauschal 23.000,00 €. Das Ergebnis ist auf volle T€ aufzurunden.

3. Aufgabe
Wie hoch ist der Eigenkapitalanteil des Ehepaars Fink am Objekt? Das Ergebnis ist auf zwei Stellen nach dem Komma zu runden.

4. Aufgabe

Für Baufinanzierungen werden zurzeit bei der Südbank AG folgende Konditionen zugrunde gelegt:
- Zwischenkredite, 1 Jahr fest: 2,5 % p.a.
- Darlehen, 5 Jahre fest: 2,25 % p.a., 1 % anfängliche Tilgung
- Darlehen, 10 Jahre fest: 2,4 % p.a., 1 % anfängliche Tilgung

a) Unterbreiten Sie den Eheleuten Fink einen Vorschlag zur Finanzierung des geplanten Bauvorhabens.
b) Welche Zinsbindungsfrist für das Darlehen der Südbank AG empfehlen Sie den Eheleuten Fink? Begründen Sie Ihre Entscheidung.
c) Ermitteln Sie die Höhe der monatlichen Belastung, die das Ehepaar Fink ab sofort aufgrund Ihres Finanzierungsvorschlags zu tragen hätte.
d) Mit welcher monatlichen Belastung muss das Ehepaar Fink nach Auszahlung der Lebensversicherung in 12 Monaten rechnen?

5. Aufgabe

Die Eheleute Fink sind von Ihren Ausführungen überzeugt und wollen die Finanzierung von der Südbank AG durchführen lassen. Sie vereinbaren mit den Eheleuten Fink, dass das Darlehen durch Eintragung einer Buchgrundschuld abgesichert werden soll. Neben der Südbank AG sind noch weitere Institutionen an der Eintragung beteiligt, bis die Südbank AG die Rechte an der Grundschuld erwirbt.

a) Welche Unterlagen (3 Nennungen) müssen Ihnen zur Beurteilung der angebotenen Sicherheiten vorliegen?
b) Erläutern Sie dem Ehepaar Fink den Ablauf, bis die Südbank AG die Rechte an der Buchgrundschuld erworben hat.

6. Aufgabe

Sie legen den Eheleuten Fink eine notarielle Urkunde über die Grundbuchbestellung vor. Diese enthält u. a. folgende Textpassagen:
- Die Grundschuld ist von heute an mit 15 % jährlich zu verzinsen.
- Wegen der Grundschuldbestellung und der Zinsen unterwirft sich der Besteller der sofortigen Zwangsvollstreckung in den belasteten Grundbesitz.

Erläutern Sie dem Ehepaar Fink, welche Bedeutung diese Textpassagen für sie haben?

SITUATION 21

Sie sind Kundenberater bei der Südbank AG. Ihr langjähriger Kunde Karl Reich möchte zur Altersvorsorge ein Mehrfamilienhaus mit vier Wohnungen erwerben. Das erst vor einem Jahr renovierte Haus wurde 1980 gebaut und gehört seinem Onkel Hans Meier. Eine der beiden Erdgeschosswohnungen wird von Hans Meiers Vater Gottfried Meier bewohnt. Weitere Mietverhältnisse bestehen zurzeit nicht, so dass die anderen Wohnungen komplett neu vermietet werden können. Der Kaufpreis beträgt 360.000,00 €. Es fällt keine Maklercourtage an. Zum Erwerb dieses Objekts ermitteln Sie einen Gesamtaufwand von etwa 390.000,00 €. Herr Reich sucht Sie heute nach telefonischer Absprache auf, da Sie ihn über die Details zur Finanzierung und zur Abwicklung des Kaufs beraten sollen.

1. Aufgabe

Herr Reich benötigt ein Darlehen zur Finanzierung des Kaufpreises. Als Sicherheit soll das zu erwerbende Objekt dienen. Die Südbank AG ermittelt den Beleihungswert der Immobilie nach dem Ertragswertverfahren, da es sich beim Beleihungsobjekt um ein Mehrfamilienhaus handelt.
Folgende Informationen hat Ihnen Herr Reich bereits zum geplanten Immobilienkauf gegeben:
- Grundstücksgröße 700 m^2
- Umbauter Raum 1.700 m^2
- 2 Wohnungen à 80 m^2 Wohnfläche
- 2 Wohnungen à 50 m^2 Wohnfläche
- 4 Garagen.

In den Unterlagen zur Beleihungswertermittlung sind folgende Daten verzeichnet:

- Angemessener Grundstückspreis:	200,00 € pro m^2
- Preis des umbautes Raumes:	190,00 € pro m^2
- Ortsübliche monatliche Miete für vergleichbare Wohnungen:	7,50 € pro m^2
- Ortsübliche monatliche Miete für vergleichbare Garagen:	25,00 € pro Monat
- Bewirtschaftungskosten pauschal:	30 % der Miete
- Kapitalisierungszinssatz:	5 %
- Kapitalisierungsfaktor (40 Jahre Restnutzungsdauer):	17,16

Darüber hinaus legt Ihnen Herr Reich einen Grundbuchauszug vor, der u. a. die folgenden Eintragungen enthält:

Abteilung I

Laufende Nummer der Eintragung	Eigentümer	Grundlage der Eintragung
~~1~~	~~Gottfried Meier~~	~~Auf Grund der Auflassung vom 04.02.1980 und eingetragen am 26.03.1980.~~
2	Hans Meier	Auf Grund des notariellen Schenkungsvertrags vom 22.07.1991 und eingetragen am 08.08.1991.

Abteilung II:

Laufende Nummer der Eintragung	Lasten und Beschränkungen
1	Wasserleitungsrecht für die Zentrale Wasserversorgung Bayern AG. Eingetragen am 26.03.1980.
2	Lebenslanges Wohnrecht für Herrn Gottfried Meier, geboren am 12.05.1936. Löschbar mit Todesnachweis. Eingetragen auf Grund der Bewilligung vom 13.06.1991 am 08.08.1991

Abteilung III:

Laufende Nummer der Eintragungen	Hypotheken, Grundschulden, Rentenschulden
1	100.000,00 € Grundschuld mit 15 % jährlich zu verzinsen für die Südbank AG, sofort vollstreckbar. Unter Bezugnahme auf die Bewilligung vom 02.03.1980, eingetragen am 26.03.1980.

a) Ermitteln Sie unter Angabe des Rechenwegs den Beleihungswert nach dem gespaltenen Ertragswertverfahren und runden Sie auf volle T€ ab.
b) Welche Risiken bestehen hinsichtlich des Ertragswertes grundsätzlich? Erläutern Sie zwei Risiken.
c) Erläutern Sie Herrn Reich den möglichen Einfluss der jeweiligen Eintragung in Abteilung II des Grundbuchs auf die Beleihbarkeit des Grundstücks durch die Südbank AG.
d) Warum raten Sie Herrn Reich, einen Großteil der Anschaffungskosten mit Krediten zu finanzieren, obwohl Ihr Kunde über hohe Eigenmittel verfügt?
e) Das Darlehen zum Grundpfandrecht in Abteilung III ist zwar getilgt, Herr Reich möchte aber dieses Grundpfandrecht als Sicherheit für die Südbank AG einbringen.
Erläutern Sie Herrn Reich die notwendigen Schritte, um das bestehende Grundpfandrecht zur Besicherung des Darlehens heranziehen zu können.
f) Herr Reich ist überrascht über den bei der Grundschuld in Abteilung III eingetragenen hohen Zinssatz von 15 %. Erläutern Sie Herrn Reich die Bedeutung dieses Zinssatzes.

2. Aufgabe

Sie vereinbaren mit Herrn Reich einen weiteren Gesprächstermin und bitten ihn noch um weitere Unterlagen.
Welche weiteren Objektunterlagen soll Ihnen Herr Reich zur Beurteilung des Finanzierungswunsches einreichen? Nennen Sie drei weitere Objektunterlagen.

3. Aufgabe

Aufgrund der vorliegenden Informationen bieten Sie Herrn Reich zur Finanzierung dieser Immobilie zwei Annuitätendarlehen an:
- Erstrangiges Darlehen der Depfa AG (Hypothekenbank, Verbundpartner der Südbank AG)
  Die Depfa AG ist bereit, ein Darlehen bis zu der nach dem Hypothekenbankgesetz zulässigen Höchstgrenze zu gewähren.
- Nachrangiges Darlehen der Südbank AG
  Die Südbank AG ist bereit, ein Darlehen bis zur Beleihungsgrenze von maximal 80 % des Beleihungswertes zu gewähren.

	Depfa AG (erstrangige Darlehen)	Südbank AG (nachrangige Darlehen)
Nominalzins	2,25 % p. a.	2,75 % p. a.
Zinsfestschreibung	10 Jahre	10 Jahre
Anfängliche Tilgung	1 %	2 %

Herr Reich entscheidet sich für Darlehen von insgesamt 240.000,00 €.
a) Herr Reich geht aufgrund der Tilgung von 1 % bzw. 2 % pro Jahr davon aus, dass die Laufzeit der Darlehen 100 bzw. 50 Jahre beträgt. Erläutern Sie Herrn Reich, warum die tatsächliche Laufzeit der Darlehen voraussichtlich aber nur 35 bzw. 24 Jahre beträgt.
b) Herr Reich möchte von Ihnen wissen, ob das Darlehen der Südbank AG innerhalb der angegebenen Beleihungsgrenze von 80 % liegt? Zur Beantwortung dieser Aufgabe ist der Rechenweg anzugeben.
c) Ermitteln Sie die monatliche Gesamtbelastung für Ihren Kunden Herrn Reich.

SITUATION 22

Sie sind Kundenberater/-in der Südbank AG. Das Ehepaar Gruber (verheiratet, 3 Kinder: 6, 8 und 13 Jahre alt) beabsichtigt, ein vor zwei Jahren renoviertes und modernisiertes Einfamilienhaus zur Selbstnutzung zu erwerben. Herr Gruber hat daher mit Ihnen für heute 10:00 Uhr ein Beratungsgespräch vereinbart.
Das Einfamilienhaus, das den Eheleuten Hans und Silvia Gruber zusagt, wird ihnen direkt vom derzeitigen Eigentümer Herrn Sven Müller zum Preis von 310.000,00 € angeboten.
Die Eheleute Gruber unterhalten bereits seit 10 Jahren ein Girokonto bei Ihrem Kreditinstitut.

1. Aufgabe
Welche Unterlagen (3 Nennungen) liefern Ihnen wichtige Informationen zur Vorbereitung auf das vereinbarte Gespräch mit dem Ehepaar Gruber?

2. Aufgabe
Wie vereinbart kommen die Eheleute Gruber vormittags zu Ihnen in die Südbank AG. Das Ehepaar Gruber möchte von Ihnen wissen, welche weiteren Kosten beim Erwerb dieses Hauses zusätzlich zum Kaufpreis entstehen. Zeigen Sie den Eheleuten drei weitere Kosten beim Erwerb dieser Immobilie auf.

3. Aufgabe
Sie besorgen sich einen Grundbuchauszug über das Grundstück, das die Eheleute Gruber kaufen möchten:

Abteilung I

Lfd. Nr. 1	Sven Müller, geb. am 16.03.1957 Aufgelassen am 12.06.2003, eingetragen am 22.09.2003

Abteilung II:

Lfd. Nr. 1	Nießbrauch für die Eheleute Karl Klein und Anna, geb. Kurz in Straubing. Eingetragen auf Grund der Bewilligung vom 08.11.1975 und eingetragen am 24.02.1976.
Lfd. Nr. 2	Vorkaufsrecht zugunsten von Beate Müller, geb. am 14.09.1938. Eingetragen auf Grund der Bewilligung vom 12.06.2003 am 22.09.2003.
Lfd. Nr. 3	Reallast, bestehend aus der Zahlung einer lebenslangen Rente von 300,00 € (dreihundert) monatlich für Beate Müller, geb. am 14.09.1938. Löschbar mit Todesnachweis. Eingetragen auf Grund der Bewilligung vom 12.06.2003 am 22.09.2003.

Abteilung III:

Lfd. Nr. 1	25.000,00 € Grundschuld ohne Brief mit 17 % jährlich zu verzinsen für die Universalbank AG, sofort vollstreckbar. Unter Bezugnahme auf die Bewilligung vom 22.03.1998, eingetragen am 02.04.1998.
Lfd. Nr. 2	40.000,00 € Grundschuld zugunsten Sven Müller, zu verzinsen mit 18 % jährlich, sofort vollstreckbar. Unter Bezugnahme auf die Bewilligung vom 08.03.2004, eingetragen am 03.04.2004.

a) Erklären Sie den Eheleuten Gruber alle Eintragungen in Abteilung II des Grundbuchs.
b) Das Ehepaar Gruber möchte das Grundstück frei von der Grundschuld zu Gunsten der Universalbank AG erwerben. Das mit der Grundschuld besicherte Darlehen valuiert aktuell noch mit 20.000,00 €.
Erläutern Sie dem Ehepaar Gruber, was dafür zu veranlassen ist.
c) Warum sollten die Eheleute Gruber die eingetragene Eigentümergrundschuld übernehmen? Geben Sie anhand von zwei Argumenten eine begründete Empfehlung.
d) Welche Rechtshandlungen sind für eine Übertragung der Eigentümergrundschuld notwendig?

4. Aufgabe

Die Eheleute Hans und Silvia Gruber haben sich entschlossen, das Einfamilienhaus zu erwerben. Der Südbank AG liegen folgende Daten vor:

- voraussichtlicher Gesamtaufwand: 360.000,00 €
- frei verfügbare Eigenmittel: 114.000,00 €
- Bausparvertrag (zugeteilt), Bausparsumme 50.000,00 € (zu 40 % angespart)

Der noch verbleibende Finanzierungsbedarf soll durch Darlehen der Südbank AG geschlossen werden.
Ermitteln Sie die Darlehenssumme der Südbank AG.

5. Aufgabe

Die Südbank AG hat einen Beleihungswert von 295.000,00 € ermittelt. Aufgrund einer von Ihnen durchgeführten Haushaltsrechnung ergibt sich für die Familie Gruber ein frei verfügbares Resteinkommen von 1.130,00 € für die Finanzierung.

Darlehen	Konditionen
Annuitätendarlehen der Südbank AG	Darlehen bis 60 % des Beleihungswertes (1a-Darlehen): - 100 % Auszahlung - 2,4 % p.a. Zinsen - 2,0 % p.a. anfängliche Tilgung - 10 Jahre Zinsfestschreibung Darlehen bis 80 % des Beleihungswertes (1b-Darlehen): - 100 % Auszahlung - 2,6 % p.a. Zinsen - 2,0 % p.a. anfängliche Tilgung - 10 Jahre Zinsfestschreibung
Bauspardarlehen	- 1,5 % p. a. Zinsen - monatliche Rate für Zins und Tilgung: 6 ‰ der Bausparsumme

a) Ermitteln Sie unter Angabe des Rechenweges die monatlichen Belastungen der Familie Gruber aus den Darlehen.

b) Entscheiden und begründen Sie, ob die monatliche Gesamtbelastung für die Familie Gruber tragbar ist.

SITUATION 23

Sie sind Firmenkundenberater/-in der Universalbank AG. Herr Sven Mitterer, alleiniger Gesellschafter und Geschäftsführer der Baustoffe GmbH, vereinbart mit Ihnen für heute ein Beratungsgespräch. Er teilt Ihnen telefonisch mit, dass er für die Baustoffe GmbH den Kauf eines Lkw (gewöhnliche Nutzungsdauer 8 Jahre) plant. Der Kaufpreis in Höhe von 220.000,00 € soll vollständig durch ein Abzahlungsdarlehen mit einer Laufzeit von 8 Jahren bei der Universalbank AG finanziert werden. Die Universalbank AG unterhält bereits seit 20 Jahren eine Geschäftsbeziehung mit der Baustoffe GmbH.

Das aktuelle Kundenobligo der Baustoffe GmbH zeigt folgendes Bild:

Konto-Nr.	Kontoart	Saldo	Bemerkungen
2568598	Kontokorrent	H 36.000,00 €	Limit 55.000,00 €
012448589	Darlehen	S 36.500,00 €	Restlaufzeit 2 Jahre
248558589	Darlehen	S 82.000,00 €	Restlaufzeit 3 Jahre

Der monatliche Kapitaldienst der Baustoffe GmbH beträgt insgesamt 5.200,00 €. Diese Darlehen sind mit einer werthaltigen Grundschuld über 120.000,00 € am Grundstück des Herrn Mitterer (Beleihungswert des Grundstücks 250.000,00 €) abgesichert.

Aktuelle Konditionen der Universalbank AG für Investitionsdarlehen:
Festzinsdarlehen, Laufzeit 8 Jahre, besichert: 6,5 % p. a.

Zur Vorbereitung auf das Kundengespräch haben Sie die Bilanzen der beiden letzten Geschäftsjahre ausgewertet. Neben den Bilanzen stehen Ihnen Prognoserechnungen und Daten des Branchendurchschnitts zur Ermittlung folgender Kennzahlen zur Verfügung:

Kennziffer	Vorletztes Geschäftsjahr	Letztes Geschäftsjahr	Planzahlen für das laufende Geschäftsjahr	Branchendurchschnitt im letzten Geschäftsjahr
Eigenkapitalquote	26,5 %	28,2 %	30,5 %	23,5 %
Gesamtkapitalrentabilität	6,2 %	7,8 %	8,8 %	7,3 %
Cash-Flow	254 T€	316 T€	338 T€	–

1. Aufgabe
Erläutern Sie die vorliegenden Kennziffern der Baustoffe GmbH und geben Sie eine Beurteilung über deren Entwicklung ab.

2. Aufgabe
Neben der Jahresabschlussanalyse der Baustoffe GmbH verwenden Sie für Ihre Kreditwürdigkeitsprüfung noch weitere Informationen. Nennen Sie vier entsprechende Informationen.

3. Aufgabe
Berechnen Sie den gesamten Kapitaldienst, den die Baustoffe GmbH im ersten Jahr nach Auszahlung des neuen Darlehens an die Universalbank AG zu erbringen hätte.

4. Aufgabe
Nennen Sie zwei Sicherheiten, die sich aufgrund der vorliegenden Informationen im Rahmen dieses Kreditengagements anbieten würden, und beurteilen Sie deren Werthaltigkeit.

5. Aufgabe
Treffen Sie eine abschließende Kreditentscheidung. Begründen Sie Ihre Entscheidung unter Berücksichtigung der Kapitaldienstfähigkeit und der Besicherung.

SITUATION 24

Als Firmenkundenberater der Südbank AG haben Sie für heute mit dem geschäftsführenden Gesellschafter der Baustoffe Karl GmbH, Herrn Karl, ein Beratungsgespräch vereinbart. Aufgrund einer bereits 15-jährigen Geschäftsbeziehung mit der Baustoffe Karl GmbH ist Ihnen Herr Karl gut bekannt.

Das aktuelle Kundenobligo der Baustoffe Karl GmbH zeigt folgendes Bild:

ISO	Konto-Nr.	Kontoart	Eröffnung	Kredit	Saldo
€	758200	Kontokorrent	22.07.1998	60.000,00	H 2.856,23
€	586400	Annuitätendarlehen Laufzeit 25 Jahre	12.05.1999	400.000,00	300.000,00
€	254500	Avalkredit	12.01.2013	35.000,00	0,00
				Saldo Soll	300.000,00
				Saldo Haben	2.856,23

Das Firmengelände der Baustoffe Karl GmbH, das mit einem dreigeschossigen Bürogebäude und einer 900 qm-Lagerhalle bebaut ist, hat eine Fläche von 5 500,00 qm und einen aktuellen Beleihungswert von 850.000,00 €. Im Rahmen der Finanzierung des Bürogebäudes im Jahre 1999 wurde zugunsten der Südbank AG eine erstrangige Grundschuld über 460.000,00 € (400.000,00 € für Konto-Nr. 586400 und 60.000,00 € für Konto-Nr. 758200) eingetragen.

1. Aufgabe

Zur Vorbereitung auf das Kundengespräch haben Sie u. a. die Liquidität der Baustoffe Karl GmbH mit Hilfe der Bilanzen der vergangenen Geschäftsjahre geprüft:

	Vorletztes Geschäftsjahr	Letztes Geschäftsjahr	Laufendes Geschäftsjahr (erwartete Entwicklung)
Durchschnittliches Debitorenziel	8 Tage	18 Tage	32 Tage
Durchschnittliches Kreditorenziel	8 Tage	14 Tage	22 Tage
Umsatzentwicklung	+ 6 %	+ 9 %	+ 11 %

a) Welche Informationen können Sie aus dem durchschnittlichen Debitorenziel, durchschnittlichen Kreditorenziel und der Umsatzentwicklung über die Liquiditätsbeurteilung der Baustoffe Karl GmbH gewinnen?

b) Wie wird sich auf Grund der gewonnenen Informationen der Liquiditätsbedarf der Baustoffe Karl GmbH für das laufende Jahr entwickeln?

2. Aufgabe

Herr Karl beabsichtigt den Kauf zweier fabrikneuer Multifunktionsgabelstapler, deren betriebsgewöhnliche Nutzungsdauer 5 Jahre beträgt. Im Laufe des Gesprächs stellt sich heraus, dass Herr Karl den gesamten Kaufpreis in Höhe von 64.000,00 € über den Kontokorrentkredit finanzieren möchte.

a) Nehmen Sie zur von Herrn Karl beabsichtigen Art der Finanzierung Stellung.
b) Welchen wirtschaftlich sinnvollen Finanzierungsvorschlag unterbreiten Sie Herrn Karl?
c) Unterbreiten Sie Herrn Karl einen Vorschlag zur Absicherung des Kredits und zeigen Sie zwei Vorteile Ihres Vorschlags für die Südbank AG auf.
d) Herr Karl möchte von Ihnen wissen, mit welcher Belastung die Baustoffe Karl GmbH zu rechnen hat. Für die Bearbeitung dieser Aufgabe stehen Ihnen folgende Konditionen der Südbank AG zur Verfügung:

	Kontokorrentkonto		**Annuitätendarlehen**		**Abzahlungsdarlehen**	
Sicherheiten	besichert	blanko	Grundschuld erstrangig	Grundschuld nachrangig	besichert	blanko
Zinssatz in %	10,50	11,75	2,40	2,8	2,65	3,00
Laufzeit in Monaten	bis 12		ab 24 (mind. 2 % Tilgung)		bis 72	
Anfängliche Tilgung in % bei einer Laufzeit von … Monaten			7,00 % 11,2 % 17,00 % 22,00 % 31,00 %	120 Monate 84 Monate 60 Monate 48 Monate 36 Monate		

3. Aufgabe

Der gewünschte Investitionskredit wird der Baustoffe Karl GmbH von der Südbank AG gewährt. Als Kundenberater der Kreditbank AG sind Sie für die Überwachung des Kreditengagements der Baustoffe Karl GmbH verantwortlich.

a) Erläutern Sie drei Maßnahmen, die Sie im Rahmen der Kreditüberwachung durchführen müssen?
b) Nachdem Sie im ersten Jahr der Kreditlaufzeit keine Auffälligkeiten festgestellt haben, sind Ihnen in den letzten Monaten einige Unregelmäßigkeiten im Rahmen des Kreditengagements der Baustoffe Karl GmbH aufgefallen. Nennen Sie zwei Signale, die auf eine Gefährdung des Kreditengagements hinweisen.
c) Erläutern Sie zwei Maßnahmen, die Sie als Kundenberater der Baustoffe Karl GmbH in dieser Situation in Betracht ziehen sollten.

PRÜFUNGSVORBEREITUNG AKTUELL

FÜR

Bankkauffrau/ Bankkaufmann

PRÜFUNGSTEIL

RECHNUNGSWESEN UND STEUERUNG

TEIL 2
RECHNUNGSWESEN UND STEUERUNG

ÜBUNGSAUFGABEN ZUR VORBEREITUNG AUF DIE ZWISCHEN- UND ABSCHLUSSPRÜFUNG

1. Der Aufbau und die Gliederung der Bilanzen erfolgen bei Kreditinstituten nach einem Formblatt, das in der Verordnung über die Rechnungslegung der Kreditinstitute festgelegt wurde. Welche Festlegung entspricht den Rechnungslegungsvorschriften?

a) Das Anlagevermögen wird auf der Aktivseite an erster Stelle genannt.
b) Auf der Passivseite stehen die Positionen des Fremdkapitals nach bzw. unter dem Eigenkapital.
c) Die Forderungen an Kreditinstitute und an Kunden werden zusammengefasst in einer Summe ausgewiesen.
d) Die Vermögenspositionen enden in der Gliederung mit den Liquidesten.
e) Passivposten sind nach zunehmender Fristigkeit der Kapitalüberlassung gegliedert.

2. Welche der folgenden Aussagen entspricht den Rechnungslegungsvorschriften hinsichtlich des Aufbaus und der Gliederung einer Bankbilanz?

a) Auf der Aktivseite stehen die Positionen des Anlagevermögens vor bzw. über denen des Umlaufvermögens.
b) Das Eigenkapital wird auf der Passivseite an erster Stelle genannt.
c) Die Verbindlichkeiten gegenüber Kreditinstituten und anderen Gläubigern werden zusammengefasst in einer Summe ausgewiesen.
d) Die Aktivposten sind nach der Fälligkeit aufgeführt.
e) Die Vermögenspositionen sind nach abnehmender Liquidität aufgeführt.

3. Anlässlich einer Fusion Ihres Kreditinstituts mit einem anderen Bankhaus werden Sie als „Controller“ unter anderem mit den Begriffen „Kontenplan“ und „Kontenrahmen“ konfrontiert. Inwiefern müssen Sie bei der Durchführung der bevorstehenden Fusion die genannten Organisationsmittel der Buchführung berücksichtigen?

a) Der Kontenplan dieser Wirtschaftsbranche ist die Voraussetzung für die Erstellung des neuen Kontenrahmens im fusionierten Unternehmen.
b) Kontenrahmen und Kontenplan sind beide Organisationsmittel der Buchführung, demzufolge inhaltlich synonym. Die Bezeichnungen sind deshalb nur der jeweiligen Rechtsform des fusionierten Unternehmens anzupassen.
c) Auf der Grundlage eines vorhandenen Kontenrahmens kann ein für das fusionierte Unternehmen individuell zugeschnittener Kontenplan aufgestellt werden.
d) Der Kontenrahmen ist ein breit strukturierter Kontenbogen der Hauptbuchhaltung, der Kontenplan dagegen ist eine Kontenübersicht, die speziell in der Marketingabteilung zur Anwendung kommt.
e) Der Kontenrahmen ist in der Regel umfangreicher als der Kontenplan, da er einen Verwendungsrahmen für Konten darstellt, den die Konten des Kontenplanes nicht überschreiten dürfen.

4. Wozu braucht Ihr Kreditinstitut einen Kontenplan?

a) Der Kontenplan ist eine betriebsindividuelle Darstellung aller tatsächlichen Konten in der Finanzbuchhaltung zur Erfassung des betrieblichen Geschehens.
b) Der Kontenplan dient der eindeutigen Systematisierung aller benutzten Konten der Kundschaft des Kreditinstitutes.
c) Der Kontenplan ist wichtig für einheitliche statistische Bestandsmeldungen der Kreditinstitute an das Bundesaufsichtsamt für das Kreditwesen.
d) Die Kontenpläne der Filialen sind die Grundlagen für die Kontenabrechnungen der Zentrale in Form des Kontenrahmens.
e) Der Kontenplan erfasst alle im Kreditinstitut vorkommenden erfolgswirksamen Vorgänge in einem speziellen Ergebnisnummernraster.

5. Welche Aussage beschreibt den Zusammenhang zwischen den Begriffen Inventur, Inventar und Bilanzierung richtig?

a) In das Inventar werden ausschließlich die körperlich vorhandenen Vermögensgegenstände, die bei der Inventur erfasst wurden, übernommen und dann in der Bilanz in Aktiva und Passiva ausgewiesen.

b) Die Inventurergebnisse finden mengen- und wertmäßig ihren Niederschlag im Inventar; da sie dort nur in verdichteter Form enthalten sind, eignen sie sich besonders für den Bilanzausweis.

c) Bei Abweichungen zwischen Inventur und Buchbestand laut Buchführung ist der Buchbestand maßgebend für die Inventarisierung und Bilanzierung, sonst werden wesentliche buchhalterische Grundlagen verletzt.

d) Die Inventurergebnisse werden mengen- und wertmäßig in das Inventar übernommen. Gegebenenfalls muss der Buchbestand laut Buchführung berichtigt werden, denn Inventar und Bilanz nehmen stets nur Inventurangaben auf.

e) Die mengenmäßigen Ergebnisse der Inventur werden in das Inventar übernommen, dort bewertet und strukturiert an die Bilanz weitergegeben, die die Bestandswerte sehr detailliert ausweist.

Zu den nächsten zwei Aufgaben siehe nachstehende Situation.

Zur Beantwortung der folgenden Aufgaben liegt Ihnen der abgebildete Auszug aus der Schlussbilanz des Bankhauses Ludwig, Landshut, vor.

Verkürzte Bilanz des Bankhauses Ludwig, Landshut

Aktiva — **31. Dezember 20..** — **Passiva**

	Aktiva	in T€	In T €		Passiva	in T€	In T€
1.	Barreserve			1.	Verb. gegenüber KI, täglich fällig		880
	a) Kassenbestand	280					
	b) Bundesbank (Guthaben)	980	1.260	2.	Verb. gegenüber Kunden a) Spareinlagen b) andere Verb.	2.660 1.400	4.060
2.	Forderungen an KI		790	3.	Ausländische Noten und Münzen		120
3.	Forderungen an Kunden		1.920				
4.	Betriebs- und Geschäftsausstattung		470	4.	Eigenkapital		390
5.	Sonstige Vermögensgegen-Stände		1.010		....		
	....				....		
	....				....		

6. Entsprechend der Verordnung über die Rechnungslegung der Kreditinstitute (RechKredV) muss eine Bilanz bestimmten Gliederungsanforderungen entsprechen. Welcher Bilanzposten muss daher unbedingt korrigiert werden?

a) Aktiva / 1. Barreserve; a) Kassenbestand

b) Aktiva / 1. Barreserve; b) Bundesbank (Guthaben)

c) Aktiva / 5. Sonstige Vermögensgegenstände

d) Passiva / 2.Verbindlichkeiten gegenüber Kunden; b) andere Verbindlichkeiten

e) Passiva / 3. Ausländische Noten und Münzen

f) Passiva / 4. Eigenkapital

7. **Welcher Wert wird bei der Bilanzierung der Position „Betriebs- und Geschäftsausstattung" zugrundegelegt?**
   a) Es muss sich dabei um den Anschaffungspreis handeln.
   b) Es wird hier der Zeitwert zu Grunde gelegt, der auch als Buchwert oder Restwert bezeichnet werden kann.
   c) Im Regelfall liegt als Wertansatz der aktuelle Verkaufspreis vor, der am Markt realisiert werden würde.
   d) Bilanzierungswert sind die Anschaffungskosten unter Berücksichtigung eines Erinnerungswertes von 1,00 €.
   e) Dieser Betrag entspricht der Summe der bisherigen Abschreibungen.

Zu den nächsten drei Aufgaben siehe nachstehende Situation.

Ihnen liegt folgendes, vereinfachtes Hauptbuchkonto „Gewinn und Verlust" der Südbank AG vor.

Soll	T€	Gewinn- und Verlustkonto	Haben T€
Mieten und Pachten	110	Zinserträge	1.200
Zinsaufwand	485	Provisionserträge	975
Sachanlagen	750		
Löhne und Gehälter	300		
Saldo	530		
	2.175		2.175

8. **Welchen inhaltlich falschen Posten stellen Sie bei der Kontrolle des Gewinn- und Verlustkontos fest?**
   a) Mieten und Pachten 110 T€
   b) Zinsaufwand 485 T€
   c) Sachanlagen 750 T€
   d) Löhne und Gehälter 300 T€
   e) Zinserträge 1 200 T€
   f) Provisionserträge 975 T€

9. **Warum weist das abgebildete Gewinn- und Verlustkonto keinen Anfangsbestand auf?**
   a) Weil das Konto keine Bestände führt.
   b) Weil der Endbestand der Vorperiode mit einem anderen Bestandskonto verrechnet wurde.
   c) Weil sich in der Vorperiode kein Schlussbestand in diesem Konto ergab.
   d) Weil ein weiterer Fehler vorliegt; es wurde vergessen, den Anfangsbetrag über das Eröffnungsbilanzkonto zu erfassen.
   e) Weil das Gewinn- und Verlustkonto durch die Buchungen von Aufwendungen und Erträgen ein gemischtes Konto ist.

10. **Sie sollen das Gewinn- und Verlustkonto abschließen. Wie lautet der dazugehörige Buchungssatz, wenn das Kreditinstitut einen Gewinn ausweist?**
    a) Schlussbilanzkonto an GuV-Konto
    b) GuV-Konto an Eigenkapital
    c) Das GuV-Konto wird nicht abgeschlossen.
    d) Eigenkapital an GuV-Konto
    e) GuV-Konto an Schlussbilanzkonto

Rechnungswesen und Steuerung

11. **Ihr Firmenkunde, die Holmer GmbH, reicht bei Ihnen Lastschriften im Einzugsermächtigungsverfahren ein. Die Lastschriften sind alle auf Kundenkonten Ihres Kreditinstituts gezogen. Wie kontiert Ihr Kreditinstitut richtig?**

[1] Kasse
[2] Bundesbank
[3] Banken-KK
[4] Kunden-KK
[5] Zinserträge
[6] Zinsaufwand

S	H
☐	☐

12. **Ein Girokunde beanstandet am 3. April 20.. die Zinsbelastung per 31. März 20.. über 46,00 €. Die Belastung wurde durch eine falsche Valutierung verursacht. Das Kreditinstitut schreibt daher den irrtümlich belasteten Betrag umgehend wieder gut. Kontieren Sie den Sachverhalt!**

[1] Zinsaufwendungen
[2] Zinserträge
[3] Provisionsaufwendungen
[4] Provisionserträge
[5] Banken-KK
[6] Kunden-KK

S	H
☐	☐

13. **Auf Grund einer Fehlbuchung wurde das Gehaltskonto Ihres Kunden Sven Müller für das II. Quartal mit einem zu hohen Zinsbetrag belastet. Wie ist die Rückerstattung der Zinsen zu kontieren?**

[1] Zinsaufwendungen
[2] Zinserträge
[3] Provisionsaufwendungen
[4] Provisionserträge
[5] Sonstige betriebliche Erträge
[6] Kunden-KK

S	H
☐	☐

14. **Welche Aussage zur Bilanzierung des Spareinlagenbestandes ist richtig?**

a) Geldbeträge, die auf Grund von Vermögensbildungsgesetzen geleistet werden, sind auch als Spareinlagen zu bilanzieren.
b) In diesem Posten werden nicht nur die Spareinlagen mit dreimonatiger Kündigungsfrist bilanziert, sondern auch Sparbriefe und bestimmte Sondersparformen.
c) Dieser Posten hat bestandsmäßig stets die größte Einzelposition auf der Passivseite darzustellen.
d) Die Spareinlagen müssen wenigstens so hoch sein, dass sie die Hälfte der Summe aus den Forderungen an Kreditinstitute und Forderungen an den Kunden finanzieren können.
e) In der Bilanz müssen die Kündigungsfreibeträge von je 2 000,00 € als gesonderte Unterposition ausgewiesen werden.

15. **Auf welchen Kontenseiten ist zu Beginn des Geschäftsjahres die jeweilige Eröffnung der angeführten Konten zu buchen? Ordnen Sie entsprechend zu.**

Angaben zu den Kontenseiten

a) Nur Sollseite möglich
b) Nur Habenseite möglich
c) Teils Sollseite, teils Habenseite
d) Es erfolgt keine Eröffnungsbuchung

Hauptbuchkonten

[ ] Sparkonten
[ ] Abschreibungen auf Sachanlagen
[ ] Kunden-Kontokorrent
[ ] Bundesbank
[ ] Provisionserträge

16. **Welcher Geschäftsfall zieht bilanziell eine Aktiv-Passiv-Mehrung nach sich?**

a) Die Bank kauft einen neue Telefonanlage; Bezahlung erfolgt über Kasse.
b) Die Bank übernimmt von einem Debitor eine neue Büroeinrichtung.
c) Ein Debitor wird durch eine Bareinzahlung zum Kreditor.
d) Fälliges Festgeld wird nach Kundenweisung als Sichteinlage geführt.
e) Die Bank verkauft Wertpapiere aus dem eigenen Bestand an einen Kreditor.

17. **Sie wollen nachvollziehen, wie sich bestimmte Geschäftsfälle auf die Bilanz eines Kreditinstituts auswirken. Ordnen Sie drei der insgesamt sieben Geschäftsfälle entsprechend zu.**

Geschäftsfälle

a) Die Bank kauft einen PC von einem Debitor.
b) Die Bank verkauft Wertpapiere aus dem eigenen Bestand an einen Kreditor.
c) Ein Debitor zahlt bar ein.
d) Eingang auf Bundesbank für einen Debitor
e) Ein Kreditor überweist auf sein Sparkonto.
f) Ein Debitor wird durch eine Bareinzahlung zum Kreditor.
g) Barabhebung der Bank von ihrem Bundesbank-Girokonto.

Veränderungen der Bilanz einer Bank AG

[ ] Minderung der Aktiv- und Passivseite

[ ] Mehrung der Aktiv- und Passivseite

[ ] Tausch innerhalb der Passivseite

Zu den nächsten zwei Aufgaben siehe nachstehende Situation.

Der abgebildete Überweisungsauftrag wird über das KK-Konto des Auftraggebers ausgeführt. Das zu belastende Girokonto Ihres Kunden weist zu diesem Zeitpunkt ein Guthabensaldo in Höhe von 280,00 € auf.

Beleg für Kontoinhaber

Stadtsparkasse Straubing

Für Überweisungen in Deutschland, in andere EU-/EWR-Staaten und in die Schweiz in Euro.
Überweisungsträger trägt Entgelte und Auslagen bei seinem Kreditinstitut; Begünstigter trägt die übrigen Entgelte und Auslagen. Bitte Meldepflicht gemäß Auenwirtschaftsverordnung beachten!

Angaben zum Begünstigten: Name, Vorname/Firma (ma. 27 Stellen, bei maschineller Beschriftung max. 35 Stellen)
Schnell, Dennis

IBAN
DE69 7425 0000 0000 4141 41

BIC des Kreditinstituts (8 oder 11 Stellen)
BYLADEM1SRG

Betrag: EUR, Cent
300,00

Kunden-Referenznummer – Verwendungszweck, ggf. Name und Anschrift des Zahlers (Nur für Zahlungsempfänger)
Überraschung für Dennis von Opa Josef fürs Sparkonto

noch Verwendungszweck (insgesamt max. 2 Zeilen à 27 Stellen, bei maschineller Bearbeitung max. 2 Zeilen à 35 Stellen)

Angaben zum Kontoinhaber: Name, Vorname/Firma, Ort (max. 27 Stellen, keine Straßen- und Postfachangaben)
Schnell, Josef, Straubing

IBAN
DE69 7425 0000 0000 5623 80

Datum
10.05.20..

Unterschrift(en)
Josef Schnell

SEPA

18. **Wie verändert sich die Bilanzsumme Ihres Kreditinstitutes durch diesen Vorgang?**
a) Die Bilanzsumme verringert sich um 20,00 €.
b) Die Bilanzsumme verringert sich um 280,00 €.
c) Die Bilanzsumme bleibt unverändert, da ein Aktivtausch vorliegt.
d) Die Bilanzsumme erhöht sich um 20,00 €.
e) Die Bilanzsumme erhöht sich um 280,00 €.
f) Die Bilanzsumme bleibt unverändert, da ein Passivtausch vorliegt.

19. **Kontieren Sie die Überweisung.**
[1] Kunden-KK
[2] Spareinlagen
[3] Kasse
[4] Geldmarktkonto
[5] Bundesbank
[6] Banken-KK

S	H
☐	☐

Rechnungswesen und Steuerung

Zu den nächsten drei Aufgaben siehe nachstehende Situation.

Inventar und Bilanz der Südbank AG zeigen zum Ende des Geschäftsjahres 2019 folgende Werte in €:

Positionen (Auswahl) ...	... aus dem Inventar	... aus der Bilanz
Guthaben auf dem Bundesbankkonto	3.200.000	3.200.000
Forderungen an Kunden (Gesamtsumme)	57.350.000	57.350.000
Forderungen an Kreditinstitute (Gesamtsumme)	41.970.000	41.970.000
Fuhrpark	510.000	510.000
Verbindlichkeiten gegenüber Kreditinstitute (Gesamtsumme)	39.680.000	39.680.000

20. Beurteilen Sie, ob das Ergebnis aus dem Vergleich der Werte aus dem Inventar und der Bilanz charakteristisch für das betriebliche Rechnungswesen ist.

a) Ja, denn das Inventar wird aus der Bilanz abgeleitet.
b) Nein, es sind Zufälligkeiten auf einen Stichtag bezogen.
c) Ohne Inventurwerte lässt sich dazu keine Aussage treffen.
d) Nein, es liegen ja nur ausgewählte Bestandspositionen vor.
e) Ja, denn mit Hilfe des Inventars wird die Bilanz erstellt.

21. Der aktuelle Buchwert des Fuhrparks der Südbank AG beträgt 410.000,00 €. Worauf kann diese Entwicklung im Vergleich zum 31. Dezember 2019 zurückzuführen sein?

a) Durch hohe geometrisch-degressive Abschreibungen in Höhe eines konstanten Prozentsatzes der Anschaffungskosten geht der Bestand kontinuierlich zurück.
b) Die Wertkorrektur ist nur durch planmäßige lineare Abschreibungen begründbar.
c) Der Bestandsrückgang ist auf umfassende Reparaturen zurückzuführen.
d) Betriebsbedingte Verkäufe könnten eine Ursache für diese Wertminderung sein.
e) Gekaufte geringwertige Wirtschaftsgüter wurden über das Konto „Allgemeiner Verwaltungsaufwand" ausgebucht.

22. Welche der folgenden Position bzw. Positionen des Inventars und der Bilanz beinhalten Kontokorrentumsätze mit der Bankenkundschaft?

a) Die Positionen „Forderungen an Kreditinstitute" und „Verbindlichkeiten gegenüber Kreditinstituten"
b) Die Position „Forderungen an Kreditinstitute", wenn die Forderungen an die Banken größer sind als die Verbindlichkeiten gegenüber Banken, mit dem jeweiligen Saldo
c) Die Position „Verbindlichkeiten gegenüber Kreditinstituten", wenn die Verbindlichkeiten gegenüber Banken größer sind als die Forderungen an Banken, mit dem jeweiligen Saldo
d) Die fehlende Position „Bankenkontokorrent"
e) Die Position „Guthaben auf dem Bundesbankkonto" mit ihren Loro- und Nostrokonten.

23. Das Hauptbuchkonto Provisionsaufwendungen weist am Jahresende folgende Werte aus:

Soll	255.000,00 €
Haben	2.800,00 €

Wie lautet die vorbereitende Abschlussbuchung für das Hauptbuchkonto Provisionsaufwendungen?

a) Schlussbilanzkonto an Provisionsaufwendungen 252.200,00 €
b) Provisionserträge an Provisionsaufwendungen 252.200, 00 €.
c) Gewinn- und Verlustkonto an Provisionsaufwendungen 252.200,00 €
d) Schlussbilanzkonto an Provisionsaufwendungen 252.200,00 €
e) Provisionsaufwendungen an Gewinn- und Verlustkonto 252.200,00 €

Zu den nächsten zwei Aufgaben siehe nachstehende Situation.

Sie sind als Mitarbeiter/-in in der Buchhaltung der Stadtsparkasse Straubing eingesetzt und sollen folgende Rechnung zur Zahlung anweisen.

Elektrogroßhandel Spach KG – 94315 Straubing

Elektrogroßhandel Spach KG, Krankenhausgasse 3, 94315 Straubing

Stadtsparkasse Straubing
Marienplatz 7
94315 Straubing

Ihre Zeichen, Ihre Nachricht vom	Unsere Zeichen	Telefon	Straubing,
	z-h	44 09 11	..-01-14

Rechnung Nr. 148

Sehr geehrte Damen und Herren,

wir lieferten Ihnen

1 Personal-Computer (Modell 4311 aus der aktuellen Angebotsliste)

Preis 1.800,00 € zzgl. 19 % MwSt.

Gemäß unserer Rahmenbedingungen räumen wir Ihnen auf obigen Rechnungsbetrag einen Rabatt von 15 % ein.

Wir danken für Ihren Einkauf.

Mit freundlichen Grüßen

Elektrogroßhandel Spach KG

i.V. *Finke*

Ust-Id.-Nr. DE 654 321 000 Amtsgericht Straubing A 88 99	Bankverbindung: Stadtsparkasse Straubing IBAN DE69 7425 0000 0000 0999 99 – BIC: BYLADEM1SRG

24. Berechnen Sie die Betrag, den Sie an die Firma Elektrogroßhandel Spach KG überweisen müssen? Tragen Sie das Ergebnis in das Kästchen ein.

25. Wie verändert sich die Bilanzsumme der Stadtsparkasse Straubing, wenn die von Ihnen veranlasste Überweisung ausgeführt wird und das laufende Konto der Firma Elektrogroßhandel Spach KG vor der Überweisung einen Sollsaldo von 348,20 € ausgewiesen hat? (Beachte: Die Eingangsrechnung wurde bereits verbucht.)

a) Die Bilanzsumme erhöht sich um 1.820,70 €.
b) Die Bilanzsumme vermindert sich um 348,20 €.
c) Die Bilanzsumme vermindert sich um 1.820,70 €.
d) Die Bilanzsumme erhöht sich um 348,20 €.
e) Die Bilanzsumme bleibt gleich.

26. Ihr Kunde, Stefan Reich, überträgt innerhalb Ihres Kreditinstitutes eine fällige Termineinlage in Höhe von 20.000,00 € wie folgt:
15.000,00 € auf sein Girokonto. Das Girokonto ist zu diesem Zeitpunkt mit 10.000,00 € belastet. Der Restbetrag soll auf ein Sparkonto mit 6-monatiger Kündigungsfrist. Prüfen Sie, wie die Kontierungen die Bilanz Ihres Kreditinstitutes insgesamt verändern.

a) Aktivtausch
b) Passivtausch
c) Aktiv- und Passivminderung, Bilanzverkürzung in Höhe von 10.000,00 €
d) Aktiv- und Passivmehrung, Bilanzverlängerung in Höhe von 10.000,00 €
e) Aktiv- und Passivminderung, Bilanzverkürzung in Höhe von 15.000,00 €
f) Aktiv- und Passivmehrung, Bilanzverlängerung in Höhe von 15.000,00 €

27. Herr Sven Müller, Kunde Ihres Kreditinstitutes, eröffnet heute ein Sparkonto, auf das er 8.000,00 € einbezahlt. Wie wirkt sich dieser Geschäftsfall auf die Bilanzsumme Ihres Kreditinstitutes aus, wenn Herr Müller 5.000,00 € des Anlagebetrags bar einbezahlt und den Rest aus einem fälligen Festgeld verwendet?

a) Die Bilanzsumme erhöht sich um 8.000,00 €.
b) Die Bilanzsumme verringert sich um 5.000,00 €.
c) Die Bilanzsumme verändert sich nicht.
d) Die Bilanzsumme erhöht sich um 5.000,00 €.
e) Die Bilanzsumme vermindert sich um 8.000,00 €.

28. Herr Patrick Klein, Kunde Ihres Kreditinstitutes, reicht einen Scheck in Höhe von 4.000,00 € zur Einlösung bei Ihrem Kreditinstitut ein. Das laufende Konto Ihres Kunden Klein, auf das der Gegenwert des Schecks gutgeschrieben werden soll, weist einen Sollbestand von 680,00 € auf. Wie ändert sich die Bilanzsumme Ihres Kreditinstitutes, wenn der Scheckgegenwert über die Bundesbank bei der bezogenen Bank eingezogen wird?

a) Die Bilanzsumme erhöht sich um 4.000,00 €.
b) Die Bilanzsumme verringert sich um 3.320,00 €.
c) Die Bilanzsumme vermindert sich um 4.000,00 €.
d) Die Bilanzsumme erhöht sich um 3.320,00 €.
e) Die Bilanzsumme vermindert sich um 680,00 €.

Zu den nächsten zwei Aufgaben siehe nachstehende Situation.

Sie sind als Sachbearbeiter/-in bei der Stadtsparkasse Straubing eingesetzt. Ihr Kunde Patrick Achtsam legt Ihnen den abgebildeten Kontoauszug seines Kontos vor.

KONTOAUSZUG vom 29.10. Stadtsparkasse Straubing

Kontonummer	Auszug	Blatt	Sparkasse/Geschäftsstelle	Währung	Soll	Alter Kontostand	Haben
65432	54	1	Straubing, Stadtplatz 4	€			2.256,66

Buchungstag	Text	Wert	Belastung	**Umsätze**	Gutschrift
03.10.	GAA NR00006191	03.10.	400,00		
09.10.	0310/7.32 Uhr Kirchroth Überweisung 58709356 Baustoffe Meier KG RE-NR. 0004567	09.10.	361,89		
26.10.	Autohaus Kurz GmbH RNR. 4362-09 ELV 95028878 2019 10.27 ME	26.10.	163,45		
Patrick Achtsam Straubing	**Neuer Kontostand**				1.331,32
	IBAN DE69 7425 0000 0000 0654 32 – BIC: BYLADEM1SRG				

29. Wie ist der Geschäftsfall vom 03. Oktober zu verbuchen?

[1] Bundesbank
[2] Banken-KK
[3] Kunden-KK
[4] Betriebs- und Geschäftsausstattung
[5] Kasse
[6] Aufwandskonto

S	H
☐	☐

30. Welche Auswirkung hat die Buchung vom 3. Oktober auf die Bilanzsumme der Stadtsparkasse Straubing? Aus dem Blatt 1 des Kontoauszuges 54 gehen keine weiteren Gutschriften hervor.

a) Aktiv-Passiv-Mehrung um 400,00 €
b) Aktiv-Passiv-Minderung um 400,00 €
c) Aktiv-Tausch; keine Bilanzsummenveränderung
d) Passiv-Tausch; keine Bilanzsummenveränderung
e) Ein Einfluss auf die Bilanzsumme lässt sich aus den vorliegenden Angaben nicht bestimmen.

Zu den nächsten zwei Aufgaben siehe nachstehende Situation.

Ihr langjähriger Kunde, Josef Schnell, weist Ihr Kreditinstitut, die Stadtsparkasse Straubing an, die abgebildete Überweisung auszuführen. Das zu belastende Girokonto Ihres Kunden weist zu diesem Zeitpunkt ein Guthabensaldo in Höhe von 3.500,00 € auf. Die Stadtsparkasse Straubing hat Herrn Schnell einen Dispositionskredit in Höhe von 7.000,00 € eingeräumt.

Beleg für Kontoinhaber

Stadtsparkasse Straubing

Für Überweisungen in Deutschland, in andere EU-/EWR-Staaten und in die Schweiz in Euro.
Überweisungsträger trägt Entgelte und Auslagen bei seinem Kreditinstitut; Begünstigter trägt die übrigen Entgelte und Auslagen.
Bitte Meldepflicht gemäß Auenwirtschaftsverordnung beachten!

Angaben zum Begünstigten: Name, Vorname/Firma (max. 27 Stellen, bei maschineller Beschriftung max. 35 Stellen)
Schranz, Karl

IBAN
DE50 6655 0070 0000 3181 41

BIC des Kreditinstituts (8 oder 11 Stellen)
SOLADES1RAS

Betrag: EUR, Cent
4.500,00

Kunden-Referenznummer – Verwendungszweck, ggf. Name und Anschrift des Zahlers (Nur für Zahlungsempfänger)
Übertrag

noch Verwendungszweck (insgesamt max. 2 Zeilen à 27 Stellen, bei maschineller Bearbeitung max. 2 Zeilen à 35 Stellen)

Angaben zum Kontoinhaber: Name, Vorname/Firma, Ort (max. 27 Stellen, keine Straßen- und Postfachangaben)
Schnell, Josef, Straubing

IBAN
DE69 7425 0000 0000 5623 80

Datum
10.05.20..

Unterschrift(en)
Josef Schnell

SEPA

31. Kontieren Sie die Überweisung. Berücksichtigen Sie bei der Verbuchung, dass keine direkte Verrechnung mit dem begünstigten Kreditinstitut möglich ist.

[1] Banken-KK
[2] Bundesbank
[3] Kunden-KK
[4] Verbindlichkeiten gegenüber Kreditinstituten
[5] Forderungen an Kreditinstitute

S	H
☐	☐

32. Wie verändert sich die Bilanzsumme des begünstigten Kreditinstitutes durch diesen Vorgang, wenn das KK-Konto des Empfängers vor dem Geldeingang einen debitorischen Saldo in Höhe von 2.500,00 € aufweist?

a) Die Bilanzsumme erhöht sich um 2.500,00 €.
b) Die Bilanzsumme verringert sich um 2.500,00 €.
c) Die Bilanzsumme erhöht sich um 4.500,00 €.
d) Die Bilanzsumme verringert sich um 4.500,00 €.
e) Die Bilanzsumme erhöht sich um 2.000,00 €.
f) Die Bilanzsumme verringert sich um 2.000,00 €.

33. Welcher der folgenden Geschäftsfälle beschreibt nachstehenden Buchungssatz der Südbank AG sachlich zutreffend? Berücksichtigen Sie, dass der Sparkunde konfessionslos ist.

Zinsaufwand	1.000,00 €	an	Spareinlagen	815,38 €
			Sonstige Verbindlichkeiten	184,62 €

a) Ein Sparkunde erhält eine Zinsgutschrift über 1.000,00 € abzüglich Kapitalertragsteuer (Abgeltungssteuer) und Solidaritätszuschlag. Ein Freistellungsauftrag wurde nicht gestellt.
b) Ein Sparkunde erhält eine Zinsgutschrift über 1.000,00 € abzüglich Kapitalertragsteuer (Abgeltungssteuer) und Solidaritätszuschlag. Der Sparkunde hat der Südbank AG einen Freistellungsauftrag in Höhe von 300,00 € erteilt.
c) Ein Sparkunde, der einen Freistellungsauftrag in Höhe von 400,00 € erteilt hat, erhält eine Zinsgutschrift über 1.000,00 € abzüglich Kapitalertragsteuer (Abgeltungssteuer) und Kirchensteuer.
d) Ein Sparkunde, der noch keinen Freistellungsauftrag erteilt hat, erhält eine Zinsgutschrift über 1.000,00 € abzüglich Kapitalertragsteuer (Abgeltungssteuer) und Solidaritätszuschlag.
e) Ein Sparkunde, der eine Nichtveranlagungsbescheinigung eingereicht hat, erhält eine Zinsgutschrift über 1.000,00 € abzüglich Kapitalertragsteuer (Abgeltungssteuer) und Kirchensteuer.

Zu den nächsten vier Aufgaben siehe nachstehende Situation.

Die Stadtsparkasse Straubing führt die abgebildete Überweisung aus. Für die Stadtsparkasse Straubing wird bei der Bezirkssparkasse Gernsbach ein Girokonto mit einem Guthaben von 16.354,76 € geführt.

Beleg für Kontoinhaber

Stadtsparkasse Straubing

Für Überweisungen in Deutschland, in andere EU-/EWR-Staaten und in die Schweiz in Euro.
Überweisungsträger trägt Entgelte und Auslagen bei seinem Kreditinstitut; Begünstigter trägt die übrigen Entgelte und Auslagen.
Bitte Meldepflicht gemäß Auenwirtschaftsverordnung beachten!

Angaben zum Begünstigten: Name, Vorname/Firma (ma. 27 Stellen, bei maschineller Beschriftung max. 35 Stellen)
Bürogroßhandel Reichenthal OHG, Gernsbach 7

IBAN
DE50 6655 0070 0060 0010 05

BIC des Kreditinstituts (8 oder 11 Stellen)
SOLADES1RAS

Betrag: EUR, Cent
10.092,04

Kunden-Referenznummer – Verwendungszweck, ggf. Name und Anschrift des Zahlers (Nur für Zahlungsempfänger)
Rechnung Nr. 9993 vom 03.05.20.. 10.298,00

noch Verwendungszweck (insgesamt max. 2 Zeilen à 27 Stellen, bei maschineller Bearbeitung max. 2 Zeilen à 35 Stellen)
./. Skonto 2 % = 205,96

Angaben zum Kontoinhaber: Name, Vorname/Firma, Ort (max. 27 Stellen, keine Straßen- und Postfachangaben)
Sparkasse Straubing

IBAN
DE69 7425 0000 0000 2000 20

SEPA

Datum	Unterschrift(en)
15.05.20..	*Josef Schnell*

34. Wie verbucht die Stadtsparkasse Straubing den abgebildeten Beleg bei direkter Verrechnung?

[1] Aufwandskonto
[2] Ertragskonto
[3] Banken-KK
[4] Betriebs- und Geschäftsausstattung
[5] Kunden-KK

S	H
☐	☐

35. Welche Veränderung ergibt sich für die Bilanz der Stadtsparkasse Straubing aufgrund dieser Kontierung?

a) Aktivmehrung
b) Passivmehrung
c) Aktivminderung
d) Passivminderung
e) Aktivtausch
f) Passivtausch
g) Aktiv- und Passivminderung
h) Aktiv- und Passivmehrung

36. Das Konto der Bürogroßhandel Reichenthal OHG wies unmittelbar vor dem Eingang der Überweisung einen Sollsaldo von 3.298,64 € auf. Geben Sie den Betrag an, um den sich die Bilanzsumme der Bezirkssparkasse Gernsbach aufgrund dieses Geschäftsvorfalls verändert! Tragen Sie das Ergebnis in das Kästchen ein.

☐

37. Prüfen Sie, wie die Kontierung die Bilanz der Bezirkssparkasse Gernsbach verändert.

a) Aktivmehrung
b) Passivmehrung
c) Aktivminderung
d) Passivminderung
e) Aktivtausch
f) Passivtausch
g) Aktiv- und Passivminderung
h) Aktiv- und Passivmehrung

38. **Das Hauptbuchkonto „Kundenkontokorrent“ Ihres Kreditinstituts ist nach folgenden Angaben aufzustellen und abzuschließen. Wie viel € beträgt der Debitorenendbestand? Tragen Sie das Ergebnis in das Kästchen ein.**

Posten	Beträge/Mio. €
Anfangsbestand Debitoren	300
Anfangsbestand Kreditoren	250
Gutschriften für Debitoren	60
Gutschriften für Kreditoren	120
Belastungen für Kreditoren	180
Schlussbestand Kreditoren lt. Saldenliste der Skontren	290

39. **Das Hauptbuchkonto Banken-Kontokorrent der Nordbank AG zeigt folgende Werte:**
- Anfangsbestand Forderungen an Kreditinstitute 530.000,00 €
- Anfangsbestand Verbindlichkeiten gegenüber Kreditinstituten 648.000,00 €
- Soll-Umsätze 2. 500.000,00 €
- Haben-Umsätze 2. 260.000,00 €
Die Aufnahme der Salden der Skontren zum Ende des Geschäftsjahres ergibt folgende Verbindlichkeiten gegenüber Kreditinstituten:
- Unionbank AG 344.000,00 €
- Südbank AG 230.000,00 €
Wie hoch waren die Forderungen gegenüber Kreditinstituten am Bilanzstichtag?
a) 932.000,00 €
b) 696.000,00 €
c) 452.000,00 €
d) 236.000,00 €
e) 216.000,00 €

40. **Sie erhalten den Auftrag das Hauptbuchkonto „Kundenkontokorrent“ Ihres Kreditinstituts zum Ende des Geschäftsjahres nach folgenden Angaben aufzustellen und abzuschließen:**
Anfangsbestand der Kreditoren: 629.000,00 €
Anfangsbestand der Debitoren: 1.192.400,00 €
bisherige Belastungen: 7.222.800,00 €
bisherige Gutschriften: 6.294.200,00 €
Darüber hinaus sind noch die folgenden Umsätze zu berücksichtigen:
- Überweisungseingänge zu Gunsten unserer Debitoren in Höhe von 352.800,00 €
- Scheckgutschriften zu Gunsten unserer Kreditoren in Höhe von 85.600,00 €.
Der Debitorenbestand beträgt lt. Inventur 1.606.600,00 €.
Mit welchem Betrag müssen Sie den Schlussbestand der Kreditoren in der Bilanz ausweisen? Tragen Sie das Ergebnis in das Kästchen ein.

41. **Welche der folgenden Anschaffungen kann im Jahr der Anschaffung als Sachaufwand voll verbucht werden?**
a) Eine Speichererweiterung, Anschaffungskosten 299,00 €, für den ein Jahr alten PC
b) Zwei Aktenschränke, Rechnungsbetrag zusammen 1.927,80 € brutto
c) Drei Aktenvernichter, Anschaffungspreis 140,00 € netto/Stück; gesamte Anschaffungskosten 420,00 €
d) Zwei Camcorder für die Ausbildungsabteilung, Anschaffungspreis 779,00 € netto/Stück; weitere Anschaffungskosten 49,00 € je Stück
e) Eine Umwälzpumpe im Austausch für die Ölheizung in einem Filialgebäude, Anschaffungspreis 812,00 € netto

42. **Welche Merkmale kennzeichnen die „lineare Abschreibung“?**
a) Gleicher Abschreibungsprozentsatz vom Buchwert - Gleicher Abschreibungsbetrag
b) Gleicher Abschreibungsprozentsatz vom Anschaffungswert - Gleicher Abschreibungsbetrag
c) Gleicher Abschreibungsprozentsatz vom Buchwert - Fallender Abschreibungsbetrag
d) Gleicher Abschreibungsprozentsatz vom Anschaffungswert - Fallender Abschreibungsbetrag
e) Fallender Abschreibungsprozentsatz vom Buchwert - Fallender Abschreibungsbetrag
f) Fallender Abschreibungsprozentsatz vom Anschaffungswert - Gleicher Abschreibungsbetrag

Zu den nächsten zwei Aufgaben siehe nachstehende Situation!

Die Südbank AG weist einen am 9. Januar 2019 angeschafften, betrieblich genutzten Pkw am Ende des Geschäftsjahres im Anlagenverzeichnis mit einem Restbuchwert von 30.400,00 € aus. Der im umsatzsteuerfreien Geschäftsbereich eingesetzte PKW wird über einen Zeitraum von 5 Jahren linear abgeschrieben.

43. Berechnen Sie die Anschaffungskosten (einschließlich Umsatzsteuer) für den PKW. Tragen Sie das Ergebnis in das Kästchen ein.

44. Berechnen Sie den Betrag, um den sich der Gewinn im Geschäftsjahr 2019 durch die planmäßige Abschreibung des PKW schmälert! Tragen Sie das Ergebnis in das Kästchen ein.

45. Ihr Kreditinstitut kaufte zu Beginn des Kalenderjahres 2020 eine Telefonanlage zu einem Einkaufspreis von 180,00 € zuzüglich 19 % Mehrwertsteuer. Der Händler gewährte 20 % Rabatt auf den angegebenen Einkaufspreis. Welche zwei der folgenden Aussagen sind zutreffend, wenn der größtmögliche Betrag abgeschrieben werden soll?

a) Sie verbuchen die Aufwendungen für die Telefonanlage im Jahr der Anschaffung voll als Sachaufwand.

b) Eine Abschreibung als geringwertiges Wirtschaftsgut wäre nur dann möglich, wenn das Gerät ausschließlich beispielsweise im Depotgeschäft (umsatzsteuerpflichtiger Bereich) eingesetzt wird.

c) Sie aktivieren das Gerät als Betriebs- und Geschäftsausstattung in der Bilanz und schreiben es planmäßig über die geplante Nutzungsdauer von 3 Jahren ab.

d) Unter steuerlichen Gesichtspunkten sollte das Gerät degressiv abgeschrieben werden, da dabei der anfängliche Abschreibungsbetrag am höchsten ist.

e) Auf die Entscheidung, ob es sich um ein geringwertiges Wirtschaftsgut handelt, hat der Abzug des 20-prozentigen Rabattes keinen Einfluss.

46. Ihr Kreditinstitut kaufte am 12. Januar 2020 für die Stabstelle „Organisation/Revision" (umsatzsteuerfrei) einen Schreibtisch. Der Listenpreis betrug 976,00 € zuzüglich 19 % Umsatzsteuer. Der Händler gewährte einen Rabatt von 15 %. Der Schreibtisch hat eine voraussichtliche betriebsgewöhnliche Nutzungsdauer von 6 Jahren. Ermitteln Sie den größtmöglichen Abschreibungsbetrag am Ende des Jahres 2020 Cent-genau in Euro. Tragen Sie das Ergebnis in das Kästchen ein.

47. Ihr Kreditinstitut kaufte zu Beginn des Jahres 2020 für den Privatkundenbereich (umsatzsteuerfrei) folgende Einrichtungsgegenstände:
- 1 PC für 1.200,00 € zuzüglich 19 % USt. (betriebsgewöhnliche Nutzungsdauer 3 Jahre)
- 1 Regal für 399,00 € einschließlich 19 % USt. (betriebsgewöhnliche Nutzungsdauer 6 Jahre)
- 1 Schreibtisch für 1.500,00 € zuzüglich 19 % USt. (betriebsgewöhnliche Nutzungsdauer 5 Jahre).
Berechnen Sie den maximalen Betrag, um den sich der Gewinn im Geschäftsjahr 2020 durch die gesamten Abschreibungsbeträge schmälert. Tragen Sie das Ergebnis in das Kästchen ein.

48. Die Stadtsparkasse Straubing kaufte in 2020 ein neues Kopiergerät. Der Listenverkaufspreis betrug 941,20 € zuzüglich 19 % Mehrwertsteuer. Welchen Preisnachlass musste Ihnen der Verkäufer gewähren, damit Sie das Diktiergerät im Jahr der Anschaffung vollständig als Sachaufwand verbuchen konnten? Tragen Sie das Ergebnis in das Kästchen ein.

49. Die Südbank AG hat im laufenden Geschäftsjahr 2020 geringwertige Wirtschaftsgüter, deren Anschaffungspreise jeweils über 250,00 € und nicht über 1.000,00 € liegen, im Gesamtwert von 6.500,00 € netto erworben und auch verbucht. Wie ist mit diesen geringwertigen Wirtschaftsgütern am Jahresende zu verfahren?

a) Diese Wirtschaftsgüter müssen nach der Anschaffung oder Herstellung sofort abgeschrieben werden und werden buchungstechnisch nicht erfasst.

b) Geringwertige Wirtschaftsgüter im Wert über 250,00 € bis 1000,00 € werden immer sofort beim Kauf in der Kontenklasse 6 gebucht, da es sich hierbei um Aufwendungen handelt.

c) Geringwertige Wirtschaftsgüter werden bei Erwerb auf geeigneten Sachkonten des Umlaufvermögens gebucht. Eine Korrektur am Jahresende ist nicht erforderlich.

d) Diese Wirtschaftsgüter können wahlweise jahrgangsbezogen in die Bilanz eingestellt und auf die Dauer von 5 Jahren linear abgeschrieben werden.

e) Auch Wirtschaftsgüter von über 250,00 € bis 1.000,00 € können als geringwertige Vermögensgegenstände bei ihrer Anschaffung direkt auf einem entsprechenden Aufwandskonto gebucht werden.

50. Die Südbank AG erfasste u. a. die unten stehenden Bestände.

Ordnen Sie die folgenden Werte den unten stehenden Beständen richtig zu.

Werte

a) Fremdkapital
b) Eigenkapital
c) Umlaufvermögen
d) Anlagevermögen
e) Eventualverbindlichkeiten

Bestände

[ ] Aval von 10.000,00 € für den Kunden Klaus Stramm

[ ] Aufgeld (Agio) in Höhe von 51 Mio. € aus einer Kapitalerhöhung gegen Einlagen

[ ] Wertpapiere der Liquiditätsreserve von 302.000,00 €

[ ] Fonds für allgemeine Bankrisiken von 10 Mio. €

51. Die Südbank AG legte am 12.12.2019 bei der Kreditbank AG ein Festgeld für 30 Tage in Höhe von 800.000,00 € zu 3,6 % p. a. an, wobei der Anlagetag nicht mit verzinst wurde. Mit welchem Betrag musste die Südbank AG die Festgeldanlage in ihrer Bilanz 2018 ausweisen? Tragen Sie das Ergebnis in das Kästchen ein.

Rechnungswesen und Steuerung

ÜBUNGSAUFGABEN ZUR VORBEREITUNG AUF DIE ABSCHLUSSPRÜFUNG

52. Im Rahmen einer ordnungsgemäßen Abwicklung ihrer Buchführung setzt die Handelsbank AG einen Kontenplan ein. Welche zwei Aussagen sind hinsichtlich des Führens eines Kontenplans zutreffend?

Der Kontenplan ...

a) basiert auf der gemeinsamen Vorgabe der Verbände der Kreditwirtschaft.
b) wird von der Handelsbank AG auf der Grundlage eines Musterkontenrahmens individuell aufgestellt.
c) ist für die Handelsbank AG die Empfehlung für den Aufbau ihres betrieblichen Kontenrahmens.
d) stellt die zeitliche Erfassung aller wirtschaftlichen Vorgänge bei der Handelsbank AG dar.
e) fasst sachlich zusammengehörige Einzelkonten der Handelsbank AG in Kontenklassen und Kontengruppen zusammen.
f) ist eine statische Darstellung aller betrieblichen Vorgänge und Kennziffern bei der Handelsbank AG.

53. Geben Sie an, bis zu welchem Datum die folgenden Unterlagen eines Kreditinsitutes mindestens aufzubewahren sind.

a) Bilanz 2009 der Handelsbank AG, Fertigstellung Februar 2010	
b) Buchungsunterlagen vom 24.02.2010	
c) Kopie eines abgesandten Handelsbriefes vom Juni 2017	

54. Ordnen Sie die folgenden Begriffe aus der Bilanz den unten stehenden Sachverhalten richtig zu. Die Sachverhalte beziehen sich jeweils auf ein Kreditinstitut.

Begriffe aus der Bilanz

a) Anlagevermögen
b) Umlaufvermögen
c) Eigenkapital
d) Fremdkapital
e) keine der genannten Begriffe

Sachverhalte

[ ] Umsatzsteuerzahllast
[ ] Dienstfahrzeug des Vorstandsvorsitzenden
[ ] Einbehaltene, noch nicht abgeführte Lohnsteuer
[ ] Dem betrachteten Kreditinstitut sicherungsübereignete Pkws
[ ] Geleaste Computeranlage (Grundmietzeit 60 % der betriebsgewöhnlichen Nutzungsdauer)
[ ] Agio aus der letzten Kapitalerhöhung gegen Entgelt
[ ] Bestand an Geldmarktpapieren gegen die Bundesrepublik Deutschland

55. Ordnen Sie den unten stehenden Geschäftsfällen die jeweilige Wertänderung zu, die diese Geschäftsfälle in der Bilanz der Südbank AG auslösen.

Wertänderungen in der Bilanz

a) Aktivtausch
b) Passivtausch
c) Aktiv-Passiv-Mehrung
d) Aktiv-Passiv-Minderung

Geschäftsfälle

[ ] Die Südbank AG erwirbt Anleihen für den Eigenbestand. Die Verrechnung erfolgt über die Bundesbank.
[ ] Debitoren tilgen einen Teil ihrer Kontokorrent-Verbindlichkeiten durch fällige Spareinlagen bei der Südbank AG.
[ ] Kunden der Südbank AG wandeln einen Teil ihrer Spareinlagen in 3-Monats-Festgelder um.
[ ] Ein Kreditor zahlt bar auf sein Kontokorrent-Konto ein.

56. Kontieren Sie die unten stehenden Geschäftsfälle unter Verwendung der folgenden Konten:

[1] Betriebs- und Geschäftsausstattung
[2] Bankkontokorrent
[3] Bundesbank
[4] Eigene Wertpapiere
[5] Kasse
[6] Kundenkontokorrent
[7] Spareinlagen
[8] Termineinlagen

Geschäftsfälle:

a) Die Südbank AG erwirbt Anleihen für den Eigenbestand. Die Verrechnung erfolgt über die Bundesbank.

S	H
☐	☐

b) Debitoren tilgen einen Teil ihrer Kontokorrent-Verbindlichkeiten durch fällige Spareinlagen bei der Südbank AG.

S	H
☐	☐

c) Kunden der Südbank AG wandeln einen Teil ihrer Spareinlagen in 3-Monats-Festgelder um.

S	H
☐	☐

d) Ein Kreditor zahlt bar auf sein Kontokorrent-Konto.

S	H
☐	☐

57. **Die Stadtsparkasse Straubing führte im Januar dieses Jahres mit ihrem Kunden Sven Müller unten stehende Geschäfte durch. Verbuchen Sie die Geschäftsfälle unter Verwendung der folgenden Konten:**

[1] Kasse
[2] Bundesbank
[3] Wertpapiere
[4] Kunden-KK
[5] Betriebs- und Geschäftsausstattung
[6] Zinserträge
[7] Aufwendungen für Sachanlagen (Mietaufwand)

Wenn sich zu einem Geschäftsfall kein Buchungssatz ergibt, verwenden Sie im Soll und im Haben jeweils die Kennziffer 8.

Geschäftsfälle:

a) Sven Müller erhält eine Kreditzusage für die Anschaffung eines neuen Pkws

S	H
☐	☐

b) Die Stadtsparkasse führt den von Herrn Müller erteilten Dauerauftrag für die Garagenmiete aus. Die Verrechnung erfolgt über die Bundesbank.

S	H
☐	☐

c) Die Stadtsparkasse verbucht die von Herrn Müller bei der Kaufhaus AG im Dezember mit der Kundenkarte getätigten Einkäufe über die Bundesbank.

S	H
☐	☐

d) Herr Müller veranlasst die Übertragung seiner bisher bei der Unionbank AG hinterlegten BMW-Aktien in sein Depot bei der Stadtsparkasse Straubing.

S	H
☐	☐

e) Die Stadtsparkasse gibt auf Weisung ihres Kunden eine gebuchte Lastschrift an die Bundesbank zurück.

S	H
☐	☐

58. Kontieren Sie die unten stehenden Geschäftsfälle unter Verwendung der folgenden Konten:

[1] Kasse
[2] Kundenkontokorrent
[3] Betriebs- und Geschäftsausstattung
[4] Bundesbank
[5] Provisionserträge
[6] Zinserträge
[7] Zinsaufwendungen
[8] Eigene Wertpapiere

Geschäftsfälle:

a) Sven Müller, Kontokorrent-Kunde der Handelsbank AG, erteilt einen Überweisungsauftrag über 2.456,87 €. Die Verrechnung erfolgt über die Bundesbank.

S	H
☐	☐

b) Die Handelsbank verkauft an einen Kontokorrent-Kunden einen nicht mehr benötigten Aktenvernichter zum aktuellen Buchwert.

S	H
☐	☐

c) Ein Kunde wird mit Sollzinsen in Höhe von 654,89 € belastet.

S	H
☐	☐

d) Die Handelsbank AG kauft von ihrem Kunden Sven Müller Aktien für ihren eigenen Bestand.

S	H
☐	☐

e) Auf dem Konto Bundesbank werden Gutschriftsanzeigen über 12.900,00 € für die Kanz & Söhne OHG gebucht.

S	H
☐	☐

59. Kontieren Sie die unten stehenden Geschäftsfälle unter Verwendung der folgenden Konten:

[1] Kasse
[2] Bundesbank
[3] Bankenkontokorrent
[4] Kundenkontokorrent
[5] Spareinlagen
[6] Termineinlagen
[7] Betriebs- und Geschäftsausstattung
[8] Umsatzsteuer
[9] Vorsteuer
[10] Zinserträge aus Kreditgeschäften
[11] Zinserträge aus Wertpapieren
[12] Zinsaufwand

Geschäftsfälle:

a) Die Südbank AG kauft für die Depotabteilung eine Schrankwand für 2.456,00 € einschl. Umsatzsteuer. Der Lieferant, die ExclusivMöbel GmbH, ist ein langjähriger Kunde der Südbank AG und weist zum Zeitpunkt der Buchung einen Guthabensaldo auf.

S	H
☐	☐
☐	☐

b) Ein Kunde Ihres Hauses weist Sie an, 5.000,00 € des von ihm kreditorisch geführten Kontokorrentkontos in Festgeld mit 30-tägiger Laufzeit anzulegen.

S	H
☐	☐

c) Die Kreditbank AG belastet das Kontokorrentkonto eines Kunden mit Zinsen aufgrund eines in Anspruch genommenen Kontokorrentkredites

S	H
☐	☐

d) Das Tagesgeld bei einer korrespondierenden Bank wird kurzfristig aufgelöst und für die Mindestreserve verwendet.

S	H
☐	☐

Zu den nächsten vier Aufgaben siehe nachstehende Situation.

Nach eingehender Beratung legt Ihr Privatkunde, Sven Müller, einmalig 30.000,00 € als Festgeld für 90 Tage zu einem Zinssatz von 2,2 % bei Ihrem Kreditinstitut an. Die Zinsen werden dem Girokonto gutgeschrieben. Ein ausreichender Freistellungsauftrag liegt vor.

Zur Lösung der Aufgaben verwenden Sie die erforderlichen Konten mit der jeweiligen einstelligen Kennziffer:

[1] Zinsaufwand
[2] Zinsertrag
[3] Vorsteuer
[4] Umsatzsteuer
[5] Festgeld
[6] Kundenkontokorrent
[7] Bundesbank

60. Welchen Zinsbetrag schreibt Ihr Kreditinstitut Herrn Müller gut?

☐

61. Wie lautet der Buchungssatz für die Zinsgutschrift?

S	H
☐	☐

62. Wie lautet der Buchungssatz für die Umbuchung des Festgeldes auf das Girokonto von Sven Müller?

S	H
☐	☐

63. Wie verändert sich die Bilanzsumme, wenn das Konto von Herrn Müller zum Zeitpunkt der Umbuchung des Festgeldbetrages auf sein Girokonto einen Sollsaldo in Höhe von 15.580,00 € ausweist?

a) Die Bilanzsumme verändert sich nicht.
b) Die Bilanzsumme vermindert sich um 15.580,00 €.
c) Die Bilanzsumme erhöht sich um 15.580,00 €.
d) Die Bilanzsumme vermindert sich 14.200,00 €.
e) Die Bilanzsumme erhöht sich um 14.200,00 €.

64. Ihr Kunde Dennis Klein reicht bei der Handelsbank AG einen Überweisungsauftrag über 3.800,00 € ein, der über die Bundesbank ausgeführt werden soll. Zum Zeitpunkt der Erteilung des Auftrags weist das Konto des Kunden einen Habensaldo von 2.100,00 € auf. Dem Kunden wurde ein Dispokredit über 3.000,00 € eingeräumt. Wie wirkt sich der Buchungsvorgang auf die Bilanzsumme der Handelsbank AG aus?

Die Bilanzsumme ...

a) steigt um 3.800,00 €.
b) steigt um 2.100,00 €.
c) steigt um 1.200,00 €.
d) verändert sich nicht.
e) fällt um 3.800,00 €.
f) fällt um 2.100,00 €.
g) fällt um 1.200,00 €.

65. Ein Kontokorrentkunde der Handelsbank AG, Debitor mit 50.000,00 € (Limit 70.000,00 €), wird ein Betrag in Höhe von 55.000,00 € gutgeschrieben. Die Gutschrift ging dem Kredit-institut über die Bundesbank zu. Er überweist als Nächstes 6.000,00 € an einen Debitor der Handelsbank AG, der aufgrund dieser Transaktion mit 2.000,00 € zum Kreditor wird.

a) Die Bilanzsumme erhöht sich um 2.000,00 €.
b) Die Bilanzsumme vermindert sich um 2.000,00 €.
c) Die Bilanzsumme vermindert sich um 9.000,00 €.
d) Die Bilanzsumme erhöht sich um 9.000,00 €.
e) Die Bilanzsumme bleibt gleich.

66. Das Kunden-Kontokorrent der Handelsbank AG ist nach folgenden Angaben aufzustellen und abzuschließen:

Anfangsbestand der Forderungen an Kunden	**15.118,90 T€**
Anfangsbestand der Verbindlichkeiten gegenüber Kunden	**14.943,16 T€**
Umsätze Soll	**5.146,98 T€**
Umsätze Haben	**3.845,46 T€**
Schlussbestand der Verbindlichkeiten gegenüber Kunden laut Inventur	**15.072,74 T€**

Berechnen Sie den Schlussbestand der Forderungen an Kunden. Das Ergebnis ist in T€ anzugeben. Tragen Sie das Ergebnis in das Kästchen ein.

67. Das Hauptbuchkonto „Kundenkontokorrent" der Handelsbank AG zeigt folgende Werte:

Soll	**1.291.701,00 €**
Haben	**1.177.840,00 €**

Für die Ermittlung der Schlussbestände sind noch folgende Geschäfsfälle zu berücksichtigen:

- **Sven Müller reicht auf sein KK-Konto Schecks zur Gutschrift e. V. in Höhe von 69.000,00 € ein.**
- **Katrin Hoch überweist eine Steuernachzahlung an das Finanzamt in Höhe von 6.360,00 €.**
- **Klaus Baum löst sein Sparkonto zu Gunsten seines KK-Kontos auf. Das Guthaben einschließlich der aufgelaufenen Zinsen beträgt 15.225,00 €.**

Wie hoch waren die Verbindlichkeiten gegenüber Kunden, wenn der Inventurbestand der Forderungen an Kunden 1.158.122,00 € beträgt? Tragen Sie das Ergebnis in das Kästchen ein.

68. Als zuständiger Sachbearbeiter der Handelsbank AG kaufen Sie am 03. Januar 20.. für die Kreditabteilung 10 Taschenrechner. Sie erhalten folgende Rechnung:

10 Taschenrechner zu je	**35,00 € =**	**350,00 €**
	19 % USt.	**66,50 €**
	Rechnungsbetrag =	**416,50 €**

Welche Aussage ist zutreffend?

a) Die Taschenrechner werden mit 350,00 € als Sachanlage (BGA), die Umsatzsteuer wird als sonstige Verbindlichkeit erfasst.
b) Die Taschenrechner werden pauschal mit dem Rechnungsbetrag von 350,00 € als Sachanlage (BGA) erfasst. Die Umsatzsteuer wird als Forderung gegenüber dem Finanzamt erfasst.
c) Die abzugsfähige Vorsteuer von 66,50 € wird mit den abzuführenden Abgaben gegenüber dem Finanzamt verrechnet, der Nettobetrag wird in das Konto „Geringwertige Wirtschaftsgüter" übernommen.
d) Der Rechnungsbetrag von 416,50 € wird sofort als Sachaufwand verbucht.
e) Die 10 Taschenrechner sind jeweils mit 35,00 € als Sachanlage (BGA) mit einer Abschreibungsdauer von 8 Jahren nach der AfA-Tabelle zu erfassen.

69. Die Handelsbank AG kauft am 03. Februar 20.. die folgende Betriebs- und Geschäftsausstattung; beide Wirtschaftsgüter werden ausschließlich für die Erstellung umsatzsteuerbefreiter Leistungen verwendet.

- **1 Aktenvernichter, Kaufpreis 419,00 € zzgl. 19 % USt, Nutzungsdauer 5 Jahre**
- **1 Kopierer, Kaufpreis 3.800,00 € zzgl. 19 % USt., Nutzungsdauer 8 Jahre**

Berechnen Sie zum 31.12.20.. aufgrund der vorliegenden Daten den höchstmöglichen Abschreibungsbetrag für

a) den Aktenvernichter.

b) den Kopierer.

70. Die Handelsbank AG erhielt folgende Rechnung (Rechnungsdatum beachten):

		Bürohandel Landau GmbH Marienplatz 8 – 94405 Landau		
Kunden Nr. 4533, Rechnung Nr. 200/20..				
Unsere Lieferung vom 07.01.20..				20.01...
Anzahl	Gegenstand	€/Stück	€/gesamt	
8	Schränke	819,00	6.552,00	
10	Aktenvernichter	140,00	1.400,00	
	Summe netto		7.952,00	
	+19 % USt		1.510,88	
	Summe brutto		9.462,88	
Zahlbar innerhalb von 2 Wochen ohne Abzug.				

<u>Hinweise</u>:

- Mit Ausnahme von drei Schränken werden alle übrigen Gegenstände im umsatzsteuerfreien Bereich verwendet.

- Die Abschreibungen sind zum Geschäftsjahresende (31.12.20..) vorzunehmen.

- Nutzungsdauer laut AfA-Tabelle:
- **Schränke 12 Jahre**
- **Aktenvernichter 5 Jahre**

- Die Schränke werden linear abgeschrieben.

Berechnen Sie den

a) maximalen Abschreibungsbetrag für die im umsatzsteuerpflichtigen Bereich eingesetzten Schränke. (Ergebnis auf volle Euro runden).

b) maximalen Abschreibungsbetrag für die im umsatzsteuerfreien Bereich eingesetzten Schränke (Ergebnis auf volle Euro runden).

c) höchstmöglichen Abschreibungsbetrag für die Aktenvernichter.

d) Betrag der Umsatzsteuer, der beim Kauf gesondert auf dem Konto „Vorsteuer“ gebucht wurde.

Zu den nächsten drei Aufgaben siehe nachstehende Situation.

Als zuständiger Sachbearbeiter der Handelsbank AG begleichen Sie innerhalb der Skontofrist folgende Rechnung per Überweisung über die Bundesbank:

J.F. SPACH KG - Maschinenbau
Krankenhausgasse 3 – 94315 Straubing

J.F. Spach KG, Krankenhausgasse 3, 94315 Straubing

Handelsbank AG
Stadtplatz. 4
90429 Nürnberg

Wir lieferten Ihnen:

1 Geldausgabeautomat Typ SF	Listenpreis	8.500,00 €
- 20 % Rabatt		1.700,00 €
		6.800,00 €
+ 19 % Umsatzsteuer		1.292,00 €
Rechnungspreis		8.092,00 €

Zahlbar bis zum 31.01.20.. bei Zahlung innerhalb von 8 Tagen nach Rechnungserhalt 2 % Skonto.

Straubing, 04.01.20..

Mit freundlichen Grüßen
J.F: Spach

ppa. *Neumeier*

Ust-Id.-Nr. DE 654 321 000 Amtsgericht Straubing A 88 99	Bankverbindung: Sparkasse Straubing IBAN: DE76 7425 0000 0000 0463 296329 BIC: BYLADEM1SRG

71. Verbuchen Sie diesen Geschäftsfall unter Verwendung der folgenden Konten:
[1] Bundesbank
[2] Kunden-KK
[3] Sachanlagen
[4] Geringwertige Wirtschaftsgüter
[5] Allgemeine Verwaltungsaufwendungen
[6] Vorsteuer
[7] Umsatzsteuer

S	H
☐	☐

72. Welchen Betrag überweisen Sie an die J. F. Spach KG?

☐

73. Welchen Betrag können Sie zum Jahresende 20.. abschreiben, wenn von einer betriebsgewöhnlichen Nutzungsdauer von 6 Jahren auszugehen ist und das lineare Abschreibungsverfahren verwendet wird? (Ergebnis auf voll € aufrunden).

☐

Zu den nächsten zwei Aufgaben siehe nachstehende Situation.

Die Handelsbank AG kaufte am 3. März 2019 für die Depotabteilung einen PC zum Preis von 1.771,91 € einschließlich 19 % Umsatzsteuer. Die steuerliche Nutzungsdauer beträgt für diesen PC laut AfA-Tabelle 3 Jahre. Zum Ende des Geschäftsjahres (31.12.2019) wird der PC linear abgeschrieben.

74. Welcher Betrag wird zum Geschäftsjahresende abgeschrieben (Ergebnis auf zwei Stellen nach dem Komma runden)? Tragen Sie das Ergebnis in das Kästchen ein.

75. Bereits im Jahr 2020 wurde der PC an einen Kunden für 700,00 € zuzüglich Umsatzsteuer verkauft. Der PC wurde im Jahr 2020 zeitanteilig mit 330,89 € abgeschrieben. Welcher zusätzlich abzuschreibende Betrag muss nach Zahlungseingang noch berücksichtigt werden? Tragen Sie das Ergebnis in das Kästchen ein.

76. Bei welchem Nettoanschaffungswert können geringwertige Vermögensgegenstände zunächst auf einem Sammelkonto (0790 oder 0890) erfasst werden?

a) Über 100,00 €
b) Über 250,00 € bis 2.000 €
c) Über 410,00 €
d) Über 250,00 € bis 1.000 €
e) Über 1.000,00 €
f) unter 250,00 €

Zu den nächsten zwei Aufgaben siehe nachstehende Situation.

Die Handelsbank AG kauft für eine Geschäftsstelle einen Geldausgabeautomaten für 24.000,00 €. Steuerlich wird linear abgeschrieben, wobei die Nutzungsdauer laut AfA-Tabelle 6 Jahre beträgt. In der Kosten- und Erlösrechnung wird eine Nutzungsdauer von 5 Jahren unterstellt.

77. Welche der folgenden Aussagen beschreibt diesen Sachverhalt zutreffend?

a) Die Controller der Handelsbank AG setzen bei der Kalkulation den Geldausgabeautomaten mit 4.000,00 € pro Jahr an.
b) In den ersten fünf Jahren entstehen Zusatzkosten von 800,00 € pro Jahr.
c) Im sechsten Jahr werden 800,00 € für den Geldausgabeautomaten als neutraler Aufwand erfasst.
d) In den ersten fünf Jahren entsprechen die für die Gewinn- und Verlustrechnung erforderlichen Aufwendungen den für die Kalkulation benötigten Kosten.
e) Zwischen Aufwendungen und Kosten des Geldausgabeautomaten besteht sechs Jahre lang kein Unterschied.

78. Nach drei Jahren wird der Geldausgabeautomat an ein anderes Kreditinstitut über Buchwert verkauft. Welche <u>zwei</u> der folgenden Aussagen sind im Zusammenhang mit dem Mehrerlös aus dem Verkauf des Geldausgabeautomaten sachlich zutreffend?

a) Es sind für die Kalkulation bedeutsame Zusatzerlöse entstanden.
b) Die Grunderlöse haben sich durch den Mehrerlös vergrößert.
c) Es ist in Höhe des Mehrerlöses ein neutraler Ertrag entstanden, der sich auf den Jahresüberschuss auswirkt.
d) Die Konditionen der Handelsbank AG im Kundengeschäft sind zu ändern, da ein Mehrerlös entstanden ist.
e) Da der Geldausgabeautomat in der Vergangenheit zu hoch bilanziell abgeschrieben wurde, wird der Jahresabschluss der vergangenen drei Jahre korrigiert.
f) Durch den Verkauf des Geldausgabeautomaten über dem Buchwert werden stille Reserven der Handelsbank AG aufgelöst.

79. In welchen zwei der folgenden Situationen ist die Handelsbank AG bei der Bewertung ihrer vergebenen Kredite zum Geschäftsjahresende verpflichtet eine Einzelwertberichtigung auf Forderungen zu bilden bzw. zu erhöhen?

a) Der bisher für einwandfrei gehaltene Kredit des Kunden Karl Ludwig wird überraschend uneinbringlich.

b) Auf der Basis der durchschnittlichen Kreditausfälle der letzten 3 Jahre ergibt sich eine zusätzliche Wertberichtigung in Höhe von 12 Millionen € gegenüber dem Vorjahr.

c) Der Kredit der Kundin Sylvia Claasen ist bisher mit 70 % einzelwertberichtigt. Jetzt wird mit einem Zahlungseingang von 65 % gerechnet.

d) Über das Vermögen der Motorrad Maier GmbH, Kundin der Handelsbank AG, wird überraschend das Insolvenzverfahren eröffnet.

e) Das Kreditrisiko gegenüber dem Privatkunden Josef Keil wird erheblich geringer als im Vorjahr eingeschätzt.

f) Die Handelsbank AG korrigiert die geschätzte Rückzahlungsquote für den Kredit des Kunden Sven Müller von bisher 65 % auf 35 %.

Zu den nächsten fünf Aufgaben siehe nachstehende Situation!

Die Südbank AG hat am 16.03.2020 einen neuen Geldausgabeautomaten erworben.

J.F. SPACH KG - Maschinenbau
Krankenhausgasse 3 – 94315 Straubing

J.F. Spach KG, Krankenhausgasse 3, 94315 Straubing

Südbank AG
Marienplatz. 9
94405 Landau

Wir lieferten Ihnen:

1 Geldausgabeautomat Typ XL	Listenpreis	9.500,00 €
- 20 % Rabatt		1.900,00 €
		7.600,00 €
+ 19 % Umsatzsteuer		1.444,00 €
Rechnungspreis		9.044,00 €

Zahlbar innerhalb von 10 Tagen 2,0 % Skonto oder innerhalb von 30 Tagen ohne Abzug.

Straubing, 16.03.2020

Mit freundlichen Grüßen
J.F: Spach

ppa. *Neumeier*

USt-Id.-Nr. DE 654 321 000 Amtsgericht Straubing A 88 99	Bankverbindung: Stadtsparkasse Straubing IBAN: DE76 7425 0000 0000 0463 296329 BIC: BYLADEM1SRG

80. Der Rechnungsbetrag wird unter Beachtung der Zahlungsbedingung am 20.03.2020 überwiesen. Ermitteln Sie den Überweisungsbetrag in € und tragen Sie das Ergebnis in das Kästchen ein.

81. Welchem Zinssatz p. a. entspricht der Skontosatz (Das Ergebnis ist auf zwei volle Stellen nach dem Komma zu runden.).

82. Welcher Betrag wird zum Ende des Geschäftsjahres abgeschrieben, wenn das lineare Abschreibungsverfahren verwendet wird und die betriebsgewöhnliche Nutzungsdauer 8 Jahre beträgt (Ergebnis auf zwei Stellen nach dem Komma runden)? Tragen Sie das Ergebnis in das Kästchen ein.

[ ]

83. Verbuchen Sie die Abschreibung am Ende des Geschäftsjahres unter Verwendung der folgenden Konten:

[1] Abschreibungen auf Sachanlagen
[2] Kunden-KK
[3] Betriebs- und Geschäftsausstattung
[4] Sammelposten (Geringwertige Wirtschaftsgüter)
[5] Sonstige betriebliche Aufwendungen
[6] Vorsteuer
[7] Umsatzsteuer

S	H
☐	☐

84. Bis zum Ablauf welchen Tages muss die Südbank AG die Rechnung unter Beachtung der gesetzlichen Fristen aufbewahren. Tragen Sie das Datum (TT.MM.JJJJ) in das Kästchen ein.

[ ]

<u>Zu den nächsten zwei Aufgaben siehe nachstehende Situation.</u>

Ihr Kunde Erwin Klein hat bei Ihrem Kreditinsitut vor vier Jahren ein persönliches Anschaffungsdarlehen in Höhe von 100.000,00 € aufgenommen, von dem bereits 40.000,00 € getilgt wurden. In den letzten Monaten des Jahres 20.. konnte Herr Klein seinen Verpflichtungen nicht mehr nachkommen sodass Ihr Kreditinsitut diesen Kredit am 31.12.20.. nur noch mit 60 % bewertet.

85. Berechnen Sie den Betrag für die Wertberechtigung, den Ihr Kreditinstitut zum Ende des Kalenderjahres für diesen Kredit ansetzt. Tragen Sie das Ergebnis in das Kästchen ein.

[ ]

86. Auf welchen der folgenden Posten hat die Bewertung dieses Kredits einen unmittelbar negativen Einfluss?

a) Forderungen an Kunden
b) Pauschalwertberichtigung auf Forderungen
c) Verbindlichkeiten gegenüber Kunden
d) Bilanzgewinn
e) Fonds für allgemeine Bankrisiken

87. Welche <u>zwei</u> Aussagen zur Bildung von unversteuerten Pauschalwertberichtigungen auf Forderungen zum Bilanzstichtag eines Kreditinstitutes sind sachlich richtig?

Unversteuerte Pauschalwertberichtigungen müssen gebildet werden ....

a) für Kredite, die in voller Höhe uneinbringlich sind.
b) weil Kreditinstitute laut HGB Risikovorsorge für zweifelhafte Forderungen treffen müssen.
c) für beanspruchte Kredite eines Kreditnehmers, über dessen Vermögen ein Insolvenzverfahren eröffnet wurde.
d) für Forderungen, bei denen erfahrungsgemäß ein latentes Ausfallrisiko besteht.
e) als stille Vorsorgereserven zur Absicherung der allgemeinen Bankrisiken.
f) weil erfahrungsgemäß auch die vom Kreditinstitut als einwandfrei angesehenen Forderungen nicht immer in voller Höhe zurückgezahlt werden.

Rechnungswesen und Steuerung

88. **Welchen Betrag in T€ weist die Handelsbank AG in der veröffentlichten Bilanz unter dem Posten „Forderungen an Kunden“ aus? Tragen Sie das Ergebnis in das Kästchen ein.**

[ ]

Bestände

- Guthaben bei der Bundesbank	1.200 T€
- Forderungen an Kunden, die durch Grundpfandrechte abgesichert sind	12.900 T€
- Forderungen an Kunden, die nicht durch Grundpfandrechte abgesichert sind	12.600 T€
- Forderungen an Kreditinstitute	5.430 T€
- Anleihen und Schuldverschreibungen	2.030 T€
- Einzelwertberichtigungen auf Forderungen	225 T€
- Pauschalwertberichtigungen auf Forderungen	115 T€

89. **Die Handelsbank AG bildete 20.., als sie erfuhr, dass über das Vermögen der Maschinenbau GmbH das Insolvenzverfahren eröffnet wird, eine Einzelwertberichtigung. Die Forderung betrug zu diesem Zeitpunkt 100.000,00 €. Sie rechnete nur noch mit einer Rückzahlung von 30 %. Das Verfahren wurde 20.. eingestellt, wobei noch ein Geldeingang in Höhe von 20.000,00 € über das Konto der Bundesbank verzeichnet werden konnte.**

a) **In welcher Höhe bildete die Handelsbank AG 20.. eine Einzelwertberichtigung?**

[ ]

b) **Wie lautet der Buchungssatz einschließlich Betrag für den Zahlungseingang bei Abschluss des Insolvenzverfahrens? Verwenden Sie für die Lösung dieser Aufgabe die erforderlichen Konten mit der jeweiligen einstelligen Kennziffer. Tragen Sie das Ergebnis in das Kästchen ein.**

[1] Abschreibungen auf Forderungen
[2] Abschreibung auf Anlagen
[3] Vorsteuer
[4] Umsatzsteuer
[5] Erträge aus Zuschreibung von Forderungen
[6] Kundenkontokorrent
[7] Bundesbank
[8] Einzelwertberichtigung
[9] Pauschalwertberichtigung

S	H
☐	☐

[ ]

c) **Welcher Betrag ergibt sich abschließend für die Handelsbank AG bei Auflösung des Kontos der Maschinenbau GmbH nach Geldeingang und Umbuchung der Einzelwertberichtigung?**

[ ]

d) **Tragen Sie in das Kästchen die entsprechende einstellige Kontoziffer des Kontos ein, über das der Ausgleich erfolgt.** [ ]

90. **Welche <u>zwei</u> der folgenden Aussagen sind hinsichtlich der Bewertung von Wertpapieren und Forderungen gemäß HGB bei der Handelsbank AG zutreffend?**

a) Wertpapiere, die dem Anlagevermögen zugeordnet sind, werden nach dem strengen Niederstwertprinzip bewertet.

b) Für Forderungen an Kreditinstitute und Kunden dürfen zu versteuernde Vorsorgereserven unter Einhaltung der gesetzlichen Bestimmungen gebildet werden.

c) Wertpapiere des Handelsbestandes gehören dem Anlagevermögen an und werden nach dem gemilderten Niederstwertprinzip bewertet.

d) Wertpapiere der Liquiditätsreserve gehören zum Umlaufvermögen und sind deshalb nach dem strengen Niederstwertprinzip zu bewerten.

e) Für Forderungen, die mit einem erkennbaren Risiko behaftet sind, werden unversteuerte Pauschalwertberichtigungen im Sinne der Risikovorsorge gebildet.

f) Langfristige Forderungen an Kunden werden im Anlagevermögen bilanziert, wenn ein akutes Ausfallrisiko besteht.

91. Als Mitarbeier/- in der Controlling-Abteilung der Handelsbank AG sollen Sie den Pauschalwertberichtigungssatz für Forderungsausfälle anhand der Entwicklung der Forderungen der letzten fünf Jahre ermitteln. Dazu stehen Ihnen folgende Informationen zur Verfügung:

Forderungen in T€

Schuldner	31.12.2015	31.12.2016	31.12.2017	31.12.2018	31.12.2019
Privatkunden	1.810.000	2.140.000	1.860.000	1.980.000	1.940.000
Öffentliche Verwaltung	36.000	44.000	48.000	38.000	44.000
Summe	1.846.000	2.184.000	1.908.000	2.018.000	1.984.000

Risikobehaftete Forderungen für den Zeitraum von 2015 bis einschließlich 2019:

	T€
Direkte Abschreibungen	105.600
Verbrauchte Einzelwertberichtigungen	58.400
Zahlungseingänge auf abgeschriebene Forderungen	15.890

a) Ermitteln Sie den Durchschnitt des tatsächlichen Forderungsausfall der letzten fünf Jahre in T€.

b) Wie hoch ist das risikobehaftete Kreditvolumen im Durchschnitt?

c) Berechnen Sie den Pauschalwertberichtigungssatz, wenn der maßgebliche Forderungsausfall 27.800 T€ beträgt (das Ergebnis ist auf zwei Stellen nach dem Komma zu runden).

92. Als Mitarbeiter/-in der Handelsbank AG sind Sie zum 31.12.20.. beauftragt für die letzten drei Wirtschaftsjahre bzw. Bilanzstichtage die durchschnittlichen Forderungsbestände zu ermitteln. Sie kommen zu folgendem Ergebnis:

- Forderungen an Privatkunden	228.000 T€
- Forderungen an Firmenkunden	96.000 T€
- Forderungen an öffentlich-rechtliche Körperschaften	34.800 T€

Der Forderungsbestand zum 31.12.20.. setzte sich wie folgt zusammen:

- risikobehaftetes Kreditvolumen	350.000 T€
- davon einzelwertberichtigte Forderungen	52.500 T€
- darauf gebildete Einzelwertberichtigungen	1.566 T€
- uneinbringliche Forderungen, noch nicht abgeschrieben	90 T€

a) Berechnen Sie das durchschnittliche risikobehaftete Kreditvolumen. Das Ergebnis ist in T€ anzugeben.

b) Berechnen Sie den für die Bildung der unversteuerten Pauschalwertberichtigung zum 31.12.20.. entscheidenden Prozentsatz. Der durchschnittliche Forderungsausfall beträgt 2.106 T€ (Ergebnis auf zwei Stellen nach dem Komma runden).

c) Welchen Betrag setzen Sie für die unversteuerte Pauschalwertberichtigung zum 31.12.20.. an? Das Ergebnis ist auf zwei Stellen nach dem Komma zu runden und in T€ anzugeben.

Zu den nächsten vier Aufgaben siehe nachstehende Situation.

Als Mitarbeiter der Controlling-Abteilung der Handelsbank AG müssen Sie am Geschäftsjahresende den Forderungsbestand Ihres Kreditinstitutes bewerten. Folgende Informationen liegen Ihnen vor:

Inventurbestand Forderungen an Kunden — **540 Mio. €**
Bestand an unversteuerten Pauschalwertberichtigungen aus dem Vorjahr — **6,2 Mio. €**

Während des Geschäftsjahres ergaben sich für die nachfolgenden Kreditnehmer Veränderungen in der Bonität:

Debitor	Kredithöhe in €	Vorhandene Einzelwertberichtigung in €	Einschätzung der Risikos
A	48.000,00	24.000,00	Wahrscheinlicher Ausfall 70 %
B	200.000,00	———	Eröffnung des Insolvenzverfahrens, erwartete Insolvenzquote 30 %
C	200.000,00	125.000,00	Debitor C tritt eine werthaltige Sicherheit (Eigentümergrundschuld) in ausreichender Höhe an die Handelsbank AG ab.

93. Berechnen Sie den Wert, mit dem die Forderungen an die Debitoren A und B am Jahresende insgesamt bewertet werden.

94. Welche der folgenden Aussagen zur neuen Risikoeinschätzung gegenüber dem Debitor C ist sachlich zutreffend?

a) Die Einzelwertberichtigung über 125.000,00 € bleibt bestehen.
b) Die Einzelwertberichtigung über 125.000,00 € wird erfolgswirksam aufgelöst.
c) Das Darlehen wird nach Hereinnahme der Sicherheit ausgebucht.
d) Nach Verrechnung mit der Einzelwertberichtigung wird das Darlehen mit 75.000,00 € weitergeführt.
e) Der Jahresüberschuss des Vorjahres wird korrigiert und um 125.000,00 € heraufgesetzt.

95. Wie hoch ist der Betrag für unversteuerte Pauschalwertberichtigungen für das laufende Jahr, wenn aufgrund langjähriger Erfahrungswerte ein Pauschalwertberichtigungssatz von 1,5 % zugrunde gelegt wird?

96. Um welchen Betrag ist der Vorjahresbestand an unversteuerten Pauschalwertberichtigungen zu verändern?

97. Die Handelsbank AG weist zum Ende des Geschäftsjahres folgende Buchbestände auf:

Aktivseite	Bestand in T€	Bewertet in T€
Barreserve	1.500.000	1.500.000
Sichteinlagen	11.000.000	11.000.000
Forderungen an Kunden	6.800.000	5.900.000
Forderungen an Kreditinstitute	3.600.000	3.600.000
Schuldverschreibungen und andere festverzinsliche Wertpapiere	5.200.000	5.040.000
Aktien und andere nicht festverzinsliche Wertpapiere	3.400.000	2.920.000
Verbriefte Verbindlichkeiten	6.000.000	6.000.000

Die Wertpapiere, die dem Vermögen der Handelsbank AG zuzurechnen sind, teilen sich folgendermaßen auf:

	Handelsbestand	Liquiditätsreserve	Anlagevermögen
Schuldverschreibungen und andere festverzinsliche Wertpapiere	30 %	70 %	-----
Aktien und andere nicht festverzinsliche Wertpapiere	40 %	40 %	20 %

Die Handelsbank AG möchte für diese Bestände stille Vorsorgereserven gem. § 340 f HGB bilden.
Wie hoch ist der Gesamtbetrag der höchst möglichen Vorsorgereserve, der von der Handelsbank AG zur Sicherung gegen das allgemeine Bankrisiko gebildet werden kann?

Verwenden Sie zur Beantwortung dieser Frage den folgenden Auszug aus dem HGB:

Auszug aus dem Handelsgesetzbuch (HGE)

§ 340 f HGB Vorsorge für allgemeine Bankrisiken

(1) Kreditinstitute dürfen Forderungen an Kreditinstitute und Kunden, Schuldverschreibungen und andere festverzinsliche Wertpapiere sowie Aktien und andere nicht festverzinsliche Wertpapiere, die weder wie Anlagevermögen behandelt werden noch Teil des Handelsbestandes sind, mit einem niedrigeren … Wert ansetzen. Der Betrag der auf diese Weise gebildeten Vorsorgereserven darf vier vom Hundert des Gesamtbetrags der in Satz 1 bezeichneten Vermögensgegenstände… nicht übersteigen.

Rechnungswesen und Steuerung

Zu den nächsten zwei Aufgaben siehe nachstehende Situation.

Die Handelsbank AG verfügt am Ende des Geschäftsjahres über folgende Wertpapierbestände, die sie nach den Vorschriften des HGB bewertet:

Aktien	Stück	Anschaffungskosten je Stück (€)	Kurs am Bilanzstichtag je Stück (€)
Anlagevermögen			
Terra	3.000	126,00	100,50 [1]
KLIPP	6.000	56,50	79,50
Liquiditätsreserve			
Solartronic	2.000	16,00	14,00
Windcraft	800	170,00	195,00

[1] Bei der Terra-Aktie liegt eine voraussichtlich dauerhafte Wertminderung vor.

98. Berechnen Sie den Wert der Aktien, die sich im Wertpapierbestand der Handelsbank AG befinden:

a) Terra

b) KLIPP

c) Solartronic

d) Windcraft

99. Welche Auswirkungen haben nicht realisierte Kursverluste und Kursgewinne auf den Jahresüberschuss der Handelsbank AG?

Der Jahresüberschuss ...

a) verändert sich nicht, da nicht realisierte Kursverluste und Kursgewinne in der Gewinn- und Verlustrechnung nicht erfasst werden dürfen.

b) erhöht sich um die nicht realisierten Kursgewinne, da sie als Ertrag in der Gewinn- und Verlustrechnung zu erfassen sind.

c) sinkt um die nicht realisierten Kursverluste, da sie als Aufwand in der Gewinn- und Verlustrechnung zu erfassen sind.

d) verändert sich um die Differenz zwischen den nicht realisierten Kursgewinnen und den nicht realisierten Kursgewinnen, da nicht realisierte Erfolge in der Gewinn- und Verlustrechnung miteinander aufzurechnen sind.

e) kann nur dann um die nicht realisierten Kursverluste geschmälert werden, wenn ihnen geringere nicht realisierte Kursgewinne gegenüberstehen.

100. Die Handelsbank AG hat im Eigenbestand (Liquiditätsreserve) u. a. eine Industrieanleihe mit einem Nennwert von 250.000,00 €. Das Wertpapier ist wie folgt ausgestattet:

- Zinssatz 5,25 %

- Zinstermin 15.06.

- Kaufkurs 105,30 %

Der Kurs des Papiers lag am 31.12. 20.. bei 104,25 %.

a) Ermitteln Sie die am Jahresende zu berücksichtigenden Stückzinstage.

b) Mit welchem Betrag muss die Handelsbank AG diese Anleihe am Geschäftsjahresende 20.. bilanzieren? (Ergebnis auf zwei Stellen nach dem Komma runden).

101. Sie sollen als Mitarbeiter/-in der Südbank AG für das Geschäftsjahr 2019 die Liquiditätsreserve an folgenden Wertpapieren Ihres Kreditinsitutes bewerten. Die Bewertung erfolgt nach den Vorschriften des HGB (Schaltjahr ist nicht zu berücksichtigen).

Angaben:

3,75 % Bundesanleihe mit Zinstermin 01.08.		
	Nennwert €	Kurswert €
Anfangsbestand	250.000	248.500
Kauf 06.04.2018	150.000	153.900
Verkauf 15.06.2018	200.000	203.600

Der Börsenkurs der Bundesanleihe liegt am Ende des Geschäftsjahres bei 100,9 %.
Ermitteln Sie zum 31.12.2019

a) den durchschnittlichen, prozentualen Anschaffungskurs.

b) den realisierten Erfolg in €.

c) die noch nicht vereinnahmten Stückzinsen in €.

d) den Bilanzwert der Wertpapiere in €.

Zu den nächsten zwei Aufgaben siehe nachstehende Situation.

Die Handelsbank AG verfügt am Ende des Geschäftsjahres 2019 über folgenden Wertpapierbestand (Liquiditätsreserve) in Aktien der Solartronic AG, den sie nach den Vorschriften des HGB bewertet:

	Stück	Kurs pro Aktie (€)	Kurswert (€)
Anfangsbestand	2 250	31,80	71.550,00
Kauf am 03.04.2019	1 100	33,60	36.960,00
Kauf am 06.06.2019	500	32,78	16.390,00
Verkauf am 04.10.2019	1 350	33,40	45.090,00

Am 04.06.2019 hat die Hauptversammlung der Solartronic AG auf Vorschlag des Vorstandes beschlossen, 0,70 € Dividende pro Aktie auszuschütten.
Börsenkurs der Solartronic AG (31.12.2019): 31,50 €

102. Berechnen Sie zum Geschäftsjahresende (in €)

a) den durchschnittlichen Anschaffungskurs der Aktie (Ergebnis ist auf 2 Stellen nach dem Komma zu runden).

b) den nicht realisierten Erfolg.

103. Welche zwei Aussagen sind hinsichtlich des Handels- bzw. Bewertungserfolges der Solartronic-Aktien zutreffend?

a) Realisierte Kursgewinne und realisierte Kursverluste müssen berücksichtigt werden.

b) Ein realisierter Kursverlust ergibt sich, wenn der Bilanzstichtagskurs des Endbestands „Eigene Wertpapiere" niedriger ist als der durchschnittliche Anschaffungskurs.

c) Für das abgelaufene Geschäftsjahr zu berücksichtigende anteilige Dividenden erhöhen den Bilanzwert des Endbestands „Eigene Wertpapiere".

d) Abschreibungen müssen dann gebildet werden, wenn der Bilanzstichtagskurs des Endbestands „Eigene Wertpapiere" niedriger ist als der durchschnittliche Anschaffungskurs dieser Wertpapiere.

e) Realisierte Kursverluste müssen in der Bilanz vom Aktivposten „Eigene Wertpapiere" abgesetzt werden.

f) Nicht realisierte Kursgewinne aus „Eigene Wertpapiere" des Handelsbestands müssen als Erträge aus Zuschreibungen auf „Eigene Wertpapiere" erfasst werden.

104. Als Mitarbeiter/-in der Handelsbank AG sollen Sie für das Geschäftsjahr 2018 die Liquiditätsreserve an folgenden Wertpapieren Ihres Kreditinsitutes bewerten. Die Bewertung erfolgt nach den Vorschriften des HGB (Schaltjahre sind nicht zu berücksichtigen).

Angaben:

5,25 % KfW-Anleihe v. 10/20 mit Zinstermin 15.09. (act / act)		
	Nennwert €	**Kurswert €**
Anfangsbestand	**1.200.000**	**1.257.600**
Kauf 06.02.2019	**400.000**	**417.600**
Verkauf 15.06.2019	**600.000**	**629.400**
Verkauf 01.10.2019	**200.000**	**208.400**

Der Börsenkurs der KfW-Anleihe liegt am Ende des Geschäftsjahres bei 104,20 %.
Ermitteln Sie zum 31.12.2019

a) den durchschnittlichen, prozentualen Anschaffungskurs.

b) den realisierten Erfolg in €.

c) den bewertungsbedingten Erfolg in €.

d) die noch nicht vereinnahmten Stückzinsen in €.

e) den Bilanzwert der Wertpapiere in €.

105. Die Kosten für die Prüfung des Jahresabschlusses werden bei der Kreditbank AG auf 82.800,00 € geschätzt. Welchem Posten sind diese Kosten in der Bilanz zuzuordnen?

a) Fonds für allgemeine Bankrisiken
b) Andere Gewinnrücklagen
c) Andere Rückstellungen
d) Sonstige Verbindlichkeiten
e) Sonstige Vermögensgegenstände

106. Im Rahmen der Jahresabschlussarbeiten der Handelsbank AG sind bei den unten stehenden Sachverhalten verschiedene Maßnahmen zu ergreifen. Ordnen Sie die entsprechenden Maßnahmen den unten stehenden Sachverhalten richtig zu.

Maßnahmen

a) Bildung einer Rückstellung
b) Bildung einer Rücklage
c) Bildung einer Einzelwertberichtigung
d) Bildung einer unversteuerten Pauschalwertberichtigung

Sachverhalte

[ ] 20 Mio. € des Jahresüberschusses sollen einbehalten werden.
[ ] Kunde Müller (derzeitige Kreditinanspruchnahme 80.000,00 €) hat einen Insolvenzantrag gestellt.
[ ] Ein fristlos entlassener Mitarbeiter hat die Handelsbank AG vor dem Arbeitsgericht auf Zahlung von 30.000,00 € verklagt
[ ] Die Forderungen mit latentem Ausfallrisiko haben gegenüber dem Vorjahr um 25 % zugenommen.

107. Als Mitarbeiter/ -in der Controlling-Abteilung der Handelsbank AG stehen Ihnen aus der Vorjahresbilanz Ihres Kreditinstituts folgende Angaben (in Mio. €) zur Verfügung:

Eigenkapital

- Gezeichnetes Kapital		**55.400,00**
- Kapitalrücklage		**2.620,00**
- Gewinnrücklagen		
- gesetzliche Rücklage	**2.800,00**	
- andere Gewinnrücklage	**11.300,00**	**14.100,00**

Aus der Gewinn- und Verlustrechnung des vergangenen Geschäftsjahres stammen folgende Angaben: Aufwendungen 17.400,00; Erträge 21.200,00

Welchen Betrag (in Mio. €) muss die Handelsbank AG entsprechend den Bestimmungen des § 150 AktG für das betrachtete Jahr mindestens in die gesetzliche Rücklage einstellen?

[ ]

108. Welche der folgenden Aussagen ist im Zusammenhang mit der Auflösung einer gesetzlichen Rücklage sachlich zutreffend? Zur Lösung dieser Aufgabe steht Ihnen der abgebildete Gesetzesauszug zur Verfügung.

a) Eine Auflösung der gesetzlichen Rücklage ist nur möglich, wenn die gesetzliche Rücklage und die Kapitalrücklagen zusammen den im AktG vorgeschriebenen Anteil am Grundkapital überschritten haben.
b) Eine Auflösung ist jederzeit zur Ausgabe von Berichtigungsaktien möglich, um eine Kapitalerhöhung aus Gesellschaftsmitteln zu erreichen.
c) Eine Auflösung ist zum Ausgleich eines Jahresfehlbetrages möglich, wenn er nicht durch einen Gewinnvortrag aus dem Vorjahr und die Auflösung anderer Gewinnrücklagen ausgeglichen werden kann.
d) Wenn die Hauptversammlung mit mindestens 75 % des anwesenden Kapitals einer Auflösung zustimmt, kann die gesetzliche Rücklage zur Dividendenzahlung benutzt werden.
e) Die gesetzliche Rücklage dient u. a. zur Finanzierung von im alten Jahr erfolgten, aber noch nicht abgerechneten Renovierungen. Nach Rechnungsstellung ist sie daher im neuen Jahr aufzulösen.

<u>§ 150 Aktiengesetz (AktG)</u>

§ 150 Gesetzliche Rücklage. Kapitalrücklage.

(1) In der Bilanz des nach den §§ 242, 264 des Handelsgesetzbuchs aufzustellenden Jahresabschlusses ist eine gesetzliche Rücklage zu bilden.

(2) In diese ist der zwanzigste Teil des um einen Verlustvortrag aus dem Vorjahr geminderten Jahresüberschusses einzustellen, bis die gesetzliche Rücklage und die Kapitalrücklagen nach § 272 Abs. 2 Nr. 1 bis 3 des Handelsgesetzbuchs zusammen den zehnten oder den in der Satzung bestimmten höheren Teil des Grundkapitals erreichen.

(3) Übersteigen die gesetzliche Rücklage und die Kapitalrücklagen nach § 272 Abs. 2 Nr. 1 bis 3 des Handelsgesetzbuchs zusammen nicht den zehnten oder den in der Satzung bestimmten höheren Teil des Grundkapitals, so dürfen sie nur verwandt werden

1. zum Ausgleich eines Jahresfehlbetrags, soweit er nicht durch einen Gewinnvortrag aus dem Vorjahr gedeckt ist und nicht durch Auflösung anderer Gewinnrücklagen ausgeglichen werden kann;
2. zum Ausgleich eines Verlustvortrags aus dem Vorjahr, soweit er nicht durch einen Jahresüberschuss gedeckt ist und nicht durch Auflösung anderer Gewinnrücklagen ausgeglichen werden kann.

(4) Übersteigen die gesetzliche Rücklage und die Kapitalrücklagen nach § 272 Abs. 2 Nr. 1 bis 3 des Handelsgesetzbuchs zusammen den zehnten oder den in der Satzung bestimmten höheren Teil des Grundkapitals, so darf der übersteigende Betrag verwandt werden

1. zum Ausgleich eines Jahresfehlbetrags, soweit er nicht durch einen Gewinnvortrag aus dem Vorjahr gedeckt ist;
2. zum Ausgleich eines Verlustvortrags aus dem Vorjahr, soweit er nicht durch einen Jahresüberschuss gedeckt ist;
3. zur Kapitalerhöhung aus Gesellschaftsmitteln nach den §§ 207 bis 220.

Die Verwendung nach den Nummern 1 und 2 ist nicht zulässig, wenn gleichzeitig Gewinnrücklagen zur Gewinnausschüttung aufgelöst werden.

Zu den nächsten drei Aufgaben siehe nachstehende Situation.

Die Handelsbank AG zeigt zum Ende des Geschäftsjahres folgende Buchbestände:

Aktivseite	Buchwert vor Abschreibung in T€	Abschreibungen in T€
Eigene Wertpapiere des Anlagevermögens	6.000	600
Eigene Wertpapiere des Handelsbestands	4.000	1.000
Eigene Wertpapiere der Liquiditätsreserve	14.000	2.000
Forderungen an Kreditinstitute	80.000	0
Forderungen an Kunden	160.000	8.000

Lösen Sie mit Hilfe des unten stehenden Auszugs aus dem HGB (§§ 253 und 340 f) folgende Fragen (Ergebnisse sind jeweils in T€ anzugeben):

109. Berechnen Sie die Bemessungsgrundlage für die Ermittlung der stillen Vorsorgereserve.

110. Wie hoch ist der Gesamtbetrag der höchstmöglichen Vorsorgereserve, der von der Handelsbank AG zur Sicherung gegen das allgemeine Bankrisiko gebildet werden kann?

Auszug aus dem Handelsgesetzbuch (HGB)

§ 253 HGB Wertansätze der Vermögensgegenstände und Schulden

(1) Vermögensgegenstände sind höchstens mit den Anschaffungs- oder Herstellungskosten, vermindert um Abschreibungen (...) anzusetzen (...).

§ 340 f HGB Vorsorge für allgemeine Bankrisiken

(1) Kreditinstitute dürfen Forderungen an Kreditinstitute und Kunden, Schuldverschreibungen und andere festverzinsliche Wertpapiere sowie Aktien und andere nicht festverzinsliche Wertpapiere, die weder wie Anlagevermögen behandelt werden noch Teil des Handelsbestandes sind, mit einem niedrigeren als dem nach § 253 Abs. 1 (...) vorgeschriebenen oder zugelassenen Wert ansetzen, soweit dies nach vernünftiger kaufmännischer Beurteilung zur Sicherung gegen die besonderen Risiken des Geschäftszweigs der Kreditinstitute notwendig ist. Der Betrag der auf diese Weise gebildeten Vorsorgereserven darf vier vom Hundert des Gesamtbetrags der in Satz 1 bezeichneten Vermögensgegenstände, der sich bei deren Bewertung nach § 253 Abs. 1 (...) ergibt, nicht übersteigen. Ein niedrigerer Wertansatz darf beibehalten werden.

111. Welche der folgenden Aussagen ist hinsichtlich der berechneten stillen Vorsorgereserve zutreffend?

a) Sie wird in der Bilanz der Handelsbank AG ausgewiesen.
b) Sie wird in der Gewinn- und Verlustrechnung als eigenständiger Wert ausgewiesen.
c) Ihre Bildung wirkt sich negativ auf die Liquidität der Handelsbank AG aus.
d) Sie wirkt sich im Falle einer Insolvenz der Handelsbank AG negativ für die Gläubiger der Handelsbank AG aus.
e) Durch ihre Bildung wird die Bilanzsumme der Handelsbank AG gemindert.

112. Die Südbank AG verfügt am Ende der Geschäftsjahres 20.. über einen Handelsbestand in Aktien der Solartronik AG. Sie können dem folgenden Skontro den Anfangsbestand und die Umsätze des abgelaufenen Geschäftsjahres entnehmen:

Soll		**SÜDBANK AG**			**Haben**
	Stück	Kurs €/Stück		Stück	Kurs €/Stück
AB	120	128,00	16.06.	160	136,00
11.03.	160	125,00	17.10.	40	140,00
17.04.	60	132,00			
18.04.	50	130,00			

Der Börsenkurs zum 31.12.20.. beträgt 123,00 €.

Berechnen Sie in €:

a) den durchschnittlichen Erwerbskurs pro Aktie.

b) den beizulegenden Zeitwert pro Aktion zum 31.12.20..
(berüchsichtigen Sie dabei einen Sicherheitsabschlag in Höhe von 4 %).

c) den Bilanzwert des Schlussbestandes.

d) den realisierten Erfolg für die verkauften Aktien.

e) den nicht realisierten Erfolg für den Schlussbestand.

Tragen Sie die Ergebnisse in die Kästchen ein.

a)
b)
c)
d)
e)

ÜBUNGSAUFGABEN ZUR VORBEREITUNG AUF DIE ABSCHLUSSPRÜFUNG

1. Welche der folgenden Aufgaben ist der Kosten- und Erlösrechnung zuzuordnen?

a) Die Kosten- und Erlösrechnung hat die Aufgabe, interessierten Außenstehenden Informationen über den Betrieb zu geben.

b) Die Kosten- und Erlösrechnung hat die Aufgabe, alle Veränderungen der Buchbestände von Vermögen und Kapital aufzuzeichnen.

c) Die Kosten- und Erlösrechnung hat die Aufgabe, Informationen über Kontoauszüge und Abrechnungen zu geben.

d) Die Kosten- und Erlösrechnung hat die Aufgabe, die Preisobergrenzen für Kunden-Kontokorrentkredite zu ermitteln.

e) Die Kosten- und Erlösrechnung hat die Aufgabe, die Grundlage für Kalkulationen sowie für Wirtschaftlichkeits- und Erfolgskontrolle des Kreditinstituts zu stellen.

2. Welche zwei der folgenden Aussagen sind den variablen Kosten zuzuordnen?

a) Zu den variablen Kosten zählen Kosten für Überweisungsformulare.

b) Variable Kosten können nur Gemeinkosten sein.

c) Variable Stückkosten sinken mit steigendem Beschäftigungsgrad.

d) Variable Stückkosten steigen mit sinkendem Beschäftigungsgrad.

e) Variable Kosten schwanken mit der Menge der erbrachten Leistung.

f) Außerplanmäßige Abschreibungen auf Gebäude zählen zu den variablen Kosten.

3. Bei welchen zwei der folgenden Geschäftsfälle handelt es sich für die betreffende Bank um Fixkosten?

a) Für die Umstellung des EDV-Systems aufgrund der Fusion mit der Kreditbank AG wurden an die Mitarbeiter/-innen Überstundenzuschläge in Höhe von 10.200,00 € gezahlt.

b) Die degressive Abschreibung der Geldausgabeautomaten belief sich auf 50.000,00 €.

c) An die Kundenberater wurde eine leistungsorientierte Vergütung von insgesamt 125.000,00 € gezahlt.

d) Für die Neugeborenen im Geschäftsbereich wurden ausgegebene 5-Euro-Geschenkgutscheine für Sparkonteneröffnungen über insgesamt 175,00 € eingelöst.

e) Das Geschäftsgebäude wurde linear mit jährlich 50.000,00 € abgeschrieben.

4. Ordnen Sie die folgenden Begriffe aus der Kosten- und Erlösrechnung den unten stehenden Geschäftsfällen richtig zu.

Begriffe aus der Kosten- und Erlösrechnung

a) Betriebskosten
b) Betriebserlöse
c) Wertkosten
d) Werterlöse

Geschäftsfälle

[ ] Zinsen für von Kunden angelegte Termingelder

[ ] Kalkulatorische Abschreibungen auf Sachanlagen

[ ] Kalkulatorische Zinsen für das Eigenkapital

[ ] Zinsen für ein am GKM angelegtes 3-Monats-Geld

5. Ordnen Sie die folgenden Begriffe aus der Kosten- und Erlösrechnung den unten stehenden Geschäftsfällen richtig zu.

Begriffe aus der Kosten- und Erlösrechnung

a) Neutrale Aufwendungen
b) Neutrale Erträge
c) Grundkosten
d) Grunderlöse
e) Zusatzkosten
f) Zusatzerlöse

Geschäftsfälle

[ ] Sonderabschreibung für eine nicht mehr benutzte Kuvertiermaschine

[ ] Unfallversicherungsbeiträge für die Mitarbeiter/-innen

[ ] Provision für einen gewährten Avalkredit

[ ] Ortsübliche Miete für eigengenutzte Räume im eigenen Bankgebäude

[ ] Nicht geklärte Kassenfehlbeträge

6. **Ordnen Sie jeweils zwei der folgenden Begriffe aus der Finanzbuchhaltung bzw. der Kosten- und Erlösrechnung den daneben stehenden Geschäftsfällen richtig zu.**

Begriffe aus der Finanzbuchhaltung bzw. Kosten- und Erlösrechnung

a) Betriebskosten
b) Wertkosten
c) Grundkosten
d) neutraler Aufwand
e) Zusatzkosten
f) keine der genannten Kosten/Aufwendungen

Geschäftsfälle

[ ] Kauf eines PC für die Kreditabteilung
[ ]

[ ] Zinsgutschriften für Spareinlagen
[ ]

[ ] Mietzahlung an ein Kaufhaus für einen dort aufgestellten
[ ] Geldautomaten

[ ] Mietkosten für selbst genutzte bankeigene Geschäftsräume
[ ]

7. **Ordnen Sie die folgenden Begriffe aus der Kosten- und Erlösrechnung den daneben stehenden Geschäftsfällen richtig zu.**

Begriffe aus der Kosten- und Erlösrechnung

a) Betriebskosten
b) Wertkosten
c) Betriebserlöse
d) Werterlöse
e) Vorgänge ohne Auswirkungen auf die Kosten- und Erlösrechnung

Geschäftsfälle

[ ] Mieterträge aus der Vermietung von Schließfächern
[ ] Körperschaftsteuererstattungen für vorangegangene Geschäftsjahre
[ ] Sachaufwendungen für die Zweigstellen
[ ] Zinsgutschriften für Spareinlagen mit vereinbarter Kündigungsfrist von 3 Monaten
[ ] Zinsen aus Baufinanzierungen
[ ] Entgelte für die Kontoführung von Kontokorrentkunden

8. **Ordnen Sie die folgenden Begriffe den daneben stehenden Geschäftsfällen richtig zu.**

Begriffe aus der Kosten- und Erlösrechnung

a) Betriebskosten
b) Betriebserlöse
c) Wertkosten
d) Werterlöse
e) Es handelt sich weder um Kosten noch um Erlöse

Geschäftsfälle

[ ] Aus dem Verkauf von eigenen Aktien entstand ein Kursgewinn in Höhe von 120.000,00 €.
[ ] Für Überstunden wurden an den Hausmeister 150,00 € gezahlt.
[ ] Für die Versendung der Kontoauszüge wurden den Kunden insgesamt Entgelte in Höhe von 870,00 € berechnet.
[ ] Ein Geschäftswagen wurde 1.200,00 € über Buchwert verkauft.
[ ] Für aufgenommenes Tagesgeld wurden an die Bundesbank 1.400,00 € Zinsen gezahlt.

9. **Ordnen Sie den unten stehenden Aufwendungen und Erträgen die jeweiligen Begriffe aus dem internen und externen Rechnungswesen richtig zu.**

Begriffe aus dem internen und externen Rechnungswesen

a) Betriebskosten
b) Betriebserlöse
c) Wertkosten
d) Werterlöse
e) Neutrale Aufwendungen
f) Neutrale Erträge

Aufwendungen und Erträge

[ ] Zinsen für Kontokorrent-Kredite von Kunden
[ ] Kunden pauschal in Rechnung gestellte Kontoführungsentgelte
[ ] Zinsen für Spareinlagen
[ ] Kassenfehlbetrag
[ ] Steuererstattungen aus dem Vorjahr
[ ] Aufwendungen für Sparkontenantragsformulare
[ ] Abschreibungen auf Forderungen
[ ] Gehälter für Mitarbeiter der Wertpapierabteilung

10. Für eine Zweigstelle kaufte die Handelsbank AG zu Beginn des Geschäftsjahres 2020 einen Geldausgabeautomaten (GAA) mit einem Anschaffungswert von 18.000,00 € (einschließlich 19 % USt). Die Nutzungsdauer beträgt laut AfA-Tabelle 6 Jahre. Der GAA wird bilanziell linear abgeschrieben. In der Kosten- und Erlösrechnung wird ebenfalls linear abgeschrieben, wobei aber eine Nutzungsdauer von 5 Jahren unterstellt und ein Wiederbeschaffungswert von 20.000,00 € brutto angenommen wird.

Ermitteln Sie den Abschreibungsbetrag des ersten Nutzungsjahres für die

a) Gewinn- und Verlustrechnung

b) Kosten- und Erlösrechnung.

Zu den nächsten zwei Aufgaben siehe nachstehende Situation.

Die Handelsbank AG kaufte zu Beginn des Geschäftsjahres für mehrere Geschäftsstellen neue Geldausgabeautomaten (GAA). Der gesamte Anschaffungswert in Höhe von 36.000,00 € (einschließlich 19 % USt) wurde dem Lieferanten überwiesen. Die GAA, deren Nutzungsdauer laut AfA-Tabelle 6 Jahre beträgt, werden bilanziell linear abgeschrieben. In der Kosten- und Erlösrechnung wird auch linear abgeschrieben, wobei eine Nutzungsdauer von 5 Jahren unterstellt wird. Der Wiederbeschaffungswert wird auf 39.000,00 € brutto angesetzt.

11. Berechnen Sie aufgrund der vorliegenden Daten für das erste Nutzungsjahr (jeweils in €)

a) die Grundkosten (Zweckaufwand).

b) die Zusatzkosten.

12. Welche der folgenden Aussagen ist aufgrund der beiden gewählten Wertansätze zutreffend?

a) Es liegen betriebsfremde Aufwendungen vor.

b) Es liegen periodenfremde Aufwendungen vor.

c) Es liegen Zusatzkosten vor.

d) Es liegen Zusatzerlöse vor.

e) Es liegen keine der genannten Begriffe vor.

13. Die Handelsbank AG betreut 400 Schließfächer für die Verwahrung von Wertsachen ihrer Kunden. Dafür sind neben ihren sonstigen Tätigkeiten vier Mitarbeiter eingesetzt. Die gesamten Personalkosten dieser Mitarbeiter belaufen sich auf jährlich 190.080,00 €.

Ihnen stehen weiter folgende Informationen zur Verfügung:

- die durchschnittliche Arbeitszeit je Mitarbeiter beträgt bei 220 Tagen pro Jahr 7,5 Stunden.

- der Beratungsaufwand pro Jahr beträgt aufgrund von Erfahrungswerten 15 Minuten je Schließfach.

- die Materialkosten betragen im Durchschnitt pro Jahr 7,00 € je Schließfach.

Berechnen Sie

a) die jährlich anfallenden standardisierten Personalkosten pro Schließfach.

b) den Deckungsbeitrag , den ein Schließfach zum Gesamtergebnis der Handelsbank AG beiträgt, wenn die Kunden pro Jahr im Durchschnitt 25,00 € dafür aufwenden.

14. Welche <u>zwei</u> der folgenden Aussagen sind hinsichtlich des Konditionenbeitrags sachlich richtig?

Der Konditionenbeitrag ist ...

a) die Differenz zwischen dem mit dem Kunden vereinbarten Zinssatz für ein bestimmtes Geschäft und dem fristengleichen Geld- und Kapitalmarktzinssatz.

b) die Differenz der Zinserlöse des Passivgeschäfts zu den Zinskosten des Aktivgeschäfts.

c) das Verhältnis der Bruttozinsspanne zum Geschäftsvolumen.

d) durch Fristentransformation am Geld- und Kapitalmarkt zu erzielen.

e) die Differenz zwischen dem Tagesgeldsatz und dem Geld- und Kapitalmarktzinssatz.

f) vom Kundenberater durch Verhandlungsgeschick und Einschätzung der Kundensituation beeinflussbar.

15. Welche <u>zwei</u> der folgenden Aussagen sind der Bruttozinsspanne zuzuordnen?

Die Bruttozinsspanne ...

a) ist die Summe aus Konditionenbeitrag und Strukturbeitrag im Verhältnis zur durchschnittlichen Bilanzsumme.

b) ordnet die Zinsaufwendungen den Jahresdurchschnittsbeständen der Aktivposten der Bilanz zu, die diese Kosten verursacht haben.

c) ermittelt die Höhe der Zinserträge im Verhältnis zur durchschnittlichen Bilanzsumme.

d) ist die Summe aller betrieblichen Erträge und Aufwendungen im Verhältnis zur durchschnittlichen Bilanzsumme.

e) ist das Verhältnis der Zusatzkosten zu den Erlösen in Prozent.

f) errechnet sich aus dem Zinsüberschuss im Verhältnis zur durchschnittlichen Bilanzsumme.

16. Berechnen Sie für die Handelsbank AG aufgrund der vorliegenden, durchschnittlichen Daten des Geschäftsjahres die Bruttozinsspanne (in %).

Kontokorrentkredite an Kunden	**40 Mio. €**	**9 %**
Spareinlagen von Kunden	**80 Mio. €**	**2 %**
Darlehen an Kunden mit 10-jähriger Zinsbindung	**160 Mio. €**	**6 %**
Tagesgelder von Kunden	**20 Mio. €**	**2 %**
Festgelder von Kunden	**100 Mio. €**	**2 %**

17. Sie sind in der Controlling-Abteilung der Handelsbank AG eingesetzt und sollen mit Hilfe der folgenden Daten unten stehende Kennzahlen berechnen.

Daten der Handelsbank AG:

Zinserträge	178.000,00 Mio. €
Zinsaufwendungen	156.000,00 Mio. €
Provisionserträge	5.770,00 Mio. €
Provisionsaufwendungen	648,00 Mio. €
Verwaltungsaufwendungen	10.560,00 Mio €
Durchschnittliche Bilanzsumme	1.090.000,00 Mio. €

Berechnen Sie

a) die Bruttozinsspanne in Prozent (das Ergebnis ist auf zwei Stellen nach dem Komma zu runden).

b) die Provisionsspanne in Prozent (das Ergebnis ist auf zwei Stellen nach dem Komma zu runden).

18. Als Mitarbeiter/- in der Handelsbank AG werden Sie beauftragt, das Kontokorrentkonto des Kunden Kai Richter für das zurückliegende Geschäftsjahr zu kalkulieren. Welche zwei der folgenden Aufgaben hat diese Kontenkalkulation zu erfüllen?

Die Kontenkalkulation ...

a) ermittelt den Deckungsbeitrag für das Kontokorrentkonto.
b) erfasst Aufwendungen und Erträge dieses Kontokorrentkontos.
c) ermittelt anhand der Bruttozinsspannenberechnung die Einzelkosten für dieses Kontokorrentkonto.
d) berechnet die für dieses Kontokorrentkonto anfallenden neutralen Aufwendungen.
e) dient dazu, den Beitrag dieses Kontokorrentkontos zum Gesamtergebnis der Handelsbank AG festzustellen.
f) ermittelt die Bruttobedarfsspanne für dieses Kontokorrentkonto.

19. Berechnen Sie aufgrund der folgenden Kalkulationsvorgaben die Preisobergrenze für eine 60-tägige Festgeldanlage, die Sie einem Kunden unterbreiten wollen:

- Alternativer Zinssatz für Geldbeschaffung am GKM	**2,90 %**
- Alternativer Zinssatz für Geldanlage am GKM	**2,85 %**
- Eigenkapitalkostensatz	**1,15 %**
- Betriebskostensatz	**0,50 %**
- Risikokostensatz	**0,45 %**

20. Berechnen Sie aus den folgenden Informationen jeweils den Zinsüberschuss in € für die beiden Einzelgeschäfte:

a)	**Kundendarlehen**	**150.000,00 €**
	Fristengleicher Geld- und Kapitalmarktsatz Aktivgeschäft	**2,60 %**
	Zinssatz Aktivgeschäft	**4,80 %**
	Tagesgeldgeschäft Aktivgeschäft	**1,80 %**
b)	**Festgeld**	**25.000,00 €**
	Fristengleicher Geld- und Kapitalmarktsatz Passivgeschäft	**2,50 %**
	Zinssatz Passivgeschäft	**2,10 %**
	Tagesgeldgeschäft Passivgeschäft	**1,80 %**

21. Ihr Kunde Klaus Klein möchte 25.000,00 €, die er von seiner Tante geerbt hat, anlegen. Nach eingehender Beratung entscheidet er sich für die Anlage in Form eines Sparbriefs. Ihnen liegen hinsichtlich des Sparbriefes folgende Daten vor:

Laufzeit 5 Jahre
Zinssatz 3,5 % p. a.
Betriebskosten p. a. 60,00 €
Zinssatz am Geld- und Kapitalmarkt (GKM) für 5 Jahre: 5,0 % p. a.

Berechnen Sie für den gewünschten Anlagebetrag

a) die Preisobergrenze in Prozent p. a.

b) den Deckungsbeitrag II in €.

22. Als Kreditsachbearbeiter bei der Handelsbank AG sollen Sie der Elektro Klein GmbH ein Angebot für ein Investitionsdarlehen unterbreiten.

Der Geld- und Kapitalmarktsatz für Geldanlagen mit entsprechender Laufzeit beträgt 5,5 %.

Auf Anfrage liefert Ihnen die Controlling-Abteilung folgende Daten:

- Risikokosten	**0,60 %**
- Betriebskosten	**140,00 € p. a.**
- Eigenkapitalkosten	**1,20 %**

Berechnen Sie für einen durchschnittlichen Darlehensbetrag von 70.000,00 €

a) die Betriebskosten (in %).

b) die Preisuntergrenze für das Darlehen (in %)

c) den Deckungsbeitrag dieses Darlehens pro Jahr, wenn Sie einen Zinssatz von 9,0 % vereinbaren.

Rechnungswesen und Steuerung

23. Als Kreditsachbearbeiter bei der Südbank AG sollen Sie der Bingo AG ein Angebot für ein Investitionsdarlehen über 500.000,00 € unterbreiten. Das Darlehen soll mit 100.000,00 € pro Jahr in einer Summe jeweils zum Ende eines Kalenderjahres getilgt werden.

Der Geld- und Kapitalmarktsatz für Geldanlagen mit entsprechender Laufzeit beträgt 4,75 %.

Auf Anfrage liefert Ihnen die Controlling-Abteilung folgende Daten:

- Risikokostensatz	0,50 % p. a.
- Standardbetriebskosten	480,00 € p. a.
- Eigenkapitalkostensatz	0,30 % p. a.
- vorgeschriebene Gewinnmarge	2,00 % p. a.

a) Ermitteln Sie die durchschnittliche Darlehenshöhe in €.

b) Welchen jährlichen Prozentsatz legen Sie für den Betriebsbereich zugrunde?

c) Welchen Sollzinssatz muss die Südbank AG mindestens verlangen?

d) Wie hoch ist die tatsächliche Gewinnmarge, wenn das Investitionsdarlehen zu einem Sollzinssatz von 8,5 % vergeben wird?

24. Als Mitarbeier/- in der Handelsbank AG sollen Sie das Kontokorrentkonto des Kunden Kevin Klein für das <u>zurückliegende Quartal</u> kalkulieren. Dabei liegen Ihnen folgende Daten vor:

Durchschnittliche Salden:	Soll	3.000,00 €
	Haben	6.400,00 €
Konditionen:	Sollzins	10,0 % p. a.
	Habenzins	0,5 % p. a.
Kontoführungsgebühr pro Quartal pauschal:		20,00 €
Weitere Informationen:		
- Alternativer Geld- und Kapitalmarktsatz:		2,0 % p. a.
- Standardrisikokosten für Kontokorrenkredite:		1,0 % p. a.
- Eigenkapitalkosten für Kontokorrentkredite:		0,24 % p. a.
- Durchschnittliche Betriebskosten pro Quartal:		45,20 €

Analysieren und ermitteln Sie mit Hilfe der angegebenen Daten

a) den Zins-Konditionenbeitrag des Kontokorrentkredits.

b) den Zins-Konditionenbeitrag der Sichteinlagen.

c) den Überschuss im Wertbereich unter Berücksichtigung der Standardrisikokosten und der Eigenkapitalverzinsung.

d) Erfolgsbeitrag des Betriebsbereichs.

e) Erfolg des Kontos für die Handelsbank AG.

25. Als Mitarbeier/- in der Handelsbank AG werden Sie beauftragt, das Kontokorrentkonto des Kunden Sven Müller für das zurückliegende Geschäftsjahr zu kalkulieren. Dabei liegen Ihnen folgende Daten vor:

Durchschnittliche Salden:	Soll	2.900,00 €
	Haben	3.600,00 €
Konditionen:	Sollzins	10,0 %
	Habenzins	0,5 %
Weitere Informationen:		
- Eigenkapitalkosten:	34,80 €	
- Risikokostensatz:	0,5 % p. a.	
- Alternativsätze am GKM:	bei Geldanlage	4,0 %
	bei Geldaufnahme	3,5 %
- direkt zurechenbarer Betriebskostensatz für den KK-Kredit	0,8 %	
- direkt zurechenbare Betriebskosten für die gesamte Kontoführung:	60,00 € p. a.	
- Kontoführungsentgelt:	48,00 € p. a.	

Berechnen Sie mit Hilfe der angegebenen Daten

a) **den Eigenkapitalkostensatz in Prozent.**

b) **die Preisuntergrenze für diesen KK-Kredit**

c) **die Risikokosten in €.**

d) **den Deckungsbeitrag I für das Passivgeschäft in €.**

e) **den Deckungsbeitrag I für das Aktivgeschäft in €.**

f) **den Deckungsbeitrag III für das Konto insgesamt in €.**

Rechnungswesen und Steuerung

26. Als Mitarbeiter/ -in der Handelsbank AG sollen Sie mit Hilfe der folgenden Informationen die unten stehenden Kennzahlen nach der Marktzinsmethode berechnen.

Informationen:

Die Handelsbank AG gewährt einem Kunden einen Kredit in Höhe von 40.000,00 €, Laufzeit 4 Jahre, Zinssatz 9,25 %.

Sie nimmt von einem anderen Kunden eine Termineinlage in Höhe von 40.000,00 € an, Laufzeit 1 Jahr, Zinssatz 1,75 %.

Aktuelle Konditionen am Geld- und Kapitalmarkt

Alternative Kapitalanlage (4-Jahresanlage)	3,75 % p. a.
Alternative Kapitalbeschaffung (1-Jahresgeld)	2,75 % p. a.
Tagesgeld	1,75 % p. a.

Berechnen Sie (die Ergebnisse sind auf zwei Stellen nach dem Komma zu runden)

a) **die Bruttozinsspanne in %.**

b) **den Konditionenbeitrag Aktiva.**

c) **den Konditionenbeitrag Passiva.**

d) **den Strukturbeitrag (Fristentransformationsbeitrag).**

27. Ihr langjähriger Kunde Sven Müller benötigt für einen Zeitraum von einem Jahr eine Zwischenfinanzierung in Form eines Festdarlehens. Berechnen Sie aufgrund der folgenden Kalkulationsvorgaben die Preisuntergrenze für diesen Kredit:

Geld- und Kapitalmarktsätze:

- Tagesgeld	**1,6 %**
- 1-Monatsgeld	**1,9 %**
- 12-Monatsgeld	**2,4 %**
- 4-Jahresgeld	**3,4 %**
- Bearbeitungskosten	**0,85 %**
- Eigenkapitalkostensatz	**1,00 %**
- Risikokostensatz	**0,80 %**
- Gewinnmarge	**2,60 %**

Zu den nächsten drei Aufgaben siehe nachstehende Situation.

Als Mitarbeiter/-in der Handelsbank AG liegen Ihnen folgende Daten vor:

	Kredit 1	Kredit 2	Kredit 3	Einlage 1	Einlage 2	Einlage 3
Volumen in T€	6.000	10.000	4.000	6.000	8.000	6.000
Laufzeit in Jahren	7	4	2	2	3	5
Zinssatz p. a.	6,5 %	5,5 %	4,0 %	2,5 %	3,5 %	6,0 %
Geld- und Kapitalmarktzins bei entsprechender Laufzeit	5,5 %	4,5 %	3,5 %	3,5 %	4,0 %	5,0 %

28. Berechnen Sie aufgrund der vorliegenden Informationen die Bruttozinsspanne.

29. Wie hoch ist der Zinskonditionenbeitrag für den Kredit 1?

a) 8,50 € / negativ
b) 30,00 € / positiv
c) 60,00 € / positiv
d) 30,00 € / positiv
e) 8,50 € / negativ
f) 60,00 € / negativ

30. Wie hoch ist der Zinskonditionenbeitrag für die Einlage 3?

a) 60,00 € / negativ
b) 12,50 € / negativ
c) 30,00 € / positiv
d) 30,00 € / negativ
e) 12,50 € / positiv
f) 60,00 € / positiv

31. Nach eingehender Überprüfung gewährt die Kreditbank AG ihrem langjährigen Kunden, Franz Kreil, ein Anschaffungsdarlehen in Höhe von 200.000,00 €. Es wird eine Zinsbindung von 5 Jahren vereinbart. Eine Refinanzierung der Handelsbank AG erfolgt über Termineinlagen in entsprechender Höhe.

Aktuelle Konditionen der Kreditbank AG im Kundengeschäft:

- für Termineinlagen (1 Monat): 1,5 %
- für Anschaffungsdarlehen: 7,5 %

Zinssätze am Geld- und Kapitalmarkt:

- Tagesgeldsatz: 0,8 %
- Monatsgeld: 2,0 %
- Kapitalmarktanlage (5 Jahre): 5,0 %

Berechnen Sie jeweils in Prozent

a) den aktiven Konditionenbeitrag.

b) den passiven Konditionenbeitrag.

c) den Strukturbeitrag.

d) die Bruttozinsspanne.

Rechnungswesen und Steuerung

32. Zur Beantwortung der unten angegebenen Fragen stehen Ihnen folgende Daten aus dem internen und externen Rechnungswesen der Handelsbank AG zur Verfügung:

	T€
Zinsaufwendungen	175.770
Provisionsaufwendungen	4.140
Kalkulatorische Eigenkapitalkosten	1.600
Kalkulatorische Mieten	800
Abschreibung auf Sachanlagen	10.440
Personalaufwand	84.072
Andere Verwaltungsaufwendungen	43.742
Zinserträge	299.274
Provisionserträge	46.014
Nettoertrag aus Finanzgeschäften	2.130

Im abgelaufenen Geschäftsjahr betrug die durchschnittliche Bilanzsumme der Handelsbank AG 4.540.000,00 T€.

Berechnen Sie auf der Grundlage der Gewinn- und Verlustrechnung

a) den Zinsüberschuss. (Das Ergebnis ist in T€ anzugeben).

b) den Provisionsüberschuss. (Das Ergebnis ist in T€ anzugeben)

c) das Teilbetriebsergebnis. (Das Ergebnis ist in T€ anzugeben).

d) die Bruttozinsspanne. (Das Ergebnis ist in Prozent anzugeben).

e) die Provisionsspanne. (Das Ergebnis ist in Prozent anzugeben).

33. Berechnen Sie mit Hilfe der folgenden Werte das Betriebsergebnis aus der normalen Geschäftstätigkeit für die Handelsbank AG!

Werte	**Mio. €**
Steuern vom Einkommen und vom Ertrag	33,7
Zinserträge	150,0
Zuführung zu den anderen Gewinnrücklagen	3,0
Sonstige betriebliche Aufwendungen	4,5
Provisionserträge	82,5
Zinsaufwendungen	45,0
Personalkosten	30,0
Spenden für karitative Organisationen	1,5
Steuererstattung aus dem Vorjahr	2,2
Allgemeine Verwaltungskosten	15,0
Provisionsaufwendungen	22

34. **Sie sind in der Controlling-Abteilung der Handelsbank AG eingesetzt und sollen mit Hilfe der folgenden Daten Ergebnisberechnungen durchführen. Die Ergebnisse sind jeweils in Mio. € anzugeben.**

Erträge	**58,00 Mio. €**
davon Zweckerträge	**49,50 Mio. €**
außerordentliche Erträge	**6,40 Mio. €**
betriebsfremde Erträge	**2,10 Mio. €**
Aufwendungen	**45,00 Mio. €**
davon Zweckaufwendungen	**39,00 Mio. €**
außerordentliche Aufwendungen	**4,50 Mio. €**
betriebsfremde Aufwendungen	**1,50 Mio. €**

a) **Berechnen Sie das Betriebsergebnis der Kosten- und Erlösrechnung.**

b) **Ermitteln Sie das neutrale Ergebnis.**

35. **Zur Beantwortung der unten angegebenen Fragen stehen Ihnen folgende Daten aus dem externen Rechnungswesen der Südbank AG zur Verfügung:**

Bilanzsumme zum 31.12.: 4.000 Mio. €

Gewinn- und Verlustrechnung der Südbank AG zum 31.12. (Auszug)

	Mio. €		Mio. €
Zinsaufwendungen	400	Zinserträge	500
Provisionsaufwendungen	50	Provisionserträge	170
Personalaufwand	100	Sonstige betriebliche Erträge	30
Andere Verwaltungsaufwendungen	60		
Abschreibungen auf Sachanlagen	20	Erträge aus Finanzgeschäften	16
Sonstige betriebliche Aufwendungen	14		
Abschreibungen auf Forderungen	32		
Abschreibungen auf Wertpapiere	8		

Berechnen Sie auf der Grundlage der Gewinn- und Verlustrechnung

a) **das Teilbetriebsergebnis (Das Ergebnis ist in Mio. € anzugeben)**

b) **das Betriebsergebnis (Das Ergebnis ist in Mio. € anzugeben)**

c) **die Bruttozinsspanne**

d) **die Risikospanne.**

e) **die Nettogewinnspanne.**

Rechnungswesen und Steuerung

36. Welche zwei der folgenden Maßnahmen der Handelsbank AG erhöhen im Rahmen einer Außenfinanzierung deren Eigenkapital?

Die Kapitalgesellschaft ...

a) beschafft sich Eigenkapital durch Ausgabe von Inhaberschuldverschreibungen.

b) stellt nach Abzug eines Verlustvortrags von 5 % des Jahresüberschusses in die gesetzliche Rücklage ein, da nach § 150 AktG die Vorgabe noch nicht erfüllt ist.

c) stellt das Agio, das sich bei der Ausgabe von Anteilen ergeben hat, in die Kapitalrücklage ein.

d) erhöht die Mittel für den Fonds für allgemeine Bankrisiken.

e) erfasst den Nennwert der Aktien aus einer Kapitalerhöhung gegen Einlagen als gezeichnetes Kapital.

f) führt eine Kapitalerhöhung aus Gesellschaftsmitteln durch.

37. Am Geschäftsjahresende 2019 hat die Handelsbank AG 5.000 Aktien der Unix AG im Handelsbestand. Aufgrund des positiven Geschäftsverlaufes der Unix AG erwartet man erstmals für das Geschäftsjahr 2019 eine Dividende von 0,80 € je Aktie. Welche Auswirkung hat die zu erwartende Dividende für den Jahrabschluss der Handelsbank AG?

a) Die Handelsbank AG muss 4.000,00 € zum Kurswert der Unix AG addieren.

b) Die Handelsbank AG hat hinsichtlich der Dividende für 2019 keine besonderen Maßnahmen zu ergreifen.

c) Der Bilanzwert der Unix AG Aktien enthält die erwartete Dividende abzüglich Kapitalertragsteuer und Solidaritätszuschlag.

d) Die Dividende für das Geschäftsjahr 2019 geht als Ertrag aus Finanzgeschäften mit 4.000,00 € in die Gewinn- und Verlustrechnung der Handelsbank AG für das Jahr 2019 ein.

e) Die Handelsbank AG darf die Dividende nur zeitanteilig in die eigene Gewinn- und Verlustrechnung für 2019 einbeziehen.

38. Die Handelsbank AG beabsichtigt eine möglichst geringe Dividende aus dem diesjährigen Gewinn auszuschütten. Mit dieser Maßnahme soll das Eigenkapital der Handelsbank AG erhöht werden. Welche zwei der der folgenden Aussagen sind hinsichtlich der Rücklagenbildung bzw. Dividendenausschüttung sachlich richtig?

a) Vorstand, Aufsichtsrat und Hauptversammlung müssen gemeinsam die Anteile von Rücklagenbildung und Dividendenausschüttung festlegen.

b) Nach Einstellung in die gesetzliche Rücklage können Vorstand und Aufsichtsrat allein über die Dividendenhöhe entscheiden.

c) Vorstand und Aufsichtsrat können bei der Festlegung des Jahresabschlusses bis zu 50 % des Jahresüberschusses in die anderen Gewinnrücklagen einstellen, falls sie durch die Satzung nicht zur Einhaltung eines höheren Anteils ermächtigt sind. Dabei sind Beiträge, die in die gesetzliche Rücklage einzustellen sind, und ein Verlustvortrag vorab vom Jahresüberschuss abzuziehen.

d) Die Hauptversammlung entscheidet gemäß AktG allein über die Verwendung des Jahresüberschusses. Vorher muss der Jahresüberschuss um einen Verlustvortrag und eine Zuführung zu der gesetzlichen Rücklage gekürzt werden.

e) Eine geringere Gewinnausschüttung als in den Vorjahren und damit verbunden höhere Gewinnthesaurierung erhöht das Ansehen der Handelsbank AG und entspricht dem Ausschüttungsprinzip Dividendenkontinuität.

f) Die Hauptversammlung kann weitere Beträge - als von Vorstand und Aufsichtsrat schon festgesetzt - aus dem Jahresüberschuss in die Gewinnrücklagen einstellen lassen, um eine Eigenkapitalerhöhung durch Selbstfinanzierung zu erreichen.

Zu den nächsten vier Aufgaben siehe nachstehende Situation.

Zur Beantwortung der folgenden Aufgaben liegt Ihnen der abgebildete Auszug aus der Schlussbilanz der Handelsbank AG und die unten abgebildeten Gesetzesauszüge vor.

Auszug aus der Schlussbilanz 2018 der Handelsbank AG:

	Mio. €
Gezeichnetes Kapital	4.000
Kapitalrücklage	170
Gesetzliche Rücklage	225
Andere Gewinnrücklagen	270

In der Gewinn- und Verlustrechnung wird für das abgelaufene Geschäftsjahr 2019 ein Jahresüberschuss von 140 Mio. € veröffentlicht.
Aus dem Geschäftsjahr 2018 ist noch ein Verlustvortrag von 15 Mio. € zu berücksichtigen.
Die sich im Umlauf befindlichen Aktien haben einen Nennwert von 5,00 €.

§ 150 Aktiengesetz (AktG)

§ 150 Gesetzliche Rücklage. Kapitalrücklage. (1) In der Bilanz des nach den §§ 242, 264 des Handelsgesetzbuchs aufzustellenden Jahresabschlusses ist eine gesetzliche Rücklage zu bilden.

(2) In diese ist der zwanzigste Teil des um einen Verlustvortrag aus dem Vorjahr geminderten Jahresüberschusses einzustellen, bis die gesetzliche Rücklage und die Kapitalrücklagen nach § 272 Abs. 2 Nr. 1 bis 3 des Handelsgesetzbuchs zusammen den zehnten oder den in der Satzung bestimmten höheren Teil des Grundkapitals erreichen.

(3) Übersteigen die gesetzliche Rücklage und die Kapitalrücklagen nach § 272 Abs. 2 Nr. 1 bis 3 des Handelsgesetzbuchs zusammen nicht den zehnten oder den in der Satzung bestimmten höheren Teil des Grundkapitals, so dürfen sie nur verwandt werden

1. zum Ausgleich eines Jahresfehlbetrags, soweit er nicht durch einen Gewinnvortrag aus dem Vorjahr gedeckt ist und nicht durch Auflösung anderer Gewinnrücklagen ausgeglichen werden kann;
2. zum Ausgleich eines Verlustvortrags aus dem Vorjahr, soweit er nicht durch einen Jahresüberschuss gedeckt ist und nicht durch Auflösung anderer Gewinnrücklagen ausgeglichen werden kann.

§ 272 Handelsgesetzbuch (HGB)

§ 272 Eigenkapital. (1) Gezeichnetes Kapital ist das Kapital, auf das die Haftung der Gesellschafter für die Verbindlichkeiten der Kapitalgesellschaft gegenüber den Gläubigern beschränkt ist. Die ausstehenden Einlagen auf das gezeichnete Kapital sind auf der Aktivseite vor dem Anlagevermögen gesondert auszuweisen und entsprechend zu bezeichnen; die davon eingeforderten Einlagen sind zu vermerken. Die nicht eingeforderten ausstehenden Einlagen dürfen auch von dem Posten „Gezeichnetes Kapital“ offen abgesetzt werden; in diesem Falle ist der verbleibende Betrag als Posten „Eingefordertes Kapital“ in der Hauptspalte der Passivseite auszuweisen und ist außerdem der eingeforderte, aber noch nicht eingezahlte Betrag unter den Forderungen gesondert auszuweisen und entsprechend zu bezeichnen. Der Nennbetrag oder, falls ein solcher nicht vorhanden ist, der rechnerische Wert von nach § 71 Abs. 1 Nr. 6 oder 8 des Aktiengesetzes zur Einziehung erworbenen Aktien ist in der Vorspalte offen von dem Posten „Gezeichnetes Kapital“ als Kapitalrückzahlung abzusetzen. Ist der Erwerb der Aktien nicht zur Einziehung erfolgt, ist Satz 4 auch anzuwenden, soweit in dem Beschluss über den Rückkauf die spätere Veräußerung von einem Beschluss der Hauptversammlung in entsprechender Anwendung des § 182 Abs. 1 Satz 1 des Aktiengesetzes abhängig gemacht worden ist. 'Wird der Nennbetrag oder der rechnerische Wert von Aktien nach Satz 4 abgesetzt, ist der Unterschiedsbetrag dieser Aktien zwischen ihrem Nennbetrag oder dem rechnerischen Wert und ihrem Kaufpreis mit den anderen Gewinnrücklagen (§ 266 Abs. 3 A.111.4.) zu verrechnen; weitergehende Anschaffungskosten sind als Aufwand des Geschäftsjahres zu berücksichtigen

(2) Als Kapitalrücklage sind auszuweisen

1. der Betrag, der bei der Ausgabe von Anteilen einschließlich von Bezugsanteilen über den Nennbetrag oder, falls ein Nennbetrag nicht vorhanden ist, über den rechnerischen Wert hinaus erzielt wird;
2. der Betrag, der bei der Ausgabe von Schuldverschreibungen für Wandlungsrechte und Optionsrechte zum Erwerb von Anteilen erzielt wird;
3. der Betrag von Zuzahlungen, die Gesellschafter gegen Gewährung eines Vorzugs für ihre Anteile leisten;
4. der Betrag von anderen Zuzahlungen, die Gesellschafter in das Eigenkapital leisten.

(3) Als Gewinnrücklagen dürfen nur Beträge ausgewiesen werden, die im Geschäftsjahr oder in einem früheren Geschäftsjahr aus dem Ergebnis gebildet worden sind. Dazu gehören aus dem Ergebnis zu bildende gesetzliche oder auf Gesellschaftsvertrag oder Satzung beruhende Rücklagen und andere Gewinnrücklagen.

Rechnungswesen und Steuerung

39. Welcher Betrag muss in der veröffentlichten Bilanz 2019 in dem Posten „Gesetzliche Rücklage“ entsprechend den Bestimmungen des AktG ausgewiesen werden?

40. Vorstand und Aufsichtsrat schlagen der Hauptversammlung als beschließendes Organ eine Bruttodividende von 0,14 € vor. Wie hoch ist der auszuweisende Bilanzgewinn für das Jahr 2019, der vollständig an die Aktionäre ausgeschüttet werden soll?

41. Der noch verbleibende Rest des Jahresüberschusses soll den anderen Gewinnrücklagen zugeführt werden. Welcher Betrag wird in der Bilanz 2019 im Posten „Andere Gewinnrücklagen“ ausgewiesen?

42. Welche Aussage zur Bildung von anderen Gewinnrücklagen ist richtig?

a) Die Bildung von anderen Gewinnrücklagen schwächt die Liquidität des Unternehmens, da Gewinnrücklagen langfristig im Unternehmen gebunden sind.

b) Die Bildung von anderen Gewinnrücklagen ist eine Form der Außenfinanzierung, da die nicht ausgeschütteten Gewinne, die eigentlich den Aktionären zustehen, dem Unternehmen zugeführt werden.

c) Die Bildung von anderen Gewinnrücklagen und deren Auflösung ermöglichen eine Beeinflussung des Bilanzgewinns in der Hinsicht, dass eine Dividendenkontinuität erreicht werden kann.

d) Die Bildung von anderen Gewinnrücklagen vermindert den zu versteuernden Gewinn der Handelsbank AG, so dass auch die steuerliche Belastung des Unternehmens sinkt.

e) Die Bildung von anderen Gewinnrücklagen bewirkt, dass der Handelsbank AG die Mittel für Investitionen in Sachanlagen zur Verfügung stehen.

43. Die Bilanz der Solartronic AG weist für das abgelaufene Geschäftsjahr folgende Eigenkapitalwerte aus:

	Mio. €
Gezeichnetes Kapital	100,0
Kapitalrücklage	4,5
Gewinnrücklagen	
- Gesetzliche Rücklage	4,1
- Andere Rücklagen	36,5

Der Jahresüberschuss für das abgelaufene Geschäftsjahr beträgt 16,8 Mio. €.
Die Hauptversammlung beschließt auf Vorschlag des Vorstandes 8,0 Mio € als Bilanzgewinn an die Aktionäre auszuschütten (eine Ertragsbesteuerung ist zu vernachlässigen).

Berechnen Sie (Ergebnisse sind jeweils in Mio. € anzugeben)

a) den Betrag, mit dem die gesetzlichen Rücklagen in der Bilanz des abgelaufenen Geschäftsjahres auszuweisen sind.

b) den Betrag, um den sich die anderen Gewinnrücklagen erhöhen.

44. Welche <u>zwei</u> der folgenden Aussagen sind im Hinblick auf die Eigenkapitalrentabilität sachlich richtig?

Die Eigenkapitalrentabilität ...

a) zeigt die Rentabilität des insgesamt im Unternehmen eingesetzten Kapitals unabhängig von der Kapitalstruktur.

b) sollte über dem langfristigen Kapitalmarktzins liegen, da zusätzlich eine Risikoprämie für den Unternehmen zu berücksichtigen ist.

c) zeigt die Bindungsdauer des Kapitals; je höher die Kennzahl, desto häufiger wird das Kapital umgesetzt.

d) zeigt, wie viel Gewinn mit einer bestimmten Menge an Umsatz erzielt wurde.

e) zeigt die Selbstfinanzierungskraft des Unternehmens, unabhängig von Abschreibungen und Zuführungen zu den Rückstellungen.

f) zeigt, wie sich das eingesetzt Eigenkapital verzinst.

45. Wie ist der Rückgang des Cash-flows eines Unternehmens gegenüber dem Vorjahr hinsichtlich der Kreditwürdigkeit zu bewerten, wenn sich die Bilanzsumme nicht verändert?

a) Die Kreditwürdigkeit hat sich verbessert.
b) Die Kreditwürdigkeit hat sich verschlechtert.
c) Die Kreditwürdigkeit ist unverändert.
d) Die Kreditwürdigkeit wird nicht vom Cash-flow beeinflusst.
e) Die Kreditwürdigkeit bleibt unverändert erhalten, sofern Cash-flow noch einen positiven Wert hat.

46. Ordnen Sie die folgenden zur Auswertung einer Bilanz notwendigen Kennzahlen den unten stehenden Aussagen richtig zu.

Kennzahlen

a) Eigenkapitalquote
b) Anlagedeckungsgrad II
c) Gesamtkapitalrentabilität
d) Kreditorenziel
e) Cash-flow-Rate

Aussagen

[ ] Ist diese Kennzahl größer als 100 %, sind auch Teile des Umlaufvermögens durch langfristige Finanzierungsmittel gedeckt.

[ ] Aus der Höhe und Entwicklung dieser Kennzahl können Rückschlüsse auf die Ertragskraft und die Liquidität des Unternehmens gezogen werden.

[ ] Ist beim Vergleich dieser Kennzahl über mehrere Abrechnungsperioden ein Anstieg festzustellen, kann dies auf Liquiditätsschwierigkeiten des Unternehmens hinweisen.

[ ] Mit Hilfe dieser Kennzahl kann darauf geschlossen werden, wie viel Prozent des Gesamtvermögens mit Fremdkapital finanziert wurden.

[ ] Liegt der Kreditzins unter dieser Kennzahl, ist für das Unternehmen die Finanzierung einer Investition durch Aufnahme von Fremdkapital lohnend.

47. Die Landshuter Baustoffe GmbH zieht in Betracht, ihre Geschäftsexpansion u. a. über die Aufnahme von Krediten bei der Handelsbank AG zu finanzieren. Zur Beurteilung stehen folgende aus der Bilanz ermittelte Kennzahlen zur Verfügung:

- Gesamtkapitalrentabilität: 13,0 %
- Umsatzrentabilität: 6,6 %

Welche Auswirkung hat die hohe Gesamtkapitalrentabilität auf die zu treffende Entscheidung?

a) Wenn die Gesamtkapitalrentabilität unter der Umsatzrentabilität liegt, sollte weiteres Fremdkapital zur Finanzierung der Expansion aufgenommen werden.
b) Bei einer über dem Fremdkapitalzinssatz liegenden Gesamtkapitalrentabilität wird nur noch Eigenkapital aufgenommen, weil sich allein damit die Rendite des Eigenkapitals erhöhen lässt.
c) Die Geschäftsführung der Landshuter Baustoffe GmbH sollte stets völlig unabhängig von der hohen Gesamtkapitalrentabilität die angebotenen Finanzierungsalternativen betrachten, da die Kennzahl keine Aussagekraft hat.
d) Liegt die Gesamtkapitalrentabilität über dem Fremdkapitalzinssatz, so kann das ein Indikator dafür sein, mit zusätzlichem Fremdkapital die Eigenkapitalrentabilität zu steigern.
e) Die materielle Kreditwürdigkeit der Landshuter Baustoffe GmbH ist nur bedingt gegeben, da die Umsatzrentabilität nur etwa halb so groß wie die Gesamtkapitalrentabilität ist.

48. **Als Mitarbeiter/ -in der Handelsbank AG sollen Sie zur Vorbereitung auf die Bonitätsprüfung der Maschinenbau Landshut AG vorliegende Bilanz analysieren.**

Aktiva	Bilanz in €		Passiva
Grundstücke und Bauten	800.000	Eigenkapital	2.320.000
Technische Anlagen und Maschinen	1.500.000	Fremdkapital	
Betriebs- und Geschäftsausstattung	600.000	1. Langfristige Fremdkapital	2.180.000
Roh-, Hilfs- und Betriebsstoffe	600.000	2. Kurzfristiges Fremdkapital	
Unfertige Erzeugnisse	280.000		1.180.000
Fertige Erzeugnisse	480.000		
Forderungen aus Lieferungen und Leistungen	1.000.000		
Bankguthaben	420.000		
	5.680.000		5.680.000

Der Jahresgewinn beläuft sich auf 300.000,00 €.

Analysieren Sie die vorliegenden Angaben und berechnen Sie (Ergebnisse sind ggf. auf zwei Stellen nach dem Komma zu runden)

a) **die Eigenkapitalrentabilität.**

b) **den Anlagendeckungsgrad I.**

c) **den Anlagendeckungsgrad II.**

49. **Sie vereinbaren mit Herrn Kai Schuder, Geschäftsführer der Landshuter Baustoffe AG, ein Beratungsgespräch, da die AG beabsichtigt, Ihr Kreditinstitut als Hausbank zu wählen. Daher hat Ihr Kreditinstitut bereits eine aufbereitete Erfolgsrechnung erarbeitet, die nachstehend auszugsweise vorliegt.**

Auszug aus der aufbereiteten Bilanz der Landshuter Baustoffe AG

	Berichtsjahr T€	Vorjahr T€
Gesamtleistung	**97.700,00**	**93.464,00**
Materialaufwand	**51.220,00**	**48.080,00**
Personalaufwand	**28.180,00**	**27.720,00**
Zuführung zu langfristigen Pensionsrückstellungen	**460,00**	**224,00**
Abschreibung auf Sachanlagen	**2.200,00**	**2.100,00**
Betriebsergebnis	**15.640,00**	**15.340,00**

Berechnen Sie aufgrund der vorliegenden Daten für die Landshuter Baustoffe AG

a) **den Cash-flow für das Berichtsjahr in T€**

b) **die prozentuale Veränderung des Cash-flow gegenüber dem Vorjahr (Ergebnis auf eine Stelle nach dem Komma runden).**

50. **Als Mitarbeiter/ -in der Handelsbank AG sollen Sie mithilfe der vorliegenden Bilanz und Gewinn- und Verlustrechnung der Maschinenbau Landshut GmbH im Rahmen einer Kreditprolongation unten stehende Kennzahlen berechnen:**

Aktiva	**Bilanz in €**		**Passiva**
Grundstücke und Bauten	1.200.000	Eigenkapital	1.800.000
Technische Anlagen und Maschinen	1.800.000	Langfristige Bankkredite	1.300.000
Warenbestand	600.000	Langfristige Pensionsrückstellungen	100.000
Forderungen aus Lieferungen und Leistungen	400.000	Verbindlichkeiten aus Lieferungen und Leistungen	440.000
Bankguthaben	200.000	Kontokorrentkredit	560.000
	4.200.000		4.200.000

Gewinn- und Verlustrechnung in €

Umsatzerlöse	5.700.000
+ Bestandsveränderungen	100.000
= Gesamtleistung	5.800.000
- Materialaufwand	2.400.000
- Personalaufwand	1.800.000
- Ordentliche Abschreibungen	320.000
- Betriebssteuern	200.000
- Zuführung zu langfr. Pensionsrückstellungen	50.000
- Zinsaufwendungen	280.000
= Betriebsergebnis	750.000

Analysieren Sie die vorliegenden Angaben und berechnen Sie (Ergebnisse sind ggf. auf eine Stelle nach dem Komma zu runden)

a) **den Anlagedeckungsgrad II in Prozent.**

b) **die Cash-flow-Rate.**

c) **die Gesamtkapitalrentabilität**

d) **die Umsatzrentabilität.**

Rechnungswesen und Steuerung

Zu den nächsten zwei Aufgaben siehe nachstehende Situation.

Als Mitarbeiter/-in in der Kreditbank AG sollen Sie überprüfen, ob ein Kreditantrag der Maschinenbau AG über 600.000,00 € zum Kauf einer Fertigungshalle gewährt werden kann. Zur Beurteilung liegt Ihnen der letzte Jahresabschluss der Maschinenbau AG vor.

Auszug aus der aufbereiteten Bilanz der Maschinenbau AG

Aktiva	T€
Grundstücke	3.000
Maschinen	6.200
Betriebs- und Geschäftsausstattung (BGA)	1.540
Roh-/Hilfs-/Betriebsstoffe	2.300
Fertigerzeugnisse	240
Forderungen aus Lieferungen und Leistungen	1.520
Kasse	20
Bank	180

Passiva	T€
Gezeichnetes Kapital	8.400
Kapitalrücklage	660
Gewinnrücklagen	540
Bilanzgewinn	400
Pensionsrückstellungen	260
langfristiges Fremdkapital	5.620
Verbindlichkeiten aus Lieferungen und Leistungen	1.120

Bilanzsumme	21.000

Auszug aus der aufbereiteten Gewinn- und Verlustrechnung der Maschinenbau AG

	T€
Materialaufwand	2.500
Löhne und Gehälter	1.200
Ordentliche Abschreibungen	520
Zinsaufwendungen	140
Zuführung zu Pensionsrückstellungen	40
Sonstige betriebliche Aufwendungen	1.560
Betriebsergebnis	640
Umsatzerlöse	6.600

51. Vor der Zusage des Kredits analysieren und ermitteln Sie in Prozent (Ergebnisse sind auf zwei Stellen nach dem Komma zu runden)

a) **die Eigenkapitalquote.**

b) **den Anlagendeckungsgrad I**

c) **die Umsatzrentabilität.**

d) **Cash-flow-Rate.**

52. Welche Aussage hinsichtlich des Cash-flows bzw. der Cash-flow-Rate ist sachlich zutreffend?

a) Der Cash-flow zeigt über die Abschreibungen den Teil der Umsatzerlöse, der langfristig in Gegenstände des Anlagevermögens gebunden ist.

b) Der Cash-flow entlastet die Liquidität und kann von der Maschinenbau AG in der laufenden Abrechnungsperiode zur Begleichung von Aufwendungen verwendet werden.

c) Die Cash-flow-Rate stellt das Verhältnis von Innen- und Außenfinanzierung dar.

d) Der Cash-flow ist der aus dem betrieblichen und finanziellen Sektor stammende Zahlungsüberschuss, den die Maschinenbau AG für Investitionen oder für die Rückzahlung von Verbindlichkeiten verwenden kann.

e) Die Cash-flow-Rate gibt an, welche Teile der Anschaffungskosten für Anlagegüter der Maschinenbau AG über die Umsatzerlöse wieder zurückfließen und somit die Liquidität verbessern.

53. Als Mitarbeiter/ -in der Handelsbank AG sollen Sie mithilfe der vorliegenden Bilanz und Gewinn- und Verlustrechnung der Baustoffe Landshut GmbH vor Kreditvergabe an diesen Kunden verschiedene Kennzahlen berechnen:

AKTIVA	BILANZ IN €		PASSIVA
Grundstücke und Bauten	2.000.000	Gezeichnetes Kapital	2.500.000
Technische Anlagen und Maschinen	1.400.000	Gesetzliche Rücklagen	1.000.000
Betriebs- und Geschäftsausstattung	600.000	Satzungsmäßige Rücklagen	250.000
Roh-, Hilfs- und Betriebsstoffe	550.000	Bilanzgewinn	450.000
Fertige Erzeugnisse	400.000	Rückstellungen für Pensionen	400.000
Forderungen aus Lieferungen und Leistungen	600.000	Sonstige langfristige Rückstellungen	200.000
		Langfristige Darlehen	650.000
Bankguthaben	450.000	Verbindlichkeiten aus L. u. L.	550.000
	6.000.000		6.000.000

Gewinn- und Verlustrechnung in €

Umsatzerlöse	13.500.000
Materialaufwand	8.000.000
Personalaufwand	4.100.000
Ordentliche Abschreibungen	300.000
Zinsaufwendungen	350.000
Zuführung zu Pensionsrückstellungen	50.000
Sonstige betriebliche Aufwendungen	300.000
Betriebsergebnis	400.000

Zur Analyse ermitteln Sie folgende Kennzahlen:

a) Anlagedeckungsgrad II in Prozent (ggf. Ergebnis auf eine Stelle nach dem Komma runden)

b) Gesamtkapitalrentabilität in Prozent (ggf. Ergebnis auf eine Stelle nach dem Komma runden)

c) Kreditorenziel in Tagen (auf volle Tage aufrunden)

d) Debitorenziel in Tagen (auf volle Tage aufrunden)

54. Als Mitarbeiter/-in der Kreditbank AG sollen Sie überprüfen, ob ein Kreditantrag der Getränke Meier GmbH gewährt werden kann. Zur Beurteilung liegt Ihnen der letzte Jahresabschluss der Getränke Meier GmbH vor:

Aktiva	Bilanz vom 31.12.(Kurzfassung)		Passiva
	T€		T€
Gebäude	180	Eigenkapital	90
Betriebs- und Geschäftsausstattung	60	Langfristige Bankkredite	125
Warenbestand	40	Verbindlichkeiten aus L. u. L.	45
Forderungen aus L. u. L.	55	Kontokorrentkredit	90
Kassenbestand	15		
	350		350

Gewinn- und Verlustrechnung

	T€
Umsatzerlöse	580
Wareneinsatz	360
Personalaufwand	125
Abschreibungen auf Sachanlagen	5
Zinsaufwendungen	10
Sonstige Aufwendungen	60

Vor der Zusage des Kredits analysieren und ermitteln Sie

a) die Eigenkapitalquote in Prozent (Ergebnis ggf. auf eine Stelle nach dem Komma runden).

b) den Anlagendeckungsgrad II in Prozent (Ergebnis ggf. auf eine Stelle nach dem Komma runden).

c) das Kreditorenziel in Tagen (auf volle Tage aufrunden).

d) das Debitorenziel in Tagen (auf volle Tage aufrunden).

e) das Betriebsergebnis in T€.

f) die Eigenkapitalrentabilität in Prozent (Ergebnis ggf. auf eine Stelle nach dem Komma runden).

Zu den nächsten vier Aufgaben siehe nachstehende Situation.

Für die Landshuter Baustoffe AG hat die Handelsbank AG eine aufbereitete Bilanz und Gewinn- und Verlustrechnung, die nachstehend als Anlage auszugsweise angegeben sind, erarbeitet.

Auszug aus der aufbereiteten Bilanz der Landshuter Baustoffe AG		
	T€	
Grundkapital	30.000	
Kapitalrücklage	2.400	
Gesetzliche Rücklage	500	
Andere Gewinnrücklagen	51.750	
Bilanzsumme	235.000	
Auszug aus der aufbereiteten GuV-Rechnung der Landshuter Baustoffe AG		
	T€	
Umsatzerlöse	81.900	
Gesamtleistung	82.100	
Materialaufwand	48.400	
Personalaufwand	24.300	
Abschreibungen auf Sachanlagen	1.125	
Erträge aus Finanzanlagen	375	
Zinsen und ähnliche Aufwendungen	1.150	
Betriebsergebnis	7.400	

55. Die Hauptversammlung der Landshuter Baustoffe AG beschließt auf Vorschlag des Vorstandes, den überwiegenden Teil des im abgelaufenen Geschäftsjahres erzielten Gewinn in die Rücklagen einzustellen. Darüber hinaus wird beschlossen, die Dividende gegenüber dem letzten Geschäftsjahr nur leicht anzuheben. Welche der folgenden Aussagen ist hinsichtlich der Auswirkung dieses Beschlusses zutreffend?

a) Die Bildung von Rücklagen mindert den zu versteuernden Gewinn der Landshuter Baustoffe AG.

b) Durch die steigenden Rücklagen erhöht sich die Sicherheit für die Gläubiger der Landshuter Baustoffe AG; dies erleichtert die zukünftige Beschaffung von Fremdkapital.

c) Durch die Erhöhung der Rücklagen vermindert sich die Liquidität der Landshuter Baustoffe AG.

d) Die Nichtausschüttung von Teilen des Gewinns führt zu einem sinkenden Kurs der Landshuter Baustoffe AG-Aktie, die deshalb mit dem Kurshinweis „exD" gekennzeichnet wird.

e) Die in die Rücklagen eingestellten Mittel stehen der Landshuter Baustoffe AG nicht mehr für Investitionen zur Verfügung, so dass bei einer in nächster Zeit geplanten Ausweitung des Unternehmens mehr Fremdkapital beschafft werden muss.

56. Welche <u>zwei</u> der folgenden Aussagen sind im Zusammenhang mit der Bildung von stillen Reserven zutreffend?

a) Stille Reserven entstehen durch die Überbewertung von Aktiva.

b) Stille Reserven sind im Bilanzposten „Andere Gewinnrücklagen" enthalten.

c) Stille Reserven müssen im Anhang zum Jahresabschluss aufgeführt werden.

d) Stille Reserven entstehen, wenn die Abschreibungen den tatsächlichen Wertverlust übersteigen.

e) Stille Reserven entstehen durch die Einstellung eines Teils des Gewinns in den Bilanzposten „Kapitalrücklage".

f) Stille Reserven entstehen durch die Überbewertung von Verbindlichkeiten.

57. Welchen Betrag muss die Landshuter Baustoffe AG noch in die gesetzliche Rücklage einstellen, damit die vorgeschriebene Mindesthöhe erreicht ist?

58. Analysieren Sie die vorliegenden Angaben und berechnen Sie (Ergebnisse sind ggf. auf eine Stelle nach dem Komma zu runden)

a) den Cash-flow in T€.

b) die Cash-flow-Rate in Prozent.

c) die Veränderung des Cash-flow gegenüber dem Vorjahr in T€, wenn dieser um 3,5 % gestiegen ist.

d) die Eigenkapitalrentabilität in Prozent.

Rechnungswesen und Steuerung

PRÜFUNGSVORBEREITUNG AKTUELL

FÜR

Bankkauffrau/ Bankkaufmann

PRÜFUNGSTEIL

WIRTSCHAFTS- UND SOZIALKUNDE

TEIL 3
WIRTSCHAFTS- UND SOZIALKUNDE

ÜBUNGSAUFGABEN ZUR VORBEREITUNG AUF DIE ZWISCHEN- UND ABSCHLUSSPRÜFUNG

BEI DEN NACHSTEHENDEN AUFGABEN SIND DIE RICHTIGEN ERGEBNISSE ANZUKREUZEN BZW. ZUZUORDNEN.

1. **Ein Lehrer hat sich bei einem Möbelhaus einen Schreibtisch gekauft. Bei der Lieferung stellt er Mängel fest. Er erteilt eine Mängelrüge und fordert einen Preisnachlass. Auf welches Rechtsgebiet stützt sich die Geltendmachung dieses Anspruchs?**
   a) Privates Recht
   b) Öffentliches Recht
   c) Strafrecht
   d) Verfassungsrecht
   e) Verwaltungsrecht

2. **Welche Aussage über das Privatrecht ist richtig?**
   a) Das Privatrecht regelt die Rechtsverhältnisse zwischen Privatpersonen und dem Staat als Hoheitsträger.
   b) Für das Privatrecht gilt das Prinzip der Gleichordnung der Beteiligten.
   c) Das Privatrecht umfasst ausschließlich geschriebenes Recht.
   d) Das Privatrecht regelt die Beziehungen des Einzelnen zu den Körperschaften des öffentlichen Rechts nach den Grundsätzen der Über- und Unterordnung.
   e) Ein Teil des Privatrechts ist das Strafrecht.

3. **Welche Aussage über eine Rechtsverordnung ist richtig?**
   a) Sie kann von allen juristischen Personen erlassen werden.
   b) Sie wird aufgrund eines Gesetzes erlassen.
   c) Sie kann ohne gesetzliche Ermächtigung vom Bundesverfassungsgericht erlassen werden.
   d) Sie behält nach Aufheben des zugrunde liegenden Gesetzes ihre Gültigkeit, wenn sie im Rang über diesem Gesetz steht.
   e) Sie beinhalten die Gesamtheit aller Rechtsnormen eines Bundeslandes.

4. **Welches Rechtsgebiet enthält öffentlich-rechtliche und privatrechtliche Regelungen?**
   a) Handelsrecht
   b) Verwaltungsrecht
   c) Arbeitsrecht
   d) Strafrecht
   e) Verfassungsrecht

5. **Welche Aussage zu Gesetzen, Rechtsverordnungen und Satzungen ist richtig?**
   a) Satzungen stehen im Rang über den Gesetzen.
   b) Alle Gesetze bedürfen, um rechtsgültig zu sein, der Zustimmung der Bundesregierung.
   c) Rechtsverordnungen werden durch die Exekutive auf Grund einer ausdrücklichen gesetzlichen Ermächtigung erlassen.
   d) Eine Rechtsverordnung ist die Gesamtheit aller in einem Staat geltenden Gesetze.
   e) Das Grundgesetz verpflichtet den Bundestag, Rechtsverordnungen zu erlassen.

6. **Was ist nach dem BGB eine vertretbare Sache?**
   a) Das Manuskript eines Autors
   b) Ein Ölgemälde
   c) Eine 100-€-Banknote
   d) Ein bebautes Grundstück
   e) Ein Patent

7. **Eine Gemeinde hat durch eine Bauunternehmung ein Schulgebäude errichten lassen. Nach der Fertigstellung zeigen sich Baumängel. Die Gemeinde will finanzielle Ansprüche gegen die Bauunternehmung durchsetzen. Auf welches Rechtsgebiet stützt sich die Geltendmachung dieser Ansprüche?**
   a) Verfassungsrecht
   b) Verwaltungsrecht
   c) Strafrecht
   d) Öffentliches Recht
   e) Privatrecht

8. Rechtsobjekte lassen sich entsprechend der Abbildung unterteilen. Was gehört zu den unbeweglichen Sachen?

a) Ein Patent für ein Herstellungsverfahren
b) Ware, die unter Eigentumsvorbehalt geliefert wurde
c) Ein Betriebsgebäude
d) Der Gehaltsanspruch eines Mitarbeiters
e) Wertpapiere, die im Depot einer Bank aufbewahrt werden

Einteilung von Sachen und Rechten

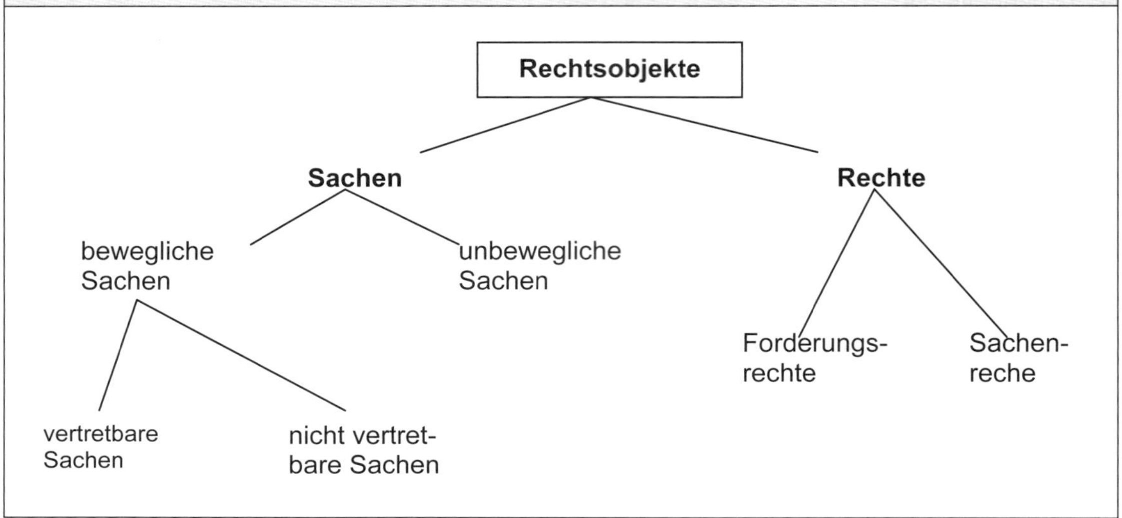

9. Ordnen Sie zu.

Regelungen

a) Koalitionsfreiheit
b) Vom Jahresgewinn einer OHG erhält jeder Gesellschafter 4 % seines Kapitalanteils. Der Rest wird nach Köpfen verteilt.
c) Die Beschäftigung Jugendlicher unter 15 Jahren ist verboten.
d) Der Kaufvertrag soll schriftlich abgefasst werden.
e) Festlegung der Dauer der Berufsausbildung
f) Für den Kaufvertrag gelten die Allgemeinen Geschäftsbedingungen.
g) Die Aktiengesellschaft wird gerichtlich und außergerichtlich durch zwei Vorstandsmitglieder vertreten.

Rechtsquellen

[ ] Grundgesetz
[ ] Satzung
[ ] Verordnung

10. Rechtsobjekte werden in Sachen und Rechte unterteilt. Welches Rechtsobjekt gehört zu den Rechten?

a) Grundstück
b) Sparbuch
c) Banknote
d) Konzession
e) Mietwohnung

11. Eine noch beim Verkäufer befindliche verkaufte Ware wird durch Blitzschlag vernichtet. Bei welcher Ware hat der Kunde Anspruch auf Lieferung, weil die Ware vertretbar ist?

a) Eine neue Videoanlage der Marke Metzner
b) Ein gebrauchtes Auto, das in einem exzellenten Zustand war
c) Ein Ölgemälde eines bekannten Künstlers
d) Ein handgefertigtes Schmuckstück
e) Das Originalmanuskript zu einem Roman

12. Handelsgeschäfte unter Kaufleuten werden vom HGB gesetzlich geregelt. Welche der nachstehenden natürlichen oder juristischen Personen fällt unter die Bestimmungen des Handelsrechts?

a) Ein Richter beim Landgericht
b) Scheid GmbH
c) Ein Wirtschaftsprüfer
d) Ein Heilpraktiker
e) Ein Notar

13. Ordnen Sie die aufgeführten natürlichen und juristischen Personen zu. Kennzeichnen Sie dabei die natürlichen Personen mit (1), die juristischen Personen des privaten Rechts mit (2) und die juristischen Personen den öffentlichen Rechts mit (3).

[ ] BMW AG
[ ] Rechtsanwalt Uwe Klein
[ ] Stadtverwaltung Landshut
[ ] Flughafen GmbH München
[ ] Gesellschafter einer KG
[ ] FC Bayern München e.V.
[ ] Allgemeine Ortskrankenkasse (AOK)

14. Welche Organisation zählt zu den juristischen Personen des privaten Rechts?

a) Die Industrie- und Handelskammer
b) Die Bundesagentur für Arbeit
c) Die Deutsche Rentenversicherung DRV
d) Die Gesellschaft mit beschränkter Haftung
e) Die Kommanditgesellschaft
f) Die Berufsgenossenschaft

15. Wer ist eine juristische Person des privaten Rechts?

a) Die Volkswagen AG
b) Die Stadt Saarbrücken
c) Die Deutsche Bundesbank
d) Der Norddeutsche Rundfunk
e) Die Industrie- und Handelskammer Passau

16. Welche Aussage trifft für eine juristische Person zu?

a) Ihr können durch Gerichtsbeschluss die bürgerlichen Ehrenrechte aberkannt werden.
b) Sie kann vor Gericht klagen und verklagt werden.
c) Sie wird vom Finanzamt zur Einkommensteuer veranlagt.
d) Sie besitzt entweder die beschränkte oder die volle Geschäftsfähigkeit.
e) Sie hat nach dem Grundgesetz das aktive und passive Wahlrecht.

17. Welche Aussage über eine juristische Person trifft <u>nicht</u> zu?

a) Sie kann beschränkt geschäftsfähig sein.
b) Sie kann Eigentum erwerben.
c) Sie kann verklagt werden.
d) Sie kann Antrag auf Eröffnung des Insolvenzverfahrens stellen.
e) Sie kann Klage erheben.

18. In welchem Fall liegt ein einseitiges Rechtsgeschäft vor?

a) Kauf
b) Testament
c) Schenkung
d) Bürgschaft
e) Miete
f) Pacht

19. Welche Willenserklärung hat bereits rechtliche Wirkung, ohne empfangsbedürftig zu sein?

a) Kündigung
b) Angebot
c) Testament
d) Bestellung
e) Schenkung

20. Sie sollen einem neuen Auszubildenden das Wesen der Rechtsgeschäfte erklären. Welche Aussage über das Zustandekommen von Rechtsgeschäften ist richtig?

a) Die Kündigung ist ein einseitiges Rechtsgeschäft; die Willenserklärung ist empfangsbedürftig.
b) Das Testament ist ein zweiseitiges Rechtsgeschäft; die Willenserklärung ist empfangsbedürftig.
c) Ein Rechtsgeschäft kann wegen mangelnder Geschäftsfähigkeit eines Beteiligten angefochten werden.
d) Arglistige Täuschung beim Vertragsabschluss führt zur Nichtigkeit eines Rechtsgeschäftes.
e) Für die Wirksamkeit eines Rechtsgeschäftes sind immer zwei übereinstimmende Willenserklärungen erforderlich.

21. Die Stadt, in der die UNION-Bank ihren Sitz hat, möchte von ihr ein Grundstück kaufen, um den Freizeitpark ausdehnen zu können. Der notwendige notariell beurkundete Kaufvertrag wurde zwischen den beiden Parteien bereits geschlossen. Wie ist die Rechtsstellung der beiden Vertragspartner zu beurteilen?

a) Zwischen der Stadt und der UNION-Bank herrscht eine Über- bzw. Unterordnung; die Stadt kann deshalb ihren Willen notfalls mit Zwang gegenüber der UNION-Bank durchsetzen.
b) Die Stadt und die UNION-Bank sind gleichberechtigte Vertragspartner; keiner kann deshalb gegen den Willen des jeweils anderen seinen eigenen Willen durchsetzen.
c) Die Stadt handelt hoheitlich, also in öffentlich-rechtlicher Form; deshalb ist nur ihre Willenserklärung erforderlich, damit der Kaufvertrag zu Stande kommt.
d) Die Stadt handelt zum Gemeinwohl ihrer Bürger; deshalb besteht zwischen ihr und der UNION-Bank ein Über- bzw. Unterordnungsverhältnis.
e) Die Stadt handelt in privatrechtlicher Form; deshalb ist es ihr möglich, ihren Willen notfalls mit Zwang gegenüber der UNION-Bank durchzusetzen.

22. Welches Rechtsgeschäft wird durch die Annahme einer Bestellung abgeschlossen?

a) Ein einseitiges Rechtsgeschäft
b) Ein einseitiges Rechtsgeschäft, bei dem die Willenserklärung empfangsbedürftig ist
c) Ein zweiseitiges Rechtsgeschäft, bei dem der Vertrag mehrseitig verpflichtend ist
d) Ein zweiseitiges Rechtsgeschäft, bei dem der Vertrag einseitig verpflichtend ist
e) Ein einseitiges Rechtsgeschäft, bei dem die Willenserklärung nicht empfangsbedürftig ist

23. Welche Vertragsart liegt vor, wenn ein Rechtsgeschäft durch die Annahme der Bestellung zustande kommt?

a) Versicherungsvertrag
b) Darlehensvertrag
c) Dienstvertrag
d) Werklieferungsvertrag
e) Kaufvertrag

24. Welcher Vertrag verpflichtet zur Übertragung des Eigentums und des Besitzes an der Sache?

a) Der Pfandvertrag
b) Der Mietvertrag
c) Der Leihvertrag
d) Der Kaufvertrag
e) Der Pachtvertrag

25. Ordnen Sie zu.

Begriffsbestimmungen	**Rechtsbegriffe**
a) Fähigkeit, Träger von Rechten und Pflichten zu sein	
b) Befähigung, selbstständig ein Handelsgewerbe führen zu können	[ ] Geschäftsfähigkeit
c) Fähigkeit, Rechtsgeschäfte rechtswirksam vornehmen zu können	
d) Rechtliche Verfügungsgewalt über eine Sache	[ ] Eigentum
e) Tatsächliche Verfügungsgewalt über eine Sache	
f) Vereinigung mit eigener Rechtspersönlichkeit	[ ] Juristische Person

26. Nachdem ein 17-jähriger Schüler ein Praktikum bei einer UNION-Bank absolviert hat, entschließt er sich, gegen den Willen seiner Eltern, mit der Geschäftsleitung einen Ausbildungsvertrag abzuschließen. Warum kann in diesem Fall <u>kein</u> rechtsgültiger Ausbildungsvertrag abgeschlossen werden?

a) Als Schüler ist er geschäftsunfähig und darf keinen Arbeitsvertrag abschließen.
b) Der Schüler ist beschränkt geschäftsfähig und darf keinerlei Verträge abschließen.
c) Der Schüler besitzt nur die beschränkte Geschäftsfähigkeit, deshalb ist dieser Ausbildungsvertrag ohne die Zustimmung der Eltern schwebend unwirksam.
d) Der Schüler ist nur beschränkt rechtsfähig und bedarf daher der Zustimmung der Eltern.
e) Der Schüler ist nur beschränkt rechtsfähig und das Recht der selbstständigen Arbeitsaufnahme steht ihm deshalb nicht zu.

27. Welches Rechtsgeschäft kann eine 17-Jährige ohne Zustimmung ihres gesetzlichen Vertreters rechtswirksam vornehmen?

a) Ratenkauf einer Stereoanlage
b) Abschluss eines Mietvertrages
c) Abschluss eines Berufsausbildungsvertrages
d) Annahme eines Fahrrades als Geschenk
e) Aufnahme eines Darlehens

28. Der 17-jähige Frank Meier hat von seiner Tante 5.000,00 € geschenkt bekommen. Von diesem Betrag kauft er sich einen Pkw. Seine Eltern, denen er nichts gesagt hat, verlangen die Rückzahlung des Preises gegen Rückgabe des Wagens. Welches rechtliche Argument der Eltern veranlasst den Verkäufer zur Rückgabe des Kaufpreises?

a) Frank Meier ist noch nicht im Besitz eines Führerscheins.
b) Es konnte bei dem Kauf nicht von einer stillschweigenden Einwilligung oder Genehmigung durch die Eltern ausgegangen werden.
c) Der Kaufvertrag ist unwirksam, da durch die Folgekosten ihr Sohn Frank nicht nur rechtliche Vorteile hat.
d) Da Frank Meier nicht voll geschäftsfähig ist, können grundsätzlich keine Rechtsgeschäfte mit ihm abgeschlossen werden.
e) Minderjährige können immer nur nach einer Genehmigung Geschäfte im Rahmen ihres Taschengeldes abschließen.

29. Der Auszubildende Klaus ist 17 Jahre alt. Er möchte ein Fernsehgerät für 850,00 € kaufen. In welchem Fall wird der Kaufvertrag sofort rechtswirksam?

a) Er schließt den Kaufvertrag schriftlich ab.
b) Er bezahlt den Kaufpreis sofort bar.
c) Er vereinbart mit dem Verkäufer eine monatliche Abzahlung von 50,00 €.
d) Er unterschreibt den Kaufvertrag und leistet eine Anzahlung.
e) Er weist vor Abschluss des Kaufvertrages die Einwilligung seiner Eltern nach.

30. Eine GmbH will ein Grundstück kaufen und sich als Eigentümerin in das Grundbuch eintragen lassen. Ist dies rechtlich möglich?

a) Dies ist möglich, weil die Eintragung in das Grundbuch grundsätzlich möglich ist, unabhängig davon, ob Rechts- oder Geschäftsfähigkeit gegeben ist.
b) Dies ist nicht möglich, weil sie eine juristische Person des öffentlichen Rechts ist und in diesem Fall der Staat als Eigentümer eingetragen wird.
c) Dies ist nicht möglich, weil eine GmbH nach außen durch ihren Geschäftsführer vertreten wird und nur dieser in das Grundbuch eingetragen werden kann.
d) Dies ist nicht möglich, weil sie eine juristische Person ist und in das Grundbuch nur natürliche Personen, die Träger von Rechten und Pflichten sind, eingetragen werden können.
e) Dies ist möglich, da sie eine juristische Person des Privatrechts ist und somit auch Träger von Rechten und Pflichten ist.

31. Welche Aussage über den rechtswirksamen Abschluss von Verträgen ist richtig?

a) Kaufverträge können nur schriftlich abgeschlossen werden.
b) Kaufverträge über Grundstücke bedürfen der notariellen Beurkundung.
c) Darlehensverträge sind nur gültig, wenn sie schriftlich abgeschlossen werden.
d) Jeder telefonisch vereinbarte Kauf muss schriftlich bestätigt werden.
e) Beim einseitigen Handelskauf muss der Kaufvertrag schriftlich abgeschlossen werden.

32. Bei welcher Handlung muss eine notarielle Beurkundung erfolgen, damit das Rechtsgeschäft gültig wird?

a) Ein Kaufmann übernimmt eine Kreditbürgschaft für einen Geschäftsfreund.
b) Ein Kaufmann mietet eine Lagerhalle für gewerbliche Lagerhaltung.
c) Ein Kaufmann kauft ein Grundstück.
d) Ein Kaufmann beantragt eine Eintragung in das Handelsregister.
e) Ein Kaufmann least für seine Buchhaltung eine PC-Anlage.

33. Welches Rechtsgeschäft bedarf zu seiner Wirksamkeit der öffentlichen Beglaubigung?

a) Die Abgabe einer Bürgschaftserklärung durch einen Nichtkaufmann
b) Die Abgabe einer Bürgschaftserklärung durch einen Kaufmann
c) Die schriftliche Anmeldung zum Grundbuchamt zwecks Eintragung einer Hypothek für das neu gekaufte Grundstück eines Kaufmanns
d) Der Kaufvertrag über den Erwerb eines Grundstücks für den Neubau einer Lagerhalle durch einen Kaufmann
e) Die schriftliche Abfassung des Privattestaments eines Kaufmanns

34. Bestimmte Rechtsgeschäfte sind nur dann gültig, wenn beim Abschluss die gesetzlichen Formvorschriften eingehalten werden. Welcher Fall erfüllt diese Vorschriften?

a) Ein Testament ist gültig, wenn es eigenhändig verfasst und unterschrieben wurde.
b) Alle Bürgschaften müssen schriftlich abgeschlossen werden.
c) Kündigungen sind nur dann wirksam, wenn sie schriftlich erfolgen.
d) Ein Kaufvertrag bedarf der Schriftform, wenn beide Vertragspartner Kaufleute nach HGB sind.
e) Ein Kaufvertrag über ein Grundstück bedarf der notariellen Beurkundung nur dann, wenn die Kaufsumme 100.000,00 € übersteigt.

35. Ordnen Sie zu.

Rechtsgeschäfte	**Formvorschriften**
a) Kaufvertrag über eine Maschine im Wert von 270.000,00 €	[ ] Schriftform
b) Bürgschaftserklärung eines Vollkaufmanns	
c) Ausbildungsvertrag	[ ] Notarielle Beurkundung
d) Grundstückskaufvertrag	
e) Ernennung eines Prokuristen	[ ] Notarielle Beglaubigung
f) Anmeldung einer Eintragung ins Handelsregister	

36. Ein 17-jähriger Auszubildender kauft ohne Einwilligung seines gesetzlichen Vertreters einen Personal-Computer zum Preis von 1.200,00 € gegen Rechnung. Das Geld will er von dem Sparbuch, das seine verstorbene Tante für ihn angelegt hat, abheben. Welche Aussage ist richtig?

a) Der Vertrag ist wirksam, weil der Auszubildende die Zahlung von seinen Ersparnissen leisten kann.
b) Der Vertrag ist schwebend unwirksam, da dem Auszubildenden das Geld nicht zur freien Verfügung überlassen wurde.
c) Der Vertrag ist wirksam, weil er dem Auszubildenden lediglich einen rechtlichen Vorteil bringt.
d) Der Vertrag ist unwirksam, weil Rechtsgeschäfte beschränkt Geschäftsfähiger anfechtbar sind.
e) Der Vertrag ist nichtig, weil alle Rechtsgeschäfte beschränkt Geschäftsfähiger der Zustimmung des gesetzlichen Vertreters bedürfen.

37. Ein 17-jähriger Auszubildender kauft eine Digitalkamera für 500,00 € in einem Fachgeschäft. Ist der Auszubildende rechtsfähig?

a) Er ist rechtsfähig, weil er eine natürliche Person ist.
b) Er ist nicht rechtsfähig, weil er nicht volljährig ist.
c) Er ist beschränkt rechtsfähig, weil die volle Rechtsfähigkeit erst mit der Volleindung des 18. Lebensjahres beginnt.
d) Er ist rechtsfähig, weil die Rechtsfähigkeit mit der Vollendung des 7. Lebensjahres beginnt.
e) Er ist rechtsfähig, weil er bereits seit der Geburt Träger von Rechten und Pflichten ist.

38. Welche Aussage zu den Möglichkeiten und Grenzen der rechtlichen Handlungsfähigkeit ist richtig?

a) Die Willenserklärung eines Geschäftsunfähigen ist anfechtbar.
b) Ein beschränkt Geschäftsfähiger kann ohne Einwilligung des gesetzlichen Vertreters nur einseitige Rechtsgeschäfte vornehmen.
c) Natürliche Personen werden mit Vollendung des 16. Lebensjahres voll geschäftsfähig.
d) Volljährigen Personen kann die volle Geschäftsfähigkeit durch Entmündigung abgesprochen werden, z. B. bei Geisteskrankheit.
e) Geschäftsunfähige Personen können z. B. im Rahmen des Taschengeldparagraphen, bestimmte Geschäfte rechtswirksam abschließen.

39. Welche Rechtsgeschäfte sind schwebend unwirksam?

a) Rechtsgeschäfte, die gegen ein gesetzliches Verbot verstoßen
b) Rechtsgeschäfte, die gegen die guten Sitten verstoßen
c) Rechtsgeschäfte, die nur zum Schein abgeschlossen worden sind
d) Rechtsgeschäfte, die gegen eine gesetzliche Formvorschrift verstoßen
e) Rechtsgeschäfte eines beschränkt Geschäftsfähigen, für die noch keine Zustimmung des gesetzlichen Vertreters vorliegen

40. Welche Aussage über die Rechtswirksamkeit der Willenserklärungen eines 15-Jährigen ist richtig?

a) Er kann ohne Zustimmung des gesetzlichen Vertreters einen Ratenkauf abschließen.
b) Er kann ohne Zustimmung des gesetzlichen Vertreters ein Ausbildungsverhältnis eingehen.
c) Er kann gegen den Willen des gesetzlichen Vertreters die ihm geschenkte Stereoanlage veräußern, weil sie sein Eigentum ist.
d) Er kann gegen den Willen des gesetzlichen Vertreters einen Taschenrechner kaufen, wenn er den Kaufpreis mit seinem Taschengeld bar bezahlt.
e) Er kann gegen den Willen des gesetzlichen Vertreters eine Urlaubsreise buchen, wenn er sie zur Hälfte mit geschenktem Geld finanziert.

41. Wann beginnt die Rechtsfähigkeit einer GmbH?

a) Mit dem Abschluss des Gesellschaftervertrages
b) Mit der Eintragung in das Handelsregister
c) Mit der Eintragung in das Grundbuch
d) Mit der notariellen Beurkundung der Gründung
e) Mit der Aufnahme der Geschäfte

42. Welche <u>zwei</u> Aussagen zur Rechtsfähigkeit sind richtig?

a) Die Rechtsfähigkeit einer Genossenschaft endet mit der Löschung im Genossenschaftsregister.
b) Die Rechtsfähigkeit einer juristischen Person beginnt mit ihrer Geschäftstätigkeit.
c) Die Rechtsfähigkeit einer natürlichen Person endet mit der angeordneten Betreuung.
d) Die Rechtsfähigkeit einer natürlichen Person kann durch Gerichtsurteil eingeschränkt werden.
e) Die Rechtsfähigkeit einer natürlichen Person beginnt mit der Volljährigkeit.
f) Juristische Personen erlangen die Rechtsfähigkeit mit Eintragung in ein öffentliches Register

43. Ab welchem Zeitpunkt ist die Maschinenbau-AG rechtsfähig?

a) Gründungsbeschluss der Gesellschafter
b) Annahme der Satzung durch die Gesellschafter
c) Schluss der Kapitalzeichnungsfrist
d) Aufnahme der Geschäfte durch den Vorstand
e) Eintragung im zuständigen Handelsregister

44. Wann endet die Rechtsfähigkeit einer natürlichen Person?

a) Mit der Aberkennung der bürgerlichen Ehrenrechte
b) Mit einer vom Gericht verfügten Betreuung
c) Mit der Einweisung in eine Justizvollzugsanstalt
d) Mit dem Verlassen der Bundesrepublik Deutschland
e) Mit dem Eintritt des Todes

45. Welche Personen sind nach dem BGB beschränkt geschäftsfähig?

a) Personen bis zum vollendeten 7. Lebensjahr
b) Personen, die das 18. Lebensjahr vollendet haben
c) Personen, die dauernd geisteskrank sind
d) Personen, die wegen Geisteskrankheit entmündigt sind
e) Personen zwischen dem vollendeten 7. bis zum 18. Lebensjahr

46. Die Eltern eines 2-jährigen Kindes sterben bei einem Unfall. Kann das Kind, das keine Geschwister hat, das Vermögen der Eltern erben?

a) Nein, da es noch nicht geschäftsfähig ist.
b) Nur wenn die Eltern ein Testament zugunsten des Kindes hinterlassen haben.
c) Nein, da es die Rechtsfähigkeit erst mit der Volljährigkeit erlangt.
d) Ja, da es seit der Geburt rechtsfähig ist.
e) Ja, da es mit der Geburt die beschränkte Geschäftsfähigkeit erlangt.

47. Welche Aussage zur Geschäftsfähigkeit ist richtig?

a) Geschäftsfähigkeit ist die Fähigkeit von Personen, Träger von Rechten und Pflichten zu sein.
b) Jeder Mensch ist ab seiner Geburt geschäftsfähig.
c) Juristische Personen sind nicht geschäftsfähig.
d) Geschäftsfähigkeit ist die Fähigkeit, rechtsverbindliche Willenserklärungen abzugeben und entgegenzunehmen.
e) Die Willenserklärung eines beschränkt Geschäftsfähigen bedarf in der Regel nicht der Zustimmung des gesetzlichen Vertreters.

48. Was ist unter „Geschäftsfähigkeit" zu verstehen?

a) Träger von Rechten und Pflichten zu sein
b) Für einen durch eine unerlaubte Handlung zugefügten Schaden einzustehen
c) Vor Gericht zu klagen oder verklagt zu werden
d) Zulässige Rechtsgeschäfte selbstständig und rechtswirksam vorzunehmen
e) Ein Handelsgeschäft zu betreiben

49. Welcher Lebensabschnitt umfasst die gesamte Zeit, in der man grundsätzlich beschränkt geschäftsfähig ist?

a) Bis 7 Jahre
b) Bis 14 Jahre
c) 7 bis 14 Jahre
d) 7 bis 18 Jahre
e) 14 bis 18 Jahre

50. Welcher Personenkreis ist geschäftsunfähig?

a) Personen zwischen dem 7. und dem 18. Lebensjahr
b) Personen im 8. Lebensjahr
c) Personen, die wegen Verschwendungs- oder Trunksucht betreut werden
d) Personen, die wegen Geistesschwäche betreut werden
e) Personen, die dauernd geisteskrank sind

51. Welche Aussage über die Rechts- und Geschäftsfähigkeit ist richtig?

a) Geschäftsfähigkeit ist die Fähigkeit von Personen, Träger von Rechten und Pflichten zu sein.
b) Rechtsfähigkeit ist die Fähigkeit, rechtsgeschäftliche Willenserklärungen abzugeben und entgegenzunehmen.
c) Die Willenserklärung eines Geschäftsunfähigen ist anfechtbar.
d) Jede natürliche Person ist von der Geburt bis zum Tode geschäftsfähig.
e) Die Willenserklärung eines beschränkt Geschäftsfähigen bedarf in der Regel der Zustimmung des gesetzlichen Vertreters.

52. Ordnen Sie zu.

Lebensalter

a) Mit Vollendung der Geburt
b) Mit Vollendung des 7. Lebensjahres
c) Mit Vollendung des 12. Lebensjahres
d) Mit Vollendung des 14. Lebensjahres
e) Mit Vollendung des 16. Lebensjahres
f) Mit Vollendung des 18. Lebensjahres
g) Mit Vollendung des 21. Lebensjahres

Rechtliche Folgen

[ ] Beginn der vollen Geschäftsfähigkeit
[ ] Beginn der Rechtsfähigkeit
[ ] Beginn der beschränkten Geschäftsfähigkeit

53. Christine Busch wurde am 26. Mai 2018 geboren. Ab welchem Zeitpunkt ist/wird Christine

a) rechtsfähig?
b) beschränkt geschäftsfähig?

54. In welchen drei Fällen handelt es sich um zweiseitige Rechtsgeschäfte?

a) Herr Severin kündigt den Mietvertrag seiner Wohnung. Der Empfang wird vom Vermieter schriftlich bestätigt.
b) Frau Sorglos tritt innerhalb der Widerspruchsfrist von zwei Wochen vom Abonnement einer Fachzeitschrift zurück.
c) Herr Schön erstellt ein privatrechtliches Testament und setzt seinen Neffen als Erben ein.
d) Karin Huber kündigt ihren Ausbildungsvertrag fristgerecht beim ausbildenden Betrieb.
e) Herr Schwarz unterschreibt einen Darlehensvertrag bei einem Kreditinstitut.
f) Herr Witt kauft einen Fahrschein an einem Fahrkartenautomaten.
g) Die Schneiderei Schnell und Reich OHG eröffnet ein neues Girokonto.

55. Herr Rudi Schön, 68 Jahre alt, verheiratet mit Anna Schön, will seinen Neffen Josef Klein als alleinigen Erben einsetzen. Wer muss für die rechtswirksame Erstellung des Testaments eine Willenserklärung abgeben?

a) Nur Herr Rudi Schön
b) Nur Herr Rudi Schön und Anna Schön
c) Herr Rudi Schön, Frau Anna Schön und Herr Josef Klein
d) Nur Herr Rudi Schön und ein Notar
e) Herr Rudi Schön, Frau Anna Schön und ein Notar
f) Herr Rudi Schön, Herr Josef Klein und ein Notar

56. Ordnen Sie zu.

Kontoinhaber

a) Schneiderei Schnell und Reich OHG
b) Annegret Schön Immobilien
c) Fremdenverkehrsamt der Stadt Frankfurt/Oder
d) Werbeagentur Frischer-Wind-GmbH
e) Feinkost Horst Frost e. K.
f) Rechtsanwalt Dr. Schmitz

Arten von Rechtspersönlichkeiten

[ ] Personengesellschaft
[ ] Juristische Person

57. Ordnen Sie zu.

Kontoinhaber

a) Verein zur Förderung des therapeutischen Reitens (nicht eingetragener Verein)
b) Staatsanwalt Friedhelm Schnieder
c) 1. FC Köln e.V.
d) Universität Oldenburg
e) Karl Meiler e. Kfm.
f) Meier Papiergroßhandel OHG

Arten von Rechtspersönlichkeiten

[ ] Personengesellschaften
[ ] Juristische Personen des privaten Rechts

58. Die Holzmarkt GmbH möchte bei Ihrem Kreditinstitut ein Konto eröffnen. Wer ist gesetzlicher Vertreter dieser GmbH?

a) Der Vorstand
b) Die Gesellschafter
c) Nur die voll haftenden Gesellschafter
d) Der Prokurist
e) Der Geschäftsführer

59. Karl Schulz, Auszubildender der Universalbank AG, sieht im Schaufenster der SOFORT-Bank ein verlockendes Plakat:

SUPER-SPAREN bei der SOFORT-Bank **2,75 % Zinsen p. a., täglich verfügbar, keine Mindestmenge**

Da er sich für dieses Produkt interessiert, betritt er die Schalterhalle und sieht gerade noch, wie ein Kunde ein entsprechendes Sparkonto eröffnet. Herr Schulz bittet den Berater der SOFORT-Bank, Herrn Meixner, für ihn ein Konto mit den im Schaufenster offerierten Konditionen einzurichten, was dieser jedoch ablehnt. Kann Herr Meixner die Kontoeröffnung ablehnen?

a) Nein, dies würde gegen das Grundgesetz verstoßen, da nach Artikel 3 alle Menschen gleich sind und niemand benachteiligt werden darf.
b) Nein, denn es ist ein rechtsgültiger Vertrag zu Stande gekommen. Das Angebot der SOFORT-Bank im Schaufenster hat Karl Schulz zu den gleichen Konditionen angenommen.
c) Ja, denn Karl Schulz ist bei einem anderen Kreditinstitut beschäftigt und könnte Geheimnisse aus seiner Kontoverbindung mit der SOFORT-Bank an das andere Kreditinstitut verraten.
d) Ja, denn das Plakat im Schaufenster ist rechtlich gesehen kein Angebot, sondern eine Anpreisung und daher für die SOFORT-Bank nicht bindend.
e) Ja, denn das Schaufensterangebot ist lediglich ein Trick, um Kunden in die Bank zu locken. Nach den AGB kann die SOFORT-Bank dann selbst entscheiden, an welchen Kunden sie das Produkt verkaufen möchte.

60. Welche Aussage über die Vertragsfreiheit ist richtig?

a) Jeder abgeschlossene Vertrag ist wirksam.
b) Der Grundsatz der Vertragsfreiheit ist nur für Vollgeschäftsfähige anwendbar.
c) Verträge können im Rahmen der Rechtsordnung nach dem freien Willen der Vertragspartner gestaltet werden.
d) Jeder Vertrag kann formfrei abgeschlossen werden.
e) Alle Menschen können rechtswirksam Verträge abschließen.

61. Welche Aussage zum Verpflichtungs- bzw. Erfüllungsgeschäft ist richtig?

a) Das Verpflichtungsgeschäft muss schriftlich abgeschlossen werden.
b) Das Verpflichtungsgeschäft legt die Rechte und Pflichten der Vertragspartner fest.
c) Das Erfüllungsgeschäft muss gleichzeitig mit dem Verpflichtungsgeschäft erfolgen.
d) Das Erfüllungsgeschäft legt die Rechte und Pflichten der Vertragspartner fest.
e) Das Erfüllungsgeschäft ist ein einseitiges Rechtsgeschäft.

62. Auf dem Weg zur Arbeit möchten Sie die heutige Ausgabe der „Landshuter Zeitung“ kaufen. Sie gehen schweigend zum Kiosk, nehmen sich ein Exemplar und geben dem Verkäufer den Kaufpreis passend in Euro. Ohne auch nur ein Wort gesagt zu haben, gehen sie weiter. Ist damit ein rechtsgültiger Kaufvertrag zu Stande gekommen?

a) Ja, da der Kaufvertrag an keine Formvorschrift gebunden ist und sogar durch schlüssiges Handeln zu Stande kommen kann.
b) Ja, da er ein einseitig verpflichtender Vertrag ist und Sie mit der Zahlung des Kaufpreisen Ihrer Verpflichtung nachgekommen sind.
c) Nein, da Schweigen nur unter Kaufleuten rechtsverbindlich ist. Unter Privatleuten ist Schweigen als Ablehnung zu sehen. Sie müssen die Zeitung zurückgeben.
d) Nein, da ein Antrag unter Anwesenden mündlich oder schriftlich angenommen werden muss.
e) Nein, da die dazu notwendige Willenserklärungen nicht übereinstimmend geäußert wurden.

Zu den nächsten beiden Aufgaben siehe nachstehende Situation.

Die UNION-Bank will ein älteres Fahrzeug aus ihrem geschäftlichen Fuhrpark für 7.000,00 € verkaufen. Ein Bankkunde, Herr Motzer, hat Interesse an dem Fahrzeug bekundet und leiht sich deshalb für einige Tage das Fahrzeug aus, um es Probe zu fahren. Danach will er entscheiden, ob er das Fahrzeug wirklich kauft. Inzwischen konnte das Fahrzeug für 8.000,00 € an den Bankkunden Liebhaber verkauft werden. Die Fahrzeugpapiere wurden bereits übergeben und der Betrag wurde bar bezahlt.

63. Wie ist zu argumentieren, wenn Herr Motzer das Fahrzeug jetzt kaufen will?

a) Die UNION-Bank ist Besitzer des Fahrzeuges und kann über die Veräußerung frei entscheiden.

b) Herr Motzer hat zwar die tatsächl che Verfügungsgewalt, die UNION-Bank war aber bei dem Verkauf noch der Eigentümer.

c) Herr Liebhaber hat einen um 1.000,00 € höheren Verkaufspreis akzeptiert und somit hat er auch einen Anspruch auf das Fahrzeug.

d) Die UNION-Bank konnte nicht mehr an Herrn Liebhaber verkaufen, weil sie das Fahrzeug ausgeliehen hat.

e) Der Kaufvertrag mit Herrn Liebhaber ist gültig, da dieser nun der Besitzer des Fahrzeuges ist.

64. Die UNION-Bank hat sich mit Herrn Liebhaber über den Verkauf des Fahrzeugs geeinigt. Die Zahlung und Übergabe der Fahrzeugpapiere sind bereits erfolgt. Sie ist aber aufgrund der Tatsache, dass das Fahrzeug an Herrn Motzer verliehen wurde, nicht in der Lage, das Fahrzeug tatsächlich zu übergeben. Die UNION-Bank tritt deshalb ihre Ansprüche an Herrn Liebhaber ab. In welchem Fall verhalten sich die Beteiligten gemäß der unten stehend abgebildeten §§ 929, 931 und 985 BGB korrekt?

a) Herr Liebhaber kann sich das Fahrzeug bei Herrn Motzer abholen, da er neuer Eigentümer des Fahrzeugs ist und kein Kaufvertrag zwischen der UNION-Bank und Herrn Motzer besteht.

b) Herr Motzer will das Fahrzeug behalten, da seines Erachtens ein Kauf auf Probe abgeschlossen wurde.

c) Herr Motzer verweigert die Herausgabe an Herrn Liebhaber, da der Vertrag zwischen der UNION-Bank und Herrn Liebhaber mangels tatsächlicher Übergabe nicht rechtswirksam ist.

d) Herr Liebhaber tritt sofort wegen Lieferungsverzug vom Kaufvertrag zurück, da er das Fahrzeug sofort braucht.

e) Die UNION-Bank fordert von Herrn Motzer Schadenersatz und Herausgabe des Fahrzeuges.

§ 929. [Einigung und Übergabe] [1]Zur Übertragung des Eigentums an einer beweglichen Sache ist erforderlich, dass der Eigentümer die Sache dem Erwerber übergibt und beide darüber einig sind, dass das Eigentum übergehen soll. [2]Ist der Erwerber im Besitze der Sache, so genügt die Einigung über den Übergang des Eigentums.

§ 931. [Abtretung des Herausgabeanspruchs] Ist ein Dritter im Besitze der Sache, so kann die Übergabe dadurch ersetzt werden, dass der Eigentümer dem Erwerber den Anspruch auf Herausgabe der Sache abtritt.

§ 985 [Herausgabeanspruch] Der Eigentümer kann von dem Besitzer die Herausgabe der Sache verlangen.

65. Wie kann eine Willenserklärung rechtsgültig <u>nicht</u> zustande kommen?

a) Durch mündliche Äußerung des Willens

b) Durch bloße Handlung

c) Durch Schweigen

d) Durch Anforderung eines Prospektes

e) Durch schriftliche Äußerung des Willens

66. In welchem Fall handelt es sich um ein Rechtsgeschäft, das durch eine einseitig empfangsbedürftige Willenserklärung zustande kommt?

a) Ein Arbeiter kündigt sein Arbeitsverhältnis fristgemäß.

b) Ein Unternehmer nimmt ein Darlehen bei der Bank auf.

c) Ein Familienvater schreibt ein Testament.

d) Ein Auszubildender leiht sich ein Buch aus.

e) Ein Kind erhält ein Schenkungsversprechen.

67. Welche Willenserklärung ist gültig?
a) Eine Willenserklärung eines Geschäftsunfähigen
b) Eine Willenserklärung, in der ein Minderjähriger sein Arbeitsverhältnis kündigt
c) Eine Willenserklärung, die gegen die Vorschrift verstößt
d) Eine Willenserklärung, die scherzhaft abgegeben wurde
e) Eine Willenserklärung, die zum Schein abgegeben wurde

68. In welchem Fall kann eine Willenserklärung angefochten werden?
a) Die Willenserklärung wurde nicht in der vom Gesetz vorgeschriebenen Form abgegeben.
b) Die Willenserklärung verstößt gegen die guten Sitten.
c) Die Willenserklärung verstößt gegen ein Gesetz.
d) Die Willenserklärung wurde im Zustand einer vorübergehenden Störung der Geistestätigkeit abgegeben.
e) Die Willenserklärung wurde durch widerrechtliche Drohung erzwungen.

69. In welchem Fall handelt es sich um einen zweiseitigen Handelskauf?
a) Ein Auszubildender kauft in einem Fachgeschäft einen Anzug.
b) Ein Lebensmittelfilialunternehmen kauft bei einer Winzergenossenschaft Wein.
c) Ein Angestellter verkauft einem Kollegen einen gebrauchten Fotoapparat.
d) Die Stadtverwaltung beschafft für die Berufsschule Speichermedien.
e) Ein Fabrikant kauft für den privaten Weinkeller bei einem Winzer 50 Flaschen Wein.

70. In welchem Fall liegt ein zweiseitiger Handelskauf vor?
a) Beide Vertragspartner sind geschäftsfähig und der Kauf dient privaten Zwecken.
b) Beide Vertragspartner sind Kaufleute und der Kauf dient geschäftlichen Zwecken.
c) Einer der beiden Vertragspartner ist Kaufmann und der Kauf dient geschäftlichen Zwecken.
d) Beide Vertragspartner sind Privatpersonen und der Kauf dient privaten Zwecken.
e) Beide Vertragspartner sind Kaufleute und der Kauf dient privaten Zwecken.

71. In welchem Fall handelt es sich um einen bürgerlichen Kauf?
a) Die Stadtverwaltung beschafft für die Schule Schreibtische.
b) Ein Fabrikant verkauft seinen Privatwagen an seinen Schwager.
c) Ein Lebensmittelhändler kauft für seinen privaten Bedarf bei einer Winzergenossenschaft 200 Flaschen Wein.
d) Ein Auszubildender kauft einen Arbeitsanzug in einem Fachgeschäft.
e) Ein Fotofachgeschäft verkauft gebrauchte Fotoapparate an ausgesuchte Stammkunden.

72. In welchem Fall liegt ein Verbrauchsgüterkauf vor?
a) Ein Einzelhändler bestellt Südfrüchte bei einem Importeur in Hamburg.
b) Der Einkäufer eines Supermarktes bestellt nach einer Weinprobe Wein bei einer Winzergenossenschaft für die Feinkostabteilung.
c) Frau Meier, Angestellte eines Großhändlers, verkauft ihrer Nachbarin Äpfel aus eigenem Anbau.
d) Ein Einzelhändler bezieht Dekorationsmaterial von einem Großhändler, der am gleichen Ort sein Unternehmen hat.
e) Ein Einzelhändler verkauft Früchte an eine Kundin.

73. Beim Verbrauchsgüterkauf gelten nach BGB besondere Vorschriften, die den Verbraucher schützen sollen. Welche Aussage zu der Verjährung von Ansprüchen aufgrund von Sachmängeln ist zutreffend?
a) Die Verjährungsfrist für Sachmängel kann auch beim Verbrauchsgüterkauf vertraglich unter die Frist von 2 Jahren festgelegt werden.
b) Bei Ansprüchen aus Sachmängeln hat der Verkäufer grundsätzlich während der Gewährleistungsfrist die Beweislast, dass die Kaufsache bei Übergabe frei von Mängeln war.
c) Bei Ansprüchen aus Sachmängeln hat der Verkäufer die Beweislast nur während der ersten sechs Monate.
d) Die Beweislast liegt immer beim Käufer.
e) Bei Auftreten von Sachmängeln während des ersten Jahres nach Übergabe der Ware liegt die Beweislast beim Verkäufer, während des zweiten Jahres liegt diese beim Käufer.

74. In der Tageszeitung ist folgende Anzeige zu lesen: „*Kaufen Sie Ihren Blue-ray-Player jetzt bei MEDIA-SHOP. Sonderangebot: Statt 79,90 € jetzt nur noch 49,00 €. Gültig bis Donnerstag, den 08.08.20... Solange Vorrat reicht!*“ Wie ist die Rechtswirksamkeit dieser Anzeige zu beurteilen?

a) Die Anzeige bindet den Anbieter ab dem 8.8.20..für einen Monat.
b) Die Anzeige ist im rechtlichen Sinne kein Angebot.
c) Die Anzeige gilt rechtlich nur für die jeweiligen Zeitungsabonnenten.
d) Die Anzeige gilt rechtlich als Antrag zum Abschluss eines Kaufvertrages.
e) Die Anzeige bindet den Anbieter, auf Bestellung den Blue-ray-Player zum Preis von 49,00 € zu liefern.

75. Die UNION-Bank bestellt aufgrund eines erhaltenen Kataloges über Büromöbel einen Artikel aus diesem Katalog. Nach drei Tagen wird der UNION-Bank mitgeteilt, dass der bestellte Artikel vergriffen sei. Wie ist die Rechtslage?

a) Die Bestellung stellt die Annahme eines im Katalog gemachten Angebots dar.
b) Die UNION-Bank kann auf Lieferung bestehen, da ein zweiseitiges Rechtsgeschäft entstanden ist.
c) Die UNION-Bank hat eine rechtswirksame Willenserklärung abgegeben, es fehlt jedoch eine übereinstimmende Willenserklärung, sodass kein Kaufvertrag zustande gekommen ist.
d) Durch die Bestellung der UNION-Bank ist ein einseitiges Rechtsgeschäft entstanden, das den Empfänger der Bestellung zur Lieferung verpflichtet.
e) Es ist ein anfechtbares Rechtsgeschäft zustande gekommen, da das Angebot nicht unmittelbar nach der Bestellung seitens der UNION-Bank widerrufen wurde.

76. Da die Bestellung der UNION-Bank vom Angebot der Fa. „Bürodiscount“ abweicht, sendet die Fa. „Bürodiscount“ der UNION-Bank eine Auftragsbestätigung. Welche rechtliche Bedeutung hat diese?

a) Die Auftragsbestätigung ist ein neuer Antrag auf Abschluss eines Kaufvertrages.
b) Die Auftragsbestätigung ist ein neues verbindliches Angebot.
c) Die Auftragsbestätigung ist die Annahme des Antrages auf Abschluss eines Kaufvertrages.
d) Die Auftragsbestätigung ist eine Bestätigung des Nichtzustandekommens des Kaufvertrages.
e) Die Auftragsbestätigung ist ein neues unverbindliches Angebot.

77. Ihr Kreditinstitut bestellt aufgrund eines schriftlichen Angebots einen PC für 1.475,00 €. Im vorliegenden Angebot wurde dieses Gerät zu 1.745,00 € angeboten. Welche rechtliche Wirkung ergibt sich daraus?

a) Die Bestellung ist rechtlich unwirksam.
b) Ein rechtsgültiger Kaufvertrag ist zustande gekommen.
c) Die Bestellung ist ein neuer Antrag zum Abschluss eines Kaufvertrages.
d) Der Lieferer liefert das Gerät aus, und Ihr Kreditinstitut ist verpflichtet, 1.745,00 € zu bezahlen.
e) Der Lieferer ist verpflichtet, das Gerät zum Preis von 1.475,00 € zu liefern, da Ihr Kreditinstitut entsprechend des Angebotes des Lieferers bestellt.

78. In welchem der folgenden Fälle kommt es bereits zum dargestellten Zeitpunkt zum Abschluss eines Kaufvertrages?

a) Der Bank AG geht von der Copy GmbH ein Angebot über Kopiergeräte zum Stückpreis von 1.199,00 € bei einer Mindestabnahme von 5 Stück zu. Es werden 3 Stück zum Angebotspreis von 1.199,00 € bestellt.
b) Der Bank AG geht von der Sunshine AG ein Angebot über Schreibtischlampen zu. Das Angebot ist bis zum 30. Mai gültig. Am 31. Mai bestellt die Bank AG per Fax 10 Schreibtischlampen zum Angebotspreis.
c) Die Bank AG bestellt auf Grund einer Anzeige der Fischer GmbH in einer Fachzeitschrift 25 Taschenrechner zum Angebotspreis von 5,99 € je Stück.
d) Die Bank AG bestellt auf Grund einer Postwurfsendung bei der Winter AG Bildbände als Geschenk für ihre drei besten Teilnehmer an der Zwischenprüfung.
e) Die Bank AG bestellt bei der Paper KG 80 Kartons Kopierpapier. Die Paper KG liefert das bestellte Papier ohne vorherige Auftragsbestätigung aus.

79. Welche Aussage über die Erfüllung eines Kaufvertrages ist richtig, wenn keine vertragliche Regelung besteht?

a) Der Käufer muss im Zweifel auf seine Gefahr und seine Kosten dem Verkäufer Geld übermitteln.
b) Der Käufer muss im Zweifel Geld an den Wohnsitz des Verkäufers überbringen.
c) Der Verkäufer muss im Zweifel auf seine Gefahr und seine Kosten dem Käufer Waren zuschicken.
d) Der Verkäufer muss im Zweifel am Wohnsitz des Käufers Geld abholen.
e) Der Verkäufer muss im Zweifel dem Käufer Waren an dessen Wohnsitz überbringen.

80. In welchem Fall kommt ein rechtswirksamer Kaufvertrag zustande?

a) Ein Verkäufer schickt unaufgefordert ein besonders günstiges Angebot, der Kunde bestellt umgehend zu den genannten Bedingungen.
b) Ein Privatmann nimmt vom Briefträger ein Päckchen an, in dem sich unbestellte Ware befindet.
c) Ein Kunde bestellt aufgrund einer detaillierten Werbeanzeige in der Tageszeitung.
d) Ein Kaufmann bestellt Ware zum bisherigen Preis, der Verkäufer liefert die Ware zum erhöhten Neupreis.
e) Ein Kunde schickt eine Anfrage und erhält daraufhin ein detailliertes Angebot.

81. Welche Aussage zur ordnungsgemäßen Erfüllung eines Kaufvertrages ist richtig?

a) Der Käufer darf die Annahme der vertragsgemäß gelieferten Ware verweigern.
b) Der Käufer zahlt den vereinbarten Kaufpreis.
c) Der Verkäufer ist beim Verkauf von Sachen verpflichtet, dem Käufer die tatsächliche, nicht die rechtliche Herrschaft über eine Sache zu verschaffen,
d) Das Erfüllungsgeschäft umfasst Abschluss und Erfüllung des Kaufvertrages.
e) Der Kaufvertrag wird durch das Verpflichtungsgeschäft erfüllt.

Zu den nächsten drei Aufgaben siehe nachstehende Situation.

Die UNION-Bank erhielt am 8. Januar eine Lieferung Toner für ihre Kopiergeräte, die sie am 3. Januar per Fax bestellt hatte. Bei der durchgeführten Qualitätsprüfung konnten keine Mängel festgestellt werden. Erst beim Versuch, eine neuen Tonerpatrone in eines der Kopiergeräte einzusetzen, musste man feststellen, dass das Patronengehäuse beschädigt war.

82. Welche Feststellung bezüglich der Rechtslage trifft zu und muss auch beim weiteren Vorgehen seitens der UNION-Bank beachtet werden?

a) Es handelt sich um ein einseitig empfangsbedürftiges Rechtsgeschäft.
b) Es handelt sich um ein einseitig nicht empfangsbedürftiges Rechtsgeschäft.
c) Es handelt sich um ein mehrseitiges Rechtsgeschäft mit einseitiger Verpflichtung.
d) Es handelt sich um einen einseitigen Handelskauf.
e) Es handelt sich um einen zweiseitigen Handelskauf.
f) Es handelt sich um einen Stückkauf.

83. Welcher Teil des mit dem Lieferer geschlossenen Kaufvertrages wurde nicht erfüllt?

a) Rechtzeitige Übgabe der Ware
b) Ordnungsgemäße Lieferung
c) Besitzübertragung an die UNION-Bank
d) Eigentumsübertragung an die UNION-Bank
e) Annahme der Ware durch die UNION-Bank

84. Wie ist die Rechtslage für die UNION-Bank?

a) Sie hat kein Recht auf eine Mängelanzeige, da die Ware schon ausgepackt war.
b) Sie hat kein Recht auf eine Mängelanzeige, da die Warenprüfung die Mängel hätte erkennen müssen.
c) Sie kann keine Gewährleistungsansprüche geltend machen, da bei der Qualitätsprüfung keine Mängel festgestellt wurden.
d) Sie muss ihre Rechte unverzüglich in Form einer Mängelanzeige geltend machen, da es sich um einen versteckten Mangel handelt.
e) Es handelt sich um einen Qualitätsmangel und dieser wird als arglistig verschwiegener Mangel bezeichnet. Dieser kann noch 30 Jahre nach Kauf geltend gemacht werden.
f) Es handelt sich um einen Qualitätsmangel, der als offener Mangel innerhalb 14 Tagen nach Kaufdatum gerügt werden muss.

Zu den nächsten drei Aufgaben siehe nachstehende Situation!

Die Universalbank AG hat mit dem Hard- und Softwareunternehmen PC-Constructa GmbH einen Kaufvertrag über 20 Geldautomaten abgeschlossen. Die Geldautomaten wurden termingerecht geliefert und installiert. Die Geldautomaten arbeiten einwandfrei.

85. Welches Rechtsgeschäft liegt vor?

a) Ein einseitiges, empfangsbedürftiges Rechtsgeschäft
b) Ein einseitiges, nicht empfangsbedürftiges Rechtsgeschäft
c) Ein zweiseitiges Rechtsgeschäft, welches einseitig verpflichtend ist
d) Ein zweiseitiges Rechtsgeschäft und gleichzeitig ein einseitiger Handelskauf
e) Ein zweiseitiges Rechtsgeschäft und gleichzeitig ein zweiseitiger Handelskauf

86. Die Universalbank AG bekommt drei Wochen nach der Lieferung der Geldautomaten vom Hersteller der Geldautomaten, der Soft- & Hardware Production-AG, unaufgefordert eine CD-ROM mit der Standardsoftware „Office“ für die Geldautomaten zugeschickt. Die Universalbank AG unterhält keine Geschäftsbeziehung mit diesem Unternehmen. Im beiliegenden Anschreiben heißt es: „Zwei Wochen zur Ansicht, danach ist der Kaufpreis von 109,00 € sofort zahlbar.“ Wozu ist die Universalbank AG verpflichtet?

a) Sie muss die CD-ROM unverzüglich zurückschicken, wenn sie diese nicht nutzen möchte.
b) Sie ist zu nichts verpflichtet, sie muss daher nichts unternehmen.
c) Sie kann die Lieferung prüfen, muss sie aber innerhalb der angegebenen Frist zurücksenden.
d) Sie muss ihre Absicht, das Vertragsangebot anzunehmen oder abzulehnen, in jedem Fall schriftlich erklären.
e) Es wurde im Anschreiben ein Zahlungsziel von zwei Wochen vereinbart, danach muss die Kaufpreiszahlung umgehend erfolgen.

87. Die Universalbank AG möchte mit der Lieferfirma PC-Constructa GmbH einen längerfristigen Wartungsvertrag für die Geldautomaten abschließen. Die PC-Constructa GmbH fordert aufgrund ihrer guten, monopolartigen Marktstellung einen Stundenlohn von 1.200,00 €. Warum wäre dieser Vertrag nichtig?

a) Weil er mit einer rechtsunfähigen Firma abgeschlossen werden würde
b) Weil Wartungsverträge nur mit dem Hersteller abgeschlossen werden können
c) Weil er nur zum Schein abgeschlossen werden würde
d) Weil er gegen die guten Sitten verstoßen würde
e) Weil die gesetzlichen Formvorschriften nicht beachtet werden würden

88. In welchem Fall ist ein rechtswirksamer Vertrag zustande gekommen?

a) Ein 17-jähriger schließt mit dem Auszubildenden einen Ausbildungsvertrag ab.
b) Bei einem Grundstück wird ein Kaufpreis von 40.000,00 € vereinbart. Bei der notariellen Beurkundung wird nur ein Betrag von 20.000,00 € angegeben.
c) In eine Bestellung wird aus Versehen 200 Stück statt 20 eingesetzt. Der Lieferer sendet daraufhin die 200 Stück.
d) Ein Kaufmann erhält telefonisch ein günstiges Angebot. Einen Tag später bestellt er die Ware. Der Anbieter lehnt die Lieferung ab.
e) Ein Nicht-Kaufmann verbürgt sich mündlich zur Sicherung eines Kredites für einen Freund.

89. In welchem Fall handelt es sich um einen Kaufvertrag?

a) Inhalt des Vertrages ist die Veräußerung von Sachen oder Rechten gegen Entgelt.
b) Inhalt des Vertrages ist die Herstellung einer Sache oder Erbringung einer Leistung gegen Entgelt.
c) Inhalt des Vertrages ist die entgeltliche Überlassung von Sachen zum Gebrauch.
d) Inhalt des Vertrages ist die Leistung von Diensten gegen Entgelt.
e) Inhalt des Vertrages ist die entgeltliche Überlassung von Geld oder anderen vertretbaren Sachen bei späterer Rückgabe.
f) Inhalt des Vertrages ist die Herstellung einer Sache gegen Entgelt, wobei der Hersteller auch die Materialien dazu liefert.

90. Welche Aussage über den Kaufvertrag ist richtig?

a) Die Einigung der Vertragspartner wird als Erfüllungsgeschäft bezeichnet.
b) Die Übergabe einer beweglichen Sache wird als Verpflichtungsgeschäft bezeichnet.
c) Für Kaufverträge über unbewegliche Sachen gibt es keine Formvorschriften.
d) Ein Kaufvertrag, der gegen ein Gesetz verstößt, ist anfechtbar.
e) Ein Kaufvertrag über eine bewegliche Sache ist aufgrund eines Erklärungsirrtums eines Vertragspartners anfechtbar.

91. In welchen zwei Fällen ist ein Kaufvertrag zustande gekommen?

a) Verkäufer macht freibleibendes Angebot, Kunde bestellt rechtzeitig und ohne Abänderung
b) Verkäufer macht befristetes Angebot mit neuen Preisen, Kunde bestellt rechtzeitig zum bisherigen Preis
c) Kunde fragt nach einer bestimmten Ware an, Verkäufer gibt postwendend ein verbindliches Angebot ab
d) Kunde bestellt wie gehabt, Verkäufer sendet Auftragsbestätigung
e) Kunde bestellt ohne Angebot, Verkäufer lehnt ab und macht Gegenangebot
f) Verkäufer liefert sofort ohne Auftragsbestätigung die vom Käufer bestellte Ware.

92. Welche beiden Willenserklärungen führen zum Abschluss eines Kaufvertrags?

a) 1. Willenserklärung: Anfrage; 2. Willenserklärung: Bestellung
b) 1. Willenserklärung: Bestellung; 2. Willenserklärung: Angebot
c) 1. Willenserklärung: unverlangte Lieferung; 2. Willenserklärung: Bezahlung
d) 1. Willenserklärung: verbindliches Angebot; 2. Willenserklärung: Lieferung
e) 1. Willenserklärung: freibleibendes Angebot; 2. Willenserklärung: Bestellung
f) 1. Willenserklärung: Angebot ohne Freizeichnungsklausel; 2. Willenserklärung: Auftragsbestätigung

93. Welche Formvorschriften gelten beim Abschluss eines Kaufvertrages?

a) Kaufverträge über 100.000,00 € müssen notariell beurkundet werden.
b) Grundsätzlich bestehen für Kaufverträge keine Formvorschriften.
c) Der Kaufvertrag muss schriftlich abgeschlossen werden, wenn der Kaufgegenstand einen Wert von über 100.000,00 € hat.
d) Der Kaufvertrag bedarf der Schriftform, wenn sich Käufer und Verkäufer noch nicht in allen Punkten geeinigt haben.
e) Jeder Kaufvertrag muss schriftlich abgeschlossen werden; ansonsten ist er ungültig, weil die Beweiskraft fehlt.

94. Wie lange ist ein Verkäufer nach dem Gesetz an sein Angebot gebunden?

a) Ein Angebot ist so lange gültig, bis eine Bestellung des Käufers eintrifft.
b) Ein schriftliches Angebot gilt immer zwei Wochen.
c) Ein telefonisches Angebot gilt immer eine Woche.
d) Ein Angebot ist so lange gültig, wie unter regelmäßigen Umständen eine Antwort erwartet werden kann.
e) Im Angebot muss immer eine Frist angegeben sein, nach deren Ablauf es dann ungültig wird.

95. Ordnen Sie zu.

Handlungen

a) Mitteilung vom Käufer an den Verkäufer, dass der Ware eine zugesicherte Eigenschaft fehlt
b) Ausstellen von Waren mit Preisangaben im Schaufenster
c) Willenserklärung an eine bestimmte Person, Waren zu den angegebenen Bedingungen zu liefern
d) Einigung zwischen Verkäufer und Erwerber, dass das Eigentum übergehen soll, und Übergabe
e) Willenserklärung des Käufers, eine bestimmte Ware zu den angegebenen Bedingungen zu kaufen
f) Öffentliche Versteigerung einer mangelhaft gelieferten, verderblichen Ware durch den Käufer
g) Bestätigung, dass die bestellte Ware geliefert wird

Begriffe zum Kaufvertrag

[ ] Anpreisung
[ ] Bestellung
[ ] Angebot

96. Welche Anforderung muss an ein rechtsgültiges Angebot gestellt werden?
a) Es muss stets an eine bestimmte Person gerichtet sein.
b) Es muss auf einem Vordruck abgegeben werden.
c) Es muss sich an die Allgemeinheit wenden.
d) Es darf nicht widerrufen werden.
e) Es muss schriftlich abgefasst sein.

97. Welche beiden Angaben passen nicht zu einem verbindlichen Angebot?
a) Preis
b) Menge
c) Art, Güte, Beschaffenheit der Ware
d) Vorrat begrenzt
e) Lieferungsbedingungen
f) Preise unverbindlich
g) Lieferzeit
h) Zahlungsbedingungen

98. Im Falle einer erstmaligen Geschäftsbeziehung sind im Angebot, in der Bestellung und in der Auftragsbestätigung keine Lieferungsbedingungen genannt worden. Erst auf der Rechnung werden dem Käufer Lieferungsbedingungen mitgeteilt. Welche Aussage ist richtig?
a) Diese Angaben binden Käufer und Verkäufer.
b) Gegen diese Angaben muss der Käufer innerhalb von acht Tagen Einspruch einlegen.
c) Diese Angaben sind für den Käufer ohne Bedeutung, es gelten die gesetzlichen Bestimmungen.
d) Der Kaufvertrag ist schwebend unwirksam.
e) Der Kaufvertrag kann wegen Irrtums angefochten werden.

99. In welchem Fall ist eine Bestellungsannahme (Auftragsbestätigung) notwendig, damit ein Kaufvertrag zustande kommt?
a) Nach einem nur mündlich vereinbarten Kauf
b) Nachdem ein Kunde auf ein fernschriftliches Angebot bestellt hat
c) Nach Bestellung aufgrund eines Sonderangebots
d) Nachdem auf ein freibleibendes Angebot bestellt wurde
e) Nachdem ein neuer Kunde auf ein bindendes Angebot bestellt hat

100. Die UNION-Bank bestellt bei der Fa. Bürodiscount einen neuen TFT-Bildschirm. Diese nimmt die Bestellung an, ändert aber in ihrer Bestellungsannahme Preis und Liefertermin. Welche Aussage ist richtig?
a) Der Kaufvertrag ist zustande gekommen. Es gelten die Daten in der Bestellung.
b) Der Kaufvertrag ist zustande gekommen. Es gelten die Daten in der Bestellungsannahme.
c) Der Kaufvertrag ist nicht zustande gekommen. Die Vertragspartner müssen sich nur noch über den Liefertermin einigen.
d) Der Kaufvertrag ist zustande gekommen. Die UNION-Bank hat auf die Bestellungsannahme innerhalb einer angemessenen Frist nicht geantwortet.
e) Der Kaufvertrag ist nicht zustande gekommen. Die Vertragspartner müssen sich noch über Preis und Liefertermin einigen.

101. Welche Wirkung hat eine Anfrage für die Entstehung eines Kaufvertrages?
a) Die Anfrage gilt als Antrag, wenn der Empfänger der Anfrage unverzüglich liefern kann.
b) Die Anfrage gilt als Antrag zum Abschluss eines Kaufvertrages.
c) Die Anfrage hat keine rechtliche Wirkung für die Entstehung eines Kaufvertrages.
d) Der Anfragende ist, sofern der Empfänger der Anfrage ein verbindliches Angebot abgibt, zur Bestellung verpflichtet.
e) Der Empfänger der Anfrage ist nach dem HGB verpflichtet, ein Angebot abzugeben.

102. Welche Aussage über Anfragen ist richtig?
a) Anfragen erhöhen die Marktübersicht.
b) Anfragen sind die ersten Willenserklärungen zum Abschluss des Kaufvertrages.
c) Anfragen bedürfen der Schriftform.
d) Anfragen beinhalten die Annahme der Angebote.
e) Anfragen sind in der Regel rechtsverbindlich.

103. In welchem Fall handelt es sich um ein Angebot im rechtlichen Sinn?
a) Eine Ware wird einem Kunden von seinem Lieferer durch Zusendung von Prospekten mit Preis liste angeboten.
b) Eine Ware wird auf einer Messe ausgestellt.
c) Eine Ware wird in der Anzeige einer Fachzeitschrift beschrieben, wobei Preis, Beschaffenheit und Lieferbedingungen genannt werden.
d) Eine Ware wird mit genauen Angaben durch eine Postwurfsendung angeboten.
e) Eine Ware wird im Schaufenster ausgestellt.

104. Wie lange ist ein telefonisches Angebot gültig?
a) Es ist bis zum Eingang der schriftlichen Bestätigung gültig.
b) Es ist bis zum Ablauf der Geschäftszeit des Anbieters gültig.
c) Es ist 2 Tage gültig.
d) Es ist 2 Stunden gültig.
e) Es ist bis zur Beendigung des Gespräches gültig.

105. Welche Aussage zum Kaufvertrag ist richtig?
a) Waren hat der Verkäufer im Zweifel auf seine Gefahr und Kosten dem Käufer zu übersenden.
b) Der Eigentumsvorbehalt ist auch wirksam, wenn er nicht ausdrücklich vereinbart wurde.
c) Ist keine Vereinbarung über die Beschaffenheit des eingekauften Rohstoffes getroffen, hat der Lieferer Rohstoffe zu liefern, die sich zur gewöhnlichen Verwendung eignen und eine Beschaffenheit aufweisen, die üblich ist und der Käufer nach der Art der Sache erwarten kann.
d) Ist für die Übernahme der Bezugskosten an einen anderen Ort als den Erfüllungsort keine Vereinbarung getroffen, gilt die Klausel „frachtfrei".
e) Der vertragliche Erfüllungsort richtet sich nach dem Gerichtsstand des Schuldners.

Bitte beachten Sie bei den nächsten beiden Aufgaben die nachstehenden Rechtsvorschriften!

§ 433 BGB Vertragstypische Pflichten beim Kaufvertrag
(1) Durch den Kaufvertrag wird der Verkäufer einer Sache verpflichtet, dem Käufer die Sache zu übergeben und das Eigentum an der Sache zu verschaffen. Der Verkäufer hat dem Käufer die Sache frei von Sach- und Rechtsmängeln zu verschaffen.
(2) Der Käufer ist verpflichtet, dem Verkäufer den vereinbarten Kaufpreis zu zahlen und die gekaufte Sache abzunehmen.

106. Aus dem Kaufvertrag erwachsen verschiedene Pflichten. Welche Pflicht obliegt nicht dem Verkäufer?
a) Das Eigentum an der Kaufsache muss übertragen werden.
b) Die Kaufsache muss übergeben werden.
c) Die Kaufsache muss frei von Sachmängeln übergeben werden.
d) Die Kaufsache muss frei von Rechtsmängeln übergeben werden.
e) Die Kaufsache muss angenommen und bezahlt werden.

107. Bei der Erfüllung des Kaufvertrages entstehen den Vertragspartnern verschiedene Pflichten. Welche Pflicht hat der Verkäufer zu erfüllen?
a) Er muss die Ware bezahlen.
b) Er muss die Ware annehmen.
c) Er muss die Ware sofort überprüfen.
d) Er hat dem Käufer die Ware frei von Mängeln zu übergeben.
e) Er hat die Ware sorgsam zu behandeln.

108. Ein Kaufvertrag entsteht durch zwei inhaltlich übereinstimmende Willenserklärungen. In welchem Fall ist dieser Sachverhalt gegeben?

	1. Schritt	2. Schritt
a)	Befristetes Angebot	Bestellung innerhalb der angegebenen Frist
b)	Freibleibendes Angebot	Bestellung
c)	Bestellung	Auftragsbestätigung mit Einschränkungen
d)	Anfrage	Verbindliches Angebot
e)	Zeitungsanzeige für Spezialmaschine	Bestellung

109. Ordnen Sie zu.

Vertragsarten
- a) Miete
- b) Leihe
- c) Darlehen
- d) Pacht
- e) Werkvertrag
- f) Schenkung

Vertragsinhalte

[ ] Entgeltliche Überlassung von Geld gegen spätere Rückzahlung

[ ] Überlassung von Sachen zum Gebrauch ohne Entgelt

[ ] Unentgeltliche Zuwendung von Sachen oder Rechten

110. Ordnen Sie zu.

Vertragsarten
- a) Darlehensvertrag
- b) Leihvertrag
- c) Pachtvertrag
- d) Mietvertrag
- e) Werkvertrag
- f) Kaufvertrag

Vorgänge

[ ] A überlässt B einen Garten gegen monatliches Entgelt mit der Erlaubnis, die Obstbäume abzuernten.

[ ] A beauftragt den Schneider, ihm einen Anzug anzufertigen.

[ ] A überlässt B 5000 € mit der Auflage, das Geld plus Zinsen zurückzuzahlen.

111. Ein Kunde möchte aus Sicherheitsgründen einige persönliche Dokumente in einem Schließfach Ihres Kreditinstitutes hinterlegen. Welche Vertragsart schließen Sie als Mitarbeiter/In im Namen Ihres Kreditinstitutes mit dem Kunden ab?
- a) Verwaltungsvertrag
- b) Mietvertrag
- c) Kontovertrag
- d) Geschäftsbesorgungsvertrag
- e) Kaufvertrag

112. Da das Bankgebäude durch einen Sturm stark beschädigt worden ist, musste die UNION-Bank einer Dachklempnerei einen Reparaturauftrag erteilen. Welcher Vertrag wurde geschlossen?
- a) Wartungsvertrag
- b) Dienstvertrag
- c) Arbeitsvertrag
- d) Werkvertrag
- e) Kaufvertrag

113. Die UNION-Bank beauftragt die IZB-Soft GmbH damit, für sie ein Software-Programm für die Abwicklung des Anlagegeschäfts zu erstellen. Um welche Vertragsart handelt es sich dabei?
- a) Um einen Mietvertrag
- b) Um einen Leihvertrag
- c) Um einen Werkvertrag
- d) Um einen Dienstvertrag
- e) Um einen Pachtvertrag

114. In welchen <u>zwei</u> Fällen handelt es sich um einen Werkvertrag?
- a) Eine Auskunftei erteilt einer Versicherungsgesellschaft die gewünschten Auskünfte.
- b) Ein Reisebüro veranstaltet eine dreitägige Busreise nach Paris für einen privaten Kegelverein.
- c) Eine Studentin gibt der 18-jährigen Gymnasiastin Nachhilfeunterricht in Mathematik.
- d) Ein Spediteur besorgt die Versendung von Zeitungspapierrollen für eine Papierfabrik.
- e) Ein Frachtführer befördert Autoteile für ein Automobilwerk.
- f) Eine Autowerkstatt beschafft einen Austauschmotor und baut ihn in den Pkw des Kunden ein.
- g) Eine Maschinenbau AG aus Nürnberg schließt mit einer Transport GmbH in Fürth als Frachtführer einen Vertrag zum Transport von Fertigteilen von Frankfurt nach Nürnberg ab.

115. Mit dem Lieferanten für Kopierer ist ein neuer Wartungsvertrag abzuschließen. Um welchen Vertrag handelt es sich dabei?
- a) Werkvertrag
- b) Pachtvertrag
- c) Leasingvertrag
- d) Mietvertrag
- e) Arbeitsvertrag

116. Nach einem Kfz-Unfall beauftragt Herr Schulz eine Reparaturwerkstatt, den Kotflügel seines Pkw auszubeulen. Welchen Vertrag schließt Herr Schulz in diesem Falle ab?

a) Kaufvertrag
b) Dienstvertrag
c) Arbeitsvertrag
d) Werkvertrag
e) Leasingvertrag

117. Der Zimmereibetrieb A erstellt gegen Bezahlung für B auf dessen Grundstück ein Blockhaus; die erforderlichen Baumstämme stellt B zur Verfügung. B überlässt das fertige Blockhaus der Familie C für 14 Tage gegen Bezahlung als Unterkunft für einen Urlaubsaufenthalt. Die Familie C stellt einen Raum dieses Blockhauses dem befreundeten D für einen Tag kostenlos zur Verfügung. Welche Aufzählung enthält die abgeschlossenen Verträge in der richtigen Reihenfolge?

a) Arbeitsvertrag - Mietvertrag - Leihvertrag
b) Werkvertrag - Pachtvertrag - Mietvertrag
c) Werkvertrag - Mietvertrag - Leihvertrag
d) Dienstvertrag - Pachtvertrag - Mietvertrag
e) Arbeitsvertrag - Mietvertrag – Schenkungsvertrag

118. Ordnen Sie zu.

Vertragsarten

a) Kaufvertrag
b) Arbeitsvertrag
c) Mietvertrag
d) Pachtvertrag
e) Leihvertrag
f) Darlehensvertrag
g) Werkvertrag

Beispiele für Verträge

[ ] Eine Brauerei übergibt einem Gastwirt einen schönen Holztisch mit Stühlen. Der Gastwirt verpflichtet sich, den vereinbarten Preis in 12 Monatsraten zu bezahlen.
[ ] Ein Gastwirt beauftragt einen Schreiner, eine Theke anzufertigen und diese in seinem Lokal einzubauen. Er verpflichtet sich, den vereinbarten Preis zu zahlen.
[ ] Ein Arbeitnehmer überlässt einem Kollegen zinslos 2.000 €. Der Kollege verpflichtet sich, den Betrag nach zwei Wochen zurückzuzahlen.
[ ] Eine Brauerei überlässt einem Gastwirt eine eingerichtete Gaststätte. Der Gastwirt verpflichtet sich, dafür monatliche 1.500 € zu bezahlen.

119. Ordnen Sie zu.

Sachverhalte

a) Ein Unternehmer schließt einen Leasingvertrag über eine EDV-Anlage ab.
b) Die Nutzung leerer Wohnungen wird vereinbart.
c) Ein Ehepaar nutzt einen Kirschgarten gegen Zahlung einer jährlichen Summe; die Kirschen darf das Ehepaar behalten.
d) Eine Bank beauftragt eine Druckerei 10.000 Formulare zu drucken.
e) Eine Hausfrau leiht sich von der Nachbarin 4 Eier aus, da sie wegen unangesagtem Besuch einen Kuchen backen möchte.
f) Ein Angestellter verpflichtet sich zur Arbeitsleistung in einem Unternehmen.
g) Eine Behörde bestellt bei einem Autohaus einen Satz neuer Reifen für ihren Dienstwagen.

Vertragsarten

[ ] Pachtvertrag
[ ] Dienstvertrag
[ ] Werkvertrag

120. Ordnen Sie zu.

Vertragsinhalte

a) A übereignet B eine Sache ohne Gegenleistung.
b) A übereignet B eine Sache gegen Entgelt.
c) A überlässt B eine Geldsumme gegen spätere Rückzahlung.
d) A überlässt B eine eingerichtete Gaststätte für eine bestimmte Zeit gegen Entgelt, wobei der erwirtschaftete Gewinn B zufließt.
e) Die Nutzung einer leeren Wohnung gegen Entgelt wird vereinbart.
f) A überlässt B unentgeltlich für eine bestimmte Zeit eine Sache zum Gebrauch.
g) A verpflichtet sich, gegen Entgelt für B einen Gegenstand herzustellen.

Vertragsarten

[ ] Mietvertrag
[ ] Pachtvertrag
[ ] Schenkungsvertrag

121. Herr M. erhält am Samstagabend überraschend Besuch. Wegen fehlender Getränke bittet er seinen Nachbarn um fünf Flaschen Orangensaft gegen das Versprechen, ihm am nächsten Tag fünf Flaschen derselben Marke zurückzugeben. Welchen Vertrag schließt Herr M. in diesem Fall ab?

a) Kaufvertrag
b) Mietvertrag
c) Pachtvertrag
d) Darlehensvertrag
e) Schenkungsvertrag

122. Eine Brauerei erwirbt gegen monatliches Entgelt die Nutzung an einem Waldgrundstück, um Quellwasser zu erhalten. Um welche Vertragsart handelt es sich hierbei?

a) Um einen Kaufvertrag
b) Um einen Mietvertrag
c) Um einen Leasingvertrag
d) Um einen Pachtvertrag
e) Um einen Leihvertrag

123. Ein Kunde beauftragt ein Juweliergeschäft, aus einem mitgebrachten Goldbarren eine Brosche anzufertigen. Welcher Vertrag wird abgeschlossen?

a) Kaufvertrag
b) Werkvertrag
c) Schenkungsvertrag
d) Dienstvertrag
e) Arbeitsvertrag

124. In welchem Fall ist das Rechtsgeschäft anfechtbar?

a) Ein 17-Jähriger verfasst ein handschriftliches Testament gegen den Willen der Eltern.
b) Ein Autokäufer unterschreibt einen Kaufvertrag, in dem irrtümlich ein Kaufpreis von 32.000 € anstatt 23.000 € angegeben ist.
c) Ein Wertpapierkäufer kauft Aktien in irrtümlicher Erwartung eines steigenden Kurses.
d) Ein Schüler kauft sich eine Stereoanlage im Wert von 2.000 €. Die Genehmigung der Eltern steht noch aus.
e) Ein Mietvertrag für eine Wohnung mit einer Laufzeit von drei Jahren wird mündlich abgeschlossen.

125. Bestimmte Rechtsgeschäfte erfordern die Einhaltung gewisser vom Gesetzgeber festgelegten Formvorschriften. Sollten diese nicht eingehalten werden, führt dies zur Unwirksamkeit des betreffenden Rechtsgeschäftes. Bei welchem Rechtsgeschäft sind <u>keine</u> Formvorschriften zu beachten?

a) Ein Grundstück soll erworben werden, da der Bau eines Einfamilienhauses geplant ist.
b) Um Erbstreitigkeiten vorzubeugen, wird ein Testament erstellt.
c) Der derzeitige Arbeitsvertrag wird gekündigt, da eine berufliche Veränderung angestrebt wird.
d) Ein Verwandter bittet Sie, für ihn zur Aufnahme eines Kredites bei der Bank als Bürge aufzutreten.
e) Ein neuer PKW soll angeschafft werden.

126. Welches Rechtsgeschäft ist anfechtbar?

a) Ein 17-jähriger Schüler hebt als Bevollmächtigter seines Vaters 1.000 € von dessen Konto ab.
b) Ein wegen Verschwendungssucht entmündigter 45-jähriger Mann kauft 30 CD´s.
c) Eine 15-jährige Schülerin kauft von ihrem Taschengeld einen DVD-Player im Wert von 135,00 €.
d) Eine 20-jährige Auszubildende will 5 XY-Aktien kaufen, setzt aber in den Auftragsvordruck 50 Stück ein.
e) Ein 17-jähriger Schüler schließt einen Berufsausbildungsvertrag ab.

127. Welches Rechtsgeschäft ist weder anfechtbar noch nichtig?

a) Bei einem Versandhaus wird eine vergoldete Uhr bestellt. Versehentlich wird zum gleichen Preis eine goldene Uhr geliefert und vom Besteller angenommen.
b) Ein Gebrauchtwagenhändler verkauft wissentlich einen als unfallfrei bezeichneten Unfallwagen.
c) Ein Bankkunde kauft 20 X-Aktien in der Erwartung, dass der Kurs steigt. Der Kurs fällt jedoch.
d) Ein Hauseigentümer verkauft sein Haus. Der Kaufvertrag wird von einem Makler beurkundet.
e) Ein kaufmännischer Angestellter erhält eine wertvolle Briefmarkensammlung geschenkt. Zur Umgehung der Schenkungssteuer wird ein Kaufvertrag abgeschlossen.

128. Ordnen Sie zu.

Rechtshandlungen	**Rechtliche Auswirkungen**
a) Ein Kunde bestellt auf Grund eines unverbindlichen Angebotes und erhält eine Auftragsbestätigung.	[ ] Vertrag ist anfechtbar.
b) Ein Kunde bestellt einen Artikel auf Grund einer Zeitungsanzeige.	[ ] Vertrag ist nichtig.
c) Ein Händler verkauft einem 17-Jährigen eine Stereoanlage. Die Genehmigung der Eltern steht noch aus.	[ ] Vertrag ist rechtswirksam.
d) Ein Kunde hat in einem Kaufvertrag die Bestellnummer 081 mit der Stückzahl 123 verwechselt.	
e) Ein Fünfjähriger kauft sich ein Spielzeug.	

129. Welche Aussage über anfechtbare Rechtsgeschäfte bzw. Willenserklärungen ist richtig?

a) Die Willenserklärung eines Geschäftsfähigen ist anfechtbar.
b) Anfechtbare Rechtsgeschäfte sind bis zur Anfechtung zunächst gültig.
c) Willenserklärungen, die zum Schein abgegeben werden, sind anfechtbar.
d) Rechtsgeschäfte, die gegen ein gesetzliches Verbot verstoßen, sind anfechtbar.
e) Anfechtbare Rechtsgeschäfte sind von vornherein nichtig.

130. In welchem Fall ist ein Vertrag anfechtbar?

a) Der Vertrag verstößt gegen ein gesetzliches Gebot oder Verbot.
b) Der Vertrag wurde nicht in der vom Gesetz vorgeschriebenen Form abgeschlossen.
c) Eine Willenserklärung wurde durch widerrechtliche Drohung oder durch Nötigung erzwungen.
d) Der Käufer hat in der Zwischenzeit ein günstigeres Angebot erhalten.
e) Der Käufer oder der Verkäufer ist nicht geschäftsfähig.

131. Ihr Vorgesetzter beauftragt Sie bei einem Büroartikelversand 10 Nachfülltonerkartuschen für die im Kreditinstitut eingesetzten Laserdrucker zu bestellen. Aufgrund eines Schreibfehlers bestellen Sie jedoch versehentlich 100 Tonerkartuschen, die schließlich auch geliefert werden. Beurteilen Sie die Rechtslage.

a) Sie sind zum Rücktritt vom Kaufvertrag berechtigt, weil ein Formfehler vorliegt.
b) Sie müssen die 100 Tonerkartuschen in jedem Fall abnehmen.
c) Sie können den Vertrag wegen Irrtums anfechten.
d) Sie haben das Recht, den Kaufvertrag wegen eines Mangels in der Menge rückgängig zu machen.
e) Sie brauchen die Lieferung nicht anzunehmen, da kein Kaufvertrag zu Stande gekommen ist.

132. A liefert B unter Eigentumsvorbehalt eine Ware. B verkauft diese Ware an K gegen Rechnung. K hat die ihm übergebene Ware noch nicht bezahlt. Wer ist Eigentümer der Ware?

a) A, weil er unter Eigentumsvorbehalt geliefert hat
b) B, weil K noch nicht bezahlt hat
c) A und B gemeinschaftlich, weil jeder noch einen Anspruch hat
d) K, weil er die Ware von B gutgläubig gekauft und übernommen hat
e) A, weil B diese Ware nicht hätte weiterverkaufen dürfen

133. Einem Unternehmer fällt erst 8 Monate nach Lieferung auf, dass die Ware einen versteckten Mangel aufweist. Er rügt unverzüglich beim Lieferer. Ist er den Vorschriften des HGB gerecht geworden?

a) Ja, denn die Verjährungsfrist unter Kaufleuten beträgt 4 Jahre.
b) Nein, denn er hätte innerhalb von 6 Monaten rügen müssen.
c) Nein, denn er hätte die Ware sofort bei Lieferung überprüfen müssen.
d) Nein, denn er hätte innerhalb von 2 Monaten rügen müssen.
e) Ja, denn er hat unverzüglich nach Feststellung des Mangels innerhalb von 24 Monaten zu rügen.

134. Ordnen Sie zu.

Vertragssituationen	**Gründe der Anfechtbarkeit**
a) Ein Student unterschreibt bei einem Zeitschriftenwerber eine Bestellung für eine Zeitschrift, ohne die Bezugsbedingungen zu lesen. Er meint, er könne die Zeitschrift jederzeit abbestellen. Später stellt er fest, dass er die Zeitschrift mindestens für ein Jahr abnehmen muss.	[ ] Irrtum in der Erklärung
b) Ein Lieferer bietet eine Ware schriftlich für 15 € statt für 51 € (Schreibfehler) an. Der Kunde bestellt 10 Stück zu 15 €. Daraufhin bemerkt die Sachbearbeiterin den Fehler und ruft bei dem Kunden an.	[ ] Arglistige Täuschung [ ] Widerrechtliche Drohung

c) Der Eigentümer eines Wochenendhauses verkauft das Haus an einen Interessenten für 30.000 €. Der Vertrag wird von beiden schriftlich abgeschlossen und unterschrieben. Der Käufer zahlt 20.000 € an, den Rest verweigert er wegen nachträglich festgestellter Baumängel.

d) Ein Autohändler veranlasst einen Kunden, einen Kaufvertrag für ein neues Auto zu unterschreiben. Andernfalls will er die Versicherung informieren, dass der Kunde für die Reparatur des Unfallschadens eine überhöhte Rechnung eingereicht hat.

e) Ein Gemüsehändler bestellt bei seinem Großhändler zum Wochenende wesentlich mehr Obst und Gemüse als sonst, weil er mit erheblich größerer Nachfrage rechnet. Er irrt sich. Einen großen Teil der verderblichen Waren hat er bis Samstagnachmittag noch nicht verkauft.

f) Ein Gebrauchtwagenhändler verkauft ein Auto als unfallfrei, obwohl er wusste, dass der vorherige Halter einen Unfall hatte.

g) Ein Rechtsanwalt kauft bei seiner Bank Gold, weil er annimmt, dass der Goldpreis in nächster Zeit erheblich steigen wird. Er hofft, dadurch ein gutes Geschäft zu machen. Leider hat er sich geirrt; der Goldpreis geht sogar zurück.

135. Ordnen Sie zu.

Rügefristen nach der gesetzlichen Regelung	**Mängel**
a) Unverzüglich nach Lieferung	
b) Innerhalb von 6 Wochen nach Lieferung c) Innerhalb von 3 Monaten nach Lieferung	[ ] Versteckter Mangel bei zweiseitigem Handelskauf
d) Innerhalb von 24 Monaten nach Lieferung e) Unverzüglich nach Entdeckung, jedoch innerhalb von 24 Monaten nach Lieferung	[ ] Offener Mangel bei zweiseitigem Handelskauf
f) Innerhalb von 12 Monaten nach Lieferung g) Unverzüglich nach Entdeckung, jedoch innerhalb von 6 Wochen nach Lieferung	[ ] Versteckter Mangel bei Verbrauchsgüterkauf

136. Wann sind Mängel beim zweiseitigen Handelskauf nach den gesetzlichen Vorschriften zu rügen, damit eventuelle Ansprüche auch durchgesetzt werden können?

a) Bei einem offenen Mangel muss innerhalb von 8 Tagen nach Eingang der Lieferung gerügt werden.

b) Bei einem offenen Mangel muss unverzüglich nach Eingang der Lieferung gerügt werden.

c) Bei einem offenen Mangel muss innerhalb von 24 Monaten nach Eingang der Lieferung gerügt werden.

d) Bei einem versteckten Mangel muss innerhalb von 6 Monaten nach Eingang der Lieferung gerügt werden.

e) Bei einem versteckten Mangel muss innerhalb von 12 Monaten unverzüglich nach Entdecken des Mangels der Lieferung gerügt werden.

137. In welcher Rechtsvorschrift sind die Rügefristen beim Verbrauchsgüterkauf geregelt?

a) Im BGB (Bürgerliches Gesetzbuch)

b) In der VerkVO (Verkaufsverordnung)

c) Im HGB (Handelsgesetzbuch)

d) Im EStG (Einkommensteuergesetz)

e) Im GWB (Gesetz gegen Wettbewerbsbeschränkungen)

138. Aus dem Gesetz ergeben sich Rügefristen beim zweiseitigen Handelskauf. Innerhalb welcher Frist sind versteckte Mängel zu rügen?

a) Die Mängel müssen unverzüglich nach der Entdeckung, spätestens innerhalb von 24 Monaten gerügt werden.
b) Die Mängel müssen innerhalb von 6 Wochen gerügt werden.
c) Die Mängel müssen unverzüglich nach Erhalt der Ware gerügt werden.
d) Die Mängel können jederzeit innerhalb von 6 Monaten gerügt werden.
e) Die Mängel müssen unverzüglich nach der Entdeckung, spätestens nach einem Jahr gerügt werden.

139. Wie verhält sich ein Kaufmann richtig, der mangelhafte Ware erhielt und beim Lieferer unverzüglich reklamierte?

a) Er muss die beanstandeten Waren sofort zurücksenden.
b) Er muss die beanstandeten Waren aufbewahren und beim zuständigen Amtsgericht Klage erheben.
c) Er muss die mangelhaften Waren auf jeden Fall behalten, da er Preisnachlass erhält.
d) Er muss unverzüglich einen Selbsthilfeverkauf herbeiführen.
e) Er muss die beanstandeten Waren aufbewahren und die Reaktion des Lieferers abwarten.

140. Was ist zu tun, wenn die auf dem Lieferschein angegebene Stückzahl größer als die tatsächlich gelieferte Stückzahl ist?

a) Angelieferte Ware unverzüglich zurückschicken
b) Dem Lieferer unverzüglich eine Mängelrüge erteilen und ihm eine Frist zur Nacherfüllung setzen
c) Rechnung unter Berücksichtigung der Fehlmenge und Ausnutzung von Skonto zur Zahlung anweisen
d) Einen Deckungskauf vornehmen
e) Schadenersatzansprüche gegenüber dem Lieferer geltend machen

141. In welchem Fall liegt ein Quantitätsmangel vor?

a) Der Verkäufer liefert falsche Ware.
b) Der Verkäufer liefert Ware ohne die zugesicherten Eigenschaften.
c) Der Verkäufer liefert zu wenig Ware.
d) Der Verkäufer liefert Ware mit unbedeutenden Fehlern.
e) Der Verkäufer liefert Ware in einer nicht bestellten Güteklasse.

142. In welchem Fall liegt ein versteckter Mangel vor?

a) Wenn statt mittelblauer Farbe hellblaue Farbe geliefert wird
b) Wenn ein gusseisernes Motorengehäuse infolge von Luftblasen im Material bricht
c) Wenn die gelieferten Schrauben ein Rechtsgewinde anstatt des bestellten Linksgewindes aufweisen
d) Wenn eine vor vier Wochen gelieferte und erst jetzt durch den Lieferer montierte Maschine Gangungenauigkeiten aufweist
e) Wenn eine gelieferte Bohrmaschine laut Typenschild für 110 V statt wie bestellt für 220 V ausgelegt ist

143. Welchen Zeitraum schreibt das BGB als gesetzliche Gewährleistungsfrist für Warenlieferungen vor?

a) 12 Monate
b) 24 Monate
c) 3 Monate
d) 2 Monate
e) 6 Wochen

144. Im BGB sind die Garantieerklärungen geregelt. Danach richtet sich der Umfang der Garantie aus der Garantieerklärung, die einfach und verständlich abgefasst werden muss. Welcher Hinweis bzw. welche Angabe ist <u>nicht</u> Inhalt einer Garantieerklärung?

a) Hinweis auf gesetzliche Rechte des Verbrauchers
b) Hinweis, dass gesetzliche Rechte durch die Garantie nicht eingeschränkt werden
c) Hinweis, dass gesetzliche Rechte durch die Garantie eingeschränkt werden
d) Inhalt der Garantie
e) Angaben, die für die Geltendmachung der Garantie erforderlich sind, z. B. Dauer, räumlicher Geltungsbereich, Name und Anschrift des Garantiegebers

<u>Zu den nächsten vier Aufgaben beachten Sie bitte auch den Auszug aus dem BGB.</u>

145. Wann spricht der Gesetzgeber (§ 434 BGB) bei einer Kaufsache von einem Sachmangel?

a) Die Kaufsache ist zu einer vertraglich vereinbarten Verwendung geeignet.
b) Die Kaufsache hat die vertraglich vereinbarte Beschaffenheit.
c) Die Kaufsache ist zur gewöhnlichen Verwendung geeignet, so wie dies bei Sachen der gleichen Art üblich ist.
d) Die Kaufsache weist die Beschaffenheit auf, die der Käufer erwarten kann, weil dies bei Sachen der gleichen Art so üblich ist.
e) Die Kaufsache weist nicht die Beschaffenheit auf, die aus Aussagen des Herstellers, insbesondere in der Werbung, zu erwarten war.

146. Eine Warenlieferung, die vereinbarungsgemäß zum 07.01. eingetroffen war, wies Sachmängel auf. Welche Aussage zu den Rechten des Käufers ist zutreffend?

a) Der Käufer kann zwischen Minderung des Kaufpreises und Nacherfüllung wählen.
b) Der Käufer kann sofort das Recht des Rücktritts wählen.
c) Der Käufer kann wählen zwischen der Beseitigung des Mangels oder der Lieferung einer mangelfreien Ware.
d) Der Käufer kann auf Schadensersatz bestehen, auch wenn er dem Lieferer keine Nachfrist zur Nachbesserung gesetzt hat.
e) Der Käufer kann in jedem Fall vom Vertrag zurücktreten, auch wenn eine Beseitigung des Mangels problemlos erfolgen kann.

147. Die Warenlieferung weist kleinere Schäden auf. Diese sind ohne Probleme vom Lieferer zu beseitigen. Welche Aussage zu den Rechtsansprüchen des Käufers ist zutreffend?

a) Der Käufer kann in diesem Fall zunächst das Recht der Minderung für sich beanspruchen.
b) Der Käufer muss dem Lieferer die Möglichkeit der Mangelbeseitigung einräumen.
c) Der Käufer kann vom Vertrag zurücktreten.
d) Der Käufer kann auf Lieferung mangelfreier Ware (= Ersatzlieferung) bestehen.
e) Der Käufer kann auch in diesem Fall auf Schadensersatz bestehen.

148. Der Gesetzgeber hat die Ansprüche des Käufers bei Lieferung mangelhafter Ware geregelt. In welcher Zeile sind die Rechte genannt, die nur „nachrangig“ vom Kunden durchsetzbar sind?

a) Beseitigung des Mangels - Lieferung mangelfreier Ware
b) Minderung - Rücktritt - Schadensersatz
c) Minderung - Nachlieferung einer mangelfreien Sache
d) Mangelbeseitigung - Rücktritt
e) Schadensersatz - Mangelbeseitigung - Minderung

Auszug aus BGB

§ 434 Sachmangel

(1) Die Sache ist frei von Sachmängeln, wenn sie bei Gefahrübergang die vereinbarte Beschaffenheit hat. Soweit die Beschaffenheit nicht vereinbart ist, ist die Sache frei von Sachmängeln

wenn sie sich für die nach dem Vertrag vorausgesetzte Verwendung eignet, sonst

wenn sie sich für die gewöhnliche Verwendung eignet und eine Beschaffenheit aufweist, die bei Sachen der gleichen Art üblich ist und die der Käufer nach der Art der Sache erwarten kann.

Zu der Beschaffenheit nach Satz 2 Nr. 2 gehören auch Eigenschaften, die der Käufer nach den öffentlichen Äußerungen des Verkäufers, des Herstellers (§ 4 Abs.1 und 2 des Produkthaftungsgesetzes) oder seines Gehilfen insbesondere in der Werbung oder bei der Kennzeichnung über bestimmte Eigenschaften der Sache erwarten kann, es ei denn, dass der Verkäufer die Äußerung nicht kannte und auch nicht kennen musste, dass sie im Zeitpunkt des Vertragsschlusses in gleichwertiger Weise berichtigt war oder dass sie die Kaufentscheidung nicht beeinflussen konnte.

(2) Ein Sachmangel ist auch dann gegeben, wenn die vereinbarte Montage durch den Verkäufer oder dessen Erfüllungsgehilfen unsachgemäß durchgeführt worden ist. Ein Sachmangel liegt bei einer zur Montage bestimmten Sache ferner vor, wenn die Montageanleitung mangelhaft ist, es sei denn, die Sache ist fehlerfrei montiert worden.

(3) Einem Sachmangel steht es gleich, wenn der Verkäufer eine andere Sache oder eine zu geringe Menge liefert.

§ 437 Ansprüche des Käufers bei Mängeln

Ist die Sache mangelhaft, kann der Käufer, wenn die Voraussetzungen der folgenden Vorschriften vorliegen und soweit nicht ein anderes bestimmt ist,

1. nach § 439 Nacherfüllung verlangen
2. nach den §§ 440, 323, und 326 Abs. 5 von dem Vertrag zurücktreten oder nach § 441 den Kaufpreis mindern und
3. nach den §§ 440, 280, 281, 283 und 311 a Schadensersatz oder nach § 284 Ersatz vergeblicher Aufwendungen verlangen.

§ 439 Nacherfüllung

(1) Der Käufer kann als Nacherfüllung nach seiner Wahl die Beseitigung des Mangels oder die Lieferung einer mangelfreien Sache verlangen.

(2) Der Verkäufer hat die zum Zweck der Nacherfüllung erforderlichen Aufwendungen, insbesondere Transport-, Wege-, Arbeits- und Materialkosten zu tragen.

(3) Der Verkäufer kann die vom Käufer gewählte Art der Nacherfüllung unbeschadet des § 275 Abs. 2 und 3 verweigern, wenn sie nur mit unverhältnismäßigen Kosten möglich ist. Dabei sind insbesondere der Wert der Sache in mangelfreiem Zustand, die Bedeutung des Mangels und die Frage zu berücksichtigen, ob auf die andere Art der Nacherfüllung ohne erhebliche Nachteile für den Käufer zurückgegriffen werden könnte. Der Anspruch des Käufers beschränkt sich in diesem Fall auf die andere Art der Nacherfüllung; das Recht des Verkäufers, auch diese unter den Voraussetzungen des Satzes 1 zu verweigern, bleibt unberührt.

(4) Liefert der Verkäufer zum Zwecke der Nacherfüllung eine mangelfreie Sache, so kann er vom Käufer Rückgewähr der mangelhaften Sache nach Maßgabe der §§ 346 bis 348 verlangen.

§ 440 Besondere Bestimmungen für Rücktritt und Schadensersatz

Außer in den Fällen des § 281 Abs. 2 und des § 323 Abs. 2 bedarf es der Fristsetzung auch dann nicht, wenn der Verkäufer beide Arten der Nacherfüllung gemäß 439 Abs. 3 verweigert oder wenn die dem Käufer zustehende Art der Nacherfüllung fehlgeschlagen oder ihm unzumutbar ist. Eine Nachbesserung gilt nach dem erfolglosen zweiten Versuch als fehlgeschlagen, wenn sich nicht insbesondere aus der Art der Sache oder des Mangels oder den sonstigen Umständen etwas anderes ergibt.

§ 441 Minderung

(1) Statt zurückzutreten, kann der Käufer den Kaufpreis durch Erklärung gegenüber dem Verkäufer mindern. Der Ausschlussgrund des § 323 Abs. 5 Satz 2 findet keine Anwendung.

(2) Sind auf der ....

(3) Bei der Minderung ist der Kaufpreis in dem Verhältnis herabzusetzen, in welchem zur Zeit des Vertragsschlusses der Wert der Sache in mangelfreiem Zustand zu dem wirklichen Wert gestanden haben würden. Die Minderung ist, soweit erforderlich, durch Schätzung zu ermitteln.

(4) Hat der Käufer mehr als den geminderten Kaufpreis gezahlt, so ist der Mehrbetrag vom Verkäufer zu erstatten. ......

149. Der Gesetzgeber räumt dem Lieferer, dessen Lieferung Sachmängel aufweist, unter Umständen ein Verweigerungsrecht wegen Unverhältnismäßigkeit ein. Bei welchem vom Kunden beanspruchten Recht kann vom Lieferer die Einrede der Unverhältnismäßigkeit geltend gemacht werden?

a) Recht auf Minderung
b) Recht auf Schadensersatz
c) Recht auf Mangelbeseitigung
d) Recht auf Rücktritt
e) Recht auf Schadensersatz und Rücktritt

150. Was versteht man unter Rücktritt?

a) Den Anspruch auf nachträgliche Änderung der bestellten Stoffe
b) Den Anspruch auf Rückgängigmachung des Kaufvertrages
c) Den Anspruch auf Schadenersatz wegen Nichterfüllung
d) Den Anspruch auf Ersatzlieferung für fehlerhafte Stoffe
e) Den Anspruch auf Minderung des Kaufpreises

151. Der Unternehmer A (= Lieferer) schuldet dem Unternehmer B (= Kunde) eine Warenlieferung laut Kaufvertrag. Unternehmer A hat aber inzwischen einem anderen Kunden (C) die Ware geliefert, da dieser sofort bar zahlte. Folglich kann Unternehmer A nicht mehr rechtzeitig an Unternehmer B liefern. Welche Aussage ist zutreffend?

a) A wird von seiner Leistungspflicht befreit, da er nicht mehr liefern kann (§ 275 Abs. 1 BGB)
b) A wird von seiner Leistungspflicht befreit, da das Eigentum der Ware bereits an den Kunden C übertragen hat.
c) A wird von seiner Leistungspflicht befreit, da es für ihn mit sehr hohen Kosten verbunden ist, die Ware noch mal am Markt zu beschaffen, um sie dem Kunden B zu liefern. (§ 275 Abs. 2 BGB)
d) A wird von seiner Leistungspflicht nicht befreit, weil Nichterfüllung seiner Leistungspflicht auf sein eigenes Verschulden zurückzuführen ist, da er der Erfüllung eines anderen Vertrages (mit Kunden C) den Vorrang gab. (§ 276 BGB)
e) A ist allein aus dem Grund von seiner Leistungspflicht befreit, da die Regelungen der Vertragsfreiheit ihm die Entscheidung überlassen, wem er seine Ware verkaufen will.

152. Der Unternehmer A ist wegen höherer Gewalt (Blitzschlag in sein Lager) nicht in der Lage, die Verpflichtung aus dem Kaufvertrag mit Unternehmer B zu erfüllen. Welche Aussage ist zutreffend?

a) Der Unternehmer A hat die nötige Sorgfalt nicht walten lassen, denn dann hätte das Einschlagen des Blitzes vermieden werden können.
b) Der Unternehmer A hat es nicht zu vertreten, dass er nicht liefern kann. Somit ist er von seiner Leistungspflicht entbunden.
c) Vertragliche Abmachungen müssen immer eingehalten werden, auch wenn der Unternehmer A seine Lieferunfähigkeit nicht zu vertreten hat.
d) Der Unternehmer A ist zwar von seiner Leistungspflicht entbunden, muss aber den Schaden, den sein Kunde aufgrund der ausgebliebenen Warensendung erlitten hat, bezahlen.
e) Der Unternehmer A ist gezwungen, sich auf dem Markt anderweitig, wenn auch zu höheren Kosten, die Waren zu beschaffen, um seine Pflichten aus dem Kaufvertrag erfüllen zu können.

153. Unternehmer A ist aufgrund eines Kaufvertrages zur Lieferung einer Warensendung verpflichtet. Er gerät jedoch in Lieferschwierigkeiten, die er auch zu vertreten hat. Er teilt dies seinem Kunden, dem Unternehmer B, mit und bittet diesen, den Liefertermin ca. 6 bis 8 Wochen zu verschieben, damit er die Waren nochmals anderweitig beschaffen kann. Welche Aussage ist richtig?

a) Der Kunde B hat keine andere Möglichkeit, als der Bitte des Unternehmers A zu entsprechen.
b) Der Kunde B kann auf jeden Fall auf der Lieferung zum rechtzeitigen Termin bestehen.
c) Der Kunde B muss dem Unternehmer A eine angemessene Frist zur Nachlieferung setzen, die diesen 6 bis 8 Wochen entspricht.
d) Der Kunde B kann nur vom Vertrag zurücktreten, er hat aber nicht das Recht, den ihm aufgrund der ausgebliebenen Warenlieferung entstandenen Schaden einzufordern.
e) Der Kunde B kann sowohl vom Vertrag zurücktreten als auch Schadensersatz wegen nicht vertragsgemäß erbrachter Leistung verlangen.

154. In einem Kaufvertrag wurde vereinbart: „Lieferung ab Mitte Januar." Am 24.01. ging beim Verkäufer ein Schreiben ein, in dem die Lieferung angemahnt und bis zum 01.02. erbeten wurde. Am 10.02. war die Ware noch nicht eingegangen, weil beim Lieferer eine Spezialmaschine wegen Wartungsmängeln ausgefallen war. Welche Aussage ist richtig?

a) Für den Eintritt des Lieferungsverzuges war eine Nachfristsetzung mit der Mahnung nicht erforderlich, weil der Liefertermin kalendermäßig genau (fix) festgelegt war.
b) Dem Verkäufer wurde eine angemessene Nachfrist bis zum 01.02. gesetzt, danach kann der Käufer nur Schadenersatz statt der Leistung verlangen, aber nicht vom Vertrag zurücktreten.
c) Es liegt kein Lieferungsverzug vor, weil der Verkäufer den Lieferungsverzug nicht verschuldet hat.
d) Der Verkäufer befindet sich ab dem 02.02. in Lieferungsverzug; danach kann der Käufer vom Vertrag zurücktreten und Schadensersatz verlangen.
e) Der Verkäufer befindet sich ab dem 02.02. in Lieferungsverzug; danach kann der Käufer bei einer weiteren erfolglosen Nachfristsetzung Schadenersatz statt der Leistung verlangen.

155. Ordnen Sie zu.

Begriffserläuterungen

a) Der Käufer verlangt Herabsetzung des Kaufpreises.
b) Der Käufer verlangt Ersatzlieferung mangelfreier Ware.
c) Der Käufer verlangt Rückgängigmachung des Vertrages.
d) Der Käufer verweigert Zahlung des vereinbarten Kaufpreises.
e) Der Käufer verlangt Ausbesserung der mangelhaften Ware.
f) Der Käufer verlangt Geldentschädigung, da trotz Nachfristsetzung keine Ersatzlieferung und keine Nachbesserung erfolgte.

Rechte des Käufers bei mangelhafter Lieferung

[ ] Rücktritt

[ ] Minderung

[ ] Schadensersatz statt der Leistung

156. Bringen Sie die folgenden Arbeiten beim Durchsetzen eines Schadenersatzanspruchs in die richtige Reihenfolge.

[ ] Schadenshöhe ermitteln und Schadensersatz statt der Leistung geltend machen
[ ] Liefertermin gemäß Bestellung überwachen, Lieferung muss fällig sein
[ ] Nach Ablauf der Nachfrist Deckungskauf vornehmen
[ ] Wegen Schadenersatzanspruch Klage erheben
[ ] Lieferer eine Nachfrist zur Nacherfüllung setzen
[ ] Nachfrist erfolglos abgelaufen

157. Bringen Sie die folgenden Arbeitsschritte beim Lieferungsverzug in die richtige Reihenfolge.

[ ] Die Schadenshöhe wird ermittelt.
[ ] Da nach Ablauf der Nachfrist noch nicht geliefert worden ist, wird ein Deckungskauf vorgenommen.
[ ] Anhand der Bestellkartei wird festgestellt, dass noch nicht geliefert wurde.
[ ] Der Lieferer wird gemahnt, und es wird eine angemessene Nachfrist zur Nacherfüllung gesetzt.
[ ] Rückfrage bei der Warenannahme
[ ] Dem Lieferer wird die Schadenersatzforderung mitgeteilt.

158. Bringen Sie die Anspruchsvoraussetzungen für „Schadensersatz statt der Leistung“ in eine logisch richtige Reihenfolge.

[ ] Fristsetzung zur Leistung der Nacherfüllung
[ ] Pflichtverletzung (in Form von Verzug oder Schlechterfüllung)
[ ] Wirksamer Vertrag
[ ] Erfolgloser Fristablauf (Nichterbringung der gesamten Leistung oder Schlechterfüllung)
[ ] Vertretenmüssen des Schuldners
[ ] Schadensanspruch
[ ] Leistungspflicht des Schuldners aus wirksamem Vertragsschluss

159. In welchem Fall bedarf es keiner Mahnung, um den Lieferer in Lieferungsverzug zu setzen?

a) Wenn höhere Gewalt den Lieferungsverzug verursachte
b) Wenn der im Kaufvertrag kalendermäßig fest bestimmte Liefertermin nicht eingehalten wurde
c) Wenn die Lieferung für den Käufer bedeutungslos geworden ist
d) Wenn der Lieferer trotz Vorauszahlung des Kunden nicht liefert
e) Wenn der Lieferer wiederholt nicht rechtzeitig lieferte

160. Ein Kunde droht bei nicht termingerechter Lieferung der bestellten Waren eine Konventionalstrafe an. Ist der Kunde hierzu berechtigt?

a) Bei verspäteter Lieferung einer Ware kann nach den Vorschriften des HGB stets eine angemessene Konventionalstrafe als Schadenersatz berechnet werden.
b) Die Zahlung einer Konventionalstrafe kann gefordert werden, wenn eine entsprechende Vereinbarung Teil des Kaufvertrags ist.
c) Eine Konventionalstrafe kann nur durch eine juristische Person, z. B. AG oder GmbH, erhoben werden.
d) Die Erhebung einer Konventionalstrafe verstößt gegen den Grundsatz von Treu und Glauben.
e) Eine Konventionalstrafe kann nur ein Gericht verhängen.

161. Bei welcher Klausel über die Lieferzeit ist eine Mahnung erforderlich, um den Lieferer in Verzug zu setzen?

a) Lieferung 15. Oktober
b) Lieferung 7. Oktober fix
c) Lieferung 31. August
d) Lieferung 02. August
e) Lieferung ab Mitte Mai

162. In einen Kaufvertrag wurde die Lieferungsbedingung „Lieferung im August" aufgenommen. Die Ware trifft bis zum 1. September nicht ein. In welchem Fall tritt kein Lieferungsverzug ein?

a) Die Lieferung wird durch schuldhaftes Handeln des Verkäufers verzögert.
b) Die Lieferung unterbleibt durch vorsätzliches Handeln des Verkäufers.
c) Die Lieferung wird durch fahrlässiges Handeln des Verkäufers verzögert.
d) Die Lieferung wird durch fahrlässiges Handeln des Erfüllungsgehilfen des Verkäufers verzögert.
e) Die Lieferung wird durch zufällige Ereignisse verzögert

163. Ein Großhändler erfüllt seine Verpflichtungen aus dem Kaufvertrag mit einem Einzelhändler nicht wie vereinbart. Welche Voraussetzungen müssen gegeben sein, bevor der Einzelhändler Schadensersatz statt der Leistung verlangen kann?

a) Die nicht rechtzeitig erfolgte Lieferung berechtigt den Einzelhändler dazu, Schadensersatz zu verlangen.
b) Wenn der Einzelhändler erfolglos eine Frist zur Nacherfüllung gesetzt hat, ist er in jedem Fall berechtigt, Schadensersatz zu verlangen.
c) Wenn der Großhändler die Nichtleistung zu vertreten hat und der Einzelhändler erfolglos eine Nachfrist gesetzt hat, dann ist die Schadensersatzforderung berechtigt.
d) Wenn der Großhändler fahrlässig seine Pflichten nicht erfüllt hat, ist der Einzelhändler in jedem Fall berechtigt, Schadensersatz zu verlangen, auch ohne Setzen einer Nachfrist.
e) Auch bei einem Geschäft, das kalendermäßig bestimmt war (Termin der Lieferung war fest vereinbart), kann der Einzelhändler nur bei erfolgloser Nachfristsetzung Schadensersatz verlangen.

164. Welche Aussage zum Lieferungsverzug ist zutreffend?

a) Bei Nichterfüllung seiner vertraglichen Leistungen (Pflichtverletzung) hat der Lieferer Schadensersatz zu leisten, auch wenn er die Pflichtverletzung nicht zu vertreten hat.
b) Bei einer Pflichtverletzung seitens des Lieferers muss ihm nachgewiesen werden, dass er dies zu vertreten hat (= Beweislastumkehr zu Lasten des Lieferers).
c) Der Lieferer selbst muss den Beweis erbringen, dass er die Pflichtverletzung nicht zu vertreten hat.
d) Nur ein Gericht kann darüber entscheiden, ob der Lieferer die Pflichtverletzung zu verantworten hat.
e) Ist die Pflichtverletzung auf fahrlässiges Handeln eines Angestellten des Lieferers zurückzuführen, so ist der Lieferer dafür nicht verantwortlich zu machen.

165. In einem zweiseitigen Handelskauf (beide Geschäftspartner sind Kaufleute) ist der säumige Lieferer durch den Gläubiger erfolgreich in Lieferungsverzug gesetzt worden. Welche Aussage zu den Folgen ist zutreffend?

a) Der Lieferer muss in keinem Fall mit einer Schadensersatzforderung durch den Gläubiger rechnen.
b) Der Lieferer kann bei nachträglicher Erfüllung seiner Pflichten die Forderung nach Schadensersatz erfolgreich abwehren.
c) Der Lieferer muss damit rechnen, dass er neben der Erfüllung seiner Leistung auch noch Schadensersatz und Verzugszinsen in Höhe von 5 % über dem Basissatz zu bezahlen hat.
d) Der Lieferer muss damit rechnen, dass er neben der Erfüllung seiner Leistung auch noch Schadensersatz und Verzugszinsen in Höhe von 9 % über dem Basissatz zu bezahlen hat.
e) Verzugszinsen braucht der Lieferer nur dann zu bezahlen, wenn er in der Forderungsaufstellung auf die Folgen des Verzuges hingewiesen wurde und bereits 30 Tage nach Erhalt der Forderungsaufstellung vergangen sind.

166. Was versteht man unter einer „angemessenen Nachfrist" beim Lieferungsverzug?

a) Eine Frist, in der der Lieferer die Ware noch anderweitig beschaffen kann
b) Eine Frist, in der der Lieferer die Ware neu anfertigen kann
c) Eine Frist, in der der Lieferer die Ware zu liefern hat, ohne sie erst zu beschaffen oder anzufertigen
d) Eine Frist, entsprechend der Rügefristen bei Mängeln
e) Eine Frist, die im Ermessen des Lieferers liegt und von ihm bestimmt werden kann

167. Wann kommt der Lieferer als Schuldner der Ware in Verzug, wenn als Tag der Lieferung der 24. November fest vereinbart wurde?

a) Mit Ablauf des 24. November
b) Mit Ablauf einer Nachfrist
c) Mit Zugang eines Mahnbescheides
d) Sobald ihm die erste Mahnung zugegangen ist
e) Am Ende des darauf folgenden Monats
f) Spätestens vier Wochen nach dem 24. November

Siehe zu den nächsten drei Aufgaben die §§ 247, 286 (3) und § 288 BGB.

§ 247 Basiszinssatz

(1) Der Basiszinssatz beträgt - 0,88 Prozent (Stand 1. Januar 2020). Er verändert sich zum 1. Januar und 1. Juli eines Jahres um die Prozentpunkte, um welche die Bezugsgröße seit der letzten Veränderung des Basiszinssatzes gestiegen oder gefallen ist. Bezugsgröße ist der Zinssatz für die jüngste Hauptrefinanzierungsoperation der Europäischen Zentralbank vor dem ersten Kalendertag des betreffenden Halbjahres.

(2) Die Deutsche Bundesbank gibt den geltenden Basiszinssatz unverzüglich nach den in Absatz 1 Satz 2 genannten Zeitpunkten im Bundesanzeiger bekannt.

§286 Verzug des Schuldners

(1)...

(2)...

(3) Der Schuldner einer Entgeltforderung kommt spätestens in Verzug, wenn er nicht innerhalb von 30 Tagen nach Fälligkeit und Zugang einer Rechnung oder gleichwertigen Zahlungsaufstellung leistet; dies gilt gegenüber einem Schuldner, der Verbraucher ist, nur, wenn auf diese Folgen in der Rechnung oder Zahlungsaufstellung besonders hingewiesen worden ist. Wenn der Zeitpunkt des Zugangs der Rechnung oder Zahlungsaufstellung unsicher ist, kommt der Schuldner, der nicht Verbraucher ist, spätestens 30 Tage nach Fälligkeit und Empfang der Gegenleistung in Verzug.

(4).....

§ 288 Verzugszinsen

(1) Eine Geldschuld ist während des Verzugs zu verzinsen. Der Verzugszinssatz beträgt für das Jahr fünf Prozentpunkte über dem Basiszinssatz.

(2) Bei Rechtsgeschäften, an denen ein Verbraucher nicht beteiligt ist, beträgt der Zinssatz für Entgeltforderungen neun Prozentpunkte über dem Basiszinssatz.

(3) Der Gläubiger kann aus einem anderen Rechtsgrund höhere Zinsen verlangen.

(4) Die Geltendmachung eines weiteren Schadens ist nicht ausgeschlossen.

5) Der Gläubiger einer Entgeltforderung hat bei Verzug des Schuldners, wenn dieser kein Verbraucher ist, außerdem einen Anspruch auf Zahlung einer Pauschale in Höhe von 40 Euro. Dies gilt auch, wenn es sich bei der Entgeltforderung um eine Abschlagszahlung oder sonstige Ratenzahlung handelt.

168. Ein Kaufmann ist in Zahlungsverzug geraten. Sein Lieferant berechnet ihm Verzugszinsen. Welcher Zinssatz gilt nach dem BGB, wenn im Kaufvertrag darüber nichts vereinbart wurde?

a) 4 %
b) 5 %
c) 6 %
d) 8 %
e) 9 % über dem Basiszinssatz

169. Ein Kaufmann ist in Zahlungsverzug geraten. Sein Lieferant berechnet ihm Verzugszinsen. Welchen Anspruch hat der Lieferant an den säumigen Käufer, wenn im Kaufvertrag nichts darüber vereinbart worden ist und die oben genanten Vorschriften des BGB zugrunde liegen?

a) 5 % Verzugszinsen+ 40,00 €
b) 0,12 % Verzugszinsen+ 40,00 €
c) 8 % Verzugszinsen+ 40,00 €
d) 4,12 % Verzugszinsen + 40,00 €
e) 8,12 % Verzugszinsen + 40,00 €

170. Ein Kaufmann verlangt von seinem Privatkunden, der 30 Tage nach Rechnungserhalt noch nicht bezahlt hat und der in der Rechnung auf den Zahlungsverzug hingewiesen worden ist, Verzugszinsen. Welche Aussage ist richtig?

a) Er kann Verzugszinsen verlangen, und zwar 5 % über dem aktuellen Basiszinssatz.

b) Er kann Verzugszinsen verlangen, und zwar 9 % über dem aktuellen Basiszinssatz.

c) Zinsen können grundsätzlich nur verlangt werden, wenn sie vorher vertraglich vereinbart worden sind.

d) Da keine vertraglichen Vereinbarungen über Verzugszinsen getroffen worden sind, darf der Kaufmann Verzugszinsen in beliebiger Höhe verlangen.

e) Der Kaufmann muss den säumigen Käufer erst durch Mahnung in Verzug setzen; erst dann kann er nach 30 Tagen Verzugszinsen verlangen.

Zu den nächsten vier Aufgaben siehe folgende Situation.

Eine Eingangsrechnung der Großhandels GmbH für gelieferte Spülmaschinen enthält folgende Datumsangaben:
„Ihre Nachricht vom 12.05.20..";
„Lieferungsdatum: 18.05.20..";
„Rechnungsdatum: 16.05.20..";
„Datum des Eingangsstempels: 19.05.20..".
Die Zahlungsbedingung lautet: Zahlbar sofort ohne Abzug. Eine Mahnung ist nicht erfolgt.

171. Mit Ablauf welchen Datums gerät die Großhandels GmbH in Zahlungsverzug? Tragen Sie das Ergebnis in das Kästchen ein (TT.MM.)!

172. Welches Recht kann der Gläubiger bei einem Zahlungsverzug geltend machen, auch wenn er noch keine Nachfrist gesetzt hat?

a) Er kann sofort vom Vertrag zurücktreten.

b) Er kann auf Zahlung des Kaufpreises bestehen, Verzugszinsen und eine Entschädigungspauschale von 40,00 € verlangen.

c) Er kann sofort vom Vertrag zurücktreten und Verzugszinsen verlangen.

d) Er kann sofort Schadenersatz statt der Lieferung verlangen.

e) Er kann sofort vom Vertrag zurücktreten und Schadenersatz statt der Leistung verlangen.

173. Wie viel Jahre beträgt die gesetzliche Gewährleistungsfrist für die gelieferten Spülmaschinen? Tragen Sie die Lösung in das Kästchen ein.

174. Drei der gelieferten Spülmaschinen weisen Mängel auf. Welches Recht steht der Großhandels GmbH <u>vorrangig</u> zu?

a) Rücktritt vom Vertrag

b) Schadensersatz und Minderung des Kaufpreises

c) Nacherfüllung

d) Minderung des Kaufpreises

e) Rücktritt vom Vertrag und Schadensersatz

175. Die Möbel-Müller GmbH verkaufte Anfang Januar verschiedene Einrichtungsmöbel an die UNION-Bank in Dresden. Es wurde vereinbart, dass die Zahlung des Kaufpreises bei Lieferung fällig wird. Am 10. Januar um 9.00 Uhr erhielt die UNION-Bank die Waren und die Rechnung. Da sie am 20. Februar noch nicht gezahlt hat, will die Möbel-Müller GmbH Zinsen fordern. Prüfen Sie, ob und in welcher Höhe nach der gesetzlichen Regelung Zinsen verlangt werden können.

a) Zinsen können grundsätzlich nur verlangt werden, wenn sie vereinbart wurden.

b) Da keine Vereinbarung über Verzugszinsen getroffen wurde, kann die Möbel-Müller GmbH ab dem 11. Januar Verzugszinsen in beliebiger Höhe verlangen.

c) Da am 10. Januar die Zahlung aufgrund der Lieferung fällig war und an diesem Tag auch die Rechnung zuging, kann die Möbel-Müller GmbH ab dem 11. Februar Verzugszinsen von insgesamt 9 % + Basiszinssatz und einen Pauschalbetrag von 40,00 € verlangen.

d) Zinsen können nicht verlangt werden, da die Voraussetzungen für den Zahlungsverzug nicht erfüllt sind. Grundsätzlich muss die UNION-Bank erst gemahnt und eine 30-tägige Nachfrist gesetzt werden.

e) Der Gesellschafter Müller kann frühestens ab dem 11. März Verzugszinsen von insgesamt 9 % + Basiszinssatz verlangen.

Wirtschafts- und Sozialkunde

176. Ein Privatkunde hat von einem Großhändler Waren im Wert von 260,00 € erhalten. Welche Voraussetzung muss gegeben sein, dass der Privatkunde in Zahlungsverzug gerät?

a) Er gerät 30 Tage nach Rechnungserhalt in Zahlungsverzug, auch wenn die Rechnung keinen Hinweis auf die rechtliche Regelung des Zahlungsverzuges enthält.

b) Er gerät nur in Zahlungsverzug, wenn dies vertraglich festgelegt wurde.

c) Er gerät 30 Tage nach Fälligkeit und Zugang der Rechnung in Verzug, wenn in der Rechnung auf den Zahlungsverzug hingewiesen wurde.

d) Er gerät 30 Tage nach Zugang einer Mahnung in Verzug.

e) Für Privatkunden gelten keine gesetzlichen Regelungen.

177. In welchem Fall hat der Gläubiger das Recht, vom Schuldner im Mahnverfahren eine „Eidesstattliche Versicherung" zu verlangen?

a) Wenn sich der Schuldner berechtigt weigert zu zahlen

b) Wenn der Gläubiger dies nach Ablauf des Zahlungsziels beantragt

c) Wenn der Schuldner nicht zu einem gerichtlich anberaumten Verhandlungstermin erscheint

d) Wenn beim Schuldner erfolglos gepfändet wurde

178. Welche Aussage zur Vertretungsberechtigung bei der Kommanditgesellschaft ist richtig?

a) Jeder auch mit seinem Privatvermögen haftende Gesellschafter ist allein vertretungsberechtigt.

b) Alle Gesellschafter sind nur gemeinsam vertretungsberechtigt.

c) Jeder Gesellschafter ist allein vertretungsberechtigt.

d) Die auch mit ihrem Privatvermögen haftenden Gesellschafter sind nur gemeinsam vertretungsberechtigt.

e) Immer nur mindestens zwei Gesellschafter sind gemeinsam vertretungsberechtigt.

179. Welche Aussage über die Einzelunternehmung ist richtig?

a) Die Einzelunternehmung kommt nur noch selten vor.

b) Der Inhaber haftet nur mit seinem Geschäftsvermögen.

c) Der Inhaber haftet mit seinem Geschäfts- und Privatvermögen.

d) Da der Einzelunternehmer das Risiko nicht alleine trägt, muss er auch den Jahresgewinn teilen.

e) Die Einzelunternehmung ist besonders kapitalkräftig.

180. Welcher unternehmerische Vorteil spricht für die Gründung einer Einzelunternehmung?

a) Der Einzelunternehmer haftet nur mit seinem Geschäftsvermögen.

b) Der Einzelunternehmer hat immer steuerrechtliche Vorteile im Vergleich zu den Gesellschaftsunternehmen.

c) Der Einzelunternehmer ist in seiner Entscheidung über die Gewinnverwendung völlig frei.

d) Der Einzelunternehmer kann seine Haftung auf bestimmte Vermögensteile beschränken.

e) Der Einzelunternehmer hat immer eine höhere Kreditwürdigkeit als die Gesellschaftsunternehmen.

181. Eine Unternehmung wird unter dem Namen „Schuhmann Software KG" gegründet. Welche <u>zwei</u> Aussagen sind richtig?

a) Es handelt sich um eine Personengesellschaft.

b) Es handelt sich um eine Kapitalgesellschaft.

c) Es handelt sich um eine juristische Person.

d) Kalb & Schuhmann sind Kommanditisten.

e) Kalb & Schuhmann sind Aktionäre.

f) Es handelt sich um eine Kommanditgesellschaft.

182. Eine Unternehmung firmiert: „Hans Krause und Max Schulze, OHG, Im Grase 6, 84032 Landshut." Was ist diesem Text zu entnehmen?

a) Es kann sich nur um eine Einzelunternehmung handeln.

b) Es kann sich nur um eine KG handeln.

c) Es handelt sich um eine Kapitalgesellschaft.

d) Es handelt sich um eine nicht erlaubte Firmenbezeichnung.

e) Es handelt sich um eine Personengesellschaft, bei der Hans Krause und Max Schulze Vollhafter sind.

183. Zur Erweiterung der Kapitalbasis gründet der Einzelunternehmer König, zusammen mit Herrn Bauer als Kommanditist, eine KG. Welche Aussage entspricht der gesetzlichen Regelung?

a) Herr Bauer haftet für die Verbindlichkeiten der KG bis zur Höhe seiner Kapitalanlage.
b) Herr Bauer erhält als neuer Gesellschafter Geschäftsführungs- und Vertretungsbefugnis.
c) Herr Bauer erhält für seine Kapitaleinlage eine feste Verzinsung, weitere Ansprüche bestehen nicht.
d) Beide Gesellschafter haften für die Verbindlichkeiten der Kommanditgesellschaft mit ihrem Gesamtvermögen.
e) Das Unternehmen soll unter der Firma König & Bauer KG in das HR eingetragen werden.

184. Welche Aussage trifft auf die Kommanditgesellschaft zu?

a) Zur Gründung sind mindestens drei Personen erforderlich.
b) Das vorgeschriebene Mindestkapital beträgt 50.000 €.
c) Die Firma muss den Namen eines Vollhafters und Teilhafters enthalten.
d) Die Haftung der Gesellschafter beschränkt sich auf die geleistete Einlage.
e) Der Komplementär haftet wie der Gesellschafter der OHG.

185. Die Herren Weiß und Schulz sowie Frau Kremer wollen eine Gesellschaft gründen. Herr Schulz möchte nur mit seiner Einlage haften. Die Vertretung und Geschäftsführung soll ausschließlich durch Frau Kremer übernommen werden und die Kapitalbeschaffung durch die Haftung des privaten Kapitals von Herrn Weiß und Frau Kremer erleichtert werden. Herr Weiß bringt 7.500,00 € ein, Herr Schulz 5.000,00 € und Frau Kremer 10.000,00 €. Darüber hinaus soll kein weiteres Eigenkapital investiert werden. Welche Gesellschaftsform erfüllt die Bedingung des Gründungsvertrages?

a) Eine OHG, mit Frau Kremer als alleinige Vertreterin
b) Eine GmbH, mit Frau Kremer als Geschäftsführerin
c) Eine KG, mit den Komplementären Weiß und Kremer
d) Eine AG, mit Frau Kremer als Vorstand
e) Eine Einzelunternehmung mit zwei stillen Teilhabern

186. Bei welcher Gesellschaft handelt es sich um eine Kapitalgesellschaft?

a) Gesellschaft des bürgerlichen Rechts (BGB-Gesellschaft)
b) Kommanditgesellschaft (KG)
c) Gesellschaft mit beschränkter Haftung (GmbH)
d) Einzelunternehmung
e) Offene Handelsgesellschaft (OHG)

187. Welche Rechtsform hat ein Ausbildungsbetrieb, wenn in diesem Unternehmen Privatkonten (Privateinlagen und Privatentnahmen) geführt werden?

a) Eingetragene Genossenschaft
b) Aktiengesellschaft
c) Gesellschaft mit beschränkter Haftung
d) Personengesellschaft
e) Gesellschaft des bürgerlichen Rechts

188. Zwei Bauunternehmen haben sich zur gemeinsamen Durchführung von Bauarbeiten vorübergehend vereinigt. Welche Rechtsform hat die vorübergehende Zusammenarbeit?

a) Stille Gesellschaft
b) Genossenschaft
c) Kommanditgesellschaft
d) Offene Handelsgesellschaft
e) Gesellschaft des bürgerlichen Rechts

189. Ein Kaufmann, der seinen Betrieb auch in Zukunft allein verantwortlich führen will, beabsichtigt, seine beiden volljährigen Töchter zu beteiligen. Welche Unternehmungsform muss er wählen?

a) Kommanditgesellschaft
b) Aktiengesellschaft
c) Gesellschaft mit beschränkter Haftung
d) Offene Handelsgesellschaft
e) Gesellschaft des bürgerlichen Rechts

190. Ordnen Sie zu.

Begriffe	**Organe der AG**
a) Aufsichtsrat	[ ] Leitendes Organ
b) Gesellschafterversammlung	
c) Vorstand	[ ] Überwachendes Organ
d) Hauptversammlung	
e) Geschäftsführer	[ ] Beschließendes Organ
f) Betriebsrat	

191. Wer hat nach dem HGB in einer Kommanditgesellschaft die Geschäftsführung und Vertretung, wenn im Gesellschaftsvertrag keine andere Vereinbarung getroffen wurde?

a) Der Aufsichtsrat
b) Die Kommanditisten und Komplementäre gemeinsam
c) Die Komplementäre
d) Die Kommanditisten
e) Alle Gesellschafter gemeinsam

192. Müller, Schmidt und Schulze wollen gemeinsam ein Unternehmen gründen. Müller kann 100.000 €, Schmidt 50.000 € und Schulze 90.000 € aufbringen. Sie wollen nur mit ihrer Einlage haften. Welche Rechtsform kann gewählt werden?

a) OHG
b) KG
c) GmbH
d) AG
e) eG

193. Welche Rechtsform eines Unternehmens wird in die Abteilung A des Handelsregisters eingetragen?

a) EG
b) GmbH
c) GmbH & Co. KG
d) AG
e) KGaA

194. Wer ist der Vollhafter bei der Firma „Ganzer & Körner GmbH & Co. KG“?

a) Ganzer, da er der erste der genannten Gesellschafter ist
b) Ganzer, da Körner nur Teilhafter ist
c) Ganzer & Körner, da beide zu gleichen Teilen haften
d) Die „Ganzer & Körner GmbH“
e) Bei einer GmbH & Co. KG gibt es keinen Vollhafter.

195. Wie heißt das beschließende Organ einer GmbH?

a) Gesellschafterversammlung
b) Aufsichtsrat
c) Generalversammlung
d) Mitgliederversammlung
e) Hauptversammlung
f) Vertreterversammlung

196. Welcher Gesellschafter haftet unbeschränkt, solidarisch und unmittelbar?

a) OHG-Gesellschafter
b) Mitglied einer Genossenschaft
c) Kommanditist der Kommanditgesellschaft
d) GmbH-Gesellschafter
e) Aktionär

197. Ein Gesellschafter scheidet aus einer OHG aus. Welche Aussage ist richtig?

a) Mit dem Zeitpunkt des Ausscheidens erlöschen alle Rechte und Pflichten des Gesellschafters.
b) Der ausscheidende Gesellschafter haftet für die zum Austrittszeitpunkt begründeten Verbindlichkeiten nur noch 2 Jahre lang.
c) Der ausscheidende Gesellschafter nimmt für 2 weitere Jahre an der Gewinnverteilung teil.
d) Der ausscheidende Gesellschafter haftet nur für Verbindlichkeiten, die 5 Jahre vor seinem Ausscheiden entstanden sind, weiter.
e) Der ausscheidende Gesellschafter haftet für die bis zu seinem Austritt begründeten Verbindlichkeiten nur noch 5 Jahre lang.

198. An einer GmbH sind bisher die Gesellschafter Meier und Huber mit je 75.000,00 €, der Gesellschafter Schmitt mit 50.000,00 € beteiligt. Als Geschäftsführer ist seit dem 01.01. Herr Groß tätig. Wer vertritt die GmbH gerichtlich und außergerichtlich?

a) Jeder der drei Gesellschafter alleine
b) Die drei Gesellschafter gemeinschaftlich
c) Herr Groß als Geschäftsführer alleine
d) Herr Groß mit je einem Gesellschafter
e) Herr Groß zusammen mit den drei Gesellschaftern

199. In welchem Fall treffen alle Merkmale für eine GmbH zu?

a) Vorstand – Mindeststammkapital 25.000 € – ein oder mehrere Gründer – keine persönliche Haftung
b) Geschäftsführer - Mindeststammkapital 25.000 € – ein oder mehrere Gründer – keine persönliche Haftung
c) Geschäftsführer - Mindeststammkapital 50.000 € – mindestens 5 Gründer – keine persönliche Haftung
d) Vorstand – Mindeststammkapital 50.000 € – mindestens 5 Gründer – persönliche Haftung
e) Geschäftsführer – kein Mindeststammkapital – mindestens sieben Gründer – persönliche Haftung
f) Vorstand – kein Mindeststammkapital – mindestens sieben Gründe – persönliche Haftung

200. Welches sind die Organe einer Gesellschaft mit beschränkter Haftung?

a) Vorstand, Aufsichtsrat
b) Geschäftsführer, Anteilseigner, Kommanditisten
c) Hauptversammlung, Geschäftsführer
d) Aufsichtsrat, Komplementäre, Generalversammlung
e) Gesellschafterversammlung, Geschäftsführer, gegebenenfalls Aufsichtsrat

201. Welches Merkmal kennzeichnet die Gesellschaft mit beschränkter Haftung?

a) Zur Gründung sind mindestens zwei Gesellschafter erforderlich.
b) Die Leitung wird durch den Aufsichtsrat ausgeübt, der für fünf Jahre gewählt wird.
c) Die Mindeststammeinlage je Gesellschafter beträgt 20.000 €.
d) Die Haftung der Gesellschafter beschränkt sich auf die vereinbarte Einlage.
e) Die Gesellschaft ist eine Personengesellschaft.

202. In welchem Fall handelt es sich auch um eine juristische Person?

a) Singkreis Siersburg e.V.
b) Polizeibeamter
c) Richter
d) Gerichtsvollzieher
e) Geschäftsführer der Großhandels GmbH

203. Zu einer KG gehören zwei Vollhafter und fünf Teilhafter. Einer der Vollhafter will künftig nur noch mit seiner Einlage haften. Welches Recht steht ihm nach Vollzug dieser Änderung dennoch zu?

a) Das Recht auf Privatentnahmen
b) Das Recht auf Änderung der Firma in eine GmbH
c) Das Recht auf Geschäftsführung und Vertretung der Gesellschaft
d) Das Recht auf Auszahlung seines Gewinnanteils
e) Das Recht auf Widerspruch gegen alle Handlungen des verbliebenen Vollhafters

204. Worin unterscheidet sich in der Haftung die KG von der OHG?

a) Die KG hat nur Vollhafter.
b) Die KG hat Voll- und Teilhafter.
c) Die KG hat nur Teilhafter.
d) Die KG haftet mit 50.000 €
e) Die KG haftet mit 100.000 €.

205. Welche Aussage über die GmbH ist richtig?

a) GmbH-Anteile werden an der Börse gehandelt.
b) Das Stammkapital der GmbH muss bei Neugründung mindestens 100.000,00 € betragen.
c) Alle Gesellschafter der GmbH sind jederzeit zur Vertretung und Geschäftsführung berechtigt.
d) Die Gesellschafter der GmbH haften für die Verbindlichkeiten mit ihrem Privatvermögen.
e) Nach der gesetzlichen Regelung erfolgt die Gewinnverteilung nach Geschäftsanteilen.

206. Ordnen Sie zu.

Merkmale

a) Mehrere unbeschränkt haftende Nichtkaufleute
b) Mehrere nichthaftende Gesellschafter
c) Mindestens 2 unbeschränkt haftende Gesellschafter
d) Mindestens 5 bis zu einem bestimmten Bruchteil des Kapitals haftende Anteilseigner
e) Mindestens eine GmbH als Vollhafter und ein Kommanditist
f) Mindestens 3 beschränkt haftende Anteilseigner

Rechtsformen der Unternehmung

[ ] GmbH & Co. KG
[ ] OHG
[ ] Genossenschaft

207. Ordnen Sie zu.

Merkmale

a) Mehrere unbeschränkt haftende Nichtkaufleute
b) Mehrere nichthaftende Gesellschafter
c) Mindestens 1 beschränkt haftender Gesellschafter
d) Mindestens 5 bis zu einem bestimmten Bruchteil des Kapitals haftende Anteilseigner
e) Mindestens ein unbeschränkt haftender Gesellschafter
f) Mindestens 3 beschränkt haftende Anteilseigner

Rechtsformen einer Unternehmung

[ ] GmbH
[ ] KGaA

208. Wie ist bei einer OHG die Haftung eines neu in die Gesellschaft eintretenden Gesellschafters gesetzlich geregelt?

a) Er haftet nur für Verbindlichkeiten, die nach seinem Eintritt entstehen.
b) Er haftet für alle Schulden, auch für die bereits bei seinem Eintritt bestehenden.
c) Er haftet nur für Schulden, die bei seinem Eintritt nicht älter als 5 Jahre sind.
d) Er haftet nur für die bereits bei seinem Eintritt bestehenden Schulden, wenn dies ausdrücklich ins Handelsregister eingetragen wird.
e) Er haftet für die bereits bei seinem Eintritt bestehenden Schulden nur in Höhe seiner Kapitaleinlage.

209. Die Gesellschafter einer OHG schließen einen Gesellschaftsvertrag. Einer der Gesellschafter soll im Falle eines Insolvenzverfahrens nicht mit seinem Privatvermögen haften. Welche Wirkung hat die vertragliche Vereinbarung?

a) Der Gesellschafter haftet gegenüber den Gläubigern weiterhin unbeschränkt.
b) Der Gesellschafter haftet nur dann nicht, wenn die vertragliche Regelung im Handelsregister eingetragen wurde.
c) Der Gesellschafter haftet nur mit seiner Geschäftseinlage.
d) Der Gesellschafter haftet nur, wenn das Geschäfts- und Privatvermögen der anderen Gesellschafter nicht ausreicht.
e) Der Gesellschafter haftet im Innen- und Außenverhältnis mit seinem Geschäfts- und Privatvermögen.

210. Welche vier Merkmale kennzeichnen eine Genossenschaft?

a) Keine Mindestzahl von Gründern - Stammeinlage - Stammkapital - Gesellschafterversammlung
b) Mindestens 2 Gründer - Beteiligung durch Kapitalanteile - nur vollhaftende Gesellschafter - Recht auf Privatentnahmen
c) Mindestens 2 Gründer (Vollhafter und Teilhafter) - Beteiligung durch Kapitalanteile - Kontrollrecht - Verlustbeteiligung
d) Mindestens 5 Gründer - Beteiligung durch Aktien - festes Grundkapital - Hauptversammlung
e) Mindestens 3 Gründer - Beteiligung durch Geschäftsanteile - kein festes Kapital - Generalversammlung

211. Eine Gesellschaft erstrebt für ihre Mitglieder Vorteile durch Großeinkauf. Ihre Organe sind der Vorstand, der Aufsichtsrat und die Generalversammlung. Welche Rechtsform liegt vor?

a) GmbH
b) OHG
c) eG
d) AG
e) KG

212. Bei welcher Unternehmensform besteht für alle Gesellschafter gesamtschuldnerische Haftung?

a) Eingetragene Genossenschaft
b) Kommanditgesellschaft
c) Offene Handelsgesellschaft
d) Aktiengesellschaft
e) Gesellschaft mit beschränkter Haftung

213. Welches gesetzliche Recht hat der Kommanditist?

a) Recht auf Geschäftsführung
b) Recht auf Widerspruch bei außergewöhnlichen Geschäftshandlungen der Komplementäre
c) Recht auf Vertretung
d) Recht auf laufende Kontrolle aller Geschäftsfälle
e) Recht auf Privatentnahmen während des Geschäftsjahres

214. Um welche Gesellschaftsform handelt es sich bei folgendem Eintrag (gekürzt) ins Handelsregister? Gesellschafter: Emil Weiß, 66113 Saarbrücken, Edenstraße. 3, Haftung unbeschränkt; Helmut Blau, 60487 Frankfurt, Am Weingarten 19, Einlage und Haftungssumme 100.000 €.

a) Aktiengesellschaft
b) Gesellschaft mit beschränkter Haftung
c) Offene Handelsgesellschaft
d) Kommanditgesellschaft
e) Eingetragene Genossenschaft

215. Eine GmbH besteht aus zwei Gesellschaftern sowie einem Geschäftsführer. Ein Gesellschafter scheidet aus. Die Gesellschaft soll aber weitergeführt werden. Welche Beurteilung der Rechtslage trifft zu?

a) Die Gesellschaft kann als Ein-Mann-GmbH weitergeführt werden.
b) Die Gesellschaft kann nur dann als GmbH weitergeführt werden, wenn sich für den ausscheidenden Gesellschafter ein Nachfolger findet, der in all seine Rechte und Pflichten eintritt.
c) Die Firma muss in ein Einzelunternehmen umgewandelt werden.
d) Ein Gesellschafter kann nur ausscheiden, wenn der andere hierzu seine Einwilligung erteilt.
e) Der Gesellschafter kann nur ausscheiden, wenn der Geschäftsführer sein Einverständnis erteilt.

216. Wer hat nach dem Gesetz in einer GmbH die Stellung eines gesetzlichen Vertreters?

a) Der Geschäftsführer
b) Alle Gesellschafter
c) Der Vorstand
d) Der Aufsichtsrat
e) Die Gesellschafterversammlung

Wirtschafts- und Sozialkunde

217. Welche Gründe könnten einen Einzelunternehmer bewegen, seine Unternehmung in eine OHG umzuwandeln?

a) Die Privatentnahmen werden nicht mehr mit dem Gewinn verrechnet.
b) Die Vertretungsbefugnis des Einzelunternehmers wird erweitert.
c) Die Haftung wird auf mehrere Inhaber verteilt.
d) Die Gewerbesteuer entfällt.
e) Der Gewinn wird zwangsläufig zunehmen.

218. Bei welcher Gesellschaft ist der gesetzliche Vertreter richtig genannt?

a) AG: Die Hauptversammlung
b) AG: Der Aufsichtsrat
c) AG: Der Prokurist
d) KG: Der Teilhafter
e) GmbH: Der Geschäftsführer

219. Welche beiden Aussagen treffen auf die GmbH zu?

a) Der Gesellschafter einer GmbH kann nicht zugleich auch Geschäftsführer der GmbH sein.
b) Die GmbH wird in das Handelsregister, Abteilung A, eingetragen.
c) Eine GmbH muss bei über 50 ständig beschäftigten Mitarbeitern einen Aufsichtsrat bilden.
d) Das Mindesthaftungskapital einer GmbH bezeichnet man als Stammkapital.
e) Eine GmbH kann nur durch 5 Personen mit einem Mindestkapital von 50.000 € gegründet werden.
f) Jeder Gesellschafter der GmbH muss eine Stammeinlage von mindestens 1,00 € leisten.

220. Ordnen Sie zu.

Aussagen	**Unternehmensformen**
a) Das Kapital wird von Vollhaftern und Teilhaftern aufgebracht.	[ ] OHG
b) Jeder Gesellschafter ist nach dem Gesetz zur Geschäftsführung und Vertretung berechtigt.	[ ] GmbH
c) An der Gründung müssen sich mindestens 5 Personen mit einem Mindestkapital von 50.000 € beteiligen.	[ ] KG
d) Kommanditisten sind nach HGB zur Vertretung der Gesellschaft berechtigt.	
e) Alle Gesellschafter leisten ihre Einlage, in deren Höhe sie haften; die Gesellschaft wird durch Geschäftsführer geleitet und vertreten.	
f) Das Stammkapital muss mindestens 20.000 € betragen; die Mindesteinzahlung beträgt 25 % der Stammeinlage.	
g) Die Gesellschafter können einen oder mehrere Geschäftsführer bestellen; ein Geschäftsführer muss nach dem Gesetz Gesellschafter sein.	
h) Laut HGB bekommt jeder Gesellschafter eine 5%-ige Verzinsung seiner Einlage.	

221. Ordnen Sie zu.

Unternehmungsformen	**Merkmale**
a) Einzelunternehmung	[ ] Laut Gesetz müssen mindestens 3 Gründer einen Gesellschaftsvertrag (Statut) aufstellen.
b) OHG	
c) KG	[ ] Es ist eine Personengesellschaft mit mindestens einem Voll- und einem Teilhafter.
d) GmbH	
e) AG	
f) eG	[ ] Die Organe sind Vorstand, Aufsichtsrat und Hauptversammlung.

222. Welches Merkmal kennzeichnet die Aktiengesellschaft?

a) Die Aktiengesellschaften haben keine eigene Rechtspersönlichkeit.
b) Geschäftsführungsbefugnis und Vertretungsmacht stehen allen Aktionären zu.
c) Die Haftung beschränkt sich auf das Gesellschaftsvermögen.
d) Die Aktionäre haften auch mit ihrem Privatvermögen.
e) Die Aktiengesellschaften sind von der Körperschaftsteuer befreit.

223. Ordnen Sie zu.

Organe	**Tätigkeiten und Aufgaben in einer AG**
a) Vorstand	[ ] Beschließt über Kapitalerhöhung
b) Aufsichtsrat	[ ] Überwacht die Geschäftsführung und prüft den Jahresabschluss und den Geschäftsbericht
c) Wirtschaftsausschuss	[ ] Vertritt die Mitarbeiter gegenüber der Unternehmensleitung und nimmt Mitbestimmungsrechte wahr.
d) Hauptversammlung	
e) Betriebsrat	
f) Jugendvertretung	

224. Welche Aufgabe obliegt u. a. der Hauptversammlung einer Aktiengesellschaft?
a) Geschäftsführung und Vertretung
b) Beschlussfassung über Kapitalerhöhung
c) Erstellung des Jahresabschlusses
d) Bestellung des Vorstands
e) Überwachung des Vorstands

225. Welche vier Begriffe kennzeichnen die Aktiengesellschaft?
a) Personengesellschaft - Kaufmann - Aufsichtsrat - Stammkapital
b) Personengesellschaft - Kaufmann - Aufsichtsrat - Grundkapital
c) Kapitalgesellschaft - Kaufmann - Aufsichtsrat - Stammkapital
d) Kapitalgesellschaft - Kaufmann - Aufsichtsrat - Grundkapital
e) Kapitalgesellschaft - Kaufmann - Geschäftsführer - Grundkapital
f) Kapitalgesellschaft - Kaufmann - Vorstand - Stammkapital

226. Welches Recht ist unter anderem mit einer Aktie verbunden?
a) Das Recht auf laufende Überwachung der Geschäftstätigkeit des Vorstands einer AG
b) Das Stimmrecht bei der Bestellung der Mitglieder des Vorstands einer AG
c) Das Stimmrecht bei der Wahl des Vorsitzenden des Aufsichtsrats einer AG
d) Das Stimmrecht bei der Abberufung der Mitglieder des Vorstands einer AG
e) Das Stimmrecht bei der Entlastung der Mitglieder des Vorstands und des Aufsichtsrats einer AG

Situation zu den nächsten beiden Aufgaben!

Sie haben Aktien einer aufstrebenden Aktiengesellschaft gekauft. Diese erwirtschaftet Gewinne.

227. Wie können Sie an den Gewinnen dieser AG beteiligt werden?
a) Sie erhalten regelmäßig eine Prämie.
b) Das Unternehmen teilt den Gewinn in Tantiemen auf.
c) Das Stammkapital wird erhöht.
d) Die AG schüttet Dividenden aus.
e) Sie erhalten Bezugsrechte anlässlich einer Kapitalerhöhung.

228. Welchen Anteil am Gewinn werden Sie erhalten?
a) Einen vereinbarten Betrag, da es sich um festverzinsliche Papiere handelt
b) Dies hängt vom Beschluss der Hauptversammlung ab.
c) Die Höhe ist ungewiss, aber die AG ist verpflichtet, Dividende auszuschütten.
d) Mehr als im letzten Jahr, weil der Wert der Aktie sich durch die Gewinnbeteiligung erhöht hat
e) Dies hängt ausschließlich vom Kurs der Aktie ab.

229. Welche Aussage zur Aktiengesellschaft trifft zu?
a) Sie hat eine eigene Rechtspersönlichkeit.
b) Die Haftung erstreckt sich auch auf das Privatvermögen der Anteilseigner.
c) Die Anteilseigner besitzen Vertretungsmacht für die Gesellschaft.
d) Die Anteilseigner besitzen das Recht der Geschäftsführung.
e) Die Steuerpflicht der Aktiengesellschaft wird durch die Einkommensteuerpflicht der Anteilseigner ersetzt.

230. Ordnen Sie zu.

Gesellschafter oder Mitglieder	**Merkmale**
a) Gesellschafter einer OHG	[ ] Haftet unbeschränkt, unmittelbar und solidarisch
b) Mitglied einer Genossenschaft	
c) Kommanditist	[ ] Erhält am Jahresende im Allgemeinen eine Dividende
d) Stiller Gesellschafter	
e) Aktionär	[ ] Hat ein Recht auf Widerspruch nur bei außergewöhnlichen Rechtsgeschäften
f) Gesellschafter einer GmbH	

231. Wer kontrolliert nach den Vorschriften des Aktiengesetzes den Vorstand der AG?

a) Der Aufsichtsrat
b) Der Betriebsrat
c) Das Gewerbeaufsichtsamt
d) Die Hauptversammlung
e) Die Betriebsversammlung

232. In jedem Betrieb ist die Frage der Unterschriftserteilung geregelt. Welche Aussage ist richtig?

a) Die Unterschriftenregelung wird zwischen Betriebsrat und Unternehmensleitung vereinbart.
b) Die Unterschriftenregelung hängt überwiegend von den Anweisungen der Unternehmensleitung ab; nur die Unterzeichnung des Prokuristen ist gesetzlich geregelt.
c) Die Unterschriftenregelung ist in jedem Fall zwingend durch den Gesetzgeber vorgeschrieben.
d) Die Unterschriftenregelung muss in das Handelsregister eingetragen werden.
e) Jeder Arbeitnehmer hat das Recht, die von ihm verfassten Geschäftsbriefe selbst zu unterzeichnen.

233. Ordnen Sie zu.

Merkmale einzelner Unternehmensformen	**Zugehörige Gesellschaften**
a) Alle Gesellschafter sind nach gesetzlicher Regelung zur Geschäftsführung berechtigt und verpflichtet.	[ ] Aktiengesellschaft
b) Mindestens ein Gesellschafter haftet unbeschränkt, unmittelbar und solidarisch.	[ ] OHG
c) Zur Gründung reicht ein Gründer.	[ ] Eingetr. Genossenschaft
d) Die Organe sind: Generalversammlung, Aufsichtsrat, Vorstand.	[ ] GmbH & Co. KG
e) Komplementär ist eine GmbH.	[ ] KG
f) Am Abschluss des Gesellschaftsvertrages müssen sich mindestens 8 Personen beteiligen.	

234. Ordnen Sie zu.

Gesetzliche Vorschriften	**Rechtsformen**
a) Jeder Gesellschafter hat die Pflicht, die Geschäfte der Gesellschaft zu führen und Dienste persönlich zu leisten.	[ ] GmbH
b) Den Gläubigern gegenüber haftet mindestens ein Gesellschafter unbeschränkt.	[ ] Kommanditgesellschaft
c) Jeder Gesellschafter hat Anspruch auf 4 % seines Kapitalanteils. Der Rest wird nach Köpfen verteilt.	
d) Das Mindestkapital beträgt 25.000 € und wird als Stammkapital bezeichnet.	
e) Die Geschäftsführungsbefugnis und Vertretungsmacht werden unmittelbar von der Hauptversammlung übertragen.	
f) Das Mindestkapital ist 50.000 € und wird in der Bilanz als gezeichnetes Kapital ausgewiesen.	

235. Ordnen Sie zu.

Geschäftsführungsbefugnisse	**Unternehmensformen**
a) Die Gesellschafter übernehmen die Geschäftsführung.	[ ] KG
b) Der Unternehmer übernimmt die Geschäftsführung.	[ ] Einzelunternehmung
c) Der Aufsichtsrat übernimmt die Geschäftsführung.	[ ] AG
d) Der Vorstand übernimmt die Geschäftsführung.	[ ] OHG
e) Die Komplementäre übernehmen die Geschäftsführung.	[ ] GmbH
f) Der Prokurist übernimmt die Geschäftsführung.	
g) Der Geschäftsführer übernimmt die Geschäftsführung.	

Zu den nächsten beiden Aufgaben siehe nachstehende Situation.

Erwin und Renate Müller wollen ein Serviceunternehmen für Computer eröffnen. Sie haben 25.000 € Eigenkapital zur Verfügung und sind Eigentümer eines Einfamilienhauses. Ihr Bekannter, Herr Huber, verfügt über ein Eigenkapital von 100.000 € und erwägt, sich an dem Unternehmen finanziell zu beteiligen.

236. Welche Gesellschaftsform würden Herr und Frau Müller wählen, wenn sie ausschließen wollen, dass sie auch mit ihrem Einfamilienhaus haften?

a) Einzelunternehmung
b) Offene Handelsgesellschaft
c) Kommanditgesellschaft
d) Gesellschaft mit beschränkter Haftung
e) Personengesellschaft

237. Herr und Frau Müller entschließen sich letztlich, eine KG zu gründen und Herrn Huber als Kommanditisten zu beteiligen. Zuvor soll jedoch noch die Frage der Gewinnverteilung geklärt werden. Wie ist die gesetzliche Regelung?

a) Jeder Gesellschafter erhält vier Prozent auf seinen Kapitalanteil, der Rest des Jahresgewinnes wird nach Köpfen verteilt.
b) Jeder Gesellschafter erhält vier Prozent auf seinen Kapitalanteil, der Rest des Jahresgewinnes wird in angemessenem Verhältnis verteilt.
c) Die Hälfte des Jahresgewinns wird nach Höhe des Kapitalanteils der Gesellschafter, der Rest des Jahresgewinns nach Köpfen verteilt.
d) Der Anteil des Jahresgewinns richtet sich ausschließlich nach der Höhe des Kapitalanteils der Gesellschafter.
e) Der Jahresgewinn wird unter den Gesellschaftern nach Köpfen verteilt.

Zu den nächsten zwei Aufgaben siehe nachstehende Situation.

Josef Kranz, Andreas Fiedler und Volker Müller aus Chemnitz vereinbaren als alleinige Gesellschafter die Gründung einer Baustoffgroßhandlung. Jeder Gesellschafter leistet eine Kapitaleinlage in Höhe von 80.000 €. Kranz übernimmt den Einkauf, Fiedler den Verkauf und Müller ist für die kaufmännische Verwaltung zuständig. Alle haften unbeschränkt, auch mit ihrem Privatvermögen. Im Gesellschaftsvertrag wird vereinbart, dass für die Geschäftsführungs- und Vertretungsbefugnisse die gesetzlichen Regelungen gelten.

238. Stellen Sie fest, welche Firmierung den Vorstellungen der Gesellschafter und den handelsrechtlichen Vorschriften entspricht.

a) Kranz & Fiedler KG
b) Kranz, Fiedler & Müller OHG
c) Baustoffgroßhandel Kranz
d) Kranz, Fiedler & Müller GmbH
e) Kranz & Co.

239. Unter welchem Namen darf die KG nicht eingetragen werden?

a) Müller KG
b) Software KG
c) Erwin Müller KG
d) Müller & Huber
e) Erwin Müller, Renate Müller, KG

240. Ordnen Sie zu.

Gesellschafter

a) Stiller Gesellschafter
b) Gesellschafter einer GmbH
c) Aktionär
d) Kommanditist
e) Gesellschafter einer OHG
f) Mitglied einer Genossenschaft

Merkmale

[ ] Erhält i.d.R. eine Dividende am Ende des Geschäftsjahres

[ ] Haftet unbeschränkt, unmittelbar und solidarisch

[ ] Hat nur bei Handlungen, die über den gewöhnlichen Betrieb einer Gesellschaft hinausgehen, ein Recht auf Widerspruch

Wirtschafts- und Sozialkunde

241. Welches Recht bzw. welche Pflicht hat Herr Huber als Kommanditist?

a) Das Recht zur Geschäftsführung
b) Die Pflicht zur Geschäftsführung
c) Das Recht auf Prüfung des Jahresabschlusses
d) Die Pflicht zur Prüfung des Jahresabschlusses
e) Das Recht, weitere Gesellschafter aufzunehmen

242. Auf welche der nachstehenden Rechtsformen treffen die Merkmale zu? Ordnen Sie zu.

Rechtsformen

a) GbR (Gesellschaft des bürgerlichen Rechts)
b) GmbH (Gesellschaft mit beschränkter Haftung)
c) AG (Aktiengesellschaft)
d) KG (Kommanditgesellschaft)

Merkmale

[ ] Das zur Gründung erforderliche Mindestguthaben beträgt 50.000,00 €.

[ ] Das zur Gründung erforderliche Mindestguthaben beträgt 25.000,00 €.

[ ] Die Gesellschaft wird durch die Organe Vorstand, Aufsichtsrat und Hauptversammlung handlungsfähig.

[ ] Die Gesellschaft wird nicht in das Handelsregister eingetragen.

[ ] Mindestens ein Gesellschafter haftet nur mit seiner Einlage.

243. Die Gesellschafterversammlung der Großhandels GmbH beschließt eine Heraufsetzung des Stammkapitals von derzeit 100.000,00 € auf 200.000,00 €. Wem ist dieser Beschluss zur Eintragung mitzuteilen?

a) Dem Handelsregister beim zuständigen Amtsgericht
b) Dem Bundesverband des Groß- und Außenhandels
c) Der zuständigen IHK
d) Den im Betrieb vertretenen Gewerkschaften HBV und DAG
e) Dem zuständigen Arbeitsagentur

<u>Zu den nächsten vier Aufgaben siehe nachstehende Situation.</u>

Die Elektro GmbH ist ein Großhandelsunternehmen in Hannover. Die Stammeinlagen der fünf Gesellschafter stellen sich wie folgt dar:

Gesellschafter	Stammeinlage in €
Herr Rülle	7.500
Herr Bott	5.000
Herr Kohl	5.000
Herr Kühn	5.000
Frau Kampen	2.500

Der Gesellschaftsvertrag sieht für die Gewinn- und Verlustverteilung keine besondere Regelung vor. Eine Nachschusspflicht ist nicht festgelegt.

Frau Kampen wurde von der Gesellschafterversammlung zur alleinigen Geschäftsführerin gewählt.

244. In welchem Fall kommt mit der Elektro GmbH ein Kaufvertrag zustande?

a) Die Geschäftsführerin bestellt auf ein freibleibendes Angebot.
b) Die Geschäftsführerin bestellt auf ein verbindliches Angebot und ändert nur die Angabe „unfrei“ in „frei dort“.
c) Die Geschäftsführerin erhält ein telefonisches Angebot und nimmt am nächsten Tag eine schriftliche Bestellung vor.
d) Ein Hersteller sendet unbestellte Ware zu. Die Geschäftsführerin bewahrt die Ware auf, ohne sie zu bezahlen.
e) Ein Hersteller sendet unbestellte Ware zu. Die Geschäftsführerin begleicht die beigefügte Rechnung.

245. Welches von Frau Kampen für die Elektro GmbH getätigte Rechtsgeschäft muss notariell beurkundet werden?

a) Sie übernimmt für einen guten Kunden eine Kreditbürgschaft.
b) Sie schließt einen Kaufvertrag mit erweitertem Eigentumsvorbehalt ab.
c) Sie beantragt schriftlich eine Änderung der Handelsregistereintragung.
d) Sie kauft ein Grundstück mit einer Lagerhalle.
e) Sie mietet eine Lagerhalle für ein Jahr.

246. Im abgelaufenen Geschäftsjahr wurde von der Elektro GmbH ein Gewinn von 100.000 € erwirtschaftet. Wie viel T€ vom Gewinn erhält der Gesellschafter Rülle? Tragen Sie das Ergebnis in das Kästchen ein.

247. Frau Kampen scheidet am 1. Mai als Gesellschafterin aus der Elektro GmbH aus. An diesem Tag endet auch ihre Tätigkeit als Geschäftsführerin. Der Gesellschafter Rülle hat die Stammeinlage der Gesellschafterin Kampen übernommen. Was hat dies zur Folge?

a) Mit der Übernahme der Stammeinlage von Frau Kampen fällt Herrn Rülle die Tätigkeit als Geschäftsführer automatisch zu.
b) Als Gesellschafter mit der größten Stammeinlage steht Herrn Rülle allein die Bestellung eines neuen Geschäftsführers zu.
c) Durch die Übernahme der Stammeinlage von Frau Kampen erhöht sich der Stimmrechtsanteil von Herrn Rülle in der Gesellschaftsversammlung von bisher 150 auf 200 der insgesamt 500 Stimmen.
d) Bis zur Wahl eines neuen Geschäftsführers übt Herr Rülle nach dem GmbH-Gesetz kommissarisch die Tätigkeit des Geschäftsführers aus.
e) Herr Rülle muss sich nach dem GmbH-Gesetz die Übernahme der Stammeinlage auf der nächsten Gesellschafterversammlung noch genehmigen lassen.

248. Welche Tatsache über eine Gesellschaft mit beschränkter Haftung (GmbH) ist <u>nicht</u> im Handelsregister eingetragen?

a) Ort der Niederlassung: Kassel
b) Gegenstand des Unternehmens: Veranstaltung und Vermittlung von Reisen
c) Stammkapital: 50.000 €
d) Geschäftsführer: Robert Marschall
e) Einzelprokura: Gustav Schulze
f) Handlungsbevollmächtigte: Hans Gerlach und Emil Schulze

249. Welche Aussage zu unten stehendem Organisationsplan ist richtig?

a) Der Plan zeigt u. a. den organisatorischen Aufbau der Abteilung „Materialwirtschaft".
b) Der Organisationsplan zeigt, dass der Einkauf von der Materialwirtschaft organisatorisch getrennt ist.
c) Einkauf und Lager sind unmittelbar der kaufmännischen Leitung untergeordnet.
d) Der Organisationsplan zeigt eine Stellenbeschreibung.
e) Aus dem Organisationsplan geht der Arbeitsablauf in der Abteilung „Materialwirtschaft" hervor.

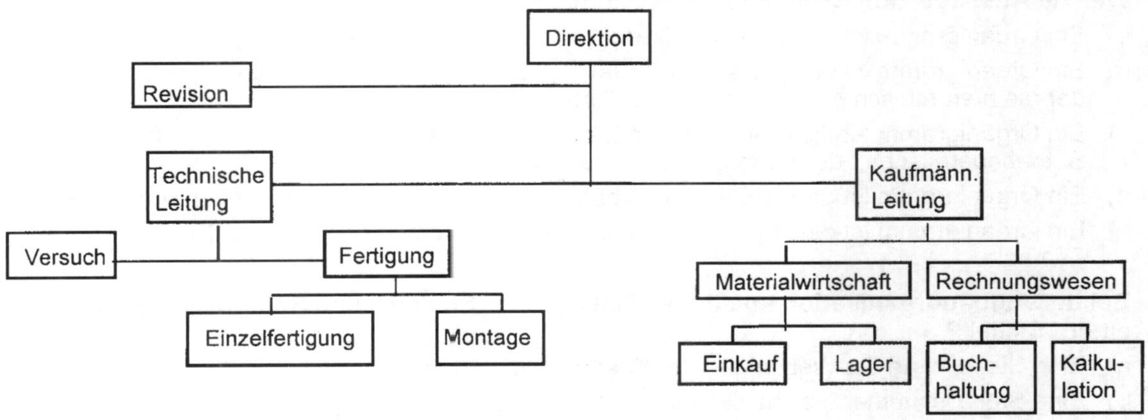

Wirtschafts- und Sozialkunde

250. Ordnen Sie zu.

Erläuterungen

a) Es sind unerwartete Situationen im Betriebsablauf (ungeplante Regelungen) zu bewältigen.
b) Im Rahmen einer vorgegebenen Organisation ist in besonderen Situationen fallweise zu entscheiden.
c) Eine nachgeordnete Stelle kann von mindestens zwei übergeordneten Instanzen Anordnungen erhalten.
d) Die personellen Zuständigkeiten und die Regelungen für den Arbeitsablauf sind nicht hinreichend bestimmt.
e) Weisungen laufen direkt über mehrere Stufen: von den oberen über die mittleren zu den unteren Stellen.
f) Die Mitglieder des Leitungsorgans (Direktorium) sind grundsätzlich gleichberechtigt.
g) Der Vorstandsvorsitzende ist gegenüber den übrigen Mitgliedern des Leitungsorgans weisungsberechtigt.

Begriffe aus der Organisation

[ ] Einliniensystem
[ ] Improvisation
[ ] Direktorialsystem
[ ] Disposition

251. Ordnen Sie zu.

Erläuterungen

a) Eine Nachricht, die zweckbezogen ist und für den Empfänger einen Neuigkeitswert besitzt
b) Der Austausch von Informationen in Wort, Bild oder Schrift steht im Vordergrund.
c) Regelt den zeitlichen und räumlichen Ablauf der zur Aufgabenerfüllung notwendigen Arbeitsprozesse
d) Durchsetzung von Neuerungen wie z. B. Einführung neuer Güter in den Markt
e) Regelt entsprechend der innerbetrieblichen Arbeitsteilung die Zuständigkeiten für Teilaufgaben
f) Übertragung von Aufgaben und Zuständigkeiten
g) Stellt ein System von Regelungen für die Arbeitsfolge innerhalb eines Arbeitsprozesses bereit, um möglichst kurze Durchlaufzeiten zu erreichen

Fachbegriffe der Organisationskunde

[ ] Delegation
[ ] Kommunikation
[ ] Information

252. Womit beschäftigt sich die Aufbauorganisation?

a) Mit der Erstellung von Vordrucken und Formularen
b) Mit der Ordnung der Arbeitszeit
c) Mit der strukturellen Ordnung des Betriebes
d) Mit der Erledigung eines Auftrages
e) Mit der Überwachung des Arbeitsablaufes

253. Welche Aussage zum Organigramm ist richtig?

a) Ein Organigramm ist die grafische Darstellung der Organe einer Aktiengesellschaft.
b) Ein Organigramm ist die grafische Darstellung der Organisationsstruktur einer Unternehmung, aus der die hierarchische Eingliederung der Abteilungen ersichtlich ist.
c) Ein Organigramm ist die grafische Darstellung von Arbeitsabläufen, die zur Aufrechterhaltung der Betriebsbereitschaft der Organisationsabteilung notwendig sind.
d) Ein Organigramm ist das im Betrieb vorhandene Verzeichnis der Anschriften aller Mitarbeiter.
e) Ein Organigramm ist die Darstellung einzelner Managementtechniken mit Hilfe genormter Symbole.

254. Bei der Aufbauorganisation spielt die Bildung von „Stellen“ eine Rolle. Was versteht man unter einer „Stelle“?

a) Eine Stelle ist an die Weisungen der Kostenstelle gebunden.
b) Eine Stelle ist immer gleichzeitig eine Kostenstelle.
c) Eine Stelle ist immer mit einem Arbeitsplatz und einer Kostenstelle identisch.
d) Eine Stelle umfasst mehrere Kostenstellen.
e) Eine Stelle ist z. B. das Aufgabengebiet eines Mitarbeiters.

255. Welche Aussage über die Aufbauorganisation einer Unternehmung ist richtig?

a) Beim Mehrliniensystem ist jede Stelle nur einer übergeordneten Instanz mit Weisungsbefugnis unterstellt.

b) Beim Stabliniensystem haben die Stabsabteilungen klare Anordnungs- und Entscheidungsbefugnisse.

c) Beim Einliniensystem erhält jede Stelle Weisungen auf kürzestem Wege von spezialisierten Funktionsstellen.

d) Beim Stabliniensystem haben die Stäbe als Hauptaufgabe Beratung und Information und keine Weisungsbefugnis.

e) Bei der Matrixorganisation handelt es sich um ein weiterentwickeltes Stabliniensystem.

256. Im Rahmen des bisherigen Organisationssystems gibt es keine eigenständige Rechtsabteilung. Jetzt soll diese eingerichtet werden und dem Vorstand beratend zur Seite stehen. Wie kann dieses Organisationssystem bezeichnet werden?

a) Einliniensystem

b) Mehrliniensystem

c) Funktionssystem

d) Stabliniensystem

e) Spartensystem

257. Welche Aussage über den Begriff „Stabsabteilung" ist richtig?

a) Den Anweisungen der Stabsabteilung haben alle untergeordneten Stellen eines Betriebes Folge zu leisten.

b) Die Stabsabteilung ist der Linienabteilung übergeordnet und kann Anweisungen an Linienabteilungen geben.

c) Die Stabsabteilung berät und unterstützt die Linienabteilung.

d) Die Stabsabteilung erteilt Anweisungen, an die sich die Fertigungsabteilungen zu halten haben.

e) Der Stabsabteilung sind mehrere Linienabteilungen eines Bereiches untergeordnet.

258. Welche Aussage über die abgebildete Organisationsstruktur ist richtig?

a) Die Abteilung für Programmierung ist ein Beispiel für die Organisation nach dem Mehrliniensystem.

b) Die Abteilung „Organisation und Datenverarbeitung" ist eine Stabstelle der kaufmännischen Leitung.

c) Der Leiter der DV-Abteilung untersteht der Abteilung „Schulung".

d) Der Leiter der Arbeitsvorbereitung kann dem Leiter des Rechenzentrums Weisung erteilen.

e) Die DV-Abteilung untersteht direkt der kaufmännischen Leitung.

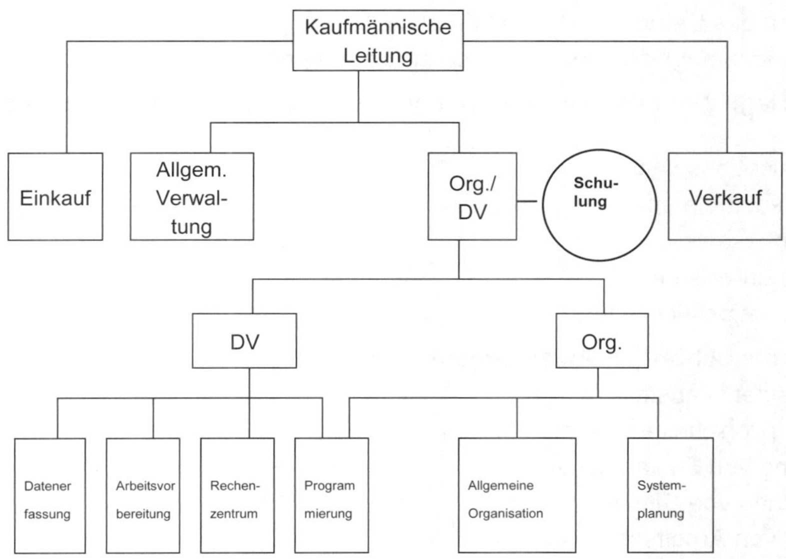

Wirtschafts- und Sozialkunde

259. Ordnen Sie zu.

Organisationsformen

a) Mehrliniensystem
b) Stabliniensystem
c) Spartenorganisation
d) Einliniensystem
e) Funktionssystem
f) Matrixsystem mit Querfunktion

Definitionen

[ ] Jedes Organisationsmitglied hat nur den unmittelbar nachgeordneten Organisationsmitgliedern Weisungen zu erteilen, und diese haben nur von einem bestimmten übergeordneten Organisationsmitglied Weisungen zu befolgen. In der Organisationsstruktur sind keine Stabstellen vorgesehen.

[ ] Spezialisten werden in besonderen Abteilungen zusammengefasst und Linienpositionen zugeordnet, für die sie Hilfs- und Entlastungsaufgaben ohne Weisungsbefugnis zu erfüllen haben.

[ ] Objektbezogene Kompetenzen werden nach Produkten oder Produktgruppen zusammengefasst. Nicht objektspezifische Tätigkeiten werden von Zentralbereichen wahrgenommen.

260. Welche Stelle im abgebildeten Organisationsplan ist eine Stabstelle?

a) Einkauf
b) Kaufmännische Leitung
c) Revision
d) Direktion
e) Versuch

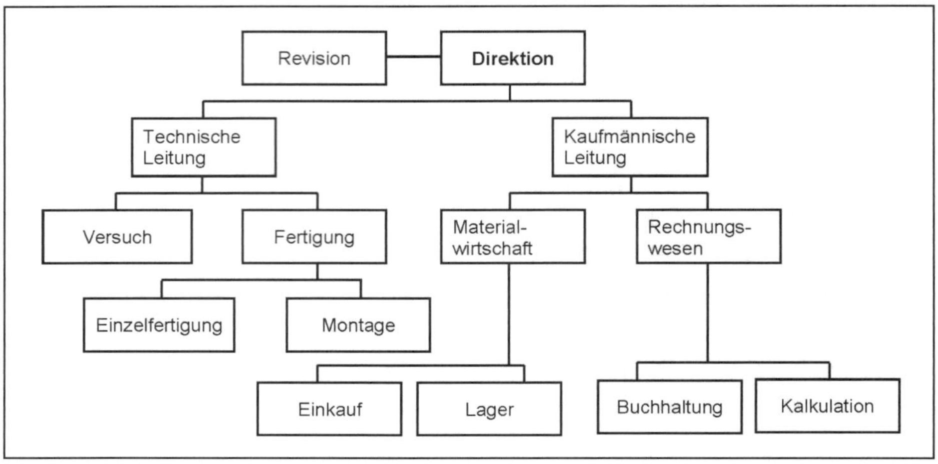

261. Welche Aufgabenstellung ist der Ablauforganisation zuzuordnen?

a) Der Umfang des Arbeitsgebietes einer Stelle ist dem durchschnittlichen Leistungsvermögen des Aufgabenträgers entsprechend genau festzulegen.
b) Die Durchlaufzeiten für die Bearbeitungsobjekte sind zu verringern.
c) Die Gesamtaufgabe eines Unternehmens ist in Haupt-, Teil- und Einzelaufgaben zu zergliedern.
d) Die Struktur des Betriebes ist exakt darzustellen.
e) Die Weisungsbefugnisse der Instanzen sind abzugrenzen.

262. Welche Unterlage gibt in einem Unternehmen eine Gesamtübersicht über die Unternehmensstruktur?

a) Der Organisationsplan
b) Der Arbeitsablaufplan
c) Die Stellenbeschreibung
d) Die Arbeitsanweisung
e) Die Organisationsrichtlinien

263. Welche Aufgabe gehört zur Ablauforganisation?

a) Auflösen einer Stabstelle
b) Festlegung von Stellenbeschreibungen
c) Abgrenzung von Zuständigkeiten
d) Neuschaffung von Stellen
e) Erstellung von Arbeitsanweisungen

264. Welches Organisationssystem ist nachstehend abgebildet?

a) Das Matrixsystem
b) Das Funktionssystem
c) Das Einliniensystem
d) Das Stabliniensystem
e) Das Spartensystem

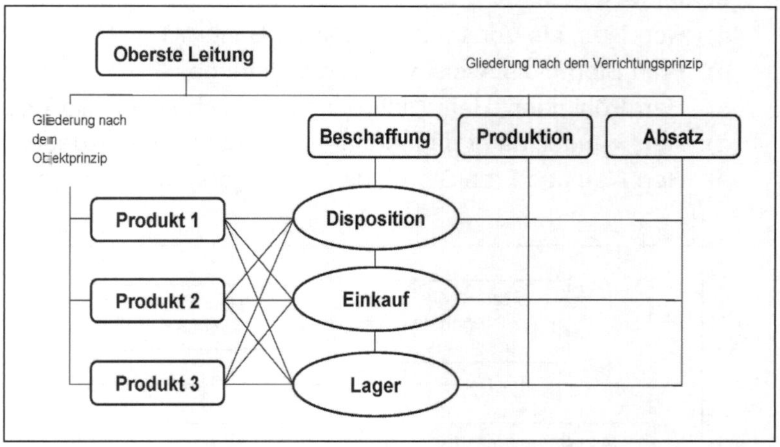

265. Ordnen Sie zu.

Organisationsformen

a) Funktionssystem
b) Matrixsystem
c) Stabliniensystem
d) Mehrliniensystem
e) Spartenorganisation
f) Einliniensystem

Definitionen

[ ] Den im Liniensystem organisierten Instanzen werden zu ihrer Entlastung Stellen zugeordnet, die keine Weisungsbefugnis haben.

[ ] Vergleichsweise homogene Produkte oder Produktgruppen werden eigenverantwortlich nach dem Objektprinzip zusammengefasst.

266. Ordnen Sie zu.

Grundbegriffe der Betriebsorganisation

a) Zentralisation
b) Betriebsorganisation
c) Dezentralisation
d) Improvisation
e) Disposition
f) Delegation

Erläuterungen

[ ] Kurzfristiges Einstellen auf eine nicht vorhergesehene Situation

[ ] Regelungen für einen bestimmten Einzelfall

[ ] Langfristige Regelungen für gleichartige Vorgänge

267. Nach welchem Prinzip bzw. System ist das Unternehmen organisiert? Siehe dazu nachstehende Abbildung.

a) Nach dem Matrixprinzip
b) Nach dem Stabliniensystem
c) Nach dem Spartenprinzip
d) Nach dem Objektprinzip
e) Nach dem Verrichtungsprinzip

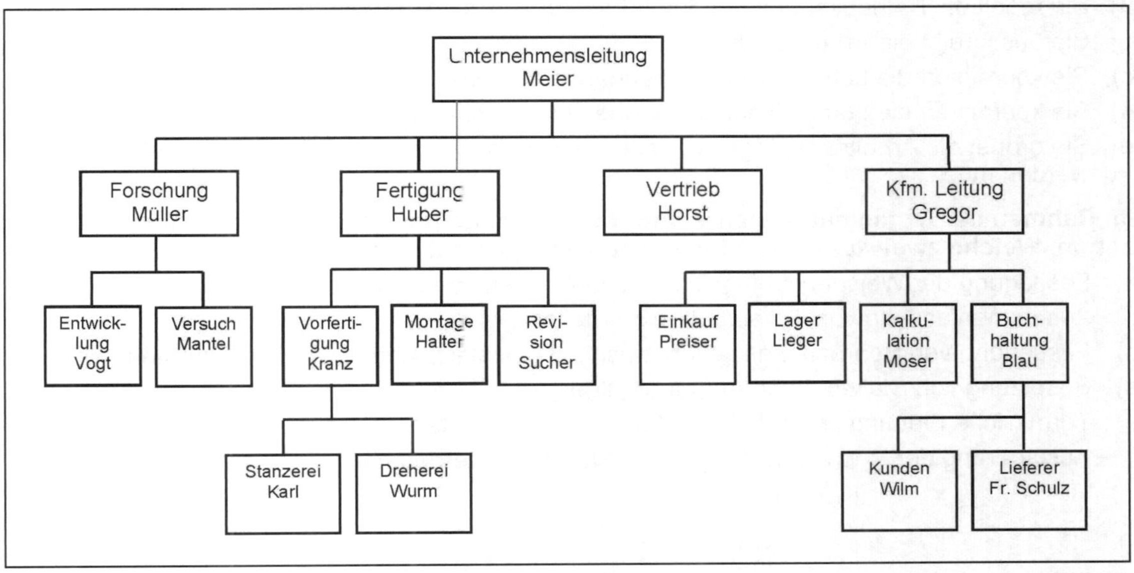

268. Stellen Sie anhand des abgebildeten Organigramms fest, welcher Mitarbeiter eine Stabstelle bekleidet?

a) Herr Neu, als Vorstand der UNION-Bank AG
b) Frau Storm, als Assistentin des Vorstandes
c) Herr Pöhlmann, Herr Winter und Frau Schön als Filialleiter
d) Herr Händel, da er gegenüber Frau Roth weisungsgebunden ist
e) Herr Neu und Frau Storm, da beide in der obersten Hierarchieebene stehen

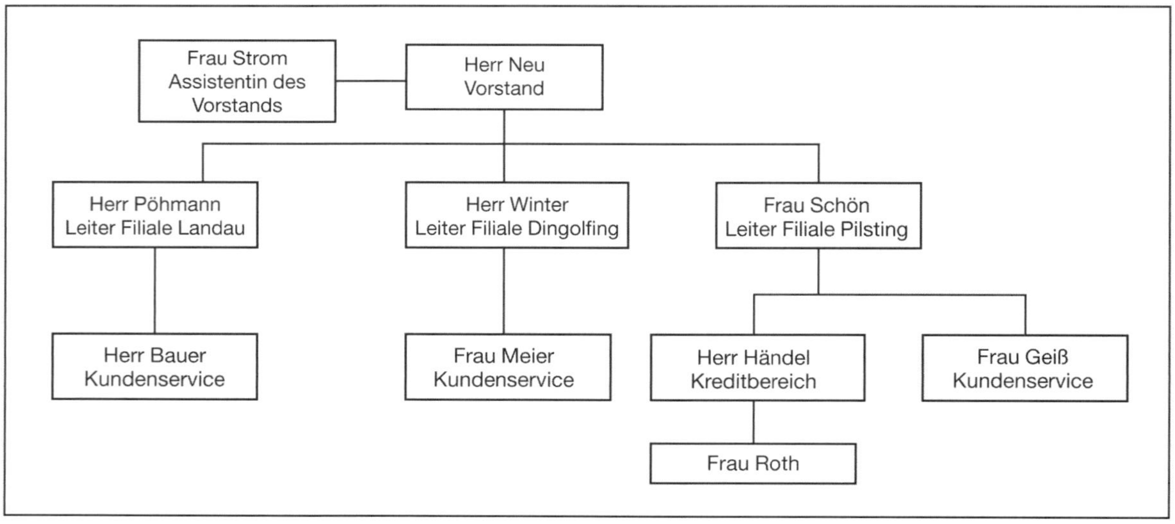

269. Welche Aufgabe gehört in den Bereich der Aufbauorganisation?

a) Auftragsdurchlaufzeiten verkürzen
b) Stellenauslastung gleichmäßig gestalten
c) Arbeitsfluss störungsfrei organisieren
d) Termineinhaltung gewährleisten
e) Stellenaufgaben auf Aufgabenträger übertragen

270. Wodurch unterscheiden sich die Organisationssysteme Stabliniensystem und Liniensystem?

a) Die Stabstellen geben Anweisungen an die Linienstellen.
b) Die Stabstellen haben gleiche Weisungsbefugnisse wie die Linienstellen.
c) Die Aufgabenverteilung erfolgt zum Teil von unten nach oben.
d) Die Stabstellen sind Linienstellen auf vertikaler Ebene.
e) Ausgewählten Linienstellen sind Stabstellen zugeordnet.

271. Welche der folgenden Aufgaben ist der Aufbauorganisation zuzuordnen?

a) Sie regelt die Betriebsstrukturen durch Bildung von Aufgabenbereichen.
b) Sie beschreibt die Arbeitsabläufe.
c) Sie koordiniert die betrieblichen Leistungen in zeitlicher Hinsicht.
d) Sie koordiniert die betrieblichen Leistungen in Hinsicht auf interne und externe Prüfungen.
e) Sie ordnet die Arbeitsvorgänge so, dass jeder Vorgang von möglichst vielen Stellen bearbeitet werden muss.

272. Im Rahmen der Organisationslehre unterscheidet man die Begriffe Aufbau- und Ablauforganisation. Welche zwei Aussagen sind der Ablauforganisation zuzuordnen?

a) Festlegung der Weisungsbefugnis zwischen verschiedenen Abteilungen
b) Zusammenfassung von Teilaufgaben zu Stellen
c) Festlegung von Bearbeitungswegen zwischen einzelnen Abteilungen im Unternehmen
d) Besetzung von Stellen durch Aufgabenträger
e) Terminliche Planung von Arbeitskräften und Arbeitsmitteln
f) Auslagerung der Rechtsabteilung in ein externes Unternehmen

273. Welche Aufgabe ist der Aufbauorganisation zuzuordnen?

a) Das Bilden von Stellen und Abteilungen
b) Das Festlegen von Arbeitsabläufen
c) Die Durchführung von Abteilungsleiterbesprechungen
d) Das optimale Auslasten von Arbeitsmitteln und Arbeitskräften
e) Die Organisation von außerbetrieblichen Fortbildungsveranstaltungen

274. Welche der folgenden Aussagen beschreibt den Begriff der „Ablauforganisation" richtig?

a) Die Ablauforganisation sorgt für einen reibungslosen Ablauf aller im gewöhnlichen Geschäftsbetrieb anfallenden Arbeiten, soweit diese nur unmittelbar aufeinander folgen und nicht parallel verlaufen.
b) Die Aufgabe der Ablauforganisation ist die Zerlegung der ganzheitlichen Arbeitsprozesse, bis diese nicht mehr weiter teilbar sind.
c) Im Vordergrund aller Überlegungen der Ablauforganisation steht die Bildung von Stellen und Abteilungen.
d) Die Ablauforganisation ist die Gestaltung der Geschäftsprozesse durch die Zerlegung der Arbeitsprozesse in nicht mehr teilbare Prozessschritte.
e) Die Ablauforganisation ist gekennzeichnet durch die rationale und folgerichtige Gestaltung von Arbeitsprozessen zur Erfüllung von betrieblichen Teilprozessen.

275. Welche Aussage über die abgebildete Organisationsstruktur Ihres Hauses ist richtig?

a) Die Über- bzw. Unterordnungsverhältnisse sind deutlich zu erkennen und zeigen eindeutig die Zuständigkeiten auf.
b) Alle Informationen müssen über die Abteilung Unternehmenssteuerung laufen, wenn die Mitarbeiter der untersten Organisationsebene miteinander kommunizieren wollen.
c) Die Stabstellen entlasten die Leiter aller Abteilungen, da die Mitarbeiter der Stabstellen auf ihrem Fachgebiet besonders gut ausgebildet sind.
d) Entscheidungen können nur langsam gefällt werden, da die Zuständigkeiten nicht klar geregelt sind.
e) Die Geschäftsleitung wird durch Stabstellen unterstützt.

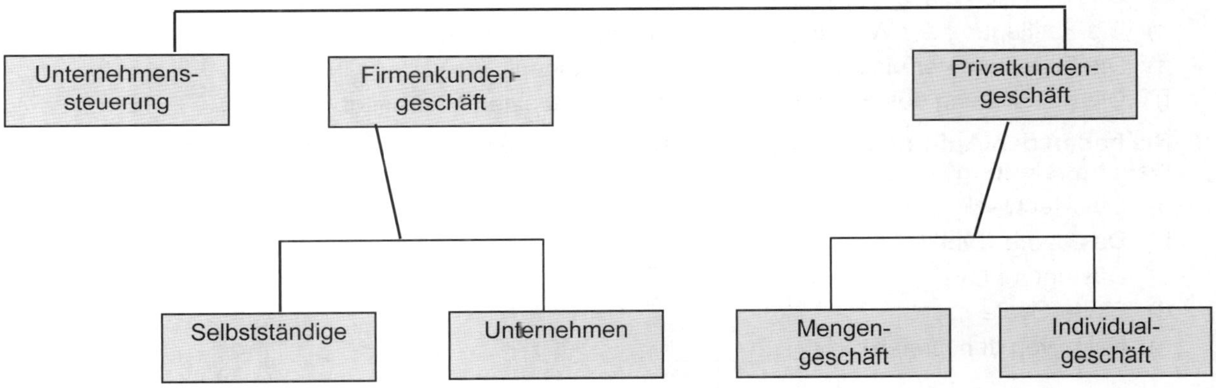

276. Welche Aussage zur Betriebsorganisation ist richtig?

a) Unter Organisation versteht man kurzfristige Regelungen unvorhersehbarer Fälle.
b) Organisation bezeichnet Dauerregelungen für den rationellen Einsatz aller produktiven Kräfte eines Betriebs.
c) Die Organisation ist auf die Maschinen eines Betriebes beschränkt.
d) Die Organisation ist dann wirksam, wenn der Umsatz eines Betriebes gesteigert wird.
e) Unter Organisation versteht man das Führen von Karteien.
f) Organisation heißt: Menschliche Arbeit durch Maschinen ersetzen.

277. Welche Aussage zu untenstehendem Organisationsplan ist richtig?

a) Die Ablauforganisation des Kreditinstituts ist nach Hierarchieebenen strukturiert.
b) Bei der Erstellung der Ablauforganisation des Kreditinstituts hat eine Personenorientierung stattgefunden.
c) Das Organigramm informiert über die Ablauforganisation des Kreditinstituts.
d) Es handelt sich um ein Matrix-System, bei dem der Vorstand die oberste Hierarchiestufe einnimmt.
e) Es handelt sich um ein Stablinien-System mit eindeutigen Anordnungsbefugnissen.

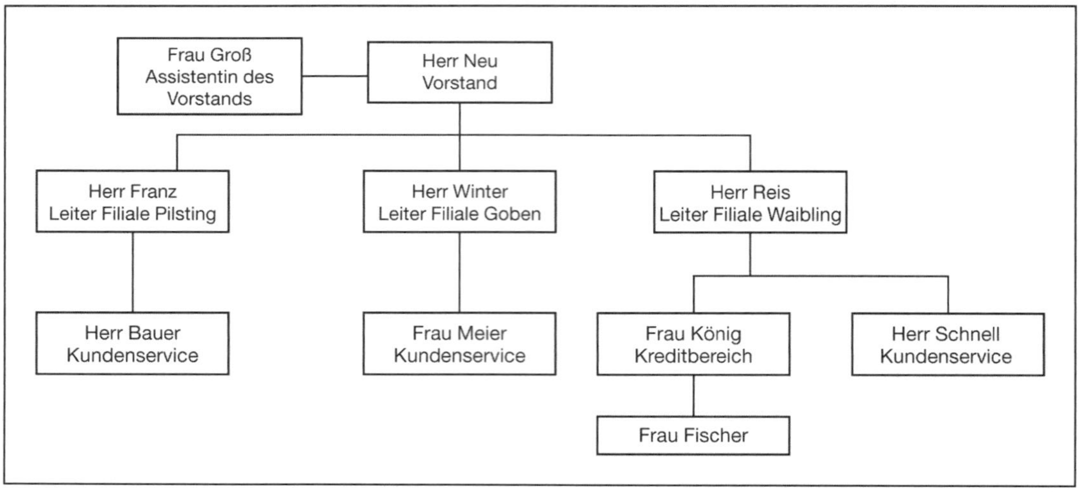

278. Im Rahmen einer Organisationsuntersuchung werden alle Stellen danach analysiert, welche Aufgaben jeweils zu erledigen sind. Welche Zielsetzung wird mit dieser Aufgabenanalyse verfolgt?

a) Die Erstellung eines Organisationsplans
b) Die Erstellung einer Stellenausschreibung
c) Das Erstellen eines Netzplans
d) Die Festlegung der Weisungs- und Entscheidungssysteme
e) Die Erstellung der einzelnen Stellenbeschreibungen
f) Die Feststellung des Ausnutzungsgrades der einzelnen Mitarbeiter

279. Sie haben den Auftrag, ein Organigramm zu entwerfen. Welches Feld verwenden Sie für die Geschäftsleitung?

a) Das Rechteck
b) Das obere Oval
c) Das untere Oval
d) Beide Ovale
e) Keins von den Dreien

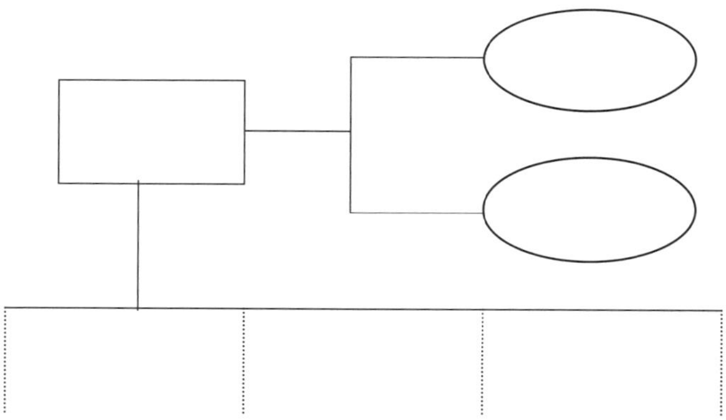

280. Ordnen Sie den Organisationsarten die mit ihnen verbundenen Nachteile zu.

Organisationsarten

a) Einlinienorganisation
b) Mehrlinienorganisation
c) Stablinienorganisation
d) Spartenorganisation

Nachteile

[ ] Unternehmensleitung verliert leicht den Überblick über die verschiedenen „Divisionen".
[ ] Schwerfälliger Dienstweg, Weisungsweg
[ ] Überschneidung von Anweisungen, Koordinierungsprobleme Kompetenzstreitigkeiten
[ ] Gute Vorschläge des nicht weisungsberechtigten Beraters werden ggf. von Mitarbeitern abgeblockt.

281. Die Weisungsbefugnisse sind bei einer neu eröffneten Filiale nach dem Stabliniensystem aufgebaut. Welche Personen erhalten Weisungsbefugnis?

a) Die Filialleitung und die Mitarbeiter der Stabstellen
b) Die Mitarbeiter der Stabstellen
c) Die Filialleitung und die Vorgesetzten in den einzelnen Instanzen
d) Jeder Mitarbeiter
e) Nur der Unternehmer

282. Die Geschäftsleitung beabsichtigt eine Stabstelle einzurichten. Wodurch ist eine solche Stabstelle gekennzeichnet?

a) Die Stabstelle hat keine Weisungsbefugnis. Sie soll der zugewiesenen Instanz beratend zur Seite stehen und diese entlasten.
b) Die Stabstelle gewinnt ihr betriebsinternes Gewicht dadurch, dass sie weit reichende Weisungsbefugnis gegenüber Mitarbeitern hat.
c) Die Stabstelle hat innerhalb eines Funktionssystems die Möglichkeit, neben anderen Vorgesetzten ausführenden Stellen Anweisungen zu erteilen.
d) Die Stabstelle ist beim Liniensystem in den Instanzenweg eingegliedert.
e) Die Stabstelle wird insofern in die Verantwortung genommen, als sie ihre Ideen und Vorschläge auch realisieren muss.

283. Im Bankensektor lässt sich bereits seit einigen Jahren der Trend beobachten, dass Banken verstärkt mit Verbundpartnern, wie z. B. einer Bausparkasse und/oder einer Versicherung zusammenarbeiten. Was spricht für eine solche Form der Kooperation, die auch als „strategische Allianz“ bezeichnet wird?

a) Strategische Allianzen haben den Vorteil, dass die Absatzrisiken aufgeteilt werden. So verfügt z. B. der eine Partner über das Produkt, der andere über das Vertriebsnetz.
b) Strategische Allianzen schaffen regelmäßig neue Arbeitsplätze.
c) Strategische Allianzen versprechen Kostenersparnisse, da nur noch eine gemeinsame Buchhaltung und Personalabteilung benötigt wird.
d) Strategische Allianzen sichern die Marktstellung der Verbundpartner. Aus diesem Grund müssen sie auch vom Bundeskartellamt genehmigt werden.
e) Strategische Allianzen fördern die Arbeitsroutine und -effizienz, da die Lebenszyklen der Bankprodukte immer länger werden und sich die Mitarbeiter besser einarbeiten können.

284. Welches Organisationsmittel ist in der Abbildung dargestellt?

a) Organisationsplan
b) Arbeitsanweisung
c) Arbeitsablaufplan
d) Stellenbeschreibung
e) Stellenplan
f) Personalkarte

Stellenbezeichnung:
Leiter der Abteilung Finanzen und Rechnungswesen

Stelleneinordnung:

Unterstellung:	Kaufmännische Leitung
Überstellung:	Hauptbuchhaltung Kreditoren/Debitoren Kostenrechnung

Stellenaufgaben
- Fachliche und disziplinarische Leitung der Abteilung
- Erstellen des vierteljährlichen Finanzplanes

Stellenvertretung
vertritt:
wird vertreten: Kaufmännische Leitung

Stellenanforderung

Ausbildung:	Dipl. Kaufmann, Dipl. Betriebswirt oder Bankbetriebswirt
Erfahrung:	mindestens 5 Jahre Berufserfahrung
Kenntnisse:	EDV-Anwendung im Rechnungswesen

285. Im Berufsschulunterricht werden Sie aufgefordert, zum Thema „Anlageberatung" Ideen zu sammeln. Sie entscheiden sich für die Methode des Mind-Mapping, denn mit einem Mind-Map können sowohl Ideen entwickelt als auch Ergebnisse strukturiert festgehalten werden (siehe abgebildetes schematisches Beispiel). Bringen Sie die folgenden Arbeitsschritte bei der Erstellung eines Mind-Maps in die richtige Reihenfolge.

[ ] Die Auszubildenden lassen sich von den Ästen anregen und richten bei Bedarf weitere „Äste" oder „Zweige" ein.

[ ] Das Thema „Anlagenberatung" wird groß in die Mitte des Blattes geschrieben und eingekreist.

[ ] Jeder Auszubildende und jede Auszubildende legt ein Blatt Papier quer auf den Tisch.

[ ] Die Auszubildenden nehmen ihr individuelles Mind-Map als Ganzes wahr und vergleichen es mit den anderen Mind-Maps.

[ ] Die Auszubildenden richten „Äste" ein und notieren darüber ihre Ideen in Druckbuchstaben.

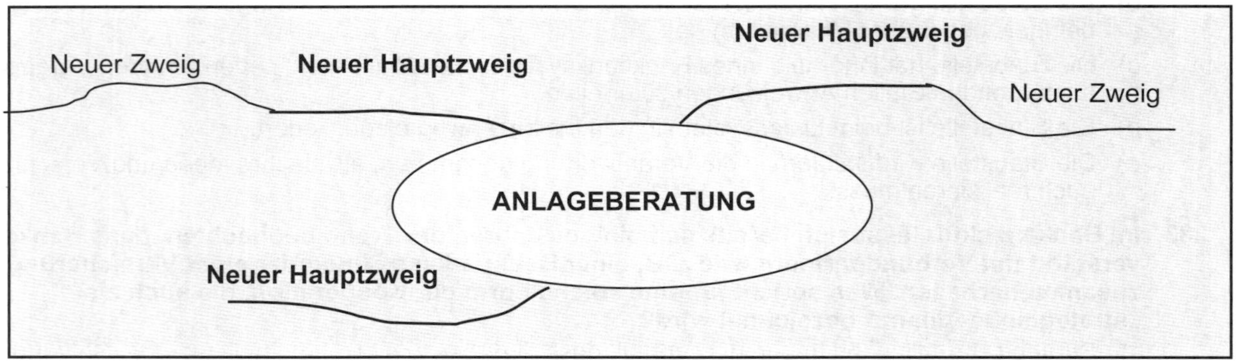

286. Welche der folgenden Kooperationsformen ist für die Verbraucher als negativ einzuschätzen?

a) Innovationsprozesse sind durch die gemeinsame Produktentwicklung mehrerer Unternehmen schneller möglich.

b) Durch gemeinsame Markenartikel und Gütezeichen erfolgt eine Absatzsteigerung.

c) Bei großen Aufträgen erfolgt eine gemeinsame Finanzierung, da ein einzelnes Unternehmen dazu nicht in der Lage wäre.

d) Die kooperierenden Unternehmen betreiben gemeinsame Verkaufsstellen und eine gemeinsame Preispolitik zur Abwehr von Mitbewerbern.

e) Die kooperierenden Unternehmen sichern ihre Rohstoffversorgung durch eine vertragliche oder kapitalmäßige Bindung der Zulieferfirmen.

287. Welche Aussage gibt die rechtliche Beziehung zwischen der Deutschen Bank AG und ihrer Tochtergesellschaft, der Deutschen Bank 24 AG, richtig wieder?

a) Es liegt ein Gleichordnungskonzern mit wechselseitigen Kapitalverflechtungen vor.

b) Da die Deutsche Bank AG die einheitliche Leitung übernimmt, ist hier ein typischer Unterordnungskonzern gegeben.

c) Die Deutsche Bank AG ist Muttergesellschaft der Deutschen Bank 24 AG; wegen ihrer rechtlichen Selbstständigkeit wird die Deutsche Bank 24 AG aber durch einen eigenen Vorstand geleitet und vertreten.

d) Es besteht ein Kartellverhältnis zur Stärkung der Wettbewerbsposition der beiden Kartellbanken, wobei gemeinsame Absprachen getroffen wurden.

e) Die beiden Banken sind durch eine Fusion, die zur Neubildung eines Unternehmens führte, miteinander verbunden.

288. Welche Organisationseinheit der Deutschen Bundesbank ist für die ortsnahe Zusammenarbeit mit den verschiedenen Geschäftsbanken verantwortlich?

a) Die Landeszentralbanken mit ihren Niederlassungen

b) Die einzelnen Landesbanken/Girozentralen

c) Das Direktorium der Deutschen Bundesbank

d) Der erweiterte EZB-Rat

e) Die einzelnen Verbände der Kreditwirtschaft

289. Nachstehend ist ein verkürzter Auszug aus dem Jahresbericht einer Geschäftsbank abgedruckt. Analysieren Sie die Zahlenwerte zu den angegebenen Geschäftsfeldern.

Zur Entwicklung des Bankkonzerns auf ausgewählten Geschäftsfeldern

Kreditgeschäft

Bezeichnung	31.12. 2018 (Mio. €)	31.12. 2017 (Mio. €)	Veränderung (Mio. €)	Veränderung (in %)
Forderungen an Kreditinstitute	27 397	26 185	1 212	4,6
Forderungen an Kunden	119 279	115 208	4 071	3,5
Kreditvolumen	146 676	141 393	5 283	3,7

Kundeneinlagen und verbriefte Verbindlichkeiten

Bezeichnung	31.12. 2018 (Mio. €)	31.12. 2017 (Mio. €)	Veränderung (Mio. €)	Veränderung (in %)
Verbindlichkeiten gegenüber Kunden	77 060	73 691	3 369	4,6
davon:				
Spareinlagen	12 866	12 527	339	2,7
täglich fällige Verbindlichkeiten	14 161	12 473	1 688	13,5
befristete Verbindlichkeiten	50 033	48 691	1 342	2,8
Verbriefte Verbindlichkeiten	63 749	57 596	6 153	10,7
Volumen Verbindlichkeiten	140 809	131 287	9 522	7,3

Bestimmen Sie die Aussage, die die Entwicklung der Gesamtvolumina inhaltlich richtig beschreibt.

a) Das Volumen der Verbindlichkeiten ist im Vergleich zum Kreditvolumen am 31. Dezember 2018 um 3,6mal größer.

b) Das Volumen der Verbindlichkeiten ist im Vergleich zum Kreditvolumen am 31. Dezember 2018 aufgrund der prozentualen Veränderungen mehr als doppelt so hoch.

c) Die Summe der Kundeneinlagen und der verbrieften Verbindlichkeiten zeigt, dass die Finanzierung des Kreditvolumens im Betrachtungszeitraum immer voll abgesichert war.

d) Wird der Charakter und das Ausmaß der Veränderungen so beibehalten, dann wird es nicht mehr lange dauern und das Volumen der Verbindlichkeiten liegt nicht mehr unter dem Volumen des Kreditgeschäftes.

e) Aufgrund der Bilanzwirksamkeit beider Summenwerte sind die Zahlen anzuzweifeln, da sich keine Bilanzgleichung ergeben würde.

II. SPEZIELLE ÜBUNGSAUFGABEN ZUR VORBEREITUNG AUF DIE ABSCHLUSSPRÜFUNG

290. Nachstehend sind unterschiedliche Rechtsquellen und fünf verschiedene Tatbestände angeführt. Ordnen Sie die Tatbestände den zutreffenden Rechtsquellen zu.

Tatbestände

a) Die Bundesregierung erhöht den Beitragssatz zur gesetzlichen Rentenversicherung.

b) Der Bundestag beschließt die Senkung des Spitzensteuersatzes bei der Einkommensteuer.

c) Das Bundeskabinett beschließt den Abzug der Bundeswehr aus einem Krisengebiet.

d) Der Gemeinderat von Weihmichl beschließt für das neu erschlossene Baugebiet den Bebauungsplan und die Beitragssätze für die Erschließung der Grundstücke.

e) Das Recht auf Arbeit soll ein Grundrecht für alle Bürger werden.

Rechtsquellen

[ ] Verfassung

[ ] Gesetz

[ ] Rechtsverordnung

[ ] Satzung

[ ] keine der genannten Rechtsquellen

291. Ein Bankhaus hat die Rechtsform der KG gewählt. Neben den Komplementären sind auch die Prokuristen und Handlungsbevollmächtigen mit allgemeiner Handlungsvollmacht jeweils allein vertretungsberechtigt. Welche <u>zwei</u> Rechtshandlungen im Außenverhältnis darf allerdings nur der Komplementär rechtswirksam vornehmen?

a) Vertretung des Bankhauses in einer Gerichtsverhandlung

b) Aufnahme eines Tagesgeldes von 25 Mio. €

c) Erteilung eines Auftrags zum Umbau der Kassenhalle

d) Erteilung einer Vollmacht

e) Kauf von 300 000 Blatt Kopierpapier

f) Unterzeichnung des Jahresabschlusses der KG

g) Veräußerung eines Grundstücks

292. Ihrem Kreditinstitut liegen mehrere Kreditanträge verschiedener Unternehmen vor. Welche <u>zwei</u> der aufgeführten Personen sind berechtigt, das jeweilige Unternehmen rechtsgültig beim Abschluss eines Kreditvertrages gegenüber Ihrem Kreditinstitut zu vertreten? Beachten Sie dabei die gesetzlichen Vorschriften über die Vertretung von Gesellschaftern.

a) Peter Humbold als einer der beiden Komplementäre der Hauser KG

b) Hubert Priller als Inhaber eines Aktienpaketes der Sturm AG

c) Christina Heubl als Gesellschafterin der Frisch GmbH

d) Michael Möller als Kommanditist der Groß und Klein KG

e) Marianne Haimerl als Gesellschafterin der Moritz Strunz OHG

f) Xaver Stanglmeier als einer der beiden Geschäftsführer der Most GmbH

293. Die Beteiligungen bei der Bauunternehmung Josef Stadler OHG sind wie folgt: Josef Stadler 150.000 €, Gerhard Stadler 70.000 €, Elisabeth Schmitz 25.000 €. Da die Josef Stadler OHG in letzter Zeit ihren Zahlungsverpflichtungen nur sehr unregelmäßig nachkommt, will ein Gläubiger wissen, wie er seine fällige Forderung von 80.000 € eintreiben kann. Welche <u>zwei</u> Möglichkeiten stehen dem Gläubiger zur Verfügung?

a) Der Gläubiger muss zuerst die Josef Stadler OHG auf Zahlung des Rechnungsbetrages verklagen.

b) Der Gläubiger kann den Gesellschafter Gerhard Stadler höchstens auf 70.000 € verklagen, da dessen Einlage so hoch ist. Wegen des Restbetrages muss ein weiterer Gesellschafter verklagt werden.

c) Der Gläubiger kann nur den Gesellschafter Josef Stadler wegen Begleichung der Rechnung verklagen, da dessen Name in der Firma genannt ist.

d) Der Gläubiger kann die Gesellschafterin Elisabeth Schmitz, die über ein beträchtliches Privatvermögen verfügt, verklagen und von ihr die Begleichung des gesamten Rechnungsbetrages fordern.

e) Der Gläubiger kann neben der Josef Stadler OHG auch jeden einzelnen Gesellschafter auf Zahlung des Rechnungsbetrages verklagen.

f) Der Gläubiger kann nur Elisabeth Schmitz auf Zahlung des Rechnungsbetrages verklagen, da diese allein den Kaufvertrag über die gelieferte Ware abgeschlossen hat.

294. Peter Kosslow ist Komplementär und Rudolf Fellermeier Kommanditist der Moosburger Recyclingfirma Kosslow KG. Für Rudolf Fellermeier ist eine Einlage von 35.000 € im Handelsregister eingetragen. Auf diese Einlage sind inzwischen 30.000 € eingezahlt worden. Welche zwei Aussagen zur Haftung der Kosslow KG sind zutreffend?

a) Die Gesellschafter der KG haften alle unbeschränkt, gesamtschuldnerisch und unmittelbar, bei Rudolf Fellermeier ist die persönliche Haftung allerdings auf 30.000 € beschränkt.

b) Beide Gesellschafter können verlangen, dass Gläubiger der KG zunächst auf zur Verfügung stehende Sicherheiten zurückgreifen, ehe sie persönlich zur Haftung herangezogen werden.

c) Die Haftung ist auf das Vermögen der Gesellschafter beschränkt, eine persönliche Haftung der Gesellschafter kommt nur dann zur Anwendung, wenn das Gesellschaftsvermögen zur Befriedigung der Gläubiger nicht ausreicht.

d) Peter Kosslow haftet unmittelbar, unbeschränkt und solidarisch, bei Rudolf Fellermeier ist die persönliche Haftung auf 35.000 € beschränkt.

e) Peter Kosslow kann durch eine entsprechende Eintragung im Handelsregister seine persönliche Haftung begrenzen.

f) Die KG haftet mit ihrem gesamten Vermögen.

295. Welche zwei Aussagen treffen nicht auf die UG (haftungsbeschränkt) bzw. GmbH zu?

a) Die Unternehmergesellschaft (UG) ist strukturell eine Variante der GmbH.

b) Die Unternehmergesellschaft (UG) kann bereits ab einem Euro Mindesteinlage gegründet werden.

c) Der Gründer einer Unternehmergesellschaft (UG) ist verpflichtet, mindestens 25 % des Jahresgewinns als Rücklage anzusammeln.

d) Die Unternehmergesellschaft (haftungsbeschränkt) ist keine juristische Person.

e) Die Unternehmergesellschaft (UG) muss im Firmennamen den ungekürzten Zusatz „haftungsbeschränkt" enthalten.

f) Der Zusatz „haftungsbeschränkt" muss auch dann im Firmennamen erhalten bleiben, wenn die Rücklage die gesetzlich vorgeschriebene Höhe von 25.000,00 € erreicht hat.

296. Peter Müller hat sich bei zwei Unternehmen, die nicht miteinander konkurrieren, beteiligt und zwar jeweils mit 25.000 €. Bei der KG ist er als Kommanditist beteiligt. Welche zwei Aussagen zur Haftung von Peter Müller sind zutreffend?

a) Peter Müller haftet bei der GmbH Dritten gegenüber unmittelbar, sofern er seine Einlage nicht vollständig erbracht hat.

b) Peter Müller haftet bei der KG Dritten gegenüber unmittelbar bis zur vereinbarten Einlagenhöhe, sofern er seine Einlage nicht vollständig erbracht hat.

c) Peter Müller haftet bei der OHG Dritten gegenüber unmittelbar, unabhängig davon, ob er seine Einlage erbracht hat oder nicht.

d) Peter Müller haftet bei der OHG Dritten gegenüber nicht mehr unmittelbar, wenn er seine Einlage vollständig erbracht hat.

e) Peter Müller haftet bei der KG Dritten gegenüber unmittelbar, auch wenn er seine Einlage vollständig erbracht hat.

f) Peter Müller haftet bei der GmbH Dritten gegenüber unmittelbar, auch wenn er seine Einlage vollständig erbracht hat.

297. Auf welche der nachstehenden Unternehmen, die in das Handelsregister eingetragen sind, treffen die Aussagen zu? Ordnen Sie zu.

Unternehmen

a) Gebäudereinigung Sommer OHG

b) Gebrauchtwagenhandel Riederer GmbH & Co. KG

c) IZB Soft GmbH

Aussagen

[ ] Die Registereintragung ist immer konstitutiv.

[ ] Jeder Gesellschafter haftet persönlich für Verbindlichkeiten der Unternehmung.

[ ] Jeder Gesellschafter ist gesetzlich zur Geschäftsführung befugt.

[ ] Jeder Gesellschafter ist gesetzlich zur Vertretung befugt.

Wirtschafts- und Sozialkunde

298. Ordnen Sie die verschiedenen Handelsregistereintragungen den genannten Sachverhalten zu, indem Sie den Buchstaben der zutreffenden Variante in das Kästchen vor dem Sachverhalt eintragen.

Eintragungsvarianten

a) Eintragung in Abteilung A mit konstitutiver Wirkung
b) Eintragung in Abteilung B mit konstitutiver Wirkung
c) Eintragung in Abteilung A mit deklaratorischer Wirkung
d) Eintragung in Abteilung B mit deklaratorischer Wirkung
e) Keine Eintragungsvariante zutreffend

Sachverhalte

[ ] Die Brummer OHG nimmt einen neuen Gesellschafter auf.
[ ] Die Kreditbank AG entzieht Herrn Schilling die Prokura.
[ ] Die Einlage des Kommanditisten M. Munz wird von 60.000,00 € auf 40.000,00 € herabgesetzt.
[ ] Die Finanzberatungsgesellschaft mbH wird in eine AG umgewandelt.
[ ] Christine Huber wird Generalbevollmächtigte der X-AG.

299. Ordnen Sie zu.

Rechtssubjekte

a) Juristische Person des öffentlichen Rechts
b) Juristische Person des privaten Rechts
c) Quasi-juristische Person

Konteninhaber

[ ] Sportverein Neuhausen e.V.
[ ] Einzelhandelsberufsgenossenschaft
[ ] Universität Regensburg
[ ] Hopfenverwertungsgesellschaft e.G.
[ ] Steuerkanzlei Robel und Leipold
[ ] BMW AG
[ ] Recyclinghof Altdorf KG

300. Welche Eintragung ins Handelsregister hat rechtserzeugende Wirkung?

a) Eintragung eines Speditionsunternehmens
b) Eintragung eines neuen Gesellschafters
c) Eintragung eines Handelsvertreters
d) Eintragung einer Gesellschaft mit beschränkter Haftung
e) Eintragung einer Änderung des Geschäftssitzes

301. Welche Eintragung ins Handelsregister ist rechtserklärend (deklaratorisch)?

a) Die beschränkte Haftung des Kommanditisten
b) Die Rechtsform der Kapitalgesellschaft
c) Die Eintragung eines Kleingewerbetreibenden
d) Die Eintragung eines land- und forstwirtschaftlichen Betriebes
e) Die Eintragung eines kaufmännischen Geschäftsbetriebes

302. Unter „Amtlichen Bekanntmachungen“ in der Tageszeitung wird unter Nr. HRA 13 456 die Neueintragung der „Bauunternehmung Heinz Müller, e. K., Brühlstraße 7, 30169 Hannover“ bekannt gegeben. Welche Aussage über diese Veröffentlichung ist richtig?

a) Heinz Müller betreibt ein Gewerbe mit kaufmännischer Organisation.
b) Die Bauunternehmung Heinz Müller ist eine Personengesellschaft, die in Abteilung A des Handelsregisters eingetragen ist.
c) Die Bauunternehmung Heinz Müller wird mit der Eintragung Formkaufmann.
d) Die Bauunternehmung Heinz Müller ist als Kapitalgesellschaft in Abteilung B des Handelsregisters eingetragen.
e) Die Eintragung ins Handelsregister hatte deklaratorische Wirkung.

303. Die Auszubildende Angelika Kühne ist 17 Jahre alt. Ihre Ausbildungsvergütung liegt bei 820,00 €. Sie kauft sich ein gebrauchtes Mofa für 500,00 €, da sie ihren Arbeitsplatz mit öffentlichen Verkehrsmitteln nur sehr schlecht erreichen kann. Sie hat mit dem Verkäufer vereinbart, den Kaufpreis in vier Raten von jeweils 125,00 € zu bezahlen. Wie ist die Rechtslage hinsichtlich des Kaufvertrages?

a) Der Kaufvertrag ist gültig, da der Kaufpreis im Rahmen der Ausbildungsvergütung liegt.
b) Der Kaufvertrag ist nichtig, da Angelika Kühne minderjährig ist und als solche keine Verträge abschließen darf.
c) Der Kaufvertrag ist nach Genehmigung des gesetzlichen Vertreters gültig. Eine Zustimmung des Vormundschafts-/Familiengerichts ist auf Grund fehlender Zinszahlungsverpflichtungen nicht nötig.
d) Der Kaufvertrag ist schwebend unwirksam, bis gesetzliche Vertreter/das Vormundschafts-/Familiengericht zugestimmt haben.
e) Der Kaufvertrag ist gültig, da die Anschaffung zur Erfüllung seiner Pflichten als Auszubildender zwingend notwendig macht.

304. Ein 16-jähriger Auszubildender bestellt bei einem Fahrradhändler ein Rennrad im Wert von 580,00 €, ohne dass seine Eltern davon wissen. Der Fahrradhändler, der das Rad nicht auf Lager hat, bestellt dieses beim Fachgroßhändler. Gleichzeitig sichert er dem Auszubildenden einen Preisnachlass von 12 ½ % des ursprünglichen Kaufpreises zu. Welche zwei Aussagen bezüglich dieses Sachverhalts sind zutreffend?

a) Die Zustimmung des gesetzlichen Vertreters muss dem Händler gegenüber erklärt werden.
b) Der Kaufvertrag ist nichtig.
c) Die Willenserklärung des Auszubildenden ist schwebend unwirksam.
d) Da der gesetzliche Vertreter seine Zustimmung innerhalb von 14 Tagen erklären muss, ist der Händler nach Fristablauf nicht mehr an seine Willenserklärung gebunden.
e) Wenn der gesetzliche Vertreter das Fahrrad abholt, ersetzt diese Handlung die ausdrückliche Zustimmung.
f) Der Händler darf dem gesetzlichen Vertreter den Preisnachlass verweigern, da dieser nur dem Auszubildenden zugesagt war.

305. Ordnen Sie die zutreffende rechtliche Wirkung den jeweiligen Rechtsgeschäften (Fällen) zu.

Wirkung des Rechtsgeschäftes

a) Uneingeschränkt wirksam
b) Nichtig
c) Wirksam, aber anfechtbar
d) Schwebend wirksam

Rechtsgeschäfte (Fälle)

[ ] Ein 16-jähriger Schüler schließt mit der SparDaBank ohne Wissen seiner Eltern einen Vertrag zur Eröffnung eines Jugendgirokontos ab.

[ ] Der Kassierer der SparDaBank verkauft einem Kunden versehentlich eine Goldmünze zum Preis von 20,00 € statt 120,00 €.

[ ] Eine unter Betreuung stehende Rentnerin erteilt der SparDaBank den Auftrag, 5.000,00 € in VW-Aktien anzulegen. Ein Einwilligungsvorbehalt besteht nicht.

[ ] Eine 17-jährige Auszubildende kauft bei einem Fachmarkt ein Notebook zum Preis von 1.200,00 €.

[ ] Ein Münzhändler kauft von einem 18-jährigen Schüler unter Ausnutzung von dessen Unerfahrenheit eine geerbte Münzsammlung zum Preis von 500,00 €, obwohl der Wert der Sammlung ca. 5.000,00 € beträgt.

[ ] Ein Autohändler kauft auf einem Gebrauchtwagenmarkt einen Pkw vom Eigentümer per Handschlag.

306. Ordnen Sie die zutreffende Vertragsart den Aussagen zu.

Vertragsarten

a) Kaufvertrag
b) Leihvertrag
c) Mietvertrag
d) Pachtvertrag
e) Werkvertrag
f) Dienstvertrag
g) Darlehensvertrag

Aussagen

[ ] Er regelt eine entgeltliche Überlassung von Sachen, die lediglich den Gebrauch beinhalten.

[ ] Er regelt eine entgeltliche Überlassung von Sachen zum Gebrauch und den Fruchtgenuss.

[ ] Er regelt eine unentgeltliche Überlassung von Sachen zum Gebrauch.

[ ] Er regelt eine entgeltliche Überlassung von Sachen.

307. Während seine Eltern in Urlaub sind, kauft ein 16-jähriger Schüler eine DVD-Anlage mit 5.1 Soundeffekt im Wert von 420,00 €. Da auf Grund eines Werbeprospektes in dem Fachgeschäft sehr viel los war, übersah es der Verkäufer, nach dem Alter des Schülers zu fragen. Er nimmt das Geld entgegen und übergibt dem Schüler die Anlage. Nach drei Wochen kehren die Eltern aus dem Urlaub zurück und sind entsetzt über den eigenmächtigen Einkauf ihres minderjährigen Sohnes. Sie verlangen vom Verkäufer die Rückabwicklung des Vertrages. Welche zwei Aussagen bezüglich dieser Situation sind zutreffend?

a) Der Kaufvertrag ist rechtmäßig zustande gekommen, da es sich um einen üblichen Kauf handelt.
b) Der gesetzliche Vertreter hätte innerhalb von 14 Tagen den Kauf genehmigen müssen, damit der Kaufvertrag rechtswirksam geworden wäre.
c) Der Kaufvertrag ist automatisch zustande gekommen, da der gesetzliche Vertreter nicht innerhalb von 14 Tagen abgelehnt hat.
d) Die Frist zur Abgabe der Zustimmung des gesetzlichen Vertreters beginnt erst dann, wenn der Verkäufer diesen zur Zustimmung auffordert.
e) Da die Anlage schon in Gebrauch ist, ist die Rückabwicklung des Vertrages leider nicht mehr möglich.
f) Der gesetzliche Vertreter kann zu Recht die Rückabwicklung des Vertrages verlangen.

308. Welche der unten angeführten Rechtspositionen wird von den fett gedruckten Personen jeweils eingenommen und welche Begründung ist jeweils zutreffend? Ordnen Sie Ihre Antworten den jeweiligen Personen zu.

A. Rechtspositionen

a) Eigentümer und mittelbarer Besitzer
b) Eigentümer und unmittelbarer Besitzer
c) Lediglich unmittelbarer Besitzer
d) Weder Eigentümer noch Besitzer

B. Begründungen

e) Die Eigentumsübertragung erfolgte durch Einigung und Vereinbarung eines Besitzkonstitutes.
f) Die Eigentumsübertragung erfolgte durch Einigung und Abtretung des Herausgabeanspruchs.
g) Es konnte kein Eigentum übertragen werden, die Sache abhanden gekommen war.
h) Die betreffende Person übt die tatsächliche Gewalt über die Sache aus, ohne Eigentümer zu sein.
i) Es konnte Eigentum von einem Nichtberechtigten übertragen werden, da der Erwerber in gutem Glauben handelte.

Personen

A. [ ] B. [ ] Der kaufmännische Angestellte **Peter Müller** nutzt mit Zustimmung seines Arbeitgebers das Geschäftsfahrzeug für eine private Urlaubsreise

A. [ ] B. [ ] Im Rahmen einer Kreditgewährung lässt sich die **Kreditbank AG** von einem Firmenkunden einen Gabelstapler sicherungsübereignen.

A. [ ] B. [ ] **Ursula Herbst** kauft von einer Freundin einen Motorroller, der sich zurzeit in einer Werkstatt befindet. Bei der Übereignung wird vereinbart, dass Frau Herbst sich den Roller zu einem späteren Zeitpunkt selbst dort abholt.

A. [ ] B. [ ] Eine Kundin der **Kreditbank AG** zahlt einen Kredit über 5.000,00 € mit Geld zurück, das sie zuvor gestohlen hatte.

309. Ordnen Sie die nachstehenden Vertragsarten den folgenden Rechtssituationen zu.

Vertragsarten

a) Geschäftsbesorgung
b) Kaufvertrag
c) Mietvertrag
d) Keine dieser Vertragsart

Rechtssituationen

[ ] Eine Kreditbank übernimmt es, für einen Kunden Aktien in ihrem Namen und für seine Rechnung zu kaufen.

[ ] Ein Unternehmen beauftragt ein Kreditinstitut, im Rahmen eines Importgeschäfts ein Akkreditiv gegen Bardeckung zu stellen und für die Avisierung gegenüber der Auslandsfirma zu sorgen.

[ ] Eine Kreditbank stellt ihrem Kunden ein abschließbares Schrankfach zur Verfügung. Die Bank zieht dafür von seinem Girokonto jährlich 30,00 € ein.

[ ] Eine Kreditbank übernimmt aufgrund einer entsprechenden Vereinbarung mit ihrem Kunden zur Absicherung eines Kredites Goldmünzen, die im Eigentum des Kreditnehmers verbleiben.

[ ] Für den eintägigen Betriebsausflug erhält eine Kreditbank von einem Fahrradhändler 20 Fahrräder. Für die Nutzung überweist die Bank insgesamt 200,00 € an das Fahrradgeschäft.

[ ] Eine Kreditbank überlässt ihrem Mitarbeiter einen PKW aus einer Sicherungsübereignung. Der Mitarbeiter zahlt dafür den vereinbarten Preis von 5.000,00 €.

Zu den nächsten drei Aufgaben siehe nachstehende Situation.

**Ein Fachmarkt wirbt in einer Zeitungsanzeige: „Diese Woche besonders günstig – DVD-Player P 656 der Marke Panasonic zum sagenhaften Preis von nur 59,90 €.“
Petra Müller nimmt das Angebot wahr, geht zum Fachmarkt und entnimmt dem Regal den angebotenen DVD-Player. Sie geht damit zur Kasse, wo die Kassiererin den Player nimmt, um ihn in das EDV-System einzuscannen. Danach reicht sie ihn wieder zurück. Petra Müller zahlt per Bankkarte im Verfahren ohne Zahlungsgarantie und nimmt den Player mit nach Hause. Allgemeine Geschäftsbedingungen wurden nicht eigens vereinbart.**

310. Welche zwei Aussagen über das Zustandekommen des Kaufvertrags sind zutreffend?
a) Die Zeitungsanzeige stellt einen Antrag auf Abschluss eines Kaufvertrages dar.
b) Die Auslage des DVD-Players im Regal stellt einen Antrag auf Abschluss eines Kaufvertrages dar.
c) Der Antrag auf Abschluss eines Kaufvertrages wird in diesem Fall von Petra Müller gestellt.
d) Der Kaufvertrag kommt zustande, wenn Petra Müller den DVD-Player aus dem Regal nimmt.
e) Der Abschluss des Kaufvertrags kommt durch konkludentes Handeln an der Kasse auch ohne ausdrückliche Erklärung der Kassiererin zustande.
f) Der Kaufvertrag kommt zustande, wenn Petra Müller nach dem Bezahlen mit dem DVD-Player das Geschäft verlässt.

311. Wie erfolgt in diesem Fall die Eigentumsübertragung?
Sie erfolgt,
a) indem Petra Müller den DVD-Player aus dem Selbstbedienungsregal nimmt.
b) indem die Kassiererin den DVD-Player nach dem Einscannen an Petra Müller zurückgibt.
c) wenn Petra Müller zu Hause feststellt, dass der DVD-Player einwandfrei funktioniert.
d) wenn der Kaufpreis vom Petra Müllers Konto abgebucht wird.
e) wenn Petra Müller der Kontobelastung innerhalb von sechs Wochen nicht widersprochen hat.

312. Bereits nach 6 Wochen funktioniert der DVD-Player nicht mehr einwandfrei. Petra Müller reklamiert daraufhin umgehend bei dem Fachmarkt. Welche zwei Aussagen zu Gewährleistungsansprüchen sind zutreffend?
a) Das Recht auf Beseitigung des Mangels hätte Petra Müller nur, wenn dies ausdrücklich vereinbart worden wäre.
b) Die besonderen Gewährleistungsansprüche des Verbrauchsgüterkaufs greifen in diesem Fall nicht.
c) Wenn Petra Müller Gewährleistungsansprüche geltend machen will, muss sie beweisen, dass nicht sie den Mangel verursacht hat.
d) Auch wenn der Mangel erst z. B. nach 18 Monaten aufgetreten wäre, hätte Petra Müller dennoch einen Gewährleistungsanspruch.
e) Petra Müller kann nach ihrer Wahl von dem Fachmarkt vorrangig die Beseitigung des Mangels oder die Lieferung eines mangelfreien Gerätes verlangen.
f) Petra Müller kann gleichrangig mit der Beseitigung des Mangels auch Minderung verlangen.

313. Der 25-jährige Bankangestellte Peter Hofmaier kauft in einem Bekleidungsgeschäft einen Anzug für 350,00 €. Allgemeine Geschäftsbedingungen werden nicht vereinbart. Beim ersten Tragen des Anzugs - zur Hochzeit seiner Schwester, die 6 Wochen nach dem Kauf des Anzugs stattfindet - muss Peter Hofmaier feststellen, dass mehrere Nähte nicht sachgemäß verarbeitet sind. Gleich am nächsten Tag reklamiert er den Anzug. Welche zwei Aussagen zu diesem Sachverhalt sind richtig?
a) Die Gewährleistungsfrist bei mangelhafter Warenlieferung beträgt 24 Monate gemäß BGB.
b) Peter Hofmaier kann sofort vom Vertrag zurücktreten.
c) Peter Hofmaier hat das Recht, wahlweise Nachbesserung oder Ersatzlieferung zu verlangen.
d) Peter Hofmaier kann sofort wahlweise Minderung oder Schadensersatz verlangen.
e) Das Bekleidungshaus kann in jedem Fall verlangen, dass Peter Hofmaier den Anzug zur Nachbesserung zur Verfügung stellt.
f) Peter Hofmaier kann nur dann Ersatzlieferung verlangen, wenn der Anzug nicht mehr nachzubessern ist.

Situation zu den nächsten beiden Aufgaben!

Das Ehepaar Kühne bestellte am 25. November bei der Fa. RUKU eine Infrarot-Sauna nach Maß. Am 11. Dezember ging den Kühnes die abgebildete Rechnung zu. Die Sauna wurde am 14. Dezember vereinbarungsgemäß geliefert und eingebaut.

RUKU - SAUNABAU- ILLERTISSEN e. K.
Dietenheimer Str. 51 - 89257 Illertissen

Kunden-Nr. 15678
Rechnungs-Nr. 678
Rechnungsdatum: 08.12.20.

Herrn und Frau
Christian und Ingeborg Kühne

RUKU Sauna mit Meditherm
Maße 2,20 x 1,80 netto 8.500,00 €
+ Mwst. ?...... ...€

Rechnungsbetrag ? €

Die Zahlung ist bei Lieferung fällig.
Der Monteur ist inkassoberechtigt.

314. Die Fa. RUKU hatte es übersehen, die Lieferung anzukündigen. Folglich hatte die Familie Kühne auch nicht so viel Bargeld im Haus. Sie erklärten dem Monteur, dass sie den Rechnungsbetrag an die Fa. RUKU überweisen werden. Allerdings war bis zum 23. 12. noch kein Geld bei der Fa. RUKU eingegangen. Wann kommt die Familie Kühne gemäß § 286 BGB (siehe Abb.) in Zahlungsverzug?

a) Da die Familie Kühne die Zahlung nicht vorsätzlich verweigerten und somit die Nichtleistung nicht zu vertreten haben, kommen sie nicht in Verzug.
b) Da kein Zahlungsziel vereinbart wurde, kommt die Familie Kühne spätestens 30 Tage nach Rechnungszugang auch ohne Zugang einer Mahnung in Verzug.
c) Da keine Zahlungsbedingung vereinbart wurde, tritt der Verzug erst nach Ablauf einer angemessenen Nachfrist von 30 Tagen ab Rechnungsdatum ein.
d) Da ein Zahlungstermin kalendermäßig nicht bestimmt ist, kommt die Familie Kühne erst mit einer Mahnung der Fa. RUKU in Verzug.
e) Da die Familie Kühne den Rechnungsbetrag an den inkassoberechtigten Monteur nicht bezahlt hat, ist der Verzug bereits mit der Anlieferung der Ware eingetreten.

315. Die Fa. RUKU möchte ihre Forderung geltend machen und geht den Weg des gerichtlichen Mahnverfahrens. Bei welchem Gericht muss sie den Antrag auf Erlass eines Mahnbescheids stellen?

a) Bei dem für den Wohnsitz der Familie Kühne zuständigen Landgericht.
b) Bei dem für den Wohnsitz der Familie Kühne zuständigen Amtsgericht.
c) Bei dem für den Geschäftssitz der Fa. RUKU zuständigen Landgericht.
d) Bei dem für den Geschäftssitz (Bundesland) der Fa. RUKU zuständigen Mahngericht.
e) Bei dem Amtsgericht, das unabhängig vom Geschäftssitz der Fa. RUKU im Kaufvertrag als Gerichtsstand vereinbart wurde.

§ 286 - Verzug des Schuldners

(1) Leistet der Schuldner auf eine Mahnung des Gläubigers nicht, die nach dem Eintritt der Fälligkeit erfolgt, so kommt er durch die Mahnung in Verzug. Der Mahnung stehen die Erhebung der Klage auf die Leistung sowie die Zustellung eines Mahnbescheids im Mahnverfahren gleich.

(2) Der Mahnung bedarf es nicht, wenn

1. für die Leistung eine Zeit nach dem Kalender bestimmt ist,
2. der Leistung ein Ereignis vorauszugehen hat und eine angemessene Zeit für die Leistung in der Weise bestimmt ist, dass sie sich von dem Ereignis an nach dem Kalender berechnen lässt,
3. der Schuldner die Leistung ernsthaft und endgültig verweigert,
4. aus besonderen Gründen unter Abwägung der beiderseitigen Interessen der sofortige Eintritt des Verzugs gerechtfertigt ist.

(3) Der Schuldner einer Entgeltforderung kommt spätestens in Verzug, wenn er nicht innerhalb von 30 Tagen nach Fälligkeit und Zugang einer Rechnung oder gleichwertigen Zahlungsaufstellung leistet; dies gilt gegenüber einem Schuldner, der Verbraucher ist, nur, wenn auf diese Folgen in der Rechnung oder Zahlungsaufstellung besonders hingewiesen worden ist. Wenn der Zeitpunkt des Zugangs der Rechnung oder Zahlungsaufstellung unsicher ist, kommt der Schuldner, der nicht Verbraucher ist, spätestens 30 Tage nach Fälligkeit und Empfang der Gegenleistung in Verzug.

(4) Der Schuldner kommt nicht in Verzug, solange die Leistung infolge eines Umstands unterbleibt, den er nicht zu vertreten hat.

316. Welche zwei Aussagen zu den im BGB geregelten Allgemeinen Geschäftsbedingungen (AGB) sind zutreffend?

a) ABG werden nur dann Vertragsbestandteil, wenn der Vertragspartner in schriftlicher Form die AGB anerkennt.
b) Werden AGB Vertragsbestandteil, so ist es dennoch möglich, individuelle Vereinbarungen zu treffen, die dann Vorrang vor den vereinbarten AGB haben.
c) Sollte sich herausstellen, dass eine verwendete AGB-Klausel nichtig ist, so führt das regelmäßig dazu, dass auch die anderen AGB-Regelungen nicht mehr angewendet werden dürfen.
d) AGB werden nur dann Vertragsbestandteil, wenn der Verwender bei Vertragsabschluss der anderen Vertragspartei die Möglichkeit verschafft, in zumutbarer Weise von ihrem Inhalt Kenntnis zu nehmen.
e) Zweifel bei der Auslegung der AGB gehen zu Lasten des Verwenders.
f) AGB werden nur dann Vertragsbestandteil, wenn der Verwender dem Vertragspartner eine Ausfertigung der AGB aushändigt.

317. In einem Vertrag ist die Klausel „Es gelten die Allgemeinen Geschäftsbedingungen" zu finden. Welche Bedeutung hat diese Vertragsklausel?

a) Es handelt sich um besondere Bedingungen, die für diesen Vertragsabschluss ausgehandelt worden sind.
b) Es handelt sich um standardisierte Vertragsbedingungen, die durch den Gesetzgeber im HGB verankert sind.
c) Es handelt sich um allgemeine Vertragsbedingungen, für die ohne Einschränkung der Grundsatz der Vertragsfreiheit gilt.
d) Es handelt sich um vorformulierte Vertragsbestandteile, die Vorrang vor allen Regelungen des BGB haben.
e) Es handelt sich um vorformulierte Vertragsbedingungen, die Vertragsbestandteil werden, sofern keine Regelungen des BGB entgegenstehen.

318. Die Verwendung von Allgemeinen Geschäftsbedingungen (AGB) hat Vor- und Nachteile für die Geschäftspartner. Welche Aussage ist richtig?

a) Da bei der Verwendung der AGB zusätzliche individuelle Regelungen ausgeschlossen sind, können im Einzelfall die besonderen Wünsche der Vertragspartner nicht mehr berücksichtigt werden.
b) Da die AGB bei jedem Vertrag schriftlich neu formuliert werden müssen, entsteht für die Vertragspartner ein erheblicher Zusatzaufwand.
c) Da die Vertragsinhalte nicht mehr bei jedem einzelnen Vertrag ausgehandelt werden müssen, ist für den Verwender mit dem Einsatz der AGB ein erheblicher Rationalisierungseffekt verbunden.
d) Da durch die Bestimmungen des BGB zu den Allgemeinen Geschäftsbedingungen Kaufleute besonders geschützt werden, brauchen sich diese nicht mehr mit dem Inhalt der AGB befassen.
e) Da durch die AGB die Grenzen der Vertragsfreiheit aufgehoben werden, haben die Vertragsparteien die Möglichkeit, sich über gesetzliche Mindestanforderungen hinwegzusetzen.

319. Welche Aussage zu den im BGB geregelten Allgemeinen Geschäftsbedingungen (AGB) ist richtig?

a) Die Bestimmungen der AGB haben Vorrang vor schriftlich fixierten individuellen Vertragsabreden.
b) AGB finden nur bei Verträgen zwischen Kaufleuten Anwendung.
c) Zweifel bei der Auslegung der AGB gehen nach Vertragsabschluss zu Lasten des Kunden.
d) Liegen AGB vor, dann steht oder fällt der gesamte Vertragsabschluss mit ihrer Anerkennung durch den Kunden.
e) Bestimmungen in den AGB sind unwirksam, wenn sie den Kunden, entgegen den Geboten von Treu und Glauben, unangemessen benachteiligen.

320. Die Universalbank AG hat vor 30 Monaten bei der PC-Constructa GmbH zwei Personalcomputer gekauft. Sie entdecken nun, dass einer der Computer nur mit der Hälfte des bestellten Arbeitsspeichers ausgestattet ist. Welche weitere Erfolg versprechende Vorgehensweise schlagen Sie der Universalbank AG vor?

a) Sie kann den Kaufvertrag rückgängig machen.
b) Sie kann eine Herabsetzung des Kaufpreises verlangen.
c) Sie kann Ersatz fordern.
d) Sie kann Schadenersatz geltend machen.
e) Sie kann Umtausch auf dem Kulanzweg erbitten.

Zu den nächsten beiden Aufgaben siehe nachstehende Situation.

Die Kreditbank AG bestellt am 25. April bei der Konzept GmbH 10 neue TFT-Flachbildschirme. Diese werden am 2. Mai geliefert. Beim Auspacken der Bildschirme noch am gleichen Tag stellt eine Mitarbeiterin fest, dass die Oberfläche eines Bildschirms stark zerkratzt ist.

321. Innerhalb welcher Frist muss dieser Mangel von der Kreditbank AG bei der Konzept GmbH angezeigt werden?

a) Unverzüglich nach Entdecken des Mangels.
b) Unverzüglich nach Entdecken des Mangels, jedoch innerhalb von zwei Wochen nach Anlieferung.
c) Unverzüglich nach Entdecken des Mangels, jedoch innerhalb von sechs Monaten nach Übergabe.
d) Unverzüglich nach Entdecken des Mangels, jedoch innerhalb von 2 Jahren nach Übergabe.
e) Unverzüglich nach Entdecken des Mangels, jedoch innerhalb von 2 Jahren nach Anlieferung, wobei die Frist erst zum Jahresende zu laufen beginnt.

322. Wo sind die Gewährleistungsansprüche der Kreditbank AG gegenüber der Konzept GmbH gemäß den gesetzlichen Vorschriften richtig dargestellt?

a) Die Kreditbank AG kann ohne besondere Fristsetzung vom Kaufvertrag zurücktreten, wenn die Konzept GmbH die Nachlieferung verweigert.
b) Die Kreditbank AG kann ohne Fristsetzung eine Minderung des Kaufpreises verlangen.
c) Die Kreditbank AG kann ohne Fristsetzung Schadenersatz verlangen.
d) Die Kreditbank AG hat nur dann einen Anspruch auf Nacherfüllung, wenn die Konzept GmbH ihre Garantieansprüche gegenüber dem Hersteller geltend machen kann.
e) Die Kreditbank AG kann nur dann vom Kaufvertrag zurücktreten, wenn drei Nachbesserungsversuche der Konzept GmbH fehlgeschlagen sind.

323. Im § 312 b BGB sind die Fernabsatzverträge geregelt. Siehe dazu den abgebildeten Gesetzesausschnitt. Auf welche zwei der genannten Geschäfte sind diese Vorschriften anzuwenden?

a) Peter Müller erteilt seiner Bank den telefonischen Auftrag, für ihn Aktien zu erwerben. Der Auftrag wird brieflich bestätigt.

b) Hans Klemm meldet sich per E-Mail bei der Fernuniversität Kiel zu einem Sprachunterricht an. Die Anmeldung wird ebenfalls per E-Mail bestätigt.

c) Über das Internet bestellt Uwe Schuricht bei einem Versandhaus einen Wohnzimmerschrank. Er erhält eine schriftliche Auftragsbestätigung, der die Liefer- und Zahlungsbedingungen beigefügt sind.

d) Alfred Scholz erhält eine Postwurfsendung der Direktversicherung AG zum Abschluss einer Unfallversicherung und sendet den ausgefüllten Antrag per Post zurück. Die Versicherung nimmt den Antrag an und sendet die Police ebenfalls per Post an Alfred Scholz.

e) Brigitte Kühne bestellt ihre Lebensmittel regelmäßig per Fax bei einem Dienstleister, der einen Einkaufsservice anbietet. Die Waren werden von ihr abends mittels Chipkarte an einem Warenautomaten entnommen.

f) Christian Schwarz beauftragt telefonisch die Energieversorgung GmbH über deren Call-Center, zukünftig die jährliche Wartung seiner Heizungsanlage zu übernehmen. Der Wartungsvertrag wird dem Kunden per Fax zugestellt.

§ 312b Fernabsatzverträge

(1) Fernabsatzverträge sind Verträge über die Lieferung von Waren oder über die Erbringung von Dienstleistungen, einschließlich Finanzdienstleistungen, die zwischen einem Unternehmer und einem Verbraucher unter ausschließlicher Verwendung von Fernkommunikationsmitteln abgeschlossen werden, es sei denn, dass der Vertragsschluss nicht im Rahmen eines für den Fernabsatz organisierten Vertriebs- oder Dienstleistungssystems erfolgt. Finanzdienstleistungen im Sinne des Satzes 1 sind Bankdienstleistungen sowie Dienstleistungen im Zusammenhang mit einer Kreditgewährung, Versicherung, Altersversorgung von Einzelpersonen, Geldanlage oder Zahlung.

(2) Fernkommunikationsmittel sind Kommunikationsmittel, die zur Anbahnung oder zum Abschluss eines Vertrags zwischen einem Verbraucher und einem Unternehmer ohne gleichzeitige körperliche Anwesenheit der Vertragsparteien eingesetzt werden können, insbesondere Briefe, Kataloge, Telefonanrufe, Telekopien, E-Mails sowie Rundfunk, Tele- und Mediendienste.

(3) Die Vorschriften über Fernabsatzverträge finden keine Anwendung auf Verträge

1. über Fernunterricht (§ 1 des Fernunterrichtsschutzgesetzes),
2. über die Teilzeitnutzung von Wohngebäuden (§ 481),
3. über Versicherungen sowie deren Vermittlung,
4. über die Veräußerung von Grundstücken und grundstücksgleichen Rechten, die Begründung, Veräußerung und Aufhebung von dinglichen Rechten an Grundstücken und grundstücksgleichen Rechten sowie über die Errichtung von Bauwerken,
5. über die Lieferung von Lebensmitteln, Getränken oder sonstigen Haushaltsgegenständen des täglichen Bedarfs, die am Wohnsitz, am Aufenthaltsort oder am Arbeitsplatz eines Verbrauchers von Unternehmern im Rahmen häufiger und regelmäßiger Fahrten geliefert werden,
6. über die Erbringung von Dienstleistungen in den Bereichen Unterbringung, Beförderung, Lieferung von Speisen und Getränken sowie Freizeitgestaltung, wenn sich der Unternehmer bei Vertragsschluss verpflichtet, die Dienstleistungen zu einem bestimmten Zeitpunkt oder innerhalb eines genau angegebenen Zeitraums zu erbringen,
7. die geschlossen werden
   a) unter Verwendung von Warenautomaten oder automatisierten Geschäftsräumen oder
   b) mit Betreibern von Telekommunikationsmitteln auf Grund der Benutzung von öffentlichen Fernsprechern, soweit sie deren Benutzung zum Gegenstand haben.

Wirtschafts- und Sozialkunde

ÜBUNGSAUFGABEN ZUR VORBEREITUNG AUF DIE ZWISCHENPRÜFUNG

BEI DEN NACHSTEHENDEN AUFGABEN SIND DIE RICHTIGEN ERGEBNISSE ANZUKREUZEN BZW. ZUZUORDNEN.

Zu den nächsten zwei Aufgaben siehe nachstehende Situation.

Ihnen liegt folgende Gehaltsabrechnung vor:

Zentralbank AG
Gehaltsabrechnung Januar 20..

Herr/Frau ... ..., Privatkundenbetreuer/-in
Geschäftsstelle Marienplatz
Personalnummer 36798

Lohnsteuermerkmale

Steuerklasse	I
Kinderfreibeträge	0,0
Konfession	RK

Sozialversicherungsmerkmale

Krankenkasse	Kranken Ersatzkasse

Urlaubskonto	**Tage**
Anspruch lfd. Jahr	30,0
Genommenen Urlaub	20,0
Resturlaub	10,0

Arbeitsvertragliche Merkmale

Tarifgruppe	7
Berufsjahr	11

Lfd. **Abrechnung 1/20..**	**€**
Vergütung	3.200,00
Leistungszulage	120,00
Vermögenswirksame Leistungen	40,00
Bruttogehalt	**3 360,00**
Gesetzliche Abzüge	
Lohn-/Kirchensteuer, Solidaritätszuschlag	825,00
Rentenversicherung	312,48
Arbeitslosenversicherung	50,40
Krankenversicherung	245,28
Pflegeversicherung	51,24
Gesetzliche Abzüge Gesamt	1.484,40
Persönliche Abzüge	40,00
Nettogehalt	**1 835,60**

1. **Welche der folgenden Informationen können Sie aus der vorliegenden Gehaltsabrechnung nur mit zusätzlichen Unterlagen entnehmen?**
   a) Der Prozentsatz für die Rentenversicherung beträgt 18,6 %.
   b) Sie sind nicht verheiratet.
   c) Der für Sie von der Kreditbank abzuführende Beitrag zur Arbeitslosenversicherung beträgt insgesamt 100,80 €.
   d) Die vermögenswirksamen Leistungen sind in Form eines Bausparvertrags angelegt.
   e) Sie sind Mitglied der katholischen Kirche und unterliegen somit der Kirchensteuerpflicht.

2. **Überprüfen Sie mit Hilfe der vorliegenden Gehaltsabrechnung die Höhe des vom Arbeitnehmer einbehaltenen Beitragssatzes der Krankenkasse. Tragen Sie das Ergebnis in das Kästchen ein.**

3. **An welcher Stelle hat sich in der vorliegenden Gehaltsabrechnung ein Fehler eingeschlichen? Tragen Sie den Lösungsbuchstaben in das Kästchen ein.**

+ Bruttogehalt	
./. Lohnsteuer	[a]
./. Solidaritätszuschlag	[b]
./. Gesetzliche Rentenversicherung	[c]
./. Gesetzliche Unfallversicherung	[d]
./. Gesetzliche Krankenversicherung	[e]
./. Gesetzliche Pflegeversicherung	[f]
./. Gesetzliche Arbeitslosenversicherung	[g]
= Nettogehalt ===========	

☐

4. **Welche für die Gehaltsabrechnung notwendige Information kann ein Arbeitgeber der Lohnsteuerbescheinigung entnehmen?**
   a) Die Prozentsätze aller Sozialversicherungsbeiträge
   b) Die vom Arbeitnehmer gewählte gesetzliche Krankenkasse
   c) Die Konfession des Arbeitnehmers
   d) Die abgeführte Lohnsteuer des vorangegangenen Kalenderjahres
   e) Die Höhe des Kindergeldes

5. **Bringen Sie die folgenden Arbeitsschritte bei der Gehaltsabrechnung in die richtige Reihenfolge.**
   [ ] Berechnen des sozialversicherungspflichtigen und des steuerpflichtigen Bruttoentgeltes und Ermitteln der gesetzlichen Abzüge
   [ ] Berechnen des Bruttoentgelts laut Tarif
   [ ] Abzug der Sparleistungen
   [ ] Berechnen des Nettoentgeltes
   [ ] Berechnen des auszuzahlenden Betrages
   [ ] Feststellen der Berechnungsgrundlagen (Gehaltsgruppe/Vergütung) laut Arbeitsvertrag

6. **Ein Angestellter möchte seine vermögenswirksame Leistung von 40 € mit dem Gehalt ausgezahlt bekommen und nicht fest anlegen. Er argumentiert, er bekäme doch keine Arbeitnehmersparzulage und sehe deshalb darin keinen Nutzen. Wie ist die gesetzliche Regelung?**
   a) Sie können den Betrag mit dem Bruttogehalt zusammen den gesetzlichen Abzügen unterwerfen und verlangen keine Anlage nach dem Vermögensbildungsgesetz, da der Angestellte keinen Anspruch auf die Arbeitnehmersparzulage hat.
   b) Der Arbeitnehmer muss, sofern er Anspruch auf diese Leistung erhebt, einen entsprechenden Nachweis eines Anlageinstituts vorlegen.
   c) Falls im Tarifvertrag keine verbindliche Anlageform für die vermögenswirksamen Leistungen vorgeschrieben ist, können Sie dem Wunsch des Angestellten entsprechen.
   d) Der Anspruch des Arbeitnehmers besteht auch dann, wenn er die vermögenswirksame Leistung auf sein Girokonto gutschreiben lässt.
   e) Da von der vermögenswirksamen Leistung die gesetzlichen Abzüge berechnet werden, muss sich der Arbeitnehmer für keine konkrete Anlageform entscheiden.

7. **Welche Aussage trifft auf den kooperativen Führungsstil zu?**
   a) Die Diskussionen über die gemeinsame Arbeit gelten als überflüssig.
   b) Die Verantwortungsbereitschaft der Mitarbeiter soll gefördert werden.
   c) Die Ziele der Arbeit werden von den Vorgesetzten allein festgelegt und den Mitarbeitern vorgeschrieben.
   d) Die Eigeninitiative der Mitarbeiter ist unerwünscht.
   e) Die Konferenzen dienen vorwiegend der Weitergabe von Anweisungen.

8. Was kennzeichnet den kooperativen Führungsstil?

a) Der Vorgesetzte entscheidet allein.
b) Der Vorgesetzte verzichtet auf jegliche Führung.
c) Der Vorgesetzte verlangt von seinen Mitarbeitern grundsätzlich Unterordnung.
d) Der Vorgesetzte delegiert Verantwortung an seine Mitarbeiter.
e) Der Vorgesetzte gewährt den Mitarbeitern keinen eigenen Entscheidungsspielraum.

9. Welche Zeile enthält die richtige Zuordnung zu Führungsstil, Entscheidungsfindung und Kommunikationsweg?

Führungsstil	Entscheidungsfindung	Kommunikationsweg
a) Kooperativ	Vorgesetzter allein	einseitig
b) Kooperativ	gemeinsam	mehrseitig
c) Kooperativ	Vorgesetzter allein	mehrseitig
d) Dirigistisch	gemeinsam	mehrseitig
e) Dirigistisch	gemeinsam	einseitig

10. Durch den Führungsstil wird bestimmt, inwieweit der Vorgesetzte Ziele allein festsetzt oder ob er die Mitarbeiter in die Entscheidungsfindung einbezieht. Welcher Führungsstil bezieht die Mitarbeiter am stärksten ein?

a) Autoritärer Führungsstil
b) Laissez-faire Führungsstil
c) Bürokratischer Führungsstil
d) Informierender Führungsstil
e) Kooperativer Führungsstil

11. Welche der folgenden Aussagen kennzeichnet den kooperativen Führungsstil?

a) Die Mitarbeiter erkennen den Vorgesetzten als alleinige Instanz an.
b) Der kooperative Führungsstil zeichnet sich durch hohe Entscheidungsgeschwindigkeit aus.
c) Der Vorgesetzte führt sehr straff und übt häufig Kontrollen bei seinen Mitarbeitern aus.
d) Die Anforderungen an den kooperativ Führenden sind u. a. Delegationsfähigkeit, Erfolgskontrolle und Einbeziehen der Mitarbeiter in die Entscheidungen.
e) Kooperativ führt, wer die Mitarbeiter kraft Hierarchie leitet, gerne Anordnungen gibt, seine Meinung durchzusetzen versucht und sehr schnell entscheidet.

12. Welche Aussage beschreibt den kooperativen Führungsstil im Unternehmen richtig?

a) Die Mitarbeiter werden eng geführt, die Führungskraft gibt Anweisungen und erwartet deren genaue Befolgung. Die Führungskraft regiert und dominiert das Geschehen. Die Wertschätzung der Mitarbeiter ist eher gering. „Die Mitarbeiter sind unfähig. Der Chef bin ich."
b) Die Mitarbeiter haben alle erdenklichen Freiheiten. Die Führungskraft interessiert sich eher wenig für ihre Mitarbeiter. „Lasst mich bloß mit euren Problemen in Ruhe!"
c) Durch Information und Delegation sollen Entscheidungsbereitschaft und Verantwortungsübernahme bei den Mitarbeitern gefördert werden. Förderung durch Forderung und Zutrauen stehen im Mittelpunkt zwischen Führungskraft und Mitarbeitern. „So viel Freiheit wie möglich, so viel Lenkung wie nötig."
d) Die Führungskraft ist mit Leib und Seele für ihre Mitarbeiter da. Liebevoll und fürsorglich kümmert sie sich um die Belange der Unterstellten. Als Vater- oder Mutterfigur zeigt sie, wo es lang geht. „Ich weiß schließlich, was gut und richtig für meine Mitarbeiter ist."
e) Von den Mitarbeiten, die untereinander im Wettbewerb stehen, werden Spitzenleistungen und Gehorsam erwartet. „Wer nicht mithält, kann gehen. Nur der Beste ist für mich gut genug. Für gute Vorschläge bin ich immer zu haben, aber Entscheidungen treffe ich allein."

13. Welche Maßnahme eines Vorgesetzten ist nicht geeignet, die Zusammenarbeit und den Zusammenhalt seines Teams zu fördern?

a) Er informiert die Gruppe über wichtige Entscheidungen und Prozesse im Unternehmen.
b) Bei Konflikten in der Gruppe versucht er zu vermitteln.
c) Er initiiert Workshops bzw. Seminare, auf denen Teamarbeit thematisiert wird.
d) Er kontrolliert in regelmäßigen Abständen die Arbeitsergebnisse und bietet bei Problemen Hilfestellung an.
e) Er überlässt den Gruppenmitgliedern alle Entscheidungs- und Handlungsfreiheiten.

14. Welche zwei Aussagen zu Personalbeurteilungen sind zutreffend?

a) Der Betriebsrat hat ein Mitbestimmungsrecht hinsichtlich der Aufstellung allgemeiner Beurteilungsgrundsätze.

b) Der Arbeitnehmer kann zur Erörterung seiner Leistungsbeurteilung auf die Anwesenheit eines Arbeitskollegen bestehen.

c) Der Arbeitnehmer hat kein Recht auf Einsicht in seine Personalakte.

d) Der Betriebsrat hat kein Mitbestimmungsrecht hinsichtlich der Aufstellung allgemeiner Beurteilungsgrundsätze.

e) Der Beurteiler kann ohne Stellungnahme des Mitarbeiters die abschließende schriftliche Formulierung der Beurteilung vornehmen.

15. Welches Kriterium darf bei einer objektiven betrieblichen Mitarbeiterbeurteilung keine Rolle spielen?

a) Die fachlichen Fähigkeiten

b) Die geistigen Fähigkeiten

c) Die Gehaltsgruppe

d) Das Verhalten im Team

e) Die Arbeitsweise

16. Zur Beurteilung der Auszubildenden sollen künftig standardisierte Beurteilungsbögen eingesetzt werden. Welcher Vorteil ist damit verbunden?

a) Der Beurteilende kann individueller auf den Beurteilten eingehen.

b) Man kann die Beurteilungen besser vergleichen.

c) Der Beurteilende kann seine sprachlichen Fähigkeiten voll einbringen.

d) Die aktuellen Leistungen des zu Beurteilenden können besser berücksichtigt werden.

e) Der Beurteilende lässt sich weniger von Vorurteilen beeinflussen.

17. Künftig sollen alle zwei Jahre die Mitarbeiter/Innen beurteilt werden. Bringen Sie die bei der Personalbeurteilung erforderlichen Arbeitsschritte in die richtige Reihenfolge.

[ ] Das Leistungsverhalten des Mitarbeiters beobachten

[ ] Termin für Mitarbeitergespräch vereinbaren

[ ] Maßnahmen für die Zukunft vereinbaren

[ ] Stärken und Schwächen des Mitarbeiters im Mitarbeitergespräch aufzeigen

[ ] Leistungsverhalten des Mitarbeiters den Kriterien zuordnen

[ ] Kriterien für die Beurteilung mit Zustimmung des Betriebsrates aufstellen

Die drei nächsten Aufgaben gehören zusammen.

18. Die Kreditbank AG beabsichtigt, ein neues Verfahren zur regelmäßigen Leistungsbeurteilung der Mitarbeiter einzuführen. Was ist bezüglich Einführung und Umsetzung des neuen Beurteilungssystems zu beachten?

a) Betriebsrat und Jugendvertretung dürfen auf keinen Fall vor Einführung des Systems Kenntnis davon erlangen.

b) Betriebsrat und Jugendvertretung müssen das System gemeinsam erarbeiten.

c) Mit dem Betriebsrat ist über die Einführung des Systems ein Tarifvertrag abzuschließen.

d) Vor der Einführung des Systems ist von allen Mitarbeitern die Zustimmung dafür einzuholen.

e) Vor der Einführung des Systems ist mit dem Betriebsrat eine Betriebsvereinbarung abzuschließen.

19. Es ist sicherzustellen, dass bei Anwendung des neuen Beurteilungssystems die Richtlinien für Datensicherheit und Datenschutz eingehalten werden. Welche Zusicherung ist daher dem Datenschutzbeauftragten zu geben?

a) Alle Beurteilungen werden nur mündlich erfolgen, eine Aufzeichnung der Daten für spätere Prüfungen ist nicht notwendig.

b) Zu allen Beurteilungsgesprächen wird je 1 Mitglied von Jugend- und Auszubildendenvertretung und vom Betriebsrat hinzugezogen.

c) Nur besonders geschulte und auf den Datenschutz verpflichtete Mitarbeiter werden die Beurteilungen bearbeiten und speichern.

d) Alle Aufzeichnungen über die Beurteilungen werden unmittelbar nach den Beurteilungsgesprächen vernichtet.

e) Die Beurteilungen finden grundsätzlich als Gruppengespräche unter Zeugen statt, eine Datensicherung ist daher nicht notwendig.

Wirtschafts- und Sozialkunde

20. Die Mitarbeiter sind per Rundschreiben über das neue Beurteilungssystem zu informieren. Welche Formulierung ist hierzu <u>nicht</u> geeignet und daher zu streichen?

a) Durch regelmäßige Beurteilungen wird der Kontakt zwischen Mitarbeitern und Vorgesetzten gefördert.

b) Durch regelmäßige Beurteilungen können Steigerung oder Minderung der Arbeitsleistung besser erkannt werden.

c) Durch regelmäßige Beurteilungen können besondere Fähigkeiten besser herausgefunden und beruflich gefördert werden.

d) Durch regelmäßige Beurteilungen ist auszuschließen, dass sich einzelne Mitarbeiter falsch eingestuft fühlen.

e) Durch regelmäßige Beurteilungen können Unterlagen für Gehaltsumstufungen und Zeugnisse gewonnen werden.

21. Bringen Sie die bei einer regelmäßig durchzuführenden Personalbeurteilung anfallenden Arbeitsschritte in die richtige Reihenfolge.

[ ] Bewertung des Leistungsverhaltens des Mitarbeiters entsprechend den Beurteilungskriterien

[ ] Beobachten des Leistungsverhaltens des Mitarbeiters

[ ] Ablage des Vorgangs in der Personalakte

[ ] Aufzeigen von Stärken und Schwächen im Beurteilungsgespräch

[ ] Unterschrift des Mitarbeiters unter den Beurteilungsbogen

[ ] Einladung des Mitarbeiters zum Beurteilungsgespräch

22. Welche Leistungsbeurteilung ist die Beste?

a) Wir waren mit Ihren Leistungen stets zufrieden.

b) Seine Leistungen haben unseren Erwartungen voll entsprochen.

c) Sie war immer mit Interesse bei der Sache und hat sich bemüht, unseren Erwartungen zu entsprechen.

d) Wir waren mit seinen Leistungen zufrieden.

e) Sie hat die Aufgaben ihres Verantwortungsbereiches stets zu unserer uneingeschränkten Zufriedenheit erledigt.

23. Welche Anforderung kann ein in Ihrem Kreditinstitut existierendes Beurteilungssystem für Mitarbeiter <u>nicht</u> erfüllen?

a) Die Beurteilung bietet eine Entscheidungsgrundlage für eine Übernahme von Auszubildenden nach der Ausbildung in ein Angestelltenverhältnis.

b) Die Beurteilung ist ein Personalentwicklungsinstrument, da das Potenzial der Mitarbeiter für verantwortungsvollere Aufgaben ermittelt werden kann.

c) Auf Grund der Objektivität von Beurteilungen sind diese für alle Mitarbeiter im gesamten Kreditinstitut vergleichbar.

d) Die Mitarbeiter bekommen durch eine regelmäßige Beurteilung ein Feed-back für ihre erbrachte Arbeitsleistung und Verbesserungsmöglichkeiten für die Zukunft.

e) Die Beurteilungen dienen bei der Beendigung der Ausbildung oder des Arbeitsverhältnisses als Grundlage für das vom Arbeitgeber zu erstellende Arbeitszeugnis.

<u>Die nächsten zwei Aufgaben gehören zusammen.</u>

24. Sie haben geheiratet und möchten daher Ihre Lohnsteuerklasse von Klasse I in Klasse IV ändern lassen. Wo müssen Sie diese Änderung beantragen?

a) Bei Ihrem zuständigen Finanzamt

b) Bei Ihrer zuständigen Gemeinde/Stadt

c) Bei Ihrer Kirchengemeinde

d) Bei der Personalabteilung der Kreditbank

e) Beim zuständigen Finanzamt der Kreditbank

25. Welche Auswirkung hat die Änderung der Lohnsteuerklasse von I in IV für Sie?

a) Die Änderung der Steuerklasse wirkt sich nur auf die Kirchensteuer, nicht auf die Lohnsteuer aus.

b) Die Änderung der Steuerklasse wirkt sich nur aus, wenn Sie eine Einkommensteuererklärung abgeben.

c) Bei gleich bleibendem Bruttogehalt erhöht sich die monatlich zu zahlende Lohnsteuer.

d) Bei gleich bleibendem Bruttogehalt verringert sich die monatlich zu zahlende Lohnsteuer.

e) Die Änderung hat keine Auswirkung, sie dient nur statistischen Zwecken.

Zu den nächsten vier Aufgaben siehe nachstehende Situation.

Franz Stein, Auszubildender der XY Bank AG, Landshut, erhält folgende auszugsweise abgebildete Gehaltsabrechnung für Januar 20..

Brutto-/ Netto- Abrechnung für Januar 20..

Pers. – Nr.	Name			Firma	
178	Stein, Franz			XY Bank AG, Landshut	
Steuerklasse	**Kinder**	**Konfession**	**Eingruppierung**	**Abteilung**	**Kostenstelle**
1	0,0	1	04 C 09	12	34200

LOHNART	**€ - BETRAG**
Grundvergütung	750,00
Ortszuschlag (freiwillig)	90,00
Tarifzulage	0,00
VL- Arbeitgeber	40,00
Summe der Bruttobeträge	880,00
Gesetzliche Abzüge	
Lohnsteuer – Arbeitnehmer	3,25
Kirchensteuer	0,26
Solidaritätszuschlag	0,00
Krankenversicherung – Arbeitnehmer	64,24
Pflegeversicherung – Arbeitnehmer	?
Rentenversicherung – Arbeitnehmer	81,84
Arbeitslosenversicherung – Arbeitnehmer	10,56
VL-Überweisung	40,00
Gesamtabzüge	
Gutschrift auf Konto DE13 7432 0000 0000 3257 89 bei XY-Bank AG, Landshut	

26. Man unterscheidet in unserem Steuersystem sechs Steuerklassen. Franz möchte wissen, wonach sich seine Steuerklasse richtet.

a) Die Steuerklasse richtet sich nach dem jeweiligen Ausbildungsjahr. Da sich Franz im ersten Ausbildungsjahr befindet, gehört er zur Steuerklasse 1.

b) Die Steuerklasse richtet sich nach dem Einkommensteuertarif und ist folglich abhängig von der jeweiligen Einkommenshöhe.

c) Die Steuerklasse richtet sich nach der Anzahl der Kinder und wird von der jeweiligen Gemeindebehörde eingetragen.

d) Die Steuerklasse richtet sich unter anderem nach dem Familienstand. Da Franz noch ledig ist, wird er in die Steuerklasse I eingestuft.

e) Die Steuerklasse richtet sich nach der jeweiligen Steuer, die gezahlt werden muss. Für die Einkommensteuer ist generell die Klasse I vorgesehen.

27. Franz hat sehr hohe monatliche Ausgaben und kommt mit seinem Auszubildendengehalt kaum über „die Runden“. Kann sich Franz von den Beiträgen zur gesetzlichen Rentenversicherung befreien lassen?

a) Ja, dies ist möglich, sofern er sich mindestens in gleicher Höhe privat rentenversichert.

b) Ja, dies ist möglich, sobald er die Abschlussprüfung bestanden hat und kein Auszubildender mehr ist.

c) Nein, dies ist nicht möglich, da er gegen Entgelt beschäftigt wird und daher versicherungspflichtig ist.

d) Nein, dies ist nicht möglich, da sich jeder Mensch gesetzlich rentenversichern muss.

e) Nein, dies ist erst dann möglich, wenn sich die Beiträge zur gesetzlichen Rentenversicherung erhöhen, denn dann hat er ein außerordentliches Kündigungsrecht.

Wirtschafts- und Sozialkunde

28. Welchen Betrag behält der Arbeitgeber von Franz Stein, der noch keine 23 Jahre alt ist, monatlich als Beitrag zur gesetzlichen Pflegeversicherung von dessen Gehalt ein?

a) 3,05 % von 750,00 €
b) 3,05 % von 880,00 €
c) 3,30 % von 880,00 €
d) 3,30 % von 750,00 €
e) 1,525 % von 880,00 €
f) 1,525 % von 880,00 €

29. Wie viel € erhält Franz letztlich auf seinem Konto bei der XY-Bank gutgeschrieben? Tragen Sie das Ergebnis in das Kästchen ein.

30. Welche Aussage über Tarifverträge ist richtig?

a) Die Tarifverträge sind rechtlich nicht bindend, sondern sind als Empfehlung an die Mitglieder der Tarifparteien zu verstehen.
b) Für allgemein verbindlich erklärte Tarifverträge gelten für alle unter ihren Geltungsbereich fallende Arbeitsverhältnisse ohne Rücksicht auf Verbands- bzw. Gewerkschaftszugehörigkeit.
c) Während der Laufzeit von Tarifverträgen sind Streiks und Aussperrungen nur dann erlaubt, wenn sie 4 Wochen vorher angekündigt wurden.
d) Die Bestimmungen eines Tarifvertrags gelten gleichzeitig als Mindest- und Höchstbedingungen; sie können weder unter- noch überschritten werden.
e) Was in den Tarifverträgen vereinbart wird, ist erst dann für die Tarifparteien als rechtsverbindlich anzusehen, wenn der Bundesarbeitsminister seine Zustimmung erteilt hat.

31. Was ist Gegenstand des Tarifvertragsgesetzes?

a) Die Lohnforderungen der Gewerkschaften
b) Die vom Bundestag gesetzlich beschlossenen Tarifänderungen
c) Die Ergebnisse der Verhandlungen der Tarifpartner
d) Die Rechtsgrundlagen für den Abschluss von Tarifverträgen
e) Das Mitwirkungsrecht der Regierung bei Tarifverhandlungen

32. Welche Aussage über Tarifverträge ist richtig?

a) Tarifverträge können zwischen einzelnen Arbeitgebern und Betriebsräten geschlossen werden.
b) Während der Laufzeit von Tarifverträgen sind Arbeitskämpfe erlaubt, wenn sie vier Wochen vorher angekündigt worden sind.
c) Tarifverträge können zwischen der Geschäftsleitung und den Arbeitnehmern eines Betriebes geschlossen werden.
d) Tarifverträge sind rechtlich als Empfehlung an die Tarifparteien zu verstehen.
e) Tarifverträge kommen durch freie Vereinbarungen der Tarifpartner zustande.

33. Wer handelt den Manteltarifvertrag aus?

a) Bundesregierung und Länderregierungen
b) Handwerkskammern und Industrie- und Handelskammern
c) Arbeitgeberverband und Gewerkschaften
d) Arbeitgeberverband und Sozialversicherungsträger
e) Gewerkschaften und Arbeitnehmer

34. Welche Aussage über Mantel- oder Rahmentarifverträge ist richtig?

a) Die in Manteltarifverträgen vereinbarten Bedingungen können vom Arbeitgeber bei Vorliegen wichtiger Gründe vorübergehend aufgehoben werden.
b) Manteltarifverträge regeln z. B. die Arbeitszeit, Schichtzuschläge, Überstundenzuschläge
c) Manteltarifverträge werden zwischen Betriebsräten und einzelnen Arbeitgebern abgeschlossen.
d) Die Gewerkschaften können einen Manteltarifvertrag für allgemein verbindlich erklären.
e) Der Bundesminister des Innern kann einen Manteltarifvertrag für allgemein verbindlich erklären.

35. Was regelt der Lohn- und Gehaltstarif?
a) Kündigungsfristen für Arbeitnehmer
b) Ausbildungsvergütung
c) Urlaub
d) Arbeitszeit
e) Überstunden

36. Ein Unternehmen ist nicht Mitglied des Arbeitgeberverbandes. Welche Aussage zur Gültigkeit tarifvertraglicher Vereinbarungen ist richtig?
a) Der Tarifvertrag gilt für die Arbeitnehmer des Unternehmens unabgängig von dessen Mitgliedschaft im Arbeitgeberverband.
b) Der Tarifvertrag gilt für die Arbeitnehmer, wenn der Betriebsrat den Tarifvertrag für das Unternehmen als verbindlich erklärt hat.
c) Der Tarifvertrag gilt für alle Mitarbeiter des Unternehmens, die Mitglied der Gewerkschaft sind.
d) Der Tarifvertrag gilt für alle Mitarbeiter des Unternehmens, wenn er für allgemein verbindlich erklärt wurde.
e) Der Tarifvertrag gilt für alle Mitarbeiter, wenn der Arbeitgeber für die Mehrheit der Arbeitnehmer die tariflichen Vereinbarungen einzelvertraglich gewährt.

37. Bringen Sie folgende Schritte beim Zustandekommen eines Tarifvertrags in die richtige Reihenfolge.
[ ] Fristgemäße Kündigung des Gehaltstarifvertrages
[ ] Urabstimmung über einen Arbeitskampf mit nachfolgendem Streik und Aussperrung
[ ] Aufnahme der Tarifverhandlungen durch die Tarifpartner
[ ] Neue Verhandlungen während des Streiks
[ ] Erklärung des Scheiterns der Tarifverhandlungen durch eine Partei
[ ] Urabstimmung über das Ergebnis der neuen Tarifrunde

38. Unter welcher Bedingung ist ein Streik zulässig?
a) Wenn in einer Urabstimmung mindestens 25 % der Arbeitnehmer zustimmen
b) Wenn in einer Urabstimmung mindestens 51 % der Arbeitnehmer zustimmen
c) Wenn in einer Urabstimmung mindestens 75 % der Gewerkschaftsmitglieder zustimmen
d) Wenn in einer Urabstimmung mindestens 51 % der Gewerkschaftsmitglieder zustimmen
e) Wenn in einer Urabstimmung mindestens 75 % der Arbeitnehmer zustimmen

39. Welche Aussage über die Schlichtung in einem Tarifkonflikt trifft zu?
a) Der Schlichter unterbreitet einen Kompromissvorschlag, den die Tarifpartner annehmen müssen.
b) Der Vorschlag des Schlichters wird rechtswirksam, wenn ihm die Mehrheit der Arbeitnehmer zustimmt.
c) Das Schlichtungsverfahren setzt erst dann ein, wenn der durch Streik und Aussperrung verursachte volkswirtschaftliche Schaden nicht mehr vertretbar ist.
d) Das Schlichtungsverfahren kann erst dann eingeleitet werden, wenn sich mindestens 75 % der gewerkschaftlich organisierten Arbeitnehmer dafür aussprechen.
e) Der Vorschlag des Schlichters führt nur zum Ende der Tarifauseinandersetzung, wenn er von beiden Tarifpartnern angenommen wird.

40. Was versteht man unter Friedenspflicht im Tarifrecht?
a) Bei Beginn der Tarifverhandlungen dürfen die Arbeitnehmer zur Untermauerung ihrer Forderungen den Streik ausrufen.
b) Die Tarifparteien können nach dem Gesetz erst zwei Monate nach dem Scheitern der Verhandlungen Kampfmaßnahmen ergreifen.
c) Während der Laufzeit des Tarifvertrages dürfen keine Kampfmaßnahmen gegen die bestehenden Vereinbarungen durchgeführt werden.
d) Bei Tarifverhandlungen versuchen die Tarifpartner unter Vorsitz eines Regierungsmitgliedes zu einem Kompromiss zu kommen.
e) Beim Scheitern von Tarifverhandlungen bemüht sich ein Schlichter um das Zustandekommen eines Tarifvertrages.

41. Die 18-jährige Auszubildende Anna Steiner verunglückt ohne Fremdeinwirkung auf direkten Weg zur Arbeitsstelle mit ihrem Pkw so schwer, dass ihr volle Erwerbsminderung zuerkannt wurde. Welcher Versicherungszweig übernimmt die Rentenzahlung bis zum Rentenalter?

a) Die gesetzliche Rentenversicherung
b) Die gesetzliche Krankenversicherung
c) Die gesetzliche Arbeitslosenversicherung
d) Die gesetzliche Pflegeversicherung
e) Die gesetzliche Haftpflichtversicherung
f) Die gesetzliche Unfallversicherung

42. Welche Tarifvertragsparteien sind nach dem Grundsatz der Tarifautonomie in die Tarifverhandlungen eingebunden?

a) Bundesminister für Wirtschaft und Arbeit und die Gewerkschaften
b) Betriebsratsmitglieder und Vertreter der Geschäftsleitung
c) Gewerkschaften und einzelne Arbeitgeber bzw. Vereinigungen von Arbeitgebern (Spitzenorganisationen)
d) Betriebliche Gewerkschaftsleitung und die Geschäftsführung eines Unternehmens
e) Gewählte Arbeitnehmervertreter (Tarifausschuss) und Arbeitgeberverbände

43. Welche Aussage trifft auf den Begriff der Tarifautonomie zu?

a) Es kommt automatisch zum Arbeitskampf, wenn sich Arbeitgeber und Gewerkschaften nicht auf einen neuen Tarifvertrag einigen können.
b) Alle arbeitsrechtlichen Fragen werden mit Tarifverträgen geregelt.
c) Es gilt ein Tarifvertrag für alle Arbeitgeber und Arbeitnehmer einer bestimmten Berufssparte, auch wenn sie keinem Arbeitgeberverband bzw. keiner Gewerkschaft angehören.
d) Die Tarifvertragsparteien können ohne staatlichen Einfluss Tarifverträge abschließen.
e) Zur Beilegung von allen Streitigkeiten zwischen Arbeitgeber und Gewerkschaften vermittelt ein Schlichter.

44. Was versteht man im Rahmen eines Tarifkonfliktes unter dem Begriff „Aussperrung"?

a) Die Betriebsbesetzung durch Streikende, die der Betriebsleitung den Zutritt verwehren
b) Die planmäßige Nichtzulassung von Arbeitnehmern zur Arbeit unter Verweigerung der Lohnfortzahlung in den betroffenen Betrieben
c) Die gemeinsame und planmäßige Arbeitsniederlegung aller Arbeitnehmer
d) Die ordentliche Kündigung von Arbeitnehmern für den Zeitraum eines Arbeitskampfes
e) Gewählte Arbeitnehmervertreter (Tarifausschuss) und Arbeitgeberverbände

45. Welcher der folgenden Sachverhalte wird durch einen Manteltarifvertrag geregelt?

a) Vergütungssätze für die Auszubildenden
b) Verhandlungsberechtigte Tarifparteien
c) Beginn und Ende der täglichen betrieblichen Arbeitszeit
d) Anzahl der Urlaubstage
e) Tarifgehälter für die einzelnen Gehaltsgruppen

46. Welche <u>drei</u> Aufgaben haben die Gewerkschaften zu erfüllen?

a) Die Gewerkschaften sollen Auseinandersetzungen zwischen Arbeitgebern und Arbeitnehmern verhindern.
b) Die Gewerkschaften verhandeln mit den Arbeitgeberverbänden, um wie viel Prozent die Preise im kommenden Jahr höchstens steigen dürfen.
c) Die Gewerkschaften haben die Aufgabe, die Betriebsratswahlen ordnungsgemäß durchzuführen.
d) Die Gewerkschaften haben bei Tarifverhandlungen für die Belange der organisierten Arbeitnehmer einzutreten.
e) Bei Arbeitsstreitigkeiten zwischen Arbeitgebern und Arbeitnehmern haben die Gewerkschaften die Arbeitnehmer vor Gericht zu vertreten.
f) Die Gewerkschaften führen Tarifverhandlungen als gleichwertiger Partner mit den Arbeitgeberverbänden.
g) Die Gewerkschaften treten bei Tarifverhandlungen dafür ein, dass die Arbeitnehmer mit ihrem Einkommen am Wirtschaftswachstum beteiligt werden.

47. Wer erörtert grundsätzliche Fragen der Lohn- und Sozialpolitik mit den Arbeitgeberverbänden und der Regierung?
a) Die Berufsgenossenschaften
b) Das Wirtschaftsministerium
c) Die Arbeitsagenturen
d) Die Industrie- und Handelskammer
e) Die Gewerkschaften

48. Welches Gericht ist Berufungsinstanz bei Streitigkeiten aus dem Beschäftigungsverhältnis?
a) Arbeitsgericht
b) Bundesverfassungsgericht
c) Bundesarbeitsgericht
d) Bundesgerichtshof
e) Landesarbeitsgericht

49. In welchem Streitfall ist das Arbeitsgericht zuständig?
a) Der Anspruch eines Arbeitslosen auf Arbeitslosengeld wird vom Finanzamt abgelehnt.
b) Arbeitgeber und Betriebsrat können sich über die betriebliche Pausenregelung nicht einigen.
c) Ein kaufmännischer Angestellter ist nach einem Arbeitsunfall mit dem festgesetzten Erwerbsminderungssatz von 40 % nicht einverstanden.
d) Ein Auszubildender ist der Ansicht, dass bei der Abnahme der Abschlussprüfung Verfahrensfehler begangen wurden, er möchte deshalb Widerspruch einlegen.
e) Ein Angestellter ist mit der Höhe des von der AOK gewährten Kurkostenzuschusses nicht einverstanden.

50. Für welche Rechtsstreitigkeit sind die Arbeitsgerichte zuständig?
a) Für die Entscheidung über die Gewerbeuntersagung wegen Unzuverlässigkeit des Gewerbetreibenden
b) Für die Entscheidung über die Tariffähigkeit einer Vereinigung
c) Für die Entscheidung über die Eignung einer Ausbildungsstätte für die Berufsausbildung
d) Für die Entscheidung über die persönliche und fachliche Eignung des Ausbildenden
e) Für die Entscheidung über die vorzeitige Zulassung zur Abschlussprüfung

51. Welches Gericht ist die oberste Instanz für Rechtsstreitigkeiten zwischen den Tarifpartnern?
a) Das Bundesarbeitsgericht in Erfurt
b) Der Bundesgerichtshof in Karlsruhe
c) Der Bundesfinanzhof in München
d) Das Bundessozialgericht in Kassel
e) Das Bundesverwaltungsgericht in Berlin

52. Ein Angestellter will seinen Arbeitgeber verklagen, weil sein Gehalt unter Hinweis auf seine Tätigkeit nicht den Bestimmungen des Tarifvertrages entspricht. Welches Gericht ist zuständig?
a) Das Amtsgericht
b) Das Sozialgericht
c) Das Finanzgericht
d) Das Arbeitsgericht
e) Das Verwaltungsgericht
f) Das Landgericht
g) Die Gewerkschaften

Zu den nächsten vier Aufgaben siehe nachstehende Situation.

Der Abiturient Walter Krobe schließt am 23. März 20.. einen Ausbildungsvertrag mit der XY Bank AG ab. Die Ausbildung beginnt am 01.04.20...

53. Welches der folgenden Dokumente sollte Herr Walter Krobe - auch aus Eigeninteresse - noch vor der Abrechnung der ersten Ausbildungsvergütung an seinen Ausbildungsbetrieb übergeben?

a) Die Geburtsurkunde
b) Den Personalausweis
c) Eine Entgeltbescheinigung über Ferienarbeit
d) Die Lohnsteuerkarte
e) Den Berufsausbildungsvertrag

54. Für welche Zweige der gesetzlichen Sozialversicherung muss die XY Bank AG für Walter Beiträge an die entsprechenden Institutionen abführen?

a) Rentenversicherung – Arbeitslosenversicherung – Haftpflichtversicherung – Ausbildungsversicherung
b) Rentenversicherung – Krankenversicherung – Pflegeversicherung – Arbeitslosenversicherung
c) Rentenversicherung – Arbeitslosenversicherung – Pflegeversicherung – Krankenhaustagegeld-Versicherung
d) Rentenversicherung – Arbeitslosenversicherung – Haftpflichtversicherung – Krankenversicherung
e) Rentenversicherung – Krankenversicherung – Pflegeversicherung – private Unfallversicherung

55. Mit Ablauf welchen Tages (TT.MM.) endet die Probezeit von Walter bei der XY Bank AG spätestens? Tragen Sie das Ergebnis in das Kästchen ein.

56. Welche Aussage zur Weiterbeschäftigung nach bestandener Abschlussprüfung ist richtig?

a) Eine Vereinbarung über eine Beschäftigung nach Beendigung der Berufsausbildung hätte bereits im Berufsausbildungsvertrag festgehalten werden müssen.
b) Bei Nichtübernahme in ein Arbeitsverhältnis muss eine Kündigungsfrist von sechs Monaten eingehalten werden.
c) Arbeitet Walter nach Beendigung der Ausbildung mit Duldung der XY Bank AG weiter, wird ein Arbeitsverhältnis auf unbestimmte Zeit begründet.
d) Walter müsste nach Beendigung der Berufsausbildung für sechs Monate in ein Arbeitsverhältnis übernommen werden, wenn er Jugend- und Auszubildendenvertreter wäre.
e) Besteht Walter die Abschlussprüfung vorzeitig, so muss die XY Bank AG ihn bis zum Vertragsende weiterbeschäftigen.

Zu den nächsten zwei Aufgaben siehe nachstehende Situation.

Sie werden von einem Betriebsratsmitglied gebeten, bei der Vorbereitung der erstmaligen Wahl der Jugend- und Auszubildendenvertretung (JAV) tatkräftig mitzuwirken. Bisher hat in Ihrem Kreditinstitut noch keine JAV bestanden.

In Ihrem Kreditinstitut sind folgende Personen beschäftigt:

Anzahl	Art der Beschäftigung	Alter
5	Auszubildende	unter 18 Jahre
3	Auszubildende	zwischen 18 und 24 Jahre
2	Umschüler	über 25 Jahre
7	Angestellte	unter 25 Jahre
41	Angestellte	über 25 Jahre

Damit Sie sich über die Vorschriften zur JAV informieren können, hat der Betriebsrat Ihnen den abgebildeten Gesetzesauszug übergeben:

Dritter Teil. Jugend- und Auszubildendenvertretung
Erster Abschnitt. Betriebliche Jugend- und Auszubildendenvertretung

§ 60. Errichtung und Aufgabe. (1) In Betrieben mit in der Regel mindestens fünf Arbeitnehmern, die das 18. Lebensjahr noch nicht vollendet haben (jugendliche Arbeitnehmer) oder die zu ihrer Berufsausbildung beschäftigt sind und das 25. Lebensjahr noch nicht vollendet haben, werden Jugend- und Auszubildendenvertretungen gewählt.

(2) Die Jugend- und Auszubildendenvertretung nimmt nach Maßgabe der folgenden Vorschriften die besonderen Belange der in Absatz 1 genannten Arbeitnehmer wahr.

§ 61. Wahlberechtigung und Wählbarkeit. (1) Wahlberechtigt sind alle in § 60 Abs. 1 genannten Arbeitnehmer des Betriebs.
(2) Wählbar sind alle Arbeitnehmer des Betriebs, die das 25. Lebensjahr noch nicht vollendet haben; Mitglieder des Betriebsrats können nicht zu Jugend- und Auszubildendenvertretern gewählt werden.

§ 62. Zahl der Jugend- und Auszubildendenvertreter, Zusammensetzung der Jugend- und Auszubildendenvertretung.

(1) Die Jugend- und Auszubildendenvertretung besteht in Betrieben mit in der Regel
5 bis 20 der in § 60 Abs. 1 genannten Arbeitnehmer aus einer Person.
21 bis 50 der in § 60 Abs. 1 genannten Arbeitnehmer aus 3 Mitgliedern,
51 bis 150 der in § 60 Abs. 1 genannten Arbeitnehmer aus 5 Mitgliedern,.
151 bis 300 der in § 60 Abs. 1 genannten Arbeitnehmer aus 7 Mitgliedern,
301 bis 500 der in § 60 Abs. 1 genannten Arbeitnehmer aus 9 Mitgliedern,
501 bis 700 der in § 60 Abs. 1 genannten Arbeitnehmer aus 11 Mitgliedern,
701 bis 1.000 der in § 60 Abs. 1 genannten Arbeitnehmer aus 13 Mitgliedern,
mehr als 1.000 der in § 60 Abs. 1 genannten Arbeitnehmer aus 15 Mitgliedern.

57. Welche Aussage im Rahmen der Vorbereitung der JAV-Wahlen entspricht den gesetzlichen Bestimmungen?

a) Die Bildung einer JAV ist derzeit nicht möglich, da nur 5 Wahlberechtigte (Minderjährige) in Ihrem Kreditinstitut angestellt sind.

b) Die JAV wird aus drei Mitgliedern bestehen, da in Ihrem Unternehmen über 20 Arbeitnehmer beschäftigt sind.

c) Die beiden Umschüler werden wie Auszubildende behandelt und sind daher unabhängig von ihrem Alter voll wahlberechtigt.

d) Insgesamt können sich 15 Betriebsangehörige für die JAV-Wahlen als Kandidaten aufstellen lassen, sofern sie nicht bereits Mitglied im Betriebsrat sind.

e) Die fünf minderjährigen Auszubildenden haben nur das aktive, nicht jedoch das passive Wahlrecht.

Wirtschafts- und Sozialkunde

58. Einer von den drei Auszubildenden zwischen 18 und 24 Jahren hat bereits eine erfolgreich abgeschlossene Ausbildung zum Industriekaufmann absolviert und lässt sich nun in Ihrem Kreditinstitut zum Bankkaufmann ausbilden. Wie wirkt sich dies auf sein aktives und passives Wahlrecht bei der JAV-Wahl aus?

a) Er hat dadurch weder aktives noch passives Wahlrecht.
b) Er hat nur das aktive Wahlrecht.
c) Er hat das passive Wahlrecht, wenn er während der zweijährigen Amtszeit der JAV das 25. Lebensjahr nicht vollendet.
d) Er hat nur das Recht, mit der Gruppe der Umschüler eine eigene Interessenvertretung zu bilden.
e) An seinem aktiven und passiven Wahlrecht ändert sich durch die Zweitausbildung nichts.

59. Sebastian Hut, 17 Jahre alt, Auszubildender im 1. Ausbildungsjahr, soll am 04. November 20.. (Freitag) von 19:00 Uhr bis 22:00 Uhr in einer Filiale an einer Kundenveranstaltung zum Thema „Bausparen" teilnehmen und organisatorisch unterstützend tätig zu sein; hierfür wird ihm Freizeitausgleich angeboten. Darf Herr Hut unter Beachtung der gesetzlichen Bestimmungen (siehe abgebildeten Gesetzesauszug!) daran teilnehmen?

a) Nein, Herr Hut darf nicht teilnehmen, weil er nur von 06:00 bis 20:00 Uhr beschäftigt werden darf.
b) Nein, Herr Hut benötigt im 1. Ausbildungsjahr noch keine Kenntnisse im Bereich des Bausparens, die Aufsichtsbehörde wird daher keine Ausnahmegenehmigung erteilen.
c) Ja, Herr Hut darf teilnehmen, da in diesem Fall die Arbeitszeiten aus dem Schaustellergewerbe angewandt werden (06:00 bis 22:00 Uhr).
d) Ja, Herr Hut darf teilnehmen, da die erforderliche Freizeitgewährung von 14 Stunden auf Grund des nachfolgenden Wochenendes gegeben ist.
e) Ja, Herr Hut darf teilnehmen, wenn Betriebsrat und Eltern (Erziehungsberechtigte) zustimmen.

§ 14 Nachtruhe. (1) Jugendliche dürfen nur in der Zeit von 6 bis 20 Uhr beschäftigt werden.
(2) Jugendliche über 16 Jahre dürfen
1. im Gaststätten- und Schaustellergewerbe bis 22 Uhr,
2. in mehrschichtigen Betrieben bis 23 Uhr,
3. in der Landwirtschaft ab 5 Uhr oder bis 21 Uhr,
4. in Bäckereien und Konditoreien ab 5 Uhr beschäftigt werden.
(3) Jugendliche über 17 Jahre dürfen in Bäckereien ab 4 Uhr beschäftigt werden.
(4) An dem einem Berufsschultag unmittelbar vorangehenden Tag dürfen Jugendliche auch nach Absatz 2 Nr. 1 bis 3 nicht nach 20 Uhr beschäftigt werden, wenn der Berufsschulunterricht am Berufsschultag vor 9 Uhr beginnt.
(5) [1] Nach vorheriger Anzeige an die Aufsichtsbehörde dürfen in Betrieben, in denen die übliche Arbeitszeit aus verkehrstechnischen Gründen nach 20 Uhr endet, Jugendliche bis 21 Uhr beschäftigt werden, soweit sie hierdurch unnötige Wartezeiten vermeiden können. [2]Nach vorheriger Anzeige an die Aufsichtsbehörde dürfen ferner in mehrschichtigen Betrieben Jugendliche über 16 Jahre am 5.30 Uhr oder bis 23.30 Uhr beschäftigt werden, soweit sie hierdurch unnötige Wartezeiten vermeiden können.

60. Was regelt das Jugendarbeitsschutzgesetz?

a) Mindesturlaubsanspruch für Jugendliche
b) Ausbildungsvergütung
c) Wahl der Jugend- und Auszubildendenvertretung
d) Gaststättenaufenthalt für Jugendliche
e) Zeit und Umfang der Abschlussprüfung
f) Art und Ziel der Berufsausbildung

61. Welche Aufgabe hat das Jugendarbeitsschutzgesetz?

a) Es beinhaltet die Rechte der Jugendvertretung.
b) Es soll Jugendliche vor fristloser Kündigung schützen.
c) Es regelt die Berufsausbildung für Jugendliche.
d) Es soll den beschränkt Geschäftsfähigen beim Vertragsabschluss schützen.
e) Es soll Jugendliche vor gesundheitlichen Schäden bewahren.
f) Es hat nur für Auszubildende Gültigkeit und beinhaltet die Rechte der Jugendlichen.

62. Ordnen Sie zu, indem Sie die Buchstaben von 3 der insgesamt 6 gesetzlichen Merkmale in die Kästchen bei den Abschnitten des Jugendarbeitsschutzgesetzes (JArbSchG) eintragen.

Gesetzliche Merkmale

a) Das Gesetz gilt für alle jugendlichen Arbeitnehmer bis 25 Jahre.
b) Das Gesetz regelt die Vergütung der Auszubildenden.
c) Das Gesetz regelt den Mindesturlaubsanspruch für jugendliche Arbeitnehmer.
d) Das Gesetz gilt für die Beschäftigung von Jugendlichen als Arbeitnehmer, die noch nicht 18 Jahre alt sind.
e) Das Gesetz ist an geeigneter Stelle im Betrieb zur Einsicht auszuhängen oder auszulegen.
f) Das Gesetz ist beim Betriebsrat aufzubewahren.

Abschnitte des Jugendarbeitsschutzgesetzes

[ ] Geltungsbereich
[ ] Inhalt
[ ] Durchführung des Gesetzes

63. Wann muss sich ein jugendlicher Auszubildender laut Jugendarbeitsschutzgesetz einer ärztlichen Nachuntersuchung unterziehen?

a) Nach Beendigung der Ausbildung und dem Bestehen der Abschlussprüfung
b) Vor Antritt seiner Ausbildung
c) Vierteljährlich während seiner Ausbildung
d) Vor Ablauf des ersten Berufsausbildungsjahres
e) Nach der Zwischenprüfung

64. In welchem Fall verstößt ein Unternehmen gegen das Jugendarbeitsschutzgesetz?

a) Einem 17-Jährigen werden 27 Werktage Urlaub gewährt.
b) Ein 17-Jähriger wird mit Akkordarbeit betraut.
c) Ein 16-Jähriger ist ständig in einem Lager beschäftigt, das ausschließlich künstlich beleuchtet ist.
d) Ein 18-jähriger Auszubildender arbeitet am Fließband.
e) Ein 16-Jähriger wird zeitweilig mit körperlich harter Arbeit betraut.

65. Sie erarbeiten einen Tagesablaufplan für Auszubildende. Wie viel Minuten Ruhepause müssen Sie einplanen, wenn die Jugendlichen täglich mehr als 6 Stunden arbeiten?

a) 90 Minuten
b) 60 Minuten
c) 40 Minuten
d) 30 Minuten
e) 15 Minuten

66. In welchem Fall wird ein Berufsschultag nicht auf die tägliche Arbeitszeit mit 8 Stunden angerechnet?

a) Schultage mit mehr als 6 Stunden je 60 Minuten
b) Schultage mit 6 Zeitstunden je 60 Minuten
c) Schultage mit 6 Unterrichtsstunden je 45 Minuten
d) Schultage mit mehr als 5 Unterrichtsstunden je 45 Minuten
e) Schultage mit 5 Unterrichtsstunden je 45 Minuten, einmal in der Woche

67. Einige Mitarbeiter sind krank geworden. Darf der Ausbilder von seinem Auszubildenden verlangen, dass dieser nach dem Berufsschulunterricht noch in den Ausbildungsbetrieb kommt?

a) Ja, wenn die Unterrichtszeit nur 6 Zeitstunden betragen hat.
b) Ja, auf Grund der besonderen Situation.
c) Nein, in keinem Fall, wenn der Auszubildende noch Jugendlicher ist.
d) Ja, wenn die Unterrichtszeit nur 5 Unterrichtsstunden zu jeweils 45 Minuten betragen hat.
e) Ja, wenn die Erziehungsberechtigten des Auszubildenden zustimmen.

68. Nach dem Jugendarbeitsschutzgesetz darf die tägliche Arbeitszeit 8 Stunden, die wöchentliche Arbeitszeit 40 Stunden nicht übersteigen. Was ist die tägliche Arbeitszeit?

a) Die tägliche Arbeitszeit ist die Zeit vom Beginn bis zum Ende der täglichen Beschäftigung einschließlich der Ruhepausen.

b) Die tägliche Arbeitszeit ist die Zeit, die unter Einbeziehen der Jugend- und Auszubildendenvertretung nach den betrieblichen Notwendigkeiten festgelegt wird.

c) Die tägliche Arbeitszeit für Jugendliche und Auszubildende wird von der Jugend- und Auszubildendenvertretung festgelegt.

d) Die tägliche Arbeitszeit ist die Zeit, die sich vom Beginn bis zum Ende der täglichen Beschäftigung einschließlich der Ruhepausen sowie der anrechenbaren Wegstrecke ergibt.

e) Die tägliche Arbeitszeit ist die Zeit vom Beginn bis zum Ende der täglichen Beschäftigung ohne Ruhepausen.

Die nächsten zwei Aufgaben gehören zusammen.

69. Sabine Ludwig, 18 Jahre alt, beschließt am 28. September ihre am 1. September begonnene Ausbildung zur Bankkauffrau zu beenden, da sie zunächst für ein Jahr nach Amerika gehen möchte. Wie beraten Sie die Auszubildende richtig?

a) „Sie müssen die gesetzliche Kündigungsfrist von 4 Wochen zum Monatsende beachten."

b) „Sie haben das Recht, Ihre Ausbildung nach einem Jahr fortzusetzen, wenn sie während Ihres Auslandsaufenthaltes in einem Kreditinstitut beschäftigt sind."

c) „Sie können mit einer Frist von 2 Tagen kündigen, wenn Sie dem Ausbildungsbetrieb schriftlich bestätigen, dass sie nach ihrem Auslandsaufenthalt keine Ausbildung in einem anderen Kreditinstitut aufnehmen."

d) „Sie können zu diesem Zeitpunkt fristlos und ohne Angabe von Gründen kündigen."

e) „Sie müssen schriftlich und unter Einhaltung einer Kündigungsfrist von 2 Wochen zum Monatsende kündigen."

70. Sabine Ludwig folgt Ihrem Rat und kündigt das Berufsausbildungsverhältnis. Welche drei Kriterien kennzeichnen eine entsprechende Kündigung?

a) Einseitiges Rechtsgeschäft

b) Zweiseitiges Rechtsgeschäft

c) Empfangsbedürftiges Rechtsgeschäft

d) Nicht empfangsbedürftiges Rechtsgeschäft

e) Formfreies Rechtsgeschäft

f) An die Schriftform gebundenes Rechtsgeschäft

71. Der Auszubildende Norbert Schramm, 20 Jahre alt, hat die Abschlussprüfung zum Bankkaufmann wider Erwarten erstmals nicht bestanden. Welche Aussage zur Möglichkeit einer Wiederholungsprüfung ist richtig?

a) Gemäß Prüfungsordnung kann die Abschlussprüfung nur einmal wiederholt werden.

b) Das Berufsbildungsgesetz (BBiG) räumt Herrn Schramm das Recht ein, die Verlängerung des Ausbildungsverhältnisses zu verlangen und sich so auf die nächste Prüfungsteilnahme vorzubereiten.

c) Es kommt in diesem Fall auf die im Ausbildungsvertrag getroffene Vereinbarung zu einer möglichen Verlängerung an.

d) Herr Schramm darf an insgesamt zwei Wiederholungsprüfungen teilnehmen, allerdings ohne einen Anspruch auf eine verlängerte Ausbildungszeit im Betrieb.

e) Herr Schramm kann die Abschlussprüfung beliebig oft wiederholen, bereits bestandene Prüfungsfächer dürfen nicht nochmals wiederholt werden.

72. Eine Auszubildende, die im zweiten Ausbildungsjahr ein Kind bekommt, beantragt bei der Personalabteilung für zwei Jahre Elternzeit. Welche Auswirkung hat dies für das Ausbildungsverhältnis?

a) Das Ausbildungsverhältnis endet nach Ablauf der Mutterschutzfristen.

b) Das Ausbildungsverhältnis endet zum Ablauf der vereinbarten Vertragsdauer.

c) Das Ausbildungsverhältnis endet mit einer Frist von vier Wochen nach Antrag auf Elternzeit.

d) Das Ausbildungsverhältnis ruht bis zum Ablauf der beantragten Elternzeit.

e) Das Ausbildungsverhältnis läuft vertragsgemäß weiter. Die Auszubildende muss sich die für die Prüfung erforderlichen Kenntnisse in einer überbetrieblichen Einrichtung aneignen.

73. Die Auszubildende Christine Baumann (19 Jahre alt) wird, nachdem Sie bereits über die Hälfte ihrer Ausbildungszeit absolviert hat, schwanger. Welches Recht steht Frau Baumann nach dem Mutterschutzgesetz zu?

a) Auf Grund der Schwangerschaft hat Frau Baumann einen Anspruch auf vorzeitige Zulassung zur Abschlussprüfung.

b) Frau Baumann darf nach Bekanntwerden der Schwangerschaft nicht mehr im Schalterbereich der Bank eingesetzt werden, da sie dort eine stehende Tätigkeit ausführen muss.

c) Frau Baumann bekommt auch als Auszubildende die gesetzlichen Schutzfristen (Beschäftigungsverbot 6 Wochen vor der Geburt und 8 Wochen nach der Geburt) und sonstigen Rechte aus dem Mutterschutzgesetz eingeräumt.

d) Bei den gesetzlichen Schutzfristen kommt es zu einer Kürzung um jeweils drei Wochen, damit die Ausbildung nicht zu lange unterbrochen werden muss.

e) Als Auszubildende gilt für Frau Baumann vorrangig das Berufsbildungsgesetz, so dass die Inanspruchnahme der gesetzlichen Schutzfristen mit einer Verlängerung der Ausbildungszeit verbunden ist.

74. Eine Auszubildende hat vor zwei Jahren ihren dreijährigen Ausbildungsvertrag nach zehn Monaten unterbrochen, um nach der Geburt ihres Kindes Elternzeit in Anspruch zu nehmen. Nach Ablauf der zweijährigen Elternzeit nimmt sie die Ausbildung wieder auf. Sie will nun wissen, wie lange ihr Ausbildung noch dauert.

a) Die Ausbildung dauert noch bis zum ursprünglich vereinbarten Vertragsende.

b) Die Ausbildung beginnt von vorne und dauert noch 36 Monate.

c) Die Ausbildung verlängert sich um ein halbes Jahr bis zur nächsten Prüfung.

d) Die Ausbildung dauert noch 24 Monate, da die acht Wochen Mutterschutzfrist auf die Ausbildung angerechnet werden.

e) Die Ausbildung dauert noch 26 Monate.

75. Eine Mitarbeiterin, deren befristeter Arbeitsvertrag in vier Wochen endet, legt eine Schwangerschaftsbescheinigung vor. Welche Auswirkung hat die Schwangerschaft auf die Dauer des bestehenden Arbeitsvertrags?

a) Die Mitarbeiterin muss einen unbefristeten Arbeitsvertrag erhalten.

b) Die Mitarbeiterin kann die Übernahme in ein unbefristetes Arbeitsverhältnis verlangen, wenn sie in der Rangfolge der Sozialauswahl vor anderen Mitarbeitern steht.

c) Das Arbeitsverhältnis endet mit Ablauf der vereinbarten Frist.

d) Die Befristung des Arbeitsvertrages verlängert sich bis zum Ablauf der Mutterschutzfrist.

e) Die Befristung des Arbeitsvertrages verlängert sich bis zum Beginn der Mutterschutzfrist.

76. In welchem Fall wird gegen das Mutterschutzgesetz verstoßen?

a) Das beschäftigende Unternehmen verlangt von der Schwangeren ein ärztliches Zeugnis.

b) Eine Mutter nimmt 8 Wochen nach der normal verlaufenden Geburt ihres Kindes die Arbeit wieder auf.

c) Die Mutter kündigt dem sie beschäftigenden Unternehmen nach ihrer Niederkunft zum Ende ihrer Schutzzeit.

d) Das die Mutter beschäftigende Unternehmen kündigt der Mutter zum Ende der Mutterschutzfirst.

e) Eine werdende Mutter erklärt sich freiwillig bereit, 6 Wochen vor ihrer Niederkunft eine erkrankte Kollegin zu vertreten.

77. Einer Mitarbeiterin wurde vor 11 Tagen vom Prokuristen einer Privatbank KG fristgemäß zum nächstmöglichen Kündigungstermin gekündigt. Der Betriebsrat wurde gehört, hat aber bis heute nicht geantwortet. Heute teilt die Mitarbeiterin mit, dass sie seit drei Wochen weiß, dass sie schwanger ist. Welche Auswirkungen hat dies?

a) Die Kündigung ist unwirksam, da der Prokurist nicht ohne besondere Vollmacht kündigen darf.

b) Nur der Komplementär darf kündigen, die Kündigung ist deshalb unwirksam.

c) Da die Mitarbeiterin die Schwangerschaft zu spät mitgeteilt hat, ist die Kündigung wirksam.

d) Die Kündigung wird durch die Mitteilung der Schwangerschaft unwirksam.

e) Die Kündigung ist auch ohne Mitteilung der Schwangerschaft unwirksam.

78. Welche Aussage entspricht nicht den Regelungen des Mutterschutzgesetzes?

a) Werdende Mütter dürfen in den letzten 6 Wochen vor der Entbindung nicht beschäftigt werden, es sei denn, dass sie sich zur Arbeitsleistung ausdrücklich bereit erklären.

b) Werdende Mütter müssen bis spätestens zu Beginn des 3. Schwangerschaftsmonats dem Arbeitgeber ihre Schwangerschaft und den voraussichtlichen Tag der Entbindung mitteilen.

c) Wöchnerinnen dürfen bis zum Ablauf von 8 Wochen nach der Entbindung nicht beschäftigt werden.

d) Stillenden Müttern ist auf ihr Verlangen die zum Stillen erforderliche Zeit, mindestens aber zweimal täglich ½ Stunde oder einmal täglich 1 Stunde freizugeben.

e) Die Kündigung einer Frau während der Schwangerschaft und bis zum Ablauf von 4 Monaten nach der Entbindung ist unzulässig, wenn dem Arbeitgeber zum Zeitpunkt der Kündigung die Schwangerschaft bzw. die Entbindung bekannt ist.

Zu den nächsten sechs Aufgaben siehe nachstehende Situation.

Peter Umbrat hat eine wöchentliche Arbeitszeit von 36 Stunden (montags bis freitags) und erhält eine Ausbildungsvergütung von monatlich 763,00 €.

Jasmin Weller ist in der Kreditabteilung beschäftigt. Sie hat Ihnen am 04. Mai mitgeteilt, dass sie schwanger ist und laut ärztlicher Bescheinigung voraussichtlich am 11. Oktober entbinden wird.

79. Der Auszubildende Umbrat will seine finanziellen Mittel aufbessern, indem er samstags 6 Stunden am Nachmittag in einem Bistro an der Theke arbeitet. Er beantragt deshalb bei Ihnen eine Genehmigung für diese Nebentätigkeit. Wie entscheiden Sie aufgrund des abgebildeten Ausdrucks des Jugendarbeitsschutzgesetzes?

a) Der Auszubildende kann dieser Beschäftigung wie beantragt nachgehen.

b) Der Auszubildende kann der Beschäftigung nachgehen, wenn er seine Nebentätigkeit auf wöchentlich maximal 4 Stunden beschränkt.

c) Der Auszubildende kann der Beschäftigung nachgehen, wenn er statt samstags am Freitag im Bistro arbeitet.

d) Der Auszubildende darf als Jugendlicher keinerlei Nebenbeschäftigung ausüben.

e) Der Auszubildende kann der Beschäftigung nachgehen, wenn jeder zweite Samstag im Monat beschäftigungsfrei bleibt.

Auszug aus dem Jugendarbeitsschutzgesetz
(...)

§ 4 Arbeitszeit. (1) Tägliche Arbeitszeit ist die Zeit vom Beginn bis zum Ende der täglichen Beschäftigung ohne die Ruhepausen (§ 11).
(...)
(4) [1]Für die Berechnung der wöchentlichen Arbeitszeit ist als Woche die Zeit von Montag bis einschließlich Sonntag zugrunde zu legen. [2]Die Arbeitszeit, die an einem Werktag infolge eines gesetzlichen Feiertags ausfällt, wird auf die wöchentliche Arbeitszeit angerechnet.
(5) Wird ein Kind oder ein Jugendlicher von mehreren Arbeitgebern beschäftigt, so werden die Arbeits- und Schichtzeiten sowie die Arbeitstage zusammengerechnet.
(...)
§ 8 Dauer der Arbeitszeit. (1) Jugendliche dürfen nicht mehr als acht Stunden täglich und nicht mehr als 40 Stunden wöchentlich beschäftigt werden.
(2) [1]Wenn in Verbindung mit Feiertagen an Werktagen nicht gearbeitet wird, damit die Beschäftigten eine längere zusammenhängende Freizeit haben, so darf die ausfallende Arbeitszeit auf die Werktage von fünf zusammenhängenden, die Ausfalltage einschließenden Wochen nur dergestalt verteilt werden, dass die Wochenarbeitszeit im Durchschnitt dieser fünf Wochen 40 Stunden nicht überschreitet. [2]Die tägliche Arbeitszeit darf hierbei achteinhalb Stunden nicht überschreiten.
(2a) Wenn an einzelnen Werktagen die Arbeitszeit auf weniger als acht Stunden verkürzt ist, können Jugendliche an den übrigen Werktagen derselben Woche achteinhalb Stunden beschäftigt werden.
(...)

80. Wem müssen Sie die Information über die Schwangerschaft von Frau Weller gemäß Mutterschutzgesetz weitergeben?

a) Sie informieren sofort den Vorgesetzten von Frau Weller und dem Betriebsrat über die Schwangerschaft mit der Bitte um sofortige Beurlaubung.

b) Sie informieren niemanden, da die Daten von Frau Weller gemäß Bundesdatenschutzgesetz nicht weitergegeben werden dürfen.

c) Sie informieren den Vorgesetzten von Frau Weller und die zuständige Aufsichtsbehörde über die Schwangerschaft.

d) Sie bitten sofort den Betriebsarzt um eine Untersuchung von Frau Weller und warten auf weitere Weisungen.

e) Sie informieren den Vorgesetzten und die unmittelbaren Kollegen von Frau Weller, da diese einen Teil ihrer Arbeit übernehmen müssen.

81. Von wann bis wann ist die voraussichtliche Schutzfrist nach dem Mutterschutzgesetz für Frau Weller? Sehen Sie dazu den abgebildeten Kalenderauszug. Tragen Sie das Ergebnis (jeweils Tag und Monat) in das Kästchen ein.

Januar					
Mo		5	12	19	26
Di		6	13	20	27
Mi		7	14	21	28
Do	1	8	15	22	29
Fr	2	9	16	23	30
Sa	3	10	17	24	31
So	4	11	18	25	
Wo	1	2	3	4	5

Februar					
Mo		2	9	16	23
Di		3	10	17	24
Mi		4	11	18	25
Do		5	12	19	26
Fr		6	13	20	27
Sa		7	14	21	28
So	1	8	15	22	29
Wo	5	6	7	8	9

März					
Mo	1	8	15	22	29
Di	2	9	16	23	30
Mi	3	10	17	24	31
Do	4	11	18	25	
Fr	5	12	19	26	
Sa	6	13	20	27	
So	7	14	21	28	
Wo	10	11	12	13	14

April					
Mo		5	12	19	26
Di		6	13	20	27
Mi		7	14	21	28
Do	1	8	15	22	29
Fr	2	9	16	23	30
Sa	3	10	17	24	
So	4	11	18	25	
Wo	14	15	16	17	18

Mai						
Mo		3	10	17	24	31
Di		4	11	18	25	
Mi		5	12	19	26	
Do		6	13	20	27	
Fr		7	14	21	28	
Sa	1	8	15	22	29	
So	2	9	16	23	30	
Wo	18	19	20	21	22	23

Juni					
Mo		7	14	21	28
Di	1	8	15	22	29
Mi	2	9	16	23	30
Do	3	10	17	24	
Fr	4	11	18	25	
Sa	5	12	19	26	
So	6	13	20	27	
Wo	23	24	25	26	27

Juli					
Mo		5	12	19	26
Di		6	13	20	27
Mi		7	14	21	28
Do	1	8	15	22	29
Fr	2	9	16	23	30
Sa	3	10	17	24	31
So	4	11	18	25	
Wo	27	28	29	30	31

August						
Mo		2	9	16	23	30
Di		3	10	17	24	31
Mi		4	11	18	25	
Do		5	12	19	26	
Fr		6	13	20	27	
Sa		7	14	21	28	
So	1	8	15	22	29	
Wo	31	32	33	34	35	36

September					
Mo		6	13	20	27
Di		7	14	21	28
Mi	1	8	15	22	29
Do	2	9	16	23	30
Fr	3	10	17	24	
Sa	4	11	18	25	
So	5	12	19	26	
Wo	36	37	38	39	40

Oktober					
Mo		4	11	18	25
Di		5	12	19	26
Mi		6	13	20	27
Do		7	14	21	28
Fr	1	8	15	22	29
Sa	2	9	16	23	30
So	3	10	17	24	31
Wo	40	41	42	43	44

November					
Mo	1	8	15	22	29
Di	2	9	16	23	30
Mi	3	10	17	24	
Do	4	11	18	25	
Fr	5	12	19	26	
Sa	6	13	20	27	
So	7	14	21	28	
Wo	45	46	47	48	49

Dezember					
Mo		6	13	20	27
Di		7	14	21	28
Mi	1	8	15	22	29
Do	2	9	16	23	30
Fr	3	10	17	24	31
Sa	4	11	18	25	
So	5	12	19	26	
Wo	49	50	51	52	53

82. Ihre Kollegin Sonja Sturm ist im 6. Monat schwanger und ist bereits drei Jahre als qualifizierte Kundenberaterin in Ihrer Zweigstelle tätig. Hat die Schwangerschaft Auswirkungen auf das bestehende Beschäftigungsverhältnis?

a) Zunächst haben gesetzliche Vorschriften keinen Einfluss auf die tägliche Arbeit, da die Bestimmungen des Mutterschutzgesetzes erst nach der Entbindung in Kraft treten.

b) Frau Meier darf nicht mehr im laufenden Kundenkontakt eingesetzt werden, da dort die Ansteckungsgefahr mit Infektionskrankheiten zu groß ist.

c) Die werdende Mutter darf zwischen 20:00 Uhr und 06:00 Uhr nicht beschäftigt werden und kann bei einer Kundenveranstaltung nach 20:00 Uhr keine Betreuungstätigkeiten übernehmen.

d) Die werdende Mutter genießt einen verlängerten Kündigungsschutz, die bestehende Kündigungsfrist verlängert sich dabei um vier Monate.

e) Frau Meier kann während der gesetzlichen Schutzfristen 6 Wochen vor und 8 Wochen nach der Geburt auf eigenen Wunsch weiter beschäftigt werden.

83. Wo kann sich Frau Weller vergewissern, dass die oben angegebene Schutzfrist auch den gesetzlichen Bestimmungen entspricht?

a) Im Betriebsverfassungsgesetz
b) Im Mutterschutzgesetz
c) Im Kündigungsschutzgesetz
d) Im Bundeserziehungsgeldgesetz
e) Im Entgeltfortzahlungsgesetz

84. Frau Weller soll nun noch bei einem anstehenden Umzug der Nebenstelle ins Hauptgebäude mithelfen. Da diese Tätigkeit nur nach Schalterschluss erledigt werden kann, ist der Umzug für die nächsten drei Tage jeweils in der Zeit von 18:00 Uhr bis 21:00 Uhr vorgesehen. Welche Aussage zum Einsatz von Frau Weller ist laut abgebildetem Auszug aus dem Mutterschutzgesetz zutreffend?

a) Frau Weller kann ohne besondere Genehmigung auch ohne ihre Zustimmung zu dieser Tätigkeit eingesetzt werden.
b) Frau Weller kann entsprechend später anfangen, dafür am Abend entsprechend länger eingesetzt werden.
c) Frau Weller kann auf ausdrücklichen eigenen Wunsch in den Abendstunden mithelfen, wenn ihr diese Mehrarbeit entsprechend vergütet wird.
d) Frau Weller kann bei den abendlichen Umzugsarbeiten eingesetzt werden, wenn ihr die entsprechende Arbeitszeit als Freizeit vergütet wird.
e) Frau Weller darf nicht zu dieser Mehrarbeit eingesetzt werden.

Auszug aus dem Mutterschutzgesetz

§ 8 Mehrarbeit, Nacht- und Sonntagsarbeit.
(1) Werdende und stillende Mütter dürfen nicht mit Mehrarbeit, nicht in der Nacht zwischen 20 und 6 Uhr und nicht an Sonn- und Feiertagen beschäftigt werden.
(2) [1]Mehrarbeit im Sinne des Absatzes 1 ist jede Arbeit, die
1. von Frauen unter 18 Jahren über 8 Stunden täglich oder 80 Stunden in der Doppelwoche,
2. von sonstigen Frauen über 8 ½ Stunden täglich oder 90 Stunden in der Doppelwoche hinaus, geleistet wird. [2]In der Doppelwoche werden die Sonntage eingerechnet.
(...)

85. Was bezeichnet man als Individualarbeitsrecht?

a) Das im Verhältnis zwischen einzelnen Arbeitgebern und einzelnen Arbeitnehmern geltende Recht
b) Das im Verhältnis zwischen einzelnen Arbeitgebern und dem Betriebsrat geltende Recht
c) Das im Verhältnis zwischen einzelnen Arbeitgebern und einzelnen Gewerkschaften geltende Recht
d) Das im Verhältnis zwischen einzelnen Tarifvertragsparteien geltende Recht
e) Das im Verhältnis zwischen Betriebsrat und den im Betrieb vertretenen Gewerkschaften geltende Recht

86. Aufgrund einer Betriebsvereinbarung werden die Sicherheitsvorkehrungen zur Verhütung von Betriebsunfällen verbessert. Wer beschließt Betriebsvereinbarungen?

a) Betriebsrat
b) Arbeitgeber und Betriebsrat
c) Arbeitgeber und Gewerkschaft
d) Arbeitgeber und Unfallversicherung
e) Mehrere Unternehmen mit der Unfallversicherung
f) Arbeitgeber mit allen Arbeitnehmern

87. Was versteht man unter „Betriebsvereinbarung“?

a) Die zwischen der Betriebsleitung und dem Betriebsrat ausgehandelte Betriebsvereinbarung regelt die Rechte und Pflichten der Tarifvertragsparteien und enthält Rechtsnormen, die den Inhalt, den Abschluss und die Beendigung von Arbeitsverhältnissen ordnen.
b) Die Betriebsvereinbarung ist ein Vertrag zwischen dem Arbeitgeberverband und dem Betriebsrat über die betriebliche Anpassung der durch Tarifvertrag geregelten Arbeitsbedingungen.
c) Die Betriebsvereinbarung ist ihrem Inhalt und Sinn nach ein Vertrag, in dem Arbeitgeber und Betriebsrat die betriebliche Ordnung und die Rechtsverhältnisse des Arbeitgebers zu den Arbeitnehmern ihres Betriebes gestalten.
d) Die Betriebsvereinbarung ist ein Vertrag zwischen der Gewerkschaft und dem Arbeitgeberverband über die Arbeitsbedingungen in allen gleichartigen Betrieben.
e) Eine Betriebsvereinbarung regelt nur Fragen der Arbeitsordnung, die üblicherweise in einem Tarifvertrag enthalten sind. Sie gilt nur für Tarifangestellte.

88. In welchem Fall liegt eine Betriebsvereinbarung vor?

a) Die Tarifpartner vereinbaren für ihre Mitglieder eine Lohnerhöhung.
b) Die Volkswagen-Aktiengesellschaft vereinbart mit der IG Metall die Herabsetzung der Wochenarbeitszeit.
c) Die Deutsche Bahn AG vereinbart mit einem Stahlwerk die Lieferung von Eisenbahnschienen.
d) Die Automobilwerke VW und TOYOTA vereinbaren die gemeinsame Produktion eines Kleintransporters.
e) Arbeitgeber und Betriebsrat einigen sich über die Einführung der Gleitzeit und legen die Absprache schriftlich nieder.

89. Ordnen Sie zu.

Inhalte des Arbeitsrechts

a) Regelung, dass eine Kündigung sozial gerechtfertigt ist, wenn sie aus persönlichen, verhaltensbedingten oder betrieblichen Gründen erfolgt
b) Regelung über die durchschnittliche wöchentliche Arbeitszeit in einer bestimmten Branche der Wirtschaft
c) Regelung darüber, dass ein Betrieb einen bestimmen Prozentsatz seiner Arbeitsplätze für Schwerbehinderte zur Verfügung stellen muss
d) Regelung innerhalb eines Betriebes über die flexible Arbeitszeit
e) Bestimmung, nach der Arbeitnehmern ein Mindesturlaub pro Jahr garantiert wird
f) Vereinbarung, dass vor Ausspruch einer ordentlichen Kündigung eines Mitarbeiters der Betriebsrat angehört werden muss
g) Individuelle Vereinbarung, dass die Bezahlung nach einer bestimmten Vergütungsgruppe erfolgt

Rechtsbegriffe

[ ] Arbeitsvertrag
[ ] Betriebsvereinbarung
[ ] Tarifvertrag

90. Was ist eine Betriebsvereinbarung?

a) Sie ist eine Vereinbarung zwischen Betrieben des gleichen Geschäftszweiges, nur zu einheitlichen Bedingungen zu verkaufen.
b) Sie ist ein Vertrag über die Ausführung von öffentlichen Arbeiten zwischen einem Unternehmen und einer Gemeindeverwaltung.
c) Sie ist ein Vertrag zwischen Verkehrsbetrieben benachbarter Städte über die Vereinheitlichung der Tarife für den Personentransport.
d) Sie ist eine von der Betriebsversammlung beschlossene Vereinbarung zwischen Belegschaft und Betriebsrat.
e) Sie ist ein schriftlicher Vertrag zwischen einem Unternehmen und den zuständigen Gewerkschaften über die Höhe der zu zahlenden Löhne und Gehälter.
f) Sie ist ein schriftlicher Vertrag zwischen Arbeitgeber und Betriebsrat zur Regelung betriebsinterner Fragen.

91. Der Betriebsrat plant mit dem Arbeitgeber Urlaubsgrundsätze zu regeln. Wann hat dieses Abkommen Aussicht auf Erfolg?

a) Wenn das Abkommen nur die organisierten Arbeitnehmer betrifft.
b) Wenn die Gewerkschaft diesem Abkommen zustimmt.
c) Wenn der Arbeitgeberverband diesem Abkommen zustimmt.
d) Wenn das Abkommen als Betriebsvereinbarung mit dem Arbeitgeber abgeschlossen wird.
e) Der Betriebsrat ist nicht ermächtigt, über Urlaubsgrundsätze Vereinbarungen zu treffen.

92. Bei der Einstellung eines Mitarbeiters sind verschiedene Rechtsgrundlagen zu beachten. Ordnen Sie zu.

Rechtsgrundlagen

a) Bürgerliches Gesetzbuch
b) Bundesurlaubsgesetz
c) Betriebsvereinbarung
d) Beschäftigungsförderungsgesetz
e) Arbeitszeitgesetz

Regelungen im Arbeitsvertrag

[ ] Gesetzliche Kündigungsfrist nach der Probezeit
[ ] Die Ruhepausen richten sich nach dem Gesetz.
[ ] Dauer des gesetzlichen Jahresurlaubs
[ ] Kernarbeitszeit
[ ] Das Arbeitsverhältnis ist zunächst auf 1 Jahr befristet.

93. Viele Leistungen, die ein Kreditinstitut gegenüber seinen Mitarbeitern zu erbringen hat, sind tarifvertraglich geregelt. Welche Leistung stellt jedoch eine freiwillige Sozialleistung dar?

a) Lohnfortzahlung im Krankheitsfall
b) Zahlung von Mehrarbeitszuschlägen
c) Beiträge zur gesetzlichen Unfallversicherung
d) Zuschüsse für die Betriebssportgemeinschaft
e) Zahlung der monatlichen vermögenswirksamen Leistungen

94. Ordnen Sie zu.

Erklärungen von Arbeitsrechtsbegriffen	**Vereinbarungen**
a) Kommt durch Vereinbarung zwischen Arbeitgeberverband und Gewerkschaften zustande	[ ] Einzelarbeitsvertrag
b) Kommt durch Verordnung eines Ministers auf Grund eines bestehenden Gesetzes zustande	[ ] Betriebsvereinbarung
c) Kommt durch Erklärung des Bundesministers für Arbeit auf Antrag einer Tarifpartei zustande	[ ] Tarifvertrag
d) Gilt für Arbeitnehmer eines Betriebes und wird zwischen Betriebsrat und Arbeitgeber abgeschlossen	
e) Kommt durch Antrag des Arbeitgebers und Annahme des Arbeitnehmers zustande	
f) Kommt auf Antrag von Arbeitgeber und Betriebsrat zustande und ersetzt die Einigung zwischen Arbeitgeber und Betriebsrat durch einen Spruch	

95. Man unterscheidet individuelles und kollektives Arbeitsrecht. Bei welcher der folgenden Fragestellungen handelt es sich um einen Fall aus dem kollektiven Arbeitsrecht?

a) Prüfung der rechtlichen Voraussetzungen für die Bildung einer Jugend- und Auszubildendenvertretung (JAV) auf Grundlage des Betriebsverfassungsgesetzes
b) Prüfung der Einhaltung des Jugendarbeitsschutzgesetzes für einen Minderjährigen
c) Beratung einer Auszubildenden bei der vorzeitigen Beendigung ihres Ausbildungsverhältnisses
d) Auskunftserteilung an einen Auszubildenden über mögliche Wiederholungsversuche bei Nichtbestehen der Abschlussprüfung
e) Prüfung der Rechte einer schwangeren Auszubildenden im Rahmen des Mutterschutzgesetzes

96. Der Auszubildende Martin Meissner verursacht mit seinem Motorrad auf dem Weg zur Arbeit leicht fahrlässig einen Verkehrsunfall. Der Sachschaden an seinem Motorrad beläuft sich auf 1.200,00 €, seine Arztkosten betragen 238,00 €. Wer hat diese Kosten zu tragen?

a) Den Sachschaden hat Herr Meissner gegebenenfalls selbst zu tragen, den Personenschaden übernimmt die gesetzliche Unfallversicherung.
b) Den Sachschaden reguliert die gesetzliche Unfallversicherung, den Personenschaden die gesetzliche Krankenversicherung.
c) Da es sich um einen Wegeunfall handelt, übernimmt die gesetzliche Unfallversicherung sämtliche Kosten.
d) Den Sachschaden übernimmt die Kraftfahrzeughaftpflichtversicherung, den Personenschaden die gesetzliche Krankenversicherung von Herrn Meissner.
e) Da der Unfall selbst verschuldet wurde, hat Herr Meissner sämtliche Kosten selbst zu tragen.

97. Wozu ist ein Auszubildender nach dem Berufsbildungsgesetz verpflichtet?

a) Er ist verpflichtet, im Falle eines Personalengpasses auch ausbildungsfremde Tätigkeiten, wie z. B. Reinigungs- und Reparaturarbeiten, auszuführen.
b) Er ist verpflichtet, die ihm im Rahmen seiner Berufsausbildung übertragenen Aufgaben sorgfältig auszuführen.
c) Er ist verpflichtet, an Ausbildungsmaßnahmen außerhalb der Arbeitszeiten teilzunehmen, sofern seine Leistungen dies erfordern.
d) Er ist verpflichtet, für die Zwischenprüfung zu lernen und diese mit mindestens „ausreichend" zu bestehen.
e) Er ist verpflichtet, bei von ihm irrtümlich ausgelöstem Überfallalarm die Kosten für die Polizei in Höhe von 800,00 € zu ersetzen.

98. Mit dem Abschluss des Berufsausbildungsvertrages übernehmen die Vertragspartner die verschiedensten Rechte und Pflichten. Welche beiden der 6 genannten sind Pflichten des Auszubildenden?

a) Sorgfaltspflicht
b) Fürsorgepflicht
c) Anmeldepflicht zur Prüfung
d) Vergütungspflicht
e) Zeugnispflicht
f) Verschwiegenheitspflicht

99. Welche Pflicht aus dem Berufsausbildungsvertrag gehört zu den Pflichten des Ausbildenden?

a) Pflicht zur Einhaltung der betrieblichen Ordnung
b) Fürsorgepflicht
c) Lernpflicht
d) Sorgfaltspflicht
e) Pflicht zur Berichtsheftführung

100. Welche Pflicht hat der Auszubildende?

a) Ausbildungspflicht
b) Fürsorgepflicht
c) Vergütungspflicht
d) Dienstleistungspflicht
e) Zeugnispflicht

101. Was gehört nicht zu den Pflichten eines Auszubildenden?

a) Ankommende Gespräche weiterleiten
b) An Lehrgängen zur Fortbildung beispielsweise im PC-Bereich teilnehmen
c) Den Arbeitsplatz ordentlich und sauber halten
d) Täglich Überstunden auf Anweisung des Ausbilders leisten
e) PC und Bildschirm nach Beendigung der Arbeit ausschalten

Die drei folgenden Aufgaben gehören zusammen.

102. Der Auszubildende Alexander Witt ist auf Anraten seines Vaters bereits zu Beginn seiner Ausbildung der Gewerkschaft ver.di beigetreten. Er hört heute in den Nachrichten, dass sich die Tarifpartner voraussichtlich nicht einigen können und daher einige Gewerkschaftsmitglieder bereits Streiks fordern. Als Mitglied der Gewerkschaft beschließt er, am nächsten Arbeitstag der Arbeit fernzubleiben. Hat sich Alexander richtig verhalten?

a) Nein, denn unter einem Streik versteht man die gemeinsame Arbeitsniederlegung der Arbeitnehmer. Alexander müsste also alle seine Kollegen veranlassen, am nächsten Tag ebenfalls zu Hause zu bleiben.
b) Nein, denn ein Streik ist nur zulässig, wenn er von der Gewerkschaft offiziell ausgerufen und dem Bundesarbeitsministerium mitgeteilt wurde.
c) Nein, denn eine Gewerkschaft kann einen Streik nur ausrufen, wenn die Friedenspflicht abgelaufen ist und eine Urabstimmung stattgefunden hat.
d) Ja, denn wenn Jörg am nächsten Arbeitstag zu Hause bleibt, spricht man von einem Warnstreik. Warnstreiks sind jederzeit erlaubt, solange sie von kurzfristiger Natur sind.
e) Ja, denn als Gewerkschaftsmitglied ist Alexander zum Streik verpflichtet.

103. Auf Grund unentschuldigten Fernbleibens von der Arbeit spricht der Arbeitgeber gegenüber dem Auszubildenden Alexander Witt eine Abmahnung aus und zieht dem Auszubildenden einen Urlaubstag ab. Herr Witt, der sich bereits im 2. Ausbildungsjahr befindet, hält diese Maßnahme für völlig überzogen und möchte sein Arbeitsverhältnis kündigen. Zu welchem Termin (TT.MM.) kann er frühestens kündigen, wenn die Kündigung dem Arbeitgeber am 03. Oktober zugeht?

	Oktober					November					Dezember					
Mo		7	14	21	28		4	11	18	25		2	9	16	23	30
Di	1	8	15	22	29		5	12	19	26		3	10	17	24	31
Mi	2	9	16	23	30		6	13	20	27		4	11	18	25	
Do	3	10	17	24	31		7	14	21	28		5	12	19	26	
Fr	4	11	18	25		1	8	15	22	29		6	13	20	27	
Sa	5	12	19	26		2	9	16	23	30		7	14	21	28	
So	6	13	20	27		3	10	17	24		1	8	15	22	29	

104. Der Auszubildende Alexander Witt erhält am letzten Arbeitstag von seinem Arbeitgeber ein Arbeitszeugnis. Darin steht folgender Satz; „Herr Witt gehört der Gewerkschaft ver.di an und beteiligte sich an deren Aktivitäten." Ist diese Aussage in einem Arbeitszeugnis zulässig?

a) Aussagen über die Zugehörigkeit zu Gewerkschaften sind nicht zulässig.
b) Arbeitszeugnisse müssen wahr und vollständig sein. Daher muss dieser Satz in ein Zeugnis aufgenommen werden.
c) In einem qualifizierten Zeugnis dürfen nur Angaben über die Dauer und Art der Tätigkeit stehen.
d) Diese Formulierung ist zu direkt. Negative Aussagen sollten geschickter formuliert werden.
e) Da Arbeitszeugnisse das berufliche Fortkommen des Arbeitnehmers nicht behindern sollen, dürfen nur dessen positive Eigenschaften erwähnt werden.

105. Patrick Baum, Auszubildender der Unionbank AG, erhält zusammen mit seinem Ausbildungsvertrag die unten abgedruckte Unterlage. Was ist hier auszugsweise abgebildet?

a) Das Berufsbildungsgesetz
b) Der Ausbildungsnachweis/das Berichtsheft
c) Der Ausbildungsrahmenplan
d) Die Ausbildungsinhalte, die nur die Berufsschule zu vermitteln hat
e) Der Stoffkatalog für die Abschlussprüfung

Lfd. Nr.	Teil des Ausbildungs-berufsbildes	Zu vermittelnde Fertigkeiten und Kenntnisse
1	2	3
4.	**Geld- und Vermögensanlage (§ 3 Nr. 4)**	
4.1	Anlage auf Konten (§ 3 Nr. 4. 1.)	a) Kunden über Anlagemöglichkeiten auf Konten einschließlich der Sonderformen des ausbildenden Unternehmens beraten b) Konten eröffnen, führen und abschließen c) Kunden über rechtliche Bestimmungen und vertragliche Vereinbarungen informieren d) Kunden über Verfügungsberechtigungen und Vollmachten beraten e) Kunden über Zinsgutschriften und über deren steuerliche Auswirkungen informieren * * *

106. In welchem Gesetz kann sich ein Auszubildender über die Kündigungsmöglichkeiten eines Berufsausbildungsvertrags informieren?

a) Im Kündigungsschutzgesetz
b) Im Bürgerlichen Gesetzbuch
c) Im Jugendschutzgesetz
d) Im Jugendarbeitsschutzgesetz
e) Im Berufsbildungsgesetz

107. Dennis Lustig, Auszubildender zum Bankkaufmann im 2. Ausbildungsjahr, ist nach reiflicher Überlegung zu dem Schluss gekommen, dass er lieber Koch werden möchte. Das Feinschmeckerrestaurant „Gourmet-Palast" in München hat ihm im September einen entsprechenden Ausbildungsplatz zum 1. November angeboten. Kann Dennis Lustig zum 1. November zum Restaurant „Gourmet-Palast" wechseln, um dort eine Berufsausbildung zum Koch zu beginnen?

a) Nein, denn Dennis Lustig befindet sich nicht mehr in der Probezeit.
b) Nein, da die neue Ausbildung zum Koch in keinem Zusammenhang mit der vorherigen Ausbildung zum Bankkaufmann steht.
c) Ja, Dennis Lustig kann fristlos kündigen, da ein wichtiger Grund vorliegt.
d) Ja, unter Einhaltung einer vierwöchigen Kündigungsfrist kann Dennis Lustig schriftlich und mit entsprechender Begründung kündigen.
e) Ja, unter Einhaltung einer 14-tägigen Kündigungsfrist kann Dennis Lustig kündigen, weil er die Berufsausbildung aufgeben möchte.

108. Frau Glose, 43 Jahre alt, verheiratet, kümmert sich um ihre 74-jährige Mutter, die seit einem halben Jahr im Rollstuhl sitzt. Stellen Sie fest, welcher Versicherungszweig eine Entschädigung für die geleistete Betreuung übernimmt.

a) Die gesetzliche Unfallversicherung
b) Die gesetzliche Pflegeversicherung
c) Die gesetzliche Rentenversicherung
d) Die gesetzliche Krankenversicherung
e) Die gesetzliche Arbeitslosenversicherung

<u>Zu den nächsten zwei Aufgaben siehe nachstehende Situation.</u>

Anna Niedermaier, Auszubildende zur Bankkauffrau im 3. Ausbildungsjahr, tritt im November diesen Jahres zur Abschlussprüfung an. Das Berufsausbildungsverhältnis endet laut Vertrag am 31. März nächsten Jahres.

109. Anna hat in der IHK-Abschlussprüfung zur Bankkauffrau folgende Punkte erzielt:

Bankwirtschaft	56
Rechnungswesen und Steuerung	74
Wirtschafts- und Sozialkunde	76
Kundenberatung	85

☐

Gemäß Verordnung über die Berufsausbildung zum Bankkaufmann/zur Bankkauffrau ist Folgendes festgelegt: „Bei der Ermittlung des Gesamtergebnisses haben die Prüfungsfächer Bankwirtschaft und Kundenberatung gegenüber jedem der übrigen Prüfungsfächer das doppelte Gewicht." Stellen Sie fest, welches Gesamtergebnis Anna damit erreicht hat. Tragen Sie das Ergebnis in das Kästchen ein.

110. Angenommen, Anna legt am 18. Januar nächsten Jahres den letzten Teil der Abschlussprüfung (Kundenberatung) erfolgreich ab. Wann könnte sie frühestens bei einer anderen Bank eine Arbeitsstelle antreten?

a) Am 19. Januar nächsten Jahres (Mittwoch)
b) Am 24. Januar nächsten Jahres (Montag)
c) Am 1. Februar nächsten Jahres
d) Am 1. März nächsten Jahres
e) Am 1. April nächsten Jahres

Zu den nächsten drei Aufgaben siehe nachstehende Situation. Siehe auch den Gesetzesauszug zu den Aufgaben 57 und 58.

In der Universalbank AG wird die Wahl einer Jugend- und Auszubildendenvertretung, die alle zwei Jahre im April stattfindet, vorbereitet. In der Universalbank AG sind folgende Personen beschäftigt:

Angestellte		Auszubildende
26	unter 18 Jahren	7
312	unter 25 Jahren	38
436	über 25 Jahren	4

Als Kandidaten wollen sich unter anderem aufstellen lassen: Sabine Baumann, (16 Jahre alt, Auszubildende im 2. Ausbildungsjahr), Klaus Boelko (23 Jahre alt, seit 1. Januar dieses Jahres Angestellter bei der Universalbank AG) und Patrick Klein (27 Jahre alt, Auszubildender im 1. Ausbildungsjahr).

111. Ermitteln Sie, aus wie viel Mitgliedern die Jugend- und Auszubildendenvertretung der Universalbank AG laut Betriebsverfassungsgesetz maximal besteht. Tragen Sie das Ergebnis in das Kästchen ein.

112. In welcher Zeile sind die jeweiligen Personen richtig zugeordnet?

	Aktives Wahlrecht	Passives Wahlrecht
a)	Nur Sabine Baumann	Sabine Baumann, Patrick Klein
b)	Sabine Baumann, Patrick Klein	Sabine Baumann, Patrick Klein
c)	Sabine Baumann, Klaus Boelko, Patrick Klein	Sabine Baumann, Klaus Boelko, P. Klein
d)	Sabine Baumann, Klaus Boelko	Sabine Baumann, Klaus Boelko
e)	Sabine Baumann, Klaus Boelko, Patrick Klein	Sabine Baumann, Patrick Klein
f)	Nur Sabine Baumann	Sabine Baumann, Klaus Boelko

113. Welche Rechte bzw. Pflichten ergeben sich für die gewählte Jugend- und Auszubildendenvertretung?

a) Die Jugend- und Auszubildendenvertretung verhandelt selbstständig mit der Geschäftsleitung der Universalbank AG.

b) Für die jüngeren Mitarbeiter der Universalbank AG gibt es durch die Jugend- und Auszubildendenvertretung Ansprechpartner in ihrem Alter, die ihre Anliegen über den Betriebsrat bei der Geschäftsleitung vortragen können und durchzusetzen versuchen.

c) Mitglieder der Jugend- und Auszubildendenvertretung müssen an allen Sitzungen des Betriebsrates teilnehmen und aktuelle Informationen an die jungen Mitarbeiter in der Universalbank AG weitergeben.

d) Ein Vertreter der Jugend- und Auszubildendenvertretung kann sich gleichzeitig in den Betriebsrat wählen lassen.

e) Die Auszubildenden können beispielsweise die Ablösung eines unbeliebten Ausbilders über den Betriebsrat erzwingen.

114. Werden Auszubildende zu der in jedem Kalenderquartal stattfindenden Betriebsversammlung eingeladen?

a) Ja, denn neben der Geschäftsführung sind alle Arbeitnehmer des Betriebes einzuladen.

b) Ja, denn neben der Geschäftsführung, den Gesellschaftern und dem Betriebsrat sind auch die Jugend- und Auszubildendenvertretungen einzuladen.

c) Ja, denn neben dem Betriebsrat sind die Jugendvertretung und die Auszubildendenvertretung einzuladen.

d) Nein, denn erst mit dem Bestehen der Abschlussprüfung vor der zuständigen Kammer wird ein Auszubildender zum Arbeitnehmer.

e) Nein, denn daran nehmen nur die Betriebsräte der einzelnen Filialen teil.

115. Welche Auswirkungen hat das Ergebnis einer Zwischenprüfung für einen Auszubildenden?

a) Das Ergebnis der Zwischenprüfung erscheint im Abschlusszeugnis der IHK, dem Prüfungsnachweis nach dem Berufsbildungsgesetz (BBiG).

b) Eine Teilnahme an der Abschlussprüfung ist an das Bestehen der Zwischenprüfung gebunden, deshalb muss diese innerhalb der Ausbildungsdauer bis zum Erreichen mindestens ausreichender Leistungen wiederholt werden.

c) Der Ausbilder kann die Fortsetzung der Ausbildung ablehnen.

d) Bei erheblichen Mängeln im Ergebnis der Zwischenprüfung muss das Ausbildungsverhältnis für ein halbes Jahr verlängert werden.

e) Zwingende rechtliche Konsequenzen ergeben sich für den Auszubildenden keine; das ausbildende Unternehmen wird aber möglicherweise mit ihm ein Gespräch führen.

116. Einer Auszubildenden wird nach Abschluss ihres Ausbildungsvertrages der Ausbildungsrahmenlehrplan ausgehändigt. Wer ist dafür verantwortlich, dass der Inhalt dieses Ausbildungsrahmenlehrplans vermittelt wird?

a) Die Berufsschule vermittelt diese Unterrichtsthemen.

b) Eine überbetriebliche Ausbildungsstätte, die keine praktische Tätigkeit vermitteln kann.

c) Die Ausbildungsstätten, die ein ergänzendes Angebot zur betrieblichen Ausbildung anbieten.

d) Der Ausbildungsbetrieb, dieser erstellt daraus den Ausbildungsplan in sachlicher und zeitlicher Gliederung.

e) Die IHK im Rahmen einer Vorbereitung zur Prüfung zum Bankkaufmann/zur Bankkauffrau.

117. Neben der betrieblichen Ausbildung bestimmt das Berufsbildungsgesetz, dass die Berufsausbildung dual durchzuführen ist. An welchem Lernort muss der Auszubildende außerdem ausgebildet werden?

a) In den anderen Abteilungen des Betriebes, da das Berufsbildungsgesetz dieses unter dem weiteren Lernort versteht

b) Der Auszubildende muss zur Erlangung von Fachkenntnissen auch in der Werkstatt eingesetzt werden.

c) In dem überregionalen Lernzentrum des Unternehmens

d) Unter dem weiteren Lernort versteht das Berufsbildungsgesetz die Berufsschule.

e) In den Schulungsräumen der IHK

f) Bei den beauftragten Dienstleistungsbetrieben, z. B. Steuerberater

118. Ein Auszubildender aus dem 1. Ausbildungsjahr fragt, nach welchen Vorschriften und wo die Ausbildungsvergütung geregelt ist. Welche Antwort ist die richtige?

a) Das Berufsbildungsgesetz fordert die Regelung der Ausbildungsvergütung im Berufsausbildungsvertrag.

b) Das Jugendarbeitsschutzgesetz regelt die Vergütung der jugendlichen Auszubildenden in einer gesonderten Vereinbarung.

c) Die Ausbildungsvergütung wird für die einzelnen Ausbildungsjahre vom Bundesministerium für Arbeit und Sozialordnung festgelegt und ist im Berufsbildungsgesetz geregelt.

d) Die Ausbildungsvergütung ist Bestandteil der Ausbildungsordnung und ist im Ausbildungsrahmenplan geregelt.

e) Die Ausbildungsvergütung ist im Bewertungsgesetz geregelt und kann mit jedem Ausbildungsbetrieb frei vereinbart werden.

119. Ihnen wird ein Berufsausbildungsvertrag vorgelegt. Sie sollen ihn auf überflüssige Inhalte überprüfen. Welche <u>zwei</u> Angaben müssen darin <u>nicht</u> enthalten sein?

a) Beginn und Dauer der Berufsausbildung

b) Dauer der Probezeit

c) Kündigungsgründe während der Probezeit

d) Zahlung und Höhe der Vergütung

e) Ort der Ausbildung

f) Dauer des Berufsschulunterrichts

Wirtschafts- und Sozialkunde

120. Fünf Auszubildende wollen aus unterschiedlichen Gründen ihre Ausbildung beenden. Prüfen Sie die Rechtswirksamkeit nachstehender Kündigungsschreiben anhand des abgebildeten Gesetzestextes (Ausschnitt aus dem Berufsbildungsgesetz). Welches Kündigungsschreiben hat keine Aussicht auf Erfolg?

a) Am 14. März kündigt eine Auszubildende im 2. Ausbildungsjahr ihren Ausbildungsvertrag. Sie beabsichtigt, am 15. April eine andere Ausbildung zu beginnen.

b) Die Auszubildende, die vor 3 Wochen ihre Ausbildung begonnen hat, kündigt ohne Angabe von Gründen.

c) Die Auszubildende, die ihre Abschlussprüfung nicht bestanden hat, wünscht keine Verlängerung der Ausbildungszeit.

d) Ein Abiturient, der sich im ersten Ausbildungsjahr befindet, hat einen Studienplatz erhalten und hat deswegen gekündigt.

e) Eine Auszubildende im zweiten Ausbildungsjahr kündigt, da sie ihre Ausbildung zur Bankkaufrau in einem anderen Unternehmen fortsetzen möchte.

Berufsbildungsgesetz (Auszug)

§ 13 Probezeit
Das Berufsausbildungsverhältnis beginnt mit der Probezeit. Sie muss mindestens einen Monat und darf höchstens vier Monate betragen.

§ 14 Beendigung
(1) Das Berufsausbildungsverhältnis endet mit Ablauf der Ausbildungszeit.
(2) Besteht der Auszubildende vor Ablauf der Ausbildungszeit die Abschlussprüfung, so endet das Berufsausbildungsverhältnis mit Bestehen der Abschlussprüfung.
(3) Besteht der Auszubildende die Abschlussprüfung nicht, so verlängert sich das Berufsausbildungsverhältnis auf sein Verlangen bis zur nächstmöglichen Wiederholungsprüfung, höchstens ein Jahr.

§ 15 Kündigung
(1) Während der Probezeit kann das Berufsausbildungsverhältnis jederzeit ohne Einhaltung einer Kündigungsfrist gekündigt werden.
(2) Nach der Probezeit kann das Berufsausbildungsverhältnis nur gekündigt werden
1. aus einem wichtigen Grund ohne Einhaltung einer Kündigungsfrist,
2. vom Auszubildenden mit einer Kündigungsfrist von vier Wochen, wenn er die Berufsausbildung aufgeben oder sich für eine andere Berufstätigkeit ausbilden lassen will.
(3) Die Kündigung muss schriftlich und in den Fällen des Absatzes 2 unter Angabe der Kündigungsgründe erfolgen.
(4) Eine Kündigung aus einem wichtigen Grund ist unwirksam, wenn die ihr zugrunde liegenden Tatsachen dem zur Kündigung Berechtigten länger als zwei Wochen bekannt sind. Ist ein vorgesehenes Güteverfahren vor einer außergerichtlichen Stelle eingeleitet, so wird bis zu dessen Beendigung der Lauf dieser Frist gehemmt.

121. Ein Mitarbeiter scheidet aus dem Unternehmen aus. Er bitte um ein Arbeitszeugnis. Welche Aussage ist zutreffend?

a) Der Arbeitgeber kann die Ausstellung eines Zeugnisses bei einer Beendigung des Arbeitsverhältnisses innerhalb einer Probezeit verweigern.

b) Der Mitarbeiter muss in jedem Fall die Ausstellung eines Zeugnisses vor Beendigung des Arbeitsverhältnisses verlangen.

c) Der Mitarbeiter kann verlangen, dass sich die Angaben im Zeugnis auch auf Leistung und Verhalten im Arbeitsverhältnis erstrecken.

d) Das Zeugnis ist dem Mitarbeiter nach Wahl des Arbeitgebers schriftlich oder mündlich zu erteilen.

e) Das Zeugnis ist auf Verlangen des Mitarbeiters vom Betriebsrat zu ergänzen.

122. Sie sollen einer aus dem Unternehmen ausscheidenden Mitarbeiterin ein Zeugnis ausstellen. Bringen Sie die dazu erforderlichen Arbeitsschritte in die richtige Reihenfolge.

[ ] Mit dem vorbereiteten Beurteilungsbogen eine schriftliche Beurteilung vom direkten Vorgesetzten anfordern.

[ ] Das Zeugnis rechtsverbindlich unterschreiben lassen.

[ ] Persönliche Daten, Beschäftigungsdauer und Kündigungstermin in den standardisierten Beurteilungsbogen übernehmen.

[ ] Das Zeugnis dem ausscheidenden Mitarbeiterin übergeben oder zuschicken.

[ ] Das Zeugnis formulieren.

123. Die Auszubildende Petra Schmitt hat in Ihrem Unternehmen eine Ausbildung zur Bankkauffrau absolviert. Nun will sie noch Betriebswirtschaftslehre studieren. Sie verlangt ein Zeugnis. Welche Aussage ist zutreffend?

a) Petra Schmitt erhält kein Zeugnis, da sie es für das Studium nicht benötigt.
b) Petra Schmitt hat als Auszubildende generell keinen Anspruch auf ein Zeugnis.
c) Petra Schmitt als Auszubildende kann nur ein einfaches Zeugnis erhalten.
d) Petra Schmitt als Auszubildende hat auf Antrag Anspruch auf ein qualifiziertes Zeugnis.
e) Petra Schmitt hat wegen der Verkürzung ihrer Ausbildungszeit keinen Anspruch auf ein Zeugnis

124. Eine Mitarbeiterin scheidet aus dem Unternehmen aus. Sie beschwert sich, dass sie nur ein einfaches Arbeitszeugnis erhält. Wie ist ihr der Sachverhalt zu erklären?

a) Sie erhält in ihrem eigenen Interesse nur ein einfaches Arbeitszeugnis, weil ein qualifiziertes Arbeitszeugnis in ihrem Fall zu schlecht ausgefallen wäre.
b) Sie erhält ein einfaches Arbeitszeugnis, da sie nur wenige Monate in der Abteilung tätig war und daher ihre Leistung nicht angemessen beurteilt werden konnte.
c) Sie erhält ein einfaches Arbeitszeugnis, da qualifizierte Arbeitszeugnisse nur auf ausdrückliches Verlangen der Mitarbeiter erstellt werden müssen.
d) Sie erhält ein einfaches Arbeitszeugnis, da sie als Sachbearbeiterin tätig war. Qualifizierte Arbeitszeugnisse erhalten nur Führungskräfte.
e) Sie erhält ein einfaches Arbeitszeugnis, da qualifizierte Arbeitszeugnisse nur nach Beendigung einer Ausbildung, nicht aber bei Ausscheiden aus dem Betrieb üblich sind.

ÜBUNGSAUFGABEN ZUR VORBEREITUNG AUF DIE ABSCHLUSSPRÜFUNG

125. Bei der Krankenversicherung gibt es Pflichtversicherte und Freiwilligversicherte. Die nachstehenden Personen sind alle krankenversichert. Welche beiden Personen sind freiwillig versichert?

a) Der kaufmännische Angestellte Hubert Gerauer bei einem Jahreseinkommen von 36.000,00 €.
b) Die Auszubildende Anita Riederer bei einem Jahreseinkommen von 7.680,00 €.
c) Der arbeitslose Maurer Eberhardt Schwaiger bei einem Jahreseinkommen von 12.800,00 €.
d) Die selbstständige Architektin Angelika Koch bei einem Jahreseinkommen von 40.000,00 €.
e) Der Prokurist der SparKredit AG bei einem Jahreseinkommen von 76.000,00 €.
f) Die angestellte Busfahrerin Susanne Munz bei einem Jahreseinkommen von 24.000,00 €.

126. Das sozialversicherungspflichtige Entgelt einer Mitarbeiterin der SparKredit AG beträgt 4.800,00 € im Monat. Folgende Daten zur Sozialversicherung liegen vor:

Beitragsbemessungsgrenze zur Krankenversicherung	**4.687,50 €**
Versicherungspflichtgrenze	**5.212,50 €**
Beitragsbemessungsgrenze zur Rentenversicherung	**6.900,00 €**

Die der Aufgabe zugrunde liegenden Beitragssätze zu den einzelnen Sozialversicherungen sind wie folgt:

Rentenversicherung	**18,6 %**
Arbeitslosenversicherung	**2,4 %**
Krankenversicherung	**14,6 %**
Zusatzbeitragssatz zur KV	**0,9 %**
Pflegeversicherung	**3,05 %.**

KV:
RV:

Berechnen Sie die von der Mitarbeiterin zu leistenden Beiträge in € zur Kranken- und Rentenversicherung. Tragen Sie die Ergebnisse in das Kästchen oben ein.

127. Der Kundenbetreuer Gross arbeitete bislang 39 Stunden/Woche. Nach Absprache mit der Geschäftsleitung arbeitet er künftig nur noch 5 Stunden am Tag. Der Arbeitgeberanteil zur Vermögensbildung wird vom Arbeitgeber zeitanteilig geleistet. Ermitteln Sie aufgrund der Daten in der Abbildung a) das neue Bruttogehalt des Kundenbetreuers und b) seinen künftigen Beitragsanteil zur Krankenversicherung. Tragen Sie die Ergebnisse in das Kästchen ein.

Gehaltsabrechnung des Kundenbetreuer Gerhard Gross (Auszug)	
Grundgehalt	€ 3.650,00
Vermögensbildung AG-Anteil	€ 40,00
Gesamtbrutto	€ 3.690,00
Steuer-Brutto	€ 3.690,00
SV-Brutto KV/PV	€ 3.690,00
SV-Brutto RV/AV	€ 3.690,00
Gesetzliches Netto	....
Vermögensbildung	€ 40,00
AG-Zuschuss KV *)	€ 285,98
AG Zuschuss PV	€ 56,27
Abgeforderter Beitrag KV	€ 571,95
Abgeforderter Beitrag PV	€ 112,54
Überweisung auf Girokonto DE15 7436 0000 0000 5862 89	....
*) Zusatzbeitrag zu KV = 0,9 %	

a)
b)

<u>Die nächsten drei Aufgaben gehören zusammen.</u>

128. Sehen Sie nachstehende Angaben zu den Sozialabgaben. Wie hoch ist der Arbeitnehmeranteil zu den genannten Sozialversicherungen für den Leiter der Revisionsabteilung, 34 Jahre alt, 2 Kinder, im Jahr 2020, wenn dessen Brutto-Monatsgehalt 3.950,00 € beträgt? Tragen Sie die Ergebnisse in das Kästchen ein!

a) Rentenversicherung
b) Arbeitslosenversicherung
c) Krankenversicherung
d) Pflegeversicherung

ANGABEN BEZIEHEN SICH AUF DIE ALTEN BUNDESLÄNDER	Beitrags-bemessungs-grenze 2019	Beitrags-bemessungs-grenze 2020	Beitragssätze 2019	Beitragssätze 2020
	€/Monat	€/Monat	%	%
Rentenversicherung	6.700	6.900	18,6	18,6
Arbeitslosenversicherung	6.700	6.900	2,5	2,4
Krankenversicherung Zusatzbeitragssatz	4.537,50	4.687,50	14,6 0,9	14,6 0,9 %
Pflegeversicherung	4.537,0	4.687,50	3,05	3,05

129. Der gesetzlich versicherte Leiter der Kreditabteilung bezieht seit Juli 2019 unverändert ein Brutto-Monatsgehalt von 5.800,00 €. Die oben aufgelisteten Daten für Beitragsbemessungsgrenzen und Beitragssätze im Jahr 2020 bedeuteten für den Abteilungsleiter der Kreditabteilung Mehrbelastungen

a) in der Kranken- und Pflegeversicherung.
b) in der Arbeitslosen- und Krankenversicherung.
c) in der Renten-, Arbeitslosen- und Pflegeversicherung.
d) in der Arbeitslosen-, Kranken- und Pflegeversicherung.
e) in der Renten-, Kranken- und Pflegeversicherung.

130. Welche Aussage zu den Konsequenzen der Entwicklung von Beitragsbemessungsgrenzen und Beitragssätzen vom Jahr 2019 auf das Jahr 2020 ist zutreffend?

a) Die Entwicklung führt in allen Sozialversicherungszweigen zu einer höheren Beitragsbelastung für jeden Arbeitnehmer.
b) Die Entwicklung führt in allen Sozialversicherungszweigen zu einer geringeren Beitragsbelastung für einen Teil der Arbeitnehmer.
c) Die Entwicklung führt in allen Sozialversicherungszweigen zu einer gleich bleibenden Beitragsbelastung für jeden Arbeitnehmer.
d) Die Entwicklung führt bei Arbeitslosen- und Pflegeversicherung zu einer gleich bleibenden Beitragsbelastung für jeden Arbeitnehmer.
e) Die Entwicklung führt bei der Rentenversicherung zu einer höheren Beitragsbelastung für alle Arbeitnehmer, deren Bruttoeinkommen über 6.700,00 € liegt.

131. Aus der Lohnbuchhaltung liegen Ihnen folgende Zahlen vor:

Bruttolohn	**2.100,00 €**
Lohnsteuer	**196,25 €**
SoliZuschlag	**10,79 €**
Kirchensteuer	**15,70 €**
Krankenversicherung	**?**
Pflegeversicherung	**?**
Rentenversicherung	**?**
Arbeitslosenversicherung	**?**
Summe gesetzl. Abzüge	**?**
Auszahlung	**?**

Ergänzen Sie die Aufstellung und ermitteln Sie den Auszahlungsbetrag unter Berücksichtigung folgender Sozialversicherungsbeitragssätze (KV 14,6 % + 0,8 %, PV 3,05 %; RV 18,6 %; AV 2,4 %). Tragen Sie die Lösung in das Kästchen ein.

132. Herr Peter Schmitz, verheiratet, 1 Kind, wohnhaft in Landshut, Kreditsachbearbeiter bei der Kreditbank AG, ist krankenversichert bei der Angestellten-Ersatzkasse. Sein monatliches Bruttogehalt beträgt 4.550,00 €. Die Kreditbank AG ermittelt im Rahmen der Gehaltsabrechnung die von ihr zu überweisenden Sozialversicherungsbeiträge.
Berechnen Sie anhand der nachstehenden Tabelle:
a) den Beitrag zur Rentenversicherung
b) den Beitrag zur Kranken- und Pflegeversicherung
c) den Beitrag zur Arbeitslosenversicherung.
d) Wie hoch ist der Gesamtbetrag, den die Kreditbank AG an die Angestellten-Ersatzkasse zahlen muss? Tragen Sie die Lösungen in das Kästchen ein.

Beitragssätze	2019
Rentenversicherung der Arbeiter und Angestellten	18,6 %
Krankenversicherung	14,6 % + 0,6 %
Pflegeversicherung	3,05 % + 0,25 %
Arbeitslosenversicherung	2,4 %
Beitragsbemessungsgrenzen je Monat	
Rentenversicherung der Arbeiter und Angestellten	6.900,00 €
Kranken- und Pflegeversicherung	4.687,50 €
Arbeitslosenversicherung	6.900,00 €

Lösungen:

133. Welche Regelung gilt für die Beitragsbemessungsgrenze in der Sozialversicherung?
a) Die Beitragsbemessungsgrenze gilt nur für die Pflegeversicherung.
b) Die Beitragsbemessungsgrenze gilt nur für die Rentenversicherung.
c) Die Beitragsbemessungsgrenze für die Rentenversicherung und Arbeitslosenversicherung ist gleich hoch.
d) Rentenversicherung und Unfallversicherung haben dieselbe Beitragsbemessungsgrenze.
e) Liegt der Bruttoverdienst eines Angestellten unter der Beitragsbemessungsgrenze, so bemisst sich der Beitrag für die Sozialversicherung nach der Beitragsbemessungsgrenze.

134. Welche Bedeutung hat die Versicherungspflichtgrenze in der Krankenversicherung für den Arbeitnehmer?
a) Wer weniger als die Versicherungspflichtgrenze verdient, ist pflichtversichert und kann nicht in eine Ersatzkrankenkasse wechseln.
b) Nur wenn ein Arbeitnehmer mehr als die Versicherungspflichtgrenze verdient, gilt für ihn die freie Kassenwahl.
c) Wenn das Einkommen die Versicherungspflichtgrenze übersteigt, muss der Arbeitnehmer einer privaten Krankenversicherung beitreten.
d) Wenn das Einkommen die Versicherungspflichtgrenze übersteigt, entfällt der Arbeitgeberanteil zur Krankenkasse.
e) Wenn das Einkommen die Versicherungspflichtgrenze übersteigt, entfällt die Versicherungspflicht.

135. Welche Aussage zur Beitragsbemessungsgrenze in der Sozialversicherung ist zutreffend?
a) Bei der Rentenversicherung ist keine Beitragsbemessungsgrenze zu berücksichtigen.
b) Für die Unfallversicherung gelten nur 75 % der Beitragsbemessungsgrenze der Rentenversicherung.
c) Bei der Pflegeversicherung gelten die gleichen Sätze der Beitragsbemessungsgrenze (Versicherungspflichtgrenze) wie bei der Krankenversicherung.
d) Bei der Arbeitslosenversicherung gilt keine Beitragsbemessungsgrenze.
e) Bei der Arbeitslosenversicherung wird höchstens ein Satz von 75 % der Beitragsbemessungsgrenze der Rentenversicherung zugrunde gelegt.

136. Es ist zu prüfen, bei welchen neu eingestellten Arbeitnehmern eine Versicherungspflicht in der Krankenversicherung besteht. Welcher Arbeitnehmer kann sich von der Versicherungspflicht befreien lassen? Sehen Sie dazu noch die folgende Information.

a) Ein Dipl.-Ing. in der Entwicklungsarbeit, monatliches Bruttogehalt 6.000,00 €
b) Ein Mitarbeiter in der Buchhaltung, monatliches Bruttogehalt 2.400,00 €
c) Ein Schlosser, monatliches Bruttogehalt 2.800,00 €, leidet an chronischem Gallenleiden
d) Ein kfm. Auszubildender, Ausbildungsvergütung 640,00 € brutto im Monat
e) Ein Außendienstmitarbeiter, monatliches Bruttogehalt 2.500,00 €, hat bereits eine private Krankenzusatzversicherung abgeschlossen

Versicherungsfreiheit

Nicht der Versicherungspflicht unterliegen u. a.

- Arbeitnehmer, deren Einkommen die Versicherungspflichtgrenze überschreitet. Diese liegt 2020 bei 62.550,00 € Jahreseinkommen. Beim Überschreiten der Versicherungspflichtgrenze endet die Versicherungspflicht mit Ablauf des Jahres, in dem sie überschritten wird.
- Beamte oder Personen, die nach beamtenrechtlichen Vorschriften oder Grundsätzen bei Krankheit Anspruch auf Fortzahlung der Bezüge und auf Beihilfe oder Heilfürsorge haben.
- Selbstständige, sofern sie nicht als Landwirte oder - mit Einschränkungen - als Künstler oder Publizisten tätig sind.
- Studenten, die gegen Arbeitsentgelt beschäftigt sind.
- Geringfügig Beschäftigte, die nicht mehr als 450,00 € monatlich verdienen

137. Welche Aussage über die Abführung von Lohn- und Gehaltsabzügen ist richtig?

a) Die einbehaltene Lohnsteuer wird vom Arbeitgeber an die für die Arbeitnehmer zuständigen Finanzämter überwiesen.
b) Die einbehaltene Kirchensteuer wird vom Arbeitgeber an die für Arbeitnehmer zuständigen Finanzämter überwiesen.
c) Die einbehaltenen Sozialversicherungsbeiträge werden vom Arbeitgeber - je nach Versicherungszweig - an die Krankenkassen und Rentenversicherungsanstalten überwiesen.
d) Die einbehaltene Lohn- und Kirchensteuer und die Sozialversicherungsbeiträge werden an das für den Arbeitgeber zuständige Finanzamt überwiesen, das dann die Verteilung an die zuständigen Stellen vornimmt.
e) Die einbehaltenen Sozialversicherungsbeiträge von versicherungspflichtigen Arbeitnehmern werden jeweils an die Krankenkassen überwiesen, bei denen die Arbeitnehmer versichert sind.

138. Was muss der Arbeitnehmer dem Arbeitgeber für das elektronischen Lohnsteuerverfahren „ElsterLohn II" mitteilen?

a) Nur das Geburtsdatum
b) Die Änderung des Familienstandes
c) Die gewählte Steuerklasse
d) Seinen ständigen Wohnsitz
e) Die Steuer-Identifikationsnummer und das Geburtsdatum

139. In welche Ausgabengruppen sind die aufgelisteten Ausgaben, die ein steuerpflichtiger Arbeitnehmer im letzen Veranlagungszeitraum nachweisen konnte, einzuordnen? Schreiben Sie den Buchstaben der zutreffenden Ausgabengruppe vor die Ausgabe.

Ausgabengruppen

a) Werbungskosten
b) Sonderausgaben
c) Außergewöhnliche Belastungen

Ausgaben

[ ] Kontoführungsgebühren für das Gehaltskonto

[ ] Beiträge zur gesetzlichen Pflegeversicherung

[ ] Gezahlte Kirchensteuer

[ ] Prämie für Kfz-Haftpflichtversicherung

[ ] Krankheitskosten, die nicht von der Krankenkasse getragen werden und die zumutbare Eigenbelastung übersteigen

[ ] Gewerkschaftsbeitrag „ver.di"

Wirtschafts- und Sozialkunde

140. Welche Aussage über das elektronische Lohnsteuerverfahren „ElsterLohn II" ist zutreffend?

a) Jeder Lohnsteuerpflichtige muss jährlich seine Daten an das Bundeszentralamt für Steuern in Bonn übermitteln.

b) Das elektronische Lohnsteuerverfahren „ElsterLohn II" ergänzt die bisherige Lohnsteuerkarte aus Papier.

c) Die neu eingeführte Steuer-Identifikationsnummer gilt nur für den aktuellen Wohnsitz, muss also nach einem Wohnungswechsel neu beantragt werden.

d) Die Arbeitnehmer müssen sich nach wie vor für den Erhalt und die Weiterleitung der Lohnsteuerkarte kümmern.

e) Das elektronische Lohnsteuerverfahren „ElsterLohn II" ersetzt die bisherige Lohnsteuerkarte aus Papier.

141. Was muss der Arbeitgeber u. a. auf der Lohnsteuerbescheinigung eintragen?

a) Den Betrag der vermögenswirksamen Leistungen

b) Die steuerfreien Geldgeschenke bei Arbeitsjubiläen

c) Die Steuerfreibeträge

d) Die Änderung des Familienstandes

e) Die Änderung des Wohnsitzes

f) Die Änderung der Steuerklasse

142. Im Lohnbüro müssen bestimmte Angaben in Arbeitspapiere eingetragen werden. Ordnen Sie zu.

Angaben

a) Urlaubsansprüche und genommene Urlaubstage

b) Gesetzlicher Mindesturlaub

c) Einbehaltene vermögenswirksamen Leistungen

d) Arbeitgeberanteil zur Arbeitslosenversicherung

e) Genommene Sonderurlaubstage für Hochzeit

f) Steuernummer des Arbeitnehmers beim Wohnsitzfinanzamt

g) Beitragspflichtiges Bruttoarbeitsentgelt

h) Arbeitgeberanteil zur Vermögensbildung

i) Einbehaltene Lohn- u. Kirchensteuer, Solidaritätszuschlag, steuerpflichtiges Entgelt

Arbeitspapiere

[ ] Lohnsteuerbescheinigung

[ ] Meldung zur Sozialversicherung

[ ] Urlaubsbescheinigung

143. Eine 28-jährige berufstätige Frau, ledig, ein Kind, nimmt eine zusätzliche Tätigkeit auf und verdient dabei monatlich 600 €. In welche Steuerklasse wird sie eingestuft?

a) Sie erhält Steuerklasse I.

b) Sie erhält Steuerklasse II.

c) Sie kann zwischen Steuerklasse I und VI wählen.

d) Sie kann zwischen Steuerklasse II und VI wählen.

e) Sie erhält grundsätzlich in diesem Fall Steuerklasse VI.

f) Sie kann zwischen Steuerklasse III und V wählen.

144. Was muss bei der Berechnung des Bruttoverdienstes berücksichtigt werden?

a) Vorschüsse

b) Gepfändete Beträge

c) Leistungszulage

d) Lohnsteuer

e) Arbeitnehmeranteil an den vermögenswirksamen Leistungen

145. Ordnen Sie zu.

Steuerklassen

a) Steuerklasse I

b) Steuerklasse II

c) Steuerklasse III

d) Steuerklasse IV

e) Steuerklasse V

f) Steuerklasse VI

Arbeitsverhältnisse

[ ] Ledige, geschiedene und verwitwete Arbeitnehmer, ohne Kind

[ ] Für jedes zweite und weitere gleichzeitig bestehende Dienstverhältnis des Arbeitnehmers

[ ] Verheiratete Arbeitnehmer mit einem Arbeitsverhältnis, wenn der Ehegatte keinen Arbeitslohn bezieht

146. Wer vergibt die Steuer-Identifikationsnummer?

a) Die Arbeitsagentur
b) Die Gemeinde
c) Der Arbeitgeber
d) Die Finanzbehörde
e) Das Landratsamt

147. Frau May, Angestellte, erhält ihre Lohnsteuerbescheinigung (siehe Abb.). Sie füllt ihre Einkommensteuererklärung aus und möchte folgende Ausgaben steuerlich absetzen:

Gewerkschaftsbeiträge	**140,00 €**
Fahrtkosten zur Arbeitsstätte	**640,00 €**
Jahresabonnement für Opernhaus	**150,00 €**
Bezugsgebühren Sportzeitschrift „Kicker"	**25,00 €**
Bezugsgebühren Fachzeitschrift „Der Bankkaufmann"	**30,00 €**

Ihr liegt der unten abgebildete Auszug aus dem Einkommensteuergesetz vor.
a) Wie viel € kann Frau May als Werbungskosten geltend machen?
b) In welcher Gesamthöhe sind für Frau May Sonderausgaben angefallen? Tragen Sie die Lösungen in obiges Kästchen ein.

IV. Lohnsteuerbescheinigung für das Kalenderjahr 20.. und besondere Angaben			
1. Dauer des Dienstverhältnisses	vom – bis 01.01. 31.12. 20..	vom - bis	vom - bis
2. Zeitraum ohne Anspruch auf Arbeitslohn	Anzahl „U"	Anzahl „U"	Anzahl „U"
3. Bruttoarbeitslohn einschließlich Sachbezüge	€ 23.200	€	€
4. Einbehaltene Lohnsteuer von 3	1 550		
5. Einbehaltener Solidaritätszuschlag von 3	116		
6. Einbehaltene Kirchensteuer von 3	124		
7. Einbehaltene Kirchensteuer des Ehegatten von 3			
8. In 3 enthaltene steuerbegünstigte Versorgungsbezüge			
9. Steuerbegünstigte Versorgungsbezüge für mehrere Kalenderjahre			
⋮	⋮	⋮	⋮
17. Steuerfreier Arbeitslohn			
23. Arbeitnehmeranteil am Gesamtsozialversicherungsbeitrag	4.640		
Anschrift des Arbeitgebers (lohnsteuerliche Betriebsstätte) Firmenstempel, Unterschrift	Südbank AG Bergstr. 20 30457 Hannover		
Finanzamt, an das der Arbeitgeber Die Lohnsteuer abgeführt hat	Hannover		

Wirtschafts- und Sozialkunde

Einkommensteuergesetz (Gesetzestexte)

§ 9 **Werbungskosten**
(1) Werbungskosten sind Aufwendungen zur Erwerbung, Sicherung und Erhaltung der Einnahmen. Sie sind bei der Einkunftsart abzuziehen, bei der sie erwachsen sind. Werbungskosten sind auch
1. ....
2. Steuern vom Grundbesitz, sonstige öffentliche Abgaben und Versicherungsbeiträge, soweit solche Ausgaben sich auf Gebäude oder auf Gegenstände beziehen, die dem Steuerpflichtigen zur Einnahmeerzielung dienen.
3. Beiträge zu Berufsständen und sonstigen Berufsverbänden, deren Zweck nicht auf einen wirtschaftlichen Geschäftsbetrieb gerichtet ist.
4. Aufwendungen des Arbeitnehmers für Fahrten zwischen Wohnung und Arbeitsstätte.
5. Notwendige Mehraufwendungen, die einem Arbeitnehmer wegen einer aus beruflichem Anlass begründeten doppelten Haushaltsführung entstehen ...
6. Aufwendungen für Arbeitsmittel, zum Beispiel für ...

Sonderausgaben
§ 10
(1) Sonderausgaben sind die folgenden Aufwendungen, wenn sie weder Betriebsausgaben noch Werbungskosten sind:
1. Unterhaltsleistungen an den geschiedenen oder dauernd getrennt lebenden unbeschränkt einkommenssteuerpflichtigen Ehegatten ...
2. Beiträge zu Kranken-, Pflege-, Unfall- und Haftpflichtversicherungen, zu den gesetzlichen Rentenversicherungen und an die Bundesversicherungsanstalt für Arbeit.
3. Gezahlte Kirchensteuer
4. ....
5. ....

148. Nachstehende Arbeitnehmerinnen bzw. Arbeitnehmer arbeiten in Betrieben mit mehr als 50 vollzeitbeschäftigten Arbeitnehmern (ohne leitende Angestellte). Welche bzw. welcher von ihnen kann sich in den folgenden Fälle erfolgversprechend auf das Kündigungsschutzgesetz berufen?

a) Der Auszubildende Franz wird nach dem Bestehen der Abschlussprüfung nicht als Angestellter übernommen.
b) Dem Schlosser Müller wird nach einer viermonatigen Beschäftigungsdauer wegen Auftragsmangel gekündigt.
c) Der Verkäuferin Inge Zettl wird der auf achtzehn Monate befristete Arbeitsvertrag nicht verlängert.
d) Der kaufmännischen Angestellten Anita Riederer wird der über zwölf Monate befristete Arbeitsvertrag nicht verlängert, obwohl sie im sechsten Monat schwanger ist.
e) Der Dachdecker Christian Kühne hat einen unbefristeten Arbeitsvertrag. Ihm wird nach einer siebenmonatigen Beschäftigungsdauer wegen längerer Krankheit gekündigt.

149. Ordnen Sie zu.

Vorschriften aus dem Arbeitsrecht

a) Eine Kündigung ohne Anhörung des Betriebsrates ist unwirksam.
b) Die regelmäßige wöchentliche Arbeitszeit beträgt in der Metallindustrie 37,5 Std.
c) Eine Kündigung ist rechtsunwirksam, wenn sie sozial ungerechtfertigt ist.
d) Das Arbeitsverhältnis eines Angestellten kann unter Einhaltung einer Kündigungsfrist von sechs Wochen zum Schluss eines Kalendervierteljahres gekündigt werden.
e) Ein Auszubildender kann nach der Probezeit aus wichtigem Grund kündigen.
f) Eine Mutter genießt Kündigungsschutz bis zum Ablauf von zwei Monaten nach Beendigung des Mutterschaftsurlaubs.
g) Die Regelarbeitszeit für Jugendliche beträgt 40 Stunden pro Woche.
h) Wird im Streitfall von einer Einigungsstelle erlassen.

Rechtsgrundlagen

[ ] Kündigungsschutzgesetz
[ ] Tarifvertrag
[ ] Betriebsverfassungsgesetz

Zu den nächsten zwei Aufgaben siehe die abgebildeten Vorschriften zu den Kündigungsfristen.

§ 622. [Kündigungsfrist bei Arbeitsverhältnissen]

(1) Das Arbeitsverhältnis eines Arbeiters oder eines Angestellten (Arbeitnehmers) kann mit einer Frist von vier Wochen zum Fünfzehnten oder zum Ende eines Kalendermonats gekündigt werden.

(2) [1]Für eine Kündigung durch den Arbeitgeber beträgt die Kündigungsfrist, wenn das Arbeitsverhältnis in dem Betrieb oder Unternehmen

1. zwei Jahre bestanden hat, einen Monat zum Ende eines Kalendermonats,
2. fünf Jahre bestanden hat, zwei Monate zum Ende eines Kalendermonats,
3. acht Jahre bestanden hat, drei Monate zum Ende eines Kalendermonats,
4. zehn Jahre bestanden hat, vier Monate zum Ende eines Kalendermonats,
5. zwölf Jahre bestanden hat, fünf Monate zum Ende eines Kalendermonats,
6. fünfzehn Jahre bestanden hat, sechs Monate zum Ende eines Kalendermonats,
7. zwanzig Jahre bestanden hat, sieben Monate zum Ende eines Kalendermonats.

Der Mitarbeiterin Petra Martin wurde aus zwingenden betrieblichen Gründen gekündigt. Die sozial gerechtfertigte Kündigung erfolgte mit Zustimmung des Betriebsrates und ging ihr am 7. April 2020 zu. Einzelvertragliche und tarifvertragliche Kündigungsfristen wurden nicht vereinbart.
Folgende Daten sind bekannt:

Name	Geburtsdatum	Eintritt in den Betrieb
Martin, Petra	16.02.1990	02.01.2012

150. Ermitteln Sie für Frau Martin mit Hilfe der abgebildeten gesetzlichen Bestimmungen das Datum des Ausscheidens aus dem Betrieb! Tragen Sie das Datum (Monat, Tag) unmittelbar in die Kästchen ein.

151. Eine weitere Mitarbeiterin, 29 Jahre alt, seit 6 Jahren beschäftigt, will zum 31.12. kündigen. Wann muss ihre Kündigung spätestens beim Unternehmen eingehen? Tragen Sie das Datum (Monat, Tag) in das Kästchen ein.

152. Welche Aussage entspricht den Rechtsvorschriften zur Kündigung von Arbeitsverhältnissen?
a) Die ordentliche Kündigung ist immer eine fristlose Kündigung.
b) Ein Arbeitnehmer, dem eine bessere Stelle angeboten wurde, kann fristlos kündigen.
c) Eine ordentliche Kündigung, die mit dem Verhalten des Arbeitnehmers begründet wird, ist an keine Fristen gebunden.
d) Wegen mehrmaliger verspäteter Lohnzahlung kann ein Arbeitnehmer fristlos kündigen.
e) Ein Arbeitnehmer, der in eine 50 km weit entfernte Filiale versetzt wird, kann fristlos kündigen.

153. Eine schwangere Bankangestellte will bis wenige Tage vor der Entbindung arbeiten. Ist das gemäß Mutterschutzgesetz zulässig?
a) Ja, wenn dringende betriebliche Erfordernisse vorliegen
b) Ja, wenn die Schwangere auf Erziehungsgeld verzichtet
c) Ja, sie darf auf ihren ausdrücklichen Wunsch bis zur Entbindung weiter beschäftigt werden.
d) Nein, es gilt laut Mutterschutzgesetz absolutes Arbeitsverbot sechs Wochen vor der Entbindung.
e) Nein, es gelten in jedem Fall die Schutzfristen acht Wochen vor und sechs Wochen nach der Entbindung.

154. In welchem Fall ist eine Kündigung sozial nicht gerechtfertigt?
a) Bei mangelnder Eignung des Arbeitnehmers
b) Bei unzureichender Qualifikation des Arbeitnehmers
c) Bei Störung des Betriebsfriedens durch den Arbeitnehmer
d) Bei Erkrankung des Arbeitnehmers
e) Bei Vertragsverletzung durch den Arbeitnehmer

Wirtschafts- und Sozialkunde

155. Welche zwei der folgenden Aussagen zum Kündigungsschutz sind zutreffend?

a) Die Rechte von Arbeitnehmern nach dem Kündigungsschutzgesetz können einzelvertraglich ausgeschlossen werden, wenn die Arbeitnehmer mindestens 15 % über dem für sie gültigen Gehaltstarifvertrag bezahlt werden.

b) Hält der Betriebsrat Kündigungen für sozial ungerechtfertigt, muss der Arbeitgeber innerhalb einer Frist von drei Wochen Klage vor dem Arbeitsgericht einreichen.

c) Durch Tarifverträge können die gesetzlichen Kündigungsfristen zugunsten der Arbeitnehmer verlängert werden.

d) Kündigungen von Mitgliedern des Betriebsrates sind nach dem Kündigungsschutzgesetz ausgeschlossen.

e) Die Höchstabfindung nach dem Kündigungsschutzgesetz darf ein Jahresgehalt nicht übersteigen.

f) Wenn der aus betrieblichen Gründen zu kündigende Arbeitnehmer an einem anderen Arbeitsplatz weiterbeschäftigt werden kann, ihm dieses aber nicht angeboten wird, ist die Kündigung sozial ungerechtfertigt.

156. Welcher Personenkreis genießt einen besonderen gesetzlichen Kündigungsschutz (drei Antworten)?

a) Leitende Angestellte

b) Mitglieder des Betriebsrates

c) Sicherheitsbeauftragte für die Unfallverhütung

d) Betriebliche Ausbilder

e) Werdende Mütter

f) Alle Auszubildenden nach Ablauf der Probezeit

g) Auszubildende in der Probezeit

157. Für welche Personengruppe ist gesetzlich ein besonderer Kündigungsschutz vorgeschrieben?

a) Für alle weiblichen Arbeitnehmer

b) Für alle kaufmännischen Angestellten, die zum Wehrdienst einberufen sind

c) Für alle kaufmännischen Angestellten während der Probezeit

d) Für alle Gewerkschaftsmitglieder

e) Für alle Handlungsbevollmächtigten

f) Für alle leitenden Angestellten

158. Ermitteln Sie aufgrund der nachstehenden Personalstatistik die Gesamtzahl der Personen, die bei einer Betriebsverschlankung nicht entlassen werden dürfen, da sie einen besonderen gesetzlichen Kündigungsschutz genießen. Tragen Sie das Ergebnis in das Kästchen ein.

PERSONALSTATISTIK (Auszug)			
		männlich	weiblich
Kfm. Verwaltung	Vollzeit Teilzeit	370 10	195 50
Produktion	Vollzeit Teilzeit	406 101	99 167
Außendienstmitarbeiter		42	6
Schwerbehinderte		40	31
Aushilfen/Praktikanten		2	4
Mitarbeiter der Hausverwaltung		13	25
Mitarbeiter der Kantinenverwaltung		2	5
Wehrdienst-/Ersatzdienstleistende		2	0
Arbeitnehmerinnen im Mutterschutz		0	15

159. Welche der nachstehenden Aussagen zur Kündigung eines Arbeitsverhältnisses tangieren bezüglich der gesetzlichen Vorschriften
a) nur das Arbeitsverhältnis?
b) nur das Berufsausbildungsverhältnis?
c) sowohl das Arbeits- als auch das Berufsausbildungsverhältnis?
Tragen Sie den jeweils zutreffenden Buchstaben in das Kästchen vor der zugehörigen Aussage ein.

[ ] Aus einem wichtigen Grund kann jederzeit ohne Einhaltung einer Kündigungsfrist gekündigt werden.

[ ] Für den Arbeitnehmer/Auszubildenden gilt nach der Probezeit eine Kündigungsfrist von vier Wochen.

[ ] Der Arbeitgeber/Ausbildende hat ggf. auch verlängerte Kündigungsfristen zu beachten.

[ ] Die Kündigung muss schriftlich erfolgen.

[ ] Bei Kündigung aus wichtigem Grund ist der Kündigungsgrund anzugeben.

160. Welche der nachstehenden ordentlichen Kündigungen ist
a) personenbedingt?
b) verhaltensbedingt?
c) betriebsbedingt?
Tragen Sie den zutreffenden Buchstaben in das Kästchen vor der zugehörigen Kündigung ein.

[ ] Gekündigt wird der Mitarbeiterin Marina Schröder wegen wiederholter Unpünktlichkeit.

[ ] Gekündigt wird dem Geldboten Michael Hintermeier, da der Geldtransport jetzt vollständig durch ein Sicherheitsunternehmen erfolgen soll.

[ ] Gekündigt wird der Mitarbeiterin in der Kundeninformation wegen wiederholter Unfreundlichkeit gegenüber den Kunden.

[ ] Gekündigt wird dem Anlagenberater Christian Schwarz, der nicht in der Lage ist, sich den sich ändernden Anforderungen seines Arbeitsplatzes anzupassen.

161. Wann muss der Angestellte Dieter Hahn unter Beachtung der gesetzlichen Kündigungsfrist spätestens kündigen, wenn er am 01. Januar des nächsten Jahres bei einem anderen Unternehmen eine Arbeitsstelle antreten will? Tragen Sie das Datum in das Kästchen ein.

[ ]

162. Welche drei Aussagen zum Mutterschutzgesetz sind richtig?

a) Auf Wunsch können Wöchnerinnen sofort nach der Entbindung ihrer früheren Tätigkeit im Betrieb wieder nachgehen.
b) Bis 6 Wochen vor der Entbindung darf eine werdende Mutter mit schweren körperlichen Arbeiten beschäftigt werden.
c) In den letzten 6 Wochen vor der Entbindung dürfen werdende Mütter nicht beschäftigt werden, es sei denn, dass sie sich zur Arbeitsleistung ausdrücklich bereit erklären.
d) Eine werdende Mutter darf auf eigenen Wunsch Akkordarbeit verrichten.
e) Während der gesamten Zeit der Schwangerschaft darf eine werdende Mutter nicht länger als 4 Stunden am Tag eine stehende Tätigkeit ausüben.
f) Sechs Wochen vor und acht Wochen nach der Entbindung besteht grundsätzlich ein Beschäftigungsverbot.
g) Werdende und stillende Mütter dürfen an Sonn- und Feiertagen grundsätzlich nicht beschäftigt werden.

163. Ordnen Sie zu.

Gesetze

a) Betriebsverfassungsgesetz
b) Jugendarbeitsschutzgesetz
c) Berufsbildungsgesetz
d) Kündigungsschutzgesetz
e) Mutterschutzgesetz

Rechtliche Bestimmungen

[ ] Jugendliche dürfen nur an fünf Tagen in der Woche beschäftigt werden.

[ ] Dem Auszubildenden dürfen nur Verrichtungen übertragen werden, die dem Ausbildungszweck dienen und seinen körperlichen Kräften angemessen sind.

[ ] Der Betriebsrat ist vor jeder Kündigung zu hören. Eine ohne Anhörung des Betriebsrats ausgesprochene Kündigung ist unwirksam.

[ ] Die Kündigung eines seit über 6 Monaten in demselben Betrieb ohne Unterbrechung beschäftigten Arbeitnehmers ist rechtsunwirksam, wenn sie sozial ungerechtfertigt ist.

[ ] Die Kündigung einer Frau während der Schwangerschaft und bis zum Ablauf von vier Monaten nach der Entbindung ist unzulässig.

Wirtschafts- und Sozialkunde

164. Wer ist Jugendlicher im Sinne des Jugendarbeitsschutzgesetzes?

a) Derjenige, der 7, aber noch nicht 18 Jahre alt ist
b) Derjenige, der 10, aber noch nicht 18 Jahre alt ist
c) Derjenige, der 14, aber noch nicht 18 Jahre alt ist
d) Derjenige, der 15, aber noch nicht 18 Jahre alt ist
e) Derjenige, der 15, aber noch nicht 21 Jahre alt ist

165. Welche zwei der folgenden Tatbestände bezüglich der Beschäftigung von Jugendlichen sind im Jugendarbeitsschutzgesetz geregelt?

a) Bei mehr als fünf beschäftigten Personen, die das 18. Lebensjahr noch nicht vollendet haben, ist eine Jugend- und Auszubildendenvertretung zu wählen.
b) Jugendliche im Sinne dieses Gesetztes sind alle Personen, die das 7. Lebensjahr vollendet haben, aber noch nicht 18 Jahre alt sind.
c) Der Arbeitgeber hat den Jugendlichen an dem Arbeitstag, der der schriftlichen Abschlussprüfung unmittelbar vorangeht, freizustellen.
d) Jugendliche dürfen nicht mehr als 8 Stunden täglich und nicht mehr als 40 Stunden wöchentlich beschäftigt werden.
e) Die Ruhepausen müssen bei einer Arbeitszeit von mehr als sechs Stunden mindestens 30 Minuten betragen.
f) Das Jugendarbeitsschutzgesetz gilt für Personen, die sich in der Berufsausbildung befinden, sofern sie das 25. Lebensjahr noch nicht vollendet haben.

166. Ordnen Sie 3 der 6 nachstehenden Leistungen, die im Rahmen der sozialen Absicherung der Arbeitnehmer zu erbringen sind, den bezahlenden Institutionen zu.

Leistungen

a) Sozialhilfe für Langzeitarbeitslose
b) Kindergeld
c) Krankheitskosten nach einem Arbeitsunfall
d) Krankengeldzuschuss
e) Gesetzliches Mutterschaftsgeld
f) Altersruhegeld

Institutionen

[ ] Arbeitsagentur
[ ] DRV – Deutsche Rentenversicherung
[ ] Verwaltungsgenossenschaft

167. Ordnen Sie zu.

Gesetze

a) Betriebsverfassungsgesetz
b) Tarifvertragsgesetz
c) Mitbestimmungsgesetz
d) Jugendarbeitsschutzgesetz
e) Schwerbehindertengesetz
f) Kündigungsschutzgesetz
g) Berufsbildungsgesetz

Bestimmungen

[ ] Arbeitgeber und Betriebsrat arbeiten unter Beachtung der geltenden Tarifverträge vertrauensvoll zusammen.
[ ] Die Probezeit muss mindestens einen Monat und darf höchstens vier Monate betragen.
[ ] Bei Stimmengleichheit hat der Aufsichtsratsvorsitzende bei einer erneuten Abstimmung zwei Stimmen.

168. Ordnen Sie den genannten Fällen den zutreffenden Buchstaben bezüglich der Verpflichtung zur Leistung zu.

Zu Leistung verpflichtet

a) Rentenversicherungsträger
b) Krankenversicherungsträger
c) Keiner der beiden

Fälle

[ ] Frau Huber wird durch eine Krankheit berufsunfähig.
[ ] Herr Buchner erleidet am Arbeitsplatz einen Herzinfarkt und muss im Krankenhaus behandelt werden.
[ ] Herr Schmudke kommt auf dem Weg zur Arbeitsstelle mit seinem Pkw von der Straße ab. Er wird nicht verletzt. Sein Fahrzeug ist jedoch schwer beschädigt.
[ ] Herr Schwaiger geht in den tariflich geregelten Vorruhestand.
[ ] Frau Munz, die sich seit einem Jahr für fast jeden Montag krankmeldet, wurde gekündigt.

169. Der 55-jährige Mitarbeiter der XY-Bank, Herr Alois Oberhofer, kam auf dem Weg zu seiner Arbeitsstelle mit seinem Pkw auf regennasser Fahrbahn ins Schleudern und prallte gegen einen Baum. Seine Verletzungen sind so schwerwiegend, dass er keiner Erwerbstätigkeit mehr nachgehen kann. Ein Fremdverschulden lag nicht vor. Wer hat die Rentenzahlungen an Herrn Oberhofer bis zum Erreichen der beruflichen Altersgrenze zu übernehmen?

a) Die gesetzliche Arbeitslosenversicherung
b) Die Krankenversicherung des Herrn Alois Oberhofer
c) Die gesetzliche Pflegeversicherung
d) Die gesetzliche Rentenversicherung
e) Der gesetzliche Unfallversicherungsträger

170. Ordnen Sie zwei der genannten Situationen den zutreffenden Leistungsträgern zu.

Situationen

a) Nach einem selbstverschuldeten Verkehrsunfall auf dem direkten Weg zur Arbeit wird ein Mitarbeiter in der Unfallklinik behandelt.
b) Ein Mitarbeiter verletzt sich beim Fußballspielen mit seinem Sohn und erhält eine Erstversorgung in der Unfallklinik.
c) Ein Mitarbeiter erhält nach einem schweren Unfall beim Bergsteigen eine Rente wegen Erwerbsminderung.
d) Ein Mitarbeiter erhält nach einem Sportunfall eine Leistung aus seiner privaten Unfallversicherung.
e) Der private Pkw eines Beraters wird auf einer Fahrt zum Kunden bei Glatteis durch einen Unfall beschädigt. Der Schaden beträgt 5.500,00 €. Der Mitarbeiter bleibt unverletzt.

Leistungsträger

[ ] Berufsgenossenschaft
[ ] Deutsche Rentenversicherung

171. Die soziale Absicherung in Deutschland, insbesondere die Rentenversicherung, wird in Deutschland in den letzten Jahren stark diskutiert. Welche <u>zwei</u> diesen Zusammenhang betreffenden Aussagen sind zutreffend?

a) Der „Generationenvertrag“ besagt, dass jede Generation für sich selbst Vorsorge für das Alter betreiben muss. Dies wird auf Grund der steigenden Lebenserwartung zunehmend schwieriger.
b) Der „Generationenvertrag“ besagt, dass die jeweils arbeitende Generation durch Beitragszahlung die Renten der jeweiligen Rentengeneration finanziert.
c) Der „Generationenvertrag“ besagt, dass jede Generation durch ihre Beitragszahlungen den Kapitalstock für die Rentenzahlungen an alle bedient. Dies wird in Zeiten hoher Arbeitslosigkeit tendenziell schwieriger.
d) Die „Riester-Rente“ soll die in den letzten Jahrzehnten entstandene Versorgungslücke schließen.
e) Die „Riester-Rente“ soll die durch Absenkung des Rentenniveaus zukünftig entstehende Versorgungslücke schließen.
f) Die betriebliche Altersversorgung ist unabhängig von der staatlichen Sozialpolitik.

172. Die Rentenversicherung basiert u. a. auf dem grundlegenden Prinzip des „Generationenvertrages“. Was ist darunter zu verstehen?

a) Einer muss für den Anderen in der Familie einstehen.
b) Vorrangig hat der Staat für die Absicherung aller Generationen zu sorgen.
c) Der Staat übernimmt nur solche Aufgaben, die nachgeordnete Institutionen, wie z. B. Familie, nicht erfüllen können.
d) Die jüngere Generation sichert zum Teil die Altersversorgung für die ältere Generation.
e) In einer sozialen Marktwirtschaft hat der Staat grundsätzlich alle Wechselfälle seiner Bürger abzusichern.

173. In welcher Aussage ist die gegenwärtige Rentenanpassung richtig beschrieben?

a) Die Renten steigen in bestimmten Zeitabständen automatisch um den gleichen Prozentsatz wie die Nettolöhne.
b) Die Renten steigen in bestimmten Zeitabständen automatisch um den gleichen Prozentsatz wie die Bruttolöhne.
c) Die Renten werden in bestimmten Zeitabständen durch ein Bundesgesetz dem Lebenshaltungskostenindex angepasst.
d) Die Renten werden in bestimmten Zeitabständen durch ein Bundesgesetz der Entwicklung der Bruttolöhne entsprechend erhöht.
e) Die Renten werden in bestimmten Zeitabständen durch ein Bundesgesetz der Entwicklung der Nettolöhne angepasst.

Wirtschafts- und Sozialkunde

174. Welche Leistung erbringt die Rentenversicherung?

a) Krankengeld
b) Verletztenrente
c) Sterbegeld
d) Erwerbsminderungsrente
e) Mutterschaftsgeld
f) Kurzarbeitergeld

175. Ordnen Sie zu.

Aussagen

a) Die Beiträge zu dieser Versicherung sind in allen Fällen allein vom Arbeitgeber aufzubringen.
b) Angestellte sind in dieser Versicherung nur dann pflichtversichert, wenn ihr regelmäßiger Jahresarbeitsverdienst eine bestimmte Grenze nicht überschreitet.
c) Die Versicherungsjahre setzen sich aus Beitragszeiten, Ersatz- u. Ausfallzeiten und der Zurechnungszeit zusammen.
d) Träger dieser Versicherung ist die Bundesagentur für Arbeit.
e) Träger dieser Versicherung ist die Deutsche Rentenversicherung DRV.

Zweige der Sozialversicherung

[ ] Krankenversicherung
[ ] Unfallversicherung
[ ] Arbeitslosenversicherung

176. Welche Leistung erbringt die Deutsche Rentenversicherung DRV?

a) Betriebsrente
b) Krankengeld
c) Erwerbsminderungsrente
d) Kurzarbeitergeld
e) Umschulung aus Arbeitsmarktgründen
f) Der Träger dieser Versicherung zahlt Altersruhegeld.

177. Ordnen Sie zu.

Versicherungsträger

a) Deutsche Rentenversicherung Bund
b) Deutsche Rentenversicherung Regional
c) Bundesagentur für Arbeit
d) Private Krankenkassen
e) Pflicht- und Ersatzkassen
f) Berufsgenossenschaften

Sozialversicherungszweige

[ ] Gesetzliche Krankenversicherung
[ ] Arbeitslosenversicherung
[ ] Gesetzliche Unfallversicherung

178. Ordnen Sie zu.

Leistungsfälle

a) Ein Angestellter verursacht auf dem Heimweg von der Arbeit einen Autounfall mit Sachschaden an seinem Pkw.
b) Ein Buchhalter verunglückt auf einer Urlaubsreise und wird erwerbsunfähig.
c) Ein arbeitsloser Lohnbuchhalter wird umgeschult.
d) Eine Stenotypistin wird am Blinddarm operiert.
e) Ein Handlungsreisender verunglückt mit seinem Pkw auf einer Fahrt zu Kunden und wird erwerbsunfähig.
f) Ein Arbeiter erhält Altersrente.
g) Eine Arbeitnehmerin erhält Mutterschaftsgeld.

Sozialversicherungsträger

[ ] Deutsche Rentenversicherung DRV
[ ] Berufsgenossenschaft
[ ] Bundesagentur für Arbeit

179. Ordnen Sie zu.

Leistungen

a) Erwerbsminderungsrente
b) Arbeitslosengeld II
c) Verletztenrente
d) Familienhilfe
e) Sozialhilfe
f) Schmerzensgeld

Leistungsträger

[ ] Ersatzkasse
[ ] Berufsgenossenschaft
[ ] Deutsche Rentenversicherung DRV
[ ] Bundesagentur für Arbeit

180. Ordnen Sie zu.

Leistungen der gesetzlichen Sozialversicherung	**Versicherungsträger**
a) Kurzarbeitergeld	[ ] Berufsgenossenschaft
b) Übernahme der Krankheitskosten bei Freizeitunfall	[ ] Deutsche Rentenversicherung DRV
c) Altersruhegeld	[ ] Bundesagentur für Arbeit
d) Vorsorgeuntersuchung von Kindern für Angestellte	
e) Aufwendungen zur Unfallverhütung	
f) Mutterschaftshilfe	

181. Das deutsche Rentensystem ist (noch) umlagefinanziert. Welche Problematik ergibt sich für die Rente aus der abgebildeten Darstellung zur Bevölkerungsentwicklung?

a) Der Vergleich des Altersaufbaus zeigt, dass die Renten in jedem Fall gesichert sind.

b) Da 1999 der Anteil der Erwerbstätigen im Alter von 30 bis 40 Jahren sehr groß war, ist die Rente auch bis 2050 gesichert.

c) Die zunehmende Alterung in der deutschen Gesellschaft führt zu einer wachsende Belastung für die Beitragszahler im gesetzlichen Rentenversicherungssystem.

d) Der für 2050 prognostizierte Bevölkerungsaufbau für Deutschland kann für die Entwicklung der Renten nicht herangezogen werden.

e) Die Leistungen der Rentenversicherung werden in 2050 so sicher sein wie im Jahre 1999, weil die Bevölkerungszahl insgesamt im Jahr 2050 etwa gleich groß ist wie in 1999.

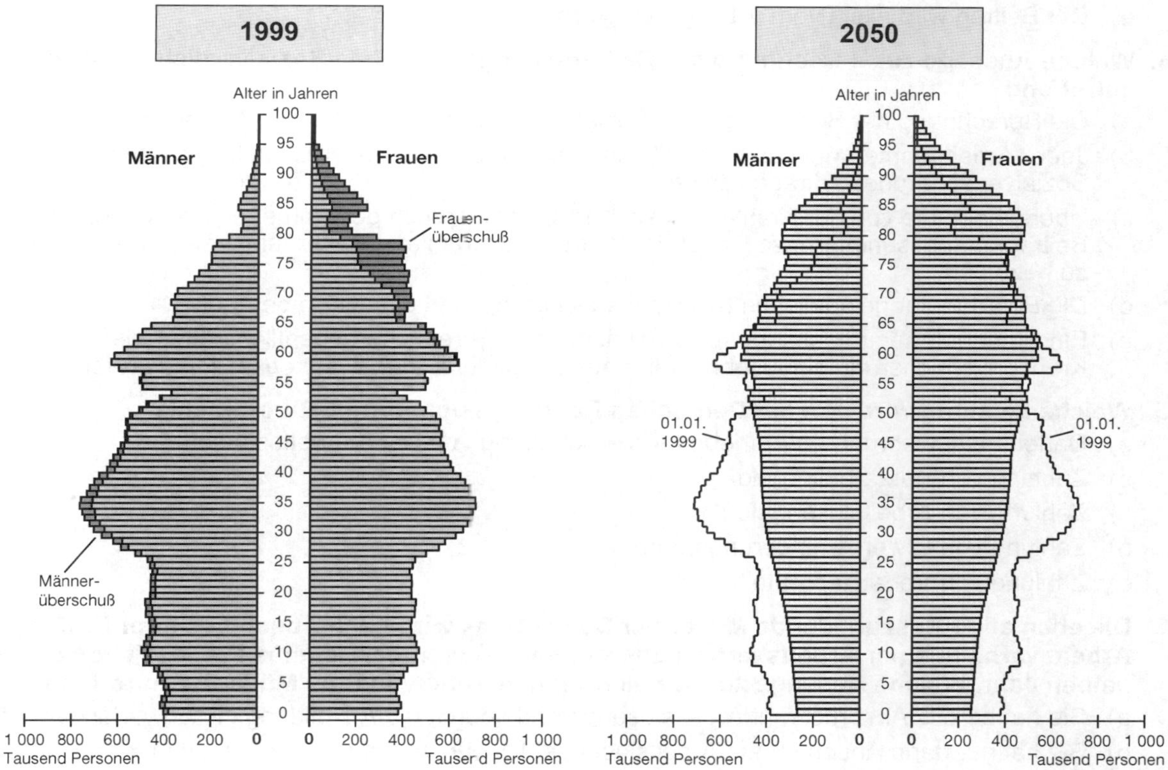

Bevölkerungspyramide Deutschland für 1999 und 2050
(Quelle: Statistisches Bundesamt (2000) Bevölkerungsentwicklung Bundesrepublik Deutschland bis zum Jahr 2050. Wiesbaden)

Wirtschafts- und Sozialkunde

182. Die Bevölkerungsentwicklung in der Bundesrepublik Deutschland lässt auf Grund des Geburtenrückganges eine Abnahme der Zahl der Erwerbstätigen bei gleichzeitiger Zunahme der Rentenempfänger erwarten. Welche Aussage über die Auswirkungen auf die gesetzliche Rentenversicherung ist richtig?

a) Eine entsprechende Erhöhung der Rentenversicherungsbeiträge und/oder der staatlichen Zuschüsse ist notwendig, wenn das derzeitige Versorgungsniveau aufrecht erhalten werden soll.
b) Die Rentenversicherung wird auch durch die Beiträge der Arbeitgeber finanziert. Deshalb ist keine Anhebung der Rentenversicherungsbeiträge notwendig.
c) Die Erwerbstätigen finanzieren ihre künftigen Renten jeweils durch die eigenen Beiträge. Die Entwicklung der Bevölkerungsstruktur hat daher keinen Einfluss auf die Rentenversicherung.
d) Die Abnahme der Zahl der Erwerbstätigen hat nach einem bestimmten Zeitraum eine entsprechende Abnahme der Rentenempfänger zur Folge. Deshalb wird die Rentenversicherung von dieser Entwicklung nicht berührt.
e) Die Rentendynamisierung sichert eine Anpassung der Renten an das jeweilige Lohnniveau. Das künftige Versorgungsniveau ist daher nur von der Entwicklung des Lohnniveaus, nicht von der Entwicklung der Bevölkerungsstruktur, abhängig.

183. Welche Aussage zur gesetzlichen Rentenversicherung ist richtig?

a) Die Höhe der Leistungen wird durch den Versicherungsvertrag vereinbart.
b) Der freiwillige Beitritt ist nicht möglich.
c) Der Beitrag richtet sich nach dem Bruttoarbeitsverdienst.
d) Der Träger ist eine juristische Person des privaten Rechts.
e) Der Beitrag wird allein vom Arbeitgeber getragen.

184. Welche Aussage zur Berechnung der Beiträge zur gesetzlichen Sozialversicherung ist zutreffend?

a) Die Berechnung der Beiträge zu den Sozialversicherungen erfolgt vom Nettolohn.
b) Jeder Arbeitnehmer, dessen monatliches Einkommen 500 € nicht übersteigt, trägt die Sozialversicherungsbeiträge alleine.
c) Übersteigen die von der Krankenkasse jährlich in Anspruch genommenen Leistungen die Beitragsbemessungsgrenze, so ist der Beitrag zur Krankenversicherung vom Arbeitnehmer alleine zu bezahlen.
d) Die Beiträge zur gesetzlichen Krankenversicherung sind einheitlich geregelt.
e) Ein Arbeitnehmer, dessen Jahresverdienst über der Versicherungspflichtgrenze der Krankenversicherung hinausgeht, kann aus der gesetzlichen Krankenkasse austreten.

185. Welche Leistung wird von der Deutschen Rentenversicherung DRV erbracht?

a) Darlehensgewährung an Betriebe für die Schaffung von Dauerarbeitsplätzen
b) Zahlung von Kurzarbeitergeld
c) Zahlung von Arbeitslosengeld II
d) Zahlung von Erwerbsminderungsrente
e) Zahlung von Verletztenrente

186. Die ehemalige Auszubildende Müller der Sofort-Bank wird nach Abschluss ihrer Prüfung ins Arbeitsverhältnis per Arbeitsvertrag übernommen. Vereinbart ist eine Probezeit von einem halben Jahr. Welche Aussage zur sozialen Absicherung von Frau Müller ist zutreffend?

a) Sie hat bereits Anspruch auf Arbeitslosengeld, da durch die Ausbildung die Anwartschaft erfüllt ist.
b) Sie hat nur dann Anspruch auf Arbeitslosengeld, wenn ihr Jahreseinkommen unter der Beitragsbemessungsgrenze liegt.
c) Sie bekommt bei einer Unterbrechung ihrer Tätigkeit ein Übergangsgeld von der Bundesagentur für Arbeit.
d) Kündigt sie ihr Arbeitsverhältnis, bekommt sie ab dem Folgemonat für ein Jahr Arbeitslosengeld.
e) Sie hat nur dann Anspruch auf Arbeitslosengeld, wenn die Deutsche Rentenversicherung (DRV) einen entsprechenden Bescheid erlässt.

187. Welche Aussage über die gesetzliche Krankenversicherung ist richtig?

a) Jeder Angestellte ist unabhängig von der Höhe seines Bruttogehaltes bei der gesetzlichen Krankenversicherung versicherungspflichtig.

b) Für die gesetzliche Krankenversicherung gibt es als einheitlichen Versicherungsträger die Allgemeinen Ortskrankenkassen, denen die Ersatz- und Betriebskrankenkassen unterstellt sind.

c) Kaufmännische Angestellte erhalten im Krankheitsfall vier Wochen ihr Gehalt weiter; danach beziehen sie Krankengeld.

d) Jedes versicherungspflichtige Belegschaftsmitglied kann sich statt bei einer Pflicht- bzw. Ersatzkasse auch bei einer Privat-Krankenkasse versichern.

e) Der Arbeitgeber muss grundsätzlich die versicherungspflichtigen Belegschaftsmitglieder zur Krankenversicherung anmelden.

f) Das Krankengeld ist für jeden Arbeitnehmer gleich hoch und unabhängig vom Verdienst.

188. Wer beschließt die Höhe der Beitragssätze in der gesetzlichen Krankenversicherung?

a) Der Bundesminister für Jugend, Familie und Gesundheit

b) Der Finanzplanungsrat der Bundesregierung

c) Der Bundestag mit Zustimmung des Bundesrates

d) Das Bundesaufsichtsamt für das Versicherungswesen

e) Die Vertreterversammlung der Krankenkasse

189. Welche Aussage über die Leistungen der Arbeitslosenversicherung ist richtig?

a) Die Höhe der Leistung richtet sich nach dem jeweiligen Tarifvertrag, eine übertarifliche Bezahlung bleibt unberücksichtigt.

b) Arbeitslosengeld wird für eine begrenzte Zeit gewährt.

c) Wer dreimal eine zumutbare Arbeit ablehnt, erhält nur noch 50 % des Arbeitslosengeldes II.

d) Während des Leistungsbezuges besteht kein Kranken- und Unfallversicherungsschutz.

e) Die Arbeitsagentur ist vor einer Zahlung verpflichtet, eine ärztliche Untersuchung des Antragstellers zur Prüfung der Anspruchsvoraussetzung durchzuführen.

190. Ein zurzeit arbeitsunfähiger Arbeitnehmer erhält sein Krankengeld nicht von der Krankenkasse, sondern von der Berufsgenossenschaft. Welche Aussage ist richtig?

a) Der Arbeitnehmer war arbeitslos, als er krank wurde.

b) Der Arbeitnehmer ist während seiner Krankheit 65 Jahre alt geworden (Ruhestand).

c) Es handelt sich um einen Angestellten, der mit seinem Verdienst über der Versicherungspflichtgrenze liegt und daher nicht krankenversicherungspflichtig ist.

d) Der Arbeitnehmer wurde durch einen Freizeitunfall erwerbsunfähig.

e) Der Arbeitnehmer ist wegen einer Berufskrankheit oder eines Arbeitsunfalls vorübergehend arbeitsunfähig.

191. Zahlreiche Risiken sind für den Arbeitnehmer durch die Sozialversicherungen abgedeckt. Für welchen Fall wäre es ratsam, zusätzlich eine Individualversicherung abzuschließen, da durch die Träger der Sozialversicherungen keine Leistung erfolgt?

a) Ein Arbeitnehmer verbringt seinen Sommerurlaub auf der Insel Rügen und erkrankt an einer Lungenentzündung. Ein Arztbesuch ist erforderlich.

b) Für den Besuch einer Fortbildungsveranstaltung wird ein Arbeitnehmer freigestellt. Auf dem Weg dorthin verunglückt er und zieht sich bleibende Schäden zu.

c) Nach 20-jähriger Betriebszugehörigkeit wird ein Arbeitnehmer erwerbsunfähig.

d) Wegen Insolvenz seines Arbeitgebers wird ein Arbeitnehmer arbeitslos.

e) Auf dem Weg zur Arbeit rammt ein Arbeitnehmer mit seinem Neuwagen beim Ausparken einen Laternenpfahl. Am Pkw entsteht ein hoher Sachschaden.

192. Welche Leistung erbringt die Bundesagentur für Arbeit?

a) Mutterschaftshilfe

b) Berufshilfe nach einem Arbeitsunfall

c) Kurzarbeitergeld

d) Sozialhilfe

e) Rente wegen Erwerbsminderung

Zu den Aufgaben nächsten beiden Aufgaben siehe nachstehenden Gesetzesauszug.

Auszug aus Betriebsverfassungsgesetz (BetrVG) – Teil 3
Erster Abschnitt
Betriebliche Jugend- und Auszubildendenvertretung

§ 60 Errichtung und Aufgabe

(1) In Betrieben mit in der Regel mindestens fünf Arbeitnehmern, die das 18. Lebensjahr noch nicht vollendet haben (jugendliche Arbeitnehmer) oder die zu ihrer Berufsausbildung beschäftigt sind und das 25. Lebensjahr noch nicht vollendet haben, werden Jugend- und Auszubildendenvertretungen gewählt.
(2) Die Jugend- und Auszubildendenvertretung nimmt nach Maßgabe der folgenden Vorschriften die besonderen Belange der in Absatz 1 genannten Arbeitnehmer wahr.

§ 61 Wahlberechtigung und Wählbarkeit

(1) Wahlberechtigt sind alle in § 60 Abs. 1 genannten Arbeitnehmer des Betriebes.
(2) Wählbar sind alle Arbeitnehmer des Betriebes, die das 25. Lebensjahr noch nicht vollendet haben; [......] Mitglieder des Betriebsrats können nicht zu Jugend- und Auszubildendenvertretern gewählt werden.

193. Die Wahl der Jugend- und Auszubildendenvertretung (JAV) steht an. Ihnen liegt der unten abgebildete EDV-Ausdruck vor. Prüfen Sie, wie viel Personen wählen dürfen. Tragen Sie das Ergebnis in das Kästchen ein.

Auszubildende der Großhandels GmbH im Alter bis zu 26 Jahren

Alter	Anzahl der Auszubildenden
16	-
17	-
18	50
19	-
20	-
21	30
22	-
23	15
24	-
25	-
26	5

194. Die Wahl einer Jugend- und Auszubildendenvertretung, die alle zwei Jahre stattfindet, wird vorbereitet. Wie viel Personen der nachfolgenden Aufstellung sind wahlberechtigt? Tragen Sie das Ergebnis in das Kästchen ein.

Mitarbeiter ohne Auszubildende	Auszubildende	Alter/Jahre
4	1	16
8	-	17
7	1	18
1	2	19
5	-	20
2	1	21
1	1	22
4	-	23
1	1	24
2	-	25
7	1	26

195. Betriebsratswahlen stehen an. Die Belegschaft der Großhandels GmbH besteht aus 157 Arbeitnehmern, die sich wie folgt zusammensetzen:

15 AN unter 18 Jahre
34 AN 18 bis 25 Jahre
108 AN 25 Jahre und älter

davon weniger als 6 Monate im Betrieb beschäftigt:

6 AN unter 18 Jahre
7 AN 18 bis 25 Jahre
8 AN 25 Jahre und älter.

Dürfen wählen:
Dürfen gewählt werden:

Wie viel Personen besitzen das aktive Wahlrecht? Wie viel Personen besitzen das passive Wahlrecht? Siehe dazu den abgebildeten Gesetzesausschnitt. Tragen Sie die Ergebnisse in das Kästchen ein.

BetrVG § 7 Wahlberechtigung

Wahlberechtigt sind alle Arbeitnehmer des Betriebs, die das 18. Lebensjahr vollendet haben. Werden Arbeitnehmer eines anderen Arbeitgebers zur Arbeitsleistung überlassen, so sind diese wahlberechtigt, wenn sie länger als drei Monate im Betrieb eingesetzt werden.

BetrVG § 8 Wählbarkeit

(1) Wählbar sind alle Wahlberechtigten, die sechs Monate dem Betrieb angehören oder als in Heimarbeit Beschäftigte in der Hauptsache für den Betrieb gearbeitet haben. Auf diese sechsmonatige Betriebszugehörigkeit werden Zeiten angerechnet, in denen der Arbeitnehmer unmittelbar vorher einem anderen Betrieb desselben Unternehmens oder Konzerns (§ 18 Abs. 1 des Aktiengesetzes) angehört hat. Nicht wählbar ist, wer infolge strafgerichtlicher Verurteilung die Fähigkeit, Rechte aus öffentlichen Wahlen zu erlangen, nicht besitzt.

(2) Besteht der Betrieb weniger als sechs Monate, so sind abweichend von der Vorschrift in Absatz 1 über die sechsmonatige Betriebszugehörigkeit diejenigen Arbeitnehmer wählbar, die bei der Einleitung der Betriebsratswahl im Betrieb beschäftigt sind und die übrigen Voraussetzungen für die Wählbarkeit erfüllen.

Zu den nächsten drei Aufgaben siehe nachstehende Situation.

Nach Abschluss ihrer Ausbildung beginnt Frau Erna Müller am 01.08. bei einem neuen Arbeitgeber als Angestellte. Bei der Feier ihres 19. Geburtstages wird sie von Arbeitskollegen gebeten, bei den Betriebsratswahlen am 02.05. nächsten Jahres zu kandidieren.

196. Ist Frau Erna Müller bei den Betriebsratswahlen wählbar (passives Wahlrecht)?
- a) Ja, weil sie bereits volljährig ist und bis zur Wahl dem Betrieb mehr als 6 Monate angehört
- b) Ja, weil alle Arbeitnehmer wählbar sind
- c) Nur wenn sie von einer Gewerkschaft vorgeschlagen wird
- d) Nur wenn sie sich verpflichtet, während der Betriebsratsamtszeit nicht zu kündigen
- e) Nein, weil sie dem Betrieb während der letzten 4-jährigen Betriebsratsperiode nicht angehört hat

197. Welche Wirkung hat eine Wahl zum Betriebsrat für Erna Müller?
- a) Ihr kann nicht gekündigt werden.
- b) Ihr könnte nur aus einem wichtigen Grund gekündigt werden.
- c) Sie hätte einen gesetzlichen Anspruch auf sechs zusätzliche Urlaubstage.
- d) Sie würde automatisch von ihrer bisherigen Tätigkeit hauptamtlich freigestellt.
- e) Sie würde für ihre Betriebsratstätigkeit eine tarifvertraglich geregelte Gehaltszulage erhalten.

198. Die Betriebsleitung der Firma, in der Frau Erna Müller jetzt arbeitet, plant in nächster Zeit mehrere Maßnahmen. Welche Maßnahme betrifft eine soziale Angelegenheit, bei der laut BetrVG der Betriebsrat Mitbestimmungsrecht hat?
- a) Durchführung von Rationalisierungsmaßnahmen
- b) Änderung der Pausenregelung
- c) Eröffnung eines Zweigwerkes
- d) Verlegung eines Betriebsteiles
- e) Einführung eines neuen Fertigungsverfahrens

199. In welchem Fall übt der Betriebsrat sein Mitbestimmungsrecht in sozialen Angelegenheiten gemäß Betriebsverfassungsgesetz aus?
- a) Der Betriebsrat verhandelt mit der Unternehmung über Rationalisierungsmaßnahmen.
- b) Der Betriebsrat nimmt Stellung zu einer vom Arbeitgeber ausgesprochenen Kündigung eines Arbeitnehmers, die er für sozial ungerechtfertigt hält.
- c) Der Betriebsrat vereinbart mit dem Arbeitgeber, dass im Betrieb zu besetzende Stellen im Betrieb auszuschreiben sind.
- d) Arbeitgeber und Betriebsrat vereinbaren, dass Beginn und Ende der täglichen Arbeitszeit um eine halbe Stunde vorverlegt werden.
- e) Der Betriebsrat verlangt vom Arbeitgeber über die wirtschaftliche und finanzielle Lage des Unternehmens informiert zu werden.

200. Welches betriebliche Organ besteht aus der gleichen Anzahl von Arbeitnehmer- und Arbeitgebervertretern?
- a) Die Einigungsstelle eines Betriebes
- b) Der Betriebsrat eines Betriebes mit mehr als 2 000 Beschäftigten
- c) Der Aufsichtsrat einer Aktiengesellschaft mit 800 Beschäftigten
- d) Die Betriebsversammlung eines Betriebes mit 50 Beschäftigten
- e) Der Vorstand eines Montanbetriebes mit mehr als 1 000 Beschäftigte

201. Welcher Personenkreis ist laut gesetzlichen Vorschriften für die Wahl der Jugend- und Auszubildendenvertretung eines Betriebes wahlberechtigt (zwei Antworten)?
- a) Alle Arbeitnehmer, die das 18. Lebensjahr noch nicht vollendet haben
- b) Alle Arbeitnehmer, die das 21. Lebensjahr noch nicht vollendet haben
- c) Alle Arbeitnehmer, die das 25. Lebensjahr noch nicht vollendet haben
- d) Nur die Auszubildenden, die das 18. Lebensjahr noch nicht vollendet haben
- e) Nur die Auszubildenden, die das 21. Lebensjahr noch nicht vollendet haben
- f) Alle Auszubildenden, die das 25. Lebensjahr noch nicht vollendet haben

202. Welche zwei der folgenden Aussagen bezüglich der Jugend- und Auszubildendenvertretung sind richtig?

a) Die Rechte und Pflichten der JAV ergeben sich aus dem Jugendarbeitsschutzgesetz.
b) Die JAV beantragt Maßnahmen, die ausschließlich Jugendlichen und Auszubildenden zugute kommen, direkt beim Arbeitgeber.
c) Die Zahl der zu wählenden Jugend- und Auszubildendenvertreter ergibt sich aus der Anzahl aller Arbeitnehmer des Unternehmens.
d) Die JAV hat das Recht, jederzeit eine betriebliche Jugend- und Auszubildendenversammlung einzuberufen.
e) Die regelmäßige Amtszeit der JAV beträgt zwei Jahre.
f) Die JAV hat darüber zu wachen, dass die gesetzlichen Vorschriften des Berufsbildungsgesetzes eingehalten werden.

203. Laut Betriebsverfassungsgesetz hat der Betriebsrat regelmäßig Betriebsversammlungen abzuhalten. Welche beiden Aussagen entsprechen den Vorschriften des Betriebsverfassungsgesetzes?

a) Die Vertreter der örtlichen Presse werden eingeladen, da der Unternehmensvorstand in der Betriebsversammlung über ein sehr erfolgreiches Geschäftsjahr berichten wird.
b) Der Arbeitgeber verpflichtet alle Mitarbeiter zur Teilnahme an der Betriebsversammlung, weil er wesentliche organisatorische Veränderungen bekannt geben will.
c) Zur Betriebsversammlung wird ein Vertreter der Gewerkschaft eingeladen, in der Mitarbeiter des Betriebes organisiert sind.
d) Die Teilnahme an der Betriebsversammlung wird nicht als Arbeitszeit gerechnet, weil es keine wesentlichen Veränderungen oder neue Informationen gibt.
e) Der Vorstandsvorsitzende leitet die Betriebsversammlung.
f) Der Arbeitgeber verlangt vom Betriebsrat die Einberufung einer Betriebsversammlung, um über die schlechte wirtschaftliche Lage des Unternehmens zu informieren.

204. Die Rechte des Betriebsrates der XY-Bank AG unterteilen sich im Wesentlichen in Mitbestimmungsrechte und Mitwirkungsrechte. In welchem Fall bleibt ein Widerspruch des Betriebsrates ohne rechtliche Wirkung?

a) Die Urlaubsgrundsätze sollen geändert werden.
b) Es soll eine Betriebsordnung erlassen werden.
c) Die Geldversorgung soll von einer Fremdfirma übernommen werden.
d) Die Beurteilungsgrundsätze sollen verändert werden.
e) Ein nach Meinung der Ausbildungsabteilung ungeeigneter Ausbilder soll abberufen werden.

205. Bringen Sie die Vorgänge eines Arbeitskampfes in die richtige Reihenfolge, indem Sie die Ziffern 1 bis 6 davor schreiben.

[ ] Die Arbeitnehmer werden zum Streik aufgerufen.
[ ] Eine Urabstimmung wird durchgeführt, das Schlichtungsergebnis wird angenommen.
[ ] Durch den eingesetzten Schlichter wird ein neues Angebot vorgelegt.
[ ] Ein neuer Tarifvertrag wird abgeschlossen.
[ ] Die Tarifverhandlungen werden für gescheitert erklärt.
[ ] Eine Urabstimmung wird durchgeführt, 75 % der Wahlberechtigten stimmen für den Streik.

206. Der Gehaltstarifvertrag für das Bankgewerbe ist von der Gewerkschaft ver.di form- und fristgerecht gekündigt. Bringen Sie die einzelnen Schritte einer Tarifauseinandersetzung in die richtige Reihenfolge.

[ ] Die Gewerkschaft führt eine Urabstimmung zum Streik durch.
[ ] Die Bankarbeitgeber gehen auf die Forderung der Gewerkschaft ein.
[ ] Die Tarifverhandlungen verlaufen ergebnislos, da die Bankarbeitgeber kein Angebot unterbreiten.
[ ] Die Beschäftigten beginnen zu streiken, nachdem die Gewerkschaft dazu aufgefordert hat.
[ ] Die Gewerkschaft führt eine Urabstimmung zur Beendigung des Streiks durch.
[ ] Die Gewerkschaft erklärt das Scheitern der Verhandlungen.

207. Die XY-Bank AG ist Mitglied im Bankenverband. Für sie gilt der Tarifvertrag für das private Bankgewerbe. In der Planung ist nun die Gründung einer Direktbank, die nicht Mitglied im Bankenverband sein soll. Die zu gründende Direktbank soll dann die gesamte Anlageberatung übernehmen. Es sollen auch noch weitere Mitarbeiter/Innen eingestellt werden. Welche beiden Auswirkungen bezüglich der tarifrechtlichen Bedingungen ergeben sich in der Direktbank?

a) Da ein Tarifvertrag immer Mindestnormen regelt, darf auch die Direktbank hiervon nicht abweichen.
b) Die Direktbank kann nun mit einer im Betrieb vertretenen Gewerkschaft einen Haustarifvertrag abschließen.
c) Wenn der Bankenverband und die Gewerkschaften den Tarifvertrag für „allgemein verbindlich" erklärt haben, gilt er auch für die Direktbank.
d) Die Direktbank muss bis zum frühestmöglichen Kündigungszeitpunkt den Tarifvertrag anwenden.
e) Da die XY-Bank AG als Muttergesellschaft im Bankenverband ist, gilt der Tarifvertrag auch automatisch für die Direktbank als Tochtergesellschaft.
f) Die arbeitsvertraglichen Inhalte können mit neu eingestellten Mitarbeiter/Innen frei ausgehandelt werden.

208. Die XY-Bank AG ist dem Tarifvertrag des privaten Bankgewerbes angeschlossen. Im Rahmen des Arbeitskampfes soll eine Urabstimmung durchgeführt werden. Welche Arbeitnehmer werden zur Urabstimmung aufgerufen?

a) Alle Mitarbeiter der Bank
b) Alle volljährigen Mitarbeiter der Bank
c) Alle volljährigen Mitarbeiter der Bank, allerdings keine Auszubildenden
d) Alle Mitarbeiter der Bank mit Ausnahme der leitenden Angestellten
e) Alle gewerkschaftlich organisierten Mitarbeiter der Bank

209. Welche <u>zwei</u> Anweisungen kann die Geschäftleitung auch ohne Zustimmung des Betriebsraten den Mitarbeitern erteilen? Sehen Sie dazu den abgebildeten Auszug aus dem Betriebsverfassungsgesetz.

a) Die Mitarbeiter der Geschäftsstellen sollen eine handschriftliche Liste sämtlicher getätigten Geschäfte führen und diese wöchentlich dem Geschäftsstellenleiter zur Kontrolle vorlegen.
b) Zukünftig sollen nur noch zwei Urlaubsblöcke mit je drei zusammenhängenden Urlaubswochen zulässig sein, damit die Urlaubsplanung einfacher wird.
c) Die bisherige feste Arbeitszeit soll in eine variable Arbeitszeit umgewandelt werden, um den Arbeitsanfall besser steuern zu können.
d) Alle Kundenberater müssen nur noch dunkelblaue Anzüge tragen, um ein einheitliches Erscheinungsbild für die Kunden deutlich zu machen.
e) Der Gehaltszahlungstermin soll von der Monatsmitte auf das Monatsende gelegt werden.
f) Drei kleinere Geschäftsstellen, die bisher durchgehend geöffnet hatten, sollen künftig zwischen 13:00 Uhr und 14:30 Uhr geschlossen werden.

Dritter Abschnitt. Soziale Angelegenheiten

§ 87 Mitbestimmungsrechte

(1) Der Betriebsrat hat, soweit eine gesetzliche oder tarifliche Regelung nicht besteht, in folgenden Angelegenheiten mitzubestimmen:

1. Fragen der Ordnung des Betriebs und des Verhaltens der Arbeitnehmer im Betrieb;
2. Beginn und Ende der täglichen Arbeitszeit einschließlich der Pausen sowie Verteilung der Arbeitszeit auf die einzelnen Wochentage;
3. vorübergehende Verkürzung oder Verlängerung der betriebsüblichen Arbeitszeit;
4. Zeit, Ort und Art der Auszahlung der Arbeitsentgelte;
5. Aufstellung allgemeiner Urlaubsgrundsätze und des Urlaubsplans sowie die Festsetzung der zeitlichen Lage des Urlaubs für einzelne Arbeitnehmer, wenn zwischen dem Arbeitgeber und den beteiligten Arbeitnehmern kein Einverständnis erzielt wird;
6. Einführung und Anwendung von technischen Einrichtungen, die dazu bestimmt sind, das Verhalten oder die Leistung der Arbeitnehmer zu überwachen;
7. Regelungen über die Verhütung von Arbeitsunfällen und Berufskrankheiten sowie über den Gesundheitsschutz im Rahmen der gesetzlichen Vorschriften oder der Unfallverhütungsvorschriften;
8. Form, Ausgestaltung und Verwaltung von Sozialeinrichtungen, deren Wirkungsbereich auf den Betrieb, das Unternehmen oder den Konzern beschränkt ist;
9. Zuweisung und Kündigung von Wohnräumen, die den Arbeitnehmern mit Rücksicht auf das Bestehen eines Arbeitsverhältnisses vermietet werden, sowie die allgemeine Festlegung der Nutzungsbedingungen;
10. Fragen der betrieblichen Lohngestaltung, insbesondere die Aufstellung von Entlohnungsgrundsätzen und die Einführung und Anwendung von neuen Entlohnungsmethoden sowie deren Änderung;
11. Festsetzung der Akkord- und Prämiensätze und vergleichbare leistungsbezogene Entgelte, einschließlich der Geldfaktoren;
12. Grundsätze über das betriebliche Vorschlagswesen;
13. Grundsätze über die Durchführung von Gruppenarbeit; Gruppenarbeit im Sinne dieser Vorschrift liegt vor, wenn im Rahmen des betrieblichen Arbeitsablaufs eine Gruppe von Arbeitnehmern eine ihr übertragene Gesamtaufgabe im Wesentlichen eigenverantwortlich erledigt.

210. Wo sind nachstehende Sachverhalte für das private Bankgewerbe und die öffentlichen Banken geregelt? Ordnen Sie zu.

Tarifvertrag

a) Manteltarifvertrag
b) Lohn- und Gehaltstarifvertrag
c) Keiner von beiden

Sachverhalte

[ ] Kündigungsfristen von Angestellten und gewerblichen Arbeitnehmern im Bankgewerbe
[ ] Verwendung der vermögenswirksamen Leistungen
[ ] Beginn und Ende der täglichen Arbeitszeit
[ ] Einstufung in die Berufsjahre
[ ] Höhe der monatlichen Vergütungen

211. Was ist das Ergebnis der Einigung zwischen Unternehmer und Betriebsrat über den Ausgleich oder die Milderung der wirtschaftlichen Nachteile, die den Arbeitnehmern infolge einer geplanten Betriebsänderung entstehen?

a) Tarifvertrag
b) Sozialplan
c) Sozialgericht
d) Sozialeinrichtung
e) Schlichtung

212. In welchem Fall hat der Betriebsrat nur ein Unterrichtungs- und Beratungsrecht, aber kein Mitbestimmungsrecht?

a) Bei Festlegung der Grundsätze über das betriebliche Vorschlagswesen
b) Bei Einführung und Anwendung von technischen Einrichtungen, die dazu bestimmt sind, das Verhalten oder die Leistung der Arbeitnehmer zu überwachen
c) Bei Fragen der Ordnung des Betriebes und des Verhaltens der Arbeitnehmer im Betrieb
d) Bei Planung des Personalbedarfs für die Erweiterung der Produktion
e) Bei Aufstellung von Entlohnungsgrundsätzen und der Einführung und Anwendung von neuen Entlohnungsformen
f) Bei Festlegung von Beginn und Ende der täglichen Arbeitszeit einschließlich Pausen

213. Einem Arbeitnehmer wurde ohne Anhörung des Betriebsrates gekündigt. Wie ist nach dem Betriebsverfassungsgesetz die Rechtslage?

a) Die Kündigung ist wirksam, weil weder eine Anhörung noch eine Zustimmung des Betriebsrates vorgeschrieben ist.
b) Die Kündigung ist wirksam, weil eine Anhörung des Betriebsrates nicht vorgeschrieben ist.
c) Die Kündigung wird durch nachträgliche Anhörung des Betriebsrates wirksam.
d) Die Kündigung ist unwirksam, weil jede Kündigung der Zustimmung des Betriebsrates bedarf.
e) Die Kündigung ist unwirksam, weil eine Anhörung des Betriebsrates zwingend vorgeschrieben ist.

214. Welche Aussage über die Mitbestimmung des Betriebsrats ist richtig?

a) Sie ist in allen Betrieben gesetzlich vorgeschrieben.
b) Der Betriebsrat ist paritätisch im Aufsichtsrat einer Kapitalgesellschaft vertreten.
c) Sie gibt es nur in Kleinbetrieben.
d) Sie erstreckt sich auch auf das Gebiet der Berufsbildung.
e) Mitbestimmung des Betriebsrats gibt es schon seit Beginn der Industrialisierung.
f) Sie schließt die Mitentscheidung über alle Investitionen im Betrieb ein.

215. Welche Aussage zum Betriebsrat ist richtig?

a) Arbeitgeber, Arbeiter und Angestellte wählen gemeinsam einen Betriebsrat.
b) Der Betriebsrat wird bei den regelmäßigen Betriebsratswahlen für fünf Jahre gewählt.
c) Auszubildende sind grundsätzlich von den Betriebsratswahlen ausgeschlossen.
d) Betriebsräte müssen in allen Betrieben eingerichtet werden.
e) Der Betriebsrat hat einmal im Kalendervierteljahr eine Betriebsversammlung einzuberufen und in dieser einen Tätigkeitsbericht zu erstatten.
f) Der Betriebsrat wählt die Arbeitnehmervertreter und Arbeitnehmerinnenvertreterinnen für die Aufsichtsräte von Unternehmen.

216. Ein Sachbearbeiter eines Kreditinstitutes erhält dort Einblick in die Vermögensverhältnisse seines Nachbarn. Dabei stellt er fest, dass dieser hoch verschuldet ist. Am Abend erzählt er dies seinem Bekanntenkreis weiter. Der Nachbar erfährt davon und beschwert sich beim Kreditinstitut. Eine Woche nach der Beschwerde kündigt das Kreditinstitut nach Anhörung des Betriebsrates das Angestelltenverhältnis schriftlich und fristlos. Welche Aussage ist richtig?

a) Die Kündigung ist unwirksam, weil die Zustimmung des Betriebsrates nicht vorliegt.
b) Die Kündigung ist unwirksam, weil sie nicht fristgerecht erfolgte.
c) Die Kündigung ist wirksam, weil gegen die Schweigepflicht verstoßen wurde und alle rechtlichen Voraussetzungen beachtet wurden.
d) Die Kündigung ist wirksam, weil ein Angestelltenverhältnis jederzeit fristlos gekündigt werden kann.
e) Die Kündigung ist unwirksam, weil die Verletzung der Schweigepflicht lediglich eine zivilrechtliche Angelegenheit ist und sich nicht auf das Arbeitsverhältnis auswirken kann.

217. Was ist im Manteltarif für das private Bankgewerbe geregelt (zwei Antworten)?

a) Beginn und Ende der täglichen Arbeitszeit
b) Einstufung in die Berufsjahre
c) Zuwendung für 25-jährige Betriebszugehörigkeit
d) Fahrtkostenzuschüsse für die Benutzung des öffentlichen Nahverkehrs
e) Teilzeitarbeit
f) Höhe der Vergütung

218. Siehe den abgebildeten Ausschnitt aus dem Berufsbildungsgesetz. Welche zwei Aussagen zur Kündigung von Berufsausbildungsverhältnissen (BAV) sind demnach zutreffend?

a) Nach Ablauf der Probezeit kann der Ausbildende das BAV aus wichtigem Grund fristlos, in anderen Fällen nur mit einer Kündigungsfrist von vier Wochen schriftlich kündigen.
b) Während der Probezeit kann der Auszubildende das BAV jederzeit ohne Angabe von Gründen fristlos kündigen, Eine Formvorschrift für diese Kündigung besteht nicht.
c) Nach Ablauf der Probezeit kann der Ausbildende das BAV nur aus wichtigem Grund kündigen.
d) Kündigt der Auszubildende das BAV nach der Probezeit mit einer Kündigungsfrist von vier Wochen, muss er dem Ausbildenden auf jeden Fall den entstandenen Schaden ersetzen.
e) Eine rechtswirksame Kündigung muss immer einen Kündigungsrund enthalten.
f) Kündigt ein Auszubildender das BAV nach Ablauf der Probezeit unter Beachtung der vorgesehenen Frist schriftlich, entfällt ein Schadensersatzanspruch des Ausbildenden, wenn der Auszubildende ein Studium beginnt.

BBiG § 15 - Kündigung

(1) Während der Probezeit kann das Berufsausbildungsverhältnis jederzeit ohne Einhalten einer Kündigungsfrist gekündigt werden.

(2) Nach der Probezeit kann das Berufsausbildungsverhältnis nur gekündigt werden

1. aus einem wichtigen Grund ohne Einhalten einer Kündigungsfrist,
2. vom Auszubildenden mit einer Kündigungsfrist von vier Wochen, wenn er die Berufsausbildung aufgeben oder sich für eine andere Berufstätigkeit ausbilden lassen will.

(3) Die Kündigung muss schriftlich und in den Fällen des Absatzes 2 unter Angabe der Kündigungsgründe erfolgen.

(4) Eine Kündigung aus einem wichtigen Grund ist unwirksam, wenn die ihr zugrunde liegenden Tatsachen dem zur Kündigung Berechtigten länger als zwei Wochen bekannt sind. Ist ein vorgesehenes Güteverfahren vor einer außergerichtlichen Stelle eingeleitet, so wird bis zu dessen Beendigung der Lauf dieser Frist gehemmt.

BBiG § 16 – Schadensersatz bei vorzeitiger Kündigung

(1) Wird das Berufsausbildungsverhältnis nach der Probezeit vorzeitig gelöst, so kann der Ausbildende oder der Auszubildende Ersatz des Schadens verlangen, wenn der andere den Grund für die Auflösung zu vertreten hat. Dies gilt nicht im Falle des § 15 Abs. 2 Nr. 2.

(2) Der Anspruch erlischt, wenn er nicht innerhalb von drei Monaten nach Beendigung des Berufsausbildungsverhältnisses geltend gemacht wird.

219. Siehe den abgebildeten Ausbildungsvertrag. Welcher Fehler liegen im vorliegenden Berufsausbildungsvertrag vor? Kreuzen Sie die Position an, die den Bestimmungen des Berufsbildungsgesetzes nicht entspricht.

a) Position A b) Position B c) Position E d) Position F e) Position G f) Position H

Antrag auf Eintragung

in das Verzeichnis der Berufsausbildungsverhältnisse zum nachfolgenden

Berufsausbildungsvertrag

Zwischen dem Ausbildenden (Ausbildungsbetrieb)

Firmenident-Nr.: Tel.-Nr.:

Name und Anschrift des Ausbildenden: **XY Bank AG**

Straße, Haus-Nr.: **Altstadt 25**

PLZ: **84032** Ort: **Landshut**

E-Mail-Adresse d. Ausbildenden: **info@xy-bank.de**

Verantwortlicher Ausbilder

Herr/Frau: **Niklaus Ingrid** geb. am: **27.05.1980**

und der/dem Auszubildenden männlich ☒ weiblich ☐

Name, Vorname: **Krobe Walter**

Straße, Haus-Nr.: **Hauptstr. 4**

PLZ: **84107** Ort: **Weihmichl**

Geburtsdatum: **14.08.1997** Geburtsort: **München**

Staatsangehörigkeit: **deutsch** Gesetzl. Vertreter [1] Eltern ☐ Vater ☐ Mutter ☐ Vormund ☐

Namen, Vornamen der gesetzl. Vertreter

Straße, Haus-Nr.

PLZ Ort

wird nachstehender Vertrag zur Ausbildung im Ausbildungsberuf **Bankkaufmann**

mit der Fachrichtung/dem Schwerpunkt nach Maßgabe der Ausbildungsverordnung [2] geschlossen. **XCXCXC**

Betrieblicher Unterricht ja ☒ Ausbildungs-einrichtung Lehrbüro ☐ Lehrecke ☐ Lehrwerkstatt ☐ Sonstige ☐ Anzahl Fachkräfte im Ausbildungsberuf

vom Auszubildenden besuchte Schulen [5] zuletzt: **30** **HLG Landshut** Abgangsklasse: **13** abgeschlossen mit [6]: **5** davor [5]

Berufsfeld [7] Zuständige Berufsschule: **Staatl. BS II Landshut**

A Die Ausbildungszeit beträgt nach der Ausbildungsverordnung **3** Jahre

Die vorausgegangene Berufsausbildung/Vorbildung: **Abitur**

wird mit **6** Monaten angerechnet, bzw. es wird eine entsprechende Verkürzung beantragt.

Das Berufsausbildungsverhältnis beginnt (Tag Monat Jahr) am **01.08.2015** endet (Tag Monat Jahr) am **31.01.2018**

B Die Probezeit (§ 1 Nr. 2) beträgt **4** Monate [3]

C Die Ausbildung findet vorbehaltlich der Regelung nach **D** (§ 3 Nr. 12) in **Landshut** und den mit dem Betriebssitz für die Ausbildung üblicherweise zusammenhängenden Bau-, Montage- und sonstigen Arbeitsstellen statt.

D Ausbildungsmaßnahmen außerhalb der Ausbildungsstätte (§ 3 Nr. 12) (mit Zeitraumangabe) **XCXCXC**

E Der Ausbildende zahlt dem Auszubildenden eine angemessene Vergütung (§ 5); diese beträgt zur Zeit monatlich brutto:

EURO	706	763	763	
im	ersten	zweiten	dritten	vierten

Ausbildungsjahr

F Die regelm. tgl.. Ausbildungszeit (§ 6 Nr. 1) beträgt **8** Std. [4]

G Der Ausbildende gewährt dem Auszubildenden Urlaub nach den geltenden Bestimmungen. Es besteht ein Urlaubsanspruch

im Jahr	2015	2016	2017	2018
Werktage				
Arbeitstage	13	30	30	3

H Sonstige Vereinbarungen

Tarifvertrag für das private Bankgewerbe

1) Vertretungsberechtigt sind beide Eltern gemeinsam, soweit nicht die Vertretungsberechtigung nur einem Elternteil zusteht. Ist ein Vormund bestellt, so bedarf dieser zum Abschluss des Ausbildungsvertrages der Genehmigung des Vormundschaftsgerichtes.

2) Solange die Ausbildungsordnung nicht erlassen ist, sind gem. § 108 Abs 1 BBiG die bisherigen Ordnungsmittel anzuwenden.

3) Die Probezeit muss mindestens einen Monat und darf höchstens vier Monate betragen.

4) Das Jugendarbeitsschutzgesetz sowie für das Ausbildungsverhältnis geltende tarifvertragliche Regelungen und Betriebsvereinbarungen sind zu beachten.

5) Zuletzt besuchte Schule (zutr. Ziff. eintr)
05) Hauptschule
10) Sonderschule
20) Realschule
30) Gymnasium
35) Oberstufenzentrum
40) Gesamtschule
51) Berufsvorbereitungsjahr
52) Berufsgrundschuljahr
53) Berufsfachschule
57) Fachoberschule
59) Sonst. berufl. Vollzeitschulen z. B. Höhere Berufsfachschulen)
80) Hochschule/Fachhochschule
90) Sonstige Schule

6) Schulabschluss (zutr. Ziff. eintr.)
1) Hauptschulabschluss (10A)
2) Qualifizierter Hauptschulabschluss
3) Mittlerer Bildungsabschluss (Fachoberschulreife)
4) Fachhochschulreife
5) Hochschulreife (Abitur)
6) Hochschulabschluss
8) Sonstiger Abschluss
9) Ohne Abschluss

7) Bei Berufsgrundschuljahr bzw. Berufsfachschule bitte besuchtes Berufsfeld eintragen.

220. Susanne Schmitz war von 1986 bis zum 31.03.2018 bei der HVB beschäftigt. Seit 01.04.2018 ist sie Angestellte der XY-Bank AG. Als Probezeit waren 6 Monate vereinbart. Im Januar 2018 hatte Frau Schmitz bereits 20 Tage Urlaub für eine Reise in Anspruch genommen. Wie viel Tage Urlaub konnte sie von ihrem neuen Arbeitgeber für das Jahr 2018 noch beanspruchen? Siehe dazu noch den Auszug aus dem Manteltarifvertrag für das private Bankgewerbe.

a) Das Frau Schmitz bereits 20 Urlaubstage in Anspruch genommen hat, standen ihr noch 10 Urlaubstage für das Jahr 2018 zu.
b) Da es sich um einen neuen Arbeitgeber handelt, standen ihr volle 30 Urlaubstage für das Jahr 2018 zu.
c) Frau Schmitz hatte einen Urlaubsanspruch von 22 Urlaubstagen.
d) Frau Schmitz hattte einen Urlaubsanspruch von 23 Urlaubstagen.
e) Da in der Probezeit kein Urlaubsanspruch besteht, betrug ihr Urlaubsanspruch für 2018 nur 7 Urlaubstage.

Auszug aus dem Manteltarifvertrag für das private Bankgewerbe

§ 15 - Erholungsurlaub

1. Der Erholungsurlaub wird für das laufende Kalenderjahr gewährt. Er beträgt - unabhängig von individuellen Arbeitszeitschwankungen - 30 Arbeitstage. Als Arbeitstage gelten alle Werktage mit Ausnahme der Sonnabende.

2. Schwerbehinderte haben Anspruch auf einen Zusatzurlaub von 6 Arbeitstagen im Jahr.

3. Im Verlauf des Kalenderjahres eintretende oder ausscheidende Arbeitnehmer erhalten für jeden Beschäftigungsmonat, in dem sie mindestens 15 Kalendertage dem Betrieb angehört haben, 1/12 des vollen Jahresurlaubs, aufgerundet auf volle Arbeitstage.

4. Der Erholungsurlaub soll unter möglichster Berücksichtigung der Wünsche jedes einzelnen Arbeitnehmers, der Familienverhältnisse und der Schulferien, erteilt werden.
Er soll in größere Abschnitte aufgeteilt werden, von denen einer mindestens 3 Wochen umfasst.

221. Auch in der Kreditwirtschaft wird gefordert, Steuern und Kosten des Produktionsfaktors Arbeit zu senken. Ordnen Sie die in diesem Zusammenhang zu erwartenden Entlastungen den kostensenkenden Maßnahmen zu, indem Sie den zutreffenden Buchstaben der Entlastung in das Kästchen vor die in Frage kommende Maßnahme eintragen.

Zu erwartende Entlastungen

a) Nur die Kreditbank AG wird entlastet.
b) Nur die Arbeitnehmer der Kreditbank AG werden direkt entlastet.
c) Sowohl die Kreditbank AG als auch ihre Arbeitnehmer werden direkt entlastet.

Maßnahmen

[ ] Der Beitrag zur gesetzlichen Unfallversicherung wird gesenkt.

[ ] Das übertarifliche Urlaubsgeld wird gekürzt.

[ ] Die tarifliche Einkommensteuer wird gesenkt.

[ ] Der Beitrag zur Arbeitslosenversicherung wird gesenkt.

[ ] Der Solidaritätszuschlag auf die Lohnsteuer wird gesenkt.

222. Zu den Grundrechten der Bürger in der Bundesrepublik Deutschland gehört die Koalitionsfreiheit. Welche Bedeutung hat die Koalitionsfreiheit für die Arbeitnehmer? Kreuzen Sie die zutreffende Aussage dazu an.

a) Durch die Koalitionsfreiheit sichert sich der Staat einen Mindeststandard für Arbeitsbedingungen, z. B. die Einhaltung von Höchstarbeitszeiten sowie die Entgeltfortzahlung im Krankheitsfall.
b) Durch die Koalitionsfreiheit soll sichergestellt werden, dass die Organisation des Betriebes und die Zusammensetzung der Belegschaft durch Einstellungen und Entlassungen nicht der alleinigen Bestimmung des Arbeitgebers unterliegt.
c) Durch die Koalitionsfreiheit soll bewirkt werden, dass während eines Arbeitsverhältnisses der Arbeitnehmer jeden Wettbewerb mit seinem Arbeitgeber unterlässt.
d) Durch die Koalitionsfreiheit werden Haustarife durch Verbandstarife verdrängt.
e) Aufgrund der Koalitionsfreiheit müssen die Arbeitnehmer bei der Aushandlung der Arbeitsbedingungen nicht einzeln gegenüber dem Arbeitgeber auftreten, sondern können sich zu Gewerkschaften zusammenschließen.

223. Welche Angabe muss der Berufsausbildungsvertrag enthalten?

a) Beginn und Dauer der täglichen Mittagspause
b) Höhe der Vergütung
c) Form der Kündigung während der Probezeit
d) Zeitraum des Betriebsurlaubs
e) Möglichkeiten der Wiederholung von Abschlussprüfungen
f) Auflösung des Arbeitsverhältnisses nach der Ausbildungszeit

224. Welche zwei Vereinbarungen in einem Berufsausbildungsvertrag sind nichtig?

a) Der Tarifvertrag ist gültig für die Ausbildungsvergütung.
b) Die Probezeit wird auf zwei Monate festgelegt.
c) Alle Änderungen des Berufsausbildungsvertrages bedürfen der Schriftform.
d) Der Auszubildende ist verpflichtet, nach Ausbildungsende zwei Jahre im Ausbildungsbetrieb zu bleiben.
e) Der Auszubildende ist verpflichtet, außer der Berufsschule auch eine überbetriebliche Bildungseinrichtung zu besuchen.
f) Zahlung einer Vertragsstrafe bei Verstößen gegen die Arbeitsordnung

225. Ein Auszubildender aus dem 1. Ausbildungsjahr fragt, nach welchen Vorschriften und wo die Ausbildungsvergütung geregelt ist. Welche Antwort ist die richtige?

a) Das Berufsbildungsgesetz fordert die Regelung der Ausbildungsvergütung im Berufsausbildungsvertrag.
b) Das Jugendarbeitsschutzgesetz regelt die Vergütung der jugendlichen Auszubildenden in einer gesonderten Vereinbarung.
c) Die Ausbildungsvergütung wird für die einzelnen Ausbildungsjahre vom Bundesministerium für Arbeit und Sozialordnung festgelegt und ist im Berufsbildungsgesetz geregelt.
d) Die Ausbildungsvergütung ist Bestandteil der Ausbildungsordnung und ist im Ausbildungsrahmenplan geregelt.
e) Die Ausbildungsvergütung ist im Bewertungsgesetz geregelt und kann mit jedem Ausbildungsbetrieb frei vereinbart werden.

226. In der Personalabteilung der Kreditbank AG wird der Berufsausbildungsvertrag mit Mathias Merthan, geboren am 5. Mai 2000, vorbereitet. Am 1. September 2018 soll die Ausbildung zum Bankkaufmann beginnen. Der Vertrag soll im Oktober 2017 unterschrieben werden. Wer muss den Vertrag im Oktober 2017 unterschreiben, damit er rechtsgültig abgeschlossen werden kann (drei Antworten)?

a) Mathias Merthan
b) Eltern von Mathias Merthan
c) Kreditbank AG als Ausbilder
d) Kreditbank AG als Ausbildender
e) Industrie- und Handelskammer München
f) Jugendamt München
g) Arbeitsagentur München

Wirtschafts- und Sozialkunde

ÜBUNGSAUFGABEN ZUR VORBEREITUNG AUF DIE ZWISCHENPRÜFUNG

BEI DEN NACHSTEHENDEN AUFGABEN SIND DIE RICHTIGEN ERGEBNISSE ANZUKREUZEN BZW. ZUZUORDNEN.

1. **Welche Institution ist für die Überwachung der kaufmännischen Berufsausbildung zuständig?**
   a) Die Berufsgenossenschaft
   b) Die Gewerbeaufsichtsbehörde
   c) Die Industrie- und Handelskammer
   d) Die Berufsschule
   e) Das Kultusministerium
2. **Wer zahlt die Beiträge zur gesetzlichen Unfallversicherung?**
   a) Der Arbeitnehmer
   b) Der Arbeitgeber und der Arbeitnehmer je zur Hälfte
   c) Der Arbeitgeber
   d) Die Krankenkasse
   e) Die entsprechende Kammer oder Innung
   f) Die Berufsgenossenschaft
3. **Ab wann tritt der gesetzliche Unfallschutz für einen neuen Mitarbeiter ein?**
   a) Mit dem Vorstellungsgespräch zum vereinbarten Termin im Personalbüro
   b) Nach der Sicherheitsbelehrung durch den Vorgesetzten im Sachgebiet
   c) Sobald für den Mitarbeiter die ersten Sozialversicherungsbeiträge abgeführt wurden
   d) Mit Eintritt in das Unternehmen und Aufnahme seiner Tätigkeit
   e) Nach der Anmeldung zur zuständigen Krankenkasse
   f) Nach Zahlung des ersten Beitrags an die Berufsgenossenschaft
4. **Ein Mitarbeiter stürzt auf dem Weg zum Lager. Wie verhält man sich richtig?**
   a) Man schaut sich nach einem Mitarbeiter mit Erste-Hilfe-Lehrgang um.
   b) Den Gestürzten nicht beachten, da dies für ihn unangenehm ist.
   c) Laut „Unfall“ rufen und die anwesenden Kollegen um Hilfe bitten.
   d) Den Sicherheitsbeauftragten sofort rufen.
   e) Ruhe bewahren und zu helfen versuchen.
5. **Ein Kollege ist bewusstlos geworden. Wie verhalten Sie sich richtig?**
   a) Sie bringen ihn in Rückenlage, seinen Kopf leicht erhöht.
   b) Sie bringen ihn in die Schocklage: Unterschenkel im rechten Winkel.
   c) Sie tragen den Kollegen zum Sanitätsraum.
   d) Sie versuchen ihn durch leichte Schläge ins Gesicht wieder zu Bewusstsein zu bekommen.
   e) Sie bringen ihn in stabile Seitenlage.
6. **Ihr Kollege Helmut Fischer ist auf dem Weg zur Arbeit so unglücklich gestürzt, dass er von seinem Arzt für acht Tage arbeitsunfähig geschrieben wird. Wer muss diesen Unfall an den Träger der gesetzlichen Unfallversicherung weiterleiten?**
   a) Helmut Fischer
   b) Der Betriebsarzt
   c) Der direkte Vorgesetzte von Helmut Fischer
   d) Die Fachkraft für Arbeitssicherheit des Kreditinstituts
   e) Die Geschäftsführung des Kreditinstituts
7. **Von welcher Institution können Arbeitssicherheitsvorschriften bezogen werden?**
   a) Gewerbeamt
   b) Industrie- und Handelskammer
   c) Gewerkschaft
   d) Arbeitsagentur
   e) Berufsgenossenschaft
   f) Krankenkasse

8. Jeder Betrieb hat zur Verhütung von Arbeitsunfällen Einrichtungen, Anordnungen und Maßnahmen zu treffen, die den Bestimmungen der Unfallverhütungsvorschriften entsprechen. Welche Aussage über Inhalte der Unfallverhütungsvorschriften ist nicht richtig?

a) Erforderliche Geldmittel für Arbeitsschutzeinrichtungen sind vom Arbeitgeber bereitzustellen.
b) Regelungen und Anweisungen zur Durchführung von Arbeitsschutzmaßnahmen sind zu treffen.
c) Eventuell notwendige Betriebsvereinbarungen mit dem Betriebsrat über Regelungen im Arbeitsschutzbereich sind abzuschließen.
d) Gegebene Anweisungen zum Arbeitsschutz sind zu überwachen oder überwachen zu lassen.
e) Außer der Unfallversicherung sind zusätzliche Versicherungen zur Abgeltung von Gesundheitsschäden bei Mitarbeitern durch Betriebsunfälle abzuschließen.

9. Wer ist der zuständigen Behörde gegenüber für die Einhaltung der Aufgaben aus dem Arbeitssicherheitsgesetz verantwortlich?

a) Der Betriebsrat
b) Der Arbeitgeber
c) Der Sicherheitsingenieur
d) Der Sicherheitsbeauftragte
e) Der Arbeitsschutzausschuss

10. Welche Aussage über Unfallverhütungsvorschriften ist richtig?

a) Sie werden von den Berufsgenossenschaften erlassen und sind Bestandteil der Arbeitsverträge.
b) Sie sind jedem neuen Mitarbeiter bei Arbeitsantritt vom Arbeitgeber auszuhändigen.
c) Sie werden von den Gewerbeaufsichtsämtern in Zusammenarbeit mit den Sicherheitsbeauftragten der betreffenden Unternehmen erstellt.
d) Sie sind vom Arbeitgeber an geeigneter Stelle im Betrieb auszulegen oder auszuhändigen.
e) Sie werden allen Mitarbeitern einmal im Jahr vom Arbeitgeber ausgehändigt.

11. Welche Institution ist gesetzlich beauftragt, Unfallverhütungsvorschriften zu erstellen?

a) Das Gewerbeaufsichtsamt
b) Der Betriebsarzt
c) Die Berufsgenossenschaft
d) Der Betriebsrat
e) Der Technische Überwachungsverein (TÜV)

12. Was sind Berufsgenossenschaften?

a) Freiwillige Vereinigungen der gewerkschaftlich organisierten Arbeitnehmer gleicher Berufe
b) Die Träger der Unfallversicherung des Betriebes, der sich jeder Unternehmer anschließen muss
c) Selbsthilfeorganisationen der Arbeitnehmer auf freiwilliger Basis
d) Einkaufsgenossenschaften von Unternehmen der gleichen Branche
e) Verkaufsgenossenschaften von Unternehmen der gleichen Branche

13. Ordnen Sie zu.

Aufgaben	**Sicherheitsorgane**
a) Den Arbeitgeber in Fragen der Eingliederung von Behinderten in den Arbeitsprozess beraten	[ ] Betriebsarzt
b) Den technischen Aufsichtsbeamten der Berufsgenossenschaft beraten	[ ] Sicherheitsbeauftragter
c) Die Entschädigungsansprüche bei Arbeitsunfällen prüfen und bewilligen	[ ] Berufsgenossenschaft
d) Die Arbeitsunfähigkeitsbescheinigung des Hausarztes überprüfen	
e) Den Sicherheitsbeauftragten bestellen	
f) Innerhalb seines Arbeitsbereiches auf Gefahren hinweisen	

14. Welche Institution ist für die Erstellung und die Kontrolle von Vorschriften im Bereich Sicherheit und Gesundheitsschutz verantwortlich?

a) Der zuständige Betriebsarzt
b) Die zuständige Berufsgenossenschaft
c) Der Betriebsrat des Unternehmens
d) Die zuständige Gewerkschaft
e) Die Industrie- und Handelskammer

Wirtschafts- und Sozialkunde

15. Ihr Kreditinstitut muss verschiedene Vorkehrungen für die erste Hilfe bei Unfällen oder akuten Gesundheitsstörungen im Betrieb treffen. Wozu ist Ihr Kreditinstitut jedoch nicht verpflichtet?

a) Ihr Kreditinstitut muss Erste-Hilfe-Material leicht zugänglich und in ausreichender Menge zur Verfügung stellen.

b) Ihr Kreditinstitut muss für die Erste-Hilfe-Leistung je nach Betriebsgröße eine vorgeschriebene Anzahl an Ersthelfern zur Verfügung stellen.

c) Ihr Kreditinstitut muss dafür sorgen, dass über jede Erste-Hilfe-Leistung Aufzeichnungen geführt werden; diese sind fünf Jahre lang aufzubewahren.

d) Ihr Kreditinstitut muss Aufbewahrungsorte von Erste-Hilfe-Materialen durch die jeweiligen Rettungszeichen kennzeichnen.

e) Wenn an seinem Standort mehr als 100 Mitarbeiter vorhanden sind, muss Ihr Kreditinstitut einen Betriebsarzt anstellen, der während der gewöhnlichen Arbeitszeiten anwesend ist.

16. Durch welche Maßnahme können Sie Spiegelungen und Reflexionen auf Bildschirmgeräten vermindern?

a) Durch Aufstellen der Bildschirmgeräte gegenüber einer hellen Fensterfront

b) Durch Arbeitsplatzleuchten mit einer Lichtstärke von mindestens 300 Lux

c) Durch Anbringen von Lichtschutzvorrichtungen an den Fenstern

d) Durch die Aktivierung eines Bildschirmschoners

e) Durch Einsatz von Farbmonitoren

17. In der letzten Zeit kommt es vermehrt zu Klagen der Mitarbeiter Ihres Kreditinstituts über Kopfschmerzen und brennende Augen. Dies ist auf die ständige Arbeit am Computerbildschirm zurückzuführen. Wodurch könnte die Belastung der Augen gemildert werden?

a) Sie lassen sich einen Bildschirmschoner installieren.

b) Sie drehen den Helligkeitsregler in die Maximalposition.

c) Sie schauen nach gewissen Arbeitseinheiten vom Bildschirm weg, machen eine Pause und betreiben etwas Augengymnastik.

d) Sie beantragen einen TÜV-geprüften Bildschirm, der Energie sparend und folglich sehr strahlungsarm ist.

e) Sie lassen die Jalousien herunter oder schalten so weit es geht das Licht am Arbeitstisch aus, um sich besser auf den Bildschirm konzentrieren zu können.

18. Durch einen technischen Defekt eines Computers bricht an Ihrem Arbeitsplatz im Ausbildungsbetrieb ein großes Feuer aus. Welche Sicherheitsmaßnahmen müssen Sie ergreifen?

a) Sie müssen einen vorhandenen Aufzug nutzen, um die Gefahrenzone schnellstmöglich zu verlassen.

b) Sie müssen, wenn ohne Gefährdung möglich, vor Verlassen des Zimmers alle Fenster schließen.

c) Sie lassen die Türen weit geöffnet, damit die Feuerwehr später schneller erkennen kann, welche Räume leer sind.

d) Sie müssen sofort alle Türen zu diesem Bereich abschließen, damit der Gefahrenbereich nicht mehr betreten werden kann.

e) Sie müssen sofort das Zimmer verlassen und sich im Haupteingang des Gebäudes einfinden, damit die Vollzähligkeit der Mitarbeiterinnen und Mitarbeiter festgestellt werden kann.

19. Welche Aufgabe nimmt der Sicherheitsbeauftragte gegenüber seinen Kollegen wahr?

a) Der Sicherheitsbeauftragte hat die Aufgabe, neuen Mitarbeitern die Sicherheitseinrichtungen der Bankfiliale bekannt zu machen.

b) Der Sicherheitsbeauftragte übernimmt auf Grund seiner Ausbildung nach einem Banküberfall die psychologische Betreuung der betroffenen Mitarbeiter.

c) Der Sicherheitsbeauftragte hat die Mitarbeiter bei der halbjährlichen Prüfung der Funktionsfähigkeit der Feuerlöscher zu unterstützen.

d) Der Sicherheitsbeauftragte hat bei einem ausbrechenden Feuer die Meldung an die Feuerwehr zu übernehmen.

e) Der Sicherheitsbeauftragte ist bei Verletzungen der Verantwortliche für zu leistende Erste-Hilfe-Maßnahmen.

20. Welches Gesetz regelt die Aufgaben und Stellung des Sicherheitsbeauftragten?

a) Reichsversicherungsordnung (RVO)
b) Arbeitsstättenverordnung (ArbStättV)
c) Betriebsverfassungsgesetz (BetrVG)
d) Arbeitssicherheitsgesetz (ArbSichG)
e) Bürgerliches Gesetzbuch (BGB)

21. Mit der abgebildeten Bescheinigung wird Ihr Kollege Christian Pfeilschifter zum Sicherheitsbeauftragten der Bankfiliale Straubing benannt. Wo können Sie sich über die Aufgaben eines Sicherheitsbeauftragten informieren?

a) In der Gewerbeordnung der für die Bankfiliale zuständigen Gemeinde
b) In den Arbeitssicherheitsvorschriften der gesetzlichen Krankenkassen
c) In den Unfallverhütungsvorschriften/berufsgenossenschaftlichen Vorschriften der Verwaltungs-Berufsgenossenschaft
d) Im Gesetz über die Festsetzung von Mindestarbeitsbedingungen
e) Der Sicherheitsbeauftragte ist eine freiwillige Einrichtung Ihrer Bank, daher können Sie nähere Informationen nur über Ihren Betriebsrat beziehen.

Christian Pfeilschifter

wird nach § 719 Reichsversicherungsordnung und § 9 Unfallverhütungsvorschrift „Allgemeine Vorschriften" zum

Sicherheitsbeauftragten

bestellt.

Der Sicherheitsbeauftragte hat den Unternehmer bei der Durchführung des Arbeitsschutzes zu unterstützen, insbesondere sich von dem Vorhandensein und der ordnungsgemäßen Benutzung der vorgeschriebenen Schutzvorrichtungen und Körperschutzmittel fortlaufend zu überzeugen, den ihm übertragenen Zuständigkeitsbereich zu beobachten, Sicherheitsrisiken zu melden und Änderungsvorschläge einzubringen sowie Mitarbeiter auf arbeitssicheres Verhalten hinzuweisen.

Zuständigkeitsbereich Filiale Straubing

Straubing, 01. März 20..
Ort, Datum

Unternehmer/Geschäftsführung Betriebsrat/Personalrat

Ihre zuständige Berufsgenossenschaft

VBG
Ihre gesetzliche Unfallversicherung

Verwaltungs-Berufsgenossenschaft
die Berufsgenossenschaft
der Banken, Versicherungen, Verwaltungen,
freien Berufe und besonderer Unternehmen

22. Aufgrund welcher gesetzlicher Regelung muss in Betrieben ab einer bestimmten Anzahl von Mitarbeitern eine „Fachkraft für Arbeitssicherheit" bestellt werden?

a) Arbeitsförderungsgesetz
b) Betriebsverfassungsgesetz
c) Arbeitsplatzschutzgesetz
d) Arbeitssicherheitsgesetz
e) Gewerbeordnung

23. Die Mitarbeiterinnen und Mitarbeiter der Universalbank AG werden jährlich über die typischen Unfallgefahren ihres Arbeitsplatzes und die einschlägigen Vorkehrungen zur Unfallverhütung in einer zweistündigen Schulung belehrt. Wer ist zur Durchführung dieser Maßnahmen verpflichtet?

a) Die Geschäftsführung der Universalbank AG
b) Die zuständige Berufsgenossenschaft
c) Die Aufsichtsbehörde für Arbeitsschutz
d) Der Betriebsrat der Universalbank AG
e) Der für die Universalbank AG zuständige Betriebsarzt

24. Welcher Mitarbeiter ist vom Unternehmer beauftragt, die Kontrolle der Einhaltung der Arbeitssicherheitsvorschriften, z. B. durch Checklisten, durchzuführen?

a) Jeder Mitarbeiter selbst
b) Der Betriebsratsvorsitzende
c) Der Datenschutzbeauftragte
d) Der Sicherheitsbeauftragte
e) Der Technische Leiter

25. Sicherheit und Gesundheit wird in Ihrem Ausbildungsbetrieb groß geschrieben. Bei welcher der folgenden Maßnahmen steht die Sicherheit der Beschäftigten im Vordergrund?

a) Die Beschäftigten nehmen an einer Informationsveranstaltung zum Verhalten bei Banküberfällen teil.
b) PC-Monitore werden gegen strahlungsarme Monitore ausgetauscht.
c) Es werden kostenlose Kurse „Rückengymnastik und -muskulaturtraining“ angeboten.
d) Trockenkopierer, Laserdrucker und Fax-Geräte werden mit Ozonfiltern nachgerüstet.
e) Klebstoffe auf Wasserbasis werden statt schnelltrocknender Kleber verwendet.
f) Es werden nur Nadeldrucker verwendet, die einen Schalldruck unter 55 Dezibel erzeugen.

26. Die Geschäftsleitung Ihres Ausbildungsbetriebes hat verschiedene vorbeugende Maßnahmen getroffen, um auf das Verhalten der Mitarbeiter und Kunden im Falle eines Brandes Einfluss zu nehmen. Welche Maßnahme stimmt mit diesem Ziel nicht überein?

a) Überprüfung der Feuerschutztüren
b) Kennzeichnung von Fluchtwegen durch gut sichtbare Hinweisschilder
c) Schulung von Verhaltensregeln für den Brandfall
d) Durchführung von Feuer-Alarm-Übungen, bei denen eine Gebäuderäumung erfolgt
e) Anbringen von Gefahr-Hinweisschildern an und in Fahrstühlen

27. Ordnen Sie das zutreffende Sicherheitskennzeichen den Bedeutungen zu, indem Sie die Kennziffern von 4 der insgesamt 9 abgebildeten Sicherheitskennzeichen vor die Bedeutungsinhalte eintragen.

[ ] Warnung vor feuergefährlichen Stoffen
[ ] Gehäuse unter Spannung, nicht berühren
[ ] Feuerlöschgerät
[ ] Sammelstelle

28. Hinter welchem abgebildeten Sicherheitszeichen „verbirgt“ sich Erste-Hilfe-Material (z. B. Verbandmaterial)? Tragen Sie die zutreffende Ziffer in das Kästchen ein. [ ]

1 2 3 4 5 6

29. Ordnen Sie zu.
Bildzeichen (Gefahrensymbole)

a)

b)

c)

d)
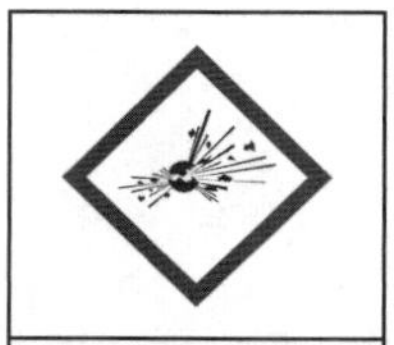

e)

f)

Bedeutung

[ ] Giftig, sehr giftig

[ ] Oxidierend

[ ] Ätzend, Reizend

30. Ordnen Sie zu.
Bedeutungen

a) Notruftelefon
b) Sanitätsraum
c) Fluchtweg
d) Erste Hilfe
e) Krankentrage
f) Sammelstelle
g) Feuermelder
h) Betriebsarzt

Sicherheitszeichen

[ ] [ ] [ ] [ ]

31. Welches Sicherheitszeichen muss an den Notausgängen des Verwaltungsgebäudes Ihres Kreditinstitutes angebracht werden? Tragen Sie das Ergebnis in das Kästchen ein. [ ]

[1] [2] [3] [4] [5]

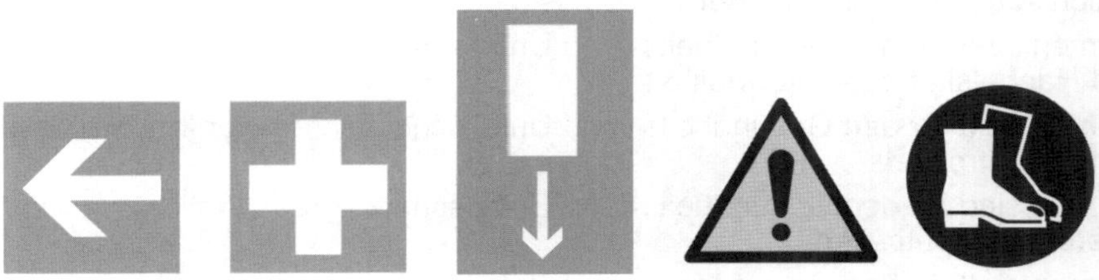

32. Ordnen Sie zu.

Verhaltensweisen/Warnungen

a) Kein Trinkwasser
b) Gehörschutz tragen
c) Warnung vor Gewittern
d) Zutritt für Unbefugte verboten
e) Augenschutz tragen
f) Warnung vor gefährlicher elektrischer Spannung
g) Warnung vor giftigen Stoffen
h) Warnung vor schwebender Last
i) Warnung vor explosivgefährlichen Stoffen

Abbildungen

 [ ]

 [ ]

 [ ]

33. Welche Aufgaben haben Fachkräfte für Arbeitssicherheit im Betrieb?

a) Unterstützung des Arbeitgebers beim Arbeitsschutz und bei der Unfallverhütung sowie in allen Fragen der Arbeitssicherheit
b) Genehmigung für das Betreiben von technischen Anlagen im Betrieb erteilen
c) Unfallverhütungsvorschriften erlassen
d) Unterstützung des Arbeitgebers in allen Fragen des Gesundheitsschutzes
e) Bereitstellung und Unterhaltung von Einrichtungen für „Erste Hilfe“

34. Wann sind Arbeitnehmer über die Unfall- und Gesundheitsgefahren im Unternehmen zu belehren?

a) Nur bei Aufnahme der Beschäftigung
b) Bei Aufnahme der Beschäftigung, anschließend in regelmäßigen Abständen
c) Nach Ablauf der Probezeit, anschließend nach Bedarf
d) Nur vor Aufnahme der Beschäftigung
e) Es besteht keine Pflicht, der Arbeitnehmer hat sich selbst zu informieren.

35. Welche Aufgabe obliegt dem Gewerbeaufsichtsamt (staatliches Amt für Arbeitsschutz)?

a) Es hat die Gewerbefreiheit zu gewährleisten.
b) Es zieht im Auftrag des Finanzamtes die Gewerbesteuer ein.
c) Es kontrolliert die Einhaltung des Ausbildungsrahmenlehrplanes.
d) Es überwacht die Einhaltung der Bestimmungen über Arbeitszeit und Betriebssicherheit.
e) Es überwacht die Ausbildung der gewerblichen Auszubildenden nach dem Berufsbildungsgesetz.

36. Welche Aufgabe hat ein Betriebsarzt unter anderem?

a) Die Benutzung der persönlichen Schutzausrüstung anzuordnen
b) Die Maßnahmen zur Schaffung von mehr Arbeitssicherheit anzuordnen
c) Die Verstöße gegen den Unfallschutz der Berufsgenossenschaft zu melden
d) Den Arbeitgeber bei der Einführung neuer Arbeitsverfahren arbeitsmedizinisch zu beraten
e) Den Betriebsrat bei Nichteinhaltung von Unfallverhütungsvorschriften zu informieren

37. Wie ist die Zuständigkeit für den Gesundheits- und Unfallschutz in Unternehmen geregelt?

a) Die Unternehmen sind für den Gesundheits- und Unfallschutz verantwortlich, sie werden durch die Gewerbeaufsichtsbehörden und die Berufsgenossenschaften kontrolliert.
b) Die Unternehmen sind für den Gesundheits- und Unfallschutz verantwortlich, sie werden durch die Industrie- und Handelskammern kontrolliert.
c) Die Unternehmen sind für den Gesundheits- und Unfallschutz verantwortlich, sie werden durch die Gewerkschaften kontrolliert.
d) Die Unternehmen sind für den Gesundheits- und Unfallschutz verantwortlich, sie werden durch die Arbeitgeberverbände kontrolliert.
e) Die Unternehmen sind für den Gesundheits- und Unfallschutz verantwortlich, sie werden durch die Sozialpartner kontrolliert.

38. Vom Sicherheitsbeauftragten werden die abgebildeten Sicherheitszeichen vorgestellt und erläutert. Welche Erklärung zu den abgebildeten Sicherheitszeichen ist zutreffend?

a) Die zweite Reihe zeigt Verbotszeichen. Diese werden immer in Dreiecksform dargestellt.

b) Sicherheitszeichen sind Empfehlungen. Sie müssen nicht in jedem Fall beachtet werden.

c) Die Darstellung der Zeichen (Form und Farbe) kann beliebig erfolgen. Wichtig ist nur, dass der Inhalt bzw. Aussagewert des Zeichens immer gleich ist.

d) Die erste Reihe zeigt Verbotszeichen. Sie werden immer in der angegebenen Form dargestellt.

e) Minderjährige Auszubildende sind verpflichtet, sich an die Sicherheitszeichen zu halten. Die älteren Arbeitnehmer können von Fall zu Fall selbst entscheiden, wie wichtig die Einhaltung ist.

39. Der Sicherheitsbeauftragte kontrolliert die Notausgänge. Worauf muss er achten?

a) Notausgänge sind mit gelben Leuchtsymbolen zu kennzeichnen.

b) Notausgänge dürfen von innen abgeschlossen sein, wenn die Schlüssel griffbereit aufbewahrt werden.

c) Notausgänge dürfen von außen abgeschlossen sein, wenn sie von innen mit einer Klinke trotzdem leicht zu öffnen sind.

d) Notausgänge müssen nur in solchen Räumen vorhanden sein, in denen leicht brennbare Gegenstände gelagert oder verarbeitet werden.

e) Notausgänge brauchen dann nicht als solche gekennzeichnet werden, wenn das Personal entsprechend unterrichtet worden ist.

40. Wer benennt den Sicherheitsbeauftragten eines Unternehmens?

a) Das zuständige Gewerbeaufsichtsamt

b) Die zuständige Berufsgenossenschaft

c) Die zuständige Krankenkasse

d) Der Betriebsrat der Unternehmung

e) Die Geschäftsleitung

41. Der Sicherheitsbeauftragte Ihres Kreditinstituts stellt bei einer routinemäßigen Überprüfung der Notausgangstür der Bank fest, dass diese abgeschlossen ist. Welche der folgenden Aussagen ist in diesem Zusammenhang richtig?

a) Es darf sein, denn der Vorstand der Bank darf diese Maßnahme in eigener Verantwortung beschließen.

b) Es darf nicht sein, denn gemäß Arbeitssicherheitsgesetz müssen Notausgänge in jedem Fall geöffnet bleiben.

c) Es darf sein, denn das Schutzinteresse der Bank (Gefahr von Banküberfällen) geht vor dem Sicherheitsinteresse von Kunden und Mitarbeitern in Notfällen.

d) Es darf nicht sein, denn die Richtlinien und Sicherheitsregeln der Berufsgenossenschaft sehen zwingend vor, dass Notausgangstüren nicht abgeschlossen sein dürfen.

e) Es darf sein, wenn ein Panikverschluss vorhanden ist, durch den im Gefahrfall auch die abgeschlossene Tür entriegelt werden kann.

42. Sie werden von Ihrem Vorgesetzten beauftragt die Notausgänge Ihrer Bankfiliale auf Sicherheitsvorschriften zu überprüfen.
Bei der Kontrolle stellen Sie folgende Tatbestände fest:

Erdgeschoss: **Die zu den Notausgängen führenden Rettungswege sind mit sehr schweren Kartons verstellt.**

1. Stock: **Die Notausgänge sind nicht als solche gekennzeichnet, die Mitarbeiter wurden jedoch darüber informiert.**

2. Stock: **Die Notausgänge sind zwar von innen mit einer Klinke leicht zu öffnen, von außen lassen sie sich jedoch nicht öffnen.**

Überprüfen Sie, ob die erforderlichen Sicherheitsvorschriften in den drei Stockwerken eingehalten wurden.

a) Ja, sie wurden in allen drei Stockwerken eingehalten.
b) Nein, die Notausgänge im Erdgeschoss und im 1. Stock sind zu beanstanden.
c) Nein, die Notausgänge im Erdgeschoss und im 2. Stock sind zu beanstanden.
d) Nein, die Notausgänge im 1. und 2. Stock sind zu beanstanden.
e) Nein, sämtliche Notausgänge sind zu beanstanden.

43. Wodurch nimmt die betriebliche Umweltbelastung zu?

a) Durch die sparsame Nutzung der Energie- und Rohstoffvorräte
b) Durch die Nutzung dezentraler Deponien
c) Durch die Emission giftiger und gesundheitsschädlicher Arbeitsstoffe in der Luft
d) Durch den Einsatz nachwachsender Rohstoffe
e) Durch die Anwendung „sanfter Technologien“ (z. B. Sonnenenergie)

44. Bei welchem Gesetz bzw. welcher Verordnung handelt es sich um eine Umweltschutzvorschrift?

a) Beim Bürgerlichen Gesetzbuch
b) Bei der Verpackungsverordnung
c) Bei der Gewerbeordnung
d) Bei der Abgabenordnung
e) Beim Betriebsverfassungsgesetzt

45. Welche Institution ist für die Einhaltung und Überwachung der maßgeblichen Gesetze zum Schutz der Umwelt im Betrieb zuständig?

a) Das Bundesumweltministerium
b) Das Bundesministerium des Inneren
c) Die Industrie- und Handelskammern
d) Die Polizei
e) Die Gewerbeaufsichtsbehörde

46. Welche Umweltschutzwirkung kann bei folgenden Verwendungs- bzw. Verhaltensmaßnahmen erreicht werden? Ordnen Sie zu.

Wirkung

a) Abfallverminderung
b) Abfallvermeidung
c) Abfallverwertung
d) Schadstoffvermeidung

Maßnahmen

[ ] Altglas sortieren und sammeln
[ ] Getränke in Mehrwegflaschen
[ ] Pflanzliche Abfälle kompostieren
[ ] Verwendung von Produkten mit Nachfüllpackung
[ ] Auf Kfz, wenn möglich, verzichten
[ ] Kein Einweggeschirr
[ ] Altpapier sammeln

47. Wie kann der Staat das Energiesparen fördern?

a) Er erhöht die Arbeitnehmersparzulage.
b) Er erhöht die Steuern auf Benzin und andere Brennstoffe.
c) Er vermindert die Subventionen für energiesparende Bauweisen.
d) Er erhöht die Wohnungsbauprämie.
e) Er verschärft die EU-Bildschirmrichtlinien.

48. Was hat eine umweltentlastende Wirkung?
a) Der Ausbau der Autobahnen und Bundesstraßen
b) Die Beförderung von Industrieabfällen zur Ablagerung in das Ausland
c) Die finanzielle Entlastung im Lkw-Verkehr durch steuerliche Vergünstigungen
d) Die Kanalisierung und Begradigung von Flüssen und Bächen
e) Der Ausbau und die Modernisierung der schienengebundenen Verkehrswege.

49. Was gehört bei der Müllsortierung zur Abfallverwertung?
a) Die Bildschirmausgabe der Monatsstatistiken statt Ausdruck auf Papier
b) Das Wiederverwenden von Ordnern
c) Die Verwendung von Nachfüllstiften
d) Der Einsatz von Pfandflaschen in den Getränkeautomaten
e) Das Recycling der Toner-Kassetten für Kopiergeräte

50. Durch welche Maßnahme des Staates kann die Umweltbelastung verringert werden?
a) Besteuerung von Kraftfahrzeugen nach Hubraum
b) Gewährung von Zuschüssen für den Umstieg bei der Stromgewinnung von Kohle auf Sonnen- bzw. Windenergie
c) Für jeden beim Straßenbau gefällten Baum wird ein neuer gepflanzt.
d) Erstellen von Waldschadensberichten
e) Förderung des Individualverkehrs

51. Die Natur stellt uns Menschen eine Menge Ressourcen zur Verfügung. Wie ist das Vorkommen an Erdöl, Erdgas und Kohle aus heutiger Sicht zu beurteilen?
a) Diese Vorkommen sind sehr begrenzt und stehen in den nächsten 30 Jahre nicht mehr zur Verfügung.
b) Diese Vorkommen sind begrenzt vorhanden und könnten in absehbarer Zeit ausgeschöpft sein.
c) Diese Vorkommen sind zwar begrenzt, aber werden auch noch in 500 Jahren vorhanden sein.
d) Diese Vorkommen sind stets erneuerbar und unbegrenzt vorhanden.
e) Diese Vorkommen sind begrenzt vorhanden, werden aber in den kommenden 5 Jahren voll und ganz durch Kernenergie ersetzt.

52. Welche Anweisung der Geschäftsleitung eines Unternehmens steht im Widerspruch zu den ökologischen Zielen der Unternehmung?
a) Leere Tonerkassetten aus Kopiergeräten sind der Materialverwaltung zur Aufarbeitung zu übergeben.
b) Leere Patronen aus Tintenstrahldruckern sind in der Materialverwaltung nachzufüllen.
c) Für interne schriftliche Mitteilungen ist Recyclingpapier zu verwenden.
d) Für Kopiergeräte ist immer weißes chlorgebleichtes Kopierpapier zu verwenden.
e) Bei den Büroarbeiten anfallendes Altpapier ist von Papieren mit wichtigen Daten getrennt zu sammeln.

53. Welche Maßnahme Ihres Betriebes führt zu einer Abfallvermeidung?
a) Das Verwenden von Papierresten als Schmierpapier
b) Eine konsequente Mülltrennung
c) Das Sammeln von Einwegflaschen in speziellen Containern
d) Das Sammeln von Altpapier
e) Die Umstellung der Getränkeautomaten in der Kantine von Einweg- auf Mehrwegflaschen

54. Welche Handlungsweise, betreffend den volkswirtschaftlichen Produktionsfaktor Boden, ist als ökologisch richtig zu bezeichnen?
a) Die Entsorgung von Altöl auf ungenutzten Bodenflächen durch die Industrie
b) Die Anwendung chemischer Schädlingsbekämpfungsmittel
c) Die Begradigung von Flussläufen, um mehr Warentransporte auf dem Wasser durchführen zu können
d) Die Beachtung der Umweltschutzgesetzgebung bei unternehmerischen Entscheidungen bei der Standortwahl
e) Die Beachtung der ökonomischen Gesichtspunkte bei unternehmerischen Entscheidungen bei der Standortwahl

55. Wodurch ist das Verhältnis zwischen Ökologie und Ökonomie gekennzeichnet?
- a) Alle Maßnahmen der Wirtschaft sind auf ökologischen Erfordernissen ausgerichtet.
- b) Alle ökologischen Maßnahmen behindern das Wirtschaftswachstum.
- c) Die ökonomische Zielsetzung der Unternehmung steht häufig im Widerspruch zur ökologischen Zielsetzung.
- d) Alle ökonomischen Maßnahmen führen zur Gewinnmaximierung der Unternehmung.
- e) Ökonomie und Ökologie befinden sich im stetigen Gleichklang und verfolgen das gleiche Ziel.

56. Welcher Abfall kann wiederverwertet werden?
- a) Klebstoff
- b) Schrumpffolie
- c) Kaffeefilter
- d) Beschichtetes Papier
- e) Papier

57. Die Mitarbeiter sollen Abfälle getrennt nach Papier, Glas, Wertstoffe (Grüner Punkt) und Restmüll in unterschiedlichen Behältern entsorgen. Welcher Abfall gehört <u>nicht</u> in die Wertstoffbehälter?
- a) Mehrschichtverpackung für Getränke (z. B. Tetrapack)
- b) Plastikbeutel von Süßigkeiten
- c) Obst- und sonstige Essensabfälle
- d) Entleerte Metall-Getränkedosen
- e) Entleerte Plastik-Joghurtbecher

58. Welcher Artikel passt <u>nicht</u> in ein ökologisch ausgerichtetes Büroartikelsortiment?
- a) Kopierpapier/Officepapier mit Spitzenweiße
- b) Kopierpapier/Officepapier aus Recyclingprodukten
- c) Nachfüllbehälter für Klebeflaschen
- d) Ordner aus Pappe
- e) Farbbänder aus Baumwolle für Schreibmaschinen

59. Bei der Beschaffung von Büromaterial ist verstärkt darauf zu achten, dass Nachfüllprodukte gekauft werden, da somit ein Beitrag zum Umweltschutz geleistet werden kann. In welchem Fall kann auf Nachfüllprodukte zurückgegriffen werden?
- a) Carbonkunststoffbänder für die Schreibmaschine
- b) Kugelschreiberminen
- c) Tintenpatronen für einen Tintenstrahldrucker
- d) Klebstofftuben
- e) Knopfzellen (Batterien)

60. Welche Aussage zum „Grünen Punkt“ auf Verpackungen ist zutreffend?
- a) Verpackungen mit diesem Siegel sind immer dem Händler, bei dem die Ware gekauft wurde, zurückzugeben.
- b) Der Hersteller ist für die Entsorgung der so gekennzeichneten Verpackung zuständig.
- c) Die Kosten der Entsorgung dieser Verpackung trägt der Staat.
- d) Verpackungen mit diesem Siegel werden stets zu 100 % recycelt.
- e) Der „Grüne Punkt“ kennzeichnet Verpackungen, die im „dualen System“ erfasst werden.

61. Auch bei der Beschaffung von Briefumschlägen soll auf Umweltschutz geachtet werden. Welche Briefumschläge sind demnach zu beschaffen?
- a) Briefumschläge aus Recyclingpapier
- b) Gefütterte Briefumschläge
- c) Briefumschläge, die mit einem Wasserzeichen versehen sind
- d) Briefumschläge aus buntem Hochglanzpapier
- e) In Folie verpackte Briefumschläge

62. Welches Kriterium ist bei der Umweltverträglichkeitsprüfung von Produkten zu beachten?
- a) Erhöhung des Marktanteils
- b) Gewinnmaximierung
- c) Personaleinsparung
- d) Energieverbrauch
- e) Absatzsteigerung

63. Welche Maßnahme bringt für den Umweltschutz einen unmittelbaren Nutzen?

a) Der Wechsel zum derzeit preiswertesten Stromanbieter
b) Die Genehmigung des Kreditantrages einer Gemeindeverwaltung für den Bau einer umweltfreundlichen Kläranlage
c) Die automatische Absenkung der Raumtemperatur in den Abend- und Nachtstunden und am Wochenende
d) Die Einschaltung eine Druckerei bei großen Vervielfältigungsaufträgen der Marketing-Abteilung
e) Die Ausstattung aller Büroräume mit einer stationären Klimaanlage

64. Welche drei Maßnahmen tragen nicht unmittelbar zu Umweltschutz bei?

a) Umstellung auf Energiesparlampen im gesamten Unternehmen
b) Austausch herkömmlicher Batterien gegen wiederaufladbare Akkus
c) Einbau einer modernen computergesteuerten Heizungsanlage
d) Entsorgung des Papierabfalls durch eine Firma für Aktenvernichtung
e) Nutzung des Dualen Systems bei der Müllsortierung
f) Einbau von Steckdosen mit Überspannungsschutz
g) Das Parkplatzangebot in der Tiefgarage wird durch platzsparende Carports erweitert.

65. Welcher Vorgang leistet den größten unmittelbaren Beitrag zum Umweltschutz?

a) Verwendung von Produkten mit Umweltschutzzeichen, z. B. „Blauer Engel“
b) Spendensammlung für Umweltorganisationen bei der jährlichen Weihnachtsfeier
c) Anbringung von computergesteuerten Thermostaten für die Regelung der Raumtemperatur im gesamten Bankgebäude
d) Umstellung im Kantinenbereich von Mehrweg- auf Einwegflaschen
e) Beachtung des Dualen Systems bei der Mülltrennung in den Büroräumen

66. Ihr Ausbildungsbetrieb möchte einen Beitrag zum Umweltschutz liefern. Welche drei Maßnahmen sind geeignet den Energie- und/oder Rohstoffverbrauch zu verringern?

a) Drucker anschaffen, bei denen die Hersteller die Verwendung von Recyclingpapier gewährleisten
b) Spiegelnde Bildschirme durch Umstellen der Geräte verhindern
c) Neue Hardware nur bei Herstellern kaufen, die eine Rücknahme- und Recyclinggarantie geben
d) Ergonomisch gestaltete und rutschfeste Tastaturen verwenden
e) Nachfüllbare Druckerkartuschen verwenden
f) Hochwertige, strahlungsarme, flimmerfreie und verstellbare große Bildschirme verwenden

67. Mit welchen drei Maßnahmen können Sie dem rasant steigenden Papierverbrauch in Ihrem Hause entgegenwirken?

a) Papierabfälle im Büro getrennt sammeln, Verunreinigungen vermeiden.
b) Mehr Informationen über Aushänge und Umläufe als über Kopien pro Mitarbeiter veröffentlichen.
c) Wenn Kopien erforderlich sind, doppelseitige Kopien anfertigen.
d) Recyclingpapier auch für externen Schriftverkehr verwenden.
e) Recyclingpapier nach DIN 827 (Blauer Engel) verwenden.
f) Einsatz eines EDV-Kommunikationssystems (z. B. Lotus Notes) als Ersatz für Rundschreiben.
g) Die „eiserne Reserve“ des Vorrats an Büropapier wird um ein Drittel reduziert.
h) Beim Kauf von Kuverts und Versandtaschen wird darauf geachtet, dass die Polsterung nur noch aus Altpapier bestehen.

68. In der Kreditbank AG sind Entsorgungsbehälter für Bioabfälle, Kunststoff, Metall und Verbundstoffe, Papier und Pappe sowie für Restmüll aufgestellt. Was dürfen Sie in keinen dieser Behälter entsorgen?

a) Herausgetrenntes Kohlepapier aus den Lieferscheinsätzen
b) Ein Plastikbehälter gefüllt mit verbrauchter Entwicklungsflüssigkeit aus dem Mikroverfilmungsgerät
c) Mehrschichtverpackung als Milchtüte (Tetrapack)
d) Beschädigte Plastikordner
e) Teebeutel aus der Kantine
f) Styroporverpackung

Wirtschafts- und Sozialkunde

69. Die Geschäftsleitung Ihres Ausbildungsbetriebs will einen Beitrag zum Umweltschutz leisten und stellt daher verschiedene Behälter zur sachgemäßen Trennung des angefallenen Mülls zur Verfügung. Die Abfälle sollen getrennt nach Papier, Glas, Wertstoffe (Grüner Punkt) und Restmüll entsorgt werden. Welche drei Abfälle gehören nicht in den Wertstoffbehälter?

a) Gebrauchte Plastiktüten von Süßigkeiten
b) Mehrschichtverpackungen für Getränke (z. B. Tetrapack)
c) Entleerte Plastik-Joghurtbecher
d) Entleerte Batterien aus Taschenrechnern
e) Schokoladenweihnachtsmann mit abgelaufenem Verfallsdatum
f) Entleerte Spülmittelflasche
g) Obst- und sonstige Essensabfälle

70. Welche zwei Maßnahmen sind geeignet, den Müll in Ihrem Kreditinstitut nach Umweltgesichtspunkten zu trennen?

a) Anschaffung eines Aktenvernichters, der die Unterlagen in Papierschnitzel zerkleinert
b) Anschaffung eines geteilten Mülleimers im Aufenthaltsraum, der die Trennung nach Bio- und Restmüll ermöglicht
c) Verwendung von nachfüllbaren Druckerpatronen
d) Abschluss eines Wartungsvertrages für den Kopierer, der auch den Austausch der Tonerbehälter einschließt
e) Einrichtung einer Sammelstelle für Altbatterien, damit diese nicht im Restmüll entsorgt werden
f) Anschaffung eines Kopierers, der auch Recyclingpapier verarbeitet

71. Wie können Sie in Ihrem Hause Abfall vermeiden?

a) Sie lagern leere Batterien als Sondermüll.
b) Sie verwenden Raumthermostate für die Steuerung der Heizkörper.
c) Sie beziehen Werbegeschenke für Kunden nur noch ohne Geschenkverpackung.
d) Sie verwenden nur noch Schreibpapier mit einem hohem Anteil an recyceltem Altpapier.
e) Sie sammeln Altglas in Containern.

72. Der Begriff „Recycling“ hat sich als umweltschonende Maßnahme eingebürgert. Welche zwei der folgenden umweltgerechten Maßnahmen sind diesem Begriff zuzuordnen?

a) Die leeren Milchflaschen werden von der Molkerei zurückgenommen und nach der Reinigung wieder mit Milch gefüllt.
b) Das Blechgewicht der Getränkedose wird von 85 g auf 45 g gesenkt.
c) Das im Einzelhandel anfallende Altpapier wird zur Stromerzeugung in einer Müllverbrennungsanlage verbrannt.
d) Altpapier, das Sie über die dafür vorgesehenen Container entsorgt haben, wird aufbereitet und als Zeitungspapier einer neuen Verwendung zugeführt.
e) Die leere Batterie wird dem Radiohändler zurückgegeben und danach als Sondermüll gelagert.
f) Das in Containern gesammelte Altglas wird bei der Herstellung von neuen Flaschen verwendet.

73. Welche zwei Aussagen treffen auf den Begriff „Recycling“ zu?

a) Gesundhaltung von Gewässern und Kläranlagen
b) Verbrennung von Müll in besonders dafür gebauten Anlagen
c) Wiederverwendung von schon einmal gebrauchten Materialien
d) Sachgemäße Abfallbeseitigung auf geordneten Mülldeponien
e) Wiedereingliederung verletzter Personen in die Arbeitswelt
f) Mit Recycling bezeichnet man die Kreislaufnutzung von Waren und Verpackungsmaterial.

74. Im Personalbüro Ihres Kreditinstituts wird nach Möglichkeit nur Recyclingpapier verwendet. Welche Aussage dazu ist zutreffend?

a) Die umweltfreundliche Papierherstellung wird gefördert.
b) Das Papier zeigt nach wenigen Jahren starke Zerstörungserscheinungen und ist kostengünstiger zu vernichten.
c) Recyclingpapier ist reißfester.
d) Bei der Beschriftung mit dem Drucker ist Recyclingpapier leichter zu korrigieren.
e) Kleinere Flecken auf dem Papier stören nicht so wie auf gebleichtem Papier.

75. Eine besondere Form des Recyclings ist die Gewinnung von Glas aus Glasscherben. Worum handelt es sich?
a) Wiederverwendung
b) Wiederverwertung
c) Weiterverwendung
d) Weiterverwertung
e) Energienutzung

76. Um welche Art des Recyclings handelt es sich bei der Kompostierung biologischer Abfälle?
a) Wiederverwendung
b) Energienutzung
c) Wiederverwertung
d) Weiterverwertung
e) Weiterverwendung
f) Kleiner Flecken auf dem Papier stören nicht so wie auf gebleichtem Papier.

77. Welche Abfälle Ihres Kreditinstitutes dürfen entsprechend der Abbildung entsorgt werden?
a) Der Inhalt der Kundenmülleimer am Kontoauszugsdrucker
b) Das anfallende Altpapier
c) Die Resttonerbehälter der Kopiergeräte
d) Die gekennzeichneten Verpackungen des Dualen Systems
e) Die verbrauchten Batterien jeglicher Art

78. Welches der folgenden Symbole steht für das Abfallrecycling des Dualen Systems Deutschland?

[1]

[2]

[3]

[4]

[5]

79. Das Deutsche Institut für Gütesicherung und Kennzeichnung vergibt das Umweltzeichen „Blauer Umweltengel". Was gilt für Produkte, die mit diesem Zeichen gekennzeichnet sind?
a) Der Verbrauch ist ohne Belastung für die Umwelt.
b) Der Verbrauch ist relativ umweltfreundlich.
c) Diese Artikel können recycelt werden.
d) Der „Blaue Umweltengel" entspricht dem „Grünen Punkt" im Sinne des Umweltschutzes.
e) Der Verbrauch fördert die Vermeidung von Abfällen.
f) Es handelt sich um Nachfüllpackungen.

80. In einem Büro der Kreditbank AG beginnt plötzlich ein Rechner zu qualmen. Eine Reparatur ist nicht mehr rentabel. Wie ist mit dem zerstörten Rechner zu verfahren?

a) Bei einer Neuanschaffung in Zahlung geben
b) Mit dem Plastikmüll entsorgen
c) Für spätere Reparatur aufheben
d) Einem Schrotthändler anbieten
e) Über ein Abfallentsorgungsunternehmen entsorgen

81. Ihre Geschäftsleitung möchte den durch die Computer verursachten Stromverbrauch aus ökologischen und ökonomischen Gründen senken, ohne die betrieblichen Abläufe zu beeinträchtigen. Welche Maßnahme schlagen Sie vor?

a) Die Arbeiten am Computer sind zu sammeln und an einem Stück zu bearbeiten, die übrige Zeit sind die Computer abzustellen.
b) Die Systemsteuerung des Computers wird so eingestellt, dass sich der Standby-Betrieb des Bildschirms bei einer Arbeitspause von länger als 30 Minuten aktiviert.
c) Die Systemsteuerung des Computers wird so eingestellt, dass sich der Passwortschutz bei einer Arbeitspause von länger als 10 Minuten aktiviert.
d) Die Systemsteuerung des Computers wird so eingestellt, dass der Kühlventilator nur während der Arbeitsphasen in Betrieb ist.
e) Die einzelnen Computer werden auf eine niedrigere Taktfrequenz eingestellt.

ÜBUNGSAUFGABEN ZUR VORBEREITUNG AUF DIE ABSCHLUSSPRÜFUNG

BEI DEN NACHSTEHENDEN AUFGABEN SIND DIE RICHTIGEN ERGEBNISSE ANZUKREUZEN BZW. ZUZUORDNEN.

1. **Welche zwei Aussagen beschreiben das ökonomische Prinzip als Maximalprinzip?**
   a) Die Mustermann AG versucht, ihre Buchhaltung mit möglichst geringen Kosten abzuwickeln.
   b) Der Kunde Huber Erwin kauft alle an der Börse angebotenen Aktien der Stifts AG.
   c) Die Hinterseer OHG versucht, mit möglichst geringem Aufwand einen möglichst hohen Gewinn zu erzielen.
   d) Die Schwarz KG versucht, aus einer Rolle Stoff möglichst viele Anzüge herzustellen.
   e) Die Kosslow-Spedition versucht, mit möglicht wenig Benzin möglichst viele Kilometer zu fahren.
   f) Die Kreditbank AG versucht, mit fester Mitarbeiterzahl einen möglichst hohen Gewinn zu erzielen.
2. **In welchen zwei Fällen wird das Maximalprinzip des ökonomischen Prinzips angewendet?**
   a) Ein Wohnungsbauunternehmer will in seinen Gebäuden die Heizungsanlagen erneuern und ermittelt durch einen Angebotsvergleich den günstigsten Anbieter.
   b) Ein Baustoffgroßhändler setzt seine 5 Fahrzeuge so ein, dass an einem Tag möglichst viele Kunden beliefert werden können.
   c) Ein Busunternehmer will durch eine Änderung der Fahrstrecken seine Benzinkosten senken und die Auslastung der Fahrzeuge verbessern.
   d) Ein Großhändler will durch verstärkten Werbeaufwand seinen Umsatz steigern.
   e) Ein Möbelgroßhändler will durch eine erhebliche Preissenkung den Umsatz der Küchenabteilung steigern.
   f) Zur Markteinführung eines neuen Produktes werden 50.000,00 € bereit gestellt. Die Werbeabteilung erarbeitet ein Konzept zum effektivsten Einsatz dieser Mittel.
3. **Wo handelt ein Unternehmen nach dem „ökonomischen Prinzip" als Minimalprinzip?**
   a) Der Verkaufsleiter ist bestrebt, die Produkte zu möglichst hohen Preisen zu verkaufen.
   b) Der Einkaufsleiter bestellt einen bestimmten PC beim preisgünstigsten Anbieter.
   c) Der Verkaufsleiter strebt in diesem Monat bei gleicher Kostenvorgabe mindestens 4 % mehr Umsatz an.
   d) Der Verkaufsleiter gewährt eine kostenlose Serviceleistung.
   e) Der Verkaufsleiter soll möglichst viele Kunden gewinnen.
   f) Durch die Einführung neuer Produkte soll ein Umsatzanstieg von 5 % mit dem geringstmöglichen Werbeaufwand erzielt werden.
4. **Welche zwei Aussagen treffen auf den Idealtyp der „Marktwirtschaft" zu?**
   a) Im Gegensatz zu anderen Wirtschaftsordnungen macht der Marktmechanismus in der Marktwirtschaft Pläne einzelner Wirtschaftseinheiten überflüssig.
   b) Neben der Gewinnmaximierung verfolgen die Unternehmen als gleichberechtigte Ziele unter anderem die Umsatzmaximierung oder die Marktanteilmaximierung.
   c) Die Wirtschaftspläne der Unternehmen und Haushalte werden unabhängig voneinander aufgestellt.
   d) Die Preise bilden das Lenkungssystem der Marktwirtschaft.
   e) Es gibt keinen Sanktionsmechanismus.
   f) Der Marktmechanismus enthält kein Informationssystem.
5. **In der Bundesrepublik Deutschland besteht als Wirtschaftsordnung die soziale Marktwirtschaft, die als eine Weiterentwicklung des Modells der freien Marktwirtschaft zu sehen ist. Welche der drei Aussagen treffen**
   [1] nur auf die Marktwirtschaft
   [2] nur auf die soziale Marktwirtschaft
   [3] sowohl auf die freie als auch auf die soziale Marktwirtschaft
   [4] weder auf die freie noch auf die soziale Marktwirtschaft zu?
   Tragen Sie die zutreffende Ziffer vor die Aussage ein.
   AUSSAGEN
   [ ] Die Unternehmen treffen ihre Investitionsentscheidungen unter Berücksichtigung der Marktpreise und erwarteter zukünftiger Entwicklungen.
   [ ] Der Staat sorgt durch vielfältige Maßnahmen für einen bestimmten Mindeststandard der Lebenshaltung.
   [ ] Die Nettoeinkommen der Haushalte unterscheiden sich aufgrund der Besteuerung nur innerhalb bestimmter Bandbreiten.

Wirtschafts- und Sozialkunde

6. Wie alle anderen Unternehmen, sind auch die Kreditinstitute von der Wirtschaftspolitik der sozialen Marktwirtschaft betroffen. Welche Aussage in diesem Zusammenhang ist zutreffend?

a) Die Interessen der Kunden von Kreditinstituten werden teilweise durch Gesetze und Verordnungen geschützt.

b) Der Staat akzeptiert, dass die Kreditinstitute ihre Geschäftspolitik ausschließlich am Eigennutz orientieren.

c) Bei Lohnverhandlungen legt der Staat ein Mindestentgelt für die Arbeitnehmer/innen der Kreditinstitute fest.

d) Der Staat versucht, die Kreditwirtschaft über die Aufstellung von unterschiedlichen Plänen zu koordinieren.

e) Die Knappheit des Geldes signalisiert der Staat durch die Festsetzung unterschiedlicher Zinssätze.

7. Welche beiden Maßnahmen sind mit der sozialen Marktwirtschaft der Bundesrepublik Deutschland vereinbar?

a) Die Bundesregierung verpflichtet die Tarifparteien, die Lohnerhöhungen in den nächsten Jahren zu begrenzen.

b) Die Regierung des Bundeslandes Bayern ordnet einen allgemeinen Mietpreisstopp für die Dauer von 10 Jahren an, um sozial schwache Mitbürger zu schützen.

c) Das Bundeskartellamt verhängt gegen mehrere Unternehmen Bußgelder wegen Verstöße gegen das Gesetz gegen Wettbewerbsbeschränkungen.

d) Die Bundesanstalt für Finanzdienstleistungen (BAFin) setzt einen Mindestzinssatz für bestimmte Einlagen fest.

e) Durch ein Bundesgesetz werden Unternehmen verstaatlicht, die gegen Gesetze zum Schutz der Umwelt verstoßen haben.

f) Der Gesetzgeber bestimmt, dass die Prozentsätze der Einkommensteuer innerhalb bestimmter Grenzen mit der Höhe des zu versteuernden Einkommens steigen.

8. Auf Preisänderungen können Anbieter und Nachfrager unterschiedlich reagieren. Ordnen Sie den Reaktionen der Anbieter bzw. Nachfrager die entsprechende Elastizität zu.

Elastizität von Angebot/Nachfrage

a) Elastische Nachfrage
b) Unelastische Nachfrage
c) Elastisches Angebot
d) Unelastisches Angebot

Reaktionen der Anbieter/Nachfrager

[ ] Die Kurse auf den Aktienmärkten fallen, die Anleger ordern weiter in gleichem Umfang.

[ ] Bei steigenden Darlehenszinsen nimmt die Nachfrage nach Baudarlehen deutlich ab.

[ ] Wegen Erreichen der Kapazitätsgrenzen können die Anbieter trotz steigender Preise ihr Angebot nicht erhöhen.

[ ] Trotz steigender Refinanzierungskosten für die Kreditinstitute bleibt deren Nachfrage nach Liquidität unverändert.

[ ] In Erwartung steigender Preise für Schweinefleisch steigern die Landwirte die Aufzucht von Schweinen, um so ihr Angebot erhöhen zu können.

9. Auf Preisänderungen können Anbieter und Nachfrager unterschiedlich reagieren. Ordnen Sie den Reaktionen der Anbieter bzw. Nachfrager die entsprechende Elastizität zu.

Elastizität von Angebot/Nachfrage

a) Elastische Nachfrage
b) Unelastische Nachfrage
c) Elastisches Angebot
d) Unelastisches Angebot

Reaktionen der Anbieter/Nachfrager

[ ] Die Preise für die Ausgabe von Bankkarten wurden erhöht. Die Anzahl der neu ausgegebenen Bankkarten hat sich nicht verändert.

[ ] Aufgrund gefallener Zinssätze am Kapitalmarkt erhöhten Realkreditinstitute ihr Angebot an Hypothekenpfandbriefen und öffentlichen Pfandbriefen.

[ ] Der Zinssatz für Termineinlagen steigt. Daraufhin legen Kunden verstärkt Termingelder an.

[ ] Die Menge für mittel- und langfristige Kredite steigt. Das Kreditvergabevolumen kann von der Kreditbank AG aufgrund zu knappen Eigenkapitals nicht ausgeweitet werden.

10. Welche zwei Aussagen zur Preiselastizität der Nachfrage sind zutreffend?

a) Eine hohe Elastizität liegt vor, wenn die Änderung der nachgefragten Menge geringer ausfällt als die Preisänderung.

b) Eine niedrige Elastizität liegt vor, wenn die Änderung der nachgefragten Menge geringer ausfällt als die Preisänderung.

c) Eine völlig unelastische Nachfrage liegt vor, wenn die Preisänderung eine nur sehr geringe Änderung der nachgefragten Menge bewirkt.

d) Eine normale Elastizität liegt vor, wenn die Preisänderung eine geringe Änderung der nachgefragten Menge bewirkt.

e) Ein Nachfrageverlauf, bei dem es bei steigenden Preisen zu steigender Nachfrage kommt, ist nicht möglich.

f) Erhöht sich der Preis eines Gutes um 1 % und sinkt die Nachfrage um 1 %, so beträgt die Elastizität 1.

11. Mit Hilfe der Formel „Prozentuale Mengenänderung / Prozentuale Preisänderung" lässt sich die Preiselastizität der Nachfrage errechnen.
Wie hoch ist die Preiselastizität der Nachfrage, wenn sich der Preis für ein Gut von 3,00 € auf 3,60 € erhöht hat und daraufhin die Nachfrage von bisher 10 Stück auf nur noch 6 Stück gesunken ist? Tragen Sie das Ergebnis in das Kästchen ein.

[ ]

12. Siehe vorherige Aufgabe. Wie ist dieses Nachfrageverhalten zu beurteilen? Kreuzen Sie die zutreffende Aussage dazu an.

a) Es handelt sich um ein vollkommen elastisches Nachfrageverhalten.

b) Es handelt sich um ein unelastisches Nachfrageverhalten.

c) Es handelt sich um ein elastisches Nachfrageverhalten.

d) Es handelt sich um ein proportional-elastisches Nachfrageverhalten.

e) Es handelt sich um ein vollkommen unelastisches Nachfrageverhalten.

13. Siehe nachstehende Aussagen. Auf welche der abgebildeten Angebotskurven treffen diese zu? Ordnen Sie zu, indem Sie die Ziffer der zutreffenden Kurve vor die Aussage schreiben.

Angebotskurven

1

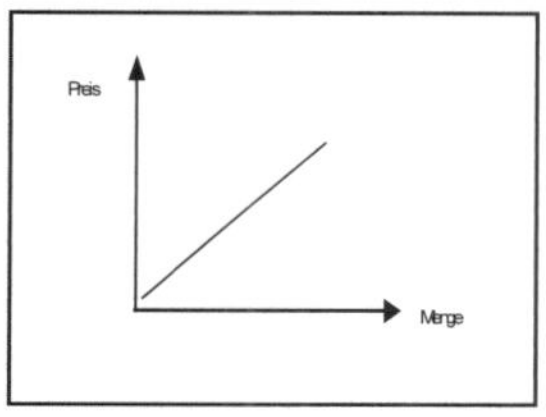

2

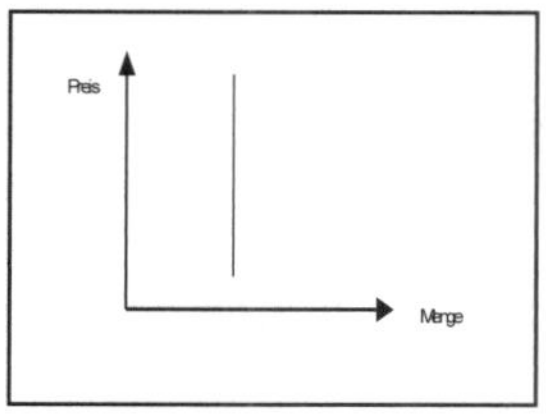

3

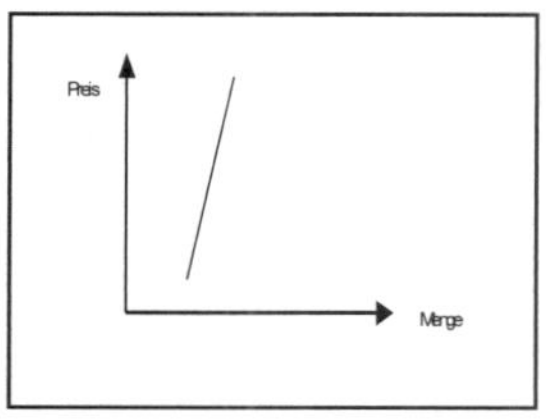

4

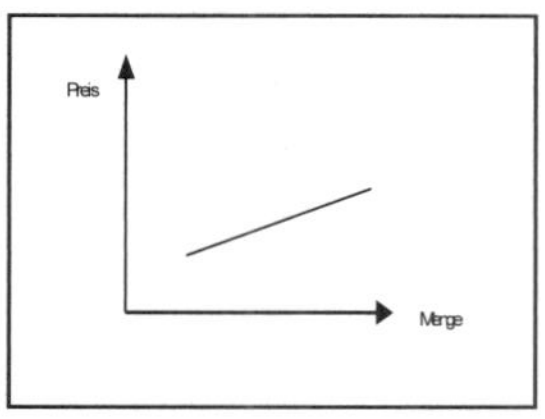

Aussagen

[ ] Eine Preiserhöhung führt zu einer überproportionalen Ausweitung der angebogenen Menge.

[ ] Eine Preiserhöhung führt zu keiner Änderung der angebotenen Menge.

[ ] Eine Preiserhöhung um 5 % bewirkt eine Ausweitung der Angebotsmenge um ebenfalls 5 %.

[ ] Eine Preissenkung führt zu einer unterproportionalen Senkung der angebotenen Menge.

[ ] Eine Preissenkung führt zu einer proportionalen elastischen Reaktion der Angebotsmenge.

[ ] Eine Preissenkung führ zu keiner Änderung der angebotenen Menge.

14. Welche Abbildung zeigt, dass bei einer deutlichen Erhöhung des Preises die Gesamtnachfrage nur gering zurückgegangen ist?

1

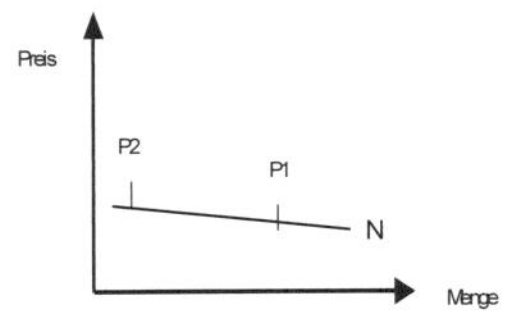

2

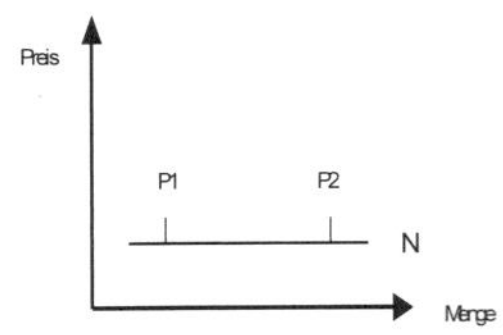

3

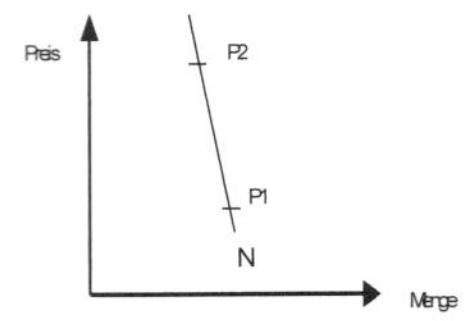

4

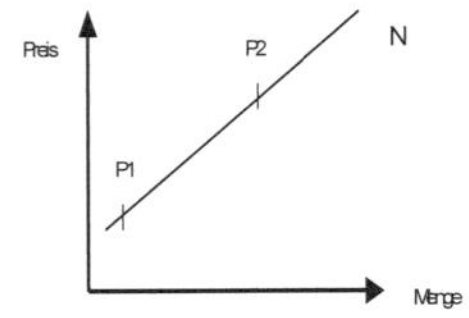

a) Abbildung 1
b) Abbildung 2
c) Abbildung 3
d) Abbildung 4
e) Keine davon

15. Die Abbildung zeigt die Gesamtnachfrage- und die Gesamtangebotskurve für ein bestimmtes Gut bei vollkommenem Markt. Ordnen Sie die in Frage kommenden Veränderungen der Angebots- bzw. Nachfragekurve ihren ursächlichen Vorgängen zu.

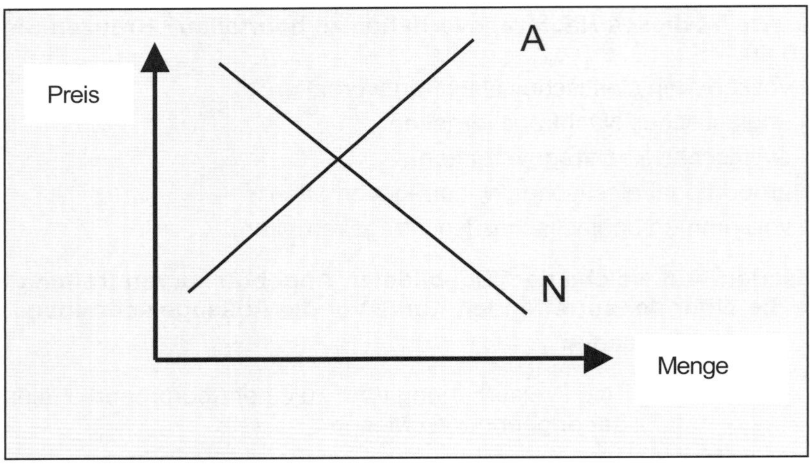

Veränderungen der Kurven

a) Linksverschiebung der Nachfragekurve
b) Rechtsverschiebung der Nachfragekurve
c) Linksverschiebung der Angebotskurve
d) Rechtsverschiebung der Angebotskurve

Ursächliche Vorgänge

[ ] Die zur Produktion des Gutes benötigten Rohstoffe können zu deutlich gesunkenen Preisen beschafft werden.

[ ] Kindergelderhöhungen bewirken einen Kaufkraftzuwachs bei den privaten Haushalten.

[ ] Gewerbesteuern werden deutlich erhöht.

[ ] Die Produktionskosten sinken infolge technischen Fortschritts.

16. Welche Aussage zu dem elastischen Bereich einer normal verlaufenden Nachfragekurve ist zutreffend?

a) Eine Preissenkung hat eine überproportionale Nachfrageerhöhung zur Folge.
b) Eine Preissenkung hat keine Nachfrageerhöhung zur Folge.
c) Eine Preiserhöhung hat eine geringfügige Nachfrageerhöhung zur Folge.
d) Eine Preiserhöhung hat keinen Nachfragerückgang zur Folge.
e) Eine Preiserhöhung hat eine überproportionale Nachfrageerhöhung zur Folge.

17. Die abgebildeten Nachfragekurven sollen das Nachfrageverhalten der privaten Haushalte nach leichtem Heizöl darstellen. Welche beiden Aussagen dazu sind zutreffend?

a) Die Verschiebung der Nachfragekurve von N_0 nach N_2 zeigt an, dass die Haushalte auf Preiserhöhungen elastisch reagieren.

b) Die Verschiebung der Nachfragekurve von N_0 nach N_1 kann damit begründet werden, dass die Erdgaspreise drastisch gesenkt wurden.

c) Die Verschiebung der Nachfragekurve von N_0 nach N_2 ist auf eine Preiserhöhung bei leichtem Heizöl zurückzuführen.

d) Die Verschiebung der Nachfragekurve von N_0 nach N_2 kann durch eine Erhöhung des verfügbaren Einkommens, z. B. auf Grund von Steuersenkungen, begründet werden.

e) Die Verschiebung der Nachfragekurve von N_0 nach N_1 ist auf die rationellere Produktion bei leichtem Heizöl zurückzuführen.

f) Die Verschiebung der Nachfragekurve von N_0 nach N_1 ist auf die Verteuerung des Erdgases, z. B. durch eine Erdgassteuer, zurückzuführen.

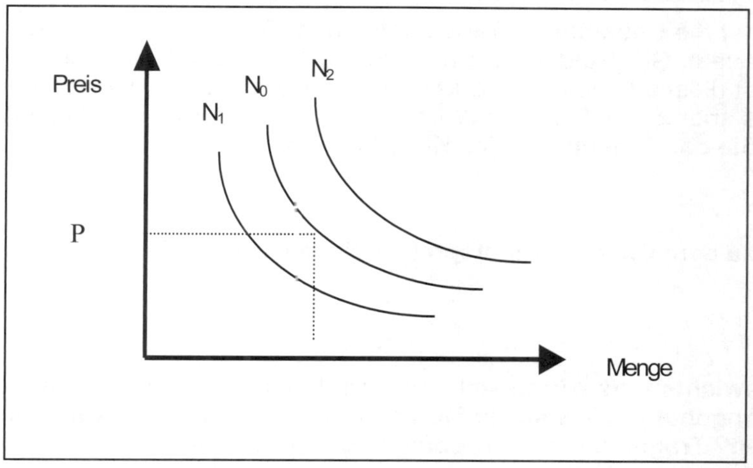

18. Welche <u>zwei</u> Aussagen sind zu den abgebildeten Kurven (Angebots- und Nachfragekurve) zutreffend?

a) Bei einem Preis = 40 beträgt die Nachfrage 400 Stück.

b) Bei einem Preis = 10 kann die gesamte Nachfrage abgedeckt werden.

c) Bei einem Preis < 25 kommt es zu einem Angebotsüberschuss.

d) Bei einem Preis > 40 kommt keine Nachfrage zu Stande.

e) Bei einem Preis = 10 entsteht ein Nachfrageüberschuss von 300 Stück.

f) Bei einem Preis > 25 kommt es zu einem Angebotsüberschuss.

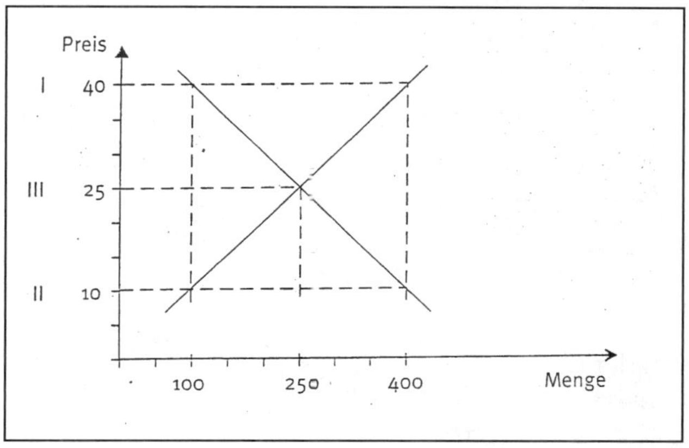

Wirtschafts- und Sozialkunde

Den nächsten 3 Aufgaben liegt die folgende Abbildung zugrunde.

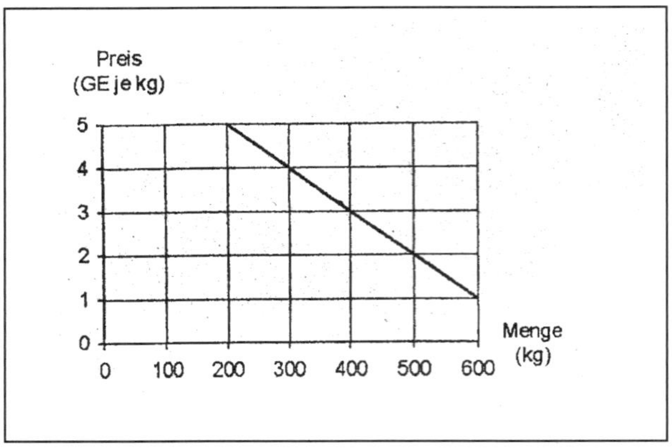

19. **In der Abbildung ist die Gesamtnachfrage nach einem Gut modellhaft dargestellt. Welcher Gleichgewichtspreis in GE (Geldeinheiten) ergibt sich, wenn 4 Produzenten jeweils 100 ME (Mengeneinheiten) dieses Gutes am Markt verkaufen wollen, und zwar zu einem beliebigen Preis, mindestens aber zu 1 GE pro Gut? Es gelten die Bedingungen des vollkommenen Marktes. Tragen Sie das Ergebnis in das Kästchen ein.**

[ ]

20. **Wie hoch ist der zu dem Gleichgewichtspreis erzielte Umsatz? Tragen Sie das Ergebnis in das Kästchen ein.**

[ ]

21. **Welcher Gleichgewichtspreis würde sich, bei sonst gleichen Bedingungen, ergeben, wenn 2 der Anbieter ihr Angebot um jeweils 30 ME und die beiden anderen Anbieter jeweils um 20 ME reduzieren würden? Tragen Sie das Ergebnis in das Kästchen ein.**

[ ]

22. **Nachstehende Angebots- und Nachfragesituation kennzeichnen den Markt. Wie wirken sich die folgenden staatlichen Maßnahmen auf die Nachfrage- bzw. Angebotskurve und den jeweiligen Marktpreis aus, wenn alle übrigen Einflussgrößen unverändert bleiben? Ordnen Sie der jeweilige Auswirkung die ursächliche staatliche Maßnahme zu.**

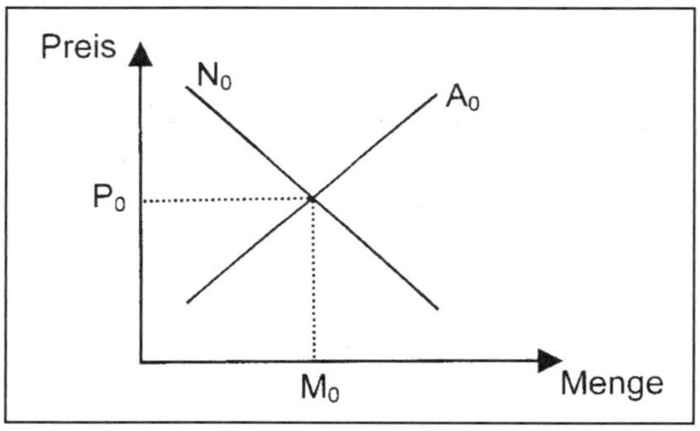

Staatliche Maßnahmen

a) Der Staat streicht den von der Lohn- und Einkommensteuer abhängigen Solidaritätszuschlag.
b) Der Staat legt fest, dass der Handel sämtliche Einwegflaschen zurücknehmen muss.
c) Der Staat zahlt Unternehmen, die Solaranlagen herstellen, einen Zuschuss je produzierte Einheit.
d) Der Staat streicht für alle zukünftigen Bauvorhaben die Eigenheimzulage.

Auswirkungen

[ ] Die Nachfrage steigt, der Marktpreis steigt.

[ ] Die Nachfrage sinkt, der Marktpreis fällt.

[ ] Das Angebot steigt, der Marktpreis fällt.

[ ] Das Angebot sinkt, der Marktpreis steigt.

23. In einer Marktwirtschaft wird Angebot und Nachfrage durch den Preis für Sachgüter und Dienstleistungen reguliert. Ordnen Sie die nachstehenden Aussagen den verschiedenen Verteilungsmechanismen zu. Tragen Sie dazu den entsprechenden Buchstaben in das Kästchen vor der jeweils zutreffenden Aussage ein.

Verteilungsmechanismen

a) Marktpreisbildung
b) Bookbuilding-Verfahren
c) Freihändiger Verkauf
d) Tender (Amerikanisches Verfahren)

Aussagen

[ ] Am Ende einer Preisbietungszeit, bei der die Bieter neben der gewünschten Stückzahl ihre Preisvorstellung angeben müssen, wird aus der Gesamtzahl aller Gebote ein einheitlicher Verkaufspreis festgelegt.

[ ] Der Preis bildet sich auf einem organisierten Markt mit Angebot und Nachfrage in der Weise, dass der Preis einheitlich gilt, bei dem der größtmögliche Umsatz stattfindet.

[ ] Das angebotene Gut wird während einer festgelegten Frist so lange zum immer neu festgesetzten Preis verkauft, wie der Vorrat reicht.

[ ] Nachdem die Nachfrager limitierte Kaufangebote abgegeben haben, wird vom höchsten gebotenen Preis beginnend so lange zum jeweils gebotenen Preis verteilt, bis das Angebot vollständig verteilt ist.

24. Auf einem Markt treffen sich je 4 Anbieter und 4 Nachfrager mit den folgenden Preisvorstellungen:

Käufer	**akzeptierte Preisobergrenze**
A will 100 t kaufen	40 €
B will 40 t kaufen	48 €
C will 60 t kaufen	54 €
D will 30 t kaufen	60 €
Verkäufer	**akzeptierte Preisuntergrenze**
E will 100 t verkaufen	60 €
F will 60 t verkaufen	54 €
G will 90 t verkaufen	48 €
H will 40 t verkaufen	40 €

Preis:
Menge:

Wie viel €/t beträgt der Gleichgewichtspreis? Wie viel Tonnen werden zum Gleichgewichtspreis abgesetzt? Tragen Sie die Ergebnisse in das Kästchen ein.

25. Es liegen folgende Kauf- und Verkaufsaufträge für Getreide vor:

Käufer	**akzeptierte Preisobergrenze**
A will 300 t kaufen	105 €
B will 120 t kaufen	120 €
C will 180 t kaufen	132 €
D will 90 t kaufen	140 €
Verkäufer	**akzeptierte Preisuntergrenze**
E will 300 t verkaufen	140 €
F will 180 t verkaufen	132 €
G will 270 t verkaufen	120 €
H will 120 t verkaufen	105 €

Preis:
Menge:

Wie hoch ist der Gleichgewichtspreis für eine Tonne Getreide?
Wie viel Tonnen Getreide können zum Gleichgewichtspreis abgesetzt werden? Tragen Sie die Ergebnisse ein.

Wirtschafts- und Sozialkunde

26. Beim vollkommenen Markt spricht man von einem Modell, das nicht die Realität widerspiegelt. Die in der Realität vorkommenden Märkte sind meistens unvollkommene Märkte. Welche zwei Aussagen über unvollkommene Märkte sind zutreffend?

a) Für Anbieter und Nachfrager besteht vollständige Markttransparenz.
b) Ein Anbieter kann seinen Kunden keine Mengenrabatte gewähren.
c) Ein Anbieter kann für sein Produkt regional unterschiedliche Preise fordern und erhalten.
d) Die von den Anbietern angebotenen Produkte sind homogen.
e) Alle Marktteilnehmer handeln bei ihren Entscheidungen ausschließlich nach rationalen Überlegungen.
f) Die Nachfrager lassen sich durch Werbung in ihren Kaufentscheidungen beeinflussen.

27. Welche Aussage trifft für die Situation auf dem Bankenmarkt in der Bundesrepublik Deutschland zu?

a) Auf diesem Markt besteht eine vollständige Konkurrenz aller Marktteilnehmer.
b) Auf diesem Markt existiert grundsätzlich eine oligopolistische Struktur mit hohen Kooperationstendenzen im Bereich der Anbieter.
c) Durch die Preisaushänge der Kreditinstitute wird für die Nachfrager eine Situation vollständiger Markttransparenz erreicht.
d) Auf diesem Markt spielen persönliche Präferenzen bei den Verbrauchern keine Rolle.
e) Kleinere Privatbanken versuchen sich mit standardisierten Produkten ein akquisitorisches Potenzial aufzubauen, um sich so dem Konkurrenzdruck zu entziehen.

28. Ordnen Sie den Verhaltensweisen von Angebotsoligopolisten die entsprechende Strategie zu.

Verhaltensweise

a) Wenige Anbieter einigen sich auf einen einheitlichen Angebotspreis.
b) Die Anbieter versuchen, über qualitativ verbesserte Produktangebote und/oder Preissenkungen Marktanteile hinzuzugewinnen und ihre Konkurrenten vom Markt zu verdrängen.
c) Erhöht ein Anbieter die Preise, so ziehen die Konkurrenten nach.
d) Ein Angebotsoligopolist, der glaubt, die größten finanziellen Reserven zu besitzen, senkt die Preise so weit (unter Umständen auch für längere Zeit unter Selbstkosten), bis seine Konkurrenten aus dem Markt ausscheiden.

Strategie

[ ] Intensiver Wettbewerb
[ ] Ruinöse Konkurrenz
[ ] Preisabsprache
[ ] Preisführerschaft

29. Ordnen Sie zu.

Beispiele

a) Ein Anbieter, ein Nachfrager
b) Ein Anbieter, viele Nachfrager
c) Wenige Anbieter, ein Nachfrager
d) Wenige Anbieter, wenige Nachfrager
e) Wenige Anbieter, viele Nachfrager
f) Viele Anbieter, ein Nachfrager
g) Viele Anbieter, viele Nachfrager

Marktformen

[ ] Zweiseitiges Monopol
[ ] Nachfragepolypol bei Angebotsmonopol
[ ] Zweiseitiges Oligopol

30. Welche Ziffer in der Matrix stellt die Marktform des Polypols dar?

Marktformen	Viele Nachfrager	Wenige Nachfrager	Ein Nachfrager
Viele Anbieter	1	2	3
Wenige Anbieter	4	5	6
Ein Anbieter	7	8	8

31. Welche Ziffer in der Matrix stellt die Marktform des Angebotsoligopols dar?

Marktformen	Viele Nachfrager	Wenige Nachfrager	Ein Nachfrager
Viele Anbieter	1	4	7
Wenige Anbieter	2	5	8
Ein Anbieter	3	6	9

32. In einem kleinen Dorf besteht nur ein Lebensmittelladen. Welche der folgenden Aussagen trifft auf diesen Sachverhalt zu?

a) Da es in Deutschland eine Vielzahl von Lebensmittelläden gibt, liegt vollständige Konkurrenz vor.
b) Auf der Dorfebene handelt es sich bei dem Lebensmittelmarkt um ein Angebotsmonopol, betrachtet man die gesamte Region, so handelt es sich um ein Angebotsoligopol oder Angebotspolypol.
c) Auf der Dorfebene findet ein monopolistischer Wettbewerb statt.
d) Wegen der monopolistischen Position des Lebensmittelladens kann die Wettbewerbsbehörde die Eröffnung eines weiteren Lebensmittelladens im Dorf finanziell fördern.
e) Die hier dargestellte monopolistische Marktsituation verstößt gegen das deutsche Kartellrecht.

33. Welche Aussage zur Preispolitik des Angebotsmonopolisten ist richtig?

a) Der Monopolist kann ohne Wirkung auf die Absatzmenge den Preis beliebig festsetzen.
b) Der Monopolist kann ohne Veränderung des Preises die Absatzmenge beliebig festsetzen.
c) Der Gesamtgewinn des Monopolisten wächst proportional zur Erhöhung des Monopolpreises.
d) Der Monopolist kann entweder den Preis oder die Absatzmenge festlegen.
e) Der Monopolist braucht bei seiner Preispolitik das Nachfrageverhalten nicht zu berücksichtigen.

34. Welche Aussage trifft für das Modell der Preisbildung des Oligopols zu?

a) Der Oligopolist muss bei seiner Preisfestsetzung sowohl die Reaktionen der Nachfrager als auch die seiner Konkurrenten berücksichtigen.
b) Der Oligopolist muss bei seiner Preisfestsetzung nur die Reaktionen seiner Konkurrenten berücksichtigen.
c) Der Oligopolist braucht bei seiner Preisgestaltung keine Rücksicht auf andere Marktteilnehmer zu nehmen.
d) Der Oligopolist muss bei seiner Preisfestsetzung nur die Reaktion der Nachfrager berücksichtigen.
e) Der Oligopolist lässt sich bei seiner Preisgestaltung von seinen Produktionskosten leiten.

35. Durch das Verhalten der Nachfrager wird die Absatzmenge eines Anbieters bestimmt. Durch die Preis-Absatz-Funktion wird ausgedrückt, bei welchem Preis ein Anbieter welche Absatzmenge erzielt. Die Abbildung zeigt eine mögliche Preis-Absatz-Funktion auf einem unvollkommenen oligopolistischen Markt. Welche Aussage im Zusammenhang mit der in der Abbildung dargestellten Kennzeichnungen A bis E bezüglich der Preisgestaltung ist zutreffend?

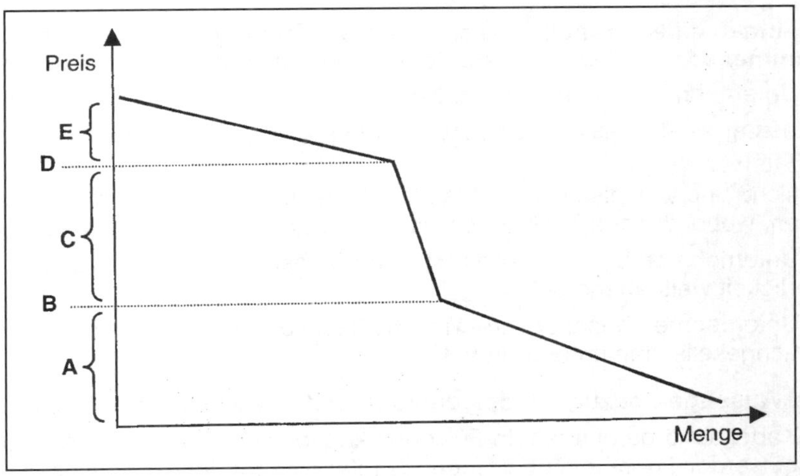

a) Im Bereich A muss auf die Kalkulation kostendeckender Preise nicht geachtet werden.
b) Beim Überschreiten des Punktes B wechseln die Kunden der Konkurrenz immer zum preiswerteren Anbieter.
c) Im Bereich C sind Preisveränderungen bei gleichbleibender Marktposition möglich.
d) Beim Unterschreiten des Punktes D wandern die Kunden größtenteils zur Konkurrenz ab.
e) Im Bereich E lösen geringfügige Preiserhöhungen des Anbieters eine starke Kundenabwanderung zur Konkurrenz aus.

Wirtschafts- und Sozialkunde

36. Welche zwei Aussagen zum Angebots-Monopol sind zutreffend?

a) Der Monopolist hat in seiner Preisgestaltung die größte Macht bei elastischem Nachfrageverhalten.

b) Bei monopolistischer Marktstruktur erfüllt der Preis seine Lenkungsfunktion.

c) Die Höhe des vom Monopolisten festgesetzten Preises bestimmt seine individuelle Absatzmenge.

d) Der Monopolist erreicht sein Gewinnmaximum durch optimale Versorgung der Bevölkerung mit dem von ihm angebotenen Gut.

e) Bei zu hohen Preisen der Güter des Monopolisten weichen die Nachfrager auf Substitutionsgüter aus.

f) Der private Monopolist ist in seiner Preisgestaltung absolut frei.

37. Die Elektrogeräteherstellerschließen sich zu einem Kartell zusammen und vereinbaren, bei ihren Produkten generell genormte Teile einzubauen. Welche Aussage zur rechtlichen und wirtschaftlichen Selbständigkeit der zusammengeschlossenen Unternehmen ist vollständig richtig?

	Die rechtliche Selbstständigkeit...	Die wirtschaftliche Selbstständigkeit
a)	bleibt erhalten.	wird teilweise aufgegeben.
b)	bleibt erhalten.	wird vollständig aufgegeben.
c)	wird aufgegeben.	bleibt vollständig erhalten.
d)	wird aufgegeben.	wird teilweise aufgegeben.
e)	wird aufgegeben.	wird vollständig aufgegeben.

38. Welche zwei Aussagen zu Konzernen sind zutreffend?

a) Ein Konzern entsteht dadurch, dass zwei oder mehr Unternehmen fusionieren, d. h. eine neue Unternehmung entsteht.

b) Ein Konzern entsteht durch kapitalmäßige Verflechtung von Unternehmen.

c) Ein Konzern entsteht durch vertragliche Vereinbarungen, z. B. darüber, dass bestimmte Geschäftspraktiken (Preisgestaltung, einheitliche Kalkulation) angewandt werden.

d) Bei einem Konzern bleiben die rechtliche und die wirtschaftliche Selbständigkeit der beteiligten Personen erhalten.

e) Bei einem Konzern bleibt die rechtliche Selbständigkeit der beteiligten Unternehmen erhalten.

f) Bei Aktiengesellschaften muss die Hauptversammlung einer Konzernbildung zustimmen.

39. Drei Unternehmen einer Branche beschließen die Bildung eines Konzerns. Wie wirkt sich dieser Zusammenschluss auf die Selbstständigkeit der beteiligten Unternehmen aus?

a) Die drei Unternehmen geben ihre rechtliche und wirtschaftliche Selbstständigkeit vollständig auf.

b) Dieser Zusammenschluss hat keine Auswirkung auf die Selbstständigkeit der einzelnen Unternehmen.

c) Die rechtliche und teilweise die wirtschaftliche Selbstständigkeit wird auf eine Muttergesellschaft übertragen, wobei die drei Tochtergesellschaften sich weiterhin selbst verwalten.

d) Die drei Unternehmen behalten ihre rechtliche Selbstständigkeit und geben ihre wirtschaftliche Selbständigkeit weitgehend auf.

e) Die drei Unternehmen behalten ihre wirtschaftliche Selbstständigkeit und werden rechtlich einer neuen Dachgesellschaft untergeordnet.

40. Welche zwei Aussagen bezüglich des deutschen Kartellrechts sind zutreffend?

a) Von der Kartellbehörde untersagte Fusionen können vom Bundesminister für Wirtschaft genehmigt werden, wenn ein überragendes Interesse für die Allgemeinheit festgestellt wird.

b) Fusionen sind grundsätzlich verboten, da immer eine Einschränkung des Wettbewerbs unterstellt wird.

c) Ein abgestimmtes Verhalten von Unternehmen auf einem Markt, das den Wettbewerb verhindert, ist verboten.

d) Die Monopolkommission kann eine Fusion untersagen.

e) Die Kartellbehörde kann eine Fusion trotz des Entstehens einer marktbeherrschenden Stellung genehmigen, wenn sie ein überragenden Interesse für die Allgemeinheit feststellt.

f) Fusionen sind grundsätzlich erlaubt, müssen jedoch nach Vollzug bei der Kartellbehörde angezeigt werden.

41. Der Bankenmarkt soll analysiert werden. Hierbei spielen die verschiedenen Marktgrößen eine bedeutende Rolle. Welche Aussage in diesem Zusammenhang ist zutreffend?

a) Unter Marktpotenzial versteht man die Gesamtheit der möglichen Absatzmenge einer Bankdienstleistung auf einem bestimmten Markt.

b) Das Absatzpotenzial stellt den Anteil am Marktpotenzial dar, den ein einzelnes Finanzierungsdienstleistungsunternehmen in jedem Fall erreicht.

c) Das Marktvolumen stellt die prognostizierte Absatzmenge der gesamten Branche innerhalb eines bestimmten Zeitraums dar.

d) Unter dem Marktanteil versteht man den absoluten Anteil der Absatzleistung eines Kreditinstitutes am gesamten Marktpotenzial.

e) Unter Absatzvolumen versteht man die geplante Umsatzmenge eines Kreditinstitutes zu einem bestimmten Zeitpunkt.

Zu den nächsten drei Aufgaben beachten Sie bitte die nachstehende Situation.

Ein neues Finanzprodukt wurde von fünf Kreditinstituten auf dem Markt eingeführt. Für die in Frage kommende Region wurde ein Marktpotenzial von 60.000 Kunden ermittelt. Ein Jahr nach der Einführung konnten die 5 Kreditinstitute folgenden Kundenanteil konstatieren:

Kreditinstitut	Zahl der Kunden (jeweils eine Mengeneinheit wurde nachgefragt)
A	5.100
B	2.500
C	9.140
D	6.860
E	3.400

42. Ermitteln Sie den Marktanteil des Kreditinstitutes E in Prozent. Tragen Sie das Ergebnis, gerundet auf eine Stelle nach dem Komma, in das Kästchen ein.

43. Wie hoch ist der im ersten Jahr ermittelte Erfolg des Kreditinstitutes E, wenn 520.000,00 € Fixkosten und 150,00 € variable Kosten je Mengeneinheit angefallen sind und der erzielte Erlös pro Mengeneinheit bei 298,00 € lag? Tragen Sie das Ergebnis in das Kästchen ein. Setzen Sie ein (+) bei einem positiven Erfolg, entsprechend ein (–) bei einem negativen Erfolg davor.

44. Wie hoch hätte der Erlös pro Mengeneinheit sein müssen, um die Kosten gerade zu decken? Tragen Sie das Ergebnis auf 2 Stellen hinter dem Komma in das Kästchen ein.

45. Welcher Aussage zu Teilbereichen der Marktforschung stimmen Sie zu?

a) Im Rahmen der Demoskopie werden nur objektive Sachverhalte im Verbraucherverhalten ermittelt.

b) Objektive Sachverhalte in der Verbraucherstruktur spielen im Rahmen der Marktforschung eine untergeordnete Rolle.

c) Mi Hilfe von Imageprofilen soll die subjektive Einstellung der Bankkunden gegenüber den Kreditinstituten systematisch erforscht werden.

d) Die Käufermarktsituation im Bereich der Bankdienstleistungen erspart eine gezielte Untersuchung und Ansprache der potenziellen Kunden.

e) Im Rahmen der Primärforschung spielt der Vergleich von Marktanteilen der Bankengruppen eine zunehmend wichtige Rolle im Marketing-Mix.

Wirtschafts- und Sozialkunde

46. Die Marketing-Abteilung der Kreditbank AG beabsichtigt, eine Marktforschung über Anlagen zur Altersvorsorge durchzuführen. Zur Verfügung stehen die Forschungsmethoden Field Research (Primärforschung) und Desk Research (Sekundärforschung). Bei welcher Tätigkeit handelt es sich um die Primärforschung?

a) Aufgrund der Entwicklung in der Rentenpolitik wird eine Prognose über die künftige Nachfrage nach solchen Produkten erstellt.

b) Aus den Statistischen Jahrbüchern der letzten Jahre wird die Entwicklung des Sparverhaltens der Bevölkerung abgeleitet.

c) Aufgrund der Neuanlagen während der letzten 6 Monate in diesem Produktbereich wird eine Prognose für die künftige Entwicklung erstellt.

d) Durch die Auswertung von Fachzeitschriften wird der Marktanteil der Konkurrenz ermittelt.

e) Mit einer schriftlichen Befragung der eigenen Kunden wird das Nachfragepotenzial für dieses Produkt ermittelt.

47. Welche zwei Aussagen zur Marktforschung sind zutreffend?

a) Bei der Marktanalyse handelt es sich um eine besondere Form der Marktbeobachtung, bei der der Zeitraum zwischen zwei Beobachtungszeitpunkten betrachtet wird.

b) Der Vorteil der Primärforschung gegenüber der Sekundärforschung ist der geringere Zeitaufwand für die Ermittlung der Informationen.

c) Die Primärforschung ist auf einen ganz bestimmten Untersuchungszweck bezogen, den die auftraggebende Unternehmung für die Aufstellung einer Marketingkonzeption benötigt.

d) Im Rahmen der Sekundärforschung werden Informationen verarbeitet, die bereits aus anderem Anlass ermittelt wurden.

e) Field-Research (Feldforschung) ist eine Methode der Sekundärforschung.

f) Bei der Marktforschung werden lediglich unternehmungsinterne Daten unter ganz bestimmten Zielsetzungen ausgewertet.

48. Die Kreditbank AG beabsichtigt, zu Beginn des neuen Jahres die Konkurrenzsituation bezüglich der Finanzierung von Bauvorhaben unter den ortsansässigen Banken mit Hilfe einer Marktanalyse zu ermitteln. Welche Information erhält die Kreditbank durch diese Marktanalyse in jedem Fall?

a) Genaue Rückschlüsse über das eigene Image bei den Kunden.

b) Prozentuale Marktanteile der einzelnen Kreditinstitute bei Kreditvergaben zu einem bestimmten Zeitpunkt

c) Genaue Prognosen über die Entwicklung der Marktanteile im Kreditgeschäft bis zum Jahresende

d) Entwicklung der Marktanteile der einzelnen Kreditinstitute im Kreditgeschäft

e) Entwicklung des Kreditgeschäfts des eigenen Kreditinstituts für das nächste Quartal

49. Ordnen Sie die nachstehenden Definitionen den entsprechenden Begriffen aus der Marktforschung zu.

Definitionen

a) Gegebenheiten des Marktes, Aussagen über das Einzugsgebiet und die Zusammensetzung der Bevölkerung.

b) Höchstmengen (Stück oder €), die ein Unternehmen absetzen könnte, wenn alle mit der erforderlichen Kaufkraft ausgestatteten potenziellen Kunden die Produkte oder Leistungen des Unternehmens kaufen würden.

c) Die tatsächlich von allen Marktanbietern einer Branche innerhalb eines bestimmten Zeitraums abgesetzte Menge eines Produktes oder einer Dienstleistung.

d) Gegenüberstellung der Marktanteile der Wettbewerber auf einem Markt.

Begriffe aus der Marktforschung

[ ] Marktvolumen

[ ] Marktpotenzial

[ ] Marktverteilung

[ ] Marktstruktur

50. In der nachstehenden Abbildung ist der Lebenszyklus von Produkten modellhaft dargestellt. Ordnen Sie die nachstehenden Aussagen den Abschnitten A bis E der Abbildung (auf der Zeitachse) zu, indem Sie die den entsprechenden Buchstaben vor die zutreffende Aussage eintragen.

Aussagen

[ ] In dieser Phase erfolgt eine absolute Marktausdehnung bei gleichzeitigem Absinken der Gewinnraten. Durch starke Investitionen seitens der Konkurrenz wird der Wettbewerb in dieser Phase verstärkt.

[ ] Neugierkäufe kennzeichnen diese Phase. Hier entscheidet sich, ob eine ursprüngliche Produktidee sich auf dem Markt durchsetzen kann.

[ ] In dieser Phase wird das Bedürfnis, auf dessen Befriedigung das Erzeugnis abgestellt war, nun besser, billiger und bequemer von anderen Produkten befriedigt.

[ ] In dieser Phase erreicht der Umsatz seinen Höhepunkt.

[ ] In dieser Phase wird das Produkt immer bekannter. Konkurrenzunternehmen tauchen jetzt vermehrt mit Nachahmungen auf. Die Folge ist eine recht starke Marktexpansion.

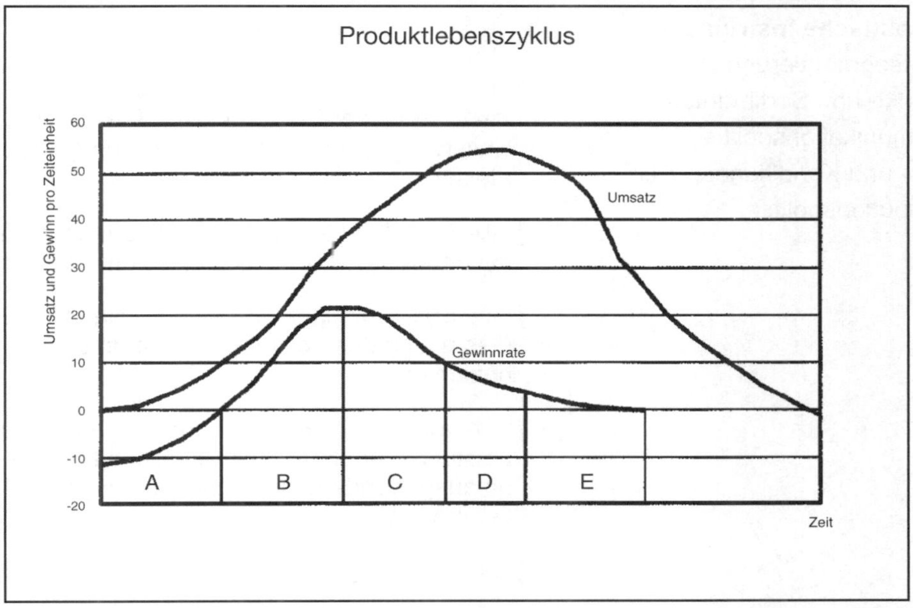

51. Es soll ein neues Sparprodukt am Markt eingeführt werden. Das Kreditinstitut ist noch in der Planungsphase, sodass Details wie Kündigungsmöglichkeiten und Mindestanlagebetrag noch nicht feststehen. Welche Maßnahme eignet sich am besten, die Gestaltung des neuen Produktes an den Kundenbedürfnissen auszurichten?

a) Das Kreditinstitut orientiert sich an der Angebotspalette ihrer Mitarbeiter.

b) Das Kreditinstitut analysiert die Altersstruktur ihrer Kunden und zieht daraus Rückschlüsse über deren Wünsche.

c) Das Kreditinstitut zieht die Auswertung der Kundenreklamationen des vergangenen Jahres zur Entscheidungsfindung für die Produktgestaltung heran.

d) Das Kreditinstitut analysiert über einen an die Zielgruppe gerichteten Fragebogen die Kundenwünsche.

e) Das Kreditinstitut lässt die Mitarbeiter der Controlling-Abteilung Vorschläge machen, mit welchen Merkmalen das neue Produkt ausgestattet werden soll.

52. Welche Aussage über Produktinnovationen im Rahmen der Produktpolitik ist zutreffend?

a) Eine erfolgreiche Produktinnovation garantiert dem innovativen Anbieter immer einen dauerhaften Wettbewerbsvorsprung vor seinen Konkurrenten.

b) Bei der Produktinnovation spielt das vorgesehene Marktsegment, in dem das Produkt eingeführt werden soll, eine geringe Rolle.

c) Freie Finanzdienstleister mit geringen Marktanteilen versuchen, ihre innovativen Produkte in Massenmärkten mit geringen Margen einzuführen.

d) Produkte der Kreditinstitute unterliegen nicht dem Produktlebenszyklus.

e) Im Bankbereich ist wegen des fehlenden rechtlichen Schutzes der innovativen Bankmarktleistungen die Nachahmungsgeschwindigkeit hoch.

53. Ordnen Sie die nachstehenden absatzpolitischen Instrumenten den aufgelisteten Maßnahmen zu.

Absatzpolitische Instrumente

a) Produkt-/Sortimentspolitik
b) Preispolitik
c) Distributionspolitik
d) Kommunikationspolitik

Maßnahmen

[ ] Preisfestsetzung
[ ] Werbung
[ ] Öffentlichkeitsarbeit
[ ] Errichtung von Verkaufsniederlassungen
[ ] Produktgestaltung
[ ] Straffung der angebotenen Bankdienstleistungen
[ ] Kundenberatertraining
[ ] Verkaufsförderung

54. Ordnen Sie die nachstehenden absatzpolitischen Instrumenten den Erklärungen zu.

Absatzpolitische Instrumente

a) Marktsegmentierung
b) Produkt- und Sortimentspolitik
c) Kommunikationspolitik
d) Preis- und Konditionenpolitik
e) Distributionspolitik

Erklärungen

[ ] Die Übermittlung von Informationen und Bedeutungsinhalten zum Zweck der Steuerung von Meinungen, Einstellungen, Erwartungen und Verhaltensweisen gemäß spezifischer Zielsetzung

[ ] Alle Entscheidungen und Handlungen, die im Zusammenhang mit dem Weg eines Produktes zum Endkäufer stehen

[ ] Alle Entscheidungstatbestände, die sich auf die marktgerechte Gestaltung des Leistungsprogramms einer Unternehmung beziehen

[ ] Alle vertraglich fixierten Vereinbarungen über das Entgelt des Leistungsangebots, über mögliche Rabatte und darüber hinausgehende Lieferungs-, Zahlungs- und Kreditierungsbedingungen

[ ] Die Aufteilung des Gesamtmarktes in Käufergruppen

55. Mit einer räumlichen Preisdifferenzierung versucht die Kreditbank AG die Vergabe von Krediten an Privatkunden zu fördern. Welche Aussage beschreibt dieses Marketing-Instrument richtig?

a) Konsumkredite werden je nach Laufzeit zu unterschiedlichen Zinsen angeboten.
b) Realkredite werden in saisonal schwachen Nachfragephasen zu günstigeren Zinsen angeboten.
c) Realkredite werden im Vergleich zu Konsumkrediten zu günstigeren Zinsen angeboten.
d) Nur in strukturschwachen Gebieten werden die Zinsen für Realkredite den Konditionen der Konkurrenz angepasst.
e) Die Zinsen für Konsumkredite werden für ein Quartal in allen Marktgebieten um 0,3 % gesenkt.

56. Welche zwei Aussagen zum Marketing von Kreditinstituten sind zutreffend?

a) Die große Sortimentsbreite erschwert das Cross-Selling.
b) Ziel des Cross-Selling ist u. a. die verstärkte und dauerhafte Bindung des Kunden an seine Hausbank.
c) Die Allfinanz-Konzeption der Kreditinstitute kann nur erfolgreich sein, wenn sämtliche Versicherungsleistungen mit angeboten werden.
d) Vertriebsabreden der Allfinanzpartner beziehen sich häufig auf ausgewählte Produkte.
e) Produkte müssen so beschaffen sein, dass sie für jeden Kunden geeignet sind.
f) Finanzdienstleistungen sind relativ inhomogene Produkte, die nicht leicht von Wettbewerbern kopiert werden können.

57. Welche Aussage zu Direktbanken ist zutreffend?

a) Direktbanken bieten Leistungen des Mengengeschäfts mit intensiver Einzelberatung des Kunden an.

b) Die elektronischen Medien ermöglichen einen kostengünstigen Zugang zum Kunden und damit eine günstigere Konditionengestaltung.

c) Der erstmalige Aufbau der technischen Voraussetzungen zum Direktbanking verursacht hohe Anlaufkosten, erspart jedoch in laufender Rechnung Investitionskosten zur Verteidigung der Wettbewerbssituation.

d) Nur bei Direktbanken spielt die Analyse der Veränderungen im Verbraucherverhalten eine bedeutende Rolle, da die geografisch-strategisch günstige Lage einer Geschäftsstelle keine Rolle spielt.

e) Das Auslagern vieler Service-Funktionen und der Zukauf von Leistungen durch die Direktbanken erschweren grundsätzlich Effizienzsteigerungen mit wettbewerbsfähigen Preisen.

58. Bringen Sie die folgenden Phasen des Marketing-Prozesses eines Kreditinstitutes, die zur optimalen Versorgung des örtlichen Marktes führen sollen, in die richtige zeitliche Reihenfolge, indem Sie die Ziffern 1 bis 5 vor die einzelnen Phasen eintragen.

[ ] Realisierung des Marketingkonzeptes
[ ] Entscheidung, welches Instrumentarium eingesetzt wird, um die Zielsetzung zu erreichen (Marketing-Mix)
[ ] Kontrolle des Erreichten (Soll-Ist-Vergleich)
[ ] Erarbeitung eines Marketingkonzeptes (Marketingplanung), um in der konkreten Situation über eine Imagestrategie nie schlechtere Konditionen anzubieten als der örtliche Hauptwettbewerber
[ ] Informationsbeschaffung über Kunden, Nichtkunden und Wettbewerber durch die Marktforschung

59. Ordnen Sie den vertriebspolitischen Maßnahmen den jeweiligen Vertriebsweg für Bankleistungen zu.

Vertriebswege für Bankleistungen

a) Mobiler Vertrieb
b) Stationärer Vertrieb
c) Medialer/technischer Vertrieb (mobil oder stationär)

Vertriebspolitische Maßnahmen

[ ] Selbstbedienungscenter mit Geldautomaten, Kontoauszugsdruckern und sonstigen Selbstbedienungsterminals lösen wenig frequentierte Zweigstellen ab.

[ ] Bankprodukte werden auch im Supermarkt angeboten.

[ ] Der Anlageberater besucht nach telefonischer Vereinbarung einen vermögenden Kunden, um mit diesem ein Beratungsgespräch zu führen.

[ ] Aus Rationalisierungsgründen wird das Zweigstellennetz einer Bank erheblich reduziert.

[ ] Kunden wird die Möglichkeit des Handy-Banking angeboten.

60. Ordnen Sie den vertriebspolitischen Maßnahmen den jeweiligen Vertriebsweg für Bankleistungen zu.

Vertriebswege für Bankleistungen

a) Stationärer Vertrieb
b) Mobiler Vertrieb
c) Technischer Vertrieb

Vertriebspolitische Maßnahmen

[ ] Außendienst
[ ] Geschäftsstelle
[ ] Beratungscenter
[ ] Electronic Banking
[ ] Homebanking

Wirtschafts- und Sozialkunde

61. Welche Aussage zu den Vertriebswegen der Kreditinstitute ist zutreffend?

a) Im Rahmen des stationären Vertriebsweges verhindern Verlängerungen der Schalteröffnungszeiten die optimale Ausschöpfung des Marktpotenzials.

b) Die automatische Abwicklung des Mengengeschäftes erhöht dauerhaft die Personalkosten in den einzelnen Kreditinstituten.

c) Der technische Vertriebsweg erhöht im Mengengeschäft die Problematik der strengen gesetzlich geregelten Schalteröffnungszeiten.

d) Cross-Selling-Ansätze erleichtern erwünschte Synergieeffekte einer umfassenden Anlageberatung vermögender Kunden.

e) Ein flächendeckendes Filialnetz führt mit der Bereitstellung von qualifizierten Arbeitskräften im Einschichtbetrieb dazu, dass die Gewinnschwelle schneller erreicht wird.

62. Welche staatliche Maßnahme kennzeichnet eine angebotsorientierte Wirtschaftspolitik?

a) Der Staat senkt die Lohn- und Einkommensteuersätze zur Steigerung des privaten Konsums.

b) Der Staat verfügt einen vorübergehenden Einstellungsstopp für öffentliche Verwaltungen.

c) Der Staat fördert die Vergabe zinsgünstiger Darlehen zur Erleichterung von Existenzgründungen.

d) Der Staat gründet staatliche Unternehmen, um das Angebot erneuerbarer Energien zu erweitern.

e) Der Staat senkt die Höchstsätze für die degressive Abschreibung.

63. Eine Rezession soll durch staatliche Konjunkturprogramme bekämpft werden. Bringen Sie die zu erwartenden Phasen einer Kettenreaktion in die richtige zeitliche Reihenfolge, indem Sie die Ziffern 1 bis 6 vor die Kästchen vor den einzelnen Phasen eintragen.

[ ] Aufträge zum Bau von Umgehungsstraßen werden vergeben.

[ ] Die Einkommen der Beschäftigten in Maschinenbauunternehmen steigen.

[ ] Bestehende Kapazitäten in der Bauwirtschaft werden stärker ausgelastet.

[ ] Die Bundesregierung beschließt, dass die Gemeinden und Landreise Zuschüsse aus dem Bundeshaushalt für den Ausbau der Infrastruktur erhalten.

[ ] Aufgrund weitgehender Kapazitätsauslastung werden zusätzliche Baumaschinen bei Unternehmen der Investitionsgüterindustrie bestellt.

[ ] Steigende Konsumausgaben tragen zusätzlich zum Wachstum des Bruttoinlandsproduktes bei.

64. Ein wirtschaftspolitisches Ziel ist das Wirtschaftswachstum. Dies steht allerdings in Wechselwirkung zu anderen wirtschaftspolitischen Zielen. Welche Aussage zu diesem Zusammenhang ist richtig?

a) Hat ein Staat bereits die Vollbeschäftigung erreicht, kann ein Wachstum der Wirtschaft nicht mehr erfolgen.

b) Staat und Länder können das Wirtschaftswachstum nur indirekt beeinflussen.

c) Nach der Einführung des EURO haben Staat und Länder keinerlei Einfluss mehr auf das Wirtschaftswachstum.

d) Wirtschaftswachstum führt automatisch zu einer Verringerung der Arbeitslosenquote, wenn mehr Waren und Dienstleistungen nur durch zusätzliche Beschäftigte erstellt bzw. erbracht werden können.

e) Bei geringen Wachstumsraten des Bruttoinlandsproduktes besteht die Gefahr, dass es zu unerwünschten inflationären Tendenzen kommt.

65. Wobei handelt es sich um ein fiskalpolitisches Instrument der öffentlichen Hand, das den wirtschaftlichen Aufschwung fördern soll?

a) Betreiben einer aktiven Arbeitsmarktpolitik

b) Senkung oder Verschiebung öffentlicher Aufträge

c) Erhöhung der Einkommen- und Umsatzsteuer

d) Senkung von Subventionen und Sozialausgaben

e) Senkung der Unternehmenssteuern

66. Welche Aussage zum Wirtschaftswachstum ist zutreffend?

a) Wenn das Preisniveau konstant gestiegen ist, entspricht das reale Wirtschaftswachstum dem nominalen Wirtschaftswachstum.

b) Die Arbeiten eines Angestellten in seinem Garten werden beim Bruttoinlandsprodukt und damit auch beim Wirtschaftswachstum erfasst.

c) Das Wirtschaftswachstum wird an der Entwicklung des realen Bruttoinlandsproduktes gemessen.

d) Die Erschließung von Rohstoffen beeinflusst nicht das Wirtschaftswachstum.

e) Umweltzerstörungen werden bei der Berechnung des Wirtschaftswachstums berücksichtigt.

67. In der Graphik sind die Phasen des Konjunkturverlaufes dargestellt. Welche Aussage trifft auf die grau hinterlegte Phase zu?

a) Die Produktionskapazitäten werden durch die wachsende Nachfrage nach Investitions- und Konsumgütern zunehmend ausgelastet.

b) Die Produktionskapazitäten sind voll ausgelastet und zum Teil überlastet. Auf den Konsumgütermärkten herrscht ein starker Nachfrageüberhang.

c) Die Einkommen der privaten Haushalte gehen zurück. Die Konsumgüternachfrage sinkt.

d) Die Gewinne schrumpfen. Die Preissteigerungsrate nimmt ab. Die Arbeitslosenquote steigt stark an.

e) Die Produktionskapazitäten sind zunehmend unausgelastet. Die Banken haben hohe Liquiditätsreserven.

f) Die Nachfrage der Unternehmer nach Investitionsgütern sinkt stark. Die Zukunftserwartungen der Unternehmer sind pessimistisch.

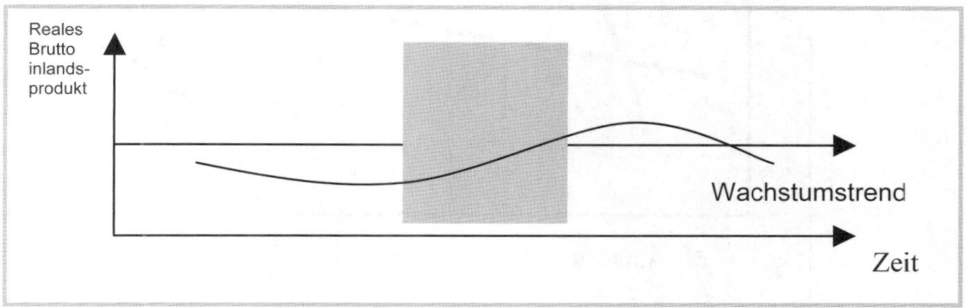

68. Die Bundesregierung versucht, mit konjunkturpolitischen Maßnahmen bestimmte Ziele zu erreichen.

Ziele:	**Maßnahmen:**
1. Preisstabilisierung bei einer inflationären Entwicklung	**1. Abbau der Sparförderung**
2. Überwindung einer Rezession	**2. Gewährung von Steuervergünstigungen und Subventionen**
3. Konjunkturdämpfung	**3. Gewährung von Sonderabschreibungen**
4. Geringere Arbeitslosigkeit	**4. Besteuerung der Investitionen**

Welches Ziel kann mit welcher Maßnahme erreicht werden?

a) Ziel 1 durch Maßnahme 1

b) Ziel 2 durch Maßnahme 2

c) Ziel 3 durch Maßnahme 3

d) Ziel 4 durch Maßnahme 4

69. Ordnen Sie zu.

Auswirkungen der verschiedenen Konjunkturphasen auf

	Zinssätze	**Gewinne**	**Produktionsausstoß**	**Arbeitslosenzahl**
a)	tief	tief	gering	hoch
b)	steigend	steigend	steigend	sinkend
c)	hoch	hoch	hoch	niedrig
d)	sinkend	sinkend	sinkend	steigend
e)	hoch	steigend	steigend	steigend
f)	sinkend	steigend	sinkend	steigend

Idealtypische Konjunkturphasen

[ ] Aufschwung/Erholung

[ ] Hochkonjunktur/Boom

[ ] Abschwung/Rezession

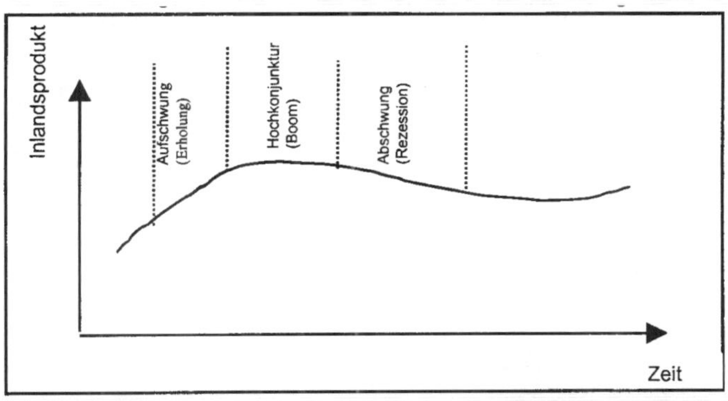

Wirtschafts- und Sozialkunde

70. Zu den Ausführungen eines Wirtschaftsexperten, der die derzeitige Konjunktursituation erläutert, gehört das abgebildete Schaubild. Prüfen Sie, welche Bezeichnung falsch eingetragen ist.

Phasen der Konjunktur

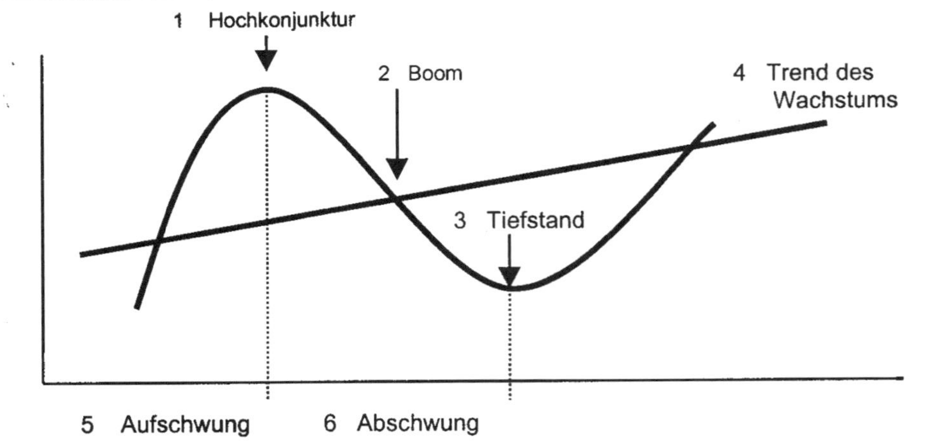

71. Ordnen Sie den unten stehenden Aussagen den jeweiligen Konjunkturbegriff zu.

Aussagen

a) Eine rückläufige Kapazitätsauslastung zwingt die Unternehmen zu Kostensenkung. Die Arbeitslosenquote steigt, die Gewinne schrumpfen, es gibt Absatzprobleme.
b) Eine gedachte Aufwärtsentwicklung ohne Schwankungen zeigt ein stetiges Wachstum der Wirtschaft.
c) Es kommt zu einer Überhitzung an den Märkten, auf dem Kapitalmarkt werden die Mittel knapp, die Zinsen steigen.
d) Eine positive Grundhaltung setzt sich durch. Bei zunehmender Kapazitätsauslastung steigen die Gewinne.
e) Es herrscht Unterbeschäftigung, die Kapazitäten sind gering ausgelastet, es gibt hohe Arbeitslosigkeit.

Konjunkturbegriffe

[ ] Aufschwung
[ ] Abschwung
[ ] Trend
[ ] Boom
[ ] Talsohle

72. Im Zusammenhang mit der Analyse der konjunkturellen Situation kennt man verschiedene Indikatoren. Welche zwei der genannten Indikatoren sind sogenannte „Frühindikatoren"?

a) Arbeitslosenquote
b) Gewinnerwartungen
c) Zahl der offenen Stellen
d) Auftragseingänge
e) Kapazitätsauslastung
f) Anzahl der Insolvenzen

73. **Siehe das unten abgebildete Schema eines geschlossenen Wirtschaftskreislaufs. Ermitteln Sie mit Hilfe der angegebenen Zahlenwerte (in Mrd. €)**
 a) das verfügbare Einkommender privaten Haushalte.
 b) den Sparbetrag der privaten Haushalte.
 c) die Konsumausgaben der privaten Haushalte
 d) das Volumen des Staatshaushalts.
 e) die Steuerlast der Unternehmen.
 Tragen Sie die Ergebnisse in das Kästchen ein.

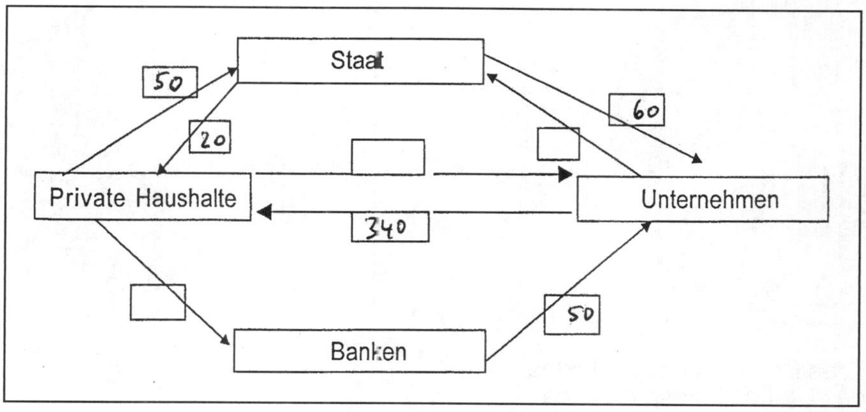

74. **In einer Volkswirtschaft werden von den verschiedenen Wirtschaftssubjekten folgende Leistungen erbracht:**
 1. Der Staat zahlt an private Anleger Zinsen für Bundesschatzbriefe in Höhe von 5.000 T€.
 2. Urlauber geben während ihres Aufenthalts auf der portugiesischen Insel Madeira 15.000 T€ aus.
 3. Der Staat zahlt Renten in Höhe von 95.000 T€ aus.
 4. Die privaten Haushalte zahlen Sozialversicherungsbeiträge in Höhe von 190.000 T€.
 5. Private Haushalte geben für ihren täglichen Bedarf 530.000 T€ aus.
 6. Private Haushalte werden mit Einkommensteuer und Solidaritätszuschlag in Höhe von 185.000 T€ belastet.
 7. Der Staat zahlt Kindergeld in Höhe von 18.000 T€.
 8. Unternehmen zahlen Bruttolöhne und Bruttogehälter in Höhe von 895.000 T€.
 Berechnen Sie
 a) das verfügbare Einkommen der privaten Haushalte in T€!
 b) die Sparquote der privaten Haushalte in Prozent (eine Stelle hinter dem Komma)!
 c) Geben Sie die Ziffern der angegebenen Leistungen an, bei denen es sich um eine Transferzahlung handelt!
 Tragen Sie die Ergebnisse in das Käschen ein.

75. **Ordnen Sie die in der Volkswirtschaftlichen Gesamtrechnung vorkommenden Wirtschaftssektoren den angegebenen Wirtschaftssubjekten zu.**

Wirtschaftssektoren
a) Private Haushalte
b) Private Organisationen ohne Erwerbscharakter
c) Nichtfinanzielle Kapitalgesellschaften
d) Finanzielle Kapitalgesellschaften
e) Staat
f) Ausland

Wirtschaftssubjekte
[ ] Deutsche Rentenversicherung Bund
[ ] Stadtwerke Hannover AG
[ ] IG Metall
[ ] Der deutsche London-Tourist M. Bell
[ ] Allianz Lebensversicherungs AG
[ ] Der belgische Berlin-Tourist P. Mullier

Wirtschafts- und Sozialkunde

76. In der folgenden Darstellung sind die Überschriften durch die Buchstaben A, B und C ersetzt. Welche Zuordnung ist richtig?

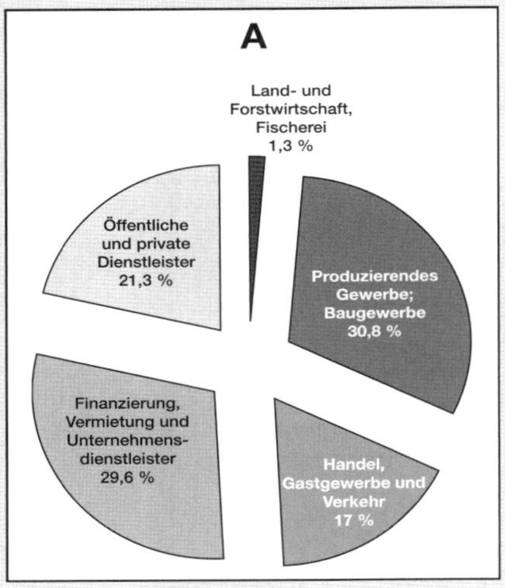

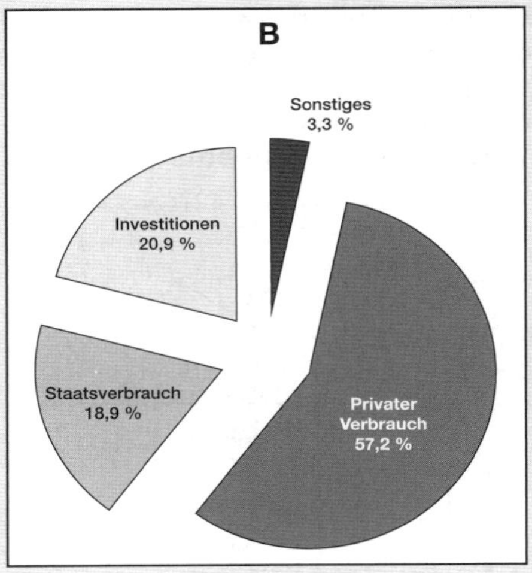

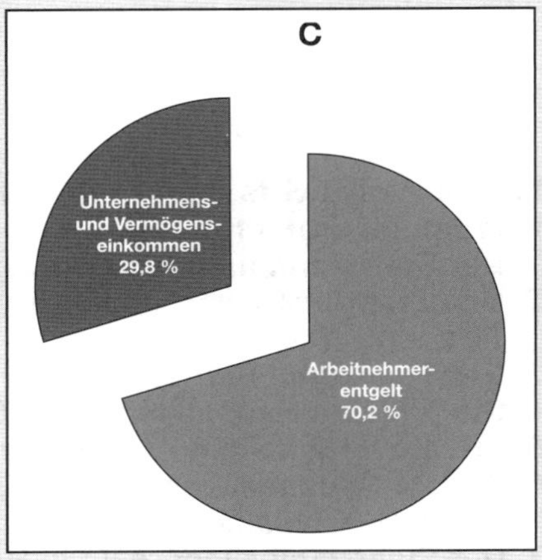

a) A Entstehung des Bruttoinlandsproduktes
B Verteilung des Bruttoinlandsproduktes
C Verwendung des Bruttoinlandsproduktes

b) A Verwendung des Bruttoinlandsproduktes
B Verteilung des Bruttoinlandsproduktes
C Entstehung des Bruttoinlandsproduktes

c) A Entstehung des Bruttoinlandsproduktes
B Verwendung des Bruttoinlandsproduktes
C Verteilung des Bruttoinlandsproduktes

d) A Verwendung des Bruttoinlandsproduktes
B Entstehung des Bruttoinlandsproduktes
C Verteilung des Bruttoinlandsproduktes

e) A Verteilung des Bruttoinlandsproduktes
B Verwendung des Bruttoinlandsproduktes
C Entstehung des Bruttoinlandsproduktes

77. Die Verwendungsrechnung des Bruttoinlandsproduktes weist folgende Zahlen auf.

Private Konsumausgaben	**390 Mrd. €**
Staatliche Konsumausgaben	**110 Mrd. €**
Bruttoinvestitionen	**230 Mrd. €**
Export	**420 Mrd. €**
Import	**350 Mrd. €.**

Wie viel Milliarden € beträgt demnach das Bruttoinlandsprodukt? Tragen Sie das Ergebnis in das Kästchen ein.

78. Berechnen Sie mit Hilfe der angegebenen Zahlen der Volkswirtschaftlichen Gesamtrechnung in jeweils Mrd. €
a) das Bruttonationaleinkommen
b) das Bruttoinlandsprodukt. Tragen Sie die Ergebnisse in das Kästchen ein.

Daten der Volkswirtschaftlichen Gesamtrechnung	
Abschreibungen	318,9 Mrd. €
Primäreinkommen aus der übrigen Welt (Saldo) *)	-12,2 Mrd. €
Produktions- und Importabgaben an den Staat abzüglich Subventionen	220,9 Mrd. €
Volkseinkommen	1.580,7 Mrd. €

*) Beachten Sie, dass bei einem negativen Saldo die empfangenen Primäreinkommen aus dem Ausland kleiner waren als die an das Ausland gezahlten.

79. Welche zwei Aussagen zum Bruttoinlandsprodukt sind zutreffend?

a) Das BIP wird unter anderem ermittelt, um die demografische Entwicklung der Bevölkerung differenziert zu erfassen.

b) Zum BIP gelangt man über vier verschiedene Rechnungsansätze: Entstehung-, Verwendungs-, Vermögens- und Verteilungsrechnung.

c) Das reale Wirtschaftswachstum in Deutschland wird ermittelt, indem der nominale Anstieg des BIP um die Entwicklung des Preisniveaus des letzten Jahres korrigiert wird.

d) Das BIP enthält den Wert aller erwirtschafteten Güter und Dienstleistungen, die in Deutschland innerhalb eines Jahres entstanden sind. Das schließt auch alle Arbeitsleistungen in den privaten Haushalten ein, die vom Statistischen Bundesamt geschätzt werden.

e) Die Entwicklung des BIP gibt Hinweise zur konjunkturellen Lage. Unter Berücksichtigung dieser Informationen kann die Bundesregierung wirtschaftspolitisch notwendige Entscheidungen treffen.

f) Aus der Verteilungsrechnung lässt sich die so genannte Lohnquote ermitteln, die zum Ausdruck bringt, wie sich die Löhne im Zeitablauf entwickelt haben. Die Lohnquote gibt somit die Brutto-Lohnsumme aus nichtselbständiger Tätigkeit in Deutschland für ein Jahr an.

80. Das Bruttoinlandsprodukt kann über die Verwendungsrechnung ermittelt werden. Bei welchem Rechenschritt ist ein Fehler enthalten?

a) Privater Konsum
b) + Staatlicher Konsum
c) + Bruttoinvestitionen
d) + Exporte
e) + Importe
= Bruttoinlandsprodukt
==================

81. Welcher Posten muss an Stelle des Fragezeichens eingesetzt werden?

Volkseinkommen
- direkte Steuern
?
+ Transferzahlungen
= verfügbares Einkommen

a) + Subventionen
b) - Subventionen
c) + Abschreibungen
d) – Sozialabgaben
e) + indirekte Steuern
f) - indirekte Steuern

82. Folgende Rechnung soll vom Bruttonationaleinkommen zum Volkseinkommen führen. Bei welchem Schritt der Rechnung ist ein Fehler enthalten?

a) Bruttonationaleinkommen
b) - Abschreibungen
c) = Nettonationaleinkommen
d) - indirekte Steuern
e) - Subventionen
f) = Volkseinkommen
=============================

83. Wodurch unterscheidet sich das Bruttoinlandsprodukt vom Bruttonationaleinkommen?

a) Durch die Abschreibungen
b) Durch die indirekten Steuern
c) Nur durch das Einkommen von Inländern im Ausland
d) Nur durch das Einkommen von Ausländern im Inland
e) Zuzüglich Einkommen der Inländer im Ausland und abzüglich Einkommen der Ausländer im Inland

84. Zur Berechnung des Volkseinkommens dient das nachstehende Schema. Welcher Begriff muss an die Stelle des Fragezeichens gesetzt werden?

Bruttonationaleinkommen
- Abschreibungen
= Nettonationaleinkommen
+ ?
- Indirekte Steuern
= Volkseinkommen

a) Außenbeitrag
b) Unternehmergewinn
c) Subventionen
d) Exporte
e) Direkte Steuern

85. Durch welche Größe unterscheidet sich das Bruttonationaleinkommen vom Nettonationaleinkommen?

a) Durch die Umsatzsteuer
b) Durch die direkten Steuern
c) Durch die indirekten Steuern
d) Durch direkte und indirekte Steuern
e) Durch die Abschreibungen

86. Welche Größe gibt Aufschluss über die Verwendung des Volkseinkommens?

a) Die Wertschöpfung aller Wirtschaftsbereiche
b) Das Einkommen aus selbstständiger und unselbstständiger Tätigkeit
c) Die Ausgaben für Konsum und Investitionsgüter
d) Die Kosten der eingesetzten Produktionsfaktoren
e) Die produzierten Güter und angebotenen Dienstleistungen

87. Der folgende Satz ist zu einer vollständigen Aussage zu ergänzen. Welche der folgenden Ergänzungen sind zutreffend? *„Würden im Saarland bei einer gleichbleibenden Gesamtbeschäftigung mehr französische Arbeitnehmer beschäftigt werden, dann würde bei sonst unveränderten Bedingungen das..."*

a) Bruttoinlandsprodukt fallen.
b) Bruttoinlandsprodukt steigen.
c) Bruttonationaleinkommen und das Bruttoinlandsprodukt sinken.
d) Bruttonationaleinkommen steigen und das Bruttoinlandsprodukt sinken.
e) Bruttonationaleinkommen fallen.
f) Bruttonationaleinkommen steigen.
g) Bruttoinlandsprodukt gleich bleiben.

88. Welche Aussage zum Wirtschaftswachstum ist zutreffend?

a) Verkehrsunfälle und Unfallfolgen werden bei der Berechnung des quantitativen Wirtschaftswachstums leistungsmindern berücksichtigt.
b) Quantitatives und qualitatives Wirtschaftswachstum tragen in gleichem Maße zur Erhöhung des Lebensstandards bei.
c) Ehrenamtliche soziale Leistungen und Hausfrauentätigkeiten erhöhen den Lebensstandard und damit das reale Bruttoinlandsprodukt.
d) Die Art der produzierten Güter spielt beim quantitativen Wirtschaftswachstum keine Rolle.
e) Die Veränderung des realen Bruttoinlandsproduktes bringt die Entwicklung des materiellen Wohlstands zum Ausdruck.

89. Welche Aussage bezüglich der Einkommensverteilung ist zutreffend?

a) Das Statistische Bundesamt unterscheidet bei der Entstehungsrechnung in Arbeitnehmerentgelte sowie die Unternehmens- und Vermögenseinkommen.

b) Die Umverteilung der Einkommen durch den Staat erfolgt u. a. durch Steuerprogression bei den direkten Steuern.

c) Eine Erhöhung der Pro-Kopf-Lohnquote kann nur bei Verringerung der Gesamtbeschäftigtenzahl erreicht werden.

d) „Gerechte Einkommensverteilung' ist definiert als gleich hohe Lohn- und Gewinnquote (jeweils 50 %).

e) Die staatliche Sparförderung kann die Einkommensverteilung nicht verändern, weil alle privaten Haushalte gleichermaßen betroffen sind.

90. Welche <u>zwei</u> Aussagen sind im Zusammenhang mit dem Geldwert einer Währung zutreffend?

a) Wenn die Geldmenge bei gleicher Umlaufgeschwindigkeit konstant bleibt, die Gütermenge aber steigt, steigt auch die Kaufkraft.

b) Das Preisniveau gibt an, wie viele Gütereinheiten für eine Geldeinheit erworben werden können.

c) Eine Preisniveausteigerung von 8 % entspricht einer Kaufkraftsenkung von 8 %.

d) Für die Bundesrepublik Deutschland ermittelt die Deutsche Bundesbank den Verbraucherpreisindex.

e) Der Harmonisierte Verbraucherpreisindex dient der Europäischen Zentralbank als Messgröße für die Entwicklung des Preisniveaus der Eurozone.

f) Da sich der festgelegte Warenkorb und die Indexgewichte im Laufe der Zeit verändern, wird der Warenkorb jedes Jahr neu zusammengestellt.

91. Man unterscheidet verschiedene Arten von Arbeitslosigkeit. Welche <u>drei</u> Aussagen in diesem Zusammenhang sind zutreffend?

a) Die Reduzierung des Zweigstellennetzes der Kreditinstitute sowie eine steigende Tendenz zu Unternehmenszusammenschlüssen in der Bankbranche erhöht den Grad der strukturellen Arbeitslosigkeit.

b) Die zunehmende Umsetzung des Direkt-Bank-Ansatzes durch das Management der größeren Kreditinstitute erhöht immer den Anteil der friktionellen Arbeitslosigkeit.

c) Die massiven Veränderungen in der deutschen Bevölkerungsstruktur sowie ein dauerhaft verändertes Nachfrageverhalten der Bankkunden in Deutschland erhöhen den Anteil der konjunkturellen Arbeitslosigkeit.

d) Das Bankgewerbe weist seit einigen Jahren einen tendenziell steigenden und über dem Bundesdurchschnitt liegenden Anteil an saisonaler Arbeitslosigkeit auf.

e) Die Verbesserung der Informationsmöglichkeiten über freie Stellen trägt zur Reduzierung der strukturellen Arbeitslosigkeit bei.

f) Die zunehmende Tendenz zum Aufbau von Direktbanken im Retail-Banking erhöht den Anteil technologisch bedingter Arbeitslosigkeit im Bankgewerbe.

92. Unter anderem wird in die Arbeitslosigkeit mit Hilfe der Arbeitslosenquote gemessen. In welchem Fall wird ein künstliches Steigen der Arbeitslosenquote zum Ausdruck gebracht?

a) Schwer vermittelbaren Arbeitnehmern wird zeitlich befristet ein Arbeitsplatz angeboten, bei dem die Bundesagentur für Arbeit einen Großteil der Lohnkosten trägt.

b) Bestimmte Personen sind zwar bei der Bundesagentur für Arbeit gemeldet, üben jedoch illegal eine lukrative Nebenbeschäftigung in der Schattenwirtschaft aus.

c) Personen schlagen im Rahmen der Zumutbarkeitsverordnung finanziell nicht lukrative Beschäftigungsangebote aus und besuchen interessante Fortbildungsveranstaltungen der Träger der Aus- und Weiterbildung.

d) Leistungsberechtigte Frauen kehren nach dem Ende ihrer Elternzeit in ihre abhängige Beschäftigung zurück.

e) Schüler melden sich nach dem Schulabschluss bei der Bundesagentur für Arbeit arbeitslos, obwohl sie in wenigen Wochen ein Studium beginnen werden.

93. Wie wirkt sich Arbeitslosigkeit aus? Kreuzen Sie die richtige Aussage zu den Folgen von Arbeitslosigkeit an.

a) Hohe Dauerarbeitslosigkeit führt zur Entlastung des Staatshaushalts.

b) Steigende Arbeitslosigkeit bedeutet sinkende Beitragseinnahmen bei den Sozialversicherungen.

c) Steigende Arbeitslosigkeit führt zu sinkenden Steuereinnahmen, da von Arbeitslosen weder direkte noch indirekte Steuern gezahlt werden.

d) Hohe Arbeitslosigkeit führt in der Regel zur Stärkung gewerkschaftlicher Macht, da der Druck auf die Arbeitgeber dadurch erhöht werden kann.

e) Die finanziellen Folgen der Arbeitslosigkeit sind in Deutschland vor allem von der Deutschen Rentenversicherung zu tragen, da diese für das Arbeitslosengeld II aufkommen muss.

94. Im Zusammenhang mit Beschäftigung und Arbeitslosigkeit sind die nachstehenden Problembereiche bekannt. Ordnen Sie diese Problembereiche den aufgelisteten Aussagen zu, indem Sie den jeweils zutreffenden Buchstaben vor die Aussage schreiben.

Problembereiche

a) Konjunkturelle Arbeitslosigkeit
b) Strukturelle Arbeitslosigkeit
c) Schwarzarbeit bzw. Schattenwirtschaft
d) Keines dieser Probleme

Aussagen

[ ] Die Zahl der im Inland eingesetzten Arbeitskräfte ohne gültige Arbeitserlaubnis ist in den letzten Jahren etwa konstant geblieben.

[ ] Die Reduzierung des Filialnetzes der Kreditinstitute sowie eine steigende Tendenz zu Zusammenschlüssen in dieser Branche tragen zur Erhöhung der Arbeitslosigkeit bei.

[ ] Personen schlagen im Rahmen der Zumutbarkeitsverordnung finanziell nicht lukrative Beschäftigungsangebote aus und besuchen interessante Fortbildungsveranstaltungen.

[ ] Im Februar letzten Jahres ist die Zahl der Arbeitslosen saisonbereinigt um ca. 70 000 Arbeitslose gestiegen.

95. Welche <u>zwei</u> Aussagen zur Arbeitslosigkeit sind zutreffend?

a) Der demografische Faktor spielt für die Entwicklung der Arbeitslosigkeit in Deutschland keine Rolle.
b) Die Arbeitslosenquote berechnet sich aus dem Verhältnis zwischen der Zahl der Arbeitslosen und der Einwohnerzahl der Bundesrepublik Deutschland.
c) Mit der Arbeitslosenquote ist das Verhältnis zwischen Arbeitslosen und den abhängigen und unabhängigen Erwerbslosen gemeint.
d) Die Zahl der Arbeitslosen ist nicht in der Bezugsgröße der Erwerbspersonen enthalten.
e) Als Erwerbspersonen gelten alle Erwerbstätigen und alle Arbeitslosen.
f) Die Zahl der abhängigen Erwerbspersonen umfasst alle Beamten, Angestellten, Arbeiter sowie alle Arbeitslosen.

96. Ermitteln Sie unter Berücksichtigung der Angaben in unten stehender Tabelle
a) die Arbeitslosenquote im Juli des vergangenen Jahres, bezogen auf die Erwerbspersonen insgesamt (gerundet auf eine Stelle hinter dem Komma).
b) die Veränderung der Anzahl der selbstständigen Erwerbstätigen vom vorletzten Jahr zum letzten Jahr in Tausend. Tragen Sie das Ergebnis in das Kästchen ein.

Jahr		Erwerbstätige in Mio.	abhängig Beschäftigte in Mio.	Erwerbslose in Mio.
letztes Jahr		36,816	33,184	3,734
vorletztes Jahr		36,536	32,882	4,071
Monat	**Jahr**			
Juli	laufendes Jahr	38,73		4,11
Juli	letztes Jahr	38,76		3,94

97. Welche Aussage zu den Auswirkungen auf die Arbeitsmarktsituation ist zutreffend?

a) Die Steigerung der Produktivität in einer Volkswirtschaft erhöht tendenziell die Arbeitslosigkeit im Bereich der nicht ausreichend qualifizierten Arbeitnehmer.
b) Subventionszahlungen an Betriebe in veralteten Wirtschaftszweigen fördern die Schaffung neuer Arbeitsplätze.
c) Die Situation auf den Arbeitsmärkten verbessert sich nachhaltig, wenn die gesetzlichen Kündigungsfristen verlängert werden.
d) Eine Erhöhung der Löhne und Gehälter senkt die lohnkostenbedingte Arbeitslosigkeit für geringer qualifizierte Tätigkeiten.
e) Die Erhöhung der Löhne und Gehälter fördert die Arbeitsbereitschaft der Arbeitslosen. Somit wir die Arbeitslosigkeit nachhaltig verringert.

98. Die konjunkturelle Arbeitslosigkeit auf Grund von Nachfragerückgängen im In- und Ausland soll vom Staat mit Hilfe von angebotsorientierten Maßnahmen bekämpft werden. Welche Maßnahme ist dazu geeignet?

a) Der Staat erhöht die Umsatzsteuer, um verstärkt Kaufkraft bei der öffentlichen Hand anzusammeln.
b) Der Staat senkt die Umsatzsteuer um die private Nachfrage nachhaltig zu erhöhen.
c) Der Staat tritt auf den Märkten als Nachfrager auf.
d) Der Staat verringert die Abgabenlast für die Unternehmen.
e) Der Staat erhöht die Staatsverschuldung zur Finanzierung öffentlicher Investitionen.

99. Nachstehende Sachverhalte haben Auswirkungen auf das Preisniveau. Ordnen Sie die tendenziellen Auswirkungen den Sachverhalten zu, indem Sie den zutreffenden Buchstaben vor den Sachverhalt eintragen.

Tendenzielle Auswirkungen

a) Inflationäre Wirkung
b) Deflationäre Wirkung
c) Keine der beiden genannten

Sachverhalte

[ ] Die Tarifpartner handeln Lohnerhöhungen aus, die dem Produktivitätszuwachs entsprechen.

[ ] Infolge einer Senkung der Lohn- und Einkommensteuersätze steigt die Nachfrage am Konsumgütermarkt. Alle Produktionskapazitäten für die Herstellung dieser Güter sind ausgelastet.

[ ] Inländische Haushalte erhöhten ihre Sparquote erheblich. Gleichzeitig geht die Auslandsnachfrage zurück.

[ ] Die Geldmenge wächst in deutlich stärkerem Maße als das nominale Bruttoinlandsprodukt.

100. Welche Aussage zu den Folgen einer Inflation für Arbeitnehmer ist zutreffend?

a) Die reale Kaufkraft des Geldes nimmt bei Empfängern von Transferleistungen proportional zur Steigerung der Inflationsrate zu.
b) Wird für eine Geldanlage ein fester Nominalzins vereinbart, so erhöht eine schleichende Inflation den Realzins kontinuierlich.
c) Einkommenssteigerungen zum Ausgleich der Inflation können bei einem progressiven Steuertarif Kaufkraftverluste nicht vollständig ausgleichen.
d) Durchgesetzte Lohn- und Gehaltsforderungen über den Produktivitätszuwachs hinaus werden in Käufermärkten über die Preiskalkulation auf die Verbraucher abgewälzt.
e) Bei Kreditnehmern mit Festzinsvereinbarungen erhöht sich im Zeitablauf der prozentuale Anteil ihrer Belastung am Einkommen.

101. Welche Aussage zur Inflation ist richtig?

a) Lohn- und Preisstopp in Verbindung mit erhöhter Geldmenge können eine verdeckte Inflation hervorrufen.
b) Eine galoppierende Inflation wird meist durch staatliche Sparmaßnahmen verursacht.
c) Schleichende Inflation wird vor allem in Volkswirtschaften mit staatlichen Preisvorschriften beobachtet.
d) Lohnerhöhungen bewirken in allen Fällen eine Kosteninflation.
e) Preisrückgänge bei Computern als wichtige Wirtschaftsgüte haben für die Berechnung der Inflation keine Bedeutung.

102. Kreuzen Sie die <u>zwei</u> zutreffenden Aussagen bezüglich des Binnenwertes des Geldes an.

a) Der Binnenwert des Geldes drückt die Kaufkraft im Inland aus.
b) Ist das Preisniveau gestiegen, ist auch der Binnenwert des Geldes gestiegen.
c) Ist die Kaufkraft gestiegen, so ist der Binnenwert des Geldes gesunken.
d) Durch Inflation steigt der Binnenwert des Geldes.
e) Der Binnenwert des Geldes ist unabhängig von der Entwicklung der ausländischen Preise.
f) In der Deflation steigt die Kaufkraft, und damit auch der Binnenwert des Geldes.

103. Welche Aussage bezüglich Arten und Ursachen einer Inflation ist zutreffend?

a) Wenn die Löhne und Gehälter steigen, führt dies immer zur Inflation, weil die Unternehmen die gestiegenen Kosten auf die Preise überwälzen.

b) Eine Erhöhung der Umsatzsteuer um 2 % führt zwangsläufig zu einer Steigerung der Inflationsrate um 2 %.

c) Exportüberschüsse bewirken eine Geldmengenerhöhung, der keine Erhöhung der inländischen Gütermenge gegenübersteht. Dies kann zur importierten Inflation führen.

d) Ein Rückgang der staatlichen Investitionsausgaben führt zur Inflation, wenn auch die Nachfrage der privaten Haushalte zurückgeht.

e) Ein Rückgang der staatlichen Transferleistungen in Verbindung mit einem Lohnstopp führt zur verdeckten Inflation.

104. Eine Inflation wirkt sich unter anderem auf die Preise, die Geldmenge und die Kaufkraft aus. In welcher Zeile sind alle Auswirkungen richtig dargestellt?

	Preise	Geldmenge	Kaufkraft
a)	bleiben unverändert	bleibt unverändert	sinkt
b)	sinken	sinkt	steigt
c)	steigen	steigt	sinkt
d)	steigen	steigt	steigt
e)	sinken	steigt	sinkt
f)	steigen	sinkt	sinkt

105. Wodurch kann eine Inflation entstehen?

a) Durch das Sinken der Nachfrage nach Investitionsgütern bei gleichbleibendem Angebot

b) Durch Rückgang der Konsumgüternachfrage bei gleichbleibendem Angebot

c) Durch Lohnerhöhungen, die unter der Produktionssteigerung liegen

d) Durch Erhöhung der Leitzinsen

e) Durch starke Erhöhung der Staatsausgaben

106. Die Bundesregierung will durch ihre Ausgaben- und Einnahmenpolitik eine inflationäre Entwicklung bekämpfen, die durch eine Übernachfrage entstanden ist. In welcher Zeile zielen alle Maßnahmen in die gewünschte Richtung?

	Einkommensteuersätze	Konjunkturausgleichsrücklage	Investitionsaufträge
a)	senken	erhöhen	erhöhen
b)	erhöhen	verringern	verringern
c)	erhöhen	erhöhen	erhöhen
d)	senken	verringern	verringern
e)	erhöhen	erhöhen	verringern
f)	erhöhen	verringern	erhöhen

107. Wie wirkt eine inflationäre Entwicklung?

a) Die Geldvermögen, z. B. Sparguthaben, gewinnen Kaufkraft.

b) Bei gleichbleibenden Nominallöhnen sinken die Reallöhne.

c) Die Geldmenge sinkt bei gleichzeitig rückläufiger Umlaufsgeschwindigkeit des Geldes.

d) Der Nominalwert des Geldes sinkt.

e) Das Geldvolumen steigt ebenso stark wie die Produktion an Gütern und Dienstleistungen.

108. Welche Aussage beschreibt eine mögliche Ursache inflationärer Entwicklung?

a) Die Nachfrage nach Gütern und Leistungen steigt im gleichen Verhältnis wie das reale gesamtwirtschaftliche Angebot.

b) Zufließende Devisen werden in die Landeswährung umgetauscht und als zusätzliche Nachfrage bei gleichbleibendem Angebot in den Wirtschaftskreislauf gebracht.

c) Durch Erhöhung der Produktivität steigen die Angebote an Gütern und Leistungen stärker als die Einkommen.

d) Wegen sinkender Bevölkerungszahlen verringert sich das Nettovolkseinkommen. Durch Anwendung neuer Produktionstechniken bleibt das Angebot an Gütern und Leistungen gleich.

e) Das reale gesamtwirtschaftliche Angebot an Gütern und Leistungen wächst schneller als die nominale Nachfrage nach diesen Gütern und Leistungen.

109. Welche Aussage zur Inflation ist richtig?

a) Bei einer Inflation steigt die Kaufkraft des € ständig.
b) Die Erhöhung der Mineralölpreise hat in Industrieländern keinen Einfluss auf die inflationäre Entwicklung.
c) Bei einer Inflation ist in einer Volkswirtschaft zu wenig Geld im Umlauf.
d) Eine Erhöhung des Bargeldumlaufs wirkt inflationshemmend.
e) Wenn Anbieter die Marktmacht haben, Preiserhöhungen durchzusetzen, verstärkt dies eine inflationäre Entwicklung.
f) Eine Senkung des Leitzinses wirkt dem Preisanstieg entgegen.

110. Welche Aussage über die Auswirkung einer Inflation ist richtig?

a) Die Lohn- und Gehaltsempfänger müssen einen Kaufkraftverlust hinnehmen, wenn die Inflationsrate über der tariflichen Erhöhung der Gehälter liegt.
b) Die Besitzer von Sparguthaben werden nicht benachteiligt, da sich die Verzinsung automatisch der Preissteigerungsrate anpasst.
c) Wenn gesamtwirtschaftlich das Angebot die Nachfrage nach Gütern und Dienstleistungen übersteigt, so steigt das Preisniveau.
d) Eine Verminderung der Angebotsmenge bewirkt einen Rückgang der Preissteigerungsrate.
e) Kreditnehmer werden durch eine Inflation benachteiligt, denn mit wachsender Geldentwertung müssen sie, unter Berücksichtigung der Kaufkraft, mehr tilgen.

111. Welche Aussage zur Inflation ist richtig?

a) Der Eigentümer von Geldvermögen ist gegenüber dem Eigentümer von Sachwerten in einer Inflation benachteiligt.
b) In der Inflation steigt der Wert des Geldes.
c) Die Inflation bewirkt eine gleichmäßige Verteilung der Vermögen.
d) In der Inflation sinken die Preise.
e) Inflation ist in jeder Höhe wirtschaftspolitisch unbedenklich.

112. Mit Hilfe des Harmonisierten Verbraucherpreisindexes (HVPI) wird beurteilt, ob im EURO-Land Preisniveaustabilität erreicht wurde. Welche <u>zwei</u> Aussagen zu Verbraucherpreisindizes (VPI) im Allgemeinen und zum HVPI im Besonderen sind in diesem Zusammenhang zutreffend?

a) Der HVPI misst die Veränderungen des Außenwertes der Währung zwischen den EURO-Ländern.
b) Die VPI messen die Preisveränderungen ausgewählter Waren und Dienstleistungen eines Währungsgebietes.
c) Die EZB definiert Preisstabilität immer als Anstieg des HVPI von unter 1 % gegenüber dem Vorjahr.
d) Messfehler bei den VPI ergeben sich hauptsächlich durch sich veränderndes Verbraucherverhalten und durch Preisveränderungen auf Grund von Qualitätsverbesserungen.
e) Messfehler bei den VPI kommen vor allem dadurch zu Stande, dass Ausgaben für Wohnungsmieten überproportional berücksichtigt werden.
f) Durch die unterschiedlichen Preissteigerungen im EURO-Währungsgebiet kann der HVPI überhaupt nicht aussagekräftig sein.

113. In unserer Volkswirtschaft ist das Preisniveau im letzten Quartal stärker gestiegen als die Nettolöhne. Welche <u>zwei</u> der genannten Folgen hat diese Veränderung für die Arbeitnehmer?

a) Der Reallohn ist gestiegen.
b) Die Kaufkraft des Lohnes ist gestiegen.
c) Die Kaufkraft des Geldes ist gestiegen.
d) Die Kaufkraft des Geldes ist gesunken.
e) Der Reallohn ist gleich geblieben.
f) Der Reallohn ist gesunken.

114. Der Preisindex für die Lebenshaltung aller privaten Haushalte basiert auf dem sogenannten Warenkorb. Welche <u>zwei</u> Aussagen über den Warenkorb sind zutreffend?

a) Der Warenkorb enthält keine Dienstleistungen.
b) Die Preise für die Waren im Warenkorb werden jährlich neu erhoben.
c) Der Inhalt eines Warenkorbes orientiert sich am Verbrauch eines Durchschnittshaushalts.
d) Die Waren im Warenkorb werden jährlich neu zusammengestellt.
e) Im Warenkorb sind alle Waren gleich gewichtet.
f) Der Warenkorb wird im Abstand von einigen Jahren immer wieder neu zusammengestellt.

115. Die Entwicklung des Preisniveaus und die damit verbundene Kaufkraftveränderung wird vom Statistischen Bundesamt in sog. Preisindizes dargestellt. Ermitteln Sie aus der vereinfachten statistischen Darstellung der Preisindizes für die Jahre 3 und 4 nach dem Basisjahr die Preissteigerungsrate im Monat April des Jahres 4, bezogen auf den Vorjahrsmonat (auf eine Stelle hinterm Komma runden). Tragen Sie das Ergebnis in das Käschen ein.

Jahr 3		Jahr 4	
Dez	106,8	Dez	
Nov	106,5	Nov	
Okt	107,0	Okt	
Sep	107,2	Sep	
Aug	107,3	Aug	
Jul	107,6	Jul	
Jun	107,0	Jun	
Mai	106,7	Mai	106,7
Apr	106,1	Apr	106,8
März	106,3	März	106,8
Feb	105,8	Feb	106,9
Jan	105,3	Jan	106,3

Verbraucherpreisindex
Basisjahr: 00=100

Quelle: Statistisches Bundesamt Deutschland

116. Angenommen, der Verbraucherpreisindex stieg vom Basisjahr 00 von 100 auf 102,5 im Jahr 01 und auf 104,8 im Jahr 02. Berechnen Sie auf 2 Stellen (gerundet) hinter dem Komma
a) die Veränderung des Preisindex im Jahr 02 gegenüber dem Basisjahr
b) die Veränderung des Preisindex im Jahr 02 gegenüber dem Vorjahr
c) die Kaufkraftänderung im Jahr 02 gegenüber dem Vorjahr!
Tragen Sie die Ergebnisse in das Kästchen ein.

117. Prüfen Sie welche Auswirkungen eine Inflation auf die Unternehmen hat?

a) Kostensteigerungen bei inländischen Vorleistungen führen zu rückläufigen Unternehmensgewinnen oder sogar zu Verlusten, wenn der Absatzmarkt überwiegend im Ausland liegt.

b) Die Kaufkraft der Unternehmensgewinne steigt, sodass Schulden schneller zurückgezahlt werden können.

c) In einer Rezession wirken steigende Preise anregend auf die Produktion und die Investitionsbereitschaft.

d) Die vom EZB getroffenen geldpolitischen Maßnahmen zur Bekämpfung der Inflation führen zu steigender gesamtwirtschaftlicher Nachfrage, wodurch die Unternehmensgewinne steigen.

e) Da Kreditinstitute aufgrund der gesunkenen Geldmenge bei der Auswahl der Kreditnehmer kritischer sind, steigt die Zahl der Unternehmenszusammenbrüche.

118. Welche Aussage über die relativen Gewichte der Warengruppen ist richtig? Siehe dazu die nachstehenden Abbildungen.

a) Die Ausgaben für das Wohnen machen inzwischen mehr 30 % aller Ausgaben aus.
b) Preisänderungen für VHS-Kurse haben erheblichen Einfluss auf die Entwicklung des Preisindex.
c) Die Ausgaben für Alkohol und Tabakwaren übersteigen die für Bekleidung und Schuhe.
d) Die Angabe von 7,40 bei Bildungswesen bedeutet, dass von 100 Einwohnern nur 7,4 die erforderliche Bildung aufweisen.
e) Die Abbildung zeigt, dass der Konsum von alkoholischen Getränken und Tabakwaren rückläufig ist.

Wägungsschema Verbraucherpreisindex
2005 = 100
Angaben in Promille

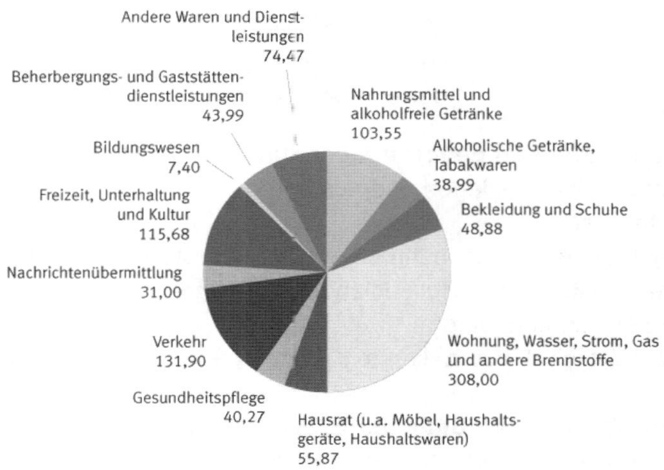

© Statistisches Bundesamt Deutschland 2008

119. Welche <u>zwei</u> Aussagen zur Senkung des Mindestbietungssatzes für Hauptrefinanzierungsgeschäfte durch den EZB-Rat sind zutreffend?

a) Die Senkung des Mindestbietungssatzes für Hauptrefinanzierungsgeschäfte durch den EZB-Rat erfolgt in der Regel im Boom und soll die Kredite für die Unternehmen verteuern.
b) Die Senkung des Mindestbietungssatzes für Hauptrefinanzierungsgeschäfte durch den EZB-Rat erfolgt in der Regel im Boom und soll die gesamtwirtschaftliche Nachfrage erhöhen.
c) Die Senkung des Mindestbietungssatzes für Hauptrefinanzierungsgeschäfte durch den EZB-Rat soll im Konjunkturtief die Inflation bekämpfen.
d) Die Senkung des Mindestbietungssatzes für Hauptrefinanzierungsgeschäfte durch den EZB-Rat erfolgt in der Regel im Konjunkturtief und kann zur Erhöhung der Beschäftigung beitragen.
e) Die Senkung des Mindestbietungssatzes für Hauptrefinanzierungsgeschäfte durch den EZB-Rat führt dazu, dass die langfristigen Zinsen schneller sinken als die kurzfristigen.
f) Die Senkung des Mindestbietungssatzes für Hauptrefinanzierungsgeschäfte durch den EZB-Rat soll die Kreditinstitute wegen günstigerer Refinanzierungsmöglichkeiten veranlassen, den Unternehmen billigere Kredite zur Verfügung zu stellen.

120. Um der Verpflichtung der EZB zu einer stabilitätsorientierten Geldpolitik nachkommen zu können, bedient sich das ESZB eines geldpolitischen Instrumentariums. Welche der von der Deutschen Bundesbank im Auftrag der EZB angewandten Maßnahme gehört <u>nicht</u> zu den geldpolitischen Instrumenten?

a) Durchführung von Devisenswapgeschäften
b) Kreditvergabe gegen Verpfändung von bonitätsmäßig einwandfreien marktfähigen Schuldverschreibungen
c) Einräumung einer Spitzenrefinanzierungs- und Einlagenfazilität
d) Verpflichtung der Kreditinstitute zur Haltung einer Mindestreserve
e) Ankauf von guten Handelswechseln mit einer Restlaufzeit von sechs Monaten

Wirtschafts- und Sozialkunde

121. Ordnen Sie die folgenden Instrumente der EZB den Sachverhalten zu, indem Sie den zutreffenden Buchstaben vor den jeweiligen Sachverhalt eintragen.

Instrumente der EZB

a) Einlagenfazilität
b) Hauptrefinanzierungsgeschäfte
c) Spitzenrefinanzierungsfazilität
d) Keines der genannten

Sachverhalte

[ ] Inanspruchnahme von Liquiditäten durch Kreditinstitute des Eurosystems bei den nationalen Zentralbanken bis zum Beginn des nächsten Geschäftstages

[ ] Geldpolitische Geschäfte des Eurosystems als Mengen- oder Zinstender mit einer Laufzeit von ca. 14 Tagen

[ ] Begebung von EZB-Schuldverschreibungen zur strukturellen Liquiditätsbeeinflussung

[ ] Geldpolitische Geschäfte im Tenderverfahren mit einer Laufzeit von ca. 90 Tagen

[ ] Anlagemöglichkeit von Tagesgeld der Kreditinstitute des Eurosystems bei den nationalen Zentralbanken

122. Welche zwei der genannten Aufgaben gehören nicht zum Tätigkeitsbereich des ESZB?

a) Die Geldpolitik der Gemeinschaft festlegen und ausführen
b) Devisengeschäfte durchführen
c) Die offiziellen Währungsreserven der teilnehmenden Mitgliedsstaaten halten und verwalten
d) Kredite an die öffentliche Hand in den Mitgliedsländern gewähren
e) Die nationale Bankenaufsicht unterstützen
f) Die Geldversorgung der Wirtschaft durch direkte Kreditvergabe an natürliche und juristische Personen unterstützen

123. Welche zwei Aussagen zur Offenmarktpolitik der EZB sind zutreffend?

a) Die Schnelltender werden zur Feinsteuerung benutzt, wenn die Liquiditätssituation am Markt flexibel beeinflusst werden soll.
b) Beim Mengentender legt die Zentralbank im Ausschreibungsverfahren den Zinssatz fest. Das gesamte Zuteilungsvolumen ergibt sich regelmäßig durch die von den Kreditinstituten abgegebenen Gebote.
c) Beim Zinstenderverfahren richtet sich die Zuteilung für das einzelne Kreditinstitut auch nach dem von dem Kreditinstitut jeweils gebotenen Zinssatz.
d) Bei den Standardtendern handelt es sich um Kredite gegen Verpfändung von bonitätsmäßig einwandfreien Schuldverschreibungen bzw. gegen Eintragung von erstrangigen Grundschulden.
e) Gebote der Kreditinstitute unter dem Einheitszinssatz im Zinstender nach der holländischen Zuteilungsmethode kommen nur teilweise zum Zug.
f) Übersteigen bei einem angekündigten Mengentender die Einzelgebote der Kreditinstitute den vorgegebenen Kreditbetrag, so nimmt die EZB die Ausschreibung innerhalb einer Woche zurück.

124. Welche geldpolitische Maßnahme des EZB könnte einen wirtschaftlichen Aufschwung unterstützen?

a) Die EZB hebt die Mindestreservesätze an.
b) Die EZB erhöht den Reposatz.
c) Im Zuge der Offenmarktpolitik wird zusätzliche Liquidität bereitgestellt sowie der Zinssatz reduziert.
d) Die EZB erhöht den Zinssatz der Spitzenrefinanzierungsfazilitäten.
e) Die EZB und die nationalen Notenbanken gewähren den nationalen Regierungen Kredite, damit diese die zusätzlich erhaltenen Mittel nachfragewirksam ausgeben.

125. Welche Aussage über die von dem Europäischen System der Zentralbanken (ESZB) verwendeten Zinssätze ist richtig?

a) Das ESZB berechnet den EURIBOR für verschiedene Laufzeiten als gewichteten Durchschnittszinssatz.
b) Der Zinssatz der Einlagenfazilitäten bildet die Obergrenze des Tagesgeldsatzes.
c) Der Reservesatz, der auf die Mindestreservebasis angewandt wird, liegt zwei Prozent über dem EURIBOR.
d) Der Zinssatz der Spitzenrefinanzierungsfazilitäten bildet im Allgemeinen die Obergrenze des Tagesgeldsatzes.
e) Die Refinanzierungssätze sollen das oberste Zinsniveau für verschiedene Laufzeiten am Geldmarkt widerspiegeln.

126. Das ESZB hat als vorrangiges Ziel die Gewährleistung der Stabilität des Preisniveaus. Welche Aussage in diesem Zusammenhang ist richtig?

a) Die Instrumente des ESZB wirken sich unmittelbar auf die gesamte Güternachfrage der Volkswirtschaft aus.

b) Kreditverbilligungen durch das ESZB bewirken auch bei negativer Einschätzung der Gewinnerwartungen der Unternehmen ein stabiles Wachstum des realen Bruttoinlandsproduktes.

c) Bei ausreichender Geldversorgung der Kreditinstitute bewirkt eine restriktive Handhabung der Offenmarktgeschäfte unmittelbar eine Verbesserung der Geldwertstabilität.

d) Eine Einengung der Hauptrefinanzierungsgeschäfte durch die Festlegung eines hohen Zinssatzes beim Mengentender garantiert neben der Geldwertstabilität auch einen stabilen Wechselkurs gegenüber wichtigen Nicht-Euro-Ländern.

e) Eine wesentliche Grundlage für eine stabile Währung ist neben dem effizienten Einsatz des geldpolitischen Instrumentariums eine Konsolidierung der öffentlichen Haushalte entsprechend dem Vertrag von Maastricht.

127. Welche Aussage über die Zusammenarbeit zwischen der Bundesregierung und der Deutschen Bundesbank ist zutreffend?

a) Die Deutsche Bundesbank wirkt unter Wahrung ihrer Aufgabe als Bestandteil des Europäischen Systems der Zentralbanken (ESZB) bei der Wirtschaftspolitik der Bundesregierung mit.

b) Die Deutsche Bundesbank hat die Bundesregierung in Angelegenheiten von wesentlicher währungspolitischer Bedeutung zu beraten.

c) Die Deutsche Bundesbank ist nicht verpflichtet, der Bundesregierung bei Angelegenheiten von wesentlicher währungspolitischer Bedeutung Auskunft zu geben.

d) Mitglieder der Bundesregierung haben bei den Beratungen des Zentralbankrats ein Stimmrecht, können jedoch keine eigenen Anträge stellen.

e) Deutsche Bundesbank und Bundesregierung haben alle wirtschafts- und finanzpolitischen Maßnahmen so zu treffen, dass sie zur Stabilität des Preisniveaus beitragen.

128. Welche Aussage zu den Ständigen Fazilitäten des ESZB ist zutreffend?

a) Die Spitzenrefinanzierungsfazilität ermöglicht einem Kreditinstitut, über Nacht Liquidität in beantragter Höhe zu einem vorgegebenen Zinssatz zu erhalten.

b) Ein am Ende eines Tages offener Soll-Saldo des LZB-Girokontos wird automatisch in einen Übernacht-Kredit übergeleitet.

c) Die Einlagenfazilität ermöglicht den Kreditinstituten die mittelfristige Anlage von Liquiditätsüberschüssen zu den durchschnittlichen Tagesgeldsätzen des Interbankengeldmarktes.

d) Die Verwaltung der Fazilitäten geschieht zentral durch das ESZB zu differenzierten Konditionen für die angeschlossenen Länder des Systems.

e) Die Einlagenfazilität ermöglicht die Anlage überschüssiger Habensalden bis zum Ende des übernächsten Geschäftstages zum vorgegebenen Zinssatz.

129. Welche Aussage über die Geldpolitik des ESZB ist zutreffend?

a) Das ESZB strebt an, dass der harmonisierte Verbraucherpreisindex für das Euro-Währungssystem nicht mehr als 3 % gegenüber dem Vorjahr ansteigt.

b) Der EZB-Rat gibt jedes Jahr eine enge Bandbreite für das Wachstum des monetären Aggregats M3 als Referenz an.

c) Die Geldpolitik de ESZB wird dezentral geführt, um auf die besonderen Gegebenheiten der Mitgliedstaaten ausreichend Rücksicht zu nehmen.

d) Eine Abweichung des Geldmengenwachstums vom angekündigten Referenzwert führt automatisch zu geldpolitischen Reaktionen des ESZB.

e) Nach dem Stabilitäts- und Wachstumspakt unterstützen ausgeglichene öffentliche Haushalte die geldpolitische Aufgabe des ESZB.

130. Welche Aussage zur Politik der EZB ist zutreffend?

a) Die EZB orientiert ihre Zinspolitik vorrangig an der Entwicklung des €-Kurses zum USD.

b) Mit der Festsetzung der Leitzinsen will die EZB auf die Kreditvergabe der Kreditinstitute Einfluss nehmen.

c) Der wichtigste Leitzins ist der Satz für die Spitzenrefinanzierungsfazilitäten.

d) Zum Leitzins kauft die Deutsche Bundesbank Wechsel von den Kreditinstituten an.

e) Die EZB orientiert ihre kreditpolitischen Entscheidungen in erster Linie an der Preisentwicklung im „Euroland“.

f) Die Höhe der europäischen Leitzinsen hat für die Entwicklung des €-Kurses zum USD keine Bedeutung.

Wirtschafts- und Sozialkunde

131. Geldpolitische Maßnahmen des ESZB bringen Veränderungen in den Volkswirtschaften der angeschlossenen Länder mit sich. Welche Aussage in diesem Zusammenhang ist <u>nicht</u> zutreffend?

a) Minderzuteilungen bei Hauptrefinanzierungsoperationen bewirken eine Einengung des Kreditvergabespielraums der Geschäftspartner.

b) Eine Erhöhung des Zinssatzes bei den längerfristigen Refinanzierungsgeschäften führt in der Regel zur Verteuerung kurz- und mittelfristiger Kredite für die Nichtbanken.

c) Eine Kürzung des Zuteilungsvolumens bei Tendergeschäften führt durch Liquiditätsentzug bei den Kreditinstituten tendenziell zu einer Verteuerung der Kredite im konsumtiven Bereich.

d) Eine Vergrößerung im Volumen der Zuteilung bei Tendergeschäften signalisiert für die Wirtschaft eine Zinssenkungstendenz.

e) Eine Senkung des Zinssatzes für Hauptrefinanzierungsgeschäfte unterstützt die Bundesregierung bei der Bekämpfung der strukturellen Arbeitslosigkeit.

f) Offenmarktgeschäfte des ESZB beeinflussen auch den Wechselkurs des EURO gegenüber Nicht-Euro-Währungen.

132. Welche Aussage im Zusammenhang der Geldpolitik des EZB-Systems zur Beeinflussung der Geldmenge ist zutreffend?

a) Die Geldmenge ist kurzfristig beeinflussbar, weil bei einer Erhöhung des Refinanzierungssatzes die Kreditinstitute ihr Kreditangebot sofort anpassen können.

b) Eine Senkung des Refinanzierungssatzes führt tendenziell zu einer Senkung der inländischen Geldmenge.

c) Wenn die Nachfrage der Nichtbanken nach Krediten zinselastisch ist, kann die Notenbank über den Refinanzierungssatz die Entwicklung der Geldmenge tendenziell beeinflussen.

d) Wenn das Angebot an Bankkrediten über die Verminderung des Refinanzierungssatzes ausgeweitet wird, resultiert daraus mittelfristig stets eine höhere Geld- und Kreditmenge.

e) Die Notenbank besitzt eine direkte Steuerungsgewalt über die Geldmenge und kann so einen starken Einfluss auf die gesamtwirtschaftliche Entwicklung ausüben.

133. Welche Aussage zur Mindestreserve ist zutreffend?

a) Die Höhe der Mindestreservepflicht der einzelnen Kreditinstitute wird anhand bestimmter Positionen der Aktivseite ihrer Bilanz festgelegt.

b) Es ist den Kreditinstituten gestattet, ihre Mindestreservepflicht unter Zugrundelegung der tagesdurchschnittlichen Reserveguthaben innerhalb einer einmonatigen Erfüllungsperiode zu erfüllen.

c) Die Mindestreserveguthaben werden zum Zinssatz der Einlagenfazilität verzinst.

d) Den Kreditinstituten wird bei der Berechnung des Mindestreserve-Soll ein individueller Freibetrag von bis zu 100.000 € eingeräumt.

e) Der zeitliche Unterschied zwischen der Berechnung des Mindestreserve-Soll und des Mindestreserve-Ist erschwert den Kreditinstituten ihre Liquiditätsplanung.

134. Welche <u>zwei</u> Aussagen über die volkswirtschaftlichen Auswirkungen des Mindestreserve-Systems der EZB sind zutreffend?

a) Das Mindestreserve-System strebt an, die Geldmarktzinsen zu stabilisieren und eine strukturelle Liquiditätsknappheit zu sichern.

b) Das einheitliche Mindestreserve-System erleichtert die uneingeschränkte aktive Buchgeld-schöpfung der Geschäftsbanken.

c) Eine Erhöhung des Prozentsatzes der Mindestreserve führt tendenziell zu einer Erhöhung des Zinsniveaus.

d) Mit der Erhöhung des Prozentsatzes der Mindestreserve wird über eine Ausweitung der Investitionstätigkeit der Unternehmen die Zunahme der Beschäftigung angestrebt.

e) Eine Erhöhung der Reservesätze bewirkt automatisch eine Senkung der Preissteigerungsrate durch verringerte Konsumkäufe.

f) Eine Senkung der Reservesätze bewirkt bei negativer Zukunftseinschätzung durch die Wirtschaft eine Konjunkturbelebung.

135. Welche Maßnahmen kann die EZB ergreifen, wenn ein Kreditinstitut während des vorgeschriebenen Erfüllungszeitraums ihr errechnetes Mindestreserve-Soll nicht gehalten hat? Kreuzen Sie die <u>zwei</u> zutreffenden Maßnahmen an.

a) Die EZB kann von dem Kreditinstitut Sonderzinsen auf den Betrag der Mindestreserve-Unterschreitung verlangen.
b) Die EZB kann nur in Abstimmung mit der Bundesregierung Sanktionen gegen das Kreditinstitut verhängen.
c) Das Kreditinstitut hat unverzüglich Einlagen bei der EZB oder der Deutschen Bundesbank bis zur dreifachen Höhe der Mindestreserve-Unterschreitung zu halten.
d) Das Kreditinstitut verliert automatisch für ein Jahr das Recht auf Verzinsung der unterhaltenen Mindestreserveguthaben.
e) Das Kreditinstitut muss im nächsten Erfüllungszeitraum ihr Mindestreserve-Soll in doppelter Höhe erfüllen.
f) Die EZB kann erst bei der dritten Nichterfüllung des Mindestreserve-Soll innerhalb eines Jahres Sanktionen gegen das Kreditinstitut verhängen.

136. Welche <u>zwei</u> Aussagen bezüglich der Steuerungsmöglichkeiten des ESZB im Rahmen des geldpolitischen Instrumentariums sind richtig?

a) Offenmarktgeschäfte werden eingesetzt, um die Zinssätze und damit die Liquidität am Markt zu steuern.
b) Das Instrument der ständigen Fazilitäten steht den Geschäftspartnern der Deutschen Bundesbank zur Geldanlage bzw. -aufnahme für einen Geschäftstag unbeschränkt offen.
c) Die Mindestreservevorschriften sehen vor, dass jedes inländische Kreditinstitut bei der Deutschen Bundesbank ständig einen bestimmten Betrag als Liquiditätsreserve zu halten hat.
d) Die Einlagefazilität kann von den Geschäftspartnern nur am Monatsultimo in Anspruch genommen werden, um die dann hohen Liquiditätszuflüsse zinsbringend anlegen zu können.
e) Im Rahmen einer expansiven Offenmarktpolitik steuert das ESZB die Geldmenge über eine Erhöhung des Basiszinssatzes.
f) Die Mindestreservepflicht benachteiligt die Banken, da die hinterlegten Liquiditätsreserven unverzinst zu halten sind.

137. Aus dem Monatsbericht der Deutschen Bundesbank sind Ihnen folgende Werte aus der Zahlungsbilanz bekannt:

<u>Salden der Teilbilanzen in Mrd. €</u>	
Warenhandel (einschließlich Ergänzungen zum Außenhandel)	**+ 15,6**
Primäreinkommen	**+ 5,3**
Statistisch nicht aufgliederbare Transaktionen (Restposten)	**+ 4,0**
Sekundäreinkommen	**- 3,7**
Vermögensänderungsbilanz	**- 0,2**
Kapitalbilanz	**- 18,8**
Dienstleistungen	**- 2,2**

Ermitteln Sie aus den vorliegenden Werten den Saldo der Leistungsbilanz in Mrd. € und tragen Sie das Ergebnis in das Kästchen ein.

138. Welche <u>zwei</u> Aussagen zur Zahlungsbilanz der Bundesrepublik Deutschland treffen zu?

a) Die Leistungsbilanz stellt das auf den Warenhandel beschränkte Bruttoinlandsprodukt dar.
b) Die Zahlungen der Bundesrepublik Deutschland in den Agrarfonds der EU werden in der Vermögenänderungsbilanz erfasst.
c) Zum Sekundäreinkommen zählen die jährlichen Zinszahlungen von ausländischen Emittenten festverzinslicher Wertpapiere an inländische Kapitalgeber.
d) Der durch Deutschland fließende Transitverkehr wird unter „Warenhandel" erfasst.
e) Direktinvestitionen in Grundstücke und Gebäude im Ausland werden in der Kapitalbilanz erfasst.
f) Der Saldo der Dienstleistungsbilanz ist in der Regel negativ.

139. Ihnen liegen die nachstehend aufgelisteten Zahlen zur Deutschen Zahlungsbilanz vor. Ermitteln Sie
a) den Warenhandelssaldo in Mrd. €
b) den Saldo der Leistungsbilanz in Mrd. €
Tragen Sie die Ergebnisse in das Kästchen ein.

Warenhandel	Mrd. €
Ausfuhr	64,2
Einfuhr	50,1
Ergänzungen zum Warenhandel	- 1,1
Dienstleistungen	- 3,9
Primäreinkommen	+ 0,5
Sekundäreinkommen	

140. Ihnen liegen folgende Posten einer Zahlungsbilanz vor. (Alle Zahlen sind Salden, gerundet und in Mrd. €.) Errechnen Sie aus diesen Zahlen
a) den Saldo der Leistungsbilanz und
b) den Saldo der Kapitalbilanz jeweils in Mrd. Euro!
Tragen Sie die Ergebnisse in das Kästchen ein.

Vermögensänderungsbilanz	+ 13,5
Direktinvestitionen	- 120,6
Dienstleistungen	- 11,8
Warenhandel	+ 83,4
Kreditverkehr und sonstige Anlagen	+ 163,1
Primäreinkommen	- 32,4
Wertpapieranlagen und sonstige Anlagen	- 33,7
Statistisch nicht aufgliederbare Transaktionen	- 26,8
Sekundäreinkommen	-45,0

141. Welche Aussage zur Zahlungsbilanz der Bundesrepublik Deutschland ist zutreffend?

a) Die langfristig geringe Steigerung des Lebenshaltungskosten-Index in der Bundesrepublik Deutschland im Vergleich zu wichtigen Partnerländern führt tendenziell zu einem positiven Saldo der Vermögensänderungsbilanz.

b) Ein wertmäßiger Überschuss im deutschen Warenhandel gegenüber dem Vorjahr kann aus sinkenden Einfuhrpreisen bei relativ konstanten Ausfuhrpreisen resultieren.

c) Tendenziell deutliche Kurssteigerungen an der Wall-Street führen bei einem gleichzeitig niedrigen Zinsniveau in Deutschland zu einem aktiven Saldo der Kapitalbilanz.

d) Ein starker Preisanstieg auf den Märkten für physisches Gold verändert automatisch den Saldo der Auslandsaktiva der Deutschen Bundesbank.

e) Gerüchte über eine massive Lockerung des Bankgeheimnisses in Deutschland bewirken illegale „Koffergeschäfte“ mit dem Ausland und führen zu einer Einnahmekorrektur beim Saldo der statistisch nicht aufgliederbaren Transaktionen (Restposten).

142. In welchen Teilbilanzen der Zahlungsbilanz Deutschlands werden die genannten wirtschaftlichen Vorgänge erfasst? Ordnen Sie die in Frage kommende Teilbilanz dem Vorgang zu, indem Sie den Buchstaben der Teilbilanz vor den wirtschaftlichen Vorgang eintragen. Setzen Sie ein (+) vor dem jeweiligen Kästchen, wenn der Vorgang die betroffene Teilbilanz erhöht, entsprechend ein (-), wenn sie vermindert wird. Ein jeweils positiver Saldo in den Teilbilanzen sei dabei unterstellt.

Teilbilanzen

a) Warenhandel
b) Dienstleistungen
c) Primäreinkommen
d) Sekundäreinkommen
e) Vermögensübertragungen

Wirtschaftliche Vorgänge

[ ] Ein Importeur in Deutschland bezieht Hemden aus China.

[ ] Ein japanischer Reiseveranstalter überweist Hotelkosten nach Deutschland.

[ ] Ein Lkw-Hersteller in Deutschland verkauft Fahrzeuge in den Iran.

[ ] Türkische Arbeitnehmer in Deutschland überweisen Geld in ihr Heimatland.

143. Ordnen Sie die Teilbereiche der Zahlungsbilanz den genannten wirtschaftlichen Vorgängen zu.

Teilbereiche der Zahlungsbilanz

a) Primäreinkommen (Saldo)
b) Dienstleistungen (Saldo)
c) Vermögensänderungsbilanz (Saldo)
d) Sekundäreinkommen (Saldo)
e) Ausfuhr (fob)
f) Einfuhr (cif)
g) Kapitalbilanz (Saldo)
h) Nicht aufgliederbare Transaktionen (Restposten)

Wirtschaftliche Vorgänge

[ ] Aufgrund von Vereinbarungen in den Opec-Ländern haben sich die Einfuhrpreise für Rohöl deutlich erhöht.

[ ] Ein britischer Geschäftsmann fliegt mit der Lufthansa von London nach Bremen.

[ ] Ausländische Kapitalanleger investieren in deutsche Technologiewerte.

[ ] Ein Bankkunde überweist seiner Tochter für den Auslandsaufenthalt in London 800 GBP mit einem Europa-Zahlungsauftrag.

144. Folgende auch in der Kapitalbilanz der deutschen Zahlungsbilanz erfassten Transaktionen sind den aufgeführten Teilbilanzen zuzuordnen.

Transaktionen

a) Ein Bankkunde überweist als Vorauszahlung 800,00 SKR an den Vermieter eines Ferienhauses in Schweden.
b) Die Dt. Lufthansa AG überweist die Flughafengebühren für den Monat Oktober für die Nutzung des Londoner Flughafens.
c) Deutschland senkt seine Einfuhr von Rohöl aufgrund einer 10 %igen Reduzierung der Rohölförderung der Opec-Länder.
d) Die Bundesregierung zahlt an Tansania einmalig Entwicklungshilfe in Höhe von 60 Mio. €:
e) Ausländer beziehen aus dem Inland Zinsen, Dividenden und Arbeitseinkommen.
f) Erhalt regelmäßiger Zahlungen von der EU zur Förderung strukturschwacher Gebiete.

Teilbilanzen

[ ] Warenhandel

[ ] Dienstleistungen

[ ] Primäreinkommen

[ ] Sekundäreinkommen

[ ] Vermögensübertragungen

[ ] Nicht aufgliederbare Transaktionen

145. Welche zwei Aussagen zur Zahlungsbilanz sind zutreffend?

a) Die Zahlungsbilanz ist die systematische Aufzeichnung der ökonomischen Transaktionen, die zu einem bestimmten Zeitpunkt zwischen Gebietsansässigen und Gebietsfremden stattgefunden haben.
b) Die Zahlungsbilanz eines Landes ist die Gegenüberstellung aller Forderungen und Verbindlichkeiten zu einem bestimmten Zeitpunkt gegenüber dem Ausland.
c) Die Zahlungsbilanz ist der Gesamtwert aller Güter und Dienstleistungen, die während eines Jahres zwischen Gebietsansässigen und Gebietsfremden ausgetauscht werden.
d) Die Zahlungsbilanz ist die systematische Aufzeichnung der ökonomischen Transaktionen, die während eines bestimmten Zeitraums zwischen Gebietsansässigen und Gebietsfremden stattgefunden haben.
e) Eine Abwertung der Inlandswährung trägt tendenziell zur Verringerung eines bereits bestehenden Leistungsbilanzüberschusses bei.
f) Eine Abwertung der Inlandswährung trägt tendenziell zur Erhöhung eines bereits bestehenden Leistungsbilanzüberschusses bei.

146. Welche Aussage zu Transaktionen im System der Zahlungsbilanz ist zutreffend?

a) Eine passive Dienstleistungsbilanz führt bei einem ausgeglichenen Warenhandel zu einem positiven Saldo der Leistungsbilanz.

b) Anhaltende rückläufige Exportüberschüsse können langfristig zu einer passiven Handelsbilanz (Warenhandel) führen.

c) Verstärkte Mittelbereitstellungen deutscher Konzerne für ihre ausländischen Tochterunternehmen stellen einen Kapitalexport dar.

d) Eine starke Nachfrage ausländischer Anleger nach sicheren deutschen Staatspapieren führt zu einem negativen Saldo bei den Vermögensübertragungen.

e) Eine Erfassung der Importe zu cif-Werten an Stelle von fob-Werten führt zu einer mengenmäßigen Steigerung der ausgewiesenen Importe.

f) Der Saldo des Primäreinkommens ist negativ, wenn die Erwerbseinkommen aus dem Ausland höher sind als die in das Ausland geflossenen gleichartigen Transferzahlungen.

147. Welche in der Zahlungsbilanz erfasste Transaktion führt zu einem Devisenangebot im Inland?

a) Zahlungen des Inlands an internationale Organisationen

b) Überweisungen der ausländischen Arbeitnehmer an ihre Familien im Ausland

c) Wertpapier-Käufe von Inländern an der New Yorker Börse

d) Kurzfristige Kreditaufnahmen von Inländern im Ausland

e) Zinszahlungen für Kapitalanlagen von Ausländern im Inland

148. Welche zwei Aussagen zur deutschen Zahlungsbilanz sind zutreffend?

a) Zinszahlungen für Kapitalaufnahmen im Ausland können zum hohen Defizit beim Sekundäreinkommen beigetragen haben.

b) Unentgeltliche Leistungen an das Ausland, wie zum Beispiel Entwicklungshilfe, werden in der Zahlungsbilanz bei den Vermögensübertragungen (Vermögensänderungsbilanz) erfasst.

c) Zum Defizit bei den Dienstleistungen tragen vor allem die hohen Reiseausgaben deutscher Touristen im Ausland bei.

d) Zinszahlungen für Kapitalaufnahmen im Ausland können zum Defizit beim Primäreinkommen beigetragen haben.

e) Eine Verringerung der laufenden Netto-Zahlungen an die EU führt zur Verringerung des negativen Saldos der Kapitalbilanz.

f) Vermehrte Käufe ausländischer Wertpapiere durch Inländer verringern tendenziell den negativen Saldo der Kapitalbilanz.

149. Welche Aussage zur Zahlungsbilanz ist zutreffend?

a) Durch eine positive Leistungsbilanz reduzieren sich die Währungsreserven.

b) Die Zahlungsbilanz erfasst Bestandsgrößen, die nach dem System der doppelten Buchführung aufgezeichnet werden.

c) Die Zahlungsbilanz ist die Aufzeichnung aller Transaktionen zwischen Inländern und Ausländern zu einem bestimmten Zeitpunkt.

d) Die Zahlungsbilanz wird vom Bundeswirtschaftsministerium jährlich erstellt und veröffentlicht.

e) In der formal stets ausgeglichenen Zahlungsbilanz werden alle ökonomischen Transaktionen zwischen Inländern und Ausländern innerhalb eines bestimmten Zeitraums erfasst.

150. Welche <u>zwei</u> Transaktionen haben Auswirkungen auf den Saldo der Dienstleistungsbilanz Deutschlands?

a) Ein Kreditinstitut überweist ihrer Mitarbeiterin, die in Metz wohnt, ihr Monatsgehalt von 2.560,00 € auf das Gehaltskonto in Metz.

b) Die Bundesregierung überweist den fälligen UNO-Beitrag auf das Geschäftskonto der UNO mit Hauptsitz in New York.

c) Eine bayerische Maschinenbau GmbH überweist einem portugiesischen Frachtführer 18.800,00 € auf sein Konto in Portugal.

d) Ein türkischer Mitarbeiter, beschäftigt bei BMW Dingolfing, überweist regelmäßig zu Lasten seines Kontos in Deutschland, einen Teil seines Monatsgehalts auf das in der Türkei geführte Konto seiner Ehefrau.

e) Deutschland unterstützt den Bau einer kaufmännischen Berufsschule in Afrika mit einem Scheck von 1,8 Mio. €.

f) Ein amerikanischer Autokonzern überweist aus den USA an die Messe AG in Frankfurt/Main die Standgebühr in Höhe von 20.000,00 €.

151. Ordnen Sie die Auswirkungen auf die Leistungsbilanz den verursachenden Transaktionen zu, indem sie den Buchstaben der entsprechenden Auswirkung vor die Transaktion eintragen.

Auswirkungen auf die Leistungsbilanz (LB)

a) Erhöhung eines positiven Saldos der LB
b) Verminderung eines positiven Saldos der LB
c) Keine Auswirkung auf den Saldo der LB

Transaktionen

[ ] Siemens, München, liefert Turbinen nach Japan.

[ ] Die Maiers aus Nürnberg machen Urlaub auf Korsika.

[ ] Die Spedition Koslow, Landshut, lässt einen Seetransport von einer griechischen Reederei durchführen.

[ ] Die Deutsche Bundesbank bewertet ihre US-Dollarbestände neu.

152. Welche Aussage zu Wechselkursen ist richtig?

a) Bei einem System fester Wechselkurse ist die Gefahr einer importierten Inflation nicht gegeben.
b) In einem System fester Wechselkurse sind die beteiligten Zentralbanken zur Intervention verpflichtet.
c) Floating bedeutet, dass bei Kursabweichungen von einem definierten Leitkurs eine Interventionspflicht der beteiligten Zentralbanken besteht.
d) Wenn der Euro gegenüber dem Schweizer Franken an den Devisenmärkten schwach ist, muss die EZB Euro kaufen und Schweizer Franken verkaufen.
e) Der Kurs des Euro wird in Frankfurt/Main seit 1999 gegenüber dem US-Dollar als Preisnotiz veröffentlicht.

153. Welche zwei der genannten Ereignisse führen dazu, dass der in US-Dollar gehandelte Goldpreis je Freiunze in Deutschland steigt, wenn von sonst gleich bleibenden wirtschaftlichen Bedingungen auszugehen ist?

a) Die Kurse an den Aktienmärkten steigen aufgrund positiver Erwartungen bezüglich der zukünftigen wirtschaftlichen Entwicklung.
b) Bedingt durch eine entsprechende Veränderung im Konsumentenverhalten wird im Bereich der Schmuckindustrie verstärkt das Edelmetall Platin verarbeitet.
c) Die wichtigsten Zentralbanken der Welt verpflichten sich, in den nächsten fünf Jahren ihre Goldreserven zu reduzieren.
d) Der Wechselkurs des US-Dollar je EURO fällt über einen längeren Zeitraum nachhaltig.
e) Die Nachfrage nach Gold steigt unvermindert weltweit an.
f) Aus Furcht vor geringeren Gewinnen bei rückläufigen Notierungen des Goldes wird die zukünftige Produktion durch die Minengesellschaften im Terminmarkt bereits vorzeitig veräußert.

154. Welche zwei Aussagen bezüglich der Entwicklung des Euro-Kurses sind zutreffend? Ergänzen Sie den folgenden Satzanfang: *„Der Anstieg des Euro-Kurses seit seiner Einführung gegenüber dem US-$“*

a) könnte darauf zurückzuführen sein, dass das Zinsniveau in den USA deutlich höher ist als im Euroraum.
b) könnte zur Neufestsetzung des Leitkurses führen (Realignment).
c) könnte eine Folge langfristiger Leistungsbilanzdefizite in der Eurozone gegenüber den USA sein.
d) könnte zu verstärkten Importen aus den USA in den Euroraum führen.
e) verteuert Reisen von Bürgern aus dem Euroraum in die USA.
f) führt zu Währungsverlusten bei der Rückzahlung einer Geldanlage aus dem Euroraum in den USA, die unmittelbar nach Einführung des Euro vorgenommen worden waren.

155. Im zweiten Halbjahr war der Güterexport aus Deutschland in die USA höher als der Import, das zu einer aktiven Außenhandelsbilanz führte. Um Währungsrisiken auszuschließen, fakturierten die deutschen Exportfirmen ihre Rechnungen ausschließlich in €. Vergleicht man nun die beiden letzten Halbjahre miteinander in einer Grafik, so ergibt sich das nachstehende Bild. Welche zwei Aussagen zum Vergleich der beiden letzten Halbjahre sind richtig?

a) Der Wert des US-Dollar steigt gegenüber dem Euro, dies führt zu einer Parallelverschiebung der Nachfragekurve von G nach F.
b) Die Nachfrage nach Euro steigt und sein Wert erhöht sich von B auf A.
c) Der US-Dollar wird abgewertet und der Wert für 1 Euro steigt von C nach D.
d) Die Devisennachfrage nach Euro steigt und der Preis für 1 US-Dollar verändert sich von A nach B.
e) Die Nachfrage nach Devisen in US-Dollar steigt und der Wert des Euro fällt von A auf B.
f) Die Devisennachfrage nach Euro nimmt zu und führt zu einer Verschiebung der Nachfragekurve von F nach G.

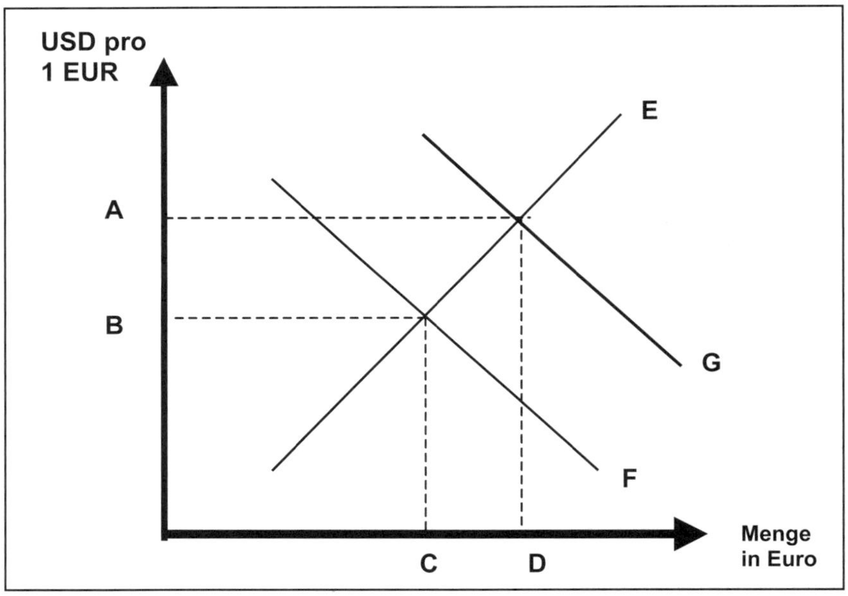

156. Die angegebenen Sachverhalte haben tendenzielle Auswirkung auf den €. Ordnen Sie die möglichen Auswirkungen den Sachverhalten zu, indem Sie den zutreffenden Buchstaben der Auswirkung vor dem entsprechenden Sachverhalt in das Kästchen eintragen.

Auswirkung auf den €
a) Aufwertung des Euro
b) Abwertung des Euro
c) Weder Aufwertung noch Abwertung

Sachverhalte

[ ] Amerikanische Unternehmen verwenden in den USA aufgenommene US-Dollar-Kredite, um Investitionen in Europa mit Euro zu finanzieren.

[ ] Europäische Sparer erwerben aus Euroguthaben in Dollar notierte US-Staatsanleihen.

[ ] Amerikanische Anleger schichten ihre Aktiendepots um, indem sie Aktien amerikanischer Unternehmen an der New Yorker Börse verkaufen und Aktien europäischer Unternehmen dort erwerben.

[ ] Amerikanische Kapitalanleger erwerben aus US-Dollar-Guthaben Euro-Anleihen an europäischen Börsen.

157. Eine Aufgabe der staatlichen Steuerpolitik ist, u. a. auch die primäre Verteilung der Einkommen in Deutschland zu modifizieren. Welche zwei Aussagen dazu sind zutreffend?

a) Die Erhöhung der indirekten Steuern belastet alle Bürger relativ zu ihrem Einkommen gleich.

b) Die Bezieher hoher Einkommen sollen sich mit höheren Beträgen an der Finanzierung staatlicher Aufgaben beteiligen als Geringverdiener.

c) Das Ausmaß von Schwarzarbeit und Schattenwirtschaft ist auch von der staatlichen Steuerpolitik abhängig.

d) Die staatliche Steuerpolitik wird ausschließlich an der Höhe der zur Finanzierung der staatlichen Aufgaben erforderlichen Mittel ausgerichtet.

e) Die Akzeptanz der steuerlichen Belastungen von Bevölkerung und Wirtschaft ist für die staatliche Steuerpolitik langfristig unerheblich.

158. Was sind Steuern?

a) Steuern sind einmalige oder wiederkehrende Abgaben ohne Anspruch auf direkte Gegenleistung, die ein öffentlich-rechtliches Gemeinwesen von all denen erhebt, die den Tatbestand erfüllen, an den das Gesetz die Steuerpflicht knüpft.

b) Steuern sind zweckgebundene Abgaben, die von den Bürgern geleistet werden, um die Ausgaben des Staates zu decken.

c) Steuern sind Pflichtbeiträge, die ausschließlich von natürlichen Personen zu leisten sind, um die Ausgaben zu decken, die den juristischen Personen im Wege ihrer Aufgabenerfüllung entstanden sind.

d) Steuern sind Sach- und Geldleistungen, die unabhängig von einer speziellen Steuerpflicht von all denen erhoben werden, die in dem Bereich eines öffentlich-rechtlichen Gemeinwesens leben.

e) Steuern sind Geld- und Sachleistungen, die dazu berechtigen, von einem öffentlich-rechtlichen Gemeinwesen ohne Rücksicht auf kollektive Bedürfnisse eine spezielle Gegenleistung zu verlangen.

159. Welche Aussage zu den Steuern in der Bundesrepublik Deutschland ist richtig?

a) Steuern sind zweckgebundene Einnahmen des Staates.

b) Steuern sind die einzigen Einnahmen des Staates.

c) Alle Steuern können von der Bundesregierung zum Ausgleich von Einnahmedefiziten durch einen Kabinettsbeschluss erhöht werden.

d) Das gesamte Steueraufkommen wird prozentual auf den Bund, die Länder und Gemeinden verteilt.

e) Über die Verwendung des Steueraufkommens kann der Steuerpflichtige nicht direkt mitentscheiden.

160. Welche Aussage über Steuern ist richtig?

a) Besitzsteuern unterteilen sich in Personen- und Verkehrsteuern.

b) Alle Steuern werden direkt von den Finanzämtern eingezogen.

c) Bei den indirekten Steuern wird die Leistungsfähigkeit der einzelnen Steuerzahler berücksichtigt.

d) Bei den direkten Steuern wird die Leistungsfähigkeit der einzelnen Steuerzahler nicht berücksichtigt.

e) Grundsätzlich wird jeder Endverbraucher von Waren oder Dienstleistungen, unabhängig von seiner Leistungsfähigkeit, mit dem gleichen Mehrwertsteuersatz belastet.

161. Welche Aussage über Steuern ist richtig?

a) Steuern dienen in erster Linie der Einkommensumverteilung.

b) Mit Steuern wird der Bürger zur Beteiligung an den von ihm unmittelbar verursachten Kosten herangezogen.

c) Steuern sind Zwangsabgaben, die vom Staat in direktem Zusammenhang mit Gegenleistungen erhoben werden.

d) Steuern dürfen vom Staat nicht für Investitionsaufgaben verwendet werden.

e) Steuern sind Zwangsabgaben, die vom Staat ohne direkte Gegenleistung erhoben werden.

162. Welche Aussage über die ursprüngliche Zielsetzung und die Folgen der Ökosteuer ist zutreffend?

a) Die Einnahmen aus der Ökosteuer sind ausschließlich für die Förderung von Umweltschutzmaßnahmen vorgesehen.

b) Die Ökosteuer ist kein marktkonformes Steuerungsinstrument zur Senkung des Energieverbrauchs und der Umweltbelastung.

c) Durch die Ökosteuer wird der Preis für Umweltbelastungen erhöht, die Einnahmen aus der Ökosteuer werden jedoch für die Senkung der Rentenversicherungsbeiträge verwendet.

d) Das vorrangige Ziel der Ökosteuer ist die Förderung von Existenzgründungen und Schaffung von Arbeitsplätzen im Bereich der Umwelttechnologien.

e) Die Einführung der Ökosteuer hat insbesondere die Kosten in der Exportgüterindustrie erhöht und damit zu einem starken Rückgang des Exports in den letzten Jahren geführt.

163. Welche <u>zwei</u> Aussagen sind mit den Grundsätzen der Besteuerung übereinstimmend?

a) Die Mehrwertsteuer belastet alle Haushalte mit einem einheitlichen Steuersatz und erfüllt damit den Grundsatz der Gleichmäßigkeit am umfassendsten.

b) Eine Verschiebung der Steuerbelastung zu den indirekten Steuern belastet die Bezieher niedriger Einkommen prozentual stärker.

c) Eine gerechte Besteuerung nach der wirtschaftlichen Leistungsfähigkeit sollte so gestaltet sein, dass der persönliche Steuersatz mit steigendem Einkommen zunimmt.

d) Die Einkommensteuer fördert die Leistungsbereitschaft, weil bis zum Erreichen des Spitzensteuersatzes die steuerliche Belastung mit zunehmendem Einkommen sinkt.

e) Wenn die Besteuerung der Einkommen an der individuellen Leistungsfähigkeit ausgerichtet werden soll, ist die proportionale Besteuerung der progressiven Besteuerung vorzuziehen.

f) Die Mehrwertsteuer belastet Haushalte mit geringerem Einkommen absolut wesentlich stärker als Haushalte mit einem höheren Einkommen.

164. Welche Zuordnung ist durchgehend richtig?

	Bundessteuern	**Ländersteuern**	**Gemeinschaftssteuern**
a)	Gewerbesteuer	Kfz-Steuer	Umsatzsteuer
b)	Grunderwerbsteuer	Gewerbesteuer	Körperschaftsteuer
c)	Energiesteuer	Tabaksteuer	Einkommensteuer
d)	Umsatzsteuer	Energiesteuer	Grundsteuer
e)	Einkommensteuer	Umsatzsteuer	Energiesteuer

165. Welche Steuer ist richtig zugeordnet?

		Steuerempfänger			Steuergegenstand		
	Unterteilung nach Steuerarten	Bundessteuer	Landessteuer	Gemeindesteuer	Besitzsteuer	Verkehrsteuer	Verbrauchsteuer
a)	Energiesteuer			X			X
b)	Kfz-Steuer	X				X	
c)	Gewerbesteuer	X				X	
d)	Grundsteuer		X		X		
e)	Einkommensteuer			X	X		

166. Welche Aussage über direkte bzw. indirekte Steuern ist richtig?

a) Direkte Steuern haben das Einkommen, den Ertrag oder das Vermögen zur Bemessungsgrundlage und werden direkt von den Steuerträgern an das Finanzamt gezahlt.

b) Direkte Steuern haben das Einkommen, den Ertrag oder das Vermögen zur Bemessungsgrundlage und werden über die Preise der belasteten Güter gezahlt.

c) Direkte Steuern haben die Einkommensverwendung (Konsum) zur Bemessungsgrundlage und werden über Preise der belasteten Güter gezahlt.

d) Indirekte Steuern haben das Einkommen, den Ertrag oder das Vermögen zur Bemessungsgrundlage und werden von den Steuerträgern unmittelbar an das Finanzamt gezahlt.

e) Indirekte Steuern haben die Einkommensverwendung (Konsum) zur Bemessungsgrundlage, werden aber von den Steuerträgern direkt an das Finanzamt gezahlt.

167. Welche Aussage zu staatlichen Einnahmen und Ausgaben ist zutreffend?

a) Eine Einschränkung der staatlichen Kreditaufnahme führt zu einer Erhöhung der Kapitalmarktzinsen und somit zu einer Kostenerhöhung für die Unternehmen.

b) Eine Erhöhung der indirekten Steuern zur Finanzierung des Staatsdefizits kann zu einer Konjunkturdämpfung führen.

c) Die größte Einnahmequelle des Bundes sind Kreditaufnahmen durch den Verkauf von Bundeswertpapieren.

d) Ausgaben für den Straßenbau sind ausschließlich in den Haushaltsplänen (Etats) der einzelnen Bundesländer berücksichtigt.

e) Ein wichtiger Ansatzpunkt angebotsorientierter Wirtschaftspolitik sind antizyklische staatliche Maßnahmen.

168. Zur Ermittlung des zu versteuernden Einkommens soll das nachstehend vereinfacht dargestellte Schema behilflich sein. Tragen Sie die Buchstaben der entsprechenden Begriffe in die entsprechenden Lücken des Schemas ein!

Begriffe

a) Einnahmen
b) Einkommen
c) Einkünfte
d) Werbungskosten
e) Freibeträge
f) Sonderausgaben
g) Freigrenzen
h) Pauschalbeträge

Schema zur Ermittlung des zu versteuernden Einkommens

..................................?..
-......................... ....?..
- Einkunftsabhängige Freibeträge
= Summe der Einkünfte
- Freibetrag für Land- und Forstwirtschaft
= Gesamtbetrag der Einkünfte
- ....?..
- Außergewöhnliche Belastungen
=................................?..
- Kinderfreibetrag
- Erziehungsfreibetrag
= zu versteuerndes Einkommen

169. Ordnen Sie die genannten Einkunftsarten den Einnahmen zu.

Einkunftsarten nach EStG

a) Einkünfte aus Land- und Forstwirtschaft
b) Einkünfte aus Gewerbebetrieb
c) Einkünfte aus selbstständiger Arbeit
d) Einkünfte aus nichtselbstständiger Arbeit
e) Einkünfte aus Kapitalvermögen
f) Einkünfte aus Vermietung und Verpachtung
g) Sonstige Einkünfte

Einnahmen

[ ] Ein Bankkunde erhält eine Zinsgutschrift.

[ ] Ein Angestellter erhält Urlaubsgeld.

[ ] Ein Rechtsanwalt erhält für die Beratung eines Mandanten in seiner eigenen Anwaltskanzlei ein Honorar.

[ ] Ein Gesellschafter einer OHG erhält seinen Gewinnanteil.

[ ] Ein Forellenzüchter erhält Einnahmen aus dem Verkauf seiner Fische.

[ ] Ein Maler überlässt seinem Bekannten eine Eigentumswohnung entgeltlich für 2 Jahre.

LÖSUNGEN

LÖSUNGEN

ungebundene Aufgaben

KONTOFÜHRUNG UND ZAHLUNGSVERKEHR

Situation 1

1. Aufgabe
Die Kontoeröffnung ist rechtswirksam möglich, da Frau Bach als Geschäftsführerin gemäß HR-Auszug allein vertretungsberechtigt ist.

2. Aufgabe
Die Legitimationsprüfung
- erhöht die Rechtssicherheit, da sich die Universalbank AG Gewissheit über ihre Kundin verschafft (Sorgfaltspflicht).
- dient der Feststellung der Rechts- und Geschäftsfähigkeit.
- ist gemäß Abgabenordnung (AO) gesetzlich vorgeschrieben.

3. Aufgabe
a) Die Universalbank AG ist aufgrund des Geldwäschegesetzes dazu verpflichtet, den wirtschaftlich Berechtigten festzustellen.
b) Wenn auf das Konto der ElektroDesign GmbH nur eigene Mittel der Gesellschaft eingezahlt werden, handelt die GmbH, vertreten durch die Geschäftsführerin Frau Bach, für eigene Rechnung.
Wenn jedoch auf das Konto der ElektroDesign GmbH nur Mittel im Auftrag und für Rechnung eines Dritten eingezahlt werden, handelt die ElektroDesign GmbH für fremde Rechnung.

4. Aufgabe
- Die genaue Anschrift der GmbH ist für die Korrespondenz und für die eindeutige Identifizierung ausschlaggebend.
- Die Größe des Betriebs ist für eine optimale Betreuung, für sich ergebende Cross-Selling-Chancen, als auch für eine spätere Kreditvergabe wichtig.
- Es kann damit die mögliche Zukunftsentwicklung der Verbindung besser eingeschätzt werden, auch kann man den Kunden damit generell näher kennen lernen, als auch von anderen Banken Informationen einholen.

5. Aufgabe
a)

Vertretungsberechtigter	Vertretungsberechtigung: **„E"** bei Einzelvertretungsberechtigung **„G"** bei gemeinschaftlicher Vertretungsberechtigung mit einer anderen Person
Ina Bach	E
Norbert Schön	G
Karl Schütz	G
Gustav Schranz	G
Karl Ludwig	G

b) Herr Schranz darf als Prokurist im Rahmen der Geschäftsverbindung mit der Universalbank AG alle gewöhnlichen Geschäfte (z. B. Verfügungen über Kontoguthaben, Erteilung von Inkassoaufträgen, Entgegennahme und Anerkennung von Abrechnungen, Kontoauszügen) und außergewöhnlichen Geschäfte (insbesondere die Aufnahme von Darlehen, der Bestellung von Sicherheiten, mit Ausnahme von Grundpfandrechten), tätigen.
Herr Ludwig darf als Handlungsbevollmächtigter nur die gewöhnlichen Geschäfte (z. B. Verfügungen über Kontoguthaben, Erteilung von Inkassoaufträgen, Entgegennahme und Anerkennung von Abrechnungen, Kontoauszügen) tätigen.

6. Aufgabe

a)
- Zunächst erteilt der Kunde einen Zahlungsauftrag im Außenwirtschaftsverkehr (Anlage Z1).
- Die Universalbank AG überprüft die Unterschrift und die Kontodeckung.
- In einem nächsten Schritt wird das Konto des Kunden in € belastet.
- Die Universalbank AG übermittelt die Daten des Zahlungsauftrags per S.W.I.F.T. an ihre Korrespondenzbank in den USA.

b)

Kaufpreis 38.900,00 USD zu 1,1959 USD je EUR =	32.527,80 €
+ Grundprovision	15,00 €
+ 0,7 Promille Provision	22,77 €
Belastung	32.565,57 €

Situation 2

1. Aufgabe

Ihre Kundin Sabine Franke soll zu dem vereinbarten Gespräch eine Sterbeurkunde mitbringen.

2. Aufgabe

Ein Nachweis kann durch Frau Sabine Franke erfolgen durch

- einen Erbschein
- ein Testament nebst Eröffnungsniederschrift des zuständigen Gerichts oder beglaubigte Abschriften davon.

3. Aufgabe

Die Begünstigung kann durch Frau Franke nicht geändert werden, da beim Tod des Kontoinhabers das Guthaben auf Claudia Witt als Begünstigte übergeht und das Guthaben bereits zu Lebzeiten von der Begünstigten angenommen wurde.

4. Aufgabe

a) Der Dauerauftrag über die Wohnungsmiete in Höhe von 330,00 € wird weiterhin ausgeführt.

b) Der Scheck über 385,00 € wird bei Vorlage eingelöst, falls kein Widerruf vorliegt und die Kontodeckung zum Zeitpunkt der Vorlage ausreicht.

c) Frau Franke sollte die Versicherungsgesellschaft über den Tod des Versicherungsnehmers informieren und das Lastschriftmandat widerrufen. Diese Lastschrift, aber auch später noch vorgelegte Lastschriften im SEPA-Basis-Lastschriftverfahren, können innerhalb von 8 Wochen ab Belastungsbuchung zurückgegeben werden.

5. Aufgabe

- Eine Barauszahlung an Frau Franke zu Lasten des Girokontos mit der Konto Nr. 4334852 darf nicht ausgeführt werden, weil Frau Franke keine Kontovollmacht besitzt. Über dieses Konto können nur alle Erben gemeinschaftlich verfügen.
- Eine Barauszahlung an Frau Franke zu Lasten des Sparkontos mit der Konto Nr. 4333135 darf ausgeführt werden, da Frau Franke auch Kontoinhaberin des Gemeinschaftskontos ist und eine Einzelverfügungsberechtigung besteht.

6. Aufgabe

a) Die Anzeige muss innerhalb eines Monats nach Kenntnisnahme durch die Südbank AG erfolgen.

b)

Südbank AG

Anzeige nach 33 ABS. 1 ErbStG und 1 ErbStDV
über die Verwahrung oder Verwaltung fremden Vermögens

1. **Erblasser**

Franke, Uwe
Name, Vorname, gg. Geburtsname

20.07.2020
Todestag

2. **Guthaben und andere Forderungen, auch Gemeinschaftskonten**

Konto-Nr.	Nennbetrag der Forderungen am Todestag ohne Zinsen für das Jahr des Todes (volle €)	Aufgelaufene Zinsen bis zum Todestag (volle €)	Hat der Kontoinhaber mit dem Kreditinstitut vereinbart, dass die Guthaben oder eines derselben mit seinem Tode auf eine bestimmte Person übergehen? Wenn ja: Name und genaue Anschrift dieser Person
4334852	6.851		
4333135	6.800	93 (199 Zinstage, 2,5 %)	
4335847	3.100	59 (199 Zinstage, 3,5 %)	Claudia Witt Goethestr. 46, 84034 Landshut

3. **Wertpapiere, Anteile, Genussscheine und andere (einschließlich solcher im Gemeinschaftsdepot) nach folgender Aufstellung:**

Bezeichnung der Wertpapiere	Nennbetrag pro Stück	Kurswert bzw. Rücknahmepreis am Todestag (volle €)	Stückzinsen bis zum Todestag (volle €)	Bemerkungen

4. Der Verstorbene hatte **ein** Schließfach/Schließfächer.

5. **Bemerkungen** (z. B. über Schulden des Erblassers / der Erblasserin beim Kreditinstitut

evt. Hinweis auf Privatkredit

Datum

Unterschrift

Situation 3

1. Aufgabe

a) Es wurde das ELV-Verfahren angewandt. Die Kundin, Frau Müller, hat eine Einzugsermächtigung unterschrieben und damit eine Lastschrift ausgelöst.

b) Die Farben Kanz e. K. erhält bei diesem Zahlungsvorgang keine Zahlungsgarantie der Universalbank AG. Die Universalbank AG kann daher die erstellte Lastschrift zurückgegeben, wenn z. B. die Kontoinhaberin Frau Müller der Belastung widersprochen hat.

c) Die Farben Kanz e. K. verlangt die Unterschrift von Frau Müller,
- damit der Händler den Rechnungsbetrag durch Lastschrift vom Girokonto der Kundin einziehen kann.
- damit der Händler bei Nichteinlösung der Lastschrift von der Universalbank AG versuchen kann, Name und Adresse des Kontoinhabers zu erhalten, um ggf. zivilrechtliche Schritte gegen den Kontoinhaber einleiten zu können.

d) Es besteht für die Farben Kanz e. K. weder die Pflicht noch die Möglichkeit zur Abfrage einer Sperrdatei.

2. Aufgabe

a) Frau Müller kann den Chip an entsprechenden Ladeterminals, die mit dem GeldKarten-Logo gekennzeichnet sind, unter Eingabe der persönlichen Geheimzahl (PIN) bis zu einem Höchstbetrag von 200,00 € aufladen.
Darüber hinaus kann eine unbare Aufladung der Geldkarte auch an Geldautomaten erfolgen, die eine entsprechende Ladefunktion aufweisen.
Auch eine Aufladung gegen Bareinzahlung ist an entsprechenden Servicestellen möglich.

b) Frau Müller schiebt ihre Geldkarte nur in das Geldkarten-Terminal beim Händler und bestätigt den angegebenen Kaufbetrag. Weder eine Unterschrift noch die Eingabe einer PIN sind erforderlich.
Bei jedem Bezahl-Vorgang vermindert sich der in der Geldkarte gespeicherte Betrag um den verfügten Betrag.

3. Aufgabe

a) Frau Müller kann der Belastung in Höhe von 400,00 € nicht widersprechen, da für die Zahlung, die an einem Geldautomaten (GAA) erfolgte, die Eingabe einer PIN erforderlich war. Wahrscheinlich hatte Frau Müller die Karte zusammen mit der PIN verloren.
Die Zahlung in Höhe von 185,23 € erfolgte im ELV-Verfahren, so dass ein Widerspruch gegen diese Belastung möglich ist. Für die Bürohandel GmbH besteht im Rahmen dieses Verfahrens keine Zahlungsgarantie.

b) Frau Müller wird der in der Geldkarte gespeicherte Betrag nicht erstattet, da jeder Besitzer über diesen Betrag ohne Einsatz der PIN verfügen kann.

Situation 4

1. Aufgabe

a) Die Elektro Gerber GmbH muss eine Erklärung abgeben, dass Frau Ehrlich regelmäßig auf das Geschäftskonto einzahlen soll.

b) Es ist eine einmalige Identifizierung von Frau Ehrlich durch die Universalbank AG gem. GWG erforderlich.
Bei künftigen Einzahlungen genügt damit die Namensaufzeichnung auf dem Einzahlungsbeleg.

2. Aufgabe

a) - Da beim Lastschriftverfahren der Zahlungsvorgang vom Zahlungsempfänger ausgelöst wird, bestimmt Herr Gerber selbst den Zeitpunkt des Forderungseinzugs, so dass ein pünktlicher Zahlungseingang gewährleistet und eine bessere Kontodisposition möglich ist.
- Die Abwicklung kann durch die Elektro Gerber GmbH beleglos erfolgen.
- Die Elektro Gerber GmbH kann vereinzelte Retouren einfacher überwachen als die Überweisungseingänge und erzielt damit Kostenersparnisse.
- Die Elektro Gerber GmbH verfügt über eine höhere Liquidität, da durch die Einreichung der Lastschriften eine sofortige Gutschrift erfolgt.

b) Sie könnten Herrn Gerber das SEPA-Basis-Lastschriftverfahren empfehlen. Für dieses Verfahren spricht die einfachere Handhabung, weil der Zahlungspflichtige seinem Kreditinstitut die Erteilung des SEPA-Lastschriftmandats nicht gesondert bestätigen muss. Ein weiterer Vorteil liegt darin, dass nicht nur Privatkunden, sondern auch Firmenkunden das Basis-Lastschriftverfahren nutzen können.
Sie könnten Herrn Gerber aber auch alternativ das SEPA-Firmen-Lastschriftverfahren empfehlen, da hier der Zahlungspflichtige kein Widerspruchsrecht hat. Dieses Verfahren ist jedoch nur für Firmenkunden einschließlich öffentlicher Verwaltungen zulässig.

c) Der wesentliche Nachteil des SEPA-Basis-Lastschriftverfahrens für die Elektro Gerber GmbH liegt darin, dass der Zahlungspflichtige der Belastung widersprechen kann, es ist also eine Rückgabe der Lastschrift wegen Widerspruch möglich.
Alternativ:
Beim SEPA-Firmen-Lastschriftverfahren besteht der Nachteil für die Elektro Gerber GmbH darin, dass der Zahlungspflichtige seinem Kreditinstitut die Erteilung des SEPA-Lastschriftmandats gesondert bestätigen muss, auch ist das SEPA-Firmen-Lastschriftverfahren für Privatkunden (Verbraucher) nicht zulässig.

3. Aufgabe

Für den Einzug von SEPA-Lastschriften (Basis- und Firmenlastschriften) sind SEPA-Lastschriftmandate die rechtliche Legitimation. Da der Zahlungsvorgang von der Elektro Gerber GmbH (Zahlungsempfänger) veranlasst wird, ist es notwendig, dass die Kunden ihr ein SEPA-Lastschriftmandat erteilt haben. Bei dieser Zahlungsautorisierung handelt es sich um eine Doppelweisung des Zahlungspflichtigen. Es enthält die Ermächtigung an den Zahlungsempfänger, Forderungen vom Konto des Zahlungspflichtigen einzuziehen, als auch die Weisung an das Kreditinstitut des Zahlungspflichtigen, vom Zahlungsempfänger eingereichte SEPA-Lastschriften einzureichen. Darüber hinaus ist eine Inkassovereinbarung zwischen 1. Inkassostelle und Zahlungsempfänger notwendig.
Da bei einer SEPA-Firmenlastschrift ohne Mandatsbestätigung keine Lastschriften eingelöst werden, müssen die Kunden der Elektro GmbH ihrem Kreditinstitut die Erteilung des SEPA-Firmen-Lastschriftmandats bestätigen.

4. Aufgabe

Mögliche Gründe für eine Rückgabe einer Lastschrift:

- Lastschriftrückgabe auf Initiative der Bank des Zahlungspflichtigen, z. B. Nichteinlösung der Lastschrift mangels Kontodeckung, ungültiger IBAN.
- Die Lastschrift war unanbringlich, z. B. nach einer Kontoauflösung.
- Der Zahlungspflichtige hat der Lastschrift widersprochen (nur bei Basis-Lastschriften).

5. Aufgabe
Sie schlagen Herrn Gerber Online-Banking vor.
Merkmale dieses Produkts:

- PC-gestützte elektronische Abwicklung von Bankgeschäften
- Verwaltung der Konten und Wertpapierdepots online unter Nutzung von Onlinediensten (z. B. T-Online, AOL)
- Leistungsumfang: Kontoinformationen, Umsatzabfragen, Abruf allgemeiner Bankinformationen, Eingabe von Überweisungen, usw.
- Freischaltung der Konten beim Kreditinstitut
- Bankenübliche Software
- Online-Banking-Vertrag mit Sonderbedingungen zur Teilnahme
- Sicherung, z. B. durch Verwendung des chipTAN-Verfahrens

Situation 5

1. Aufgabe
- Bargeldloses Bezahlen an automatisierten Kassen im Rahmen des Electronic-Cash-Systems und des internationalen girocard-Systems
- Bargeldbeschaffung an Geldautomaten

2. Aufgabe

Vorteile der Kreditkarte
- Weltweit einfache und bequeme Bezahlung nur mit der Unterschrift bei Vertragsunternehmen der Kartenherausgeber
- Weltweit schneller Ersatz einer gestohlenen oder verlorenen Kreditkarte
- Kreditkarten beinhalten häufig Zusatzleistungen, z. B. Versicherungen, Mietwagen ohne Kautionshinterlegung
- Die Kartenumsätze werden auf einem Kartenkonto gesammelt und i. d. R. monatlich abgerechnet und dem Konto belastet, so dass sich dadurch Zinsvorteile ergeben können
- Sparen von Buchungsgebühren, da Abbuchung i. d. R. einmal monatlich erfolgt
- Bei Verlust der Kreditkarte haftet der Karteninhaber, falls er seine Pflichten nicht grob fahrlässig verletzt, nur bis zu 50,00 €, falls die Karte missbräuchlich verwendet wird

3. Aufgabe
Eine Umrechnung des Fremdwährungsbetrags erfolgt zum Geldkurs des dem Eingang vorangegangen Börsentags, zuzüglich Kosten von 1,5 % vom Umsatz (mind. 4,00 €, max. 10,00 €)

4. Aufgabe
a) - Die Währungsumrechnung erfolgt direkt beim Kauf, so dass der Belastungsbetrag dem Kunden bekannt ist.
- Bei Verlust oder Diebstahl werden die Reiseschecks i. d. R. innerhalb von 24 Stunden weltweit ersetzt, wenn der Kaufnachweis vorliegt und der Karteninhaber nicht grob fahrlässig gehandelt hat.
- Zusätzliche Sicherheit und Liquidität während der Reise durch das Mitführen eines weiteren Zahlungsmittels.

b) Reisescheckabrechnung:

1,00 € = 1,1959 USD
x € = 800,00 USD   x = 668,95 €

668,95 €
\+ 10,00 € Verkaufsprovision (Mindestbetrag)
678,95 € Belastung

5. Aufgabe
a)
1,00 € = 122,45 JPY
x € = 50.000,00 JPY   x = 408,33 €

b) - Die Kreditinstitute erwirtschaften bei Sorten keine Zinserträge, da es sich um Bargeld handelt.
- Sorten unterliegen einem höheren Kursrisiko.
- Bei Sorten entstehen zusätzliche Kosten, z. B. in Form von Lager-, Versicherungs- Transport- und Verwaltungskosten.

Situation 6

1. Aufgabe

a) Ablauf des Dokumenteninkassos (d/p):
- Die Klein GmbH beschafft und erstellt die im Vertrag vereinbarten Dokumente.
- Die Klein GmbH übergibt die Dokumente zusammen mit einem Inkassoauftrag an die Universalbank AG.
- Nach Überprüfung der Dokumente auf Vollständigkeit versendet die Universalbank AG (Einreicherbank) diese an die Hausbank der Universal Company Pakistan (vorlegende Bank).
- Gegen Zahlung werden die Dokumente an die Universal Company Pakistan übergeben.
- Die Auslandsbank verrechnet mit der Universalbank AG und diese schreibt den Inkassoerlös auf dem Konto der Klein GmbH gut.

b) Gründe:
- Die Universal Company Pakistan nimmt die Papiere nicht auf.
- Die Universal Company Pakistan ist zahlungsunfähig.

2. Aufgabe

a)
- FOB Bremen: Die Klein GmbH trägt alle Kosten bis zur Lieferung der Ware an Bord in Bremen.
- CIF Pakistan: Zu den Kosten bis zur Verschiffung in Bremen (FOB) kommen Seefracht, Seeversicherung und weitere Kosten bis zum Bestimmungshafen in Pakistan hinzu, d. h. die Klein GmbH trägt alle Kosten bis zum Erreichen des Hafens in Pakistan einschließlich Seefrachtversicherung.

b) In beiden Fällen geht die Gefahr des Verlustes oder Beschädigung der Ware an den Käufer über, sobald die Ware an Bord des Schiffes in Bremen geliefert wurde.

c) z. B.
- Die Klein GmbH muss prüfen, ob sie die Seefracht und Seefrachtversicherung günstiger als 800 USD pro Maschine beschaffen kann, so dass ein zusätzlicher Ertrag für sie entsteht.
- Die Klein GmbH muss prüfen, ob sie zusätzliche Dispositionspflichten und Verwaltungsarbeiten übernehmen will, andererseits kann sie die Reederei und das Schiff wählen.
- Für CIF Pakistan spricht auch, dass die Klein GmbH die Versicherungssumme erhält, wenn die Universal Company Pakistan die Dokumente nicht aufnimmt und die Ware während des Seetransports untergeht.

3. Aufgabe

a)
- full set (voller Satz): Um Verfügungen durch andere Personen auszuschließen, verlangt die Universal Company Pakistan die Vorlage aller ausgestellten Originale.
- clean (rein gezeichnet): Die Ware bzw. Transportverpackung weisen keine sichtbaren Beschädigungen auf.
- on board (an Bord): Die Ware muss sich an Bord eines namentlich genannten Schiffes befinden (Bordkonnossement).
- blank endorsed (blanko indossiert): Das Orderpapier wird damit zum Inhaberpapier mit der Folge, die Konnossemente und damit die Ware einfach übertragen zu können.
- latest (spätestens): Zu diesem Zeitpunkt muss die Verladung spätestens erfolgen, ansonsten besteht kein Anspruch mehr.

b) Damit der Frachtführer erfährt, wer zum Zeitpunkt des Eintreffens der Ware in Pakistan zu benachrichtigen ist, enthält das Konnossement eine Notifyadresse (notify address).

Situation 7

1. Aufgabe

a) Beim Dokumenteninkasso liegt ein Zug-um-Zug-Geschäft vor, dagegen tritt beim clean payment (reine Zahlungen) einer der Beteiligten (Exporteur oder Importeur) in Vorleistung. Beim Dokumenten-Inkasso erfolgt die Aushändigung der Dokumente an die Smith Ltd. nur gegen Zahlung des Kaufpreises. Die Solartronic AG verliert damit die Verfügungsgewalt über die gelieferten Solaranlagen erst nach der Zahlung des Kaufpreises.

b) Die Smith Ltd. nimmt nach erfolgter Verschiffung die Dokumente nicht auf und damit auch nicht die Ware.

c) Als Folge können z. B. folgende Kosten für die Solartronic AG entstehen:
- Lagerung der Solaranlagen in SaoPaulo
- Suche nach einem neuen Käufer in Brasilien
- Organisation des Rücktransportes nach Hamburg
- Anwalts- und Gerichtskosten in Verbindung einer Klage auf Abnahme.

2. Aufgabe

a)
- Wenn zwischen den Vertragspartnern FOB Hamburg vereinbart wird, übernimmt die Solartronic AG alle Kosten bis zur Lieferung der Ware an Bord des Schiffes in Hamburg.
- Wenn CIF SaoPaulo vereinbart wird, trägt die Solartronic AG alle Kosten bis zum Erreichen des Hafens in SaoPaulo einschließlich Seefrachtversicherung.
- Der Gefahrenübergang erfolgt bei beiden Vereinbarungen, sobald die Ware an Bord des Schiffes in Hamburg geliefert wurde.

b) Vorteile für die Solartronic AG bei Vereinbarung CIF SaoPaulo:
- Die Solartronic AG erhält die Versicherungssumme, wenn die Smith Ltd. die Dokumente nicht aufnimmt und die Ware während des Seetransports untergeht.
- Die Solartronic AG kann die Reederei und das Schiff wählen.
- Die Solartronic AG kann die Mehrleistungen bei CIF günstiger beschaffen, so dass ein zusätzlicher Ertrag für sie entsteht.

3. Aufgabe

- Die Solartronic AG könnte zum einen ein Devisentermingeschäft in der Form abschließen, dass sie USD per Termin zu einem fest vereinbarten Kurs verkauft.
- Zum anderen könnte sie Solartronic AG ein Devisenoptionsgeschäft abschließen und damit das Recht erwerben, innerhalb einer vereinbarten Laufzeit die USD zum vereinbarten Basiskurs gegen Zahlung des Optionspreises zu verkaufen.

4. Aufgabe

Die Südbank muss prüfen, ob die erhaltenen Dokumente vollständig sind und den im Inkassoauftrag aufgelisteten Dokumenten zu entsprechen scheinen.

Situation 8

1. Aufgabe

Die wirtschaftlichen Risiken liegen für die Exklusiv-Möbelbau GmbH darin, dass
- trotz getätigter Anzahlung keine Lieferung erfolgt, z. B. aufgrund der Insolvenz des schwedischen Unternehmens bzw. eines Streiks in Schweden
- der schwedische Exporteur die Ware nicht ordnungsgemäß, d. h. mangelhaft, verspätet, etc. liefert.

2. Aufgabe

a) Durch das empfohlene Bankaval verpflichtet sich die schwedische Hausbank des Exporteurs gegenüber der Exklusiv-Möbelbau GmbH zur Rückzahlung des Anzahlungsbetrag (evtl. zuzüglich Aufschlag), falls der Exporteur den Vertrag nicht erfüllt (Anzahlungsgarantie).

b) Die Universalbank AG hat als Hausbank der Exklusiv-Möbelbau GmbH ein berechtigtes Interesse, da Anzahlungsausfälle die Exklusiv-Möbelbau GmbH in wirtschaftliche Schwierigkeiten bringen könnten. Insgesamt besteht damit eine bessere Absicherung des Gesamtengagements.

3. Aufgabe

a) - CIF Hamburg bedeutet, dass der schwedische Exporteur alle Kosten bis zum Erreichen des Hafens in Hamburg einschließlich Seefrachtversicherung sowie Ausladungskosten im Entladungshafen trägt.
   - Die Gefahr geht über mit der Lieferung der Ware an Bord des Schiffes im Exporthafen.

b) Begünstigter der Seetransportversicherung sollte die Exklusiv-Möbelbau GmbH sein, da sich der Gefahrenübergang mit Lieferung der Ware an Bord des Exportschiffes vollzieht.

c) Im Falle des Warenuntergangs entgeht der Exklusiv-Möbelbau GmbH als Importeur ein möglicher Gewinn. Zur Absicherung dieser entgangenen Gewinnspanne (imaginärer Gewinn) sollte der Versicherungswert mindestens 10 % über der Rechnungssumme liegen.

4. Aufgabe

a) - Ein unwiderrufliches Dokumentenakkreditiv ist ein im Auftrag eines Kunden (Importeur) abgegebenes abstraktes und bedingtes Schuldversprechen eines Kreditinstituts. Das Kreditinstitut verpflichtet sich damit bei Erfüllung der Akkreditivbedingungen den Akkreditivbetrag auszuzahlen.
   - Zahlbarstellung bei der schwedischen Hausbank bedeutet für den schwedischen Exporteur einen schnelleren Geldeingang.
   - Dadurch, dass das Akkreditiv auf schwedische Kronen lautet, hat der Exporteur kein Währungsrisiko.

b) Die Exklusiv-Möbelbau GmbH trägt als Importeur das Risiko, dass zwar akkreditivgemäße Dokumente geliefert werden, die Ware (z. B. in der Qualität) jedoch nicht den vertraglichen Vereinbarungen entspricht.

c) Die Universalbank AG verpflichtet sich, bei Erfüllung der Akkreditivbedingungen an den schwedischen Exporteur zu zahlen, und zwar unabhängig vom Grundgeschäft. Falls die Exklusiv-Möbelbau GmbH nach Eröffnung des Akkreditivs Insolvenz anmeldet, ist keine Weiterbelastung des Akkreditivbetrags möglich. Die Universalbank AG kann dann lediglich über die gelieferte Ware verfügen.

d) - Die Universalbank AG sollte darauf achten, dass die Exklusiv-Möbelbau GmbH bankübliche Sicherheiten für den Gesamtbetrag oder einen Teilbetrag stellt.
   - Es sollte sich nur um durchgehandelte Objekte handeln und die Ansprüche aus dem Weiterverkauf sollten an die Universalbank AG abgetreten werden.

GELD- UND VERMÖGENSANLAGE

Situation 9

1. Vermögenswirksame Leistungen sind Geldleistungen, die der Arbeitgeber für den Arbeitnehmer anlegt.
   Vermögenswirksame Leistungen können erbracht werden
   - als Leistungen des Arbeitgebers,
   - als Leistungen des Arbeitnehmers aus bereits versteuertem Einkommen,
   - als kombinierte Leistungen.

2. - Möglichkeit der Anlage von vermögenswirksamen Leistungen
   - Äußerst sichere Anlageform
   - Anspruch auf Gewährung eines unkündbaren Bauspardarlehen, das durch ein nachrangiges Grundpfandrecht besichert werden kann
   - Anspruch auf ein zinsgünstiges/zinsgarantiertes Bauspardarlehen
   - Unter bestimmten Voraussetzungen Erhalt der staatlichen Förderung (Wohnungsbauprämie/AN-Sparzulage)
   - Individuelle Besparung möglich
   - Bausparen erlaubt Flexibilität in der Entscheidung, wofür das Geld später verwendet wird

3. Vertragsabschluss:
   - Bausparvertrag wird zwischen dem Bausparer und der Bausparkasse abgeschlossen, dabei legt der Bausparer durch die Wahl des Bauspartarifs und der Bausparsumme sein Sparziel fest.

   Ansparphase:
   - Besparung des für die Zuteilung notwendigen Mindestguthabens durch Regelsparbeiträge und eventuell durch zusätzliche Sonderzahlungen, staatlichen Förderungen
   - Sparguthaben wird in der Regel verzinst, dabei wird der Zinssatz für das Guthaben fest vereinbart (abhängig vom gewählten Tarif)

   Zuteilungsphase:
   - Mit der Zuteilung erreicht der Bausparer sein Vertragsziel.
   - Die Bausparkasse stellt die vertraglich vereinbarte Bausparsumme zur Verfügung, der Bausparer kann über sein Bausparguthaben verfügen und das Bauspardarlehen in Anspruch nehmen

   Darlehens- bzw. Tilgungsphase:
   - Rückzahlung des erhaltenen Bauspardarlehens, für das Bauspardarlehen wird der bei Vertragsabschluss zugesagte Festzins berechnet

4. - Die VL müssen auch in Zukunft durch den Arbeitgeber überwiesen werden.
   - Die Einkommensgrenze von 17.900,00 € zu versteuerndes Einkommen darf nicht überschritten werden (Einzelveranlagung).
   - (rechtzeitige) Abgabe des Antrags auf Arbeitnehmersparzulage beim zuständigen Finanzamt
   - grundsätzlich ist eine Sperrfrist von sieben Jahren nach Vertragsabschluss einzuhalten, Ausnahmeregelungen bei vorzeitigen zulagenunschädlichen Verfügungen sind zu beachten

5. a) 29,00 €/Monat * 12 Monate = 348,00 €
   470,00 € max. förderfähiger Betrag - 348,00 € = 122,00 € zusätzliche jährliche Leistung
   b) 43,00 € (gem. VermBDV wird aufgerundet, 470,00 € * 0,09 = 42,30 € ➔ 43,00 €)

6. a) - Wohnungsbauprämie
   b) - 512,00 € max. förderfähiger Betrag * 0,088 = 45,06 € Wohnungsbauprämie
   c) - Arbeitnehmersparzulage: Beantragung beim zuständigen Finanzamt spätestens bis Ende des vierten Kalenderjahres nach Erbringung der Leistung
   Wohnungsbauprämie: Beantragung bei der Bausparkasse spätestens bis Ende des zweiten Kalenderjahres nach Erbringung der Leistung

7. 39,17 € + 60,00 € = 99,17 €
   99,17 € : 0,004 = 24.792,50 € ➔ gerundet 25.000,00 € BS

Situation 10

1. Aufgabe

- Fälligkeit des Festgeldes am 30.11.19, Wiederanlage des Betrags oder eines Teilbetrags, falls er nicht benötigt wird
- Sparvertrag: fälliges Kapital wieder anlegen
- Letzte Rate des Sparvertrags: weitere Anlage der vermögenswirksamen Leistungen nötig
- Umschichtung eines Teilbetrages des Sparkontos auf eine Anlageform mit höherer Verzinsung, z. B. Geldmarktkonto
- Der Sparerfreibetrag ist nicht voll ausgeschöpft. Wenn keine weiteren Anlagen vorhanden sind, sollte der Freistellungsauftrag erhöht werden. Sind anderweitige Anlagen vorhanden, sollte man versuchen, die Kapitalbeträge zur Kreditbank AG zu verlagern.

2. Aufgabe

Als Kundenberater sollten Sie überprüfen,

- ob bereits eine Dokumentation vorliegt
- wann die Dokumentation angefertigt wurde
- ob sich das Anlageverhalten und die damit verbundenen Anlageziele verändert haben
- ob sich Änderungen in den Vermögens- und Einkommensverhältnissen der Kundin ergeben haben
- ob gegebenenfalls eine neue Dokumentation der Beratung erforderlich ist.

3. Aufgabe

a) Schlusstag: Freitag, 01.12.2019
Erfüllungstag: Dienstag, 05.12.2019
Zinsvaluta: Montag, 04.12.2019

Dem Verkäufer stehen Stückzinsen für den Zeitraum vom 15.12.2018 (Beginn des Zinslaufes) bis einschließlich 04.12.2019 (Zinsvaluta), d. h. für 355 Tage, zu.

Kurswert:	25.000,00 € x 98,8 % = 24.700,00 €
Stückzinsen:	25.000,00 € x 2,75 x 355 / 36500 = 668,66 €
Zu zahlender Betrag:	24.700,00 € + 668,66 € + 20,00 € = <u>25.388,66 €</u>

b)

Zinsen bei Fälligkeit (Bundesanleihe):	1.200,00 €
Gezahlte Stückzinsen:	- 668,66 €
	531,34 €

Abgeltungssteuer (25 % von 531,34 €):	132,84 €
Soli (5,5 % von 132,84 €):	7,30 €

Lösungen

4. Aufgabe

Bausparen:

Vorteile:
- Falls Frau Klug mit ihrem zu versteuernden Einkommen unter die Einkommensgrenze fällt, kann sie 9 % Arbeitnehmer-Sparzulage auf die vermögenswirksamen Leistungen von max. 470,00 € erzielen.
- Bei Überschreiten der Einkommensgrenze nach dem Vermögensbildungsgesetz besteht eventuell die Möglichkeit, dass die vermögenswirksamen Leistungen nach dem Wohnungsbauprämiengesetz gefördert werden.
- Häufig erzielt man mit einem Bausparvertrag eine bessere Verzinsung als beim Sparvertrag.
- Frau Klug erwirbt einen Anspruch auf ein zinsgünstiges Darlehen bei Zuteilung.

Nachteil:
- Beim Abschluss eines Bausparvertrages wird eine Abschlussgebühr, i. d. R. in Höhe von 1 % der Bausparsumme, fällig.

Aktienfonds mit mindestens 60 % Aktienanteil:

Vorteile:
- Frau Klug kann eine deutlich höhere Rendite als beim Sparvertrag erzielen.
- Falls Frau Klug mit ihrem zu versteuernden Einkommen unter die Einkommensgrenze fällt, kann sie 20 % Arbeitnehmer-Sparzulage auf die vermögenswirksamen Leistungen von max. 400,00 € erzielen.
- Aufgrund des hohen Aktienanteils (Sachwertanlage) ergibt sich ein gewisser Inflationsschutz.

Nachteile:
- Frau Klug entstehen höhere Kosten (Ausgabeaufschlag, Depotgebühren, usw.) als bei Sparverträgen.
- Frau Klug geht ein höheres Risiko ein, das auch zu möglichen Kursverlusten führt.

Situation 11

1. Aufgabe

a) Der aktuelle Marktzins liegt unter dem Nominalzins der Bundesobligation.
b) Es gibt für beide Wertpapiere keine Kursnotierung, da sie nicht an der Böse gehandelt werden.

2. Aufgabe

Herr Müller sollte die Bundesobligationen verkaufen. Der aktuelle Kurswert in Höhe von 10.721,55 € zuzüglich der Zinsen von ca. 370,00 € reichen zur Finanzierung des gewünschten Fahrzeugs aus. Die Sparbriefe und die unverzinslichen Schatzanweisungen können nicht vorzeitig zurückgegeben werden. Darüber hinaus reichen die 8.000,00 € der unverzinslichen Schatzanweisungen nicht zur Finanzierung aus.

Alternativ könnte Herr Müller auch den am 02.01.2022 fälligen Sparbrief verwenden. In diesem Fall müsste Herrn Müller ein Überbrückungskredit eingeräumt werden. Aufgrund der guten Absicherung durch den hinterlegten Sparbrief und der kurzen Laufzeit des Kredits, wäre dies zu Vorzugskonditionen möglich. Herr Müller sichert sich dadurch alle Zinseinkünfte und spart Transaktionskosten im Vergleich zur ersten Alternative.

3. Aufgabe

a) Nachdem eine Verkaufsorder erfasst wurde, erfolgt eine Weiterleitung an die Börse. Nach abgeschlossener Transaktion, erfolgt die Abrechnung des Verkaufs.
Alternativ: Krediteinräumung und Sperre der unverzinslichen Schatzanweisungen
b) An Kosten fallen Courtage und eine Abwicklungsprovision an.
Alternativ fallen Kreditzinsen für die Zeit bis zur Fälligkeit der unverzinslichen Schatzanweisungen an.

4. Aufgabe

a) Eine Fondsgesellschaft legt das Geld der Anleger nach dem Prinzip der Risikomischung in verschiedene Rentenwerte an und betreut und verwaltet das so entstehende Sondervermögen erfolgsorientiert.
b) - Herr Müller kann bereits kleinere Beträge ansparen.
- Risikostreuung: Der Kursrückgang eines Wertpapiers schlägt nur in geringem Umfang auf den Inventarwert durch, möglicherweise kann der Verlust durch Gewinne bei anderen Werten ausgeglichen werden.
c) Zinsänderungsrisiko: Erhöht sich das allgemeine Marktzinsniveau sinkt der Kurs der im Fonds enthaltenen Rentenwerte und damit der Inventarwert.
d) Gemäß Wertpapierhandelsgesetz besteht eine Aufklärungspflicht gegenüber dem Kunden.

Situation 12

1. Aufgabe

a) - Der Nominalzins ist der auf der Anleihe aufgedruckte Zinssatz. Die Nominalverzinsung stellt daher den verbrieften jährlichen Zinsanspruch, bezogen auf den Nennwert, dar.
   - Demgegenüber berücksichtigt die Rendite Abweichungen zwischen Erwerbs- und Rückzahlungskurs. Sie drückt damit den durchschnittlichen jährlichen Kapitalertrag einer Kapitalanlage im Verhältnis zum tatsächlich eingesetzten Kapital aus, wobei Rückzahlungsgewinne bzw. Rückzahlungsverluste berücksichtigt werden.

b) Dieser Unterschied ist darin begründet, dass die Bonität der Bundesrepublik Deutschland als Schuldner der Bundesanleihe besser eingestuft wird als die Bonität von Daimler. Ein Ausgleich des höheren Risikos der Daimler-Anleihe erfolgt durch eine höhere Rendite.

c) - Änderung des Zinsniveaus: Ein Ansteigen des allgemeinen Marktzinsniveaus führt zu sinkenden Anleihekursen, ein Fallen der Marktzinsen zu steigenden Anleihekursen.
   - Änderung der Bonitätseinschätzung: Wird Daimler von den Rating-Agenturen herabgestuft, fällt der Anleihekurs. Verbessert sich dagegen das Rating von Daimler, steigt der Anleihekurs.

2. Aufgabe

a) Frau Stein schließt mit der Universalbank AG einen Kommissionsvertrag. Das Kreditinstitut soll damit im eigenen Namen für fremde Rechnung, d. h. für Frau Stein, ein Deckungsgeschäft an der Börse mit einem anderen Marktteilnehmer schließen.

b) Das Limit gibt den Höchstpreis bzw. -kurs an, den Frau Stein zu zahlen bereit ist.

c) Die Order ist bis zum 30.11.2019 gültig.

d)

Schlusstag:	Mittwoch, 08.11.2019
Erfüllungstag:	Freitag, 10.11.2019
Zinsvaluta:	Donnerstag, 09.11.2019

Dem Verkäufer stehen Stückzinsen für den Zeitraum vom 04.06.2019 (Beginn des Zinslaufes) bis einschließlich 09.11.2019 (Zinsvaluta), d. h. für 159 Tage, zu.

Abrechnung:

Kurswert:	10.000,00 € x 101,50 % =	10.150,00 €
+ Stückzinsen:	10.000,00 € x 3,75 x 159 / 36500 =	163,36 €
+ 0,5 % Provision vom Kurswert		50,75 €
+ 0,075 % vom Nennwert		7,50 €
Belastung Wert 10.11.2019		10.371.61 €

3. Aufgabe

a) Frau Stein bekommt beim Kauf einer Anleihe den nächstfälligen Kupon mitgeliefert, d. h. sie erhält am 04.06.2020 die Zinsen für das gesamte zurückliegende Laufzeitjahr. Da der Verkäufer jedoch noch einen Zinsanspruch bis zum 09.11.2019 hat, zahlt Frau Stein als Käuferin der Anleihe die auf die Besitzdauer des Verkäufers anfallenden Zinsen (= Stückzinsen) vorab an den Verkäufer.

b) Die Universalbank AG wird die beim Kauf der Anleihe gezahlten Stückzinsen mit bereits erhaltenen oder mit späteren im Laufe des Jahres 2019 erzielten Wertpapiererträgen der Kundin Franziska Stein (z. B. Kuponzahlungen bei Anleihen, erhaltene Stückzinsen beim Verkauf von Anleihen, Gewinne aus Veräußerungsgeschäften von Wertpapieren und Termingeschäften mit Ausnahme von Aktien, Dividendenerträge) verrechnen. Es werden also alle gezahlten und erhaltenen Stückzinsen und alle anderen Wertpapiererträge in der Reihenfolge der Vorgänge gegeneinander verrechnet. Nur der Teil der Wertpapiererträge, der durch den Verrechnungstopf „Sonstige" nicht gedeckt ist, wird auf den Freistellungsauftrag angerechnet bzw. unterliegt der Abgeltungssteuer, d. h. Bemessungsgrundlage für die Abgeltungssteuer ist der Saldo des Verrechnungstopfes „Sonstige".

c) Frau Stein erhält für das Kalenderjahr 2019 aus der Daimler-Anleihe keine Zinserträge.
Die an den Verkäufer gezahlten Stückzinsen (= 163,36 €) kann sie als negative Zinserträge mit anderen Erträgen aus Kapitalvermögen verrechnen und somit ihre Einkünfte aus Kapitalvermögen für das Jahr 2019 vermindern.
Am 04.06.2020 erhält Frau Stein Zinsen aus der Daimler-Anleihe. Die gesamten Zinsen in Höhe von 375,00 € sind nach dem Zuflussprinzip im Jahr 2020 steuerpflichtig.

Situation 13

1. Aufgabe

a)

Zero-Bond WestLB AG	Bundesanleihe
- Ausgabe unter pari (abgezinste Schuldverschreibung) - Zinsansammlung - Zinseszinseffekt	- Ausgabe zum Nennwert - jährliche Zinszahlung - kein Zinseszins

b)

Floating Rate Note Postbank AG	Bundesanleihe
- variable Verzinsung - Verzinsung orientiert sich am Geldmarkt - unterjährige Zinszahlung	- feste Verzinsung - Verzinsung orientiert sich am Kapitalmarkt zum Zeitpunkt der Emission - jährliche Zinszahlung

c) Die unabhängigen amerikanischen Rating-Agenturen Moody`s und Standard & Poor`s dokumentieren eine sehr gute Bonität der Emittenten, wobei die Bundesanleihe die höchste Qualität und die beiden anderen Anleihen eine hohe Qualität aufweisen.

d) Der Kurs der Floating Rate Note kann beeinflusst werden durch
- die Häufigkeit der Zinsanpassung
- den zugrunde liegenden Referenzzinssatz (EURIBOR)
- den Spread, d. h. durch den Auf- oder Abschlag auf den Referenzzinssatz
- die Laufzeit
- die Veränderung der Bonitätseinschätzung des Emittenten
- ein evt. Kündigungsrecht des Emittenten.

e) Bei der variabel verzinslichen Anleihe fehlt eine Renditeangabe, da sich der Zinssatz während der Laufzeit am Geldmarkt orientiert und damit die Höhe der Zinsen in der Zukunft nicht feststeht.

f) Er sollte sich für die abgezinste Anleihe (Zero-Bond WestLB AG) entscheiden.
Begründung:
Der Ertrag dieser Anleihe ist nach dem Zuflussprinzip erst am Laufzeitende zu versteuern. Herr Schmeißer hat dann als Rentner einen persönlichen Steuersatz, der möglicherweise niedriger als sein aktueller Steuersatz und niedriger als der Abgeltungssteuersatz in Höhe von 25 % ist. Für eine Verlagerung der Zinseinkünfte und damit einhergehenden niedrigeren Besteuerung im Rentenalter spricht auch, dass Herr Schmeißer seinen Freistellungsauftrag bereits dauerhaft durch entsprechende Kapitaleinkünfte ausgeschöpft hat.

2. Aufgabe

a) Zero-Bond WestLB AG:
Diese Anleiheform unterliegt wegen seiner Hebelwirkung auf den Kurs einem besonderen Kursrisiko. Diese Hebelwirkung ist im Zinseszinseffekt begründet. Bei einem Ansteigen des Marktzinsniveaus sinkt der Kurs dieser Anleihe im Vergleich zu normalverzinslichen Anleihen weitaus stärker.

Floating Rate Note Postbank AG:
Der Kurs orientiert sich am Geldmarkt und bleibt (zumindest an den Zinsterminen) bei 100 %.

Bundesanleihe:
Bei einem Ansteigen des allgemeinen Marktzinsniveaus sinkt der Kurs der Bundesanleihe, da vergleichbare Wertpapiere, die neu emittiert werden, mit einem höheren Nominalzins ausgestattet sind.

b) Sie empfehlen Herrn Schmeißer aufgrund der obigen Ausführungen die Floating Rate Note Postbank AG.

3. Aufgabe

30.000,00 € x 2,78 x 183 / 36000 = 423,95 €

(Hinweis: EURIBOR 6 Monate 2,38 + 0,4 = 2,78)

Zinserträge	423,95 €
- Abgeltungsst.	105,99 €
- Soli	5,82 €
Gutschrift	312,14 €

Situation 14

1. Aufgabe

Als Berater sind Sie verpflichtet,
- den Kunden über mögliche Risiken aufzuklären
- Kenntnisse und Erfahrungen des Kunden mit Wertpapieranlagen zu ermitteln
- die Vermögens- und Einkommensverhältnisse des Kunden zu ermitteln
- Anlageziele des Kunden einzuholen
- das Gespräch zu dokumentieren
- den Kunden über die Kosten aufzuklären
- Risikoinformationen an den Kunden weiterzugeben, z. B. Basisinformationen über Vermögensanlagen in Wertpapieren bzw. Investmentfonds.

2. Aufgabe

Für eine Direktanlage in Aktien sprechen folgende Motive:
- Ertragsmotiv: Beteiligung an einem Unternehmen als Ertrag bringende Kapitalanlage.
- Sachwertmotiv: durch Anlage in Sachwerten Schutz vor Geldwertverlusten (Inflation) und Teilnahme an Wertsteigerungen über die Sachwertbeteiligung.
- Mitbestimmungs-, Mitsprache- oder Beherrschungsmotiv: Teilnahmerecht an der Hauptversammlung, Möglichkeit der Einflussnahme auf die Geschäftsführung.
- Spekulationsmotiv: Chance auf überdurchschnittliche Kurssteigerungen nutzen.

3. Aufgabe

Folgende Möglichkeiten können die Risiken bei einer Direktanlage begrenzen:
- Anlage in Standardwerte, da durch strengere Zulassungsbestimmungen der Anlegerschutz erhöht wird.
- Anlage in umsatzstarke Werte mit einer hohen Marktkapitalisierung und großem Streubesitz, da diese leichter veräußert werden können.
- Anlage in verschiedene Werte unterschiedlicher Branchen, damit das Risiko gestreut wird.
- ständiges Einholen von Informationen, um schnell auf entsprechende Entwicklungen durch Zu- bzw. Verkauf reagieren zu können.
- nur Anlage von Beträgen in Aktien, die kurzfristig nicht benötigt werden. Damit wird verhindert, dass man in einer ungünstigen Börsensituation Aktien verkaufen muss.

4. Aufgabe

a) Dividendenrendite:
- Die Dividendenrendite gibt das Verhältnis von ausgeschütteter Bruttodividende zum Aktienkurs an, damit wird der prozentuale Ertrag aus der Aktienanlage ermittelt.
- Die Dividendenrendite als Kennzahl zur Bewertung und zum Vergleich von Aktien kann sowohl auf Basis der aktuell gezahlten Dividende, als auch auf Basis von erwarteten zukünftigen Dividenden berechnet werden.
- Bei der Auto-Aktie ist die Dividendenrendite mit 3 % höher, d. h. das eingesetzte Kapital verzinste sich mit 3 % gegenüber 1,9 % bei der Energie-Aktie.
- Diese Kennzahl hat nur begrenzte Aussagekraft, da nicht alle Ertragsfaktoren berücksichtigt werden und nur die Vergangenheit betrachtet wird.

Kurs-Gewinn-Verhältnis (KGV):

Das Kurs-Gewinn-Verhältnis ist eine Rentabilitätsziffer, die das Verhältnis von aktuellem Kurs und Ergebnis (Gewinn) pro Aktie angibt. Mit dem KGV wird also zum Ausdruck gebracht, mit welchem Vielfachen des Jahresgewinns eine Aktie an der Börse bewertet wird, d. h. wie oft der Gewinn im Aktienkurs enthalten ist.

Das KGV kann als Vergleichswert mit anderen Unternehmen aus einer Branche, eines Teilmarktes oder des gesamten Börsenmarktes herangezogen werden.

Ein niedrigeres KGV verspricht tendenziell ein höheres Kurspotenzial, das KGV der Energie-Aktie ist daher bislang günstiger (5,9) im Vergleich zur Auto-Aktie mit einem KGV von 9,0.

b) Für die Auto-Aktie spricht:
- Die niedrige Volatilität deutet auf ein geringes Risiko hin.
- Die Aktie ist im Branchenvergleich weniger stark gefallen.
- Die Dividendenrendite ist höher als bei der Energie-Aktie.

Gegen die Auto-Aktie spricht:
- Es handelt sich um einen Nebenwert mit ausgesprochen geringem Umsatz.
- Es handelt sich um eine saison- und konjunkturabhängige Branche.

Für die Energie-Aktie spricht:
- Der Einstiegskurs ist niedriger als bei der Auto-Aktie.
- Der hohe Wochenumsatz deutet auf einen relativ liquiden Markt in dieser Aktie hin.
- Die Aktie weist ein niedriges Kurs-Gewinn-Verhältnis auf.
- Solarenergie wird steuerlich gefördert.

Gegen die Energie-Aktie spricht:
- Die Aktie ist im Vergleich mit Aktien der gleichen Branche stärker gefallen.
- Der niedrige Streubesitz kann zur Folge haben, dass einzelne Aktionäre hohen Einfluss ausüben können.
- Die hohe Volatilität deutet auf ein hohes Risiko hin.
- Regenerative Aktien sind noch stark von staatlichen Subventionen abhängig.

5. Aufgabe

a) Durch die Angabe eines Kauflimits wird der Kaufpreis nach oben begrenzt.

b) Unterscheidung im Hinblick auf den **Zeitpunkt der Ausführung des Auftrags:**
- Limitierte Order: Der Auftrag wird stets ausgeführt, wenn der Kurs das Limit unterschreitet, aber auch bei ausreichenden Verkaufsorders zum angegebenen Limit.
- Stop-Buy-Order: Sobald das Limit erreicht bzw. überschritten wird, wird ein Kaufauftrag zum nächsten handelbaren Kurs ausgeführt.
- Stop-Loss-Order: Sobald das Limit erreicht bzw. unterschritten wird, wird ein Verkaufsauftrag zum nächsten handelbaren Kurs ausgeführt.

Unterscheidung im Hinblick auf den **Kurs, zu dem abgerechnet werden kann:**
- Limitierte Order: Die Order wird zum Limit oder zu einem niedrigeren Kurs ausgeführt.
- Stop-Buy-Order: Die Order wird zu dem ersten Kurs abgewickelt, der nach Erreichen oder Überschreiten des Limits festgestellt wird. Somit kann der Kaufkurs auch über dem Limit liegen.
- Stop-Loss-Order: Die Order wird zu dem ersten Kurs abgewickelt, der nach Erreichen oder Unterschreiten des Limits festgestellt wird. Somit kann der Verkaufskurs auch unter dem Limit liegen.

6. Aufgabe

a) - Der Auftrag konnte nicht ausgeführt werden, da zum angegebenen Limit nur Kaufaufträge vorlagen.
- Der limitierte Auftrag wird bis spätestens zum Monatsende (ultimo) als Kaufauftrag bestehen bleiben. Wird der limitierte Kurs nicht erreicht bzw. unterschritten, verfällt die Order am letzten Börsentag des Monats.

b)

Kurswert: 1 000 Stück x 8,10 €	8.100,00 €
Provision: 0,5 % von 8.100,00 €	40,50 €
Abwicklungsentgelt	4,00 €
Maklercourtage: 0,4 Promille	3,24 €
Gesamt:	8.147,74 €

c) 24.03.2020

Situation 15

1. Aufgabe

Als Berater sind Sie verpflichtet,
- den Kunden über mögliche Risiken aufzuklären
- Kenntnisse und Erfahrungen des Kunden mit Wertpapieranlagen zu ermitteln
- die Vermögens- und Einkommensverhältnisse des Kunden zu ermitteln
- Anlageziele des Kunden einzuholen
- das Gespräch zu dokumentieren
- den Kunden über die Kosten aufzuklären
- Risikoinformationen an den Kunden weiterzugeben, z. B. Basisinformationen über Vermögensanlagen in Wertpapieren bzw. Investmentfonds.

2. Aufgabe

a) Risiken bei Rentenfonds:
Sinkender Anteilswert bei Kursverlusten der im Fonds enthaltenen Schuldverschreibungen, z. B. durch
- steigende Kapitalmarktzinsen (Zinsänderungsrisiko)
- Verschlechterung der Bonität der Emittenten (Bonitätsrisiko)

Risiken bei Aktienfonds:
Sinkender Anteilswert bei Kursverlusten der im Fonds enthaltenen Aktien, z. B. durch
- Verschlechterung der Unternehmensaussichten und der damit verbundenen Gewinnerwartungen
- Verschlechterung der Börsenstimmung (psychologische Einflüsse)
- Verschlechterung der Bonität einzelner Aktiengesellschaften (Bonitätsrisiko)

b) Die Erträge aus Rentenfonds werden durch Ausschüttungen und steigende Anteilswerte der im Fonds enthaltenen Schuldverschreibungen, z. B.
- Erträge durch laufende Verzinsung der Anleihen
- Kursgewinne bei sinkenden Kapitalmarktzinsen und einer Verbesserung der Bonität der Emittenten der Anleihen,

beeinflusst.

Die Erträge aus Aktienfonds werden durch Ausschüttungen und steigende Anteilswerte der im Fonds enthaltenen Aktien, z. B.
- Dividendenerträge
- Kursgewinne
- Bezugsrechtserlöse

beeinflusst.

c)
- Seitens der Investmentgesellschaften gibt es eine börsentägliche Rücknahmepflicht der ausgegebenen Investmentzertifikate.
- Jeder Investmentfonds stellt ein Sondervermögen dar, das nicht für die Verbindlichkeiten der Kapitalanlagegesellschaft haftet.
- Die Investmentgesellschaft ist zu einer regelmäßigen Rechenschaftslegung verpflichtet.
- Die Verwahrstelle, die unter anderem die täglichen Rücknahmepreise festsetzt, ist unabhängig von der Investmentgesellschaft.
- Um eine Risikostreuung zu gewährleisten, muss der Fondsmanager Mindestvorgaben einhalten.

3. Aufgabe

a) - Der Rücknahmepreis entspricht dem Inventarwert je Anteil. Der Rücknahmepreis wird also dadurch ermittelt, dass der Inventarwert des Fonds durch die Zahl der ausgegebenen Fondsanteile dividiert wird.
- Der Wert des Sondervermögens (Inventarwert) berechnet sich aus dem börsentäglich ermittelten Kurswert der im Fonds enthaltenen Wertpapieren zuzüglich einer Barreserve, gegebenenfalls gemindert um Verbindlichkeiten.
- Der Ausgabepreis entspricht dem Rücknahmepreis zuzüglich eines eventuellen Ausgabeaufschlags.

b) - Der DAWAkt classic schüttet die Erträge (Dividenden, realisierte Kursgewinne, etc.) jährlich aus. Der DAWAkt schüttet die Erträge nicht aus, d. h. sie verbleiben im Sondervermögen, diese werden wieder angelegt.
- Beim DAWAkt classic fällt ein einmaliger Ausgabeaufschlag in Höhe von 5 % des Rücknahmepreises an, beim DAWAkt fällt kein Ausgabeaufschlag an.
- Die Verwaltungsvergütung in Höhe von 1,25 % p. a. beim DAWAkt classic ist im Vergleich zum DAWAkt (2,50 % p. a.) deutlich niedriger.

c) Der Kundin sollte der DAWAkt classic empfohlen werden. Dieser weist zwar einen einmaligen Ausgabeaufschlag in Höhe von 5 % auf, hat jedoch mit 1,25 % p. a. weit aus niedrigere Verwaltungskosten als der DAWAkt. Bei einer langfristigen Anlage ist daher der DAWAkt classic mit seinem einmaligen Ausgabeaufschlag zu empfehlen.

4. Aufgabe

a) Beim DAWComfort handelt es sich um einen Dachfonds. Dachfonds investieren nicht wie Aktien- und Rentenfonds direkt in Aktien und Anleihen, sondern nach dem „Fonds-in-Fonds-Prinzip“ in andere Fonds. Damit wird eine sehr große Risikostreuung erreicht, da der Kunde sich nicht mehr nur auf das Fondsmanagement eines einzelnen Fonds vertrauen muss, sondern sich automatisch eine ganze Reihe von unterschiedlichsten Fondsmanagern „einkauft“.

b) Als Anlageformen bieten sich hier ein Geldmarktkonto bzw. ein Geldmarktfonds an. Frau Klein kann jederzeit über den Anlagebetrag verfügen, hat keine bzw. nur geringe Kosten und erzielt eine Verzinsung in Abhängigkeit vom Geldmarktzinsniveau.

5. Aufgabe

Wenn Frau Klein regelmäßig gleich bleibende Geldbeträge in Investmentanteilen anlegt, kann sie den Vorteil der Durchschnittseinstandspreise nutzen. Dieser Effekt, auch Cost-Average-Effekt genannt, ergibt sich dadurch, dass der Anleger mehr Anteile erwirbt, wenn der Anteilspreis niedriger ist und weniger Anteile erwirbt, wenn der Anteilspreis höher ist.

Situation 16

1. Aufgabe
- Aufgrund des Optionsrechts kann die Anleihe mit einer niedrigeren Nominalverzinsung ausgestattet werden.
- Die Zinsen stellen für die Solartronic AG einen Steuer mindernden Aufwand dar (Fremdkapitalzinsen).
- Die Ausübung von Optionen kann zu einer späteren Kapitalerhöhung führen (bedingte Kapitalerhöhung).
- Optionsanleihen können aufgrund der aktuellen Marktsituation besser abgesetzt werden.

2. Aufgabe
- Frau Reich hat Anspruch auf einen festen Zins.
- Die Rückzahlung der Anleihe zum Nennwert am Laufzeitende ist garantiert.
- Frau Reich hat die Möglichkeit, die Aktie zu einem festen Preis in Höhe von 60,00 € zu erwerben und damit neben den Zinszahlungen Kursgewinne zu realisieren. Frau Reich hat damit die Möglichkeit, die Vorteile eines Eigentümers mit den Rechten eines Gläubigers zu verbinden.
- Frau Reich kann die Optionsscheine getrennt von der Anleihe veräußern.

3. Aufgabe
- Der prozentuale Anteil von Frau Reich an der Solartronic AG würde ohne ein Bezugsrecht sinken.
- Auch der Aktienkurs der Solartronic AG wird rechnerisch sinken, so dass das Bezugsrecht diesen Verlust ausgleichen muss.

4. Aufgabe

a) Frau Reich besitzt aktuell 1500 Aktien der Solartronic AG.
Da 500 Aktien der Solartronic AG zum Bezug von 1.000,00 € nominal der Optionsanleihe berechtigen, kann Frau Reich 3.000,00 € nominal Optionsanleihen beziehen.

b) 3.000,00 € nominal x 130 % = 3.900,00 € Kaufpreis

c) Frau Reich erhält pro 1.000,00 € nom. Optionsanleihe 6 Optionsscheine; jeder Optionsschein berechtigt zum Bezug einer Aktie (Bezugsverhältnis 1:1).
Da Frau Reich 3 Optionsanleihen besitzt, kann sie 18 Stück Aktien beziehen (3 Optionsanleihen x 6 Optionsscheine).

d) 18 Aktien x 60,00 €/Aktie = 1.080,00 €

5. Aufgabe

	Dividende 1.500 x 0,40 €	600,00 €
-	Freistellungsauftrag	200,00 €
	abgeltungssteuerpflichtig	400,00 €
-	Abgeltungssteuer 25 %	100,00 €
-	Solidaritätszuschlag 5,5 % v. AGST	5,50 €
=	verbleiben	294,50 €
+	Dividende aus Freistellungsauftrag	200,00 €
=	Gutschrift	494,50 €

Lösungen

Situation 17

1. Aufgabe

- Die Universalbank AG fordert die Eintrittskarte bei der Hinterlegungsstelle der AG an.
- Darüber hinaus wird eine Aktiensperre eingerichtet.

2. Aufgabe

a)
- Durch die Einstellung der Hälfte des Gewinns in diese Rücklagen erhöht die Bike & More AG ihr haftendes Eigenkapital.
- Die AG trifft damit Vorsorge für Risiken, die in der Zukunft auftreten können. Dadurch verbleibt ein Teil des Gewinns im Unternehmen, der für zukünftige Akquisitionen bzw. Investitionen angesammelt werden kann.
- Damit können bestimmte Unternehmenskennzahlen, z. B. die Eigenkapitalquote, verbessert werden, die zu einer möglichen Steigerung des Aktienkurses aufgrund verbesserter Analysteneinschätzungen führen können.
- Durch Einbehaltung eines Teils des Gewinns im Unternehmen kann auch zukünftig eine Dividendenkontinuität gewährleistet werden.

b) Vorteil:
- Durch die Rücklagenbildung wird die Substanz der AG verstärkt und daraus können sich möglicherweise Kurssteigerungen der Bike & More AG in der Zukunft ergeben und damit für Herrn Reich entsprechende Kursgewinne.

Nachteil:
- Der von der AG zur Dividendenzahlung bereit gestellte Betrag wird damit reduziert.

3. Aufgabe

- Ein Rückkauf der Aktien führt aufgrund der steigenden Nachfrage am Markt tendenziell zu steigenden Börsenkursen und damit zu Kursgewinnen für Herrn Reich.
- Die Einflussmöglichkeit auf die Aktiengesellschaft steigt, da die AG kein Stimmrecht aus eigenen Aktien hat.
- Eine stabilisierende Kurspflege durch antizyklische Käufe und Verkäufe verringert die Volatilität und damit das Verlustrisiko durch Kursschwankungen für Herrn Reich.

4. Aufgabe

a) Die Hauptversammlung ermächtigt den Vorstand, das Kapital unter Einhaltung folgender Vorschriften zu erhöhen:
- Die Ermächtigung gilt für höchstens 5 Jahre.
- Das genehmigte Kapital darf 50 % des Grundkapitals zum Zeitpunkt der Ermächtigung nicht übersteigen.
- Die jungen Aktien müssen gegen Einlagen ausgegeben werden.

b) Zur Schaffung des genehmigten Kapitals sind mindestens drei Viertel des bei der Beschlussfassung vertretenen Grundkapitals erforderlich.

c)
- Der Vorstand kann eine Kapitalerhöhung durchführen, ohne die Hauptversammlung einzuberufen und erneut abstimmen zu lassen.
- Der Vorstand kann bei plötzlichem Kapitalbedarf bzw. bei sich verändernden wirtschaftlichen Verhältnissen schnell reagieren.
- Der Vorstand kann eine günstige Kapitalmarktsituation ausnutzen, d. h. der Emissionszeitpunkt kann der Nachfrage nach der Aktie und der Kursentwicklung angepasst werden.

5. Aufgabe

	Dividende 600 x 1,20 €	720,00 €
-	Freistellungsauftrag	150,00 €
	abgeltungssteuerpflichtig	570,00 €
-	Abgeltungssteuer 25 %	142,50 €
-	Solidaritätszuschlag 5,5 % von AGST	7,83 €
=	verbleiben	419,67 €
+	Dividende aus Freistellungsauftrag	150,00 €
=	Gutschrift	569,67 €

6. Aufgabe

a) Das konkrete Geschäft setzt sich aus folgenden wesentlichen Bestandteilen zusammen:
- Kauf einer Verkaufsoption (Long Put)
- 6 Kontrakte auf 600 Aktien der Bike & More AG
- Laufzeit bis März 2021
- Basispreis 22,00 €

Begründung: 13.000,00 € (Fahrzeugpreis) : 600 Aktien = 21,66 € / Aktie
Standardisierter Basispreis laut Kurstabelle = 22,00 €

ba) Steigende Kurse der Bike & More AG in der Zeit bis März 2021 wirken sich auf die Gesamtposition wie folgt aus:
- Die Aktie der Bike & More AG kann mit Gewinn verkauft werden.
- Die Option wird wertlos und verfällt.
- Der Verlust in Höhe der Optionsprämie (Optionspreis) mindert den Gewinn aus der Aktie („Versicherungsprämie“).

bb) Fallende Kurse der Bike & More AG in der Zeit bis März 2021 wirken sich auf die Gesamtposition wie folgt aus:
- Die Aktie der Bike & More AG kann nur mit Verlust verkauft werden.
- Die Option gewinnt an Wert und kann mit Gewinn glatt gestellt werden.
- Der Gewinn aus der Option deckt Verluste aus der Aktie.

c)

6 Kontrakte Put (600 Verkaufsoptionen) bis 03/2021 mit Basispreis 22,00 € zu 1,72 Optionspreis	1.032,00 €
Entgelte der Eurex (6 Kontrakte x 0,20 €)	1,20 €
Provision der Universalbank AG	20,00 €
Preis für Absicherungsgeschäft	1.053,20 €

Situation 18

1. Aufgabe
- Die Bevölkerungsstruktur entwickelt sich ungünstig, da die Lebenserwartung zunimmt, die Zahl der alten Menschen steigt und die Geburtenrate sinkt, so dass immer weniger Erwerbstätige mehr Rentner finanzieren.
- Letztlich müssen daher die Beitragssätze für die Erwerbstätigen steigen oder zukünftige Renten müssen sinken, mit der Folge, dass sich die Versorgungslücke im Rentenalter stetig vergrößert.

2. Aufgabe
- Herr und Frau Keil gehören zum geförderten Personenkreis.
- Sowohl Herr Keil als sozialversicherungspflichtiger Arbeitnehmer als auch Frau Keil als Beamtin gehören gemäß Einkommensteuergesetz zum geförderten Personenkreis.

3. Aufgabe
- Einzahlungen in einen zertifizierten Vertrag
- Antrag auf Zulage beim Anbieter des Vertrags stellen (jährlicher Antrag bzw. Dauerantrag)
- Mindestleistung in Höhe von 60,00 € (Sockelbetrag)

4. Aufgabe
In der Ansparphase wird das zu versteuernde Einkommen durch die Beiträge für den Altersvorsorgevertrag gemindert.
In der Auszahlphase unterliegen die daraus entstehenden Renten der Besteuerung mit dem persönlichen Steuersatz.

5. Aufgabe

a) Berechnung der Eigenleistung für das laufende Jahr

4 % von 38.000,00 € =	1.520,00 €	
- Grundzulage	175,00 €	
- Kinderzulage für 4 Kinder	855,00 €	(3x185+1x300)
Eigenleistung (Eigenbeiträge) =	490,00 €	
	=======	

b) Im Rahmen der privaten Altersvorsorge werden u. a.
- private Rentenversicherungen
- Fondssparpläne
- Banksparpläne
- fondsgebundene Lebensversicherungen
- „Riester-Bausparvertrag"

angeboten.

6. Aufgabe

a) Produktmerkmale:
- feste Verzinsung für die gesamte Laufzeit
- keine Kursrisiken
- keine Rückgabe vor Fälligkeit
- feste Laufzeit
- Beleihung bei Geldbedarf zu 100 Prozent
- keine Kosten für den Anleger
- Rückzahlung bei Fälligkeit zum Nennwert (bei Sparbriefen mit laufender Verzinsung) oder Nennwert + Zinsen (bei auf- oder abgezinsten Sparbriefen)

b) Normalverzinslicher Sparbrief:
- Ausgabe zum Nennwert
- laufende Zinszahlung, i. d. R. jährlich nachträglich
- Rückzahlung bei Fälligkeit zum Nennwert

Vorteile eines normalverzinslichen Sparbriefs:
- durch die laufende Zinszahlung haben die Eheleute Keil einen Liquiditätsvorteil
- da die Zinsen jährlich zu versteuern sind, kann das Ehepaar Keil ihren Freistellungsauftrag jährlich gleichmäßig ausnutzen

Abgezinster bzw. aufgezinster Sparbrief:
- Ausgabe zum Nennwert abzüglich Zinsen und Zinseszinsen für gesamte Laufzeit (abgezinster Sparbrief) bzw. Ausgabe zum Nennwert (aufgezinster Sparbrief)
- keine laufende Zinszahlung, sondern Zinsansammlung
- Rückzahlung bei Fälligkeit zum Nennwert (abgezinster Sparbrief) bzw. zum Nennwert zuzüglich Zinsen und Zinseszinsen für gesamte Laufzeit (aufgezinster Sparbrief)

Vorteile eines ab- bzw. aufgezinsten Sparbriefs:
- durch die Wiederanlage der Zinsen entsteht ein Zinseszinseffekt
- die Erträge werden wieder sicher angelegt
- sie bieten dem Anleger die Möglichkeit, die Versteuerung von Zinserträgen in Jahre mit einer niedrigeren persönlichen Steuerprogression (niedriger als 25 %) zu verschieben

c) Die Eheleute Keil können sofort über das Sparkonto verfügen, da der Anlagebetrag im Hause der Universalbank AG verbleibt und in eine längerfristige Anlageform fließt.

Situation 19

1. Aufgabe

Folgende Aspekte sind u. a. im Beratungsgespräch mit Herrn Klein hinsichtlich der Kreditvergabe zu erörtern:
- Kreditart
- Konditionen (Zinsen, Provisionen)
- Zeitpunkt der Bereitstellung
- Laufzeit des Kredits
- Mögliche Kreditsicherheiten
- Einwilligung zur Einholung einer Schufa-Auskunft
- Gegenüberstellung des frei verfügbaren Einkommens und der monatlichen Kreditbelastung

2. Aufgabe

a) - Zielrate: Im Rahmen des Leasings bzw. eines sog. Mietkaufes wird nach Ablauf der Grundmietzeit (in diesem Fall zwei Jahre) eine erhöhte Ziel- bzw. Schlussrate fällig, wenn man das Fahrzeug erwerben möchte (in diesem Fall 67 % vom Kaufpreis =10.050,00 €).
- Die Laufleistung ist die im Rahmen des Mietkaufs zugrunde gelegte jährliche Kilometerleistung; bei mehr gefahrenen Kilometern entstehen für Herrn Klein zusätzliche Kosten, i. d. R. ein bestimmter Pauschalbetrag pro gefahrenen Kilometer, bei weniger gefahrenen Kilometern erhält Herr Klein eine vorher vereinbarte Erstattung.

b) - Während der Finanzierungsdauer ist der Verkauf des Pkw einfacher, ein Leasing-Vertrag ist während der Grundmietzeit grundsätzlich nicht kündbar.
- Beim Barkauf hat Herr Klein eventuell die Möglichkeit, beim Händler einen Barzahlungsrabatt auszuhandeln, sodass aufgrund dieses Rabatts keine Anzahlung notwendig ist bzw. die Anzahlung reduziert werden kann.
- Herr Klein hat freie Modell- und Ausstattungswahl, da entsprechende Finanzierungsangebote häufig an bestimmte Modelle gebunden sind.
- Im Unterschied zum Leasing gibt es keine Probleme mit der Restwertermittlung.
- Für Herrn Klein wird ein Markenwechsel beim nächsten Pkw einfacher, weil keine Bindung über die Finanzierung besteht.

3. Aufgabe

- Sie benötigen das Einkommen, regelmäßige Ausgaben und weitere Verpflichtungen Ihres Kunden Herrn Klein zur Ermittlung des verfügbaren Einkommens und zur Beurteilung, ob die monatliche Belastung tragbar ist.
- Sie benötigen von Herrn Klein noch entsprechende Sicherheiten als Schutz für den Fall, dass Herr Klein einen Verpflichtungen aus dem Kreditvertrag nicht nachkommt und der Kredit notleidend wird.
- Möglicherweise wird eine Schufa-Auskunft angefordert, um Negativ- und Positivmerkmale über Herrn Klein zu erfahren und um Angaben über Verpflichtungen zu überprüfen.

4. Aufgabe

Einnahmen (monatlich):		2.300,00 €
Ausgaben (monatlich):		600,00 €
	+	900,00 €
		1.500,00 €

Das monatlich frei verfügbare Einkommen von Herrn Klein beträgt 800,00 €.

5. Aufgabe

Abtretung von Lohn- und Gehaltsansprüchen des Herrn Klein:
- Es wird zwischen der Südbank AG und Herrn Klein ein Abtretungsvertrag geschlossen.
- Es wird nur der pfändbare Teil der monatlichen Bezüge des Herrn Klein abgetreten.
- Die Abtretung der Ansprüche erfolgt gegen den derzeitigen und evtl. zukünftigen Arbeitgeber.
- Die Abtretung erfolgt als stille Zession

Verpfändung des in 2 ½ Jahren fälligen Sparbriefes:
- Es wird zwischen der Südbank AG und Herrn Klein ein Verpfändungsvertrag geschlossen.
- Während der Kreditlaufzeit ist ohne Zustimmung der Südbank AG keine Verfügung möglich.
- Es ist keine Übergabe des Sparbriefs erforderlich.

Sicherungsübereignung des gekauften Fahrzeugs:
- Es wird zwischen der Südbank AG und Herrn Klein ein Sicherungsübereignungsvertrag geschlossen. Es wird dabei ein Besitzmittlungsverhältnis (Besitzkonstitut) in Form eines Leihvertrags vereinbart, um die Übergabe des Pkw zu ersetzen.
- Im Rahmen dieses Vertrags wird der Kraftfahrzeugbrief an die Südbank AG übergeben, die Südbank AG wird damit mittelbarer Besitzer und treuhänderischer Eigentümer des Pkw.
- Herr Klein bleibt jedoch unmittelbarer Besitzer und Halter des Kfz.
- Die Südbank AG verlangt den Abschluss einer Vollkaskoversicherung.

Restschuldversicherung:
- Es handelt sich dabei um eine Risikoversicherung, die einen Schutz vor Forderungsausfällen bietet, wenn z. B. Herr Klein verstirbt, berufsunfähig oder unverschuldet arbeitslos wird.
- Im Rahmen dieser Versicherung wird jeweils die restliche Kreditschuld getilgt.
- Die Prämie ist bereits bei Abschluss des Kreditvertrags im Voraus zu entrichten.

6. Aufgabe

Die Kreditzusage kann erfolgen.

Kriterien für die Kreditvergabe:
- Kreditfähigkeit und Kreditwürdigkeit des Herrn Klein wurden geprüft und für in Ordnung empfunden.
- Das frei verfügbare Einkommen Ihres Kunden ist ausreichend zur Tilgung des Darlehens.
- Herr Klein hat noch zusätzliches Einkommen aus der Vermittlungstätigkeit als Reserve.
- Herr Klein kann ausreichende Sicherheiten stellen.

7. Aufgabe

Aspekte im Zusammenhang mit dem Widerrufsrecht:
- Der Widerruf muss gegenüber der Südbank AG innerhalb von zwei Wochen erklärt werden.
- Die Frist beginnt mit Aushändigung der Widerrufsbelehrung.
- Der Widerruf bedarf keiner Begründung.
- Der Widerruf muss in Textform erfolgen (z. B. schriftlich, FAX, E-Mail).
- Zur Fristwahrung genügt die Absendung.

8. Aufgabe

Herr Klein kann das Verbraucherdarlehen jederzeit ganz oder teilweise vorzeitig zurückzahlen. Die Vorfälligkeitsentschädigung für die vorzeitige Rückzahlung des Verbraucherdarlehens ist auf 1 Prozent des vorzeitig zurückgezahlten Betrags beschränkt.

9. Aufgabe

Ein möglicher Cross-Selling-Ansatz wäre der Abschluss einer Vollkaskoversicherung.
Der Vorteil besteht für Herrn Klein darin, dass der Kredit bei einem durch Herrn Klein verschuldeten Unfall oder bei einem Diebstahl des Pkw (zumindest weitgehend) aus der Leistung der Versicherung zurückgezahlt wird.
Für die Südbank AG wird durch den Abschluss einer Vollkaskoversicherung das Kreditausfallrisiko verringert, darüber hinaus erhält die Südbank AG eine Vermittlungsprovision.
Ein weiterer Cross-Selling-Ansatz wäre z. B. der Abschluss einer Restkredit- bzw. Restschuldversicherung.

Situation 20

1. Aufgabe

Bodenwert:			81.250,00 €
Bauwert Haus:	=	162.000,00 €	
Bauwert Garage:	=	9.900,00 €	
		171.900,00 €	
abzgl. 20 % Abschlag:		34.380,00 €	
Bauwert:			137.520,00 €
Sachwert:			218.770,00 €
Beleihungswert:			218.000,00 €

2. Aufgabe

Grundstückskosten 650 x 125 €	81.250,00 €
Baukosten (600 x 270 € + 110 x 90 €)	171.900,00 €
Nebenkosten pauschal (einschl. Einbauküche)	23.000,00 €
Gesamtkosten	276.150,00 €
Gerundete Gesamtkosten	277.000,00 €

3. Aufgabe

Eigenkapitalanteil:

Wert des Objekts (Baukosten einschl. Baunebenkosten, Grundstück)	276.150,00 €
Eigenanteil (Lebensversicherung, Sparguthaben, Bausparguthaben)	100.000,00 €

Eigenkapitalanteil = 100.000,00 € x 100 / 276.150,00 € = 36,21 %

4. Aufgabe

a)

z. B.

Eigenkapital (Sparguthaben)	35.000,00 €
Zwischenkredit für 1 Jahr bis zur Fälligkeit der Lebensversicherung	25.000,00 €
Bausparvertrag	100.000,00 €
Darlehen der Südbank AG	117.000,00 €
Gesamtkosten	277.000,00 €

b)

Sie empfehlen den Eheleuten Fink ein Darlehen mit einer Zinsbindungsfrist von 10 Jahren, da sie sich damit das derzeit relativ niedrige Zinsniveau langfristig sichern.
(Alternativ: Zinsbindungsfrist 5 Jahre, damit ist anfänglich eine niedrigere Rate bzw. höhere Tilgung möglich.)

c)

Raten ab sofort bei einem Darlehen mit 10-jähriger Zinsbindungsfrist:

25.000,00 € Zwischenkredit, 2,5 % p. a.:	52,08 € monatlich
100.000,00 € Bausparvertrag, 6 ‰ p. m.:	600,00 € monatlich
117.000,00 € Darlehen Südbank AG, 1 % Tilgung, 2,4 % Zinsen p. a.:	331,50 € monatlich
Rate gesamt:	983,58 € monatlich

alternativ bei 5-jähriger Zinsbindungsfrist:

25.000,00 € Zwischenkredit, 2,5 % p. a.:	52,08 € monatlich
100.000,00 € Bausparvertrag, 6 ‰ p. m.:	600,00 € monatlich
117.000,00 € Darlehen Südbank AG, 1 % Tilgung, 2,25 % Zinsen p. a.:	316,88 € monatlich
Rate gesamt:	968,26 € monatlich

d)
Monatliche Gesamtbelastung ab Auszahlung der Lebensversicherung in 12 Monaten:
- die Rate für den Zwischenkredit fällt weg, da der Zwischenkredit durch die fällige Lebensversicherung abgelöst wird
- bei 10-jähriger Zinsbindung: 600,00 € + 331,50 € = 931,50 €
- alternativ bei 5-jähriger Zinsbindung: 600,00 € + 316,88 € = 916,88 €

5. Aufgabe

a)
- Grundbuchauszug
- Bauplan
- Bauzeichnungen
- Baubeschreibung
- Berechnungen des Architekten
- Baugenehmigung
- Flurkarte
- u. a.

b)
Folgende Schritte sind notwendig:
- Erstellen der Grundschuldbestellungsurkunde durch die Südbank AG
- Übermittlung der Grundschuldbestellungsurkunde an einen Notar
- Beurkundung bzw. Beglaubigung durch den Notar
- Beurkundung der Grundschuldbestellungsurkunde an das Amtsgericht (Grundbuchamt)
- Eintragung der Grundschuld und Vollzugsmitteilung durch das Grundbuchamt

6. Aufgabe

- Mit dem dinglichen Zinssatz von 15 % jährlich verschafft sich die Südbank AG für den Fall einer späteren Zinserhöhung einen entsprechenden Sicherungsrahmen.
- Mit der dinglichen Zwangsvollstreckungsklausel verschafft sich die Südbank AG den zu einer Zwangsvollstreckung erforderlichen Titel. Die Südbank AG kann im Verwertungsfall die sofortige Zwangsvollstreckung in den Grundbesitz betreiben.

Situation 21

1. Aufgabe

a)

Wohnungen: 12 x 7,50 € x (2 x 80 + 2 x 50) =	23.400,00 €
Garagen: 4 x 12 x 25 € =	1.200,00 €
Jahresrohertrag	24.600,00 €
- 30 % Bewirtschaftungskosten	7.380,00 €
Jahresreinertrag	17.220,00 €
- Grundstücksertragsanteil (5 % p.a. aus dem Grundstückswert von 140.000,00 €)	7.000,00 €
= Gebäudeertragsanteil	10.220,00 €
Gebäudeertragswert (17,16 x 10.220)	175.375,20 €
+ Grundstücksertragswert (= Grundstückswert)	140.000,00 €
Ertragswert (abgerundet)	315.000,00 €

b)
Folgende Risiken hinsichtlich des Ertragswertes können für Herrn Reich auftreten:
- Die Wohnungen können nicht vermietet werden.
- Die Miete wird nicht in der kalkulierten Höhe erzielt.
- Die tatsächlichen Bewirtschaftungskosten sind höher als die geplanten Kosten.

c)
- Das Wasserleitungsrecht hat keine Auswirkung auf die Beleihbarkeit, wenn eine (weitere) Bebauung dadurch nicht eingeschränkt wird.
- Das Wohnrecht für Herrn Gottfried Meier mindert die Beleihbarkeit. Die Wertminderung bestimmt sich nach dem Mietwert der genutzten Räume und der Zeit, die Herr Gottfried Meier noch leben wird.
- Alternativ: Die Südbank AG wird einer weiteren Beleihung nur zustimmen, wenn das Wohnrecht im Rang zurücktritt, da eine spätere Verwertung der Immobilie sonst erschwert wird.

d)
Herr Reich kann im Rahmen seiner Einkommensteuererklärung die Kreditzinsen als Werbungskosten bei den Einkünften aus Vermietung und Verpachtung geltend machen und so seine Einkünfte vermindern. Die dadurch entstehenden Steuervorteile sind von der Höhe seines zu versteuernden Einkommens abhängig.

e)
Folgende Arbeitsschritte sind notwendig:
- Prüfen, ob eine Löschungsbewilligung bereits erteilt wurde (wenn ja, zurückfordern)
- Falls sich der Brief zur Grundschuld nicht mehr bei der Südbank AG befindet, muss dieser eingereicht werden
- Hereinnahme einer neuer Zweckerklärung durch die Südbank AG

f)
Bedeutung des Zinssatzes:
- Es handelt sich um den Zinssatz, zu dem die Grundschuld verzinst wird; dieser steht jedoch in keinem direkten Zusammenhang mit dem Darlehen.
- Nur im Falle der Nichterfüllung des Kreditvertrages erhöht dieser Zinssatz bei der Verwertung der Grundschuld den Sicherungsrahmen der Südbank AG.

2. Aufgabe
Mögliche Objektunterlagen:
- Flurkarte
- Baupläne
- Gebäudeversicherungsnachweis
- Auszug aus dem Liegenschaftsbuch
- Foto vom Objekt

3. Aufgabe

a)

Die Tilgung von 1 % bzw. 2 % der Darlehenssumme stellt nur die sogenannte anfängliche Tilgung dar. Die Zinsen innerhalb der Annuität (Zins und Tilgung) werden jeweils von der Restschuld berechnet. Mit fortschreitender Darlehenslaufzeit verringert sich der Zinsanteil innerhalb der gleich bleibenden Annuität, so dass der Tilgungsanteil entsprechend um die ersparten Zinsen steigt. Die tatsächliche Laufzeit der Darlehen beträgt damit voraussichtlich nur 35 bzw. 24 Jahre.

b)

240.000,00 € x 100 / 315.000,00 € = 76,19 %

Das Darlehen der Südbank AG liegt innerhalb der Beleihungsgrenze von 80 % des Beleihungswertes.

c)

Darlehen der Depfa AG im erstrangigen Bereich:

60 % von 315.000,00 € =	189.000,00 €
(2,25 % + 1 % von 189.000,00 €) / 12 =	<u>511,88 €</u>

Darlehen der Südbank AG im nachrangigen Bereich:

240.000,00 € – 189.000,00 € =	51.000,00 €
(2,75 % + 2 % von 51.000,00 €) / 12 =	<u>201,88 €</u>

Die monatliche Gesamtbelastung aus beiden Annuitätendarlehen beträgt 713,76 €.

Lösungen

Situation 22

1. Aufgabe

Folgende Unterlagen liefern Ihnen wichtige Informationen zur Vorbereitung auf das Beratungsgespräch:
- Kontenübersicht (Obligoausdruck)
- aktuelle Übersicht der Konditionen der Südbank AG
- Schufa-Auskunft bzw. Bankauskunft
- Informationsmaterial
- evtl. Kundenkarte mit persönlichen Informationen über das Ehepaar Gruber

2. Aufgabe

Zusätzlich zum Kaufpreis entstehen dem Ehepaar Gruber folgende Kosten:
- Grunderwerbsteuer (3,5 % des Kaufpreises)
- Notarkosten (Kosten für die Beurkundung und Abwicklung des Kaufvertrags sowie Beurkundung der Grundschuldbestellungsurkunde)
- Gerichtskosten (Kosten für die Umschreibung, Auflassungsvormerkung und die Eintragung von Grundpfandrechten)
- Finanzierungskosten (z. B. Wertgutachten, Bearbeitungsprovision)

3. Aufgabe

a)
- Nießbrauchrecht: Die Eheleute Karl und Anna Klein hatten das Recht sämtliche Nutzen aus dem Grundstück zu ziehen (die Eintragung des Nießbrauchrechts hat keine Auswirkung auf den Beleihungswert, denn sie wurde gestrichen).
- Vorkaufsrecht: Beate Müller (Berechtigte) hat das Recht, in einen Kaufvertrag, der zwischen Sven Müller (Verpflichteter, Grundstückseigentümer) und den Eheleuten Gruber (Dritten) geschlossen wird, zu gleichen Bedingungen einzutreten.
- Aufgrund der eingetragenen Reallast hat Frau Müller das Recht eine lebenslange monatliche Zahlung zu erhalten.

b)

Folgende Schritte sind dafür zu veranlassen:
- Tilgung der Restschuld durch Herrn Sven Müller oder Verrechnung mit dem Kaufpreis im Rahmen der notariellen Beurkundung.
- Vorlage einer Löschungsbewilligung der Universalbank AG
- Antrag auf Löschung der Grundschuld
- Löschung der Grundschuld zugunsten der Universalbank AG.

c)

Die Eheleute Gruber sollten die eingetragene Eigentümergrundschuld übernehmen, da dadurch eine Rangstelle für eine spätere Abtretung im Rahmen einer Darlehensgewährung freigehalten wird. Darüber hinaus stellt die Übernahme eine Kostenersparnis dar, da die Eigentümergrundschuld ohne zusätzliche Eintragungen in das Grundbuch abgetreten werden kann.

d)

Zur Übertragung der Eigentümergrundschuld sind die schriftliche Abtretung des dinglichen Anspruchs und die Übergabe des Briefs notwendig. Alternativ sind auch eine mündliche Abtretung, Briefübergabe, Bewilligung mit anschließender Eintragung der Umschreibung, möglich.

4. Aufgabe

	360.000,00 €	Gesamtaufwand
-	114.000,00 €	freie Eigenmittel
-	50.000,00 €	Bausparsumme
	196.000.00 €	Darlehen der Südbank AG

===================================

5. Aufgabe

a)

Beleihungswert 295.000,00 €

60 % des Beleihungswertes = 177.000,00 € erstrangiges Darlehen

80 % des Beleihungswertes = 236.000,00 € zweitrangiges Darlehen

	Darlehensbetrag	Annuität	Monatliche Belastung
Erstrangiges Darlehen der Südbank	177.000,00 €	7.788,00 €	649,00 €
Nachrangiges Darlehen der Südbank	19.000,00 €	874,00 €	72,83 €
Bauspardarlehen	30.000,00 €		300,00 €
Monatliche Belastung			1.021,83 €

b)

Die monatliche Belastung ist für das Ehepaar Gruber tragbar, da sie das frei verfügbare Resteinkommen nicht übersteigt (1.021,83 € < 1.130,00 €).

Situation 23

1. Aufgabe

Eigenkapitalquote:

Je höher die Eigenkapitalquote der Baustoffe GmbH, desto
- unabhängiger ist man vom Gläubiger.
- niedriger ist die Zinsbelastung.
- besser können mögliche Verluste durch die GmbH aufgefangen werden.

Die Eigenkapitalquote der Baustoffe GmbH hat sich in den letzten Jahren erhöht, so dass sich dadurch die Kapitalstruktur des Unternehmens kontinuierlich verbessert hat. Positiv ist auch zu werten, dass sie deutlich über dem Branchendurchschnitt liegt.

Gesamtkapitalrentabilität:
- Sie gibt die Verzinsung des gesamten investierten Kapitals (Eigen- und Fremdkapital) an.
- Sie sollte zumindest mittel- und langfristig höher sein als der Fremdkapitalzins.

Auch die Gesamtkapitalrentabilität der Baustoffe GmbH hat sich in den letzten Jahren kontinuierlich erhöht. Positiv ist auch zu werten, dass sie sowohl über dem Fremdkapitalzins als auch über dem Branchendurchschnitt liegt.

Cash-Flow:
- Diese Kennziffer zeigt den Nettozufluss an Liquidität, die die Baustoffe GmbH in einer Geschäftsperiode erwirtschaften kann.
- Der Cash-Flow ist ausschlaggebend für die Ertragskraft, Selbstfinanzierungskraft und Liquiditätslage der Baustoffe GmbH.

Auch der Cash-Flow der Baustoffe GmbH hat sich in den letzten Jahren kontinuierlich verbessert.

2. Aufgabe
- Persönliche Einschätzung des alleinigen Gesellschafters und Geschäftsführers Herrn Mitterer (u. a. persönliche Eignung, fachliche Qualifikation)
- Erfahrungen, die man aufgrund der bisherigen Kontoverbindung gewonnen hat
- Kapitaldienstfähigkeit
- Zukunftserwartungen des Unternehmens und der Branche
- Auszüge aus öffentlichen Registern (z. B. Handelsregister)

3. Aufgabe

220.000,00 € x 6,5 % =	14.300,00 €
220.000,00 € / 8 =	27.500,00 €
Kapitaldienst für das neue Darlehen:	41.800,00 €
Bisheriger Kapitaldienst: 12 x 5.200,00 € =	62.400,00 €
Gesamter Kapitaldienst	104.200,00 €

4. Aufgabe
- Sicherungsübereignung des LKW: Aufgrund der unsicheren Verwertbarkeit muss jedoch ein angemessener Sicherheitsabschlag berücksichtigt werden.
- Erhöhung der Grundschuld: Die Werthaltigkeit ist im Rahmen des Beleihungswertes (80 % Beleihungsgrenze) gegeben.

5. Aufgabe

Aufgrund der vorliegenden Informationen kann der Kredit erteilt werden, da der Cash-Flow zur Erfüllung des Kapitaldienstes ausreicht und somit die Kapitaldienstfähigkeit für die Baustoffe GmbH gegeben ist. Auch ist eine vertretbare Absicherung (vgl. Aufgabe 4) möglich.

Situation 24

1. Aufgabe

a)

Durchschnittliches Debitorenziel:
- Das durchschnittliche Debitorenziel sagt aus, wie viele Tage die Kunden der Baustoffe Karl GmbH im Durchschnitt das eingeräumte Zahlungsziel in Anspruch genommen haben.
- Die Entwicklung dieser Kennziffer (8-18-32 Tage) zeigt, dass die Kunden die Rechnungen der Baustoffe Karl GmbH später als im Vorjahr begleichen, so dass ein erhöhter Liquiditätsbedarf besteht.

Durchschnittliches Kreditorenziel:
- Das durchschnittliche Kreditorenziel sagt aus, an wie vielen Tagen die Baustoffe Karl GmbH im Durchschnitt die von ihren Lieferanten eingeräumten Lieferantenkredite in Anspruch genommen hat.
- Die Entwicklung dieser Kennziffer (8-14-22 Tage) zeigt, dass die Baustoffe Karl GmbH die Rechnungen ihrer Lieferanten später als im Vorjahr begleicht; dies deutet auf einen erhöhten Liquiditätsbedarf hin.

Umsatzentwicklung
- Die Umsatzentwicklung sagt aus, um wie viel % sich der Umsatz zum vorangegangenen Geschäftsjahr erhöht oder vermindert hat.
- Die Kennziffer entwickelt sich bei der Baustoffe Karl GmbH positiv (Umsatzsteigerung: 6 - 9 - 11 %).

b)

Das Debitorenziel ist bei der Baustoffe Karl GmbH größer als das Kreditorenziel, das bedeutet, dass die Kunden der Baustoffe Karl GmbH ihren Zahlungsverpflichtungen langsamer nachkommen als die Baustoffe Karl GmbH ihren Lieferanten. Damit ergibt sich für die Baustoffe Karl GmbH ein erhöhter Liquiditätsbedarf.

2. Aufgabe

a)

Aspekte zur Finanzierung der geplanten Investition über einen Kontokorrentkredit:
- Ein Kontokorrentkredit wird in der Regel nur kurzfristig gewährt.
- Der jetzige Kontokorrentkredit reicht nicht aus, eine Krediterhöhung ist notwendig.
- Der Kontokorrentkredit ist nur ein kurzfristiger Kredit, die gewöhnliche Nutzungsdauer der Gabelstapler ist jedoch mit 5 Jahren mittelfristig, so dass eine wichtige Finanzierungsregel nicht beachtet wurde.

b)

Finanzierungsvorschlag der Südbank AG:
- Kreditbetrag 64.000,00 € als Investitionskredit
- Mögliche Kreditbesicherung:
  1. Ausnutzung des freien Teils der Grundschuld, zurzeit 100.000,00 € (400.000,00 € - 300.000,00 €) aus Annuitätendarlehen mit Nr. 586400
  2. Sicherungsübereignung der anzuschaffenden Gabelstapler
     - Laufzeit: bis maximal 5 Jahre, da auch die betriebsgewöhnliche Nutzungsdauer 5 Jahre beträgt
     - Rückzahlung: monatlich in gleich bleibenden Raten (Annuitätendarlehen) oder in fallenden Raten (Abzahlungsdarlehen)

c)

Besicherungsvorschläge der Südbank AG:

1. Besicherung durch eine Grundschuld:
   - Die Grundschuld ist abstrakt, d. h. das Bestehen einer persönlichen Forderung ist nicht erforderlich.
   - Da der freie Teil der bestehenden Grundschuld genutzt werden kann, ist keine zusätzliche Grundschuldbestellung, sondern nur eine Änderung der Sicherungsabrede bzw. Zweckerklärung erforderlich.
   - Nach Rückzahlung des Investitionskredits kann die Grundschuld bei späteren Kreditaufnahmen wieder als Sicherheit herangezogen werden.

2. Besicherung durch eine Sicherungsübereignung der Gabelstapler (zweckmäßig):
   - Die Sicherungsübereignung erfolgt durch Einigung und Vereinbarung eines Besitzkonstituts (Besitzmittlungsverhältnis).
   - Da das Besitzkonstitut die Übergabe des Sicherungsgutes ersetzt, kann die Baustoffe Karl GmbH als Sicherungsgeber das Sicherungsgut (Gabelstapler) weiterhin nutzen.
   - Der freie Teil der Grundschuld kann so für weitere Kreditaufnahmen herangezogen werden.

d)
Belastung bei einem Annuitätendarlehen gegen erstrangige Grundschuld:

Monatliche Rate = Kreditbetrag x (Zinssatz + anfängliche Tilgung) / (100 x 12)

Beispielrechnungen:
- bei 5 Jahren Laufzeit: 64.000,00 € x (2,40 + 17,00) / (100 x 12) = 1.034,67 €
- bei 4 Jahren Laufzeit: 64.000,00 € x (2,40 + 22,00) / (100 x 12) = 1.301,33 €
- bei 3 Jahren Laufzeit: 64.000,00 € x (2,40 + 31,00) / (100 x 12) = 1.781,33 €

Belastung bei einem Abzahlungsdarlehen gegen Sicherungsübereignung:

Monatliche Rate = Kreditbetrag x Zinssatz / (100 x 12) + Kreditbetrag / Laufzeit in Monaten

Beispielrechnungen:
- bei 5 Jahren Laufzeit: 64.000,00 € x 2,65 / (100 x 12) + 64.000,00 € / 60 = 1.208,00 €
- bei 4 Jahren Laufzeit: 64.000,00 € x 2,65 / (100 x 12) + 64.000,00 € / 48 = 1.474,66 €
- bei 3 Jahren Laufzeit: 64.000,00 € x 2,65 / (100 x 12) + 64.000,00 € / 36 = 1.919,11 €

3. Aufgabe

a)
- Die Südbank AG muss sich laufende Informationen über die Geschäftsentwicklung durch Jahresabschlüsse und aufgrund von Informationen durch Zwischenbilanzen einholen.
- Die sicherungsübereigneten Gabelstapler müssen regelmäßig auf ihren technischen Zustand überprüft werden.
- Weiterhin müssen Sie die Entwicklung der Liquidität und die Kontoführung auf dem Kontokorrentkonto überprüfen.

b)
- Sie stellen auf dem Kontokorrentkonto Baustoffe Karl GmbH nicht genehmigte Überschreitungen des Kreditlimits fest.
- Das Kreditlimit wird zunehmend häufig überschritten.
- Sie stellen fest, dass andere Kreditinstitute und Lieferanten der Baustoffe Karl GmbH häufig Auskunftsanfragen an die Südbank AG stellen.
- Sie stellen aufgrund der Ihnen vorliegenden Informationen über die Baustoffe Karl GmbH Umsatzrückgänge fest. Zudem wird auch der Kontokorrentkredit seit Monaten bis zum Limit ausgenutzt.

c)
- Sie sollten als zuständiger Sachbearbeiter ein Gespräch mit der Baustoffe Karl GmbH über das Kreditengagement und die weitere Entwicklung des Unternehmens führen.
- Das Kreditlimit muss eventuell erhöht werden.
- Die Laufzeit des Investitionskredits muss ggf. verlängert werden, um die monatlichen Belastungen für die Baustoffe Karl GmbH zu verringern.
- Sie müssen laufende Informationen über die Geschäftsentwicklung der Baustoffe Karl GmbH anfordern.

LÖSUNGEN

gebundene Aufgaben

BAWI 1 **KONTOFÜHRUNG UND ZAHLUNGSVERKEHR**											
1	c	**54**	b	**104**	c	**157**	b	**210**	a-d-e	**263**	a
2	a	**55**	e	**105**	b	**158**	d	**211**	c	**264**	a
3	c	**56**	d	**106**	d	**159**	e	**212**	b	**265**	b
4	d	**57**	d	**107**	d	**160**	b	**213**	c	**266**	d
5	b	**58**	e	**108**	a	**161**	c	**214**	c	**267**	b
6	e	**59**	d	**109**	d	**162**	d	**215**	d	**268**	b
7	a	**60**	c	**110**	13.01.	**163**	e	**216**	a	**269**	a
8	c	**61**	d	**111**	e	**164**	d	**217**	a	**270**	e
9	e	**62**	d	**112**	d	**165**	e	**218**	d	**271**	c
10	b	**63**	1-2-4-5-3	**113**	e	**166**	b-f	**219**	b	**272**	c-f
11	b	**64**	b	**114**	b	**167**	c	**220**	a	**273**	24.01.
12	e	**65**	a	**115**	b	**168**	d	**221**	a	**274**	16.01.
13	d	**66**	a	**116**	b	**169**	c	**222**	b	**275**	c
14	b	**67**	a) 1 Monat	**117**	a	**170**	b	**223**	b	**276**	a-d
15	e		08.03.	**118**	c	**171**	b	**224**	a	**277**	b-d-a-c
16	b		b) 8.453	**119**	c	**172**	b-f-a	**225**	e	**278**	c-b-c-a-c
17	b	**68**	8.395	**120**	b	**173**	b-d-g	**226**	c-b-a-b-b	**279**	c-a-b-a-c
18	d	**69**	c	**121**	d	**174**	c	**227**	a	**280**	a-d
19	c	**70**	c	**122**	c	**175**	b	**228**	d	**281**	e
20	c	**71**	e	**123**	d	**176**	b	**229**	b	**282**	a-a-c-b-c
21	d	**72**	b	**124**	b	**177**	d	**230**	e	**283**	a-d-a-b-c
22	d	**73**	a	**125**	a	**178**	4-3-1-5-6-2	**231**	a	**284**	c-a-d-b
23	e	**74**	b	**126**	c	**179**	5-2-4-7-6-3-1	**232**	a	**285**	d
24	c	**75**	b	**127**	d-f	**180**	1-5-2-7-3-6-4	**233**	a-e	**286**	c
25	b	**76**	b-e-a	**128**	b	**181**	4-1-3-5-2-6	**234**	d	**287**	a-d
26	d	**77**	d	**129**	c	**182**	3-1-2-4-5	**235**	a-e	**288**	a) 4.252,38
27	b-e	**78**	e	**130**	a	**183**	b	**236**	a		b) 66,00
28	e	**79**	b	**131**	c	**184**	e	**237**	a	**289**	4-3-5-1-6-2
29	e	**80**	b	**132**	d-e	**185**	c	**238**	c-f	**290**	b-a-c-c-c-b
30	b	**81**	a	**133**	d	**186**	c	**239**	e	**291**	e
31	a	**82**	e	**134**	a-b-d	**187**	d	**240**	a-e	**292**	f-b
32	a	**83**	d	**135**	1-3-5-4-2	**188**	b	**241**	c	**293**	a-f
33	d	**84**	b	**136**	1-3-4-2-6-5	**189**	b	**242**	b-d	**294**	a-f
34	c	**85**	a	**137**	1-2-5-6-4-3	**190**	b-e-a	**243**	d	**295**	91:172,81
35	c	**86**	e	**138**	6-2-1-7-3-5-4	**191**	a-e	**244**	d	**296**	133.270,00
36	e	**87**	c	**139**	a-e-d	**192**	d	**245**	d	**297**	e-f
37	c	**88**	d	**140**	c	**193**	b	**246**	c	**298**	c
38	c	**89**	b	**141**	c	**194**	a	**247**	a-d	**299**	d
39	c	**90**	d	**142**	e	**195**	b-d-f	**248**	b	**300**	70:824,76
40	c	**91**	b	**143**	e	**196**	d	**249**	c-a-d-b-c	**301**	d
41	d	**92**	71,25	**144**	b	**197**	a	**250**	b-d-a	**302**	e
42	d	**93**	9	**145**	e	**198**	c	**251**	a	**303**	77.345,00
43	a	**94**	164,22	**146**	e	**199**	c	**252**	e	**304**	93:475,38
44	e	**95**	60	**147**	a	**200**	e	**253**	c	**305**	c-d
45	a	**96**	a) 144,1	**148**	e	**201**	a	**254**	d	**306**	d
46	a		b) 36,73	**149**	c	**202**	b	**255**	44.301	**307**	17.05.2018
47	e	**97**	205,80	**150**	d	**203**	d	**256**	e	**308**	a
48	d	**98**	57,70	**151**	b-c-d	**204**	a	**257**	d	**309**	b-e
49	b	**99**	52,99	**152**	a	**205**	b	**258**	b	**310**	6-2-5-3-1-4
50	a	**100**	f	**153**	d	**206**	d	**259**	12.140	**311**	e
51	e	**101**	b	**154**	a-d	**207**	e	**260**	c		
52	b-d	**102**	e	**155**	e	**208**	b	**261**	b		
53	d	**103**	b	**156**	e-a	**209**	d-e	**262**	30.01.2006		

BAWI 2
GELD- UND VERMÖGENSANLAGEN

1	e	**51**	402,23	**97**	c-f	**127**	e-f
2	d	**52**	22./23.12.2020	**98**	a-b-a-c-b-c	**128**	a
3	c	**53**	e	**99**	d-b-e-a-c-f	**129**	e
4	d	**54**	2,50%	**100**	a-e-d-c	**130**	a
5	d	**55**	a) 66,67	**101**	3,76	**131**	a) 99
6	b		b) 10.049,09	**102**	a) 43		b) 170,88
7	a	**56**	30.132,53		b) 53,60		c) 19.870,88
8	c	**57**	d		c) 39,47	**132**	e
9	e	**58**	d		d) 12.922,73	**133**	b-d
10	c	**59**	e	**103**	a) 16.05.	**134**	d
11	c	**60**	e		b) 160,27	**135**	d
12	d	**61**	d		c) 118,00	**136**	d-f
13	c	**62**	100,00		d) 30.431,21	**137**	d-f
14	b	**63**	1.382,00	**104**	d-f	**138**	c
15	a	**64**	1,9	**105**	a) 70 T	**139**	a) 2
16	b	**65**	4,13		b) 122,26		b) 3
17	a	**66**	820,00		c) 15.453,34	**140**	8,00
18	e	**67**	a-d		d) 21.03.2020	**141**	a) 1,5
19	a	**68**	a) 19,48	**106**	e		b) 3,5
20	e		b) 1,07	**107**	c-d	**142**	a-f
21	563,77		c) 5.457,35	**108**	24.470,76	**143**	c-f
22	69,56	**69**	d	**109**	71,08	**144**	a) 10,2
23	20.247,67	**70**	e	**110**	d		b) 12,0
24	28.750	**71**	a	**111**	c	**145**	a
25	11.000	**72**	c	**112**	a) 6 : 1	**146**	2,73
26	a	**73**	26,38		b) 2,14	**147**	c-e
27	40%	**74**	c	**113**	21.05.	**148**	400,00
28	1.899,03	**75**	c	**114**	a) 2.460,00	**149**	b
29	68,42	**76**	c		b) 648,82	**150**	1.350
30	50,37	**77**	e	**115**	b	**151**	7,5
31	b	**78**	b	**116**	247	**152**	a-d
32	b	**79**	1.894,00	**117**	a-b		
33	b	**80**	a) 90,11	**118**	a) 10 : 1		
34	c		b) 123,00		b) 0,80		
35	a	**81**	b		c) 800		
36	17.779,93	**82**	e		d) 200		
37	19.414,46	**83**	e		e) 650		
38	b	**84**	e	**119**	c-e		
39	d	**85**	b	**120**	a) 146,11		
40	c	**86**	b		b) 607,89		
41	c	**87**	e	**121**	a) 38,61		
42	a	**88**	b		b) 40,20		
43	c-a	**89**	b		c) 38,40		
44	c	**90**	d	**122**	e		
45	d	**91**	c	**123**	a) 10 : 1		
46	a	**92**	e		b) 1,32		
47	90,11	**93**	a-c	**124**	3,60		
48	b	**94**	b	**125**	b		
49	31.12.2022	**95**	c	**126**	b		
50	d	**96**	e				

BAWI 3
KREDITGESCHÄFTE

Nr.	Lösung	Nr.	Lösung
1	c	**50**	e-f
2	c-b	**51**	c-b-e-d-b-c
3	b-e	**52**	b
4	c-d	**53**	b
5	c-f	**54**	a) 15.000
6	d-a-c		b) 2.625
7	e-d-c		c) 70.000
8	e		d) 153.725
9	e	**55**	466,67
10	d	**56**	b-f / c-h
11	a-c	**57**	a
12	e	**58**	d
13	c	**59**	a) 1.460.000
14	e		b) 1.550.000
15	a	**60**	1-2-5-3-4
16	e-f	**61**	a) 50.750
17	d-f		b) 35.000
18	b		c) 35.787,50
19	425	**62**	b-f
20	c	**63**	c-f
21	d	**64**	c
22	d	**65**	c
23	371,01	**66**	d-f
24	c	**67**	b
25	b-c	**68**	a-b
26	b	**69**	b-e
27	d-d-b	**70**	c
28	c	**71**	d-f-d-e
29	c	**72**	d
30	b-f	**73**	a) 3
31	a-b		b) 4
32	d	**74**	e
33	d	**75**	1.875
34	c	**76**	b-d
35	e	**77**	c
36	d	**78**	c-d-b-a
37	d	**79**	a-d
38	b-e	**80**	d
39	a-d	**81**	a) 1.145,83
40	c-b-d-f-e-f-e-b		b) 286,46
41	a) 195.650	**82**	d-f
	b) 455.650	**83**	a
42	e	**84**	b-f
43	b		
44	a-e		
45	e		
46	c-b-d		
47	e-a-d		
48	a-b-c-f-d-e		
49	d		

RS 1
RECHNUNGSWESEN

1	e	**51**	801.520	**81**	36,73	**112**	a) 127,64
2	e	**52**	b-e	**82**	923,24		b) 118,08
3	c	**53**	a) 31.12.2020	**83**	1 an 3		c) 22.435,20
4	a		b) 31.12.2020	**84**	31.12.2030		d) 1.832,00
5	d		c) 31.12.2023	**85**	24.000		e) 1.816,40
6	e	**54**	d-a-d-e-e-c-b	**86**	a		
7	b	**55**	a-d-b-c	**87**	d-f		
8	c	**56**	a) 4 an 3	**88**	25.160		
9	a		b) 7 an 6	**89**	a) 70.000		
10	b		c) 7 an 8		b) 7 an 6		
11	4 an 4		d) 5 an 6		20.000		
12	2 an 6	**57**	a) 8 an 8		c) 10.000		
13	2 an 6		b) 4 an 2		d) 1		
14	a		c) 4 an 2	**90**	b-d		
15	b-d-c-a-d		d) 8 an 8	**91**	a) 29.622		
16	c		e) 2 an 4		b) 1.946.000		
17	b-f-e	**58**	a) 2 an 4		c) 1,43		
18	d		b) 2 an 3	**92**	a) 324.000		
19	1 an 2		c) 2 an 6		b) 0,65		
20	e		d) 8 an 2		c) 1.933,17		
21	d		e) 4 an 2	**93**	74.400		
22	a	**59**	a) 7,9 an 4	**94**	b		
23	c		b) 4 an 6	**95**	8.096.280		
24	1.820,70		c) 4 an 10	**96**	1.896.280		
25	b		d) 2 an 3	**97**	567.840		
26	c	**60**	165	**98**	a) 301.500		
27	d	**61**	1 an 6		b) 339.000		
28	d	**62**	5 an 6		c) 28.000		
29	3 an 5	**63**	b		d) 136.000		
30	b	**64**	f	**99**	c		
31	3 an 2	**65**	a	**100**	a) 200		
32	e	**66**	16.550		b) 267.816,78		
33	b	**67**	1.122.126	**101**	a) 100,60		
34	4 an 3	**68**	d		b) 2.400		
35	e	**69**	a) 498,61		c) 3.143,84		
36	3.298,64		b) 518,15		d) 204.343,84		
37	g	**70**	a) 492	**102**	a) 32,44		
38	340		b) 975		b) 2.350		
39	b		c) 1.666	**103**	a-d		
40	553.000		d) 466,83	**104**	a) 104,70		
41	c	**71**	3 an 1		b) 200		
42	b	**72**	7.930,16		c) 4.000		
43	38.000	**73**	1.322,00		d) 12.427,40		
44	7.600	**74**	413,61		e) 846.027,40		
45	a-e	**75**	44,50	**105**	c		
46	197,44	**76**	d	**106**	b-c-a-d		
47	1.232,00	**77**	b	**107**	120		
48	15%	**78**	c-f	**108**	c		
49	d	**79**	d-f	**109**	244.000		
50	e-b-c-b	**80**	8.863,12	**110**	9.760		
				111	e		

RS 2
STEUERUNG

1	e	**29**	c	**54**	a) 25,7
2	a-e	**30**	a		b) 89,6
3	b-e	**31**	a) 2,5		c) 46
4	c-a-c-d		b) 0,5		d) 35
5	a-c-d-e-a		c) 3,0		e) 20
6	ff-bc-ac-ae		d) 6,0		f) 22,2
7	c-e-a-b-d-c	**32**	a) 123.504	**55**	b
8	d-a-b-e-c		b) 41.874	**56**	d-f
9	d-b-c-e-f-a-c-a		c) 27.124	**57**	100 TEUR
10	a) 3.000		d) 2,72	**58**	a) 8525
	b) 4.000		e) 0,92		b) 10,4
11	a) 6.000	**33**	116		c) 288,3
	b) 1.800	**34**	a) 10,5		d) 8,7
12	c		b) 2,5		
13	a) 7,20	**35**	a) 40		
	b) 10,80		b) 32		
14	a-f		c) 2,5		
15	a-f		d) - 1,0		
16	4,6		e) 0,8		
17	a) 2,02	**36**	c-e		
	b) 0,47	**37**	b		
18	a-e	**38**	c-f		
19	2,4	**39**	230		
20	a) 3.300	**40**	112		
	b) 100	**41**	278		
21	a) 4,76	**42**	c		
	b) 315	**43**	a) 4,94		
22	a) 0,2		b) 7,96		
	b) 7,5	**44**	b-f		
	c) 1.050	**45**	b		
23	a) 300.000	**46**	b-e-d-a-c		
	b) 0,16	**47**	d		
	c) 7,71	**48**	a) 12,93		
	d) 2,79		b) 80		
24	a) 60		c) 155,17		
	b) 24	**49**	a) 18.300		
	c) 74,7		b) 3,6		
	d) - 25,20	**50**	a) 106,7		
	e) 49,5		b) 19,3		
25	a) 1,2		c) 24,5		
	b) 6,5		d) 12,9		
	c) 14,50	**51**	a) 45,71		
	d) 108		b) 89,39		
	e) 174		c) 9,70		
	f) 220,70		d) 18,18		
26	a) 7,5	**52**	d		
	b) 5,5	**53**	a) 125		
	c) 1,0		b) 12,5		
	d) 1,0		c) 26		
27	5,05		d) 17		
28	1,55				

WISO 1
ARBEITS- UND SOZIALRECHTLICHE RAHMENBEDINGUNGEN

1	a	**51**	e	**101**	c	**151**	d	**201**	d
2	b	**52**	f-a-b	**102**	a	**152**	b	**202**	a
3	b	**53**	a) 26.05.18	**103**	a	**153**	e	**203**	d
4	c		b) 26.05.25	**104**	e	**154**	d	**204**	b
5	c	**54**	e-f-g	**105**	c	**155**	c-a-f	**205**	e
6	c	**55**	a	**106**	e	**156**	5-1-4-6-2-3	**206**	e-c-f
7	e	**56**	a-d	**107**	d	**157**	5-4-1-3-2-6	**207**	c-e
8	c	**57**	f-c	**108**	a	**158**	5-3-1-6-4-7-2	**208**	b
9	a-g-e	**58**	e	**109**	c-b-f	**159**	b	**209**	a
10	d	**59**	d	**110**	c-e-a	**160**	b	**210**	e
11	a	**60**	c	**111**	b	**161**	e	**211**	c
12	b	**61**	b	**112**	d	**162**	e	**212**	c
13	2-1-3-2-1-2-3	**62**	a	**113**	c	**163**	c	**213**	b
14	d	**63**	b	**114**	f-g	**164**	c	**214**	d
15	a	**64**	a	**115**	a	**165**	d	**215**	a
16	b	**65**	d	**116**	d	**166**	c	**216**	a
17	a	**66**	a	**117**	c	**167**	a	**217**	c
18	b	**67**	b	**118**	a-g-f-d	**168**	e	**218**	e
19	c	**68**	e	**119**	c-f-d	**169**	e	**219**	d-f
20	a	**69**	b	**120**	e-d-a	**170**	a	**220**	b-e-a
21	b	**70**	b	**121**	d	**171**	19.05.20..	**221**	f-c-e
22	c	**71**	b	**122**	d	**172**	b	**222**	c
23	e	**72**	e	**123**	b	**173**	2 Jahre	**223**	d-b-e
24	d	**73**	c	**124**	b	**174**	c	**224**	b
25	c-d-f	**74**	b	**125**	e	**175**	c	**225**	d
26	c	**75**	c	**126**	d	**176**	c	**226**	e
27	d	**76**	c	**127**	c	**177**	d	**227**	d
28	b	**77**	c	**128**	d-e-a	**178**	a	**228**	b
29	e	**78**	e	**129**	b	**179**	c	**229**	a
30	e	**79**	a	**130**	c	**180**	c	**230**	a-e-c
31	b	**80**	a	**131**	c	**181**	a-f	**231**	a
32	c	**81**	b	**132**	d	**182**	e	**232**	b
33	c	**82**	e	**133**	e	**183**	a	**233**	c-a-d-e-b
34	a	**83**	b	**134**	b-f-d	**184**	e	**234**	d-b
35	c-d-f	**84**	d	**135**	e-a-d	**185**	c	**235**	e-b-d-a-g
36	b	**85**	e	**136**	b	**186**	c	**236**	d
37	e	**86**	b	**137**	a	**187**	d	**237**	b
38	d	**87**	d	**138**	a	**188**	e	**238**	b
39	e	**88**	c	**139**	e	**189**	a	**239**	d
40	d	**89**	a	**140**	b	**190**	c-a-d	**240**	c-e-d
41	b	**90**	e	**141**	c	**191**	c	**241**	c
42	a-f	**91**	d-f	**142**	b	**192**	c	**242**	c-b-c-a-d
43	e	**92**	c	**143**	b	**193**	c	**243**	a
44	e	**93**	b	**144**	c	**194**	d	**244**	e
45	e	**94**	d	**145**	e	**195**	a	**245**	d
46	d	**95**	b-e-c	**146**	c	**196**	a	**246**	30
47	d	**96**	a	**147**	b	**197**	e	**247**	c
48	d	**97**	d-f	**148**	b	**198**	c	**248**	f
49	d	**98**	c	**149**	c	**199**	b	**249**	a
50	e	**99**	d	**150**	b	**200**	e	**250**	e-a-g-b
		100	e						

WISO 1
ARBEITS- UND SOZIALRECHTLICHE RAHMENBEDINGUNGEN

251	f-b-a	**301**	e
252	c	**302**	e
253	b	**303**	d
254	e	**304**	c-e
255	d	**305**	d-c-a-d-b-a
256	d	**306**	c-d-b-a
257	c	**307**	d-f
258	a	**308**	ch-ae-af-bi
259	d-b-c	**309**	d-a-c-d-c-b
260	c	**310**	c-e
261	b	**311**	b
262	a	**312**	d-e
263	e	**313**	a-c
264	a	**314**	d
265	c-e	**315**	d
266	d-e-b	**316**	b-d
267	e	**317**	e
268	b	**318**	c
269	e	**319**	e
270	e	**320**	e
271	a	**321**	a
272	c-e	**322**	a
273	a	**323**	c-f
274	e		
275	a		
276	b		
277	e		
278	e		
279	a		
280	d-a-b-c		
281	c		
282	a		
283	a		
284	d		
285	4-2-1-5-3		
286	d		
287	c		
288	a		
289	d		
290	e-b-a-d-c		
291	f-g		
292	a-e		
293	d-e		
294	d-f		
295	d-f		
296	b-c		
297	c-a-a-a		
298	c-d-a-b-e		
299	b-a-a-b-c-b-c		
300	d		

WISO 2
PERSONALWESEN UND BERUFSBILDUNG

1	d	**51**	a	**101**	d	**141**	a	**190**	e
2	7,3%	**52**	d	**102**	c	**142**	i-g-a	**191**	e
3	d	**53**	d	**103**	31.10.	**143**	e	**192**	c
4	c	**54**	b	**104**	a	**144**	c	**193**	95
5	3-2-5-4-6-1	**55**	31.07.	**105**	c	**145**	a-f-c	**194**	19
6	b	**56**	c	**106**	e	**146**	d	**195**	142/127
7	b	**57**	d	**107**	d	**147**	a) 810	**196**	a
8	d	**58**	e	**108**	b		b) 4.764	**197**	b
9	b	**59**	a	**109**	72	**148**	e	**198**	b
10	e	**60**	a	**110**	a	**149**	c-b-a	**199**	d
11	d	**61**	e	**111**	5	**150**	Jul 31	**200**	a
12	c	**62**	d-c-e	**112**	f	**151**	Dez - 03.	**201**	a-f
13	e	**63**	d	**113**	b	**152**	d	**202**	e-f
14	a-e	**64**	b	**114**	a	**153**	c	**203**	c-f
15	c	**65**	b	**115**	e	**154**	d	**204**	c
16	b	**66**	e	**116**	d	**155**	c-f	**205**	3-5-4-6-1-2
17	2-4-6-5-3-1	**67**	d	**117**	d	**156**	b-e-f	**206**	3-5-1-4-6-2
18	e	**68**	e	**118**	a	**157**	b	**207**	b-f
19	c	**69**	d	**119**	c-f	**158**	88	**208**	e
20	d	**70**	a-c-f	**120**	e	**159**	c-c-a-c-c	**209**	a-f
21	2-1-6-4-5-3	**71**	b	**121**	c	**160**	b-c-b-a	**210**	a-c-c-a-b
22	e	**72**	d	**122**	2-4-1-5-3	**161**	03. 12.	**211**	b
23	c	**73**	c	**123**	d	**162**	c-f-g	**212**	d
24	a	**74**	e	**124**	c	**163**	b-c-a-d-e	**213**	e
25	d	**75**	c	**125**	d-e	**164**	d	**214**	d
26	d	**76**	d	**126**	KV: 363,28	**165**	c-d	**215**	e
27	c	**77**	d		RV: 446,40	**166**	b-f-c	**216**	c
28	e	**78**	b	**127**	a) 2.365,38	**167**	a-g-c	**217**	b-e
29	665,99	**79**	b		b) 183,32	**168**	a-b-c-c-c	**218**	c-f
30	b	**80**	c	**128**	a) 367,35	**169**	e	**219**	c
31	d	**81**	30.08.-06.12.		b) 47,40	**170**	a-c	**220**	d
32	e	**82**	c		c) 306,13	**171**	b-e	**221**	a-a-b-c-b
33	c	**83**	b		d) 60,24	**172**	d	**222**	e
34	b	**84**	e	**129**	a	**173**	e	**223**	b
35	b	**85**	a	**130**	e	**174**	d	**224**	d-f
36	d	**86**	b	**131**	1.463,03	**175**	b-a-d	**225**	a
37	1-4-2-5-3-6	**87**	c	**132**	a) 846,30	**176**	c	**226**	a-b-d
38	c	**88**	e		b) 830,38	**177**	e-c-f		
39	e	**89**	g-d-b		c) 109,20	**178**	b-e-c		
40	c	**90**	f		d) 1785,88	**179**	d-c-a-b		
41	f	**91**	d	**133**	c	**180**	e-c-a		
42	c	**92**	a-e-b-c-d	**134**	b	**181**	c		
43	d	**93**	d	**135**	c	**182**	a		
44	b	**94**	e-d-a	**136**	a	**183**	c		
45	d	**95**	a	**137**	e	**184**	e		
46	d-f-g	**96**	a	**138**	e	**185**	d		
47	e	**97**	b	**139**	a-b-b-b-c-a	**186**	a		
48	e	**98**	a-f	**140**	e	**187**	e		
49	b	**99**	b			**188**	e		
50	b	**100**	d			**189**	b		

WISO 3
SICHERHEIT UND GESUNDHEIT

Nr.	Lösung	Nr.	Lösung
1	c	**51**	b
2	c	**52**	d
3	d	**53**	e
4	e	**54**	d
5	e	**55**	c
6	e	**56**	e
7	e	**57**	c
8	e	**58**	a
9	b	**59**	c
10	d	**60**	e
11	c	**61**	a
12	b	**62**	d
13	a-f-c	**63**	c
14	b	**64**	d-f-g
15	e	**65**	c
16	c	**66**	a-c-e
17	c	**67**	b-c-f
18	b	**68**	b
19	a	**69**	d-e-g
20	d	**70**	b-e
21	c	**71**	c
22	d	**72**	d-f
23	a	**73**	c-f
24	d	**74**	a
25	a	**75**	b
26	a	**76**	d
27	7-8-4-3	**77**	d
28	6	**78**	5
29	b-a-c	**79**	b
30	e-c-f-d	**80**	e
31	3	**81**	b
32	g-d-f		
33	a		
34	b		
35	d		
36	d		
37	a		
38	d		
39	c		
40	e		
41	e		
42	b		
43	c		
44	b		
45	e		
46	c-b-c-a-d-b-c		
47	b		
48	e		
49	e		
50	b		

Lösungen

WISO 4 WIRTSCHAFTSORDNUNG UND WIRTSCHAFTSPOLITIK							
1	d-f	53	b-d-d-c-a-a-c-d	97	a	145	d-f
2	b-f	54	c-e-b-d-a	98	d	146	c
3	b-f	55	d	99	c-a-b-a	147	d
4	c-d	56	b-d	100	c	148	c-d
5	3-2-4	57	b	101	a	149	e
6	a	58	4-3-5-2-1	102	a-f	150	c-f
7	c-f	59	c-b-a-b-c	103	c	151	a-b-b-c
8	b-a-d-b-c	60	b-a-a-c-c	104	c	152	b
9	b-c-a-d	61	d	105	e	153	d-e
10	b-f	62	c	106	e	154	d-f
11	2	63	2-5-3-1-4-6	107	b	155	b-f
12	c	64	d	108	b	156	a-b-c-a
13	4-2-1-3-1-2	65	e	109	e	157	b-c
14	c	66	c	110	a	158	a
15	d-b-c-d	67	a	111	a	159	e
16	a	68	b	112	b-d	160	e
17	b-d	69	b-c-d	113	d-f	161	e
18	e-f	70	2	114	c-f	162	c
19	3 GE	71	d-a-b-c-e	115	0,7	163	b-c
20	1.200	72	b-d	116	a) 4,8	164	c
21	4 GE	73	a) 310		b) 2,24	165	b
22	a-d-c-b		b) 50		c) 2,19	166	a
23	b-a-c-d		c) 260	117	a	167	b
24	48/130		d) 80	118	a	168	a-d-f-b
25	120/390		e) 30	119	d-f	169	e-d-c-b-a-f
26	c-f	74	a) 638.000	120	e		
27	b		b) 14,6 %	121	c-b-d-d-a		
28	b-d-a-c		c) 3 und 7	122	d-f		
29	a-b-d	75	e-c-b-a-d-f	123	a-c		
30	1	76	c	124	c		
31	2	77	800 Mrd.	125	d		
32	b	78	a) 2.120,5	126	e		
33	d		b) 2.132,7	127	b		
34	a	79	c-e	128	a		
35	e	80	e	129	e		
36	c-d	81	d	130	b		
37	a	82	e	131	e		
38	b-e	83	e	132	c		
39	d	84	c	133	b		
40	a-c	85	e	134	a-c		
41	a	86	c	135	a-c		
42	12,60%	87	e-g	136	a-b		
43	(-) 16800	88	e	137	15,0 Mrd.		
44	302,94	89	b	138	e-f		
45	c	90	a-e	139	a) 14,1 - b) 9,6		
46	e	91	a-e-f	140	a) 5,8		
47	c-d	92	e		b) 8,8		
48	b	93	b	141	b		
49	c-b-d-a	94	c-b-d-a	142	a-b-a-d		
50	c-a-e-d-b	95	e-f	143	f-b-g-h		
51	d	96	a) 9,2	144	c-b-e-f-d-a		
52	e		b) 22.000				